国家出版基金项目
NATIONAL PUBLICATION FOUNDATION

交通与运载工程学科：

前沿技术发展与科学问题

第一册

张　军　田红旗　侯　晓
　　　　严新平　王云鹏　总主编
赵祥模　史忠科　安毅生　执行总主编

王云鹏　赵祥模　杨晓光　主　编
　　　　孙　剑　徐志刚　执行主编

人民交通出版社股份有限公司
北　京

内 容 提 要

本册主要阐述道路交通和综合与新型交通系统学科方向的科学问题，共分两篇：第一篇包括道路交通系统分析、道路交通规划与设计、道路交通基础设施运维、道路交通信息与控制、道路交通安全、道路交通环境等方向问题；第二篇包括综合交通系统分析、综合交通规划与设计、综合交通协同组织与服务、新型交通基础设施规划设计及运维、新型运载工具设计及运用工程、新型交通系统测试与评价、交叉学科中的新型交通问题等方向问题。

本书可供道路交通及综合交通领域科研人员以及相关专业高年级研究生工作学习参考。

图书在版编目(CIP)数据

交通与运载工程学科：前沿技术发展与科学问题. 第一册 / 王云鹏，赵祥模，杨晓光主编. — 北京：人民交通出版社股份有限公司，2023.11

ISBN 978-7-114-18991-3

Ⅰ.①交… Ⅱ.①王…②赵…③杨… Ⅲ.①交通工程—文集 Ⅳ.①U491-53

中国国家版本馆 CIP 数据核字(2023)第 170508 号

Jiaotong yu Yunzai Gongcheng Xueke Qianyan Jishu Fazhan yu Kexue Wenti(Di-yi Ce)

书　　名：交通与运载工程学科：前沿技术发展与科学问题(第一册)
著 作 者：王云鹏　赵祥模　杨晓光
责任编辑：刘永超　侯蓓蓓　师静圆　黎小东　牛家鸣
责任校对：孙国靖　宋佳时
责任印制：刘高彤
出版发行：人民交通出版社股份有限公司
地　　址：(100011)北京市朝阳区安定门外外馆斜街3号
网　　址：http://www.ccpcl.com.cn
销售电话：(010)59757973
总 经 销：人民交通出版社股份有限公司发行部
经　　销：各地新华书店
印　　刷：北京印匠彩色印刷有限公司
开　　本：787×1092　1/16
印　　张：35.25
字　　数：707千
版　　次：2023年11月　第1版
印　　次：2024年6月　第2次印刷
书　　号：ISBN 978-7-114-18991-3
定　　价：200.00元
(有印刷、装订质量问题的图书，由本公司负责调换)

咨询委员会

Consulting Committee

审定委员会

Review Committee

编写委员会

Editorial Committee

序

Preface

科学的发展本质就是不断地发现问题和解决问题的过程，也是科学内涵、科学规律和科学理论不断形成和增长的过程。科学问题的提出、确认和求解构成了科学发展的内生驱动力，也是开启未知世界的一把钥匙。爱因斯坦在《物理学的进化》中说："提出一个问题往往比解决一个问题更为重要。因为解决一个问题也许是一个数学上或实验上的技巧，而提出新的问题、新的可能性，从新的角度看旧问题，却需要创造性的想象力，并且标志着科学的真正进步。"1900 年，德国著名数学家希尔伯特在巴黎召开的国际数学家大会上提出了 23 个数学难题，激发了众多数学家的热情，引领了数学研究的方向，对数学发展产生了难以估量的影响。由此可见，科学问题的提出，尤其是系统、清晰的科学难题更能推动科学的真正进步。

一个国家基础科学研究的深度和广度，决定着这个国家原始创新的动力和活力。不断深入探究各个领域的基础科学难题，抢占科技创新发展先机，已经成为世界各大强国的普遍共识。21 世纪初，中国科学院编辑了《21 世纪 100 个交叉科学难题》，在宇宙起源、物质结构、生命起源和智力起源四大探索方向上提出和整理了 100 个科学难题，推动了我国科学技术的前进。2015 年，教育部、科学技术部、中国科学院和国家自然科学基金委员会联合编制《10000 个科学难题》系列丛书，归纳、整理和汇集了多个学科领域当时尚未解决的科学难题，引起了广大研究人员的高度关注。由中共中央、国务院发布的《国家创新驱动发展战略纲要》指出，科技创新是提高社会生产力和综合国力的战略支撑。科学技术部联合教育部、中国科学院、国家自然科学基金委员会共同制定的《"十三五"国家基础研究专项规划》指出"基础研究是整个科学体系的源头，是所有技术问题的总机关"，这再次强调了解决基础研究问题的重要作用。

在国家自然科学基金委员会工程与材料科学部的大力支持下，交通与运载工程学科紧密结合国内外科技和交通运输领域发展趋势，面向“交通强国”等国家重大战略，开展了学科科学问题征集活动，系统归纳、整理和汇集交通与运载工程学科目前尚未解决的科学问题。在这个过程中，回顾了交通与运载工程学科的发展历程，厘清了学科内涵与外延，明确了学科发展的重大需求，研判了学科未来发展趋势及新兴学科生长点。这项工作可启迪我国交通与运载工程的广大科研工作者，引导学科研究人员尤其是青年学者和研究生聚焦关键基础理论问题和“卡脖子”技术，从源头上解决科学难题，实现关键问题和核心技术的自立自强。这项工作对于加强本学科基础科学研究的导向作用，加速学科发展的理论创新与技术突破，响应国家战略、助力国家发展，具有十分重要的意义。

一、交通与运载工程学科发展与科学问题征集

在科学技术发展的进程中，衣食住行始终是人类赖以生存和发展的基础，而交通则是人类科技文明的重要标志。伴随着历次工业革命，汽车、火车、飞机、轮船、航天飞船等交通运载工具的发展极大地提高了人类生活质量、推动了科技进步。

交通行业的快速演变发展，在全球范围内有力地催生了交通运输工程学科的诞生。20 世纪 30 年代，当汽车逐渐开始普及，美国、日本、欧洲等国家和地区以探索交通流运行规律为切入点，开始了交通工程研究。交通学科初期主要是应用科学原理和工程技术探讨有关减缓交通拥堵、保障交通安全的交通工程科学技术和方法等。20 世纪 60 年代，随着电子信息和计算机科技的应用，开始开展交通信号控制、数据分析和交通规划与管理研究，并关注交通环境问题。70 年代起，发达国家在大规模开展交通基础设施建设的同时，在交通工程领域引入系统工程理论与方法。80 年代末，世界各地的交通问题再次呈现尖锐化的趋势，基于信息科技改善交通的智能交通运输系统被提出。

20 世纪 80 年代以前，我国交通工程相关学科的发展相对滞后。伴随着改革开放，各类交通基础设施大规模建设，多种运载工具逐步实现自主研发制造。20 世纪 90 年代，伴随着我国大规模交通基础设施建设以及城镇化、机动化进程的不断加快，交通学科进入快速发展时期。2019 年，

中共中央、国务院印发《交通强国建设纲要》，指明了新时代我国交通发展的战略方针。为积极响应“交通强国”国家战略，适应交通系统与运载工具变革及多学科交叉融合发展需要，2020年1月，国家自然科学基金委员会工程与材料科学部率先落实改革方案，遵循知识体系结构和逻辑演化规律及趋势，优化学科布局调整，设立了“交通与运载工程”学科。

2021年以来，为了解决我国交通与运载工程领域“卡脖子”技术背后的基础科学问题和关键技术难题，遵循“需求牵引、问题导向”原则，在国家自然科学基金委员会工程与材料科学部交通与运载工程学科处的指导下，交通与运载工程学科学术共同体发起倡议，在全国近140所相关高校、科研院所、国家级学会和行业学会开展了“交通与运载工程学科前沿技术发展与科学问题”（简称“科学问题百问”）征集活动。此次征集活动历时两年，最终遴选出涵盖七大交通方式和八个二级学科领域的科学问题共557个，内容包括重大基础研究、前沿瓶颈研究、关键共性技术、颠覆性技术、“卡脖子”技术等多个类型。

二、交通与运载工程学科内涵与重大需求

“科学问题百问”的征集与编撰工作是解析当今科学技术飞速发展对交通与运载工程学科的影响机理，引领未来交通与运载工程学科发展的重要学术活动，其编目体系的科学性、系统性、可操作性对于顺利完成此项工作意义重大。编目体系的确立与学科内涵的挖掘和提炼紧密相关。在交通与运载工程学科处统筹安排下，借助学科发展论坛、青年学者论坛、广泛调研等多种形式，凝练出本学科的内涵为：交通与运载工程学科针对道路、轨道、水路、航空、航天、管道运输、作业运输、综合与新型交通等交通运输方式（体系），研究交通参与者、运载工具、交通设施、空间资源、环境与信息等要素构成的系统，及系统与各要素之间的相互作用和内在规律；研究系统的规划与设计、运行与控制、集成与匹配、运维与管养，实现各种交通运输方式和综合交通系统的安全、经济、高效、节能、环保。

“科学问题百问”的征集过程中，坚持“需求牵引、问题导向”，重视引导专家学者瞄准制约我国交通与运载工程领域发展的基础理论和关键核心技术瓶颈提出科学问题。具体来讲，当前学科发展面临的科学

难题主要来自以下一些方面：综合立体交通多网融合给综合运输服务品质、综合交通系统整体效能带来的挑战；变革性技术和第四次工业革命给交通行业带来的新问题与新挑战；新型交通运载体系与原创关键技术对交通与运载工程学科基础理论的挑战；地面运载工具的功能与性能测试评价理论与关键技术带来的挑战；资源约束条件下交通与运载工具的可持续发展问题等。

三、交通与运载工程学科未来趋势

通过对学科发展现状的调研、对学科发展方向的梳理和对科学难题演化趋势的研判，交通与运载工程学科的未来将呈现出技术集成、交叉融通等特征。本学科与材料科学、制造科学、电气科学、自动化与控制、信息科学与人工智能、土木建筑，以及经济与管理等学科高度交叉、深度融合，是以行业需求为牵引的技术科学学科，具有鲜明的工程应用特征。基于学科特征和战略发展趋势，交通与运载工程学科未来主要工作应强化基础科学和面向重大需求领域的共性难题研究，将立足国防安全、国家重大任务及行业发展的现实需求，加强顶层设计与战略布局；深度挖掘亟须解决的行业"卡脖子"难题与工程技术背后的科学问题；围绕学科基础理论与关键技术，增强重点及重大科学项目部署；加强多学科领域协同合作、交叉融通；加快研究成果落地应用，促进交通运输行业科技进步。基于学科未来多元发展方向，瞄准世界科技前沿，服务国家重大发展战略需求，交通与运载工程学科未来将着力于交通运输系统的高度智能网联化、数字交通基础设施推动的自动驾驶的车路系统、智能电动化运载工具的设计与控制、磁浮组网、智慧码头、军民融合的航空运输网络、空天飞行器可重复使用可靠性与寿命评估、管道关键装备自主研发、城市群综合交通网络协同规划设计与运行管控、临近空间飞行器等重点领域的基础理论和关键技术研究。

总而言之，挖掘学科研究难题，探明学科发展趋势，为交通与运载工程学科健康稳定发展奠定坚实的科学基础，促进交通与运载工程学科在支撑国家重大需求、产生原创性基础研究成果等方面做出应有的贡献是本书的初心和使命。本书是全国交通与运载工程广大科研工作者的集体智慧结晶，期盼此项工作能对我国交通与运载工程相关研究产生有益的引导，激发科研工作者探索未知、努力创新的研究热情，引导广大研究人员从源头上破解学科难题，有力支撑并引领我国交通与运载工程科技和学科的发展。

中国工程院机械与运载工程学部主任 

2023 年 9 月 12 日

前　言

Foreword

新一轮科技革命深入发展，科学研究的范式和组织方式正在经历深刻变革，应对全球性挑战和满足国家经济社会高质量发展对源头创新的需求愈加迫切。党的二十大报告明确了实现高水平科技自立自强和加快建设科技强国的奋斗目标，提出了社会主义现代化建设对基础研究和核心关键技术创新的新任务新要求。

基础科学研究是创新的基石，科学问题的提出和解决是推动基础科学研究不断发展的源泉。2021 年初，在国家自然科学基金委工程与材料科学部大力支持下，在交通与运载工程学科处的指导帮助下，依托科学基金专项项目，全国交通与运载工程学科有关高校、科研院所、国家级学会和行业协会共同发起了“交通与运载工程学科前沿技术发展与科学问题”（简称“科学问题百问”）征集活动，旨在凝练交通与运载工程学科关键科学问题和国家重大工程中蕴含的科学技术难题。在整个科学问题百问征集过程中，始终坚持“需求牵引、问题导向”，通过汇聚行业共识，夯实学科基础，激发科研人员从源头破解科学难题的热情，以促进交通与运载工程学科健康发展，有力支撑“交通强国”建设。

科学问题百问工作由长安大学和西北工业大学牵头，同济大学、清华大学、中南大学、武汉理工大学、东南大学、北京理工大学、中国石油大学（北京）、北京航空航天大学、中国铁道学会、中国汽车工程学会等高校和学会发挥了主力军作用，包括西南交通大学、北京交通大学、哈尔滨工业大学、重庆理工大学、浙江理工大学等在内的 140 个依托单位的 4200 余名专家学者积极参与编撰工作，实现了产学研用的有机结合，形成了全国交通与运载工程学科基础研究的强大合力。

科学问题百问工作自启动以来，完成了自下而上广泛征集和自上而下顶层设计查漏补缺两个阶段的工作。由领军学者掌舵把关，优秀学者亲力亲为，按照道路、轨道、水路、航空、航天、管道运输、作业运输、综合与新型交通等各交通运输方式进行顶层设计，综合考虑覆盖度、关联度、发展历程等因素，设计科学问题百问总体架构，对最初征集的812个科学问题，通过分类、合并、提炼，经层层筛选、螺旋递进，最终确定了557个科学问题。编委会邀请交通运输各领域的领军学者为本领域的科学问题撰写综述，"学史明理、展望未来"，梳理相关领域科学问题的前世今生，总结研究热点，预判未来发展趋势及新兴学科生长点。

全书共分五册：第一册包括道路交通篇和综合与新型交通系统篇，共108个科学问题；第二册包括轨道交通篇和磁浮运载系统篇，共74个科学问题；第三册包括水路交通篇和管道运输篇，共136个科学问题；第四册包括航空交通篇和航天运载工程篇，共131个科学问题；第五册包括地面运载工程篇和移动作业装备与作业工程篇，共108个科学问题。

科学问题百问征集、编撰、审稿全过程得到了国家自然科学基金委员会工程与材料科学部交通与运载工程学科处王之中主任的悉心指导和热情帮助，在此表示诚挚的感谢！在科学问题百问的征集、审定和成书过程中得到了张军院士、翟婉明院士、田红旗院士、侯晓院士、项昌乐院士、严新平院士、王云鹏院士、李克强院士、黄维和院士、陈志杰院士等战略科学家的指导，对他们的关心和帮助表达真诚的感谢！最后，我们代表本书编写组衷心感谢参加此项工作的全国交通与运载工程学科领域的专家学者及相关工作人员。

本书凝聚了全国交通与运载工程学科专家学者的智慧和心血，是国内外最新的对该学科领域科学问题较为全面的总结和凝练，期盼能对我国交通与运载工程广大学者的科学研究和技术创新产生有益启发，引导学科研究人员尤其是青年学者和研究生聚焦共性科学问题和"卡脖子"技术，从源头上解决科学难题，实现关键问题和核心技术的自立自强。希望本书能有力支撑我国交通与运载工程学科的发展，破解我国交通与运载工程行业在高质量发展中遇到的科学问题和技术难题，引领学科研究前沿，为我国"科技强国"和"交通强国"建设做出应有的贡献。作为交通与运载工程学科科学问题的初次探索，在科学问题征集和凝练过程中虽然努力涵盖各个方向，但难免存在疏漏，各个科学问题的内涵描述也不一定十分准确，希望广大读者批评指正，以便在再版更新时进行补充和修正。

《交通与运载工程学科：前沿技术发展与科学问题》编撰工作总召集人

2023 年 9 月 12 日

目　录

Contents

第一篇
道路交通

第二篇
综合与新型交通系统

第一篇

道 路 交 通

绪　论

道路交通是国民经济、国防安全和人民生活的基础和命脉，也是综合交通体系的关键基础，承担了四分之三的交通客运量与货运量，同时也以巨大的空间资源和能源及环境条件作为支撑。道路交通工程学科的发展始终以重大需求为牵引，以实际问题破解为发展的驱动力。本文在总结交通工程学科发展历史的基础上，分析了道路交通工程学的研究内涵、发展现状及存在的典型问题，并通过研判世界交通科技发展趋势和国家交通科技发展重大需求，对本学科领域科学问题的板块分类和增长点进行归纳分析。希望通过问题征集和梳理，夯实问题来源，汇聚学术共识，凝练真正的科学问题，加速学科守正创新，引领学科良性、有序发展。

1　交通工程学研究历史

20 世纪 30 年代，随着汽车逐渐进入家庭，美国、欧洲等以探索交通流运行规律为切入点，开始了交通工程学研究。20 世纪 30 年代在美国创立了以研究汽车交通为主体的交通工程学科，并将原来的道路研究会（HRB）改为交通研究会（TRB），对国际交通学科影响至今。欧美的一些大学设置交通工程教席，成建制开展学科建设则是起源于 20 世纪 50 年代，日本的多所一流大学也于此时开始了交通工程学的研究和大学教育。20 世纪 50 年代末，我国高校借鉴苏联学科设置模式，在城市建设、土木工程等专业下开设了城市道路与交通方向课程。1979 年，美籍华人张秋先生在同济大学等举办交通工程讲习班，系统介绍当时国际前沿的交通工程知识体系，对我国交通工程学科的诞生起到了重要的推动作用。之后，同济大学、东南大学等一批高校在传统土木工程学科基础上先后建立了交通工程研究团队、机构，并设置了交通工程专业。20 世纪 90 年代开始，伴随着我国大规模道路交通基础设施建设，以及城镇化、机动化进程的不断加快，我国交通工程学科进入快速发展时期。截至 2020 年，我国共有 130 余所高校开设了交通工程学科或专业，每年培养超 2 万名交通工程方向的专业人才。

从学科发展史可以看出，作为一门为交通工程实践和问题破解提供理论指导的学科，交通工程学具有极强的学科交叉性和与时俱进性，其内涵与研究主题在其发展的各个阶段各有侧重，这主要取决于所面临的交通问题特征和社会经济发展状况。

2 交通工程学研究现状

交通工程学是将交通系统中人、载运工具、基础设施、环境之间的关系统一在系统中，研究交通设施规划、设计、运行控制和交通网络、枢纽设施、毗连用地与各种交通方式的关系，探究各自和相互间的内在规律及其最佳配合，以使交通系统更加安全、高效、舒适、经济、方便、低碳及与环境协调。经过40余年的发展，我国道路交通工程研究已成体系，按照内在基础与技术和方法，可分为基础理论层、核心方法层和应用目标层，包括道路交通系统分析与优化、道路交通规划与设计、道路交通信息与控制和道路交通安全与环境等四个方向。其中，道路交通系统分析与优化主要探究人-车-路要素及耦合关系、交通系统的本质规律及分析方法；道路交通规划与设计旨在寻求交通需求与交通供给之间的最佳动态平衡，主要围绕道路网络、公共交通系统、慢行交通系统等道路交通各子系统及其与综合交通系统有机衔接，与国土空间规划等协同的规划与设计方法，以及基础设施服役状态和性态感知与预测等开展研究；道路交通信息与控制主要面向交通运行管理阶段的智能交通系统构建方法、信息融合处理方法和交通系统的调节与控制理论和方法等开展研究；道路交通安全与环境则分别面向平安交通、绿色与生态交通的目标，围绕道路交通事故致因机理、安全分析与评价方法、交通碳排放规律和路侧排放污染扩散模型等开展研究。

近年来，我国交通工程学科不断发展壮大。从2013年起，我国在交通工程领域国际最知名的33种期刊上发表论文数首次超过大部分发达国家，居世界第二位，并不断缩小了与排名第一的美国间的差距。在城市交通资源优化配置、交通设计、混合交通流通行能力分析与协同管控、道路网络交通流与网络均衡、交通系统仿真等方向，我国已经涌现出一批具有重要国际影响力的成果，部分研究成果已转化为实际生产力，在工程实践中发挥了重要的作用。

然而我们也必须清醒地认识到道路交通系统的高度复杂巨系统性和与时俱进性，特别是伴随着新工业革命的兴起，网联化、信息化和智能化正在全面地变革和重构道路交通系统，因此亟须构建新一代的交通工程学2.0体系。本领域的基础理论科研和关键技术研发正面临诸多挑战，主要包括：①系统规律依赖物理系统与行为系统的双反馈，并叠加信息作用干预，形成物理-信息-社会的三元系统作用机制，引发道路交通系统状态演化规律的解析问题；②道路交通网络边界开放，系统供给-需求动态变化，系统受资源与生态强约束逐步显著，交通规划设计与管控优化面临强约束的点-线-面多层次耦合的涟漪效应、长期动态协同与短期过反应等不确定性问题;③道路交通参与者行为随机性强,给行为建模与本质安全提升等带来巨大挑战。

3 交通工程学发展规律与重点方向

在社会经济发展及技术革命的驱动下,交通系统中的人和物、车辆、道路、信息环境等要素间的交互耦合关系历经代际变化,交通系统的核心特征及研究重点也与时俱进。纵观国内外交通工程学科的发展历史与现状,学科发展存在以下规律:①作为一门为交通实践和复杂问题破解提供理论指导的学科,其内涵与研究主题在其发展的各个阶段各有侧重,主要取决于所面临的交通问题特征和社会经济发展状况。②作为重点研究复杂系统要素演变及耦合规律的学科,要素及耦合作用变化也同步引发交通工程研究手段、关键技术研发需求与重点的变化。③交通工程学科从其诞生之日起就呈现出明显的交叉学科特征。系统科学、统计学、工程力学、信息科学等相关学科的发展不仅为交通工程学科提供了丰富的理论源泉,也深刻改变着交通工程学的内涵与体系。

党的十九大以来,中共中央、国务院陆续印发指导交通工作全局的《交通强国建设纲要》和《国家综合立体交通网规划纲要》,要求强化前沿关键科技研发,全面支撑交通基础设施布局、交通装备制造和运输服务提质增效。另一方面,新一轮科技革命和产业变革正加速演进,智能网联交通、车路一体、绿色可持续交通、出行服务等已成为各国培育交通变革发展的重要发力点。

在国家战略需求及未来科技发展背景下,结合道路交通系统现状问题、难点和军民融合趋势,总结得到道路交通工程学科领域增长点包括交通工程2.0、资源约束下服务导向的交通规划与设计、非常态管控与韧性提升、车路一体协同管控、基础设施智能运维、双碳交通、交通系统本质安全、智能网联交通共性技术测评等。

4 道路交通工程科学问题板块设置

根据道路交通工程领域发展现状与趋势,以及道路交通工程问题痛点与科技攻关难点,按照需求牵引、问题导向原则,将自然科学基金委E12本领域的4个二级学科代码分6个板块进行科学问题的组织,包括系统分析、规划与设计、基础设施运维、信息与控制、安全与环境。其中,道路交通系统分析板块仅考虑对道路交通规划与设计、信息与控制、安全、环境等均有共性支撑作用的共性理论问题(如驾驶人特性与驾驶行为、交通流理论、交通仿真实验等);优化相关问题,以及部分仅对单体技术板块起支撑作用的则划入对应技术板块(如出行行为分析划入规划与设计板块,数据分析划入信息与控制板块等)。

本学科领域的问题征集是在国家自然基金委指导下的第一次尝试性工作，征集过程难免存在疏漏和不足，问题的规模与内涵也存在差异。希望广大科研人员持续关注该项工作，在学术共同体的推动下，形成常态化问题征集和共享机制，更希望我国道路交通工程科研人员围绕科学问题开展攻关，以达本学科的国际学术高地和技术前沿，支撑交通强国建设。

第 1 章
道路交通系统分析

道路交通系统分析为交通工程学发展之根基，是揭示交通系统基本规律的基础科学。主要解析研究由交通的主体人和物、车辆、道路、资源、规则、环境和信息等基本要素，通过需求网、运输网、设施网、能源网、服务网、管理与控制网，以及信息网等网络构成，研究与时俱进的复杂道路交通系统内在和外联的有机关系，以及交互运行规律；建立多模式及其混合交通流形成基本理论，揭示道路交通系统运行基本特征与交通状态形成和演化规律；构建驾驶行为谱系，探究驾驶人特性及驾驶行为与运行环境及条件的交互关系；组创复杂交通系统实验与再现方法，仿真交通运行过程，提出可信的智能交通网联技术测评方法等。本板块主要体现自然科学基金委 E1201 二级学科代码（交通系统分析理论）的主要内容，并对其他 5 个板块（道路交通规划与设计、道路交通基础设施运维、道路交通信息与控制、道路交通安全、道路交通环境）均有支撑作用的共性基础理论问题进行描述，对于 E1201 中更具单个板块特征的基础理论将在其对应板块中表述。

长期以来，道路交通系统分析研究以交通流为主线，涉及驾驶行为、交通仿真、交通系统演化特征等内容，近年来更趋向信息化、网联化和智能化环境下复杂交通系统及其解析方法研究。20 世纪 20 ~ 40 年代，汽车以其高度的便利性推动了交通机动化的快速发展，吸引了大量的数学、物理学等多学科的学者们投入到道路交通运行特性的研究中，这一时期车辆保有量低，道路上行驶的车辆相互干扰较少，因此研究建立在车辆行驶相互独立的假定之上。20 世纪 50 ~ 60 年代，世界进入汽车时代，车辆数量明显增长，这一时期以跟车、换道等为特征的驾驶行为模型，以及网络交通流用户均衡模型取得进展。20 世纪 70 ~ 80年代，高速公路陆续出现交通拥堵等新问题，更多学者将交通流类比为流体，建立宏观交通流模型，计算机和编程语言的发展促进了交通计算与仿真功能及精度的提升。20 世纪 90 年代至 21 世纪初，随着交通出行需求的多样化，交通系统复杂性不断显现，呈现出自由流、同步流和堵塞流三种交通相，同时宏观基本图模型被提出以揭示路网层面交通参数关系，交通仿真研究也达到高潮，出现了一批包含宏、中、微观多个尺度的市场化仿真软件。当前，随着交通系统高度信息化与智能化的高度发展，以及智能车辆技术的不断进步，不同网联交通环境下的跟驰换道行为分析与仿真开始受到关注。除了机动车交通，步行交通与非机动车交通，以及道路交通与其他交通模式之间的有机关系也正受到越来越多的关注。

道路交通系统分析几乎伴随着汽车的出现经过了近百年的发展，在交通流理论、交通仿真、驾驶行为等方面取得了丰硕的成果。交通流理论方面，随着新型汽车的普及以及需求牵引，构建宏、中、微观一体化的交通流模型成为主要的研究方向，以进一步明晰高度集计化的交通流与微观离散化的车辆之间的转换关系，另一方面，自行车和行人交通流研究也再度成为热点。交通仿真方面，逐渐形成了"人-车-路-环境-信息"全要素深度微观交通仿真理论体系，混合仿真以及多尺度仿真成为该领域的研究热点。驾驶行为和驾驶人特性方面，复杂多对象、多层、链式反应交互行为的建模，以及网联环境下驾驶人特性到驾驶行为的因果机制正受到高度关注。然而，随着道路交通的网联化、智能化、共享化和绿色化，面向道路交通系统决策支持、优化管理、可信测评等应用，当前的道路交通系统分析体现出以下两方面的理论不足：①人的行为差异性考虑仍显不足，还需精细刻画交通参与者个体特征；②系统要素关联复杂性尚不明晰，体现在道路交通系统内部交互机制不清，外部影响要素及影响机制不明。以智能网联、大数据、人工智能、数字孪生，以及实验科学等技术为代表的新一轮科技革命，为道路交通系统带来了结构性变革，系统要素复杂关联的理论构建将迎来更大挑战。

道路交通系统分析作为交通工程学之根基，随着工业革命的不断发展，物联网、互联网、智能车辆、智能交通设施和全息感知以及现代通信技术等交通相关新科技，正在全面地融入并变革着交通运输系统，特别是道路交通系统已呈重构发展趋势。因此，开展新一代道路交通系统分析理论和方法研究，不仅将支撑新一代道路交通规划与设计、管理与控制、信息化与智能化等各领域的学科发展，还将推动道路交通系统变革与交通工程 2.0 的重构。

面向世界性的交通发展需求与交通科技发展，以及我国交通强国建设的"人享其行，物畅其流"的终极目标，道路交通系统分析重点研究方向包括以下两个方面：①驾驶行为与交通系统深度建模与仿真——针对现实道路交通系统复杂性和交通行为差异性问题，构建深度微观的交通系统仿真理论体系，重点围绕交通系统驾驶行为谱系、混合交通流高精度仿真理论与方法、模型与数据混合驱动的道路交通系统机理解析等方面开展研究。②智能网联环境下交通系统演化分析与关键技术可信测评——针对智能网联环境下系统要素关联复杂性问题，构建深度互联高度复杂系统演化理论体系，拓展道路交通系统数字孪生理论技术，重点围绕新型混合交通流演化机理、多模式交通系统与复合网络交互机制、可信的智能网联汽车虚拟测评平台等方面开展研究。

通用驾驶人模型与驾驶行为谱系构建

Construction of universal driver model and driving behavior spectrum

1　科学问题概述

交通流形成的基础是车辆及其他交通参与者处于运动状态，其中驾驶人行为是影响车辆运动状态的核心因素，因此开展交通运输系统分析的一个重要前提是了解交通系统中车辆行为决策和演化规律，进而进行宏观、微观模型表达和演化机理探索。相关研究表明，道路交通系统事故风险93%以上与驾驶人的驾驶行为、个体特征相关，如果能够提前1s发出事故风险预警，可减少50%～90%的事故，能够显著提升道路安全水平。因此，构建具备通用性的驾驶过程行为建模方法和探索科学合理的驾驶行为规律表达方法，推演交通系统的状态变化过程，指导和干预交通与驾驶行为管理，对于提升交通系统安全、效率具有重要意义。驾驶人的驾驶行为受到“人-车-路-环境”等多种因素影响，对驾驶行为的建模分析是一项既古老又新颖的研究问题。本科学问题主要围绕驾驶行为，重点解决三个方面的问题。

1.1　构建面向全场景/全任务的通用驾驶人模型

传统的驾驶人模型存在着不能全面反映微观特性、不具备普适性与无法反映运行环境变化影响等缺点，为此，需要搭建能攻克上述缺点的通用驾驶人模型。通过构建基于行车任务的认知过程，学习经验驾驶人的决策特征，充分挖掘多任务、多场景、多智能化水平交通系统的驾驶过程规律，从而构建多因素耦合的驾驶人理论模型。现有驾驶人模型未综合考虑驾驶人自身特性、道路条件、车辆状况与外界环境等因素的影响，从微观角度分析驾驶人的驾驶行为变化规律，同时也不能伴随着不同特征改变做出相应的参数调整，模型准确性较低，当前驾驶人模型仅能满足特定的交通场景或日常城市道路驾驶，不能应用于复杂交通流环境（典型拥堵、事故路段）、车路协同环境（智能路网-车车协同）、不利天气环境（雨雪雾霾）、恶劣道路环境（山区高原）等多场景/多任务的交通环境。对此，需要构建能克服现有驾驶人模型缺点，同时能适应全场景/全任务的通用驾驶人模型。基于通用驾驶人模型耦合交通流特性、驾驶人行为特性、环境变化特性，研究行为和交通流变化机理，揭示交通系统发展规律。

1.2 建立驾驶行为谱系架构相关基础理论

传统的驾驶行为研究主要针对某一类驾驶行为开展实验研究，如驾驶人疲劳、分心、路怒等，缺少从驾驶人生理属性、感知属性、决策属性和操作属性等角度，全方位表征驾驶人驾驶过程中的相互约束关系及行为规律。因此，需要构建基于驾驶行为特征的驾驶人行为谱，描述驾驶人在驾驶过程中的行为产生、交互变化与演化规律，在谱系架构中，定义与提取行为谱中的特征指标和评价指标，特征指标用于定性分析驾驶行为谱的表现特征，评价指标用于定量分析产生驾驶行为谱表现特征的数据对象，基于特征选择表达与理论方法最终建立和完善驾驶行为谱系架构。

1.3 通用驾驶人模型和驾驶行为谱系的协同应用

应用深度学习融合谱系架构与通用驾驶人模型，问题在于如何将基于通用驾驶人模型自学习精准实时采集的复杂环境下驾驶人微观行为特性与驾驶行为谱系特征进行数据转换融合，实时特征识别、数据交换处理是研究难点；结合行为特性构建的驾驶行为谱进行微观特性约束关系与行为规律的研究，演化动态特征变化规律与阈值分布，计算通用驾驶人模型约束下的驾驶人行为谱特征值，协同特征值调整驾驶行为，形成闭环管控，最终可构建出一套记录驾驶人行为特征与反映驾驶人认知规律的综合驾驶人决策和行为模型体系。针对交通系统的效率问题，本科学问题研究形成的模型体系在微观层面可用于交通系统状态分析、优化与评价，在宏观层面可作为交通拥堵预测的理论基础和决策依据；针对交通系统的安全问题，本模型体系可用于解释车车冲突、车路冲突等交通风险场景，可用于解释驾驶行为绩效下降规律，实现驾驶行为和交通事故风险预测预警。

2 科学问题背景

在智能网联汽车逐渐普及和人工智能、大数据技术不断发展的背景下，我国不同层级的联网联控系统或智慧交通管理系统，能够采集精细化的车辆自然驾驶数据，这些数据为研究精细化驾驶行为提供了车辆感知和操作数据基础；另一方面，智能网联环境下车辆的运动规律可能会发生一些变化，总体而言，车辆会更安全、高效和环保地运动，同时车辆接收到的各种提示、预警等信息会大幅增加，车车和车路之间的交互会更加频繁。传统的驾驶人模型和驾驶行为理论方法已不能满足网联环境下的交通系统分析需求，在现有人-车-路-环境下驾驶人驾驶行为的不可控性、个体性、差异性等特点使得交通系统分析精准性不够，亟须研发出一套针对驾驶人行为的新理论、新方法和新技术，描述驾驶行为演化规律和机理。为突破上述技术瓶颈，一系列关键科学问题有待研究：①复杂环境或智能网联环境下驾驶行为作用规律需要加以考虑；车辆通过网联协同获取高精度的实时运行数据，相较于传统驾驶行为存在哪些变化，考虑行为特性规律差异，在传统模型与复杂网联环境模型中需改变特定参数或实时测量参数的值以进行匹配和体现。②通用驾驶人模型搭建存在困难，在现有驾驶人模型的基础上综合考虑交通系统特性搭建能在不同交通环境下实时评估驾驶人行为特性的通用驾驶人模型，需要综合考虑的因素较多，耦合关联难度大，同时达到环境适应性效果难度大。③驾驶行为系统分析模型的融合算法欠缺，基于深度学习编写融合算法，探索谱系架构运行机理与驾驶人模型的评价规则，在联网数据的基础上不断调整算法相关参数，提高准确性。

综上，无论是为了满足未来交通系统的车辆智能化水平服务需求，还是为了满足交通系统自主决策和控制的管理需求，都需要构建一套深入的驾驶行为谱与通用驾驶人模型，实现通用驾驶人模型特性的精准识别、特征提取，融合驾驶人行为谱，分析动态变化特征，实时监测、管控驾驶人行为，做出规划指导，实现交通系统的有效改善。

3　科学问题研究进展

进一步开展基于驾驶行为的交通系统分析研究，内容主要包括解决交通系统行为微观决策规律、交通系统驾驶行为风险规律两个主要方向，其中驾驶人行为模型构建主要集中在驾驶决策过程和认知行为理论建模方面，驾驶行为风险评估主要集中在驾驶行为风险量化表达和规律建模方面。

3.1　通用驾驶人模型构建方法

随着网联自动驾驶技术和车路协同技术的发展，车辆在道路上的运动受到越来越多的研究者关注。自从 20 世纪 50 年代 Pipes 等人研究跟驰模型开始，微观驾驶行为模型一直受到学者的关注。从最初的刺激-反应模型、安全距离模型、生理-心理模型、基于效用理论的换道模型等，到考虑人机混驾、人机共驾的微观驾驶行为模型，再到基于机器学习算法和数据驱动的微观驾驶行为模型，这些研究伴随着时代和技术进步展开，为更安全、高效和环保的出行作出了重要的贡献。尽管微观驾驶行为建模分析的研究已经取得了丰富的研究成果，但是缺乏对现有模型进行统一的整合：①缺乏不同类型模型（如跟驰模型和换道模型）之间的耦合，使得很难从宏观层面对不同类型模型的组合效果进行评估；②由于交通系统复杂多变，一个模型很难适用于所有场景，需要借助统一的仿真框架来寻找特定场景最适合的微观交通流模型。

3.2　驾驶人行为谱构建方法

现有对驾驶行为谱的研究主要包括基于风险驾驶行为的个体特征模型、基于车辆行驶轨迹的行为谱特征值计算和基于谱系聚类的事故预测模型等。驾驶人行为谱可以甄别驾驶人的驾驶行为风格，并对驾驶人分类，可以直观地描述驾驶人的行为特征与变化规律。但驾驶行为谱的构建目前主要存在以下不足：①驾驶人个体差异因素影响在驾驶行为谱构建过程中往往被忽略，建立高效的个性化行为规律快速挖掘和学习方法是未来研究的一个重点；②驾驶行为谱构建过程的工况考虑还不完善，目前还无法覆盖全场景和全任务，尤其是在智能网联环境下的驾驶行为谱构建还缺少系统研究。结合多维数据构建驾驶行为谱能有效反映驾驶人在驾驶过程中的操作、心理、视觉等变化趋势，数据的完整性极为重要，构建一套实时记录驾驶人行为特征的行为谱系架构亟须推进。

3.3 驾驶行为实时风险评估技术

现有行为风险评估研究多是通过特定的仪器、软件识别驾驶行为特征，并基于这些客观驾驶行为特征开展酒驾/疲劳/分心等危险行为检测、基于高风险事件(如急加速、急减速)识别的行为风险评估、基于特征参数建模的行为风险评估等。目前，国内外针对疲劳等驾驶行为的风险研究多集中在对融合行为参数进行行为辨识方面，对于周期性规律和个性化特征考虑不足；针对行车安全事件方面，主要构建了行车安全事件与交通事故间的关联模型，选取安全替代指标进行了分析，对于事故原因和形态影响考虑不足；针对行为风险评估则需要融合多元参数进行风险建模和验证，神经网络、随机森林等算法常被应用于此类驾驶行为识别，但模型建立过程的推演过程往往不清晰，无法迁移到其他场景中，不具备普适性。

综上，现有针对驾驶人驾驶行为谱与通用驾驶人模型构建的研究还不够全面系统。谱系架构特征挖掘存在难度，特征数据处理方法待完善。通用驾驶人模型需在现有驾驶人模型基础上考虑交通系统因素，探索实时评价驾驶人的方法体系，谱系架构与通用驾驶人模型可协同应用于事故防控，挖掘驾驶人行为机理，揭示交通系统运行规律。

主要参考文献

[1] 陆键，王可，蒋愚明. 基于车辆行驶轨迹的道路不良驾驶行为实时辨识方法[J]. 交通运输工程学报，2020，20(6)：227-235.

[2] 王可，陆键，蒋愚明. 基于车辆行驶轨迹的道路不良驾驶行为谱构建与特征值计算方法[J]. 交通运输工程学报，2020，20(6)：236-249.

[3] 张旭欣，王雪松，马勇，等. 驾驶行为与驾驶风险国际研究进展[J]. 中国公路学报，2020，33(6)：1-17.

[4] Qi X, Ni Y, Xu Y, et al. Autonomous vehicles' car-following drivability evaluation based on driving behavior spectrum reference model[J]. Transportation Research Record Journal of the Transportation Research Board, 2021.

[5] Liu H L, Taniguchi T, Tanaka Y, et al. Visualization of driving behavior based on hidden feature extraction by using deep learning[J]. IEEE Transactions on Intelligent Transportation Systems, 2017, 18(9): 2477-2489.
[6] Chen S W, Fang C Y, Tien C T. Driving behaviour modelling system based on graph construction[J]. Transportation Research Part C: Emerging Technologies, 2013, 26: 314-330.
[7] Zhang H, Wu C Z, Yan X P, et al. The Effect of fatigue driving on car following behavior [J]. Transportation Research Part F: Traffic Psychology and Behaviour, 2016: 80-89.
[8] 孙一帆,吴超仲,张晖,等. 个体差异对转向指标疲劳辨识能力的影响分析[J]. 中国公路学报, 2020, 33(6): 157-167.
[9] Sun Y F, Wu C Z, Zhang H. Extraction of optimal fatigue driving steering indicators considering individual differences[J]. IET Intelligent Transport Systems, 2021, 15 (5): 606-618.
[10] He Z, Zheng L, Guan W. A simple nonparametric car-following model driven by field data [J]. Transportation Research Part B: Methodological, 2015, 80: 185-201.

撰稿人:吴超仲(武汉理工大学)　张晖(武汉理工大学)　赵晓华(北京工业大学)
贺正冰(北京工业大学)　张健(北京工业大学)

智能网联混合交通流结构演化机制及系统特性

Mechanism of structure evolution of intelligent and connected mixed traffic flow and related properties

1　科学问题概述

作为交通、汽车、通信、控制、人工智能等行业加速跨界融合的新兴产物,智能网联汽车在近年诞生,并在世界范围内得到了快速发展。智能网联汽车的兴起将引发交通形态的巨大变化,推动智能交通研究迈入新的阶段。近年来,《国家综合立体交通网规划纲要》《国家车联网产业标准体系建设指南(车辆智能管理)》《智能网联汽车技术路线图 2.0》等相关政策、标准、体系的相继发布,表明了智能网联汽车时代的到来。

智能网联汽车对车载和路侧基础设施的智能程度要求较高,但现实中智能网联汽车的普及,车车、车路协同基础设施的部署和传统交通系统要素的升级和换代需要较长的周期。因此,未来很长一段时间道路上将呈现人工驾驶汽车和智能网联汽车混行的局面。

此外，考虑到智能网联汽车比人工驾驶车辆具有更广泛的信息感知与交互能力、更敏捷的反应能力以及更准确的控制能力，当智能网联汽车以队列结构行驶时，不仅能够减少车辆油耗，还能极大地增加道路的通行能力，提升交通安全。然而，道路上的智能网联汽车并非一直保持结队状态，由人工驾驶汽车和智能网联汽车组成的混合交通流总是从无序、混杂的状态演化成有序的、结构化的队列行驶状态。那么，新型混合交通流如何从无序演化到有序？车辆组成、车队规模、车队长度将如何影响混合交通流的系统特征？智能网联车队的编队方式与换道机制将对新型混合交通流的演化产生怎样的影响？这些问题的解决是智能网联交通管控的基础，也是提升交通安全，提高交通效率，降低交通排放与能耗的关键。

国内外学者已在新型混合交通流领域进行了较为深入的研究，但仍存在一些普遍待解决的瓶颈问题：①难以描述系统结构参数对混合交通流的影响作用，现有对于新型混合交通流结构的研究主要侧重于不同车辆类型(人工驾驶汽车、自适应巡航控制车辆、协同自适应巡航控制车辆)的比例和位置分布，不足以描述智能网联汽车车队规模、长度分布等系统结构参数对混合交通流的影响。②未能解析智能网联汽车诱发混合交通流结构演化的内在机制，智能网联汽车可通过诱导、编队、分解、重组等行为促进混合交通流从无序到有序的演化，而混合交通流内部结构的演化具体如何启动、如何发展以及最终系统是否能达到平衡、演化后的宏微观交通流将呈现怎样的新型特性等问题尚不明晰。③智能网联车队规划与协同控制算法有待开发，现有车队规划与控制算法的研究大多未考虑新型混合交通流特性，如何充分利用宏微观新型混合交通流特性，基于车车协同和车路协同技术，开发面向宏观车队规划、微观车队控制的算法是提高控制系统效率和鲁棒性的关键。

因此，解析智能网联混合交通流结构演化机制，揭示混合交通流结构演化过程的系统特性是未来智能网联交通管控的关键科学问题。该问题的解决不仅有利于提升交通效率，而且还能够减少车辆能耗，改善交通安全。

2 科学问题背景

近年来，智能网联汽车被认为是有望从改善人工驾驶车流内在缺陷的角度解决交通拥堵、安全、能耗等问题的新途径。但对于未来很长一段时期内的混合交通流而言，智能网联汽车与人工驾驶汽车在交通流内的空间分布是随机的，特别是在智能网联汽车渗透率较低的阶段，这种空间分布的随机性会导致智能网联汽车分散于整个车流之中，难以形成队列。根据现有研究成果，智能网联汽车在非编队状态下难以提升交通流性能，甚至会引起交通流通行能力、安全风险、稳定性等方面的恶化。

智能网联汽车编队行驶可避免其因分散而导致的交通流性能损失。然而，随机分布的智能网联汽车需通过换道组织方可形成一定规模的编队。频繁、无规则的换道行为将对上游交通流产生严重干扰，进而诱发交通振荡和时走时停交通波，造成安全风险急剧增大以及通行能力陡降。根据相关统计,因无序换道行为造成的交通事故约占总交通事故的4% ~18%,造成的交通延误约占总延误的10%。因此,若智能网联汽车通过无序、强行换道形成编队,将对交通流造成极大的负面影响。

为了克服上述问题,需对智能网联汽车的编队进行有效的规划、组织与控制。无论何种智能网联汽车编队方式,在本质上体现的均是交通流内部结构的演化过程。如何从通用性与普适性视角考察智能网联汽车混合交通流结构演化机制将是一项具有挑战性与前瞻性的工作。同时,如何通过标准化测试量化评估混合交通流结构演化对通行能力、稳定性、交通安全以及能耗排放等交通流系统特性的影响,也是亟待解决的问题。

3　科学问题研究进展

智能网联混合交通流内部结构的演化机制及系统特性本质上依赖于智能网联汽车编队、分解、重组等任务的优化策略与控制方式。依据控制方式不同,目前对于混合流结构演化的研究主要分为三种技术路线:基于车车协同的路线、基于车路协同的路线、基于车路一体化的路线。

3.1　基于车车协同的混合交通流结构演化机理与系统特性

基于车车协同的技术路线是当前的主流路线之一,并在工程中得到广泛的应用。该技术路线以车载智能单元为中心,是一种分布式控制结构。通过车辆之间的实时信息交互,实现对车辆运动的协同控制与优化,进而实现对车队形成、分解与重组的过程控制。具体流程为:①车辆通过车车通信寻找最近智能网联汽车或车队,并发出结队信号。②接收信息的智能网联汽车根据实际情况(是否达到最大车队长度、是否需要进行队列重组等)可选择接受或拒绝结队请求。③若接受结队请求,则两者分别基于车载单元控制车辆(换道、加减速等)进行结队;若拒绝,则车辆重新寻找其他智能网联汽车或车队完成结队需求。因此,基于车车协同的技术路线,不仅能够实现交通流基于车辆个体的自组织演化,还可保证交通流的局部稳定与安全。主要方法包括微观交通流理论、最优控制、轨迹规划与控制、稳定性分析等理论方法。

基于车车协同的技术路线存在以下难点:①面向复杂交通场景,仅能从车辆层面进行优化,缺乏对交通流系统全局最优的考量,无法获得系统最优;②对单车系统在感知、通信、计算方面的要求很高。

3.2　基于车路协同的混合交通流结构演化机理与系统特性

车路协同技术近年来得到学术上的广泛研究,并在工程上初步探索实践。车路协同采用集中式控制方法和全局最优的控制策略,实现车队的形成、分解与重组。在这一过程中,路侧智能控制系统根据交通流运行特性,从混合交通流系统层面,计算最优的智能网联汽车编队方式,并将控制指令通过车路协同的方式发送至智能网联汽车,控制或诱导其形成有利于道路交通流全局效益最优的智能网联汽车编队形式。主要方法包括交通流建模、博弈论、轨迹规划等理论方法。

基于车路协同的技术路线存在以下难点:①面对智能网联汽车与人工驾驶汽车混合行驶的复杂交通场景,路侧智能控制系统难以精确感知并控制所有个体车辆的运动轨迹,尤其是人工驾驶汽车。②车路协同技术采用集中式优化和控制方法,一方面需在路侧智能控制系统的计算能力方面有所突破,另一方面,集中式控制系统的鲁棒性提升问题也是重要的挑战。

3.3 车路一体化条件下混合交通流结构演化机理与系统特性

车路一体化是目前智能网联交通技术的另一发展趋势,在车路一体化条件下,由智能网联汽车与智能路侧设施组成的“车-路”系统将“车-路”集中式控制与“车-车”分布式控制相结合,从宏观与微观两个层级实现交通流全局优化以及车辆轨迹的局部控制。在上层的宏观控制层级,系统基于车路协同技术对道路交通流信息进行融合处理,以交通流运行效益最优为目标,计算全局最优的智能网联汽车编队、分解、重组等方案;下层的微观控制层级在接收到上层的决策方案后,基于车车协同技术以车辆实际运行状态以及周围交通环境信息为约束,计算局部智能网联汽车编队、分解、重组过程的轨迹协同控制方案,并实时控制相关车辆完成换道。主要方法包括系统工程理论、协同决策控制、多目标优化等理论方法。

基于车路一体化的技术路线存在以下难点:①该方法采用了集中式与分布式相结合的控制方式,系统结构复杂,模型构建与算法设计难度较大。②车路一体化技术路线所得到的控制结果并非完全意义上的系统最优方案,如何在全局层面车路协同控制与局部层面车车协同控制两者之间做好协调是关键。

综上所述,现有智能网联混合交通流结构演化机制的研究主要围绕上述三种技术路线开展,这三种技术路线的优劣势、成熟度各异,因此未来研究趋势及发展潜力有所不同:

(1)车车协同采用局部分布式控制技术路线,对道路基础设施智能化要求较低,适用于大部分交通场景。然而,该技术路线对单车智能化要求高,且忽视了交通流系统层面的整体效益,适用于智能网联初期粗放型管控需求。

(2)车路协同采用整体集中式控制技术路线,理论上可实现混合交通流的系统最优控制,但对所有车辆均进行实时轨迹控制难度大,对于路侧控制系统的计算能力、车路通信的可靠性和控制系统鲁棒性均提出了很高的要求。

(3)车路一体化采用集中式与分布式相结合的技术路线,兼顾了混合交通流整体交通效益与智能网联汽车编队、分解、重组过程的轨迹控制,是未来智能网联混合交通流内部交通组织与控制的极具潜力的发展模式。

主要参考文献

[1] 李林恒,甘婧,曲栩,等.智能网联环境下基于安全势场理论的车辆换道模型[J].中国公路学报,2021,34(6):184-195.

[2] Aga B, Xl A, Jm C . A mixed traffic speed harmonization model with connected autonomous vehicles[J]. Transportation Research Part C: Emerging Technologies,2019,104:210-233.

[3] Ali Y,Haque M,Zheng Z,et al. A hazard-based duration model to quantify the impact of connected driving environment on safety during mandatory lane-changing [J]. Transportation Research Part C: Emerging Technologies,2019,106:113-131.

[4] Ghiasi A,Hussain O,Qian Z,et al. A mixed traffic capacity analysis and lane management model for connected automated vehicles: a markov chain method [J]. Transportation Research Part B: Methodological,2017,106:266-292.

[5] Kasture P,Nishimura H. Platoon definitions and analysis of correlation between number of platoons and jamming in traffic system[J]. IEEE Transactions on Intelligent Transportation Systems,2021,22(1):319-328.

[6] Sala M,Soriguera F. Capacity of a freeway lane with platoons of autonomous vehicles mixed with regular traffic [J]. Transportation Research Part B: Methodological, 2021, 147: 116-131.

[7] Woo S,Skabardonis A. Flow-aware platoon formation of connected automated vehicles in a mixed traffic with human-driven vehicles[J]. Transportation Research Part C: Emerging Technologies,2021,133:103442.

[8] Xiong X,Sha J,Jin L. Optimizing coordinated vehicle platooning: an analytical approach based on stochastic dynamic programming [J]. Transportation Research Part B: Methodological,2021,150:482-502.

[9] Zhou J,Zhu F. Modeling the fundamental diagram of mixed human-driven and connected automated vehicles[J]. Transportation Research Part C: Emerging Technologies, 2020, 115:102614.

[10] Zhou J,Zhu F. Analytical analysis of the effect of maximum platoon size of connected and automated vehicles[J]. Transportation Research Part C: Emerging Technologies, 2021, 122:102882.

撰稿人:王昊(东南大学)　姚志洪(西南交通大学)　秦严严(重庆交通大学)
曲栩(东南大学)

交通系统超微观建模仿真理论与方法

Traffic system ultramicroscopic simulation theory and methodology

1 科学问题概述

理论解析、观测实验与建模仿真是人类认识和改造世界的三类基本科学范式。一方面,交通系统边界开放、动态时变,系统自组织,属于典型的复杂系统;另一方面,交通设施工程建设不可逆,因此对交通系统进行理论建模分析误差大,工程方案现场实验成本高、风险大。自20世纪90年代开始,交通系统建模仿真成为再现交通流运行规律,揭示交通系统运行特征,对交通工程系统进行规划设计、管理控制和优化的核心实验手段和工具。

据统计,交通仿真系统已在全球120余个国家的2500多个城市广泛应用,主流微观仿真软件包括德国VISSIM、美国TransModeler、西班牙Aimsun以及国内的TESS NG等。尽管这些微观仿真软件在全世界得到了广泛的应用,但仍存在“建模方法粗”“仿真要素缺”“评价维度少”等三大问题,难以满足混合交通流高精度模拟以及智能网联交通代际更新带来的新技术评价需求。

1.1 建模方法粗

以机动化交通流为主,车道为基本单元的经典建模理论无法准确模拟混杂多交互运行环境。现有模型大多采取基于车道-路段-路径的结构化建模方式,重在模拟车辆在车道内及车道间的交互,然而实际运行环境中交通组成异质,特别是在非结构化道路上,交通参与者运行呈现明显的非基于车道的多样轨迹,并存在一对一、一对多、多对多的交互,现有模型难以再现二维平面上的复杂交互。

1.2 仿真要素缺

经典交通建模仿真方法简化驾驶人、信息等交通系统关键要素描述,无法适应智能网联时代的模拟需求。智能网联交通系统中人机共驾、人机混驾等新型混合交通流长期存在,“驾驶人”仍是核心要素,信息的影响也将渗透到驾驶人行为的各个阶段。现有建模仿真将人、车要素合成,核心关注“车-路-环境”三要素耦合作用,缺少对驾驶人及信息内在作用机制的描述,无法适应智能网联交通模拟需求。

1.3 评价维度少

以效率评价导向的仿真模型参数标定结果单一,多维评估目标下模型参数标定取值多样，组合众多，仿真模型的可信度评估成为另一问题。现有仿真建模重在关注系统运行效率类结果评价，涉及标定参数相对较少且取值基本固定。面向效率、安全、环境、风险等多维评估需求，涉及模型参数众多，且不同评估需求下标定出的模型参数取值不同，仿真模型可信度评估体系和方法有待研究。

2　科学问题背景

交通仿真是复杂交通系统评估、分析与优化的核心技术手段，交通仿真系统则是交通行业的工业基础软件。自 20 世纪 90 年代交通仿真技术进入中国以来，国外仿真系统垄断了在我国交通行业的应用。随着自动驾驶、数字城市及智能网联技术的发展，交通行业对仿真技术的依赖将更加突出。2018 年美国商务部工业安全局将“交通与物流系统建模与仿真”列为出口管制技术，交通仿真已成为我国交通行业的关键“卡脖子”技术。近年来，同济大学团队打破垄断，自主研发了 TESS NG 仿真系统并逐步推广应用，但上述三大问题仍未完全解决。

因此，为进一步实现自主可控仿真系统的换道超车，彻底打破国外仿真技术的出口管制，亟须打破现有仿真系统的建模、仿真方法论，探索构建新一代仿真系统实现范式，我们称之为“超微观仿真理论方法”。即通过攻克混行场景多主体交互演化机制、人-车-路-环境-信息全要素表征与形式化描述、交通仿真系统可信度评估与仿真参数自学习方法等三大科学问题，探索构建交通系统超微观建模仿真理论体系（图 1）。

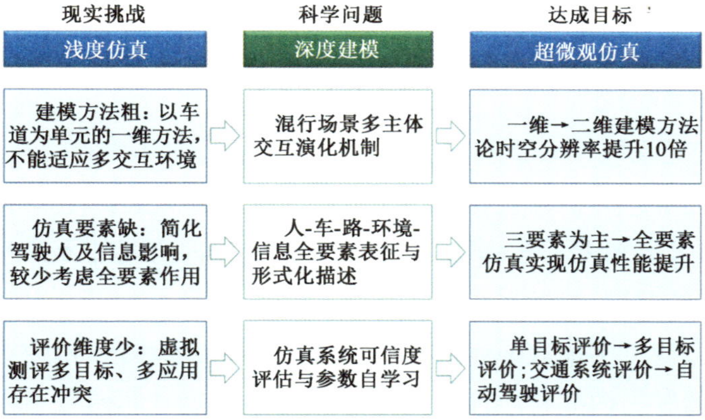

图 1　交通系统超微观建模仿真理论体系

3　科学问题研究进展

针对图 1 中所列超微观仿真建模的三大科学问题，分别从混合交通流复杂交互行为建模、全要素耦合关系解析与建模仿真，以及交通仿真系统可信度评估与参数标定等方向阐述现有研究进展。

3.1 混合交通流复杂交互行为建模

交互行为建模是微观交通建模仿真的核心，是决定仿真模型精度的关键。混合交通流复杂交互行为建模的常见方法包括三类：①基于车道的模型。目前大部分的商用交通仿真软件均使用基于车道或细分的虚拟车道模型来实现车辆在车道内和车道间的交互，跟驰模型、换道模型和间隙选择模型是基本组成部分，但上述模型都是一维模型，交通参与者之间的交互一般通过预设在模型里的简单规则来实现，交通参与者横向运动表现较差。②元胞自动机(Cellular Automata，CA)模型。CA 模型是一个时空离散化模型，其在运算效率上具有明显的优势，但从车辆运动角度来说 CA 本质上仍然为一维模型，从车辆交互角度来看 CA 的交互规则对所有的道路使用者是同质的，并且在通行过程中具有足够的间隙不会发生碰撞。该模型运算效率高，规则简单，适合描述交通流宏观特征，但仿真精度低，交通流微观特性无法表征，无法进行安全评价。③基于平面的模型。目前最常见的基于平面的模型是社会力模型。从车辆运动的角度看，社会力模型是一个二维运动模型，但基本社会力模型行为动机和决策过程描述模糊，改进模型涉及参数多，参数标定有一定难度。此外，有学者提出了以平面网格为单元，基于认知理论构建“感知—决策—执行”三层框架的二维仿真方法，初步实现了交叉口、瓶颈路段等典型混杂交互区域二维平面仿真。前两类做法由于车道及网格的假设，难以真正实现二维平面上的建模仿真；第三类做法在二维平面交互行为建模探索上已取得了一定的进展，但既有模型较为零散，亟须建立混合交通流基于平面的统一建模方法论。

3.2 全要素耦合关系解析与建模仿真

“驾驶人”是交通系统核心要素，交通系统其他要素，如环境和信息等通过影响“驾驶人”继而影响驾驶行为。目前驾驶行为建模中对人因的考虑主要有两种做法：①通过在经典模型中增加人因参数来表示人格特质，重点关注驾驶人之间的异质性。如在跟驰模型中添加与人因相关的参数，并考虑其均值及分布特性，如反应时间、驾驶人估计误差、空间预期和时间预期等，通过实证数据标定相关参数。②通过(动态)函数或模型来解释驾驶人行为机理，体现驾驶人内部异质性。如构建驾驶人反应时间函数、感知阈值机制模型、基于前景理论的风险机制和任务-能力接口模型等，体现驾驶人在不同场景下行为的差异性。但上述方法模型复杂，标定存在较大困难。

面向智能网联环境，已有不少学者考虑了信息对驾驶行为的影响，但目前的主要做法是假设驾驶人在接收到信息后行为会发生改变，并在驾驶行为模型中改变相应参数取值。如跟驰模型中选取较小的固定车头时距和反应时间，换道模型中考虑到车辆能感知其他车辆位置从而实现更平顺的换道。已有做法均未从本质上解释信息对驾驶行为变化的因果关系，并耦合至仿真模型中。现有研究对交通系统中“人”和“信息”的建模进行了探索，但存在人因数据采集困难、模型标定困难、可移植性差，以及全要素作用机理和耦合机制考虑不足等问题。

3.3　交通仿真系统可信度评估与参数标定

仿真模型可信度是进行仿真应用的基本前提，仿真模型的参数标定结果决定了仿真模型的可信度。现有仿真可信度评价往往采用定性和定量结合的方法，将交通效率作为主要的评价指标，评价指标大体可分为三类：①交通拥堵的位置、开始和结束时间或速度时空图等描述瓶颈发生的时空范围的指标；②速度、流量、行程时间、排队长度等和通行能力相关指标的误差；③速度-密度图或速度-流量图等交通流基本图，并比较其与实证数据的一致性。

经典的参数标定方法采取端到端的方法，即选择行程时间、排队长度等与通行能力相关指标的误差最小作为优化目标，通过遗传算法、基于正交试验的最小二乘法等优化算法对驾驶行为参数进行标定，参数标定结果固定且唯一。

超微观仿真系统需要在效率之外，从安全、风险、环境等更多维度进行评价，同时，由于采用了新的建模方法论，全要素建模涉及异构模型融合，导致参数较多，既有慢变量参数，又有动态时变参数，很难通过端到端学习方法完成参数标定。现有方法无法考虑多维评估需求下仿真过程参数的动态性和关联性，无法解决多维目标下的模型可信度评估问题。

综上所述，现有研究在建模方法论、全要素仿真、多维评价和参数标定等方面难以满足混合交通流高精度模拟以及智能网联交通代际更新带来的新技术评价需求，因此亟须从以下三方面着手，构建和完善交通系统超微观建模仿真理论与方法：

（1）突破现有建模方法中基于车道或离散网格的做法，构建混合交通流基于平面的统一建模方法论，从而精确模拟混合交通流多主体复杂交互场景。

（2）突破现有仿真主要关注“车-路-环境”三要素的局限，耦合人因和信息等要素的作用，研究“人-车-路-环境-信息”全要素表征与形式化描述方法及信息环境下通用驾驶人仿真模型。

（3）突破效率主导的单一维度评价和端到端的参数标定，研究基于数据的仿真参数自学习和自标定方法，提升模型的可信度，满足安全、效率、风险、能耗等多维评估需求。

主要参考文献

[1] Nagel K, Schreckenberg M. A cellular automaton model for freeway traffic[J]. Journal De Physique I, 1992, 2(12): 2221-2229.

[2] Helbing D, Molnár P. Social force model for pedestrian dynamics[J]. Physical Review E,

1995,51(5):4282-4286.

[3] Ma Z,Sun J,Wang Y. A two-dimensional simulation model for modelling turning vehicles at mixed-flow intersections [J]. Transportation Research Part C: Emerging Technologies, 2017,75(2):103-119.

[4] Samer H,Hamdar,Hani S, et al. From behavioral psychology to acceleration modeling: Calibration,validation,and exploration of drivers' cognitive and safety parameters in a risk-taking environment[J]. Transportation Research Part B:Methodological,2015(78):32-53.

[5] Saifuzzaman M,Zheng Z,Haque M M,et al. Revisiting the task-capability interface model for incorporating human factors into car-following models[J]. Transportation research part B:Methodological,2015,82:1-19.

[6] 孙剑,张一豪,王俊骅. 基于自然驾驶数据的分心驾驶行为识别方法. 中国公路学报，2020,33(9):225-235.

[7] Van Lint J W C, Calvert S C. A generic multi-level framework for microscopic traffic simulation—theory and an example case in modelling driver distraction[J]. Transportation Research Part B:Methodological,2018,117:63-86.

[8] Chen X,Sun J,Ma Z,et al. Investigating the long-and short-term driving characteristics and incorporating them into car-following models[J]. Transportation Research Part C:Emerging Technologies,2020,117:102698.

[9] Song Z, Wang H, Sun J, et al. Evaluating environmental and safety impact using micro-simulations: experimental findings with VISSIM and TransModeler [J]. Transportation Research Record,2674 (8),566-580.

撰稿人：孙剑(同济大学)　倪颖(同济大学)

模型与数据混合驱动的交通流智能体微观仿真建模方法

Multi-agent microscopic traffic flow simulation and modeling: model-driven and data-driven hybrid approaches

1　科学问题概述

《交通强国建设纲要》的颁布，“新基建”等政策的相继出台，5G、云计算、大数据、物联网及人工智能等技术的不断革新，交通行业迈入数字化转型升级的历史性变革新阶段。交通仿真是创建数字化交通系统的关键技术，是实现与现实交通系统平行、创建孪生虚拟交通系统的重要基础。随着现实交通系统的不断发展,移动互联环境为大规模精细交通行为数据的获取和处理提供了重要基础,发展具备全息要素感知、实时数据互联、自主学习决策、在线并行计算的新型仿真技术成为必然趋势。

传统微观交通流仿真是基于数理模型刻画交通系统参与体(如机动车、非机动车、行人等)之间以及各实体与交通环境、交通设施之间的交互作用,运用计算机技术再现或预测现实交通系统的运行过程。交通流仿真广泛应用于交通设计方案评估、交通问题优化求解、交通政策实施效果预测等方面。但由于交通实体之间的交互关系具有非线性、时变性、随机性,基于模型的仿真通常难以精准刻画交通系统内各要素之间的相互作用;同时仿真模型由于缺乏对场景的理解能力和适应能力,仿真结果的准确性与可靠性高度依赖于工程技术人员自身对具体仿真问题的认知;此外,传统仿真系统不具备大数据实时处理与反馈优化的条件,缺乏自我学习和自我进化能力,难以满足未来实时在线仿真和数字孪生系统的技术要求。

自20世纪80年代开始,国内外学者已在微观交通流仿真建模领域深耕多年,研发了大量的机动车、非机动车与行人微观交通流仿真模型。但时至今日,主流商用微观交通流仿真软件仍采用基于规则的仿真模型内核,无法为高动态、未知环境下的复杂交通系统提供精准、细粒度的仿真结果,总体来说有以下三大瓶颈:①交通流仿真模型智能化水平不高。基于规则的仿真模型难以精确刻画复杂的多模式交通流交互行为,且模型标定和自我优化困难;基于机器学习的仿真模型缺乏推理能力和场景迁移能力,对未知场景的仿真可靠性差。②交通智能体自学习机制不够完善。若需实现高度虚拟现实的交通仿真,交通智能体需具备对现实世界交通大数据的处理、计算和学习能力,以及可不断迭代更新的场景认知、推理、决策与执行能力,因而需建立一套交通智能体自学习机制。③交通流仿真模型缺乏标准化的测试验证场景库。目前交通流仿真模型的验证工作缺乏标准化流程与规范,其中主要原因之一是缺乏系统、可靠的经验数据与测试验证场景库,而标准化场景库的构建在工程经验与显性需求之上,需要系统化、理论化的场景事件生成技术与复杂性评估方法。

因此,在解决复杂交通系统微观交通流仿真的过程中,如何通过现实世界的交通大数据实现交通智能体模型的自学习,构建同时具备类人推理能力(规则推理)和先验经验(数据驱动)自学习能力的交通智能体,并通过标准化的测试验证流程评估交通流仿真模型的场景重现能力与场景适应能力,最终实现构建与现实交通系统平行的交通数字孪生系统,是微观交通流仿真建模领域亟须解决的关键问题。

2　科学问题背景

随着经济社会的快速发展和城镇化进程的加快,交通拥堵及其引发的交通安全、碳排放等问题日益突出，这给交通优化和管理工作带来了严峻挑战。当前，城市交通治理的综合化、精细化和智能化已是大势所趋。2020年，全国仅智能交通投入就超过了1800亿元。然而，大量的交通基础设施建设投资、涉及众多出行者的交通政策制定以及综合化的交通管控措施实施都缺乏科学的决策与评估，导致相关交通政策与管控措施的前期决策不清、后期效果不明。由于现实交通系统的不可再现性和不可实验性，交通流仿真是实现交通设计、政策评估和交通管控评价的重要工具。现有的微观交通流仿真模型主要是基于具体交通规则、面向特定交通场景(跟驰、换道、间隙接受等)所构建的，在交通个体之间以及交通行为实体与交通设施及管控措施之间交互行为的建模方面研究尚显不足，导致交通流仿真模型对复杂交通场景、多类型交互行为以及多样化管控措施的刻画能力弱，无法复现和预测现实环境中各类交通政策与管控措施的定量影响。

当前，交通系统呈现智慧化和低碳化的发展趋势。一方面，各类精细化、智能化的交通治理措施(可变车道、待转区等)层出不穷，导致交通规则以及交互机制发生巨大变化；另一方面，低碳绿色导向的慢行交通出行方式日益受到关注，机动车和行人、非机动车等慢行交通之间的交互场景不断凸显。因此，面向交通管控精细化、智能化的需求，急需构建以交通智能体为核心的仿真模型，有效支撑交通系统的在线仿真与数字孪生。

3 科学问题研究进展

微观交通流仿真以交通实体动力学模型与仿真场景为输入，主要完成个体或群体微观交通行为模拟的任务。依据交通流仿真建模策略与输入条件的不同，目前对于微观交通流仿真建模的方法主要分为三种：基于规则的建模方法、基于推理的建模方法以及基于数据驱动的建模方法。

3.1 基于规则的建模方法

基于规则的建模方法是近三十年微观交通仿真建模的主流技术路线，通过构建结构化的交通环境与规则来简化实际交通系统的复杂性。例如：车流仿真大多基于“起讫点-路径-路段-车道”的多尺度仿真结构，在高速公路基本路段、影响区(合流、分流、交织)以及间断流设施上研究车辆的跟驰与换道模型；非机动车与行人仿真将车流的一维车道拓展到二维平面，常通过时间与空间离散定义智能体运动规则，在真实或简化的场景中模拟全局或局部的交通流运行。

基于规则的交通流仿真建模思路依据交通流表征参数的尺度分为三种类型：①宏观模型。一般视交通对象集合为连续流体，采用势场等物理量模拟交通流运动，常见的有基本图模型、流体动力学模型、LWR(Lighthill，Whitham and Richards，LWR)模型、元胞传输模型(Cell Transmission Model，CTM)等。②中观模型。融合考虑交通行为效用与选择，常见的有车头时距分布模型、间隙接受模型、基于离散选择的运动模型等。③微观模型。更多考虑个体交通行为与交互行为细节，通过定义智能体驱动与排斥规则实现微观动力学仿真，常见的有元胞自动机模型、跟驰模型、换道模型等。

基于规则的建模方法存在以下难点：①行人、非机动车等交通主体受交通规则约束较弱，难以精准模拟实际行为；②以宏观交通流特征为建模目标的模型，无法准确描述多模式混合交通流复杂交互环境；③多模式交通系统行为差异性难以用统一规则描述。

3.2　基于推理的建模方法

从技术路线上看，基于推理的行为建模通常可分为基于规则的推理和基于概率的推理两类。基于规则的推理主要是用规则刻画智能体的行为，从而模拟人的感知、认知和选择过程。此过程又可分为两步：首先，智能体将观察到的周围环境及交通信息等解析为形式化的状态表达；然后，推理引擎从给定知识库中激活匹配成功的规则，从而触发规则后件动作。推理过程中可以同时触发多条规则，因此需要设定冲突消解机制来保证最后得到唯一的动作结果。基于概率的推理主要是将行为产生建模为概率图模型，如贝叶斯网络、马尔可夫网络（过程）等。在给定交通状态的条件下，通过模型直接计算候选动作的概率，进而得到结果动作。

基于推理的建模方法存在以下难点：①对人的决策过程把握不够，导致推理模型的特征变量难以准确界定；②由于个体行为数据获取具有局限性，导致模型的精准标定存在困难；③模型的维护、更新开销较大，导致智能体的学习能力偏弱；④多场景下的推理模型特征较多、规模较大，导致推理效率不高。

3.3　基于数据驱动的建模方法

基于数据驱动的建模得益于近年来深度学习技术的突破。此方法通常基于端到端的深度神经网络，如卷积神经网络（Convolutional Neural Networks，CNN）、循环神经网络（Recurrent Neural Network，RNN）、Transformer 等，采用监督学习的方法训练得到网络模型。训练完成后，给定原始交通感知数据，模型可直接计算行为动作。数据驱动建模的一大优势是避免了特征选取的困难，直接利用机器的学习能力自动发现智能体的行为规律。另外，随着 GPU（Graphic Processing Unit）加速技术的发展和算力的提高，深度神经网络的计算速度显著提升，相比推理的方法更能适应复杂交通场景的计算需求。

基于数据驱动的建模存在以下难点：①极端场景下的训练数据难以获取，导致模型学习到的知识有限，泛化能力较差。因此亟须研究在可控实验下，异质数据的生成与增广方法，提高模型的鲁棒性。②模型的复杂度较高、可解释性差，无法对决策过程进行溯源分析，难以应用于安全性要求较高的场景。③模型受感知数据的噪声影响较大，且不同模型之间的可复用性较低。

综上所述，现有微观交通智能体仿真建模研究主要围绕上述三种技术路线展开，然而三种技术路线在建模方法与算力要求方面存在差异，因此未来研究趋势及发展潜力有所不同：

(1)基于规则的仿真建模路线实现难度低，计算效率高，是近期落地应用的优先选择，但其在自学习能力、场景适配能力上存在固有缺陷，随着算力的不断提升，该路线终将被整合升级。

(2)基于推理的仿真建模路线实现难度高，不同场景下行为不确定性较大，且涉及行为本质参数难以精准量化，因果关系较难推断。其未来研究趋势在于强人工智能技术的进步带来的行为本质自学习能力与数据驱动建模路线的深度结合。

(3)基于数据驱动的仿真建模路线，能够更好地应用于强随机、高动态的真实复杂交通场景。然而，受制于当前深度学习理论的局限性，该路线的仿真结果的可解释性不足，智能体的泛化学习能力较弱，未来需增强模型可解释性，完善测试场景，进而释放其应用潜力。

主要参考文献

[1] Avila A M, Mezi I. Data-driven analysis and forecasting of highway traffic dynamics[J]. Nature Communications, 2020, 11(1): 1-16.

[2] Duives D C, Daamen W, Hoogendoorn S P. State-of-the-art crowd motion simulation models[J]. Transportation Research Part C: Emerging Technologies, 2013, 37: 193-209.

[3] Feng S, Yan X, Sun H, et al. Intelligent driving intelligence test for autonomous vehicles with naturalistic and adversarial environment[J]. Nature Communications, 2021, 12(1): 1-14.

[4] Guo N, Jiang R, Wong S C, et al. Modeling the interactions of pedestrians and cyclists in mixed flow conditions in uni- and bidirectional flows on a shared pedestrian-cycle road[J]. Transportation Research Part B: Methodological, 2020, 139: 259-284.

[5] Hoogendoorn S P, Bovy P H L. State-of-the-art of vehicular traffic flow modelling[J]. Proceedings of the Institution of Mechanical Engineers Part F: Journal Rail and Rapid Transit, 2001, 215(215): 283-303.

[6] Huang Y, Wang H, Khajepour A, et al. A novel local motion planning framework for autonomous vehicles based on resistance network and model predictive control[J]. IEEE Transactions on Vehicular Technology, 2020, 69(1): 55-66.

[7] Li L, Jiang R, He Z, et al. Trajectory data-based traffic flow studies: a revisit[J]. Transportation Research Part C: Emerging Technologies, 2020, 114: 225-240.

[8] Wang F Y. Toward a revolution in transportation operations: AI for complex systems[J]. Intelligent Systems IEEE, 2008, 23(6): 8-13.

[9] Ye P, Tao W, Wang F Y. A survey of cognitive architectures in the past 20 years[J]. IEEE Transactions on Cybernetics, 2018, 48(12): 3280-3290.

[10] Zhao Y, Zhang H M. A unified follow-the-leader model for vehicle, bicycle and pedestrian traffic[J]. Transportation Research Part B: Methodological, 2017, 105: 315-327.

撰稿人：王昊(东南大学)　金盛(浙江大学)　陆丽丽(宁波大学)
叶佩军(中国科学院自动化研究所)　施晓蒙(东南大学)

CHAPTER TWO

第 2 章
道路交通规划与设计

作为支撑交通工程学科的核心基础，道路交通规划与设计的本质是寻求交通需求与交通供给之间的平衡，基于对道路交通系统交通需求与预测分析，重点研究交通供给的建设任务、规模及设计方法，并以道路交通系统资源为约束条件，对现有和未来建设的交通系统及其设施加以优化设计，寻求改善交通的最佳方案，精细化确定交通系统及其构成要素。

道路交通规划与设计的研究起源于汽车的发展和普及。1908 年，福特汽车实现流水线批量生产，汽车很快进入美国家庭，20 世纪 30 年代在美国创立了以研究汽车交通为主体的交通工程学科。20 世纪 50 年代以前，道路交通规划与设计所采用的方法和技术主要是以道路断面交通流量为基础、配以局部地区交通分配来决策道路建设任务和规模。20 世纪 50 ~ 70 年代，道路交通规划与设计越来越注重全面的交通需求分析以及与城市规划的协调发展，以交通生成、交通分布、交通方式划分和交通分配为核心的四阶段需求分析方法被提出并应用，开创了道路交通规划理论的先河，并基于交通流特征进行道路几何设计。20 世纪 70 ~ 90 年代，基于离散选择模型的非集计交通需求分析方法被应用到实践中，活动-出行模型、动态分析模型被相继提出和应用，支撑道路交通规划方案编制；网络设计理论和方法也被提出，影响至今。

我国道路交通规划与设计的研究起步相对较晚。20 世纪 70 ~ 80 年代，以张秋先生为代表的华人专家将交通规划与设计理念引入中国，我国研究者逐步意识到交通基础设施有序规划的重要性。20 世纪 80 ~ 90 年代，自行车和汽车保有量逐年增加，城市交通机非混行特征明显，交通拥堵、交通排放等问题开始显现。“四阶段”等定量化交通分析方法开始应用到我国道路交通规划和设计中。20 世纪 90 年代至 21 世纪第 1 个 10 年，道路交通规划与设计开始重视对交通需求的引导，道路拥堵收费、公交专用道、可变车道等策略被国内交通管理者所使用。

进入21世纪第1个10年，随着计算机、移动互联、自动驾驶、人工智能、智慧出行等新型技术和服务手段的发展，国内外的研究开始并轨，道路交通规划与设计越来越关注绿色低碳交通、交通系统韧性、交通数字化与服务智能化；大数据分析、复杂网络及数字孪生等新理论方法逐步被应用在道路交通规划与设计中。

当前，在大数据、互联网、人工智能、自动驾驶等新一轮科技革命的趋势下，道路交通规划与设计正在向“实、硬、科学化”发展。在核心理论方法层面，复杂交通系统的动态、精准推演与资源优化配置理论和方法逐渐得以建立；此外，计算性能与机器学习的发展，也带来了多尺度交通宏中观仿真模拟与量化评估技术的提升。在应用层面，逐渐向规划与设计一体化协同、交通要素与模式协同等方向拓展。

然而，当前仍存在一些问题制约着我国交通系统的高质量发展：①交通资源受限，被动适应需求增长，交通拥堵严重。如何科学地解析时空资源与供需结构关系，提出可行的交通规划与集成设计方法，是一直困扰交通研究者的难题。②交通网络衔接不畅，换乘效率低下，运输成本高。现阶段尚未形成面向多模式交通系统有效衔接的理论与方法体系，难以为道路交通运输效能提升提供技术支撑。③传统交通资源配置缺乏智慧内核，无法主动决策。此类问题的根源在于数字网联交通研究刚刚起步，尚未形成面向未来交通运行的规划设计方法。

随着《交通强国建设纲要》《国家综合立体交通网规划纲要》等的制定实施，我国道路交通系统将迎来全新的发展契机。交通强国建设对道路交通系统提出了更高的要求，交通基础设施、交通装备、运输服务等呈现绿色化、网络化、数字化和智能化发展趋势。当下以土地、能源为主的资源约束和以生态、排放等为主的环境约束不断强化，未来交通系统的供需矛盾将更加突出。此外，新一轮科技革命和产业变革的快速发展，正在推动交通运输系统向着新的形态和结构演化，驱使道路交通规划与设计理论发生变革，交通需求分析理论将从原有的单一维度扩展为链式活动和组合出行，道路通行能力理论也在向人机混合交通与车路协同理论延伸，交通供需协同机理更加复杂，不同要素间的不确定性和非线性关联加剧。

鉴于发展阶段的变化以及资源环境的约束，国内外交通系统皆逐步从不断扩张建设转向改建与更新、管理与服务，以及信息化与智能化方向发展。因此，未来的道路交通规划与设计内涵和研究重点也将发生重大变化。面向现代化高质量交通系统发展目标，道路交通规划与设计重点研究方向包括以下三个方面：①资源环境约束下的道路交通规划与设计。针对资源供给、环境容量多重约束下的交通系统资源优化配置和交通韧性增强建设的问题，重点研究资源环境约束下交通系统供需分析、城市更新与交通资源优化配置、道路交通网络韧性规划、城市道路交通生命线与多功能车道设计等。②服务导向型道路交通系统资源配置。针对道路交通设施服务协同与运输效能提升的问题，重点研究道路交通系统资源柔性分配、完整街道与道路交通协同优化设计、服务导向的道路空间资源优化配置等。③道路交通系统数字化规划与设计。针对数字交通发展和道路基础设施智能服役的问题，重点研究道路交通设施与数字设施协同规划设计、自动驾驶与新型混合交通规划设计、导航系统影响和数字化导向的交通系统资源配置等。

资源环境约束条件下交通系统供需优化

Optimization of transportation systems supply and demand under resources and environmental constraints

1 科学问题概述

纵观城市与交通发展，从 1933 年《雅典宪章》的物质空间决定论，将城市空间分为居住、工作、游憩和交通空间，到 1977 年《马丘比丘宪章》的社会文化论，提出城市必须对人类的各种需求作出解释和反应，再到 1996 年联合国第二次人居大会提出“宜居城市”概念。特别是 2000 年，美国规划协会联合 60 家公共团体组建“美国精明增长联盟”(Smart Growth America)，确定精明增长的核心内容为：用足城市存量空间，减少盲目扩张；加强对现有社区的重建，重新开发废弃、污染工业用地，以节约基础设施和公共服务成本；城市建设相对集中，空间紧凑，用地功能混合，鼓励乘坐公共交通和步行，保护开放空间和创造舒适的环境，通过鼓励、限制和保护措施，实现经济、环境和社会的协调。近年来，我国提出的城市更新理论，以及起源于日本的都市再造理论、新城市主义等理念也得到了各方重视。由此可见，城市与交通的发展极具时代性和与时俱进性，随着资源与环境约束而不断回归其本质。

然而，世界范围的城市交通拥堵仍愈演愈烈，宜居城市与和谐交通的实践仍在探索途中。伴随快速城市化、机动化，不断增长的活动和出行需求与有限的交通供给之间的矛盾更趋激化，究其根源，是未能充分重视资源(土地等)与环境(生态等)等多重约束下的交通系统可持续发展。作为人口、经济和交通大国，我国土地资源匮乏，适宜居住的二类以上用地占比仅 26%，交通设施用地被控制在建设用地的 25% 以内[《城市用地分类与规划建设用地标准》(GB 50137—2011)]，城市中心城区交通用地已达高限。2021 年 9 月 24 日发布的《中共中央　国务院关于完整准确全面贯彻新发展理念做好碳达峰碳中和工作的意见》明确要加快推进低碳交通运输体系建设。因此，未来交通系统的发展亟须应对更加突出的供需矛盾，且必须充分考虑以土地、能源为主的资源约束和以生态、排放为主的环境约束。

既有的交通系统研究与实践多是面向汽车交通设施新建与改建需要，采用按需定供思路，概念性地自上而下规划、设计、管理交通系统。未能有效地考虑资源环境强约束条件下交通系统供需协同优化，从而导致了交通系统供给过度扩张、潜能挖掘不足，需求任性发展、精准化调控不足，难以适应交通系统可持续发展，更难实现“人享其行、物畅其流”的目标。

2　科学问题背景

未来的交通系统发展，必然将充分考虑资源环境强约束这一重要前提，通过城市与交通系统的不断更新及其供需协同优化，更加追求出行品质的根本提升，以实现宜居城市与交通可持续和谐发展目标。主要的背景源自：

2.1　交通系统供需发展的可持续性

交通系统的供需优化若不能充分考虑城市、社会及人类发展的基本诉求，供给被动适应需求，将导致交通与城市的不可持续发展。美国洛杉矶的交通发展即是典型的案例。洛杉矶人口密度仅 0.337 万人/km^2，交通设施用地占比 38%，交通运输业能耗占城市发展总能耗的比例超过 30%，但其交通拥堵程度却在全球名列前茅。与之形成鲜明对比的是新加坡，其人口密度是洛杉矶的 2 倍多(0.748 万人/km^2)，交通设施用地仅是其三分之一(用地占比 12%)，交通运输业能耗占比约为 16%。哪种交通发展模式可持续，如何推进其可持续发展，是我们必须科学回答的问题和必须做出的选择。

2.2　交通系统供需发展的集约化

交通系统粗放型发展，出行服务低品质，资源环境将不可持续。实践证明，无节制、无视资源环境约束地扩张城市与发展交通已不可取。考虑资源环境约束，有效协调交通系统供需关系，优化供给适应性，提升需求的可调控性乃至改变需求结构，将是城市与交通可持续发展的重大课题。

3　科学问题研究进展

以往交通供需优化相关研究可归纳为如下 5 类问题：考虑资源环境约束的交通系统分析研究、多目标优化研究、规划层供需优化研究、设计层供需优化研究、管理层供需优化研究等。

3.1　考虑资源环境约束的交通系统分析研究

以交通可持续发展为目标，提出了相关发展对策，如资源优化配置、鼓励发展新能源等。在交通系统评价中更关注资源占用及环境影响，从理论层面探索了交通资源承载力和交通环境污染承载力的概念。然而，该技术路线具有明显的局限性：一方面未关注资源环境承载能力的动态变化特征，另一方面尚未将资源环境约束下的交通承载力融入系统构筑及其供需优化对策。

3.2 多目标优化研究

从交通系统运行出发，以用户个体效率最大化（用户最优、个体延误最小等）、交通系统总体效率最大化（系统最优、系统用时最小等）为优化目标，分析交通运行状态及其调控措施。该路线看似能最大程度发挥交通系统的效能，实质上仅考虑了运载工具个体和总体移动效能的最大化；相关成果多面向交通系统的新建，而非更新；几乎未考虑资源与环境对交通系统发展的强约束作用，以及交通供给资源深耕与交通需求结构的改变和供需关系的重构。

3.3 规划层供需优化研究

交通规划是基于历史和现状的交通供需状况、人口、经济、土地利用之间相互关系的分析，结合交通运输发展需求的分析及预测，确定未来交通运输设施建设的规模、结构、布局等。该路线的着眼点是供给满足需求或适应需求，属于被动追随型供需平衡；对资源环境约束条件弱考虑，对供需的辩证关系、耦合机理以及匹配性研究不足；而且交通规划、设计与管理欠贯通且弱协调，供需平衡调控的有效性难以保障。在可持续发展背景下，科学引导交通体系向资源节约型、环境友好型发展，应从规划层优化供需平衡。

3.4 设计层供需优化研究

交通设计上接城市与交通规划，下接交通管理，直接接交通设施工程，以实现交通的功能、性能和系统最佳为目标，是对交通系统要素进行优化、组合、设计的方法和技术体系。在一定的供需结构特征下，从设计层促进供需优化效果较为明显。但其仍存在局限性：难以从源头上调整和引导供需结构优化；与规划的协同性和集成性不足，对资源环境约束的优化空间有限；在交通系统供给资源配置设计方面尚须进一步按人分配、优化设计。

3.5 管理层供需优化研究

交通管理是从改善交通系统的基本要求出发，通过对交通系统基本特征和规律的理解与把握，调整并优化交通需求，充分利用交通供给（包括时间和空间资源）、最佳协调供需关系，最大限度实现交通系统的基本功能、提升交通系统性能，动态维持交通系统供需最佳化。交通管理层的供需优化对策主要有两方面：①交通系统管理（TSM），从供给侧出发，充分利用现有交通资源，采用各种手段、方法、技术及交通规则，提高运行效率，促进供需平衡；②交通需求管理（TDM），从需求侧出发，通过经济、社会、政策、法规和技术等综合手段，对交通的发生源进行引导、控制，调整出行的时空分布，改“按需增供”为“按供控需”，促进供需平衡。

管理层供需优化研究从供给侧和需求侧双向调节，促进供需平衡。尚存在以下局限：①管理的理念仍以效率为主，尚未转变为服务导向的发展理念；②对资源环境约束条件下的供需协同、管理与规划和设计协同、需求可调控性管理及有约束优先研究缺乏；③对交通系统数字化、智能化等新技术研究不足。

4　总结与展望

综上，既有的交通系统供需优化研究对未来交通系统发展所面临的资源环境强约束条件的考虑不足，因此，在这一充满挑战又不断变革的领域亟须攻克以下问题：

（1）资源环境约束的辨识及其与交通系统关联性解析。资源环境约束并非是一个常量，而是与城市功能定位、区域空间及其变化特征等密切相关。例如老城区与新城区、中心城区与城郊、城市与乡村，其所面临的资源占用、环境与生态等约束具有明显差异。为此需辨识交通系统发展所面临的资源及环境约束的具体内涵，研究交通系统可用资源的适度范围和阈值，明晰交通可持续发展的合理模式与系统结构。

（2）资源环境约束下交通系统供给侧优化。面向城市与交通运输系统的更新发展，研究资源环境强约束下的交通设施网络建设容量与合理结构；重构资源环境约束下的供给侧优化方法体系：从规划层研究设施的变结构可行性，从设计层研究设施资源整合与集约化利用及多功能复用，从管理层研究空间资源动态利用与系统时空潜能协同挖掘等。

（3）资源环境约束下交通系统需求侧优化。面向交通系统可持续发展，解析资源环境约束与人/物移动服务容量的有机关系；研究资源环境强约束条件下合理的交通需求发展模式，以及合理的交通需求结构与规模；研究“由供定需”和“按供调需”协同机制；结合交通数字化智能化趋势，研究需求侧智能优化技术，包括溯源性交通需求主动调控技术、预约出行与服务、不拥挤道路和不拥挤交叉口等。

（4）资源环境约束条件下交通系统供需协同优化。探索以往“由需定供”与当前更新发展期的“按供调需”协同优化。在规划与设计协同层面，研究资源环境约束下的多模式交通运输系统整合规划和集成优化设计，研究规划中的关键慢变量、设计中的关键快变量的提取及测度方法；研究上位规划的慢变量与下位设计的快变量之间的有效协同，重构规划与设计的关系，包括土地利用与变结构设计，个体交通与公共交通，供需时空关系与动态等的最佳协同关系。在管理与服务协同层面，基于交通系统管理理念提升约束条件下供给的适应性和深度利用，研究交通的精细化、精准化管理关键技术；基于交通需求管理理念提升需求的可调节性和结构可变性；整合研究交通需求管理与交通系统管理，充分实现约束条件下交通系统要素和供需关系的最佳协同；以“人享其行，物畅其流”、提升服务品质为目标，研究约束条件下的出行链-服务链-供给链-管理链的最佳协同，以及实现全龄化服务、个性化服务、出行即服务等关键技术。

主要参考文献

[1] 中共中央　国务院. 交通强国建设纲要[EB/OL]. [2019-09-19]. http://www.gov.cn/zhengce/2019-09/19/content_5431432.html.

[2] 交通运输部. 综合运输服务“十四五”发展规划[EB/OL]. [2021-11-18]. https://xxgk.mot.gov.cn/2020/jigou/ysfws/202111/t20211118_3626733.html.

[3] 《中国公路学报》编辑部. 中国交通工程学术研究综述·2016[J]. 中国公路学报，2016，29(6)：1-161.

[4] 王之中，皮大伟，吴兵. 从工程科学走向工程技术——新时期交通与运载工程学科发展与展望[J]. 交通运输工程学报，2021，21(5)：1-5.

[5] Chen G, Li X, Liu X, et al. Global projections of future urban land expansion under shared socioeconomic pathways[J]. Nature communications, 2020, 11(1): 1-12.

[6] Petri G, Expert P, Jensen H J, et al. Entangled communities and spatial synchronization lead to criticality in urban traffic[J]. Scientific reports, 2013, 3(1): 1-8.

撰稿人：杨晓光(同济大学)　云美萍(同济大学)

城市形态与土地利用时空演变下的交通出行需求分析

Analysis of travel demand under temporal-spatial evolution of urban form and land use

1　科学问题概述

在我国城市人口不断增加、城市形态与土地利用时空演变的背景下，多元化交通出行需求分析起到了关键作用。一方面，可以辅助交通运输主管部门对各种交通模式进行有效调控与管理，为其提供决策支持，改善交通供需失衡与多模式交通配置不合理所引起的交通拥堵、交通事故、居民出行距离变长、环境污染等“城市病”；另一方面，通过对我国城市形态与土地利用时空演变下的交通出行需求演化规律进行分析，为城市土地利用与交通规划提供支撑,对于优化城市土地利用布局,提升城市出行效率,实现城市可持续发展,完善城市交通规划理论具有重要的现实意义。

城市形态、土地利用与交通供需的互动关系是城市地理学、城市交通规划学和城市规划学的研究热点。我国的城市形态与土地利用呈现时空演变特性,交通出行需求分析面临诸多挑战,主要表现为:①城市形态、土地利用与交通供需之间存在复杂的互动反馈机制。城市形态与土地利用对多模式交通系统发展起到了约束与指向作用,同时交通系统对城市形态和土地利用布局具有引领作用;另外,交通供需失衡与多模式交通系统配置的不合理,则会影响城市形态的可持续发展,三者互动反馈并相互制约。②城市形态与土地利用具有时空演变特性。城市人口不断增加,市区用地逐步扩张,城市多模式交通系统需要对此做出迅速反应,以满足不同城市形态与土地利用下的交通需求,目前考虑这种时空演变条件下的交通需求演化规律的相关研究缺乏综合性、动态性与连续性,而交通大数据源多集中于近几年,如何与土地利用分析相结合,如何应用交通大数据对长期交通规划效果进行准确预测,尚缺乏相关深入研究。③交通模式多元化与整体性并存。城市交通呈现出复杂性、多层次性以及反馈性,各交通模式之间存在复杂动态竞合关系,如何根据各交通模式的优势与特征实现交通系统协同并提高城市整体交通效率亟待研究。④通常考虑的规划政策和系统要素较为单一。事实上交通运输主管部门与其他规划管理部门在进行政策调整与优化时,为了推动与鼓励政策的顺利实施,常将多个政策或系统要素组合实行,目前多变量叠加影响下的出行需求分析较为缺乏,对实践的指导性不强。

因此,在交通出行需求分析的理论方法与实际应用层面,还需要研究城市形态、土地利用与交通供需之间的互馈机制,构建城市形态、土地利用与交通系统的一体化模型,探讨城市形态与土地利用演变下的交通出行需求演化规律,综合考虑交通模式的发展,分析新型交通模式与传统交通模式的竞合关系,探究出行者在多模式交通中的出行规律,并考虑道路承载力、车辆容量以及票价等实际要素,构建交通需求预测模型,模拟各类典型决策与应用场景,分析单项决策及多项决策叠加下的城市交通需求,最终形成城市形态与土地利用时空演变下的交通出行需求分析理论与方法。

2　科学问题背景

用地是经济发展、人类生产和文明传播的载体,在城市发展历程中,土地利用演变对经济社会发展带来的影响包括推动生产力及经济活力、创造就业机会以及提高居民生活水平。在城市空间形态快速演变时期,真正实施的建成环境、出行政策等与交通网络规划、建设时期所使用的假设往往存在着较大的差异,导致规划设计阶段的出行需求分析与预测的准确性难以保障。同时,居民个体属性和生活方式存在差异性,个体出行特征具有多样性及波动性,城市形态的快速演变进一步加快了生活方式,尤其是出行方式的变革。

出行需求的外部环境变化，给出行规律挖掘与特征分析带来了挑战。

分析城市形态与土地利用时空演变下的交通出行需求，有助于建立功能明确、结构合理的综合交通网络结构，实现秩序化、人性化的交通空间环境；有助于形成与交通协调发展的城市空间结构，提高城市交通需求管理科学性；有助于落实公交优先发展的政策，推动交通系统的可持续绿色发展。在挖掘城市形态和土地利用演化过程机理研究中，需要科学构建网络模型评价指标，选定合适的指标阈值界限，适用于交通网络演变过程。对于经典空间网络模型，除了考虑交通环境及可达性之外，还需要进一步考虑地理要素、经济要素、交通政策及可持续发展约束，建立适合中国城市发展特色的优化目标。在交通出行需求上，可以从以下三个方面展开：①分析城市空间结构与交通网络的互相作用机制，以及城市空间结构对居民出行需求的影响效应，剖析出行需求与城市空间结构、交通可达性的关联性问题。②融合多源交通大数据提取居民出行信息，分析居民出行时空规律及其可变性。利用手机信令数据、公交数据、地铁数据、出租汽车数据、网约车及共享单车数据、其他经济活动数据等，提取多模式交通出行的时空分布特征，解析组合出行链及其动态变化规律，构建适用于不同出行方式及组合出行的多模式出行需求分析与出行选择模型。③分析城市公共交通出行的影响机制，分析新型出行方式、备选出行方式对出行选择的影响，分析出行选择时变性及弹性，优化出行需求与交通供给动态平衡，提高交通基础设施利用率和多模式出行效率，提高交通系统可持续性与自组织能力。

3 科学问题研究进展

城市形态与土地利用时空演变下的交通出行需求分析，主要是研究不同城市形态、土地利用下的出行需求演化规律，辨识城市形态、土地利用与交通出行需求之间的耦合互动关系，挖掘动态时空下的互动关系演变机制，搭建城市形态与土地利用时空演变下交通出行需求模型等，主要包括以下四种技术路线：

3.1 传统四阶段法及活动分析技术路线

传统四阶段模型是以交通分析小区为对象，建立城市形态、土地利用与群体交通出行需求关系数学模型，通过交通生成、交通分布、交通方式划分和交通分配实现交通出行需求分析。传统四阶段分析路线存在以下难点：①各类数学模型的构建需要合理的物理机理假设与抽象，模型的通用性和适用性需要理论支撑；②建模分析以及模型标定需要大量的调查数据(如 OD 数据)，数据获取难度较大且精度较低。

基于活动的交通出行需求分析路线认为出行是一种派生需求，源于分布在空间上的活动，重点研究活动行为的顺序和模式，强调社会经济属性、交通网络以及空间布局对个体出行在时间和空间上的影响。该领域研究以计算过程模型、基于 Hazard 函数的持续时间模型、结构方程模型和离散选择模型为主。基于活动的分析路线存在以下难点：①需要大量的出行信息积累，特别是对出行数据详细程度要求高，须详细记录出行线路与费用，增加了交通调查难度和数据分析处理工作量；②活动方法扩大了出行的分析场景，增加了交通行为分析的难度；③内在外在影响因素多，模型构建、精度检验、模型标定、软件开发工作都有相当的难度。

3.2　多源数据驱动的交通出行需求分析技术路线

多源数据驱动是基于复杂的城市形态、土地利用与交通出行需求参数，通过机器学习技术，探索城市形态与土地利用演变下的交通出行需求分析模型。该路线主要包括三个模块：①出行规律演变解析。挖掘多时空尺度下居民出行特征，提出基于多源数据的全过程、跨时空出行行为规律动态辨识技术。②耦合关系演化建模。研究城市形态、土地利用、居民活动/出行行为与交通出行需求耦合作用机理，针对典型城市形态和土地利用建立交通出行需求生成及时空演化模型。③出行需求分析技术。将多源交通数据进行融合，构建数据驱动的交通出行需求分析技术。该领域研究以决策树、随机森林算法、逻辑回归、支持向量机、朴素贝叶斯、K 最近邻算法、AdaBoost 算法、神经网络等机器学习算法为主。

多源数据驱动技术路线存在以下难点：①城市形态、土地利用、居民活动/出行行为与交通出行需求关键参数的选取，需要丰富的经验和复杂的数据模型测试；②随着城市形态与土地利用时空演变，需要进一步探索多源异构的多模式交通关联、匹配、补偿和融合技术，挖掘适应不同城市形态的多模式交通出行需求生成和网络时空演化模型；③如何在以机器学习为主的分析技术中融入数学解析模型，形成数据与模型双驱动的交通出行需求分析技术，提升模型的可解释性和通用性。

3.3　城市形态、土地利用与交通需求交互作用分析技术路线

城市形态与土地利用是交通需求生成与分布的根本，土地可达性直接影响交通需求生成、交通分布以及交通方式选择，而交通需求反作用于城市形态和土地利用。交通需求分析一般以回归分析、交叉分类、离散选择模型等方法为主，交互作用机理分析主要包括：①城市形态特征与土地利用布局组成成分定量化表示；②不同城市形态、土地利用特性下交通需求波动及弹性的分析；③城市形态、土地利用与交通需求、交通方式选择间定量关系的挖掘。

城市形态、土地利用与交通需求交互作用分析技术路线的主要难点在于：①城市形态、土地利用特性难以找到全面准确的指标进行定量衡量，指标的选取以及定量化表示需要大量的数据对比。②交通需求受社会经济属性、家庭特征、出行特性等多方面影响，分析城市形态、土地利用引起交通需求波动易受到其余特性变化的影响，进一步挖掘城市形

态、土地利用与其余特性间的相关性以提升模型分析结果的准确性成为难点。③不同区域城市形态、土地利用差异较大，建立模型分析交互机理应尽可能保证模型泛化性，以便在不同区域进行复现与分析。

3.4 外部环境时空演变下的交通出行需求分析技术路线

城市形态与交通行为实证研究通常采用回归分析来检验两者的关系，通常包含四类变量：交通行为变量、城市形态变量、社会人口变量和态度变量。基于不同的研究目的和指标特征，学者们采用了多种回归方法，如线性回归、Logistic 回归、负二项回归等。由于同一交通分区的个人或家庭共用相同的城市形态指标会造成最小二乘法的标准误差被低估，从而影响显著性检验。为此，原单位法与交叉分类模型应运而生，将人口或者家庭按照收入、小汽车拥有量及土地利用类型等分成多种类别，基于出行调查数据标定的交通生成或者吸引率来估计交通需求。该方法避免了回归分析中存在的拟合度不高，标准误差被低估等问题，但是需要判定重要的分类变量并基于这些变量确定每个单位或者分类的交通生成与吸引率。

城市形态特征与交通行为研究存在的问题主要是由以下原因造成的：①各研究采用的研究方法、研究对象、指标体系及其测度的空间尺度不同；②不同社会经济和城市环境下，城市形态特征与交通行为的关系存在差异性；③城市形态特征的改变对交通行为的影响是双向的，其对交通行为的净影响取决于各地的具体情况，提高密度、多样性及路网连通性会提高可达性，从而降低出行成本。未来这一领域的研究可以在以下几个方面展开：①扩大研究的空间尺度，考虑城市空间及可达性变化对交通需求的影响；②加强经济及政策因素分析，量化城市形态变化与城市交通政策的联合效应；③细化基于不同人群的研究，考虑出行选择的多样性与灵活性；④面向行业发展新业态，分析新科技对城市形态与交通行为关系的影响。

4 总结与展望

综上所述，现有交通出行需求分析研究主要围绕以上四种研究路线展开，前两种路线侧重剖析从经典交通出行需求分析至数据模型双驱动出行行为表达的发展历程，后两种则重点阐释了在城市形态与土地利用时空演变下的交通大数据分析方法和城市形态特征的量化表达。各路线的优劣势及成熟度各异，均具有一定的发展及应用潜力。

展望未来，研究城市形态-多模式交通系统-交通需求交互作用机制，构建城市形态划分的定量表征方法，确定城市交通结构系统要素构成；研究公交主导型土地利用与多模式交通系统耦合机制，揭示不同类型公交主导型土地利用的形成机理，挖掘土地利用形态与多模式交通系统要素之间的定量化关系；研究不同的公交主导型土地利用形态对城市多模式交通出行需求的影响机理，构建公交主导型交通出行行为目标的城市土地利用规划方法；研究未来城市群发展新趋势和大城市存量规划要求下的快慢变量选择与多样化随机交通出行需求特征，揭示城市间和城市内的多尺度出行需求生成机理与交互影响规律，实现"人享其行"的目标。

主要参考文献

[1] Boarnet M, Crane R. The influence of land use on travel behavior: specification and estimation strategies[J]. Transportation Research Part A: Policy and Practice, 2008, 35(9): 823-845.

[2] 周钱，李一，孟超，等. 基于结构方程模型的交通需求分析[J]. 清华大学学报：自然科学版，2008，48(5)：879-892.

[3] Jonas D V, Frank W. Transportation policy as spatial planning tool: reducing urban sprawl by increasing travel costs and clustering infrastructure and public transportation[J]. Journalof Transport Geography, 2013, 33: 117-125.

[4] Çolak S, Lima A, González M C. Understanding congested travel in urban areas[J]. Nature Communications, 2016, 7: 1-8.

[5] Liao F, Arentze T, Molin E, et al. Effects of land-use transport scenarios on travel patterns: a multi-state supernetwork application[J]. Transportation, 2017, 44(1): 1-25.

[6] Yang Z, Mark L F, Zhu S, et al. Analysis of Washington, DC taxi demand using GPS and land-use data[J]. Journal of Transport Geography, 2018, 66: 35-44.

[7] Shen X Y, Zhou Y J, Jin S, et al. Spatiotemporal influence of land use and household properties on automobile travel demand[J]. Transportation Research Part D: Transport and Environment, 2020, 84: 102359.

[8] Ding Z, Dai Z, Chen X, et al. Simulating on-demand ride services in a Manhattan-like urban network considering traffic dynamics[J]. Physica A: Statistical Mechanics and its Applications, 2020, 545: 123621.

[9] Xiao Y, Tian X, Liu J, et al. Tourism traffic demand prediction using Google trends based on EEMD-DBN[J]. Engineering, 2020, 12(3): 194-215.

[10] 孙超，宋茂灿，陈志超，等. 观测路径出行时间下随机网络交通需求估计[J]. 中国公路学报，2021，34(3)：206-215.

撰稿人：陈喜群（浙江大学）　钟鸣（武汉理工大学）　邓亚娟（长安大学）
周雨阳（北京工业大学）　孙轶琳（浙江大学）

链式活动复杂出行行为机理解析

Mechanism analysis of complex travel behavior activity chain

1 科学问题概述

在交通需求分析方面,传统四阶段需求分析模型在以道路交通流为主的单一模式交通系统供需平衡分析中得到广泛应用,部分学者采用基于活动的交通需求模型刻画多模式组合出行行为。近年来,随着通信技术、票务电子支付、移动通信数据挖掘等新技术的发展,智能化、自动化的个体及群体出行行为信息的新型提取技术越来越受到重视。在大数据时代,复杂出行行为的数据驱动研究方法成为新的研究范式,但链式活动复杂出行行为机理解析面临如下难点:①无法大规模、低成本获取完整的出行活动链信息。现有出行活动链提取方法多依赖于主动式调查的数据获取方式,存在样本量小、获取成本高、采样偏差大、空间覆盖低以及解析能力不足等问题,导致大数据无法充分赋能交通需求分析。②无法准确、全面描述出行者的复杂行为机理。一些具有中国特色的场景(如大家庭联合出行、学区出行、共享出行、网购外卖等线上活动)逐渐影响城市交通出行特征,以简易离散选择模型为核心的主流分析方法无法准确全面描述出行者的复杂出行选择过程,导致理论模型偏离我国实际应用场景,业内认可度差。在出行行为机理解析过程中必须考虑如何权衡复杂出行场景与计算效率的矛盾,确保模型具有一定程度的预测性和可迁移性,使机理分析落地指导工程实践。③缺少考虑复杂行为交互的、具有计算可行性的大规模活动-需求模型。目前交通需求分析理论无法达到充分准确地描述、解释和模拟城市交通系统中的各类复杂出行决策行为以及多方式交通需求时空分布规律的要求,无法满足快速高效地在个体水平上寻求用户最优状态,在总量水平上寻求用户均衡状态,导致大规模活动-出行预测模型难以在中国大城市、大规模网络背景下落地应用。④如何利用大数据标定需求预测模型。交通大数据种类繁多、采样偏差不一、时空覆盖不全,需求模型的参数众多、计算量大等特点导致尚未有一套完整的多源数据融合-交通需求建模-数据标定模型的工程实践路线,利用大数据标定需求模型的可行性存疑,导致在实际工程应用中,需求预测模型的可信度较差。

以上问题制约需求预测模型的研发与落地,亟须进行方法创新和技术突破,开展链式活动复杂出行行为机理解析研究势在必行。

2 科学问题背景

随着国民经济稳固增长快速发展,即时出行、预约出行等新兴模式蓬勃发展,交通出行需求不断攀升，出行由单一目的、单一方式逐渐演变成多目的、多方式，链式活动伴随着复杂的出行行为，给交通规划、交通需求预测、交通供需调控、交通流管理带来诸多挑战。在宏观层面，群体居民的出行时间分布、出行模式比例、出行次数分布、目的地选择热度等需求属性，既由各模式的供给状态、互补替代关系主导，又受各种自然条件、突发事件干扰，存在复杂的耦合作用和随机性，难以准确刻画多模式全息、交通需求时空分布规律。在微观层面，出行者的经济社会属性不同，并在个体偏好、出行目标、出行限制等方面存在显著差异，导致了出行决策和选择机制的异质性；决策的异质性、个体信息获取偏差，以及个体各行程间的时空关联性互相耦合，显著增加了计划、调整出行链和复杂出行行为时个体之间的博弈的复杂度，从而大幅降低了统一尺度出行管控的效率和效果。由此可见，如果缺少对出行活动链-复杂出行行为机理的深入理解，将会放大居民出行决策中存在的无序性、利己性、随机性。

随着大数据、人工智能等新兴技术的快速发展，大数据驱动的链式活动复杂出行行为机理解析已成为国内外研究热点，通过碳足迹积分等手段激励和引导绿色出行，结合公交主导型土地利用与开发模式，实现以公共交通为主的出行链优化，对上述问题的深入研究有助于交通系统服务瓶颈准确预测、复杂出行行为精准模拟、链式活动交通仿真、需求调控方案高效实施、绿色交通结构优化，具有重要的理论和实际意义。

3　科学问题研究进展

3.1　出行活动链与出行行为机理解析

完整的出行活动链信息还原方法可以分为两类：①基于规则的方法。通过指定启发式决策规则和阈值在个人层面识别出行者的活动地点和活动开始结束时间，该方法只能适用于高分辨率的轨迹数据（如卫星定位数据），而准全样本数据采样间隔随机且稀疏分布，需要领域知识和专业经验来设计筛选规则，可能会给推理结果带来较高的不确定性。②基于模型的方法。将每日行程编码为一个连续的决策过程，但是多数准全样本数据存在不完整性和稀疏性问题，不满足马尔科夫链的独立性假设，从而无法推断出部分缺失观测数据的活动或出行信息。

在出行活动链基础上，复杂场景下出行行为的合理化模型表达与机理解析具有以下难点：①采用何种选择理论来构建出行行为模型？随着目前单一理论的不断完善，如何分别挖掘其优势和最大潜能，构建组合选择理论来剖析新模态下的复杂出行行为是突破模型瓶颈的要点之一。②如何权衡模型复杂性与计算效率之间的矛盾？在一定的计算能力下，如何将具有中国特色的复杂场景简化，是行为机理解析落地应用的重要一环。③如何发挥模型性能同时将机理解析合理应用于政策建议？如何在考虑模型普适性的同时，将复杂模型的行为机理解析功能量化，并直接应用于指导交通政策的制定与实施，是体现复杂行为分析的作用所在。

3.2 多模式公共交通广义个体出行链构建

多模式公共交通广义出行链的构建路线对城市交通需求精准辨识有着重要意义，该路线通过利用公共交通系统产生的海量数据，结合移动互联数据以及城市土地利用相关的 POI 数据等，通过高效的数据融合与挖掘方法，完成公共交通广义个体出行链的构建。广义个体出行链的构建存在以下难点：①多源数据具有量级大、种类多、数据质量及规格不统一等特征，如何应对出行链构建过程中数据融合问题。②广义公共交通出行包括共享单车、地铁和地面公交等多种出行模式，如何对非公交卡乘客出行链准确推断。③由于事故、重大活动等非常态事件发生，导致换乘时间延长，如何考虑动态随机时空约束以提升出行链换乘识别方法的准确性。④在交通需求辨识研究方面，如何考虑手机信令、互联网定位、社交媒体签到数据等多种数据融合，提升公共出行链估计的准确度。

总体上，公共交通广义个体出行链的构建可以更加精准地辨识交通需求，有助于提高城市公共交通系统的服务水平与运行效率。然而，广义个体出行链的构建对数据精准性有更强的依赖，多源数据融合亟须更加精确的处理方式和更科学的算法依据。

3.3 数据-知识混合驱动的复杂交通需求生成与演化

基于活动链的微观出行模型通过预设活动链，并采用离散选择模型来建模个体/群体的出行决策过程，其核心在于计算各候选项的效用函数。虽然在大数据环境下依托海量出行轨迹数据，效用值的估计精度有所提升，但这种统一的建模方式无法有效考虑个体出行的异质性和动态时变性，其需求分析结果也仅限于对既有出行模式的汇总拟合，无法实现可变场景下，特别是某些特殊出行模式下的交通需求生成。为此，亟须对以下两个问题开展深入研究：①大数据驱动下稀疏出行知识的动态自适应学习。在基于大数据的动态出行行为学习中，稀疏出行模式将会被其他频繁模式淹没，从而造成模式丢失。因此，如何从流式数据中在线、自适应地学习得到可解释的个体/群体出行决策知识，是动态刻画个体/群体异质出行链的关键。②数据-知识混合驱动的可变交通需求生成与演化。基于获取的出行链知识库，研究异质决策模式下复杂交通需求的启发式生成与演化方法，进而实现不同场景，特别是异常、极端条件下的需求生成与演化。在此基础上，将多源数据和出行决策知识相结合，研究数据-知识混合驱动的需求生成方法，为交通仿真和管控方案实验提供场景全、鲁棒性好、泛化能力强的训练和测试环境。

3.4 大数据驱动的网络交通流分布机理分析

传统交通需求分析理论无法达到准确地描述、解释和模拟新技术环境下各类复杂出行决策机理以及多方式流量时空分布规律的要求。事实上，网络交通流是出行者进行活动链决策、交通模式、路径及出发时间选择博弈所形成的宏观聚集结果。近年来，大数据技术的演进为理解和分析网络交通流提供了新手段。目前该领域存在以下热点及难点：①大数据驱动的链式出行需求分析。鉴于传统集计交通需求分析以活动链为建模的基本单元，在多源交通大数据的融合环境下，需构建链式多模式出行需求时空分布解析方法，这是尚待探索的关键科学问题。②数据-模型双驱动的动态交通分配。传统的动态交通分配求解难度会随着网络规模的扩大呈几何级增长，同时难以对多模式链式出行进行建模。鉴于此，需要通过大数据技术对各类复杂出行行为进行挖掘，有效精简链式出行选择集，进而构建数据-模型双驱动的动态交通分配算法，这是亟待解决的关键技术问题。③大数据驱动的链式出行模拟仿真。目前，基于活动出行的交通仿真方法主要包括效用最大化方法（如 CEMDAP、FAMOS）、基于计算规则的仿真方法（如 TASHA、ALBATROSS）、智能体仿真（如 MATSim）等。面对实际出行中的活动序列及时间、出行路径及时间、交通模式等多维选择，迫切需要融合多源交通大数据，构建新型链式多模式交通流模拟仿真系统，这是有待完成的关键工程应用课题。

4　总结与展望

综上所述，现有交通出行需求分析的研究主要围绕以上四种研究路线展开。路线一侧重于构建出行链及其后的出行行为机理挖掘方面，路线二重点讨论了大数据环境下的交通高维度异质信息的采集及多源融合技术，路线三、四重点刻画了大数据分析方案对于出行链、出行规律等数据的挖掘技术。各路线及研究既相对独立，又相辅相成，需要针对各部分实现逐个攻破、协同发展。

展望未来，针对链式活动动态辨识具有变量参数维度高、计算复杂的特点，融合私家车、出租车、网约车、公交/地铁、电动自行车、共享单车等城市多模式出行数据，提出出行链智能提取、路径推断和轨迹插值方法，重构覆盖全时段、全路网、全方式、全流量的组合出行链，分析城市居民多模式出行行为的特征画像，解析链式活动复杂出行行为机理；从链式活动出行行为特性和机理出发，借助个体出行数据准确预测各模式需求分布和演变规律，构建多模式、高动态、多维度的激励型出行链优化模型，研究数据和模型双驱动的链式出行仿真技术，优化绿色出行方式链与公交主导型交通结构。

主要参考文献

[1] Wang F Y. Toward a revolution in transportation operations: AI for complex systems[J]. IEEE Intelligent Systems, 2008, 23(6): 8-13.

[2] 四兵锋，杨小宝，高亮，等. 基于出行需求的城市多模式交通配流模型[J]. 中国公路学

报,2010,23(6):85-91.

[3] Zheng Y, Capra L, Wolfson O, et al. Urban computing: concepts, methodologies, and applications[J]. ACM Transactions on Intelligent Systems and Technology,2014,5(3):1-55.

[4] Liu P, Liao F, Huang H J, et al. Dynamic activity-travel assignment in multi-state supernetworks[J]. Transportation Research Part B:Methodological,2015,81:24-43.

[5] Ke J,Zheng H,Yang H,et al. Short-term forecasting of passenger demand under on-demand ride services:a spatio-temporal deep learning approach[J]. Transportation Research Part C:Emerging Technologies,2017,85:591-608.

[6] Ma X,Liu C,Wang Y,et al. Understanding commuting patterns using transit smart card data[J]. Journal of Transport Geography,2017,58:135-145.

[7] Lee D,Derrible S,Pereira F C. Comparison of four types of artificial neural network and a multinomial Logit model for travel mode choice modeling[J]. Transportation Research Record:Journal of the Transportation Research Board,2018,2672(49):101-112.

[8] Ye P,Zhu F,Sabri S,et al. Consistent population synthesis with multi-social relationships based on tensor decomposition[J]. IEEE Transactions on Intelligent Transportation Systems,2020,21(5):2180-2189.

[9] 刘志远,张文波. 交通大数据:理论与方法[M]. 杭州:浙江大学出版社,2020.

[10] Song Y,Li D,Cao Q,et al. The whole day path planning problem incorporating mode chains modeling in the era of mobility as a service[J]. Transportation Research Part C: Emerging Technologies,2021,132:103360.

撰稿人:陈喜群(浙江大学)　马晓磊(北京航空航天大学)　李大韦(东南大学)
刘鹏(北京航空航天大学)　朱政(浙江大学)　叶佩军(中国科学院自动化研究所)

导航系统影响下的网络交通流分布

Road network traffic flow under the influence of navigation systems

1　科学问题概述

精准分析城市道路网络交通流分布模式是制定交通规划和交通管控方案的基础。当出行分布给定时,不难通过某种交通分配模型得到与之对应的网络交通流分布模式。经典交通分配模型一般假设出行者同质且具有相同的路径选择行为准则,但据此获得的网络交通流分配结果与路段实际流量往往相距甚远,而偏离实际的网络交通流分析结果又会带来交通规划与交通管控方案的决策失误并造成巨大的经济损失。如何科学描述道路网络出行者的路径选择行为，进而准确预测网络交通流分布形态是交通行为科学研究的问题。

21 世纪以来，随着大数据、移动互联、人工智能等新技术的飞速发展，道路用户获取交通信息的手段和能力不断提升，人们可以便捷地使用各类导航系统选择出发时刻、出行方式、出行路径以及定制个性化出行方案。与此同时，城市规模的不断扩张导致道路网络规模越来越大，居民日常出行决策愈加困难，导航系统在提供高效出行信息服务的同时，在均衡路网交通流量、缓解拥堵、降低能源消耗和交通排放方面同样具有良好的前景。虽然“互联网 + 交通”新技术已成为城市交通系统研究的热点，但无论是交通规划、交通诱导还是交通管控都需要准确把握网络交通流的分布情况，其核心是出行者路径选择行为。

在城市交通网络中，人们的出行决策是一个复杂的非合作博弈过程，巨量个体出行者根据过往经验或借助导航系统的信息服务，在个体利益极大化原则下不断调整其出行决策行为并形成网络交通流分布模式。时至今日，智能导航系统能根据历史、实时或预测的交通信息为出行者提供多样化的出行服务，包括时间最短路导航、距离最短路导航、费用最少路导航、遭遇信号灯最少路导航等，但城市道路用户群体巨大，不同用户群体的出行目的不同，其信息捕获能力、路径选择准则和时间价值等也存在较大差异，在导航系统广泛应用的现实背景下准确把握网络交通流分布仍存在如下不足：①与导航系统提供的各种路径选择方案对应的网络交通流分布模式尚不清楚，导航系统提供的信息与道路用户出行选择之间的交互机理不够明晰；②导航系统提供的多种信息服务使得路径选择方案具有多样性，增加了对网络交通流分布预测的复杂性和难度；③如何在大量个体出行者获得当前交通信息的前提下预判其出行选择行为并开展短时间尺度下的网络交通流分布预测，服务城市交通管理与控制，目前尚缺乏合适的研究方法和手段；④基于大数据驱动的“互联网 + 交通”新技术极大地拓展了网络交通流研究的维度，但目前对海量数据的挖掘与分析技术往往只抓住了网络交通流分布的表象而未揭示机理，在与传统研究方法形成优势互补方面缺乏相关的研究和成果。

2　科学问题背景

近年来，随着经济社会的发展，城市化进程快速推进，城市群、都市圈不断涌现，城市汽车保有量持续增加，交通拥堵问题日益严重。为缓解拥堵，以各类导航、通信及道路传感器网络为基础的智慧交通逐渐兴起，为管理部门治理各类交通问题、制定交通政策及交通规划与管控方案提供了新的思路。作为现阶段应用广泛的各类导航系统，能够为公众提供实时或预测交通信息，使道路用户能较合理地选择出发时刻、出行方式和出行路径等，使其避开交通拥挤时段或拥挤区域，从而最大限度地匹配路网需求和供给。

虽然“互联网+交通”新技术的发展为交通拥堵的缓解提供了可能，但如果不能准确把握导航系统影响下网络交通流分布模式的形成、演化规律及其稳定状态，则可能进一步恶化现有交通系统。具体表现在：①忽视导航信息与道路用户出行选择交互机理的研究和分析将导致“过度反应”和“集中”等后果，在转移交通拥堵的同时降低导航信息调节交通流的效果；②从工程应用上看，管理部门仅能够把握网络交通流分布模式的外在表现，如拥挤时段和路段、运行车速等，难以诊断导致形成该交通流分布模式的内在根源，因而很难确定采用何种调控措施能促使网络交通流演化到某种较优的状态；③导航技术的发展使驾驶交互性越来越强，道路用户可根据导航信息按需定制出行计划，其出行模式、出行路径的多样性使得混合交通流变得极不稳定和复杂，如果不开展相关研究，势必增加网络交通流向均衡状态演化的成本，降低交通控制和交通诱导的实施效果。

鉴于导航系统提供出行信息的多样性和动态性，在导航系统影响下，出行者的出行决策行为将呈现不同偏好，因此，混合均衡流将是导航信息作用下道路网络交通流分布的一般形态，无论是理论研究还是工程应用均无法回避，必须认真开展研究。

3 科学问题研究进展

网络交通流分布模式的研究往往以某一特定的出行分布为输入，在对出行者路径选择行为机理做出合理假设的前提下，通过构建恰当的模型来再现或预测城市道路网络上的流量分布状态。根据建模方法的不同，目前对网络交通流分布模式的研究主要有四种技术路线：单一均衡流模式，混合均衡流模式，组合出行决策模式，数据驱动下的交通流分布与系统最优控制模式。

3.1 单一均衡流模式

迄今为止，在网络交通流分析领域提出了三个著名的单一均衡流模式：用户均衡(User Equilibrium，UE)、系统最优(System Optimum，SO)和随机用户均衡(Stochastic User Equilibrium，SUE)，三种网络均衡模式分别依据真实旅行时间最短、边际旅行时间最短以及感知旅行时间最短选择出行路径。单一均衡流模式难以反映用户对出行路径选择的多样性需求，因而和现实网络的交通流量分布状态相距甚远，也难以分析导航系统影响下的多样化出行决策行为。

3.2 混合均衡流模式

道路网络混合均衡流主要研究的是用户均衡流与其他特定均衡流的混合均衡，包括 UE-SUE 混合均衡、UE-SO 混合均衡、UE-CN(Cournot-Nash)混合均衡、UE-CN-SO 混合均衡等。在混合均衡流模式下,不同类别的用户遵循不同的路径选择行为准则,如部分用户选择时间最短的路径、部分用户选择行程时间可靠性最大的路径等。混合均衡流模型能够刻画出导航系统影响下具有不同选择偏好的用户其路径选择行为的多样性,弥补了单一均衡流模式的不足,但混合均衡流模式仅局限于路径选择单一环节,仍不足以分析导航信息影响下出行者的完整出行决策过程。

3.3　组合出行决策模式

组合出行决策模式相比较于单一均衡流模式和混合均衡流模式更加细致,该模式能统筹考虑用户在导航信息作用下对出发时刻、出行目的地、出行方式以及出行路径的综合决策过程,因而可以获得更加准确可靠的网络交通流分析预测结果。但该模式也存在如下实施难点:①不同路径选择机制下的均衡模式如何确定和获得,给定多种均衡模式如何确定混合均衡;②模型相对复杂,计算效率低,难以应对大规模的交通网络;③在组合出行决策建模过程中主要依据离散选择理论或前景理论,基础理论方面需要突破;④对于现实问题,模型参数的确定难度大,在模型分析结果与网络交通流现实分布状态之间缺少反馈机制,难以提升模型分析预测结果的精准性。

3.4　数据驱动下的交通流分布与系统最优控制模式

随着城市智能交通系统的建设力度不断加大,多种移动式和固定式车辆检测设备已经大范围且高密度地投入使用,在监测城市道路交通流运行状态的同时,为导航系统下基于多源数据融合的交通行为研究提供了可能。随着导航系统中交通感知技术的全息化发展,在海量车辆轨迹数据支撑下,基于人工智能和机器学习方法的交通数据分析和网络交通流分布预测研究逐渐深入,但如何使海量数据、计算技术和传统交通网络分析模型有效结合,使三者之间形成优势互补,从而更好地为路径选择和出行决策提供服务,仍需全方位地深入研究。

主要参考文献

[1] Wardrop J G. Some theoretical aspects of road traffic research[J]. Proceedings of the Institute of Civil Engineers,1952,1(36):325-378.

[2] Daganzo C F, Sheffi Y. On stochastic models of traffic assignment[J]. Transportation Science,1977,11(3):253-274.

[3] Yang H. Multiple equilibrium behavior and advanced traveler information systems with endogenous market penetration[J]. Transportation Research Part B:Methodological,1998,32:205-218.

[4] Huang H J, Li Z C. A multiclass, multicriteria logit-based traffic equilibrium assignment model under ATIS[J]. European Journal of Operational Research, 2007, 176:1464-1477.

[5] Site P D. A mixed-behaviour equilibrium model under predictive and static Advanced Traveller Information Systems (ATIS) and state-dependent route choice[J]. Transportation Research Part C: Emerging Technologies, 2018, 86:549-562.

[6] Bifulco G N, Cantarella G E, Simonelli F, et al. Advanced traveller information systems under recurrent traffic conditions: network equilibrium and stability[J]. Transportation Research Part B: Methodological, 2016, 92:73-87.

[7] Zhou B, Xu M, Meng Q, et al. A day-to-day route flow evolution process towards the mixed equilibria[J]. Transportation Research Part C: Emerging Technologies, 2017, 82:210-228.

[8] Dell'Orco M, Marinelli M. Modeling the dynamic effect of information on drivers' choice behavior in the context of an Advanced Traveler Information System[J]. Transportation Research Part C: Emerging Technologies, 2017, 82:210-228.

[9] Bagloee S A, Sarvi M, Patriksson M, et al. A mixed user-equilibrium and system-optimal traffic flow for connected vehicles stated as a complementarity problem[J]. Computer-Aided Civil and Infrastructure Engineering, 2017, 32(7):562-580.

[10] Wang J, Peeta S, He X Z. Multiclass traffic assignment model for mixed traffic flow of human-driven vehicles and connected and autonomous vehicles[J]. Transportation Research Part B: Methodological, 2019, 126:139-168.

撰稿人：黄中祥(长沙理工大学)　况爱武(长沙理工大学)　吴立烜(长沙理工大学)

道路交通系统资源柔性分配与动态设计

Flexible resource allocation and dynamic design of road traffic system

1　科学问题概述

2021年2月，中共中央、国务院印发了《国家综合立体交通网规划纲要》，明确到2035年，除部分边远地区外，基本实现全国县级行政中心15min上国道、30min上高速公路、60min上铁路。为了实现这一目标，必须解决广泛存在的道路交通拥堵问题。然而，现实中道路交通系统资源有限，尤其对于城市交通，难以通过扩建来满足不断增长的交通需求。因此，如何在有限的道路交通系统资源内，实现系统运行效率进一步提升是未来面临的一项重要挑战。

道路交通拥堵问题很大程度上是由于道路交通资源的稀缺性以及供给需求不匹配所致。其中,道路交通系统的供给包括满足各种交通需求所提供的基础设施和服务,存在资源约束性,并且在现实中通常是相对稳定的;而道路交通系统的需求指的是出于各种目的的人和物在社会公共空间中以各种方式进行移动的要求,在很多情况下呈现出时间和空间分布高度动态的特性。比如一段城市道路的两条车道,一条车道服务左转车辆,另一条车道服务直行及右转车辆。假设每条车道 1min 内可通过 30 辆车,在某 1min 内,直行及右转车道的交通需求为 40 辆车,超过供给造成拥堵,而左转车道的交通需求仅为 10 辆车,造成资源浪费。可以看到,即使总供给 60 辆车大于总需求 50 辆车,由于供需分布的不匹配仍然会造成交通拥堵。因此,需要调节交通供给以适应交通需求的高度动态性与时空不均衡性。

为了更好地调节交通供给,需要对道路交通系统中时间及空间资源进行优化分配并通过系统设计实现,其本质是对通行权的分配。然而,传统的通行权分配是固定的,道路交通系统资源分配及系统设计在相当长的一段时间内维持不变。因此,需要引入动态的通行权分配,通过道路交通系统资源柔性分配与动态设计,将有限的时间和空间资源,与交通需求时空分布形成高度匹配,从而实现高效、安全、可靠、集约的道路交通系统。

2　科学问题背景

对于资源有限的道路交通系统,为了实现其稳态运行,应避免道路交通系统出现过饱和的情况,也就是要求饱和度(交通需求与交通供给的比值)不大于 1,这一要求适用于任何时空尺度,比如宏观层面的路网、中观层面的通道以及微观层面的交叉口饱和度均不能超过 1,否则将造成交通拥堵,出行者无法在预期时间内顺利进入公路网及铁路网。过饱和状态还会导致某一空间内的车辆无法在限定时间内清空,与冲突车流在同一时空内相遇,形成交通冲突,增加事故风险。另外,当遇到自然灾害、突发事件、大型活动等非常态事件时,过饱和的交通系统将严重降低疏散效率,带来安全隐患。因此,面对有限的道路交通系统资源,必须开展柔性分配与动态设计研究,实现动态的通行权分配,避免过饱和情况的发生。其中,柔性分配体现为快速适应道路交通系统变化的能力,区别于过去固定的资源分配模式,柔性分配需要反映出道路交通系统资源配置的弹性、灵活性以及一定程度的容错性。动态设计则是要求道路交通系统设计与高度动态的交通需求相适应,改变过去将道路交通设计作为慢变量的设计模式,实现时空资源最佳利用。柔性分配是动态设计的目的,动态设计是柔性分配的手段,两者存在天然的有机关系。

通行权指的是道路交通系统中的交通参与者在给定的时间及空间范围内移动的权

利。合理的通行权分配不仅可以规避相互冲突的交通流，还可以有效提升道路交通系统运行效率。以往的通行权分配通常分为空间和时间两个阶段：首先通过交通设计进行空间资源分配与设计，再通过交通管理与控制进行时间资源分配与设计。其中，空间资源的分配与设计一般作为静态的控制变量，一经确定，在较长的一段时间内不会改变，而交通需求的波动主要依靠时间资源分配与设计来调节。由于下位的时间资源分配受制于上位的空间资源分配，其优化提升量是有限的。为了打破这个制约，道路交通系统时空资源整合设计应运而生。此类研究主要分为静态、准动态以及动态通行权分配。

2.1 静态通行权分配

将土地利用（如车道功能划分）与交通管理及控制（如信号控制）整合优化，通常采用混合整数线性规划模型，建立了组合优化模型。优化目标包括通过量最大、延误最小、排队最小、饱和度最小、多个子区或多个交叉口饱和度均衡等。然而，固定的时空资源分配与设计方案只适用于交通需求分布较稳定的场景。

2.2 准动态通行权分配

基于历史数据分析，制定分时段的时空资源分配与设计方案，一定程度上考虑了交通需求的动态性。典型的工程应用包括设置潮汐车道应对交通需求的潮汐特征、高峰时段禁止外地牌照车辆驶入快速路，以及车道功能调整结合信号控制等。其本质是将道路交通系统划分为固定时段的若干个场景，比如早高峰、晚高峰、平峰等，从而将问题转化为若干个静态优化离线求解。然而，面对大型活动、紧急救援、突发事件等特殊交通场景，准动态的通行权分配难以有效应对交通供需关系的结构性变化。

2.3 动态通行权分配

根据实时的交通状况调节道路交通系统资源分配与设计，能更高效地实现供需匹配。其中，时间资源分配与设计通过交通管理与控制实现，而空间资源分配与设计通过路网变结构优化来实现，其中又可细分为路段和交叉口变结构优化。路段变结构优化的原理是将轻交通流方向闲置的道路资源分配给重交通流方向，具体措施如设置可变车道和单向通行等。交叉口变结构优化则包括调整渠化设计以及优化车道功能布局，目前主要通过可变转向车道和流向禁限等措施，适应交通流量及流向的变化。

3 科学问题研究进展

总体而言，道路交通系统资源柔性分配与动态设计已有一定研究基础，利用道路交通基础设施的变结构优化结合交通管理与控制，可以在资源总量不变的情况下优化交通运行,柔性分配与动态设计可以缓解交通供需结构性不匹配问题,是一种精细化且高效的解决方案。但是,面向工程实践,道路交通系统柔性分配与动态设计难以精准获取交通需求、优化问题复杂难以快速求解、动态方案的接受度与适应性难以评价,存在以下难点需要攻克。

3.1　微观层面OD需求分布特征准确识别及短时预测

为了支撑更精细化的通行权分配,不仅需要获取宏观层面区域到区域之间的OD需求特征,还需要准确识别微观层面OD需求特征,空间上需精确到车道级,时间上需精确到分钟级,具体表现为交通流的变道需求、转向需求、掉头需求等。伴随着OD需求时空颗粒度的精细,其波动性与不确定性显著体现,因此其精准识别及短时预测是实现道路交通系统资源柔性分配与动态设计的难点之一。

3.2　变结构优化与出行者适应性交互机理解析

变结构优化虽然在理论上可以最佳利用闲置的道路交通系统资源,但是其工程实施效果与出行者接受程度、反应能力、遵从率等行为特征具有密切关系。出行者行为影响因素众多,存在许多不确定性,出行者的不适应将影响方案效果,比如“反人类”设计可能导致系统供给骤降,乃至引发安全事故。因此,如何建立方案与实施效果之间的相互作用关系是道路交通系统资源柔性分配与动态设计的难点之一。

3.3　不同空间尺度下考虑多交通模式的多目标协同优化

柔性分配与动态设计需针对不同空间尺度提出:对于宏观层面的路网,通过边界控制及削峰填谷避免区域路网过饱和;对于中观层面的通道,将未饱和通道的时空资源分配给过饱和通道;对于微观层面的路段及交叉口,通过车道功能分配与信号控制协同优化,高效利用时间空间资源。至于优化对象,除了不同流向机动车交通之间的资源分配与设计,还可考虑机动车与非机动车及步行交通之间、公共交通与小汽车交通之间、动静交通之间多交通模式的资源柔性分配与动态设计。方案优化不仅需要考虑系统运行效率及设施利用率,还需要考虑出行者适应性,以及道路交通系统不确定性所带来的安全风险和可靠性问题。因此,不同空间尺度下考虑多交通模式的多目标协同优化是道路交通系统资源柔性分配与动态设计的难点之一。

3.4　高可靠且快速求解的动态方案生成与更新

考虑到道路交通系统存在诸多不确定因素,动态方案的可靠度及冗余性值得受到关注。同时,道路交通系统资源柔性分配与动态设计存在诸多组合,同一阶段优化分配时间与空间资源将导致优化问题变量众多,对于求解速度提出要求。因此,高可靠且高效的求解算法是道路交通系统资源柔性分配与动态设计实现的难点之一。

主要参考文献

[1] 杨晓光,白玉. 交通设计[M]. 2 版. 北京:人民交通出版社股份有限公司,2021.

[2] 安实,宋浪,王健,等. 非常规交叉口设计研究现状与展望[J]. 交通运输工程学报,2020,20(4):1-20.

[3]《中国公路学报》编辑部. 中国交通工程学术研究综述·2016[J]. 中国公路学报,2016,29(6):1-161.

[4] Azadi F,Mitrovic N,Stevanovic A. Impact of shared lanes on performance of the combined flexible lane assignment and reservation-based intersection control[J]. Transportation Research Record,2022.

[5] Subraveti H,Srivastava A,Ahn S,et al. On lane assignment of connected automated vehicles: strategies to improve traffic flow at diverge and weave bottlenecks[J]. Transportation Research Part C:Emerging Technologies,2021,127:1-22.

[6] Wu J,Liu P,Qin X,et al. Developing an actuated signal control strategy to improve the operations of contraflow left-turn lane design at signalized intersections[J]. Transportation Research Part C:Emerging Technologies,2019,104:53-65.

[7] Frejo J,Papamichail I,Papageorgiou M,et al. Macroscopic modeling and control of reversible lanes on freeways[J]. IEEE Transactions on Intelligent Transportation Systems,2016,17(4):948-959.

[8] Zhao J,Ma W,Zhang H M,et al. Increasing the capacity of signalized intersections with dynamic use of exit lanes for left-turn traffic[J]. Transportation Research Record,2013,2355(1):49-59.

[9] Liu Y,Luo Z. A bi-level model for planning signalized and uninterrupted flow intersections in an evacuation network[J]. Computer-Aided Civil and Infrastructure Engineering,2012,27(10):731-747.

[10] Wong C,Heydecker B. Optimal allocation of turns to lanes at an isolated signal-controlled junction[J]. Transportation Research Part B:Methodological,2011,45(4):667-681.

撰稿人:赵靖(上海理工大学)　马万经(同济大学)　章程(上海理工大学)
王嘉文(上海理工大学)

道路交通网络韧性评估与规划

Resilience assessment and planning for road traffic networks

1　科学问题概述

随着城市规模的扩张，城市道路交通网络的协同机理和耦合特性日趋复杂，其在外部干扰下呈现出显著的脆弱性。一方面，道路交通网络可靠性差，通行效率低，造成交通拥堵严重，制约了城市交通系统的整体效能；另一方面，城市交通系统所面临的内外风险来源、形成及影响日趋复杂化，道路交通网络缺乏韧性导向的规划设计，资源配置的冗余度和灵活性不够，无法承受各类突发公共事件的冲击。

为此，韧性（或称弹性、恢复力）指标开始被引入道路交通网络规划研究中。韧性和以往可靠性、鲁棒性的关注点略有区别，可靠性、鲁棒性偏重网络系统抗外部随机干扰的能力即抗毁性能，韧性同时强调网络系统遭受干扰或损坏后的自恢复能力，更适合突发事件事前—事中—事后全过程应急管理需求。

针对上述现实需求，道路交通网络韧性评估与规划问题需要解决3个难点：①从相对成熟但存在一定局限的可靠性概念拓展至内涵更加全面的韧性视角，用以增强道路交通网络承受运行干扰的自恢复能力，提前预防突发事件的不利影响。②建立道路交通网络韧性的科学内涵、度量模型与评估体系，包括其关键指标是否可计算、是否可全面表征路网韧性、所需数据是否可获取等。③提出差异化、多层级的道路交通网络韧性规划与优化方法，以便更好地满足我国不同条件城市的不同需要。

2　科学问题背景

当遭受自然灾害（如地震、台风）、事故灾难（如交通事故、电网失效）、公共卫生事件（如新型冠状病毒感染疫情传播）、社会安全事件（如恐怖袭击）等大规模突发公共事件影响时，韧性不足的道路交通网络通常很难承受事件冲击，其承载力和服务能力会大幅下降，导致系统运行局部失效甚至发生大范围瘫痪，严重加剧了由突发事件本身造成的损失，并且系统难以快速恢复至正常状态。

以2012年纽约“桑迪”飓风灾害应急处置为例，实证研究发现在管理部门发出疏散预警前24h，路网的关键性能指标已经出现显著下降趋势。由于缺乏冗余承载力储备和有效及时的应急管控，灾害对路网性能的影响持续扩大和加重。在飓风登陆纽约主城两天后，网络平均延误才达到峰值（1.24min/km）。由于灾后重建工作的延后，路网性能在灾害发生后5d才恢复至正常水平。

因此，如何评估并增强道路交通网络的韧性已成为城市交通建设与管理部门面临的重要问题。但是由于相关研究尚不成熟，道路交通网络韧性的内在机理缺乏科学的解析，评估指标体系与测度方法还不完善，同时在规划编制层面仍未将韧性目标和指标全面纳入已有的技术标准体系，所以难以开展有据可循、规范化的道路交通网络韧性评估与规划实践，无法从源头上提高道路交通网络的韧性，增强其抗干扰能力和自恢复能力。

3　科学问题研究进展

从发展趋势来看，道路交通网络规划设计正在由传统的性能设计（Performance-based Design）向下一代的韧性设计转变（Resilience-based Design），在满足基础设施一般性能要求的同时，要使网络系统更坚韧、耐冲击、易恢复。系统复杂耦合性和应急响应时效性之间的矛盾，要求应急保障不局限于事发后的应急处置环节，还需将切入点前移，从源头的规划设计角度提高道路交通网络韧性，储备冗余承载力，增强可靠性、灵活性和快速恢复性，事先预防突发事件的不利影响，进而提高事发后的应急处置效率。

当前，关于道路交通网络韧性的研究主要从韧性内涵解析、评价指标和设计优化 3 个层面展开：

(1)道路交通网络韧性内涵解析。网络稳定功能的塑造和提升一直是研究焦点，较多概念被用于研究网络遭受各类干扰时的表现，其中韧性和可靠性从积极的角度评估网络的剩余性能。可靠性是指系统在规定条件下按设计要求运行而不受干扰或中断的能力，通常用网络保持运行的概率衡量。韧性侧重于描述网络性能面临不可避免的损害时，有效减少偏离设计性能水平的幅度和持续时间的能力。目前，道路交通网络韧性的定义主要从两个不同的角度描述：①吸收外部扰动、维持和恢复网络正常/固有功能的能力；②应对突发事件的能力及防止级联事件发生的能力。基于此，Murray-Tuite 首次提出道路交通网络韧性，揭示网络在非常态条件下的性能、恢复速度，以及恢复至初始状态所需的资源。Bhavathrathan 等将韧性定义为网络自身所具有的吸收干扰并维持状态不变的能力，即网络可承受的最大扰动量。Beiler 等提出的韧性 4R 特性得到了普遍认可，即鲁棒性（Robustness）、冗余性（Redundancy）、灵活性（Resourcefulness）、快速修复性（Rapid Recovery）。这些成果为道路交通网络韧性计算评估奠定了基础。

(2)道路交通网络韧性评价指标。网络韧性的相关指标通常可分为基于拓扑和基于性能两类。基于拓扑的评价指标忽略动态特性，重点关注中断前后网络结构变化对韧性的影响，如用于衡量网络连接强度的平均最短路径和用于衡量中断条件下网络保持连接能力的最大连通子图尺寸。基于性能的评价指标主要根据网络在整个突发事件影响期内的表现来全面评估网络的韧性。网络性能随时间的退化程度、损失率和一定恢复成本下灾后网络满足需求的预期比例是当前被广泛采用的3类性能指标。Zhang等以通过量、连接度和紧密度为测度，对比分析了与交通网络相关的17种拓扑结构网络在采取准备和恢复措施前后网络韧性的变化。Hosseini等提出可利用“韧性三角形”评估网络韧性，由灾后设施系统的功能表征以及返回到正常水平所需的时间共同度量。由于基于性能的指标可同时考虑网络结构和交通流演化，通常被认为比基于拓扑的指标更适合描述道路交通网络韧性。

(3)道路交通网络韧性设计优化。Reggiani等认为交通网络韧性设计应从提出创新策略、改进网络局部或全局的韧性性能、对系统性能进行监测和评估等方面开展，以适应不同尺度下的韧性需求。Chootinan等将路段通行能力可靠性引入到道路交通网络设计问题中，建立了基于Probit随机用户平衡配流模型的连续网络设计模型。Zhang等提出了基于韧性设计的网络优化模型，以成本最低为目标，以满足系统韧性要求为约束条件，利用概率计算方法与随机排序相结合的方法进行求解。Zhang等以道路网络为研究对象，基于系统可靠性和路网可达性提出韧性评估指标，并以此优化网络结构，指导新建道路的优先级别。刘杨分析了交通网络的可靠性和脆弱性概念，提出了基于交通网络脆弱性识别的交通网络优化模型。Xu等提出了面向韧性提升的道路交通网络冗余性优化设计模型，以最大化全网络有替代不重叠路径的OD对数量为目标，在一定的资源约束下合理、公平地提升网络的路径冗余性。

4　总结与展望

目前，针对道路交通网络韧性评估与规划问题虽取得了一定的研究进展，但尚未形成系统的理论和方法，亟待如下突破：

(1)明确道路交通网络韧性的科学内涵：目前就道路交通网络而言，由于不同研究者侧重点各异，其针对非常态突发事件下道路交通网络韧性内涵的界定角度和方式也不尽相同，致使对道路交通网络韧性的概念尚未形成统一的共识。因此，如何从偏重抗干扰能力的可靠性概念拓展至涵盖网络受损后自恢复能力的韧性分析，明确道路交通网络韧性的科学内涵，是实现道路交通网络韧性规划与应急能力提升的前提。

(2)构建道路交通网络的韧性评估体系：由于影响道路交通网络韧性的因素较多，既有体现道路建设水平的静态指标，又有体现路网管理水平的动态因素，但现有研究对道路交通网络韧性评估的时间跨度大、历史数据缺乏、指标较为单一，未能形成系统化的评估指标体系及相应的评估方法，且已有指标的有效性难以得到验证。因此，如何解析出行者视角和网络视角下韧性评估的差异性，以及路段-路径-网络不同空间尺度韧性建构机理，建立基于“效率-质量-韧性”多元耦合且贴合工程实践需要的道路交通网络韧性评估体系,是未来研究的重点之一。

(3)提出韧性导向道路交通网络规划设计方法:传统的网络设计问题主要依赖网络解析模型,道路交通网络的复杂结构导致考虑不确定突发事件干扰的韧性优化建模变得十分复杂,且当前对适用于不同城市条件的道路交通网络韧性设计方法研究较少,难以开展有据可循、规范化的道路交通韧性评价与规划实践。因此,如何构建道路交通网络"效率-质量-韧性"的多目标优化设计模型,分析不同条件城市在典型突发事件场景下的韧性提升投入-产出边际递减效应,确定面向点-线-面多层级的道路交通网络韧性提升策略与规划方法,并将韧性规划方法全面纳入既有的技术标准体系,是未来研究的难点之一。

主要参考文献

[1] Taylor M A. Network vulnerability in large-scale transport networks[J]. Transportation Research Part A:Policy and Practice,2012,46(5):743-745.

[2] Snelder M, Zuylen H J V, Immers L H. A framework for robustness analysis of road networks for short term variations in supply[J]. Transportation Research Part A:Policy and Practice,2012,46:828-842.

[3] Donovan B,Work D B. Empirically quantifying city-scale transportation system resilience to extreme events[J]. Transportation Research Part C: Emerging Technologies, 2017, 79:333-346.

[4] Zhou Y M, Wang J W, Yang H. Resilience of transportation systems: concepts and comprehensive review[J]. IEEE Transactions on Intelligent Transportation Systems,2019, 20(12):4262-4276.

[5] Zhang X,Miller-Hooks E,Denny K. Assessing the role of network topology in transportation network resilience[J]. Journal of Transport Geography,2015,46:35-45.

[6] Hosseini S,Barker K,Ramirez-Marquez J E. A review of definitions and measures of system resilience[J]. Reliability Engineering & System Safety,2016,145:47-61.

[7] Chootinan P,Wong S C,Chen A. A reliability-based network design problem[J]. Journal of Advanced Transportation,2005,39(3):247-270.

[8] Zhang X, Mahadevan S, Sankararaman S, et al. Resilience-based network design under uncertainty[J]. Reliability Engineering & System Safety,2018,169:364-379.

[9] Zhang W, Wang N. Resilience-based risk mitigation for road networks[J]. Structural Safety,2016,62:57-65.

[10] Xu X,Chen A,Xu G,et al. Enhancing network resilience by adding redundancy to road networks[J]. Transportation Research Part E: Logistics and Transportation Review,

2021,154:102448.

撰稿人:任刚(东南大学)　李豪杰(东南大学)　许项东(同济大学)
李大韦(东南大学)

道路交通系统与城市建成环境耦合关系及协同优化

Coupling relationship and collaborative optimization of road transportation system and urban built environment

1　科学问题概述

建成环境是指人类生产、生活活动而形成的人居环境状态,其核心构成要素是土地利用模式和交通系统,可通过土地利用强度、密度、混合度、空间设计及交通可达性等要素表征。建成环境与交通出行具有密不可分的关系。一方面,建成环境塑造了人们的活动空间,通过各类设施的可达性、道路系统的连通度等具体要素,从根本上决定了人们的交通时空行为;另一方面,个人的行为活动及其表现的群体规律性也反映了人们对建成环境的需求,能够推动城市交通与规划部门对现有建成环境进行优化改造。

随着国家级城市群与现代化都市圈建设进程推进,我国新型城镇化和机动化双重发展愈加迅速,城市规模扩张、汽车保有量井喷式增长与人口向城市集聚并行是这一时期的重要特点。与此同时,共享单车、网约车等共享交通方式日趋发展,与城市联系更加紧密。在城镇人口高密度集聚的新型城镇化背景下,交通参与者期望减少出行延误、快速到达目的地,人们的出行需求与城市原有的交通规划、空间利用和交通设施的不适应性增强,交通提效和低碳转型依然面临较大挑战。

2021 年,中共中央、国务院发布的《中华人民共和国国民经济和社会发展第十四个五年规划和 2035 年远景目标纲要》明确提出“加快转变城市发展方式,统筹城市规划建设管理,实施城市更新行动,推动城市空间结构优化和品质提升”。在城市用地约束条件下,过去“大量建设、大量消耗、大量排放”的城市开发建设方式已难以为继,需要优化城市土地资源配置、优化城市空间结构,实施城市更新行动,将城市发展转向以提升城市品质为主的存量提质改造方向,走土地集约节约利用、城市绿色低碳发展之路。2021 年,中共中央、国务院发布的《国家综合立体交通网规划纲要》也明确提出“推进以公共交通为导向的城市土地开发模式;完善公共交通引导土地开发的相关政策;建立国土空间规划等相关规划与交通规划协调机制和动态调整管理政策”。由此可见,依托公共交通开展城市更新,促进道路交通系统与建成环境协同优化,对于提升城市发展质量具有重要意义。

准确把握道路交通系统与建成环境的耦合机理，实施科学高效的协同优化手段，是城市更新过程中交通问题综合治理的关键所在。道路交通系统与建成环境交互影响、协同演进，是一个典型的复杂工程系统，对其进行建模和优化一直是世界性难题。国内外学者从建成环境对交通出行的影响机理、两者协调关系评价、协同优化等方向进行了长期的基础研究，并取得了丰富的研究成果。

总体而言，传统的道路交通系统与建成环境研究主要建立在以静态观测数据为基础的交通系统分析和优化理论之上，存在数据信息片面孤立、无法精准解析、整合规划缺乏协同等问题。具体来说，仍有以下三个方面的机理性科学问题尚待解决：①道路交通系统与城市建成环境耦合机理。建成环境更新对道路交通需求产生影响，反过来道路交通系统也会影响城市设施的可达性，从而作用于人口与就业分布等建成环境要素。因此道路交通与建成环境是在动态协同过程中实现演进的，如何解析人-车-路多层次共同作用且交互联动的耦合机理是协同优化的基础理论问题。②道路交通系统与城市建成环境协调性评估。协调性评价是一个多尺度、多维度的问题，其中多尺度是指交通枢纽(站点)、通勤走廊、区域路网等空间尺度上的时间动态演化；多维度是指协调性的指标包括绿色出行比例、交通可达性、路网饱和度、路网可靠性等。如何量化评估道路交通系统与建成环境的协调性是实现协同优化的关键科学问题。③道路交通系统与建成环境协同优化机制。道路交通与建成环境协同优化场景复杂，由于涉及不同模式的交通方式、不同需求的交通参与者，其优化目标是多维度的，优化过程也需要考虑资源和环境的约束，因而是典型的多输入、多约束、多输出系统优化问题。因此，需要建立有效的数学模型或模拟仿真方法，量化分析道路交通系统与建成环境协同机制与效能。

2 科学问题背景

建成环境与道路交通系统的关系在以欧美为代表的西方国家已经被广泛研究，但对于高密度的中国情境，相关研究起步较晚，缺少普适性的规律来指导中国的城市交通与规划建设，早期城市用地规划也缺乏对居民行为需求的充分考虑，导致建成环境与交通需求不匹配，引发了诸如交通拥堵、职住空间失衡、能源消耗和污染暴露等一系列问题，严重制约了城市低碳可持续发展。为此，厘清建成环境与道路交通系统的耦合关系，规划与低碳道路交通出行相适应的建成环境，是当下城市与交通规划的重点之一。

目前我国的城镇化率超过 60%，在社会经济高质量发展的目标下，我国城市发展已经由增量扩张转入存量更新为主的阶段。多地的城市空间拓展策略，也正从“新区开发的增量发展”逐步转向“城市中心重构的存量挖掘”。《中华人民共和国国民经济和社会发展第十四个五年规划和 2035 年远景目标纲要》提出要实施城市更新行动，推动城市空间结构优化和品质提升。其中包括改造提升老旧小区、老旧厂区、老旧街区和城中村等存量片区功能,推进老旧楼宇改造,积极扩建新建停车场、充电桩;推行功能复合、立体开发、公交导向的集约紧凑型发展模式。

通勤交通作为城市最主要的刚性出行,是道路交通供需矛盾的最尖锐体现,距离远、耗时长、出行堵已成为制约城市发展的关键瓶颈。2022 年中国城市规划设计研究院发布的《2022 年度中国主要城市通勤监测报告》显示,处于快速发展中的特大城市、Ⅰ型大城市普遍呈现职住分离的趋势。70% 城市职住分离增加,特大城市增幅明星,郑州、青岛、徐州职住分离度快速增长。44 个中国主要城市中 76% 的通勤者 45 分钟以内可达。深圳 45 分钟通勤比重 77%、杭州 79%,分别是超大、特大城市的最高水平。44 个中国主要城市中超过 1400 万人承受极端通勤,60 分钟以上通勤比重 13%,同比增加 1 个百分点。其中,超大城市平均水平 19%,同比增加 2 个百分点。特大城市 14%,同比增加 1 个百分点。

作为道路交通出行的衍生问题,交通拥堵、污染排放、能源消耗等形成的根本在于城市建成环境。建成环境一旦形成,对交通出行的影响是根深蒂固的,在宏观层面决定了一个城市的交通出行结构及其模式。近年来,伴随移动互联网、高清智能视频、便携定位等技术的不断发展和深入应用,微观交通出行信息的感知粒度越来越细,海量个体出行数据、土地利用数据和基础设施数据的获取成为可能。这些数据有助于精细刻画交通出行过程和建成环境,获取广域连续的道路交通系统与建成环境耦合关系变化,为城市更新过程中实现两者协同优化提供了新机遇。

3　科学问题研究进展

基于道路交通系统与建成环境的耦合关系,实现道路交通系统与城市建成环境协同优化,是从根源上解决城市交通问题的重要措施之一,是决定城市交通可持续发展的关键。国内外对道路交通系统与城市建成环境协同优化的研究较为广泛,相关的理论研究与成果可分为以下三个方面。

3.1　道路交通系统与城市建成环境耦合机理研究

城市建成环境更新会对道路交通系统需求的产生和时空分布产生影响。传统的研究多基于居民出行调查数据、城市空间划分和土地利用数据,分析建成环境要素(包括但不限于土地利用密度、多样性、设计、公共交通距离、目的地可达性)对道路交通出行产生、时空选择和方式选择的影响。近年来,泛在感知的城市大数据为二者的关系研究提供了新视野,手机、公交智能卡、视频监控等动态时空关联数据被越来越多地用于分析建成环境对道路交通行为的影响。已有研究通过模拟仿真和实证研究的方法,聚焦样本细分、可变面积单元、居住自选择、阈值效应和建模技术等问题,揭示了道路交通系统与建成环境关系的复杂性和多维性。

道路交通系统对城市建成环境的空间要素和土地利用也会产生一系列影响。道路交通网络的布局对城市空间结构具有重要的引导作用，级配合理、接入顺畅的路网系统能够提高城市功能区的连通性，从而限制城市的低密度无序蔓延，促进城市空间紧凑有序发展。此外，道路交通系统会对城市的土地开发强度、土地利用结构和土地价值产生影响。大中容量公共交通线路、交通枢纽等设施可改善沿线(周边)的相对区位条件，提高可达性和交通便利性，从而影响土地开发模式和效益。近年来，随着对 TOD 模式理解的深入，依托地铁或轻轨从宏观、中观和微观三个尺度推进公交导向型土地开发模式受到国内外学者的持续关注，形成与大运量、低碳、快速的公共交通相适应的建成环境能够从根本上促进道路交通系统可持续发展。

3.2　道路交通系统与城市建成环境协调性研究

道路交通系统与建成环境的协调性评价是指在某一空间尺度下建成环境与交通出行特征(例如交通方式分担率、通勤出行距离、公交需求量)之间的匹配情况。例如，在交通分区尺度下，某交通小区已形成易于低碳出行的建成环境，然而该交通小区居民交通方式仍以小汽车为主，则该交通小区的建成环境与交通出行的协调性较差。同理，公交出行分担率较高的交通小区，但并未形成易于低碳出行的建成环境，也同属于协调性较差的状况。已有文献利用复杂系统理论、双层规划模型、空间计量模型等方法从宏观和微观尺度对道路交通系统和城市建成环境的协调性开展了研究。宏观层面上聚焦交通网络如何合理支撑城市空间形态和土地利用，从而确定城市交通发展模式、交通结构以及设施布局。微观层面上关注城市建设项目的交通影响评价，核算交通承载能力指标并对建设项目的开发规模提出要求。交通可达性、路网连通度、路网饱和度、职住平衡指数、土地混合度、综合容积率等指标一般被用于衡量道路交通系统与城市建成环境的协调性。近些年受到自然灾害、公共卫生事件等突发公共事件的影响，交通韧性也逐渐被纳入协调性评价指标体系。国内对道路交通系统与建成环境的协调关系评价尚处于起步阶段，由于两者协调关系评价是一个典型的多输入多输出的综合问题，因此科学合理的定量分析方法也是值得研究的问题。

3.3　道路交通系统与城市建成环境协同优化模型

自 Lowry 模型首次应用于探索道路交通系统与城市建成环境的互馈过程以来，随着随机效用理论、离散选择模型、空间经济学、GIS 技术、智能体仿真等理论和方法的形成，道路交通与城市建成环境协同优化模型不断发展。依据模型的理论基础和模拟过程可分为两类：数学规划模型和模拟仿真模型。数学规划模型是运用数学建模的方法对道路交通系统与建成环境要素进行协同优化,在土地资源等约束下,实现经济效益和社会效益均衡发展的目标。模拟仿真模型是将道路交通系统和建成环境视为智能体,基于两者之间的交互规则,在仿真环境中进行计算模拟。作为道路交通系统与建成环境协同优化的核心要素,道路网络设计、土地开发性质、强度等是协同优化模型关注的主要决策变量。近年来,道路交通系统与城市建成环境协同优化已从交通枢纽站点尺度向通勤交通走廊、广域大范围路网等中、宏观尺度方向转变。

总体来看,道路交通系统与城市建成环境协同优化已取得一定的研究进展,未来需重点在以下方面开展攻坚:

(1)道路交通系统与建成环境的互动机理。道路交通系统与城市建成环境之间存在相互影响、互动调节的关系,现有研究多停留在单向影响机理分析层面,探究道路交通系统与建成环境的互动机理,揭示二者的互馈循环、动态演化关系将成为重要的研究方向。

(2)道路交通系统与建成环境的多尺度协调性及阈值研究。针对现有研究较少关注微观建成环境的问题,分析建成环境不同空间尺度(交通枢纽、通勤走廊、区域路网等)的协调性指标,建立宏微观尺度、多应用场景的协调性评价体系,提取关键指标并研究指标阈值效应,是需要关注的研究重点。

(3)道路交通系统与建成环境动态协同优化模型。针对现有优化模型聚焦在道路交通系统与建成环境的空间关系,未来模型需要在时间和空间方面并重发展,考虑各变量在长期、中期和短期不同时间框架内的变动,形成合理时滞的反馈循环结构。此外,模型需要考虑能源消耗、污染排放等约束条件,以反映道路交通系统的综合模型发展方向。近年来,以大数据为主的道路交通需求分析方法快速发展,深度学习、多智能体仿真等技术为构建时空动态优化模型提供了较好基础。

主要参考文献

[1] Dong X, Ben-Akiva M E, Bowman J L, et al. Moving from trip-based to activity-based measures of accessibility[J]. Transportation Research Part A: Policy and Practice, 2006, 40(2): 163-180.

[2] Mokhtarian P L, Cao X. Examining the impacts of residential self-selection on travel behavior: A focus on methodologies[J]. Transportation Research Part B: Methodological, 2008, 42(3): 204-228.

[3] Yim K W, Wong S C, Chen A, et al. A reliability-based land use and transportation optimization model[J]. Transportation Research Part C: Emerging Technologies, 2011, 19(2): 351-362.

[4] 曹新宇. 社区建成环境和交通行为研究回顾与展望:以美国为鉴[J]. 国际城市规划,

2015,30(4):46-52.

[5] Kasraian D,Maat K,Stead D,et al. Long-term impacts of transport infrastructure networks on land-use change:an international review of empirical studies[J]. Transport Reviews, 2016,36(6):772-792.

[6] Ding C,Cao X. J,Næss P. Applying gradient boosting decision trees to examine non-linear effects of the built environment on driving distance in Oslo[J]. Transportation Research Part A:Policy and Practice,2018,110:107-117.

[7] Cheng L,Chen X,Yang S,et al. Active travel for active ageing in China:the role of built environment[J]. Journal of Transport Geography,2019,76:142-152.

[8] Fraedrich E, Heinrichs D, Bahamonde-Birke F. J, et al. Autonomous driving, the built environment and policy implications [J]. Transportation Research Part A: Policy and Practice,2019,122:162-172.

[9] Gan Z,Yang M,Feng T,et al. Understanding urban mobility patterns from a spatiotemporal perspective:daily ridership profiles of metro stations[J]. Transportation,2020,47(1): 315-336.

[10] 赵鹏军,万婕. 城市交通与土地利用一体化模型的理论基础与发展趋势[J]. 地理科学,2020,40(1):12-21.

撰稿人:程龙(东南大学)　丁川(北京航空航天大学)　杨敏(东南大学)
陈学武(东南大学)

完整街道与道路交通协同优化设计

Complete street and road traffic collaborative optimization design

1　科学问题概述

道路是能为各种出行工具以及行人等提供出行时空资源,满足其交通出行需求的基础设施;街道则指全部路段或绝大部分路段两侧建有各种类型的建筑构造物,一般沿线设有步行空间以及各种生活性功能服务设施的道路。从本质上来说,街道与道路二者均可以作为提供各种车辆和行人等出行方式通行的基础设施,是一种常见的线性开放空间,具有交通通行功能。街道兼具交通出行和社会生活功能。社会生活功能要求街道整洁、美观、富有活力、舒适;交通出行功能要求街道安全、便捷、快速、高效。因此,街道空间的规划理念也应由原本的出行导向模式转变为通行、活力兼容并重模式。

21 世纪初,人本主义街道设计在全世界各地开始发展。2003 年,美国提出了“完整街道”概念,“完整街道”是以人为本的街道设计,即综合考虑行人、自行车、公交和私家车等的街道,而不仅仅只考虑小汽车的优先权。2016 年上海颁布了国内第一部街道设计导则,随后国内各大城市,如深圳、南京、广州等大城市接连颁布市级街道设计导则。各城市街道导则共同的追求目标是“提升街道空间品质”,未来街道的人本化转型是趋势。

然而城市空间资源有限,街道空间上多种类型活动必然存在空间竞争关系。每一类街道活动对空间的要求是一个空间需求的区间。将这个区间中最基本的要求定义为最低空间,最佳配置要求定义为期望空间。街道完整性空间要素和道路通行性空间要素需要在“期望”与“最低”空间资源配置级别之间进行博弈,进行街道容量检查,以确认街道总宽度能在多大程度上满足这些需求。因此需要研究各空间要素分配与道路综合效能的作用机理,确定交通和活动空间分配的权重,进行空间分配的优先级划分。

2　科学问题背景

街道的时空资源是有限的,传统道路设计理念以“服务出行”为目标,街道的交通功能不断增强,逐步压制甚至完全覆盖街道生活空间服务这一功能。街道功能的复合型被退化成以纯粹的交通功能为主,街道的安全性、舒适性、愉悦性等下降,街道的空间品质和活力受到影响。

在“完整街道”理念下,北京、上海、广州、深圳等大型城市越来越注重街道空间的品质提升,先后从街道空间的交通要素、生活要素以及景观要素等为城市街道的优化设计提供建议,并开展相应实践。但部分城市街道设计未充分体现完整街道理念。一方面是未以有效统筹街道功能和街道空间为目标开展全要素设计;另一方面是现有的街道设计目标主要以街道景观、街道活力、步行性等单一功能为主。

“人本主义”的完整街道规划设计,需要考虑街道的交通通行功能和生活服务功能,兼顾出行者在出行安全性、便捷性、可达性、舒适性、愉悦性、社交性等方面的多层次需求。因此有必要研究如何通过合理划分路权,实现所有街道出行者安全高效、绿色公平出行,提出一种兼具效率和活力的城市街道设计方案。

3　科学问题研究进展

3.1　研究进展概述

国内外专家学者对街道空间规划理念、城市街道空间品质评价等进行了较为深入的研究和实践。街道空间规划理念方面,当前研究已提出完整街道的实质是路权公平、功能多样且活动舒适,Abouakalloub、Nancy 等基于用户满意度和街道二维功能属性,考虑环境因素提出“完整街道”创新性增强型空间设计对策，对设计要素提出建议。

街道空间品质评价研究主要涉及街道空间品质评价指标研究和评价方法研究。交通视角主要以车流运行数据、冲突事故数据等为基础，侧重道路服务水平、交通安全、低碳交通、交通可靠性、换乘衔接以及道路景观等评价。城市设计视角主要关注空间设计、空间形态、空间品质与空间活力四个视角；空间设计维度，强调街道作为物质空间环境的设计策略或更新手法，并关注街道景观、人性化场所与慢行交通；空间形态维度，引入街道空间尺度的定量研究方法(空间句法、ArcGIS)，挖掘适宜的街道形态；空间品质维度，关注“高质量发展”“精细化设计”等城市发展战略，运用街景图片对人本尺度的街道空间品质进行失序识别或评价；空间活力维度，从人本视角研究能够被人“看得见、摸得着、感受到并适宜人体尺度的城市形态”。

无论是交通视角，还是城市设计视角，现阶段研究普遍存在以下问题：①街道功能的狭义化，片面强调其单一功能，而忽视了街道本身作为一个多功能空间载体的事实；②街道设计随意化，在街道的设计中，提出了混合功能设计的概念，但在具体的建设中仍然是交通与生活两张皮，追求形而上的配合，而未完全区分实际功能设计和全要素设施的设计差异性，没有真正意义上的整合设计；③现有的街道评价研究主要以对交通运行状态、空间活力、慢行系统等单独功能进行统计评估和专家评估为主，且未将完整性评价指标和街道分类体系相结合，未形成一套完整覆盖街道属性的全要素评价体系，无法对现有街道或改造后街道进行定性和定量判定，进而导致完整街道政策停留在理念阶段。

3.2 技术路线对比

(1)传统道路设计。

传统道路设计以道路红线为约束，空间分配更侧重于满足车辆与行人出行的需求，而对街道的空间类需求并不重视。一般依据相关技术规范，通过道路等级功能划分，先明确道路红线宽度，进而确定车道数和车道宽度，之后分配非机动车、分隔带、人行道等空间。随着社会和时代的发展，居民对街道空间的舒适性要求越来越高，传统道路设计显示出越来越多的局限性。其主要问题有以下几点：①横断面形式刚性且单一，呈现“两条红线 + 标准断面”的形式。街道横截面缺少对沿线用地性质与建筑功能的特定分析和精细化考虑，缺乏与用地的互动。②道路红线内外权属分离，空间浪费严重，设施带、建筑前区等空间并没有被有效组织和利用。③道路设计过于强调“机动性”，行人出行安全与便捷度偏低，行人沿街活动品质和多样性严重受损。

(2)完整街道设计。

完整街道设计空间包含道路红线以内及至沿线建构筑物界面形成的三维空间，强调街道上所有交通方式出行者和活动者拥有公平的路权。设计内涵主要包括以人为本、集约高效、空间协调、宜居优美以及健康可持续等五个方面。

完整街道设计体系需要在空间统筹、功能统筹、设施统筹等层面进行优化研究,多按宏观-中观-微观三个层面开展。宏观层面关注街区网络与街道定性,需要从城市空间结构、综合交通发展、街区更新发展等方面进行综合考虑,确立街区网络结构与各条街道所承担的功能。中观层面关注空间、功能、设施的统筹,需要明确各类街道的沿街功能、交通组织,突破现有道路红线等限制进行空间统筹划分与组织,使空间、功能充分共享与集约化。微观层面关注路段空间布局、交叉口以及沿街界面的详细设计,对沿街建筑退界空间与道路绿化步行空间进行合理统筹分配与开放连通。

完整街道设计的优势在于:①满足所有出行者的出行需求,各年龄段、各种出行方式的路权都能受到保障;②对街道红线内外进行协调设计,充分考虑街道交通与沿线用地性质和建筑功能的关系,从交通单一功能向交通-用地发展复合方向转变。

但也正因为完整街道设计对各方面要求很高,导致存在一定的局限性:①需要多个专业共同完成街道设计,包括交通管理、城市设计、环境设计、建筑设计等,设计难度更大、更烦琐。②产生街道全空间强化管控要求的挑战。一条典型的街道标准横断面,需要统筹道路资源、交通设施、交通组织、街道景观等各方面。

4 总结与展望

既有成果从城市设计层面研究了街道空间布置方法,从交通层面研究了道路交通优化设计理论,但在完整街道与道路交通协同优化设计领域仍存在以下难点需攻克:

(1)完整街道设计要素及相互博弈机理。完整街道设计要素众多,包括交通功能设施、步行与活动空间、附属功能设施与沿街建筑界面等。在有限的空间条件下,街道无法容纳所有的理想要素,一方面不同类型的街道优先体现的功能与目标不同,另一方面要素之间具有竞争性和排他性。因而如何明确街道的路网功能定位,并解析街道设计要素间的内在博弈机理,从愉悦出行体验以及交通与沿线用地融合等角度,构建完整街道设计要素的博弈模型,是完整街道与道路交通协同优化设计的难点之一。

(2)基于人因工程的完整街道协同优化设计方法。街道空间在功能上和形态上具有复杂性和多样性,而复杂性的根源主要是人与街道环境的相互作用。由于对街道空间和环境行为之间耦合关系认识的不足,导致现有街道设计仅从工程技术要求出发,缺乏人性关怀。因此如何在街道设计中,运用空间行为和环境认知等理论,并结合人因工程分析,探究街道环境与人行为活动之间的关系,并反馈到街道空间设计中是完整街道与道路交通协同优化设计的难点之一。

(3)完整街道综合评估模型。现有政策和研究大多考虑定性指标,很少有研究用定量的方法评估现有和计划中的街道设计是否达标。且现有指标体系未将完整性评价指标和街道分类体系相结合，即无法反映指标对不同类型街道的相对重要性。因而如何构建一个强有力的定量评估体系，并能随交通、场所等具体情况而变化，进而将各独立的指标综合为一个统一的衡量完整性的方法是完整街道与道路交通协同优化设计的难点之一。

(4)路网中完整街道遴选优先级分级方法。每条街道都有可能成为一条完整的街道，无论街道类型还是区位条件，都可以将设计根据周边地区的特点、需求等进行调整，然而，在物理上和财政上不可能同时重新设计，但单一指标的街道优先级评价具有一定局限性。例如街道完整性忽视了街道在路网层面的重要度以及改造后效益；仅根据街道改造效益则只能在已有的方案中进行选择，但街道的复杂性和多样性导致无法遍历所有方案，且当方案过多时又会导致工作量大幅度增加。因此如何基于街道功能完善度、改造效益等驱动因素构建多维评价体系，对街道进行分级评估是完整街道与道路街道协同优化设计的难点之一。

主要参考文献

[1] Mc Cann B. Completing our streets: the transition to safe and inclusive transportation networks[M]. Washington DC: Island Press, 2013.

[2] Shi S, Quiros D C, Rui W, et al. Changes of street use and on-road air quality before and after complete street retrofit: an exploratory case study in Santa Monica, California[J]. Transportation Research Part D: Transport and Environment, 2014, 32(oct.): 387-396.

[3] Abouakalloub, Bassma Eissa. Assessing doha's street network from the perspective of the 'complete streets' concept[D]. ProQuest Dissertations and Theses Full-text Search Platform, 2017.

[4] 许炎. 基于共享理念的完整街道设计研究[D]. 南京：南京大学，2014.

[5] Hui N, Saxe S, Roorda M, et al. Measuring the completeness of complete streets[J]. Transport Reviews, 2017: 1-23.

[6] Gonzalo_Orden H, Rojo M, H Pérez-Acebo, et al. Traffic calming measures and their effect on the variation of speed[J]. Transportation Research Procedia, 2016, 18: 349-356.

[7] Rodriguez-Valencia A. The urban right- of- way allocation problem: considering all demands [C]//Transportation Research Board. The Proceedings of the 93th Annual Meeting of the Transportation Research Board. Washington DC: Transportation Research Board, 2014.

[8] Donais F M, Abi-Zeid I, Waygood E, et al. Assessing and ranking the potential of a street to be redesigned as a complete street: a multi-criteria decision aiding approach[J].

Transportation Research Part A:Policy and Practice,2019,124(JUN.):1-19.

撰稿人:白玉(同济大学) 柴晨(同济大学)

服务导向型道路交通规划与设计

Service-oriented road transport planning and design

1 科学问题概述

纵观城市发展历程,从《雅典宪章》的物质空间决定论,到《马丘比丘宪章》的社会文化论,再到宜居城市论,以及近年来我国提出的城市更新、起源于日本的都市再造理论、新城市主义等理念,城市的发展主题具有与时俱进性和时代性。随着经济与社会发展,人们对生存、生产、生活、游憩与发展等提出了更高的品质要求,因此,城市及其交通系统的功能亟须回归其服务的本质。道路交通系统是实现最为基础的门到门并连接多模式交通出行服务的关键体系,具有极强的开放性,所以,决定着"人享其行、物畅其流"目标的实现,亦即应充分具备环境友好、便利舒适、适应出行者品质服务需求的新功能和性能。另一方面,随着土地资源和能源短缺、环境污染等全球问题的进一步加剧和恶化,机动车导向的道路交通规划与设计理论和方法亟须改变,应充分地为公共交通和步行、自行车等非机动交通方式在未来出行体系中发挥主导作用提供条件。因此,服务导向型道路交通将着重从以往关注交通系统硬件设施与工程的发展,转向对出行对象关于出行质量需求及其服务与品质满足程度的高度重视,从而实现交通规划与设计理论体系的全面创新和引领发展。

2021年,中共中央、国务院印发的《国家综合立体交通网规划纲要》提出:"到2035年,旅客出行全链条便捷程度显著提高。"2020年7月,我国交通运输部和国家发展改革委印发《绿色出行创建行动方案》,明确引导公众优先选择公共交通、步行和自行车等绿色出行方式,到2022年,绿色出行服务满意率不低于80%。从人民美好生活需要看,新时代道路交通出行要满足出行需求从"有没有"到"好不好"的转变,并适应多模式综合交通系统和谐发展的需要,亦即提供高品质交通运输服务。

以往的以汽车交通为主体的交通规划与设计,不仅需要大量的空间资源,还导致各种交通方式有机衔接不足,难以做到"人畅其行",更难实现"人享其行"之目标,由此致使公共交通出行分担率持续偏低,汽车交通阻塞加剧。根据《未来城市出行蓝皮书(2020)》,2006—2016年,全国城市道路面积年复合增速为6%,但机动车保有量的增速为其3倍以上,现有的道路(包括行车和停车)基础设施远不能满足城市居民不断增长的机动车出行需求，还造成严重的土地与道路资源消耗、环境污染、交通事故等问题。因此，亟须以出行需求和服务品质为导向，打造连续、可靠、便捷、舒适、公平、适应各类出行者的多功能道路交通系统，充分回归交通的“他服务”属性，大幅提升出行品质体验，实现“人享其行、物畅其流”，促进城市及交通可持续发展。

2 科学问题背景

未来道路交通应面向人类出行的本质需求，做到友好、友善、关爱、可靠，提供有限小汽车通行、环境友好、便利舒适、各类人群友好的交通服务，为城市的生活、居住、游憩与可持续发展功能升级赋能。根据高德地图《2021 Q1 中国主要城市交通分析报告》，中国超大城市、特大城市的公交平均换乘系数为1.518、1.474，超大、特大和大中型城市换乘所需平均步行距离约为1063m、1058m和943m。可见以往的机动车导向的交通规划与设计体系，导致了各种交通方式的衔接不足，且上位规划与下位设计脱节，使得公共交通与非机动方式一体化出行体验持续不良，公共交通出行分担率下降，由此造成的严重交通问题不言而喻。根据能源转型委员会发布的预测，如果考虑现实经济发展和人均GDP的提升，到2050年，我国交通运输领域的碳排放量将超过33亿t，占全国总排放量的三分之一，而且还将消耗大量不可再生的土地资源。因此，在有限的资源条件下，未来公共交通和非机动交通将承担重要角色。在我国大中城市，居民出行模式较为多样化，包括公交车、轨道交通、私家车、电动车、自行车和步行等；在中小城市和城市边缘区，人力三轮车、电动三轮车、摩托车等也是居民出行的主要模式。所以，需要建立服务导向型道路交通规划与设计的科学理论和方法体系，科学有效地构筑规划与设计协同、多模式融合的道路交通系统，提供“人享其行”的交通出行服务。因此，基本科学问题包括但不限于：道路交通出行服务及其与供给条件的交互作用机理、不同服务品质与服务水平的交通系统规划和设计协同理论、服务导向型新建和改建道路交通系统规划与设计协同理论、多模式道路交通服务协同条件下规划与设计方法、面向服务的道路交通规划与设计评价和优化方法等。

3 科学问题研究进展

道路交通规划系根据历史和现状的交通供需状况及地区的人口、经济和土地利用之间相互关系的分析研究，对地区未来不同人口、土地利用和经济发展情形下的交通运输需求进行分析和预测，结合城市规划确定未来交通运输设施建设的规模、结构、布局、运行等方案，并对不同方案进行评价比选，确定规划方案，同时突出建设实施序列的一个完整过程，是交通规划的核心部分。道路交通设计则是基于城市与交通规划的理念和成果，以道路交通系统功能、性能和系统最佳为目标，综合资源条件为约束，对现有和未来建设的交通系统及其设施加以优化设计，寻求改善交通的最佳方案，精细化地确定交通系统及其构成要素，指导交通设施的土木工程设计以及系统的最佳利用。

3.1　机动车交通为主的道路交通规划与设计

交通规划理念包括以满足需求为目标的传统规划理念及考虑交通与土地利用和城市规划一体的协同发展理念。道路交通设计包括道路交通网络功能及其结构和交通流组织设计、交叉口及其间通行能力匹配设计、路段进出和接入交通设计、公共汽车交通设计、交通语言设计、交通安全，以及交通服务等设计及其评价。道路交通网络设计（Road Network Design Problem，RNDP）通过构建双层模型描述交通系统及系统中的出行者，上层以规划的总社会福利、总出行成本等为目标优化道路交通设计要素，下层构建出行者均衡分配模型，求解网络有三种形式：离散决策变量（表征网络中新增道路）、连续型变量（通过调整道路等级、设计控制方案优化已有网络路段通行能力）、混合型决策变量（同时探讨路段通行能力改善及路段新增问题）。路段及平面交叉口交通设计主要以效率、安全等为目标，根据交通流特征对路段横断面、交叉口渠化及信号配时等进行优化设计，使机动车交通流高效通行。以上有关道路交通规划与设计的研究在很大程度上改善了交通系统运行效率，但是从决策管理者角度出发的方法体系对于出行者的需求关注不足，现有的优化目标、评价指标和改善方案多从机动车交通出发，与人们的真实出行体验存在较大差距，难以满足高品质、个性化的出行需求；另一方面，交通规划和设计常独立开展，缺乏协同和反馈机制，难以实现在决策管理阶段所预期的道路功能。

3.2　考虑多种方式出行者的道路交通规划与设计

近年来，为适应各种交通方式的出行需求，而不仅着眼于为小汽车交通提供便利，各国提出了一些新的理念和方法。20 世纪 70 年代，美国提出完整街道交通政策和设计方法，关注除机动车以外的行人、自行车、公交乘客的出行条件，保障道路上所有交通方式出行者的通行权，满足出行需求和安全要求。随后涌现的街道设计理念如生态街道、绿色街道、慢生活街区等，均旨在提升交通空间的幸福感。公共交通领域也发展出一批有关轨道交通和公共汽车乘客满意度及服务水平的研究。这些理念和方法得到了世界各城市广泛关注，但是只保证了各种交通方式的可用性，没有触碰人的主观体验，各子系统所采用的标准分散、缺乏关联故无法衔接，导致包含连续、可靠、便捷、舒适、公平等在内的出行者体验提升空间有限，多模式一体化交通出行的本质是“他服务”，出行链的任一环节或方式衔接出现问题，都会影响人们使用交通系统服务的效用。

4　总结与展望

总体来看，道路交通规划与设计相关研究在当下已有相当基础，但现有研究对交通出行本质和出行者感受体验考虑不足、规划与设计及多种交通方式协同有限，虽然开展服务导向型道路交通规划与设计，并伴随着交通信息化和智能化以及出行即服务(MaaS)等的发展，可以深入本质地破解道路交通规划与设计偏向机动车服务的问题，但此变革性技术仍旧存在以下难点需逐渐攻克：

(1)道路交通出行者感知测度及出行体验评估方法。将道路交通规划与设计从决策管理导向转为出行服务导向，需要明确出行者在完成一次出行前、中、后的生理和心理感受，以此为基准对道路交通系统进行优化调整。因此，如何构建反映出行者实际身心感受的出行感知指标，并通过物理手段进行实时测度，进一步量化不同时空、交通方式下出行者对各规划设计要素的出行体验，是服务导向型道路交通规划与设计的难点之一。

(2)出行者感知服务指标与道路交通设计参数的耦合机理。厘清出行感知与道路交通规划设计之间的关联为优化设计提供依据，需要系统地掌握道路交通规划与设计参数及交通和环境要素与出行者感知指标之间的作用机制，且须充分考虑到新建、改建道路系统的感知关系存在差异。因此，构建道路交通规划与设计参数集合，量化机动车交通流、公共交通、非机动车、行人等交通要素及其环境因素，融合通勤、通学、老年人、特殊需求等出行者自身特征及其出行方式特征，标定新建和改建道路条件下各规划设计参数与感知服务指标之间的有机关系，是服务导向型道路交通规划与设计的另一难点。

(3)服务导向型道路交通服务设计理论。以出行者感知体验为基础，面向多样化出行主体、出行目的及环境特征差异，需定制最佳的多模式出行链与服务链。因此，融合出行需求特征，厘清服务链中服务体系、服务设施、服务水平和出行链的作用机理，设置差异化的连续性、可靠性、便捷性、舒适性、公平性目标及其重要度组合，考虑多服务提供主体、建成环境与交通系统特征、信息提供等，对服务提供主体、多交通方式及其衔接过程进行组合设计，从而使服务链匹配出行链，是服务导向型道路交通规划与设计的又一难点。

(4)服务导向型道路交通规划与设计集成优化策略。服务导向型道路交通系统面向连续性、可靠性、便捷性、舒适性、公平性等多样化目标，涵盖规划与设计两个主要环节，涉及道路网络、路段、交叉口、公共交通、慢行、街道等各组成部分，以及道路与街道作为城市空间对各要素规划与设计及其协同提出了要求。如何面向多模式出行链与服务链设计，优化步行、机动车、公共交通等多模式衔接，自上而下与自下而上(规划与设计)一体化融合构建上位规划与下位设计协同，网络、路段、交叉口、慢行空间、街道、公共交通及其信息化和智能化等多种交通要素一体的优化设计方法体系，是服务导向型道路交通规划与设计的再一难点。

(5)服务导向型道路交通规划与设计工程实现技术及数字化支撑决策技术。基于理论和方法生成的集成优化设计策略可通过多种工程技术来实现，因此，如何构建对应的工程实现技术，并结合具体工程场景选取合理方案，是服务导向型道路交通规划与设计的又一难点。此外，管理者需要定期监测道路交通系统服务感知水平，诊断存在问题并制定科学合理的对策和决策，因此，建立数字化支撑的诊断与决策技术，也是服务导向型道路交通规划与设计的难点。

主要参考文献

[1] 杨晓光. 城市道路交通设计指南[M]. 北京:人民交通出版社,2003.

[2] 王继峰. 城市综合交通体系规划回顾与展望[J]. 城市交通,2017,15(4):18-24.

[3]《中国公路学报》编辑部. 中国交通工程学术研究综述·2016[J]. 中国公路学报,2016,29(6):1-161.

[4] 杨晓光,赵靖,马万经,等. 信号控制交叉口通行能力计算方法研究综述[J]. 中国公路学报,2014,27(5):148-157.

[5] 叶朕,李瑞敏. 完整街道政策发展综述[J]. 城市交通,2015,13(1):17-24+33.

[6] Zhao J,Knoop V L,Wang M. Microscopic traffic modeling inside intersections:interactions between drivers[J]. Transportation Science,2022.

[7] Liu X, Yu J, Yang X. Diagnostic-oriented and evaluation-driven framework for bus route performance improvement [J]. Journal of Transportation Engineering,2021,147(6):04021030.

[8] De Ona J,De Ona R. Quality of service in public transport based on customer satisfaction surveys:a review and assessment of methodological approaches[J]. Transportation Science,2015,49(3):605-622.

[9] Stevanovic A,Stevanovic J,So J,et al. Multi-criteria optimization of traffic signals:mobility,safety,and environment[J]. Transportation Research Part C:Emerging Technologies,2015,55:46-68.

[10] Farahani R Z,Miandoabchi E,Szeto W Y,et al. A review of urban transportation network design problems[J]. European Journal of Operational Research,2013,229(2):281-302.

撰稿人:杨晓光(同济大学)　赵靖(上海理工大学)　刘心雨(上海理工大学)
刘鹏飞(上海理工大学)

新型混合交通流瓶颈通行能力提升方法

Enhancement of bottleneck capacity for the mixed traffic flow of human-driving vehicles and autonomous vehicles

1 科学问题概述

路网可抽象为由点与线组成的有向加权网络，路网中交通堵塞往往以点、线、面的次序扩散。路网的瓶颈是指在路网中散布并制约路网通行能力的设施或其他物理实体，瓶颈在间断流设施中通常表现为交叉口，在连续流设施中则为汇入点、分流点和交织段，另外还存在虚拟瓶颈或移动瓶颈等概念。尽管人类研究通行能力问题已逾 60 年，且在瓶颈通行能力领域产生了丰硕成果，但计算方法相对固定。同时，通行能力的数值并未本质性地提升，以《道路通行能力手册》(The Highway Capacity Manual，HCM）中交叉口通行能力为例，单车道通行能力从 1956 年第一版本的 1580pcu/h 提升到 2010 年第五版本的 1900pcu/h，增长率约为 20.3%。

随着自动驾驶与通信技术的飞速发展，高等级智能网联车辆将逐渐普及，这种由人工驾驶车辆(Human Driven Vehicle，HV）与智能网联车辆(Connected Autonomous Vehicle，CAV)组成的新型混合交通流将在相当长的时间内存在。中国工程院院士、中国人工智能学会理事长李德毅预测："人工驾驶和自动驾驶并存可能需要 50 年左右"。目前已有若干前瞻性的研究表明，智能网联车辆的投入将使道路通行能力得到本质性的提升，如 2018 年 Nature 刊文证明：若纽约曼哈顿地区采用共享模式，路网通行能力将提升 30%；而若自动驾驶技术也被完全采用，路网通行能力将提升 100%。上述研究证明了现有道路设施，特别是路网瓶颈仍然具有巨大的潜在通行能力。

2 科学问题背景

拥堵治理即瓶颈通行能力提升，仍是交通工程领域的主要工作，然而对于路网中一些"顽固"瓶颈，工程实践中往往经过多轮优化后效果仍然不尽人意，这说明在人工驾驶场景下瓶颈的潜在通行能力已经基本释放。CAV 的出现将造成交通流的本质性变革，为提升路网瓶颈通行能力提供了全新的思路与方法。

长期以来通行能力理论的制高点被以 HCM 为代表的国外同行占领，我国学者基本只能做跟随式研究。通行能力是交通工程理论与实践的基石，若没有基础性研究支撑，工程实践很难开展，特别是道路"新基建"、交通"新四化"将缺乏理论指导。因此，开展新型混合交通流瓶颈通行能力提升方法和技术相关研究，对于抢占下一代道路通行能力理论研究制高点，助力面向新型混合交通流的道路“新基建”具有重要的理论与工程价值。

3　科学问题研究进展

人工驾驶车辆场景下囿于技术手段，瓶颈通行能力无法得到本质性提升。但 CAV 的出现使得先进的车辆控制与交通管理手段成为可能。如通过构建真正意义上的交通控制中心对城市范围内车辆进行全局调度，在时间与空间两个维度加以合理协调。又比如在高速公路上将卡车利用车车通信与自动驾驶技术形成编队运行，已经被证明为一种富有前景的提升道路通行能力、消除移动瓶颈并减少碳排放的有效路径，然而在人工驾驶车辆场景下很难实现。

CAV 的网联化为路网状态全息感知与协同通行带来可能。近十年来，通过融合车载感知与路侧感知，将“人-车-路-云”等交通参与要素有机地联系在一起，当在役车辆的网联比例达到一定值时，对路网状态的全息感知即成为可能，也为路网瓶颈识别与调度奠定了基础。尽管车辆出行从“用户最优”转变成“系统最优”并不存在理论上的难题，但仍存在以下两方面困境：一是需要在城市范围内构建真正意义上的交通控制中心并对全局车辆进行路径调控，目前看来存在社会、文化等方面挑战；二是对于部分车辆网联而部分车辆非网联的新型混合交通流进行调控并实现“系统最优”，在理论与技术上仍需进一步探究。

自动驾驶技术与通信技术的发展使汽车性能飞速提升。一方面 CAV 利用车载传感器能够显著降低 HV 的感知-反应时间，即从约 2.5s 降低至 1s 以内，从而使得车辆的饱和车头时距降低，通行能力提升；另一方面 CAV 利用车辆编队技术能够进一步降低车头时距，从而完全释放通行能力。

虽然上述技术路径可以有效解决新型混合交通流瓶颈通行能力提升的问题，但此变革性技术仍旧存在以下难点需逐渐攻克。

3.1　面向新型混合交通流的实体/虚拟瓶颈识别方法

通过 GPS(或北斗)、车载传感器、V2X(车用无线通信技术)等多元数据融合对路网状态进行时空维度的全息感知，并诊断得到路网的常/偶发型拥堵点，从而对路网瓶颈进行时空定位。同时，对路网拥堵点、线、面的扩散路径进行回溯和追踪并对瓶颈形成实现提前预警，仍需进一步研究。

3.2　瓶颈处新型混合交通流车-车-路耦合机理及潜在通行能力解析

新型混合交通流场景将包含 HV、不同等级的 CAV 以及行人、非机动车等多种交通形式，其在瓶颈处的交通行为(如跟车模型、换道模型)及与道路基础设施的“车-车-路”耦合机理,是提升瓶颈通行能力的理论基础。同时,关于新型混合交通流潜在通行能力的解析研究多假定自由流场景,而对间断流特别是瓶颈处的潜在通行能力的研究基本尚未开展。

3.3 面向瓶颈疏解的新型混合交通流时空调度理论与预约通行方法

现有对于 CAV 路网规模的全局调度的前提条件多为所有车辆均具有网联功能,然而在相当长一段时间内仍有非网联的 HV 存在。如何对 HV 进行直接控制或通过 CAV 对 HV 进行控制,或只针对 CAV 进行控制从而达到系统部分最优,在理论和技术上仍存在大量研究空间。

3.4 面向瓶颈疏解的新型混合交通流瓶颈处交通设计与信号控制方法

交通设计与信号控制是交通工程的经典问题并已经积累了大量成果,但是"面向新型混合交通流的交通设计与信号控制"则仍处于探索阶段。由于交通流行为、控制对象与方法的深刻变革,面向新型混合交通流的交通设计与信号控制方法可能会改写。以信号控制交叉口为例,CAV 专用进口道布局与宽度设计、信号控制策略(如先到先服务与组团服务)与控制参数(如信号周期与绿信比)、组团策略、轨迹控制等诸多方面均需探索。

主要参考文献

[1] Li Z C, Huang H J, Yang H. Fifty years of the bottleneck model: a bibliometric review and future research directions[J]. Transportation Research Part B: Methodological, 2020, 139: 311-342.

[2] 李德毅,赵菲,刘萌,等. 自动驾驶量产的难点分析及展望[J]. 武汉大学学报:信息科学版,2018,43(12):1775-1779.

[3] Vazifeh M M, Santi P, Resta G, et al. Addressing the minimum fleet problem in on-demand urban mobility[J]. Nature, 2018, 557(7706): 534-538.

[4] Wong S C, Yang H. Reserve capacity of a signal-controlled road network[J]. Transportation Research Part B: Methodological, 1997, 31(5): 397-402.

[5] Watling D. User equilibrium traffic network assignment with stochastic travel times and late arrival penalty[J]. European Journal of Operational Research, 2006, 175(3): 1539-1556.

[6] Bonnefon J, Shariff A, Rahwan I. The social dilemma of autonomous vehicles[J]. Science, 2016, 352(6293): 1573-1576.

[7] Shi X, Li X. Empirical study on car-following characteristics of commercial automated vehicles with different headway settings[J]. Transportation Research Part C: Emerging Technologies, 2021, 128: 103134.

[8] Sala M,Soriguera F. Capacity of a freeway lane with platoons of autonomous vehicles mixed with regular traffic [J]. Transportation Research Part B: Methodological, 2021, 147: 116-131.

撰稿人:杨晓光(同济大学)　江泽浩(华中科技大学)

城市道路交通生命线与多功能车道设计理论

Design theory of urban road transport lifelines and multi-functional lanes

1　科学问题概述

城市道路交通生命线是保障城市交通基本功能所必需的关键道路网络,特别在突发事件或灾害下,承担受灾群体疏散、抢救物资运输和灾后通行等作用,是城市保障体系的重要构成,也是社会经济命脉可持续发展的重要支柱。城市道路交通生命线须充分可靠、高效,具备重要的连接性和足够的韧性,即防御突发事件的破坏或具备从突发事件中快速恢复的能力。因此,城市道路交通生命线的设计,须考虑城市的系统性与生长性,在各种资源条件约束下,结合应急资源的部署和重大需求,通过改建或新建道路,精准统筹市内与市际的必要交通运输需求,适应突发事件和灾害下的供给与需求骤变,缓冲特殊事件对城市的冲击。城市道路交通生命线系统须面向交通需求的时空分布、紧迫程度、规模水平、多模式需求(如公交、高承载率车辆、救灾物资运送车、急救车和工程抢险车等)混合特征,统筹与邻域道路的互补及替代关系。为进一步协调日常与突发事件下实现道路资源的最佳利用、提高道路通行效率,在综合考虑不同模式车辆行驶特征的基础上,设置多功能复用车道是实现城市道路交通生命线在日常与突发情境下功能迅速转变的重要发展方向。

城市道路交通生命线的构筑横跨规划、设计与管理等多个层面。规划上,城市道路系统演变经历了城市形态与结构及价值密度的长期变化,道路交通生命线的布设需求与标准也随之演变;考虑城市功能的相互依存性,须集成道路紧密关联的供电、通信、天然气、给排水、医疗、消防等生命线工程。设计上,城市道路交通生命线应高效衔接局部的道路、避难区、救灾场站或医院及人口密集的学校、居民区和活动中心等,应能确保受灾群体、应急物资和灾后建设运输链的通畅,以及日常与突发事件下多模式交通的协调运行。管理上,须基于日常与突发事件下交通供给与需求的演化态势,精准协同多模式车辆的运行,挖掘多功能车道的效率与安全潜力,保障生命线功能的发挥。

2 科学问题背景

城市道路交通生命线是防灾救灾运输体系的重要构成，承载了受灾群体疏散、急救物资运输和灾后重建运输等功能，其服务能力和可靠水平深刻地影响着突发事件下城市经济与社会及财产的安全性。随着城市人口集聚、城市规模与密度增大，城市面临的各种隐患(如火灾、水灾、震灾、公共安全及重大疫情等)日益突出。内忧外患之下，如何最大限度地构筑城市防灾救灾的门到门运输服务，是未来城市交通面临的严峻挑战。

1995 年日本阪神大地震，因道路网络生命线功能脆弱，难以救援地震导致的火灾等次生灾害，导致近 5000 人丧生。2008 年汶川地震造成包括高速公路、国省干线公路和农村公路及客运站等在内的道路设施直接经济损失 500 余亿元，其中受损公路的总里程达 3 万余公里、占总里程的半数以上，极大影响了灾后救援效率，导致直接社会经济损失近万亿元。2013 年雅安地震导致重要救灾线路拥堵时间超过 3h，严重占用了肢体伤残抢救的黄金时间，更远远超出心梗、心脏骤停等的黄金抢救时间，极大威胁了社会的安全及经济发展。2021 年郑州洪水则导致近百处高速公路、近千公里干线公路、近万公里农村公路受损，连同受灾场站与车辆等，共造成道路直接经济损失近 200 亿元。2022 年上海在新型冠状病毒感染疫情封控期间，城市道路系统被大规模封闭，严重影响了防疫运输和生活必要出行的效率。

此外，城市道路交通生命线与其他生命线工程(如供电、给排水和通信等)密切相关。道路交通生命线一方面决定了其他生命线的恢复效率，另一方面也可导致或加剧周围生命线的破坏，或受到相关生命线的影响。为此，亟须统筹城市道路交通生命线及其相关的生命线工程，以及沿线建筑物的防灾标准，避免其相互影响引发二次灾害或扩大受灾范围，从而保障城市生命线系统稳定可靠。

3 科学问题研究进展

3.1 科学问题

城市道路交通生命线层级系统的构筑和完善，包括生命线走廊与主次分支等，是该领域的首要科学问题。道路交通生命线骨架网络的建立与维护，须与城市规划、城市综合交通规划等战略发展相结合，考虑各种灾害或突发事件的作用机理及其分布特征，确立城市道路交通生命线的网络布局。道路交通生命线网络优化主要考虑三个关键问题：①提高网络对各种突发事件的应对能力，在资源约束下实现合理的冗余性，改善网络连接水平；②考虑城市生长性、城市间关联性和不同领域复合生命线工程的相互作用，打通或预留重要的客流转移与物资供应通道，强化紧密关联的多类生命线系统工程的有机交互机理，达到防控二次灾害和快速恢复的目的；③形成网络层次架构，区分网络骨干与分支，形成级配合理标准，确立不同的建设与维护等级，在保障生命线通道端到端顺畅可靠连接的前提下，高效调配资源。

城市道路交通生命线的多目标优化布设是该领域的重要基础科学问题。城市道路交通生命线的可靠性要求道路交通生命线在不同灾害甚至叠加灾害下正常运行；经济性着眼于道路交通生命线在构筑、维修与养护过程，资金、空间等资源投入的绩效水平；兼容性强调道路交通生命线须全面服务消防车、救护车、工程抢险车、大型群体急救车和物资运送车等不同车型，并在日常与救灾情境下实现生命线功能的高效转化和平稳运行。如何精确评价道路交通生命线的可靠性、经济性和兼容性，确立生命线通道的优化布设方法，并实现道路交通生命线布设与城市灾害薄弱点及救灾点的周期性集成优化，是亟须解决的基础问题。

解析不同类型交通的运行特征及其作用关系，建立多模式交通协同运行多功能专用道优化设计方法，是城市道路交通生命线设计的关键科学问题。基于多模式交通在抢险救灾和灾后重建的需求特征及优先水平，明确多功能专用道的布设、复用功能、宽度和专用共用转变机制等关键设计参数。在特殊事件下，随着救援进度的演变，精准调整多功能专用道的路权分配标准（如允许通行的车辆类型）。在日常情境下，一方面强化多功能专用道的系统管理与交通标志标识，提高社会群体对生命线与多功能车道分布与功能的认识，达到灾害下有序使用多功能专用道的目的；另一方面，为公共汽电车、急救车、工程抢险车和高承载车（HOV）等提供动态优先通行权，提高多功能专用道的利用率。如何在不同等级突发事件下，确立城市道路交通生命线上多功能专用道的布设规模和专用与复用机制，是亟须解决的另一关键问题。

3.2　研究进展

生命线工程最早由美国地震专家 Duke 等人提出，旨在解决地震后的应急问题。随后美日两国就生命线工程的科学研究方法、危险性分析、技术开发等方面开展协作研究。自此，生命线工程在世界范围内引发了普遍关注，广泛开展科学研究、技术开发与工程实践等任务。城市道路交通生命线作为突发事件下一切人员与物资移动的重要载体，在生命线工程领域日益受到重视。

道路交通生命线问题的理论分析主要采用概率推演和网络拓扑两种方法。概率推演法是基于城市环境中各种风险的时空概率分布，推导各类风险的发展过程、发作机制及叠加效应，借助仿真手段，反馈更新推演机制，适用于灾害信息有限或灾害作用存在极大不确定的问题，如地震、海啸等。网络拓扑法是基于道路连线与节点的空间特征，评价并定位对城市道路连通性有关键影响的路段与路网，采用混合整数规划或智能算法等大规模网络优化方法,建立其与关键枢纽或避难区及救灾点的连接通道,形成城市道路交通生命线的骨架。实证分析,则是基于城市道路的实际情况,采用定性与定量结合的方法,综合诸多因素确立城市道路的薄弱点与关键点,结合城市社会地理特征和城市道路网络特征,确立道路交通生命线的分布和相应的建设与维护及管理方法,实现道路交通生命线走廊与沿途避难区、救灾点和政府指挥中心等的高效可靠连接。

多功能专用道是生命线工程集成化载体之一,类似于将供电、通信、给排水等生命线集于一体的城市综合管廊。后者旨在协调不同管道的空间分配、运行特性和维养方法,前者则考虑多功能专用道的布设成本与服务收益,解析不同类型交通模式的相互作用机理,确立多元优化目标,建立多功能专用道的优化布设与精细管理模型,采用混合整数规划或智能算法求解,设计仿真平台,验证或反馈完善多功能专用道的布设方法。多功能专用道的实证分析则统计分析其在不同情境下的适用性与局限性,确立多功能专用道的应用瓶颈和发展方向。目前多功能专用道的研究主要面向高速路上社会车辆与高承载车辆(HOV)或付费车辆(HOT)的准入规则展开,较少考虑其他交通模式或城市道路特性。

目前该领域的相关研究主要集中于道路交通生命线的网络优化、复合生命线工程集成优化和车道功能精细设计等。研究重心正逐渐从道路交通生命线本身的优化设计,向系统性防灾救灾扩展;从宏观的生命线主要走廊建设,向中微观的生命线毛细通道设计延伸;从确定、被动的防灾救灾需求响应,向不确定的、主动的防灾救灾需求预测和管理演进。尽管不同国家、区域和城市,已结合具体地理特征和道路基础条件,研究并初步建立了城市道路交通生命线与多功能车道体系,但仍须对以下问题展开攻坚。

(1)城市道路交通生命线体系构筑标准与复合生命线工程集成优化理论。生命线工程在实际问题的驱动下,实践了不同层次、不同结构的城市道路交通生命线体系,但如何基于突发事件类型、灾害程度和供需条件等资源与功能约束,确立具有广泛覆盖性、高度可靠性、相当经济性和充分包容性的城市道路交通生命线,尚须进一步探索。针对城市道路交通与其他生命线工程的交互作用机理,面向突发事件的缓解、预备、响应和恢复等风险管理阶段,建立道路交通等生命线工程的集成优化体系。

(2)城市道路交通生命线和相关复合生命线系统评价方法。亦即建立评价城市道路交通生命线的可用性、可靠性、经济性、可维护性和兼容性等单项或多项性能与功能指标,诊断确定城市结构生命线的薄弱点和关键点。特别考虑城市道路交通生命线与沿途或邻域其他生命线的交互机理,评价城市复合生命线的协同水平,统筹多生命线的功能融合水平。

(3)城市道路交通生命线走廊与主次支路的最佳衔接及管理方法。城市道路交通生命线建设标准高、抗灾能力强、覆盖范围广,但在资源约束下,仅可形成相对稀疏的道路网。加之突发事件及其破坏程度和影响的不确定性,城市道路交通生命线须与主次道路网全面衔接,形成门到门通畅、可靠连通的道路交通生命线层级结构,并匹配应急避难区、救灾点和指挥中心等防灾救灾资源,提高系统响应与恢复效率。

(4)多功能专用道对多模式优先交通的适应性优化设计,实现突发事件与日常情境下功能最佳切换。挖掘多功能专用道的作用内涵,解析多模式优先车辆的协同运行机理,优化不同优先级交通的运行效率,全面满足不同功能、不同智能水平车辆的通行需求,提高道路资源利用率。

(5)城市道路交通生命线实时监管,突发事件主动防控。城市道路生命线系统规模庞大、构成复杂、运行状态多变,亟须构筑完善的监管体系,实现城市道路交通生命线运行动态的主动监测,为交通运输方案高效优化和多功能车道系统精细设计,提供数据基础与可视化支撑。

主要参考文献

[1] Deelstra A, Bristow D. Characterizing uncertainty in city-wide disaster recovery through geospatial multi-lifeline restoration modeling of earthquake impact in the district of north vancouver[J]. International Journal of Disaster Risk Science,2020,11(6):807-820.

[2] Duke C M. Guidelines for evolution of lifeline earthquake engineering[C]//Proc. of US National Conference on Earthquake Engineering, Michigan, 1975:367-376.

[3] 李杰. 复杂生命线工程系统的地震反应分析与行为控制[J]. 中国科学基金,1999(06):17-20.

[4] 钱摇琨. 生命线工程网络系统抗震可靠性分析[D]. 上海:同济大学,2006.

[5] 郭杰,朱玉明,李夏晶,等. 基于数字孪生的城市地下综合管廊应用研究[J]. 计算机仿真,2022,39(04):119-123+209.

[6] Zhao J, Zhou X. Improving the operational efficiency of buses with dynamic use of exclusive bus lane at isolated intersections[J]. IEEE Transactions on Intelligent Transportation Systems,2018,20(2):642-653.

[7] Xie Z, Jin H, Teng J, et al. Design and management of multi-functional exclusive lane for the integrated service to various vehicles with priority[J]. KSCE Journal of Civil Engineering, 2022,26(2):882-892.

撰稿人:杨晓光(同济大学)　金辉(苏州大学)

面向自动驾驶环境的城市交通系统规划设计方法

Methods for urban traffic system planning and design under autonomous driving environment

1 科学问题概述

近年来,自动驾驶汽车行业进入快速发展阶段,根据《中国智能网联汽车发展路线图2.0》,L2 + L3 级别的自动驾驶新车销量将在 2030 年占比 70% 以上。而随着自动驾驶汽车的不断普及、新基建的大力推进和 5G 网络的快速铺开,智能交通也将进入新的快速发展时期。面对交通系统中需求主体方面的智能化、网联化、共享化和电动化发展趋势,系统供给方面将相应发生巨大变化,主要表现在,交通系统将越来越倾向于满足时变需求,多种交通模式之间的共享交互和换乘联通将更加频繁,在资源约束下要求交通设施同时提供充电、停车等多种功能。自动驾驶环境下交通系统的这种动态化、共享化、集成化的发展趋势,为其规划设计提出了更高的要求,即具备短时微观需求精准预测的能力、多模式协同规划的能力以及多任务耦合设计的能力。然而传统的交通规划设计方法重点面向以人工驾驶汽车为主的需求主体,在需求预测、线网规划和设施布局等方面均无法满足自动驾驶环境下的新要求。

随着交通流中自动驾驶汽车渗透率的逐渐增加,多模式间的动态交互协同将更加紧密,在充电、停车等瓶颈环节还可能出现需求爆棚、拥堵常发等状况。而如果交通规划设计无法有效应对这些情况,势必影响交通系统的正常运行。由此可见,为了保障城市交通系统的安全、高效和有序运行,亟须开展面向自动驾驶环境进行交通规划设计方法的深入研究。

2 科学问题背景

作为汽车“新四化”重点方向之一,自动驾驶技术将显著降低出行成本,提高出行需求,促进多模式间的协同,催生各出行环节间的任务共享,从而改变出行需求的时空分布特征,进而使得道路基础设施、土地利用、城市空间布局等产生巨大变革,必将催生新的交通规划理念、模型与方法,也为我国在交通规划领域实现“弯道超车”提供了机会。

近年来,国内外学者在相关领域开展了创新性研究工作,促进了自动驾驶条件下交通规划理论和实践的发展,但仍存在三方面主要问题。①数据鲜度低:主要运用中长期交通流数据开展交通规划,短时交通流数据运用较少。②模式协同少:仅关注单一交通方式出行需求,未充分考虑自动驾驶汽车与其他交通方式的协同关系。③任务耦合缺:重点关注充电为主的自动驾驶汽车单一任务，未考虑共享化催生的集成化基础设施布局需求。

为了适应自动驾驶技术发展为城市交通系统带来的新趋势，亟须打破现有交通规划理念，探索面向自动驾驶环境的新一代交通规划方法体系。具体而言，结合多尺度时空特征，基于“循环神经网络＋图神经网络”的深度学习技术，使传统中长期需求预测延伸至短时交通流估计，探索宏观＋中观层面的交通规划技术变革方向，开展多模式交通系统协同的线网规划设计方法研究，并提出多任务耦合的设施布局规划方法。

3　科学问题研究进展

(1)自动驾驶环境下交通需求预测研究。

自动驾驶技术为实时海量交通数据的获取提供了更加便利的机会，这不仅有助于提高中长期交通流预测的精度，还为短时交通流量预测提供了新的契机。而准确的短时交通流预测不仅是可变自动驾驶车道等线路设施规划的基础，也有助于停车和充电等共享站点设施的布局设计。短时交通流预测一般是指时间跨度不超过15min的流量预测。由于交通流量具有较强随机特征、动态演变性和复杂时空依赖性，准确的短时交通流预测难度较大。目前相关研究重点关注序列属性和时空依赖属性两方面的问题。在序列属性方面，交通流数据属于典型的时间序列数据，具有临近性、趋势性和周期性等分布特征。在时空依赖属性方面，交通流分布呈现动态性，同时路网具有天然的空间拓扑结构，因此交通时序数据还存在一定的空间依赖性。基于传统模型的预测方法缺乏对时序信息中高维、非线性和时空相互作用特征的考虑，导致预测精度不足。伴随着交通及相关领域大数据获得及存储能力的增长，基于数据驱动的深度学习方法以其擅长处理高维度、非线性、复杂依赖性和周期性数据的特点，弥补了传统预测技术的不足，成为当前研究时空大数据挖掘的核心方法之一。

在自动驾驶条件下，交通需求预测方法的变革体现在出行生成、出行分布、方式划分和交通分配等各阶段。在出行生成阶段，停车的便利性将诱导更多的车辆出行，出行便捷性的提高将使得出行者出行意愿更强烈，老年人和未成年人等部分不适宜驾车的人群出行次数将有所增加。在出行分布阶段，阻抗的计算应以自动驾驶汽车出行为基准，且考虑自动驾驶出行者对行程时间敏感性降低等关键因素。在方式划分阶段，自动驾驶出行方式的成本计算需要考虑其可智能选择距离偏远、费用低廉的区域进行停车的特征。在交通分配阶段，考虑新出现的交通分配方法，如路径选择和停车协同的路径分配方法、基于车辆行程信息的动态分配方法以及用户均衡-系统最优的混合决策方法等。然而，现有研究重点分析自动驾驶对交通需求预测模型中单一阶段的影响，忽视了从出行全链条视角研究各阶段一体化的交通需求预测方法。

(2)自动驾驶环境下多模式线网规划设计研究。

已有研究证实了自动驾驶车辆的加入使城市交通系统的运行特征发生了巨大变化,而且随着自动驾驶渗透率的逐渐提高,多模式出行需求将加速向动态耦合方向发展,从而对线网拓扑结构的协同规划提出越来越高的要求。目前未见国内外学者开展面向自动驾驶环境下城市线网规划的专门研究,多模式网络协同规划方面的研究主要针对公共交通与自行车交通的协同、常规公交与轨道交通的协同等。而自动驾驶汽车在方式选择、出行换乘、路径选择、车道选择等全出行阶段皆与其他方式存在联通,在宏中微观多尺度上皆与其他方式存在空间拓扑结构上的交织,在此情况下多模式间独立并行的线网规划势必造成有限道路资源的时空浪费,因此需要在多尺度下对多模式耦合线网的规划方法展开深入研究。此外,作为自动驾驶环境下线网规划的重要表现形式,专用道规划也需要向多模式一体化方向发展,考虑自动驾驶专用道与既有的专用道类型,如公交专用道、自行车专用道之间的动态耦合关系,而且面向自动驾驶渗透率的不断提高为混合交通流带来的时变性、可预测等影响,专用道规划向多模式共享的动态专用道规划方向发展。

(3)自动驾驶环境下多任务交通设施布局规划研究。

已有研究证实了自动驾驶车辆的加入使城市基础设施的利用率得以显著提高,而且随着自动驾驶车辆向私人汽车、定制公交车、物流小巴等多种运输模式的逐渐渗透,设施规划将加速向多功能集结方向发展,从而使多模式协同、多任务(充电、停车、换乘等)耦合的设施布局规划成为未来发展的必然趋势。而目前未见国内外学者开展面向自动驾驶环境下城市基础设施布局规划的专门研究。在多任务耦合的设施布局规划方面,现有研究主要针对单一运输模式的少量任务耦合,例如,枢纽中心公交车的充电与换乘、物流园区物流小巴货物装卸与电池组更换、写字楼停车场私人汽车充电与停泊等。随着电动汽车产业的不断发展、标准充电站和电池组的确立,以及各类自动驾驶车辆充换电需求、换乘、货物装卸和停泊等实时信息的整合,仅面向单一运输模式进行少量任务耦合的设施布局规划势必造成资源浪费和需求瓶颈的产生,因此需要对多运输模式协同多任务耦合的基础设施规划方法开展深入研究。除此之外,相比于传统燃油汽车,受电池技术等条件限制,电动汽车所需充电时间较长,出行途中多次充电已成常态,相关研究需要考虑设施资源需求的实时性以及线网规划的动态性等影响,向多模式协同多阶段多任务耦合的设施布局规划方向发展。

4　总结与展望

面向自动驾驶环境的城市交通规划设计作为交通规划领域在新形势下的重要发展方向之一,需要从需求预测、线网规划和设施布局等方面突破传统规划理论和方法存在的上述局限,重点攻克以下科学问题。

(1)考虑短时交通流的出行全链条交通需求预测方法研究。

突破现有研究仅关注自动驾驶对交通需求预测模型单阶段的影响,利用海量实时交通时空大数据和深度学习技术,在提高中长期交通流预测精度的基础上,提出考虑短时交通流预测的宏观和中观层面出行全链条交通需求预测方法。

(2)自动驾驶环境下多模式协同的线网规划设计方法研究。

突破现有线网规划方法仅关注单一交通方式出行需求和网络拓扑结构的局限,从多尺度视角分析自动驾驶汽车、公交车和自行车等多模式之间的需求联通特征和运行交互特性,提出多模式协同的线网拓扑规划方法,并研究不同自动驾驶汽车渗透率下的多模式共享专用道的动态设计方法。

(3)自动驾驶环境下多任务耦合的设施布局规划方法研究。

突破现有方法中仅关注单模式少量任务耦合的设施布局的局限,解析私人汽车、定制公交车、物流小巴等多模式间的多任务(充电、停车、换乘等)需求时序性规律,解析设施分布与任务负荷重合度关联关系,构建多任务间基础设施资源共享时空图谱。在考虑多尺度需求预测和动态化线网规划基础上,提出自动驾驶环境下多模式协同多任务耦合的基础设施布局规划方法。

主要参考文献

[1] 吴坤润. 沪宁高速自动驾驶专用车道设置策略及仿真研究[D]. 南京:东南大学,2021.

[2] Machiani S G, Ahmadi A, Musial W, et al. Implications of a narrow automated vehicle-exclusive lane on interstate 15 express lanes[J]. Journal of Advanced Transportation, 2021:15.

[3] Zeng Y, Ma Y, Yang X. Dynamic lane-use management at isolated intersections with demand responsive signal control[J]. 12th World Conference for Transportation Research, 2021:1-12.

[4] Xc A, Xi L A, Fang H B, et al. Modeling and control of automated vehicle access on dedicated bus rapid transit lanes[J]. Transportation Research Part C: Emerging Technologies, 120:28.

[5] Cottam B. Transportation planning for connected autonomous vehicles: how it all fits together[J]. Transportation Research Record, 2018, 2672(51):12-19.

[6] Bazzan A, Amarante M D B D, Costa F B D. Management of demand and routing in autonomous personal transportation[J]. Journal of Intelligent Transportation Systems, 2012, 16(1):1-11.

[7] Xiao G, Juan Z, Zhang C. Detecting trip purposes from smartphone-based travel surveys with artificial neural networks and particle swarm optimization [J]. Transportation Research Part C: Emerging Technologies, 2016, 71: 447-463.
[8] Xiao G, Juan Z, Zhang C. Travel mode detection based on GPS track data and bayesian networks [J]. Computers, Environment and Urban Systems, 2015, 54: 14-22.
[9] Zong F, He Z, Zeng M, et al. Dynamic lane changing trajectory planning for CAV: a multi-agent model with path preplanning [J].

撰稿人：宗芳(吉林大学)　姚宝珍(大连理工大学)　肖光年(上海海事大学)

数字化出行导向的交通系统资源配置与柔性组织

Digital mobility-oriented transportation resources allocation and flexible organization

1　科学问题概述

数字化出行是以数据资源为关键要素，以现代信息网络为主要载体，以信息通信技术融合应用、全要素数字化转型为重要推动力，通过交通设施、信息与服务的耦合，提升交通出行服务品质的新出行形态。《交通强国建设纲要》《国家综合立体交通网规划纲要》和《数字交通"十四五"发展规划》将数字化出行作为未来交通的重点发展方向，交通出行服务数字化、网络化、智能化正在加快深入推进。

数字化出行下海量信息的提供和多方式的融合，使得出行需求的响应更加及时、高效，引起交通系统供需模式、通行能力、强度、结构和耦合关系发生较大转变。一方面，出行需求生成更加分散化，时空分布进一步碎片化，不确定性更高，出行服务的集约性程度弱化；另一方面，多方式出行服务的边界更加模糊，如介于传统公交和出租车之间的需求响应式公交、介于私家车和出租车之间的网约车共享出行等，不同运输方式之间服务的协同性要求大大增强。数字化出行导向的交通系统供需关系变化给传统以功能为导向的交通系统资源配置与组织带来新的挑战，重点有以下三方面的关键问题尚待解决。

1.1　数字化出行机理解析与需求辨识

数字化出行使得出行需求呈现个性化、多样化、强时变等特点，需求特征的随机性和不确定性明显增强，传统的集散式交通出行供需模式面临重大转变。如何解析固定与可变混合出行需求的耦合机理，揭示异质性需求与多方式服务的交互关系，进一步基于移动互联、智能定位、票务网联、交通运营等大数据识别短时动态出行需求，构建多方式出行行为序列、精准辨识数字化出行需求，是数字化出行下交通系统资源优化配置的基础与前提。

1.2　多模式交通资源协同机理与优化配置

数字化出行下需求响应式出行、共享与定制出行、自动驾驶等新业态新技术使得出行需求分散性不断提高，对交通系统设施通行能力、交通资源配置类型与规模、交通能源结构等带来深刻影响。出行供需时空耦合规律更加复杂，分散式出行需求与传统集约化资源供给之间的矛盾不断凸显。如何基于出行要素的数字化转型，解析交通设施网、服务网、信息网和能源网的交互关系和协同机制，以实现多模式、多网络出行供给与多样化出行需求的耦合，是交通系统资源优化配置的核心问题。

1.3　数字化出行系统柔性组织

数字化出行带来更加分散和实时的出行需求，具有高可变性、实时性，面对短时需求和突发事件波动，传统计划式运行组织模式越来越难以满足灵活多变与交互协作的出行需求，用户对多模式一体化出行服务提出更高要求。如何通过固定式与灵活式出行服务耦合，对混合模式下的运力、票务、信息等数字化出行系统要素进行柔性组织，建立鲁棒性强、可扩展性高的出行系统柔性组织技术，是降低数字化出行系统不确定性、提升可靠性的关键问题。

2　科学问题背景

数字化出行下交通系统的出行需求、资源配置、运行组织等均会发生较大改变。交通出行呈现智能化、共享化、分散化的特征，一站式、个性化的出行服务市场将持续扩大，以自动驾驶、智能停车、智能充电为代表的新技术和以 MaaS、共享出行为代表的新业态将重构交通系统，这些变革给传统的交通系统资源配置带来一系列挑战。

2.1　交通需求辨识能力弱

出行需求特征把握不清晰，导致交通供需关系难以精准匹配。数字化出行下交通需求呈现多样化、强时变、海量并发的特征，交通系统向个性化运输服务转变，交通系统供需平衡的时空粒度更加精细化。然而传统交通需求多以静态历史数据为基础进行集计分析，较少考虑动态多变的个体级出行需求，使得出行特征识别和预测的准确度降低，难以对数字化出行下的交通需求进行精准辨识。

2.2　交通出行服务效能不足

交通资源配置难以适应新技术与新业态布局，导致交通出行服务效能显著下降。传统的集约化资源配置与分散式出行需求的匹配问题不断凸显，地面公交等集约式客运服务的客流量不断下降，如 2019 年全国城市公共汽电车客运量为 691.76 亿人次，相较于 2014 年下降 11.5%。此外，自动驾驶、智能充电、MaaS 等新技术、新业态给传统的交通设施类型、功能配置和建设规模带来巨大影响，新能源车辆等交通能源结构的变化进一步扩大了交通资源配置的约束条件，这些都使得传统的交通系统资源配置方法亟待更新与转型。

2.3　交通运输组织效率低

传统的聚焦于服务与设施的多模式交通系统数字化交通出行组织难协同，导致一体化出行衔接效率低。传统的交通出行组织以计划式、固定式为主，难以适应数字化出行下固定与可变混合的出行模式以及定制化、需求响应式的出行服务。传统的运输组织也多聚焦服务和设施的衔接，缺乏对一体化出行全过程的信息与票务协调，导致用户出行体验差。2022 年中国城市规划设计研究院发布的《中国主要城市通勤监测报告》显示我国 44 个主要城市中幸福通勤者的比例仅占 51%。如何顺应数字化出行趋势，通过理论和实践创新，进一步以数据赋能服务于出行品质的提升，有效进行多方式混合出行需求的柔性组织是保障数字化出行效率和可靠性的重要问题。

3　科学问题研究进展

3.1　数字化出行下的出行者需求与行为机理研究

数字化出行下的出行者需求与行为机理分析方法主要为离散选择模型（特别是多项 Logit 模型），数据收集方法主要为 SP 调查（意向调查）。数字化出行早期多为单方式（如共享汽车、网约车等），吸引的用户群体也比较单一。随着数字化出行的发展和普及，数字化出行覆盖的用户群体越来越多样化，因此出行者行为机理分析越来越强调对出行者异质性的分析，潜类别模型和混合 Logit 模型逐渐替代多项 Logit 模型成为出行者行为机理的主流分析方法。在数据收集方面，随着数据的多元化和可获得性的提高，越来越多的研究人员尝试从 SP 调查数据以外的交通出行大数据（如公交刷卡数据、实时轨迹数据、社交网络数据等）分析出行者的需求及行为机理，再通过机器学习、深度学习等方法进行出行者需求预测和用户画像。

数字化出行下出行者需求与行为机理研究存在以下难点：①多源数据的融合与分析。

不同来源的数据收集标准不同，因此数据格式、质量参差不齐，存在较高的融合难度。由于目标群体、精度等因素的影响，融合后的数据分析难度也较大。②数据-模型双驱动的出行者需求和行为机理研究。数据驱动的研究方法能够更加准确地进行出行者画像和出行者行为预测，但是较难用于行为机理的解释。模型更侧重机理分析，但是在出行者需求预测等方面精度较差。需要结合两方面的优势，研究数据-模型双驱动的出行者行为分析方法。③出行者行为机理在实际政策建议和工程中的应用。目前很多出行者行为机理研究都停留在理论方法层面，与实际工程的结合较少。需要研究如何兼顾模型的复杂性和实用性，将出行者行为机理研究成果直接应用于实际的交通资源配置与柔性组织。

3.2　数字化出行下的交通系统资源配置研究

现阶段交通资源配置主要研究内容包括停车场站、公交站点、补能站点等服务设施的选址和容量、服务线路规划设计、车队规模和配置等。出行服务基础设施配置和线路规划设计方面，已有研究通过层次聚类、DBSCAN 等方法识别出行需求集中的空间范围，从各方利益相关者收益最大化的角度（如设计者成本最小化，出行者满意度最大化等），采用整数规划、非线性规划等手段建立优化问题进行求解。该类研究大多基于静态数据，缺乏时间维度的动态考量。在车队规模和配置方面，不同出行方式的研究目标有所差异。公交线路大多考虑不同车型在载客量、能源利用方式、成本等方面的区别，进行定班线或定场站的车型配置优化。与公交线路不同，共享出行方式（如共享单车、共享汽车、网约车等）没有固定班线，该领域的车队规模和配置多基于区域尺度的总体需求。现阶段的相关研究还考虑了资源即时组织，在此条件下计算车队规模的总需求量。同属于共享经济的电动车换电服务，其电池场站的规模和配置优化研究也采用了类似的方法。

数字化出行带来的出行新业态（需求响应、定制服务等）对现有交通资源的服务水平提出了挑战，传统方法难以适用于数字化导向交通系统资源配置。现阶段研究难点主要包括：①现有交通系统场站相对固定，而车队资源较为灵活，解决这一“存量”问题，需要解析数字化出行引起的设施规划系统性变革，重构交通系统资源配置方法。②数字化出行推动着载运工具和枢纽站点规模的变化，解决这一“增量”问题，需要从整体交通出行系统出发，平衡全局最优与局部最优，避免“巨系统”高脆弱性问题，建立交通方式间资源协同配置优化方法。③数字化出行带来更加分散的出行需求，进而引发不确定性更高的能耗需求、排放影响以及对算力要求更高的信息分析需求，解决网络间条块分割问题，需要基于数字化出行需求，以新技术新业态下车辆与场站作为多网络耦合的接口，实现多网络资源最优化配置。

3.3　数字化出行下的交通系统柔性组织研究

交通资源配置与交通资源组织往往高度相关，但是资源组织更侧重实际运营阶段的资源合理组合与应用。与交通资源配置类似，多采用整数规划等方法，利用 Branch-and-Price(分支定价)等精确解算法或遗传算法等启发式算法进行求解。根据优化问题的不同，二者可以作为对方的约束或目标函数，也可以通过多层优化实现耦合。

数字化出行下的交通资源柔性组织研究主要难点包括：①考虑多方式衔接的交通资源柔性组织方法。数字化出行强调不同出行方式的集约化，需要在提出交通资源组织调度方法时，着重考虑不同方式之间的衔接问题，提升多方式组合出行的一体化水平。②面向系统不确定性的交通系统及时响应方法。数字化出行系统是一个多方式、多网络融合的系统，其组织方式非常复杂，存在的不确定因素很多。需要提出面对系统不确定因素的快速交通资源调度方法，减小不确定因素对数字化出行系统的影响。③面向个性化出行需求的出行行为引导方法。数字化出行下的出行服务对出行需求的快速响应催生了更加个性化、短时可变的出行需求，而出行服务也被赋予了出行行为即时引导的功能。在此条件下的交通资源柔性组织应考虑出行者需求及其对各出行方案的接受度，以提升以出行者与出行服务实时交互满意度和系统可靠性为目标制定系统的出行组织策略。

4 总结与展望

综上所述，面向数字化出行，开展出行者需求和行为机理研究、交通系统资源优化配置研究、交通系统柔性组织研究，是数字化出行导向交通系统规划设计中需要重点突破的关键问题。展望未来，仍需在以下方面开展攻坚：在出行者需求和行为机理研究方面，需针对数字化出行个性化、强时变、交互式特性解析数据-模型双驱动的数字化出行行为机理，构建一套数字化出行的交通需求辨识模型体系；在交通系统资源优化配置方面，需要考虑集约型交通资源供给与分散性出行需求耦合，以及多方式、多网络的融合，提出面向多方式、多网络复杂系统的数字化出行导向交通系统资源配置模型和方法；在交通系统柔性组织方面，需要针对数字化出行带来的短时可变与固定式混合出行需求新变革，提出面向出行新业态新技术的交通系统运力、信息、服务等全要素柔性组织技术，提升数字化出行可靠性与体验感。

主要参考文献

[1] Bian Z Liu X. Mechanism design for first-mile ridesharing based on personalized requirements part I: Theoretical analysis in generalized scenarios [J]. Transportation Research Part B: Methodological, 2019(120): 147-171.

[2] Hensher David A. Future bus transport contracts under a mobility as a service (MaaS) regime in the digital age: are they likely to change? [J]. Transportation Research Part A: Policy and Practice, 2017, 98: 86-96.

[3] Karlsson I C M, Mukhtar-Landgren D, Smith G, et al. Development and implementation of Mobility-as-a-Service-A qualitative study of barriers and enabling factors[J]. Transportation Research Part A: Policy and Practice, 2020, 131: 283-295.

[4] Mourad A, Puchinger J, Chu C. A survey of models and algorithms for optimizing shared mobility[J]. Transportation Research Part B: Methodological, 2019, 123(MAY): 323-346.

[5] Pangbourne, Kate. Questioning mobility as a service: unanticipated implications for society and governance[J]. Transportation Research Part A: Policy and Practice, 2020, 131: 35-49.

[6] Repoux M, Kaspi M, Boyac B, et al. Dynamic prediction-based relocation policies in one-way station-based carsharing systems with complete journey reservations[J]. Transportation Research Part B: Methodological, 2019, 130: 82-104.

[7] Shen Z J M, Feng B, Mao C, et al. Optimization models for electric vehicle service operations: a literature review[J]. Transportation Research Part B: Methodological, 2019, 128: 462-477.

[8] Yang M, Wang Z, Cheng L, et al. Exploring satisfaction with air-HSR intermodal services: a Bayesian network analysis[J]. Transportation Research Part A: Policy and Practice, 2022, 156: 69-89.

[9] Zhang, Fangni, Wei Liu. An economic analysis of integrating bike sharing service with metro systems[J]. Transportation Research Part D: Transport and Environment, 2021, 99: 103008.

[10] 刘好德,钱贞国,刘向龙,等.城市MaaS研究热点文献计量分析与发展启示[J].交通运输研究,2022,8(3):130-142.

撰稿人:杨敏(东南大学) 程龙(东南大学) 涂然(东南大学)
吴辰旸(东南大学) 刘好德(交通运输部科学研究院)
刘向龙(交通运输部科学研究院) 田野(同济大学)

CHAPTER THREE

第 3 章 道路交通基础设施运维

道路基础设施是交通运行的物质基础和根本保障，近年来其高效率、即时性、自动化、可持续运维与道路车辆的高效、经济、安全、舒适行驶愈发息息相关。以解决关键科学与工程问题为发展牵引，道路交通基础设施运维学科紧跟时代发展潮流，紧扣有利于交通事业可持续发展的需求方向，主要研究方向逐渐由基础设施的单方面监测、检测、评估、养护转变为车-路的全息化、全天候、多尺度、智能化交叉共融。道路交通基础设施运维的代际转换蕴含着重大机遇，也带来了多方面挑战，正在催生一批新的科学理论和技术方法。

2010 年以来，随着计算机技术的进一步发展，BIM 技术、红外线热感技术、无人机遥感技术推进路面病害检测与表征向多维度、多方式、多手段迈进。路面修复技术也紧随路面病害分析技术协同发展。传统修复技术是对不同类型的路面病害进行被动处治，包括裂缝修补、高性能灌浆材料、就地再生技术等。80 年代后，随着全寿命周期理念与路面管理系统的兴起，研究人员开发了多类型绿色化预防性养护措施，包括微表处、超薄磨耗层、乳化沥青稀浆封层等。

在道路交通基础设施运维的管理理念和技术框架下，研究人员围绕车路耦合机制、车路动力响应模型、病害多尺度诊断与评价、路面破坏机理及模型、路面病害主动控制与增强技术、服役性能与路网交互机理等核心内容为现阶段道路车辆运营提供了重要的技术支撑。目前的研究主要从路面力学角度出发，通过完善道路结构的力学模型和车辆分析模型来模拟更为真实的车-路相互作用效果。一方面，车-路耦合动力分析的动力学基础理论在不断更新和完善，常见的有随机振动理论、随机过程理论、饱和多孔介质理论、振动系统理论，这些理论为计算路面在车辆荷载下的动力响应提供了扎实的基础；另一方面，车-路分析模型的精度在不断提高，随着对路面平整度、胎压、路面抗压强度、牵引负荷等因素及影响规律的研究，现有研究对车辆动荷载的产生规律及路面动力响应原理的理解在不断深入。随着边界元软件与随机理论的充分结合，车轮-路面接触界面的交互关系与界面失效机理的相关研究也在进一步深入。

路面病害的演化过程与失效机理方面。传感器技术发展与融合应用使路面病害演化过程的诊断向细观与微观尺度发展。感知信息解析方法、多源数据融合技术和智能感知材料提高了路面病害演化过程的识别精度。同时，对路面病害的主动预测、演化过程模拟、时空演化特征与失效机理解析也正在被纳入研究范畴并成为新的研究热点。

病害的主动防护与修复技术方面。路面病害的主动感知与应激机制的研究逐渐受到关注，微胶囊自愈合、感应加热技术、血管仿生中空纤维和纳米粒子等路面自我适应与增强技术研究方兴未艾。同时，病害应激触发机制、修复技术的介入时机、病害主动调控手段、修复效果的长期监测与精准预测正在成为新的研究热点。

路面服役性能与路网运行状态交互影响机理方面。研究者正在对路面管理系统的分析理论、研究方法、决策体系的升级换代进行探索性研究。路网交通基础设施性能与交通运行状态耦合理论、路网层级路面服役性能的评估指标体系与模型、路网范围内路面运维优化决策模型与分析方法得到发展和认同，奠定了面向路网层级的路面设施运行维护的研究基础。

适应时代发展潮流的道路交通基础设施运维应能应用各种先进的方法手段识别道路病害、分析道路服役性能、优化道路养护策略，并呈现如下发展趋势。

车路交互作用协同全息感知与智能解析：面向车-路相互作用所涉及的荷载特征规律、状态感知与解析、界面交互作用机制进行交互感知、全息检测、智能解析，理解性能演化规律、界面失效机理，提出基于车路协同感知的道路性能时空演化模型，是发展道路交通基础设施运维体系的关键所在。

路面服役状态解析与病害主动预防及修复增强：提出道路病害的主动预防与修复的增强技术需要进一步建立从微观尺度到宏观尺度以及计算模拟尺度的多尺度诊断系统，开展对多种先进诊断方法的数据融合表征，全面提升对病害感知层面的精度与可靠性，揭示病害演化关键因素、机理及模型。在路面服役状况数据挖掘、病害的应激触发机制得到进一步突破的基础上，修复最佳介入时机模型、病害主动调控手段才能得到跨越式发展。

路面服役性能与路网交通运行状态交互影响机理及优化决策：针对大范围路网层级的路面设施状态运行维护，传统的研究方法、技术和理论需要进行重构。深入剖析路网交通基础设施性能与交通运行状态耦合机理，提出复杂路网下的解耦算法。研究提出基于社会车辆众包数据的路网路面服役性能快速评估，实现大范围路面服役状况及交通运行状态的高密度、高频率的数据采集与快速准确评估。基于路面服役性能与路网交通运行状态之间的交互影响，建立全生命周期费用、社会效益、综合社会影响等多目标约束下的路网运行维护优化决策模型，实现路网范围的基础设施运维科学决策。

新一轮科技革命和产业变革方兴未艾,移动互联、车路协同、人工智能等技术的兴起与发展将推动道路交通基础设施运维学科向全新的领域与形态演化。基于中国规模巨大的道路网络,深入挖掘各种数据之间的内在关系,分析和预测道路性能与服役寿命,为道路运维决策提供科学理论与技术支持,支撑我国交通强国建设。

路面多尺度诊断与病害预防及修复

Multi-scale detection, prevention and maintenance for pavement

1 科学问题概述

道路损伤诊断、预防及修复技术是道路基础设施长效耐久的重要保障,也是道路基础设施和交通强国建设与发展的重要基础。随着感知信息解析方法、多源数据融合技术和智能感知材料的进一步发展和推广应用,道路基础设施的多尺度诊断与病害预防及修复技术已成为必然。基于多维度与多手段的路面病害诊断将显著提高对路面病害发育机制与原理的认识,进一步加强对路面病害演化过程与路面失效机理的了解。路面病害的维养方法也亟须从被动修复到主动感知、预防与增强策略的转变,探究路面病害修复技术的最佳介入时机,并对路面服役过程进行长期性能监测已成为实现道路基础设施智能维养的关键环节。

道路基础设施的智能维养区别于传统机械式、周期性、盲目性的养护手段,其是指采用多尺度诊断、病害预防及修复等技术的智能化维养手段。其中多尺度诊断在宏观上是指对路段线形、平整度和力学指标的研判;中观是指对裂缝发育、坑槽、构造、摩擦系数等的识别;微观是指对路面材料的微损伤失效的感知。此外,多尺度诊断还涉及采用多种物理维度感知,包括了光学(可见光、红外光、辐射、雷达等)、声学(超声波、振动)、力学(摩擦、压力、变形)等。病害的预防及修复分为主动和被动两种形式,主动形式是指不通过外界辅助,路面对病害的主动感知、主动适应和自我增强技术;被动形式是指外界通过智能修复手段消除病害以恢复路面使用状态。

在我国公路建设事业快速发展的 30 年以来,路面的诊断、预防和修复技术总体发展趋势呈现 3 个阶段:从传统人工检测维养到半自动化和机械化,发展到无损检测、主动感知和自主修复阶段。《交通强国建设纲要》对道路基础设施明确了“推进装备技术升级,推广智能化、数字化、轻量化、环保型交通装备及成套技术装备”“推广应用交通装备的智能检测监测和运维技术”。然而,目前对于智能维养技术的应用仍存在四大瓶颈:①对路面损伤发育多尺度机理与建模研究不足。筑路材料为散粒体非均质材料,其病害损伤发展具有耦合性和随机性,尽管对筑路胶结料老化和结构疲劳损伤规律已明晰,但对复杂条件下路面损伤发展规律仍缺乏可靠理论与方法;②对路面服役状态的诊断时效性差。机理不明容易产生错判和误判,尽管当前采用多种先进感知技术对路面病害开展识别,但不同技术的感知机理和数据结构差异很大、相互独立,尚缺乏对多源数据进行快速处理与融合的技术;③病害应激触发机制不明确与主动调控难实现。材料病害的自我感知和愈合是非常复杂的物化过程,并非所有的性能恢复均为材料的自修复,并且很难从多尺度进行材料愈合过程的具体表征,这导致了对病害的预防和修复仍采取被动方式开展;④被动修复最佳修复时机难以研判,缺乏对修复效果的长期监测与精准预测。我国地理环境的巨大差异和交通量巨量增长对道路监测数据的挖掘与分析提出了挑战,尚缺乏充分应用大数据和人工智能技术辅助道路修复决策的实施路径和具体方法。因此,在交通基础设施多尺度诊断、预防和修复过程中,还需要面向实际气候环境、交通流和突发事件等因素,并最终实现智能化、数字化和可持续的道路维养技术体系。

2　科学问题背景

目前,我国公路总里程已超过 500 万 km,高速公路里程也将近 15 万 km,随着道路基础设施从大规模建造向大规模运营维养发展,我国每年待检待养公路总里程超过 450 万 km,因此对既有路面使用状况准确及时的诊断已成为道路运维的关键,其数据准确度和更新频率直接影响着养护维修决策工作的科学性和时效性。为提高路面尺度诊断、预防及修复水平,道路基础设施智能维养亟须突破,现有研究面临以下科学问题:①路面失效机理研究不足。路面作为交通基础设施的重要组成部分,受到温度、湿度、应力以及光照等多方面因素的影响,现有研究在针对路面服役过程中多场耦合作用下病害的发育原理方面有待进一步深入。②路面病害诊断可靠性较差。现有路面病害诊断方法丰富,诊断机理与机制难以统一,数据形式多元且来源庞杂,路面病害诊断的可靠性有待提升。③路面病害预防技术被动。现阶段道路设置维养以被动修复技术为主,缺乏对路面病害的主动适应与应激机制的研究,路面自愈与增强技术研究较为薄弱。④路面修复策略研判困难。现有修复技术对病害的介入时机难以确定,由于针对路面病害的数据挖掘不足,现有修复策略的效果仍旧不理想。目前,道路维养技术和理论不断发展,更加强调与不同学科的交叉融合,理论体系不断丰富,道路基础设施智能维养亟须在理论、方法和应用层面进行突破。

3　科学问题研究进展

3.1　路面多维度和多尺度检测

当前,路面诊断广泛采用多维度和多尺度检测方法,一方面是路面检测与养护设备借助技术的进步得到了升级,现有路面检测与养护设备能够在运行过程中得到多维度的路面病害数据,如无人机检测设备、高速激光道路检测车、高速线扫描数字相机、红外热成像相机图像采集系统等;另一方面是智能算法有效提高了监测精度与诊断效率,能够降低路面成像中的噪声,最大化降低反光、水膜、水汽等对裂缝边缘识别与诊断的影响,这类智能算法包括随机采样一致性方法、多次迭代三维点云数据法和不规则三角形平面插值法及病害种子点监测模型算法等,这类算法正广泛应用在路面多尺度诊断及病害扩展机理研究当中。通过三维点云数据重构路面表层信息,使用信号处理方法提取病害区域,并量化各类型病害的尺寸规模,已经开始逐步替代传统的通过人工读取照片并框选病害的检测方法,提升了检测速度和精度,减少了时间成本,提高了识别效率。如今的路面诊断,通过多手段与多方法的路面病害检测与监测策略,能够在充分识别路面服役过程中病害的宏观特征的基础上,实现对路面病害从宏观到细观的特征提取与表征。

3.2 路面感知与自适应增强

在路面主动感知、自我适应和增强研究领域,研究人员为了表征沥青、胶浆、砂浆、混合料等路面材料的自愈能力,开发了多种不同尺度的方法,包括微观尺度方法、中观尺度方法、宏观尺度方法和计算模拟方法。基本的自愈评价方法是衡量自愈前后材料性质的变化或恢复情况。与常规的路面养护技术相比,路面病害主动预防增强技术可以显著降低路面养护成本和道路安全风险。研究路面材料的自愈性能对于增强路面病害的主动预防,发展可持续道路具有重要意义。沥青材料的病害预防增强技术主要包括感应加热和微胶囊愈合技术。对于感应加热技术,通过在路面材料中添加导电和磁敏感材料增强电磁感应或微波感应的热效应,裂纹通过加速分子扩散闭合。微胶囊愈合技术则通过将微囊化的愈合剂掺入路面材料中并通过毛细作用将愈合剂释放到裂缝中。此外,新颖的自愈增强系统还包括血管仿生中空纤维和纳米粒子等技术。受仿生学的启发,含有修复剂的中空纤维已被用作修复路面裂缝的材料。破裂的仿生毛细血管可以在分子运动和宏观流动的帮助下实现自我修复。使用纳米粒子改性聚合物是一种新兴的方法,发生裂纹时,涉及分散的纳米颗粒将会填充裂纹和缺陷。

3.3 路面精准修复

在路面被动修复研究领域,现有修复技术是对不同类型的病害进行“外科手术式”精准处治。比如微表处技术、超薄磨耗层技术、乳化沥青稀浆封层或就地再生技术等用于改善车辙类病害,采用新材料、新设备、新工艺来缩短修复时间、提高修复效果;针对裂缝类和坑槽类病害,常采用高性能灌浆材料进行快速修复。修复技术在朝着快速高效的方向前进,但是忽略了对修复时机的精准研判与病害的多源化处理,往往导致修复区域的耐久性较差,极易在短时间内出现二次病害。针对这一现状,多元化、数字化、智能化已经成为新型修复技术的发力点。

然而现有研究聚焦路面服役过程中病害的三维识别与检测,对路面构造深度、坑槽、拥包、裂缝的识别精度逐渐提高,但这些诊断都针对路面的某一特定状态,对路面病害的演化过程与路面失效机理研究不足,智能算法在实际应用上还有一定的差距。其次,路面病害的有效感知相对滞后,预防方式十分被动。由于材料病害的自我感知和愈合是一个非常复杂的物理化学过程,目前,针对路面材料的自我愈合性能只能量化宏观力学恢复,但并非所有的恢复都归因于自修复,路面材料的自愈能力难以准确量化。现有的路面病害主动预防增强技术中,含有再生剂的微胶囊技术已被广泛研究,但其力学性能以及再生剂与沥青的有效融合机制尚不清楚。预防效果受材料类型和老化沥青化学成分的影响很大,需要进一步分析。感应加热技术的温度增量有限,面临加热效果和效率低下的不足。最后,路面被动修复技术较为单一且介入时机不精准,对多源病害修复效果有限,缺少对病害在细观、微观与纳观尺度的针对与评价。

4　总结与展望

综上所述,当前道路基础设施智能维养尚处于发展阶段,主要从感知、预防和修复三个方面开展,存在以下难点需要进一步攻克:

(1)路面服役状态演化与失效机理:对车-路之间复杂的耦合机制及动力响应原理开展深入研究,充分考虑温度、湿度、光照与应力等多因素在路面服役过程中的影响,探究路面病害的多尺度发育机理,构建路面病害发育的三维模型并探究其演化过程,明晰路面结构失效机理,实现对路面服役状态的实时跟踪和病害的有效控制。

(2)路面病害主动感知与多尺度诊断方法:建立从微观尺度到宏观尺度以及计算模拟尺度的多尺度诊断系统,揭示路面病害主动感知的关键因素、机理及模型,开展对多种先进诊断方法的数据融合研究,全面提升对病害感知的精度与可靠性。

(3)路面病害主动适应与修复机制:深入挖掘路面服役状况数据,构建被动修复最佳介入时机模型。探明路面病害的应激触发机制,增强路面病害主动调控手段,实现路面材料主动修复技术的可控制和可持续应用。

主要参考文献

[1] 陈利利. 基于多尺度图像分析的路面病害检测方法研究与分析[D]. 南京:南京理工大学,2009.

[2] 马建,赵祥模,贺拴海,等. 路面检测技术综述[J]. 交通运输工程学报,2017,17(05):121-137.

[3] 孙权,程俊毅,田绍鸿,等.基于无人机 LIDAR 数据多尺度特征的沥青路面病害提取方法[J].石河子大学学报:自然科学版,2019,37(01):1-11.
[4] Wang S F,Che Y L,Nan L I, et al. Asphalt pavement crack detection algorithm based on multi-scale ridges[J]. China Journal of Highway and Transport,2017,30(4):32-41.
[5] Sun L,Qian Z . Multi-scale wavelet transform filtering of non-uniform pavement surface image background for automated pavement distress identification[J]. Measurement,2016,86:26-40.
[6] Dau A T,Nistor I,Gavrus A . Numerical analysis concerning the harmfulness of crack turbine rotors using a multi-scale approach based on a dynamic finite element method[J]. Applied Mechanics & Materials,2014,656:315-324.
[7] 于华洋,马涛,王大为,等.中国路面工程学术研究综述·2020[J].中国公路学报,2020,33(10):66.
[8] 陈长,梁远路,郭忠印,等.沥青路面结构层间接触状况诊断新方法[J].科学通报,2020(30):10.
[9] Sun Y, Salari E, E C hou. Automated pavement distress detection using advanced image processing techniques[C]//Electro/Information Technology,2009. eit' 09. IEEE International Conference on. IEEE,2009.

撰稿人:肖飞鹏(同济大学)　陈长(同济大学)

正交异性钢桥面铺装体系韧性演变与恢复研究

Resilience evolution and recovery of orthotropic steel bridge deck pavement system

1 科学问题概述

大跨径桥梁上部结构多采用正交异性板结构,铺装结构作为正交异性板的保护层和直接对用户提供通行服务的功能层,对桥梁的耐久性和保证行车安全舒适具有重要的作用。然而从应用情况来看,钢桥面铺装的病害问题仍然突出,并且病害一旦出现便会迅速发展,大多在不足10年的使用期内就面临大修或重修,一些严重病害甚至加剧正交异性板的疲劳开裂。随着桥梁技术的发展,正交异性钢桥面铺装体系的受力条件和使用环境日趋复杂严苛,对铺装体系提出了更高的服役要求。首先,随着桥梁跨径的不断提高(如张皋过江通道、狮子洋大桥等工程已经突破2000m级超大跨径),对铺装体系适应大柔度钢桥面板的变形追从性要求更高；其次，桥面铺装建设在跨江越海、连接山区峡谷的桥梁上，环境复杂多变，再加上全球气候变化导致越来越频繁的极端气候环境，环境侵蚀效应不断损伤铺装性能，因此对铺装体系的耐候性能提出更高的要求；此外，桥梁通常位于交通咽喉部位，交通流量大、超限超载时有发生，再加上大柔度桥面变形、正交异性复杂支撑结构等作用，复杂的应力场条件（弯、剪、扭）需要铺装结构具有良好的弹性恢复能力。

为此，引入工程韧性（Resilience）表征正交异性钢桥面铺装体系的服役水平。工程韧性和材料韧性（Toughness）有区别，材料韧性表示材料变形时吸收变形力的能力，可以用以表征铺装材料抗车辙性能、抗疲劳开裂性能，而工程韧性表示结构抵御外部作用、吸收损失并及时恢复至正常服役水平的能力。相比之下，工程韧性可以反映表征的整体性能，材料韧性只是工程韧性的一部分。以工程韧性（以下简称“韧性”）作为钢桥面铺装设计以及养护依据可以显著提升正交异性钢桥面铺装体系耐久性。

针对上述工程需求，正交异性钢桥面铺装体系韧性演变与恢复研究需要解决3个难点：①针对层序复杂的正交异性钢桥面铺装复合体系，建立涵盖设计阶段、施工阶段和运营养护阶段的全生命周期韧性指标和分级评价体系，并提出铺装体系韧性提升方法；②面对大柔度桥面变形、正交异性复杂支撑结构、重载交通荷载、大温差等作用下铺装体系应力场，以及复杂多变环境下铺装材料损伤场的长期耦合作用，建立正交异性钢桥面铺装体系韧性演变规律的量化表征；③提出正交异性钢桥面铺装韧性高效恢复方法，包括提升铺装体系自愈合能力、采取有效的预防性养护手段等，保证铺装体系使用期内（不低于15年）正常服役水平，控制铺装和正交异性板疲劳裂缝的产生。

2　科学问题背景

正交异性钢桥面铺装体系承受桥面变形、正交异性支撑结构、重载以及复杂多变环境等因素共同作用，韧性不足的铺装体系容易产生病害，特别是复杂应力（弯、剪、扭）区域不仅钢桥面铺装病害频发，钢桥面板也会发生疲劳开裂，如果不及时恢复，将会威胁桥梁结构安全。

2.1　韧性优化设计

在过去二十年的理论研究与工程实践过程中，钢桥面铺装设计理论和方法以控制铺装疲劳裂缝、车辙等的产生为依据，通过铺装体系结构、材料优化设计以及特种沥青铺装建设技术极大提升了铺装的整体性能，然而钢桥面铺装的实际使用寿命往往低于设计寿命，表明钢桥面铺装设计的冗余承载能力（韧性）不足，一方面是由于未考虑施工过程的韧性损失，另一方面是由于无法准确预测服役阶段的韧性衰减规律，这就要求在钢桥面铺装体系韧性设计时要有充足的冗余设计。

2.2 全生命周期韧性保持

正交异性钢桥面铺装体系在结构应力场和材料损伤场的长期作用下,其韧性不断下降,如何及时恢复韧性是保证钢桥面铺装长效服役水平的关键问题。现有的铺装维养技术通过对病害的处治有效延长了铺装的使用寿命,然而韧性指标往往在病害出现之前已呈现显著下降趋势,病害的处治未必能恢复铺装体系的韧性。因此对于钢桥面铺装体系维养应该以"防"为主,根据正交异性钢桥面铺装体系韧性演变规律选择合适的维养时机,通过对铺装体系韧性的及时恢复,避免疲劳开裂等病害的出现。此外,近年来,建养一体化的管理模式成为钢桥面铺装技术的重要发展方向,以期提高钢桥面铺装的整体服役水平,然而由于钢桥面铺装建设和维养缺乏统一的、量化的执行标准,建养一体化理念的贯彻缺乏行之有效的理论体系和指导方法。以韧性评估为纽带,有望推动钢桥面铺装体系建养一体化发展,这就需要建立涵盖设计阶段、施工阶段和运营养护阶段的全生命周期韧性评价指标体系,并通过韧性的演变规律研究,提出正交异性钢桥面铺装体系的韧性增强和恢复技术。

3 科学问题研究进展

3.1 研究基础

近年来,韧性评估与提升成为交通基础设施领域的研究热点。关于正交异性钢桥面铺装体系韧性的研究刚刚起步,已有研究通过材料韧性提升来提高钢桥面铺装的服役性能。钱振东等以断裂韧性指标作为钢桥面铺装的断裂判据,指导铺装的抗裂优化设计。张顺先等提出基于冲击韧性的钢桥面铺装材料设计方法,以提升铺装结构的抗疲劳性能。此外,研发人员通过对特种沥青材料的增韧处理提升铺装结构的变形追从性、抗裂性能等。除了材料韧性提升外,研究人员通过结构优化设计提升正交异性钢桥面铺装体系的整体性能。黄卫等通过铺装结构和正交异性板的协同设计,建立了多约束条件下正交异性钢桥面铺装体系的优化设计方法,并提出基于蚂蚁算法的最优结构设计方案确定模型。帅长斌、王钧利等对铺装可靠性动态模型进行了研究,通过对铺装层的疲劳性能分析,建立铺装结构层可靠度研究方法,提出铺装可靠度指标与维修周期的最优分配模型,可为正交异性钢桥面铺装体系韧性设计指标和韧性恢复策略提供参考。

3.2 发展方向

可见,正交异性钢桥面铺装体系韧性研究尚未形成系统的理论和方法,亟待如下突破:

(1)确立正交异性钢桥面铺装体系韧性内涵和表征方法:铺装体系的韧性反映其整体服役水平,需要综合考虑正交异性铺装体系的功能特性(如保护钢板、承载)、失效(疲劳开裂、车辙、层间脱层等)机制等因素,建立韧性指标体系和评价模型,并根据使用要求确定韧性分级标准,在此基础上提出基于韧性的正交异性钢桥面铺装体系设计方法。

(2)解析正交异性钢桥面铺装体系全生命周期韧性演变规律:正交异性钢桥面铺装体系韧性演变受结构应力、环境侵蚀等多重因素影响,具有随机性和高度非线性特征。韧性评估应贯穿正交异性钢桥面铺装体系设计、施工、运营全过程,是结构韧性提升和恢复的基础,因此需要建立正交异性钢桥面铺装体系全生命周期的韧性演变模型,通过韧性下降率和恢复率等特征评估结构韧性能力、维养效率等。

主要参考文献

[1] 钱振东,李智,陈春红. 钢桥面环氧沥青混凝土铺装层Ⅰ型裂缝的断裂判据[J]. 中国公路学报,2008,21(5):33-37.

[2] 张顺先,张肖宁,徐伟,等. 基于冲击韧性的钢桥面铺装环氧沥青混凝土疲劳性能设计研究[J]. 振动与冲击,2013,32(23):1-5.

[3] 贾辉,陈志明,亢阳,等. 高性能环氧沥青材料的绿色制备技术[J]. 东南大学学报:自然科学版,2008,38(3),496-499.

[4] Xu P, Du X, Cong P, et al. Properties of paving epoxy asphalt with epoxy-terminated hyperbranched polyester [J]. Road Materials and Pavement Design,2020.

[5] 张恒龙,贺求生. 钢桥面铺装用环氧沥青柔韧性改善方法研究进展[J]. 公路交通科技,2021,38(5):52-64.

[6] 黄卫. 大跨径桥梁钢桥面铺装设计理论与方法[M]. 北京:中国建筑工业出版社,2006.

[7] 明图章,胡光伟,黄卫. 大跨径钢桥面铺装体系多目标优化设计[J]. 土木工程学报,2007,40(2):70-73.

[8] 帅长斌,张银龙,常大民. 桥面铺装结构模糊可靠性分析与评价[J]. 西安公路交通大学学报,2001,21(3):49-51.

[9] 王钧利. 基于可靠度指标的桥面铺装层设计参数确定[J]. 中外公路,2006,26(3):194-197.

撰稿人:钱振东(东南大学)　刘阳(东南大学)

路面服役性能与路网交通运行状态交互影响机理及优化决策

Optimization decision-making for road network and the interaction mechanism between pavement performance and traffic state

1 科学问题概述

交通运输是国民经济和社会发展的命脉，道路网是交通的主要载体之一。随着我国道路基础设施建设的持续推进和路网的不断拓展延伸，以及使用者出行规划和管理者养护决策对路网内部协同运行能力的更高要求，迫切需要突破传统的道路设施评价方法仅针对单一设施、采用力学模型方法难以适应大数据、信息化、人工智能等发展浪潮下对路网层级的路面设施运行维护、投资收益决策等问题。因此研究面向路网层级的路面设施运行维护基础理论、关键技术与系统平台，对于提升路网基础设施的服役能力和路网运行水平，提高路网建设投资效益具有重大意义。总的来说，可以归纳为以下三点科学问题。

1.1 路网交通基础设施性能与交通运行状态耦合机理

由于缺乏相应的分析理论和方法，路网交通转移导致路面设施衰变预测困难。路网道路设施状态既包含设施的服役性能，也包含路网的交通运行状态，而且，设施服役性能的衰变与路网交通流的重分配存在很强的耦合作用机理。因此，需要从路网交通基础设施性能与交通运行状态耦合机理出发，实现两者交互作用动态平衡的解算，提高路网设施状态评估与态势分析的准确性。

1.2 基于社会车辆众包数据的路网路面服役性能快速评估

传统巡检监测难以适应高频、高密、大范围路网。通过先进的道路基础设施智能巡检设备和在线监测技术，快速采集道路沿线基础设施状态信息，形成社会车辆众包数据，获取设施状态关键参数，可以实现大范围路网中基础设施数字化和实时数据融合分发，支撑道路基础设施状态评估、预测，实现道路基础设施全寿命周期预警、维护。

1.3 多目标运维优化决策模型与定量分析方法及系统

基于社会车辆车载视频、车辆动态响应的路面状态数据采集与评估技术，以及路网交通基础设施性能与交通运行状态耦合仿真技术，建立多目标运维优化决策模型与定量分析方法及系统，实现养护决策与投资收益、路网交通影响的量化关联，为基础设施规划、联网预警和协同管控提供理论依据和实现方法。

综上,当前道路基础设施管理养护需求已从单一基础设施向路网层级跨越,针对缺乏路网层级基础设施评估预测和态势分析基础理论和分析方法的局面,研究面向路网层级的路面设施运行维护的基础理论、关键技术与系统平台,其核心就是需要我们实现"五快速""三协同",即实现基础设施的快速数字化、快速巡检/监测、快速评估、快速分发、快速预警,和不同基础设施间的协同监测、设施服役性能与路网交通状态间的协同运行、跨区域路间的协同监管。

2　科学问题背景

中国正在逐步建成全球最庞大的道路基础设施网,截至 2020 年底,全国公路总里程达 519.81 万 km,公路密度 54.15km/100km^2,36 个主要城市路网密度超过 6km/km^2,高速公路通车里程 16.1 万 km。公路养护里程 514.40 万 km,占公路总里程 99.0%。随着交通网络的不断完善扩充,设施运行维护成为重点;道路网络效应不断增强,网络结构越来越复杂,用户出行路径出现多样化选择。由于以上交通设施及出行的新变化、新情况,缺乏相应的分析理论和方法,进而导致路面服役性能衰变的预测准确性降低,养护决策的科学性和投资成效降低等行业新问题突出。因此,基础设施运营维护从单一设施向路网转变,分析理论、研究方法、决策体系重构成为需求导向下的应有之义、必然要求。

对单一设施的监测、预警、监管,国内外已经开展了大量研究,也取得了一批研究成果,特别我国在单一设施结构状态的监测/预警、评估/预测技术已到达国际先进水平。但是针对单一设施的技术不足以解决路网层级的问题,国家路网运行的可靠、安全和通畅取决于路、桥、隧、边坡等各类道路设施服役性能及交通运行状态的整体协同,需要通过设施状态的智能联网监测预警予以保障。

发达国家已开始布局路网层级监测/监管技术方面的研究,如美国提出了路网层级数据分析理论与方法,其基础设施监测监管已从单一设施向路网层级转变。当前,我国面临着设施监管的重大需求,也建立和运营了多个道路基础设施管理处置的系统平台和数据库,在当前深度学习、云计算、物联网等新兴技术的支撑下,我国道路基础设施监测监管从单一设施向路网层级转变的时代已经到来。

也就是说,传统面对单一设施和单一路段基础设施运行状态的评估预测方法具有局限性,如单纯的力学模型已不适应,巡检精度和效率需要兼顾,道路设施性能衰变与交通运行需要进行耦合分析、养护决策与投资收益,路网交通影响的量化关联等,已不能满足现阶段交通发展的需要。因此,为了克服传统评价方法的不足,以路网道路设施为重点,以智能、联网为手段,在已有研究的基础上,形成面向路网层级的路面设施运行维护基础理论、关键技术,构建道路基础设施监测、监管、评估决策平台,对于指导道路设施智能巡检和在线监测、提升路网设施管理服务水平、推动行业科技发展进步具有重要意义。

3 科学问题研究进展

3.1 路网交通基础设施性能与交通运行状态耦合机理

解析道路设施服役性能与路网交通运行状态的相互作用、揭示两者之间的耦合机理，是准确评估和分析路网道路设施运行状态及其发展趋势的关键。但是交通路网是投资巨大的基础设施。基于真实的路网系统开展实验不但成本巨大，而且会严重影响交通系统的正常运转。仿真技术作为一种有效的替代手段，受到了越来越多的关注。仿真技术在已有测量数据的基础上，通过构建恰当的仿真模型，可以充分利用计算机的高速计算能力，相对真实地模拟路网道路设施状态在路网系统上的动态演进。耦合分析需要建立仿真模型并提出动态平衡解算方法，目前这方面研究在国内外尚属空白。

交通仿真早在20世纪50年代就已提出，经过多年的研究与实践，人们在交通网络仿真方面已获取许多有益的研究成果。随着智能交通系统(Intelligent Transportation System，ITS)特别是先进的出行者信息系统(Advanced Traveler Information System，ATIS)在我国的逐步实施，出行者的出行选择行为必将受到信息因素的动态影响，使得驾驶员的出行行为更加复杂和多样化，对交通网络仿真提出了新的挑战。

有的文献指出，尽管目前已经开发了一些优秀的仿真模型，在ITS影响评价领域前进了一大步，但是他们都还存在一些共有的不足，如不具备全面的评价ITS影响的能力、缺乏实时模拟大规模路网的能力以及对人的出行行为研究不足等。另一方面，目前正在兴起的实验交通工程，利用交通仿真、计算实验以及复杂系统理论等，考虑信息作用下的个体驾驶行为和时空动态变化的交通流特性，利用人工智能和平行系统、分布式仿真等先进的手段，为建立适应现代交通工程学的交通模型体系和复杂交通网络系统动态计算实验平台提供了可能。已有的交通仿真研究大都集中在微观交通流量动态演进的模拟，缺少对交通网络结构因素的考虑。对于宏观交通流模型的研究主要建立在结构简单、交通畅通的真实路网中或者虚拟的路径选择方式以及静态交通需求条件下，部分针对复杂的城市路网交通流宏观特性的研究，缺乏考虑路用性能衰变对路网交通流的协同影响。

这方面的研究难点在于：①路面的性能衰变到什么程度会引起驾驶员对于车速的选择(甚至与车型有关)，驾驶员的耐受度如何，驾驶员针对不同的路网结构上路径转移的比例是多少，以及如何动态变化；②如何解决路网交通基础设施性能与交通运行状态耦合问题，包括路网拓扑结构建模及动态更新、耦合数学模型的解耦算法、计算机防治的实现及验证问题等。

3.2　基于社会车辆车载视频、车辆动态响应的路面状态数据采集与评估

传统巡检监测以专业、标准化的检测设备为主,定期采集路面状态数据,难以适应高频、高密、大范围路网。随着计算机视觉识别、大数据处理等技术的发展,国内外均有学者采用车载视频获得的数据进行路面状态分析,但是尚未形成统一的数据采集标准以及对应的路面状态评估体系。除了视频分析,车辆振动也能反映路面的服役性能。如建立 1/4 车辆振动模型或整车振动模型,在不同路面功率谱(反映路面的不平整度)的输入下,可获得簧载部分的动态响应。反之,通过高频采集车辆振动加速度的信号,在一定约束条件下可反映路面的不平整状态。随着移动互联、大数据、云技术的发展,众包数据因其成本低、覆盖面广而受到关注,如百度公司利用使用授权在后端收集用户的上传位置信息,通过分析收集到的数据发布城市道路拥堵指数。

这方面的研究难点在于:社会车辆低成本采集设备下的路面损坏状况的识别(如,不够清晰的视频),低定位精度下(低于车道级)同一目标(如裂缝)的匹配,同一车辆多传感器数据采集的融合(如视频和振动信号),利用大量的低精度信息获得高可靠高精度的路面状况信息,路况数据采集的众包实现方式等。

3.3　路面基础设施养护决策

近年来公路养护和管理问题逐渐引起重视,国内多个省份已建成公路养护管理系统。养护决策及优化相关研究成为热门,多集中于路面养护,主要分为基于检测数据的养护决策优化和基于衰变预测的预防性决策。基于检测数据的养护决策有基于多目标优化或费用等的单一目标优化模型,基于灰色理论的优化模型,基于不确定因素的优化模型等,研究成果颇多。基于衰变预测的预防性决策核心问题之一是衰变预测模型。随着信息化技术的快速发展,公路智能化养护掀起新的发展热潮,基于全寿命周期和大数据理念的公路养护管理系统概念被提出,管理单位希望建设出一套对于公路的全寿命经济效果进行分析的系统以便于其制定出对于公路的长期养护规划。但道路养护特别是大中修会对局部路网交通产生大的影响,如何将路网养护维修策略与交通社会服务结合起来,取得投资消耗、经济效益和社会效益的平衡是当前要解决的科学问题。

这方面的难点在于:路面养护维修对路网交通重分配的动态影响的定量分析,交通重分配对路网相关道路的性能衰变影响及由此导致的经济损失、社会效益、民众意见与投资消耗的协同量化评估,多目标约束下的路网路面养护计划决策等。

4　总结与展望

在路面性能评估与运营维护从单一路段转向大范围路网的形势下,传统的研究方法、

技术和理论需要进行重构,其中路网交通基础设施性能与交通运行状态耦合机理、基于社会车辆众包数据的路网路面服役性能快速评估、多目标运维优化决策模型与定量分析方法及系统等将是研究重点,从而形成面向路网层级的路面设施运行维护基础理论、关键技术与系统平台。

主要参考文献

[1] Liu C J,Liu Z,Chai Y J,et al. Review of virtual traffic simulation and its applications[J]. Journal of Advanced Transportation,2020,2020(7):1-9.

[2] Dorokhin S,Artemov A,Likhachev D,et al. Traffic simulation: an analytical review[J]. Materials Science and Engineering,2020,918:012058.

[3] 周学松,唐金金,魏贺. 适用于超大规模路网的轻量级动态交通分配仿真平台 DTALite[C]. 2016 年中国城市交通规划年会论文集,2016.

[4] SHAFIEI S,GU Z,SABERI M. Calibration and validation of a simulation-based dynamic traffic assignment model for a large-scale congested network[J]. Simulation Modelling Practice and Theory,2018:S1569190X18300558.

[5] Long J,Szeto W Y,Huang H J,et al. An intersection-movement-based stochastic dynamic user optimal route choice model for assessing network performance[J]. Transportation Research Part B:Methodological,2015,74:182-217.

[6] Tao Yang. Macrocosmic analysis method for dynamic traffic flow based on hypernetworks of cellular automata[C]//2011 IEEE International Conference on Information Reuse & Integration,2011:480-481.

[7] Zhang L,Yang F,Daniel Zhang,et al. Road crack detection using deep convolutional neural network[C]//Proceedings-International Conference on Image Processing,ICIP 2016,3708-3712.

[8] Bertha S,Pedro G A,Leonor M. Data collection methodology to assess road pavement condition using GNSS,video image and GIS[J]. IOP Conference Series:Materials Science and Engineering,2019,603(4).

[9] Rui F,Mohammud J B,Yilong Z,et al. Road crack detection using deep convolutional neural network and adaptive thresholding.[J]. CoRR,2019.

[10] 李昌辉. 基于全寿命周期和大数据理念的高速公路养护管理系统[J]. 价值工程,2018,37(25):31-32.

撰稿人:杨轸(同济大学)　凌建明(同济大学)

道路基础设施运维中的数字引擎驱动机制研究

Research on digital engine driving mechanism in road infrastructure operation and maintenance

1 科学问题概述

道路基础设施运维数字化正推动着行业的深刻变化和理论重塑,数字化不是简单的可视化、虚拟化和程序化,而是更深入地挖掘原本无法有效解析的原理与模型、更细腻地表征原本难以精准描述的状态与行为、更逼真地模拟原本不可数值解析的过程与演化,数字化将带来革命性的变革。

在道路基础设施运维领域存在着大量的数据、状态和过程,为了挖掘其中的耦合作用机理、信息感知模式和时空演化规律等,研究人员进行了大量卓有成效的研究,建立了若干线性或者非线性的模型,力求对道路基础设施运维数据、过程和行为等进行进一步精细的数值描述和量化解析,提升基础设施数据在运维中的核心价值,对基础设施数字运维具有重要的驱动作用。然而,当前大量基础设施的特征、行为和过程无法有效量化和用数值描述,只能总体定性表达,不能全面定量描述,存在准确性、实时性和有效性问题。因此,针对当前基础设施数字化提升需要思考几个科学问题:①道路基础设施数字化运维定性与定量的特征、行为和过程数字化的演绎本质;②道路基础设施的多源数据采集优化、智能解析、预测模型与验证的理论方法;③道路基础设施数字化运维的智能决策与驱动机制。

目前,对道路基础设施运维数字化的理解尚不够全面、不够深入,对数字化能够带来的变革没有形成准确和清晰的观点,主要是存在于道路基础设施运维中的一种数字引擎的驱动机制还没有被发现、挖掘和应用,从而限制了对道路基础设施运维数字化的认识和理解,导致道路基础设施运维领域相关研究的创新和突破受到限制。道路基础设施运维是一个复杂和庞大的系统,随着科技的进步,可以量化的、规律明显和易于观察的问题正被解决。而那些量化困难、规律不明和无法观察的问题逐步成为道路基础设施运维领域内的技术瓶颈,制约着行业的发展。数字化是解决基础设施运维问题的利器,给传统道路基础设施装上了数字引擎,是表达其特征、状态和过程的数字底座。

2 科学问题背景

2020 年,交通运输部印发的《推动交通运输领域新型基础设施建设的指导意见》指出,要推动先进信息技术应用,逐步提升公路基础设施规划、设计、建造、养护、运行管理等全要素、全周期数字化水平，到 2035 年，交通运输领域新型基础设施建设须取得显著成效。2022 年《政府工作报告》中李克强总理指出要加强数字中国建设整体布局，建设数字信息基础设施。由此可见，道路基础设施的数字化、信息化和智能化已成为“新基建”背景下交通领域未来发展的重要方向，同时也是交通强国建设的重要支撑。要践行国家战略，就必须破解困局、突破瓶颈，把道路基础设施运维数字化做实做透，在我国公路总里程已超过 520 万 km，高速公路里程超 16 万 km 的大背景下，道路基础设施从大规模建造向大规模运营维养发展的意义是非凡和重大的。目前在道路基础设施数字化运维领域面临一些问题：①“描述难定量”。特征、行为和过程的数字描述能力不足，特别是定量的信息描述困难。②“信息不可靠”。运维阶段信息丰富，数据多源且繁杂，目前对运维过程中形成的信息感知、传递和理解的可靠性比较差。③“解析不够深”。运维阶段有关机理解析深度不够，服役过程中多因素耦合作用机制还需要深入研究。④“决策不智能”。道路基础设施运维策略智能决策不准确，运维策略介入时机难以确定，现有运维策略效果不理想。

3 科学问题研究进展

在道路基础设施数字化描述表达方面，目前主要在传统的 GIS 高精度地图基础上参考 BIM 技术的构件化数字化思路，实现了道路基础设施的三维可视化，但是对于基础设施的性态数据、业务流程的语义数据以及描述机理形成的演化数据等的表征比较薄弱，虽然已有相关研究，但还没有形成道路基础设施运维特征、行为和过程完整的数据描述和相关映射。比如，Azarakhsh Rafiee 等人提出将 BIM 模型详细的几何和语义信息结合到 GIS 地理模型中的方法，可以分析多个项目之间的空间数据，为空间规划和环境分析提供帮助。刘照球等在结构动力学有限元分析数据需求的基础上，通过对结构动力学信息的扩展，为 BIM 模型的动力学分析提供信息支持。

3.1 道路基础设施运维信息感知、传递和理解方面

通过基础设施主动感知、自我适应和增强感知等技术对道路基础设施运维过程有关的信息进行感知、传递和理解。近年来，各类固定式、移动式数据采集设备及综合传感设备均被应用于道路基础设施运维领域，为道路基础设施数据多视角自动化快速获取信息提供支持。伴随着信息化技术的发展，众多智能检测技术也被应用于道路基础设施的数据采集、传递和理解。Davila 通过基于多元传感器的 BIM 技术，构建了基于预应力混凝土桥梁的内置结构性能监控系统；孙朝云等开发了基于线结构光的沥青路面表面形貌三维数据采集系统，实现对待测沥青路面表面形貌数据的采集、分析、处理、三维显示等功能。

3.2 道路基础设施运维阶段相关机理解析方面

现有研究聚焦道路基础设施服役过程中性态演化机理的识别与模拟，对于道路基础

设施运维过程中的破损、坑槽、拥包、裂缝的智能识别逐渐提高，对道路基础设施的演化过程与失效机理有不少研究，不过传统的机理研究手段和方法遇到了瓶颈期，很难有大的突破，道路基础设施运维是一个集合物理、化学和力学的复杂演绎过程，不仅需要对基础设施基本特征有细腻的刻画，更需要对运维机制的产生、演化和发展有准确的描述，因而对道路基础设施运维过程的数字化提出了更高要求。

3.3　道路基础设施运维策略智能决策方面

现有研究正从关联规则、总结经验向形成知识、推理判断等方面转变，蔡兴旭等认为采用长短期记忆模型循环神经网络（LSTM）方法比传统机器学习方法和循环神经网络等方法准确率、召回率更高。然而，道路基础设施运维过程中的知识表达和案例推理比较复杂，虽然有一些研究，但在整体表达、训练和推理层面还无法满足道路基础设施运维数字化的需求，而道路基础设施运维数字化为运维策略智能决策提供了一个合适的机会。

3.4　道路基础设施运维引擎驱动机制研究方面

通过切片、建模和赋能三个方面研究，挖掘道路基础设施数字化运维中数字引擎的驱动机制，给道路基础设施运维建立特征描述、信息感知、机理解析和智能决策的数字底座，打破瓶颈，推动道路基础设施运维基础理论和应用技术的发展。

（1）切片：研究运维过程中的结构、性态、业务和时空等多源异构数据的解析方法，揭示图式形态的切片技术运维过程核心信息演绎本质。

（2）建模：研究基于业务流程和时空演化双驱动的自主建模技术，验证道路基础设施数字化运维的数字引擎和数字底座，实现其机理解析、性能检测和趋势判定。

（3）赋能：优化道路基础设施运维相关业务流程，开发数字化运维智能决策系统，实现道路基础设施数字化运维的智能数字引擎。

主要参考文献

[1] 中华人民共和国交通运输部. 交通运输部关于推动交通运输领域新型基础设施建设的指导意见（交规划发〔2020〕75 号）[EB/OL].（2019-08-06）[2022-05-09]. http://www.gov.cn/zhengce/zhengceku/2020-08/06/content_5532842.html.

[2] 中华人民共和国国务院. 政府工作报告[EB/OL].（2022-03-12）[2022-05-09]. http://www.gov.cn/premier/2022-03/12/content_5678750.html.

[3] 汤圣君，朱庆，赵君峤. BIM 与 GIS 数据集成：IFC 与 CityGML 建筑几何语义信息互操作技术[J]. 土木建筑工程信息技术，2014，6(04)：11-17.

[4] 王建伟，高超，董是，等. 道路基础设施数字化研究进展与展望[J]. 中国公路学报，

2020,33(11):101-124.
[5] Dau A T, Nistor I, Gavrus A . Numerical analysis concerning the harmfulness of crack turbine rotors using a multi-scale approach based on a dynamic finite element method[J]. Applied Mechanics & Materials,2014,656:315-324.
[6] Rafiee A, Dias E, Fruijtier S, et al. From BIM to geo-analysis: view coverage and shadow analysis by BIM/GIS integration[J]. Procedia Environmental Sciences,2014,22:397-402.
[7] 刘照球,李云贵,吕西林,等. 基于IFC标准的结构动力分析信息扩展框架[J]. 华南理工大学学报:自然科学版,2010,38(7).
[8] Davila Delagado J M, Butler L J, Gibbons N, et al. Management of structural monitoring data of bridges using BIM[C]//ICEE. Proceedings of the Institution of Civil Engineers-bridge Engineering. Kansas City: Thomas TelfordLtd,2017:204-218.
[9] 孙朝云,呼延菊,李伟,等. 基于线结构光的沥青路面三维数据采集系统[J]. 长安大学学报:自然科学版,2016,36(4):9-17.
[10] 王彬,徐秀丽,李雪红,等. 基于自适应模糊推理和RBF网络的桥梁安全评估[J]. 中国安全科学学报,2017,27(5):164-168.

撰稿人:陈雨人(同济大学)　肖飞鹏(同济大学)

复杂条件下道路设施韧性评估与提升

Evaluation and improvement of road facility resilience under complex conditions

1 科学问题概述

交通基础设施韧性的概念在近几年才被提出,但一经提出就受到普遍重视。我国是一个自然灾害较为严重的国家,加上道路设施暴露的自然环境变化多端,实际运营超载超限难以遏制等问题存在,导致多数道路设施出现损坏早、抗极端条件能力弱,韧性明显不足的问题,甚至影响到实际交通运行状况。为此,需要对复杂条件下道路设施韧性开展研究,深挖韧性内涵,把握其演化规律,攻克韧性评估与提升关键技术。可以归纳为以下两个科学问题:

1.1 复杂条件下道路设施工程韧性演化规律

道路设施暴露在户外,不仅受雨水、冰冻、高温、低温、紫外线辐射等自然环境周期性侵蚀或作用,而且受车辆荷载反复碾压,加之地震、泥石流等自然灾害的冲击,其工程韧性具有规律性衰变和短时突变双重特性，如何针对上述复杂条件，开展深入研究，探究道路设施工程韧性的演化规律是亟须解决的一个科学问题。

1.2 养护干预下道路设施韧性提升机理

道路设施的养护干预，能够改变设施韧性的演化曲线，从而提升运营周期内的道路设施韧性。然而干预的方式、干预的时机以及干预具体措施不仅对演化曲线的迁移产生重大影响，而且对整个投资决策的投入产出绩效具有直接的影响。需要对各种干预措施时效性影响机理进行研究，解决养护干预下韧性跃升与演化规律的基础理论问题。

综上所述，在道路设施韧性从概念形成进入到实践推进的阶段，迫切需要开展复杂条件下道路设施韧性评估与提升研究，提出核心理论，突破关键技术。

2 科学问题背景

截至2020年底，全国公路总里程达519.81万km，我国已逐步建成全球最庞大的道路基础设施网。如何运营和维护好500多万千米公路的道路设施，保持设施服务性能，提高其应对突发事件的能力，是广大道路工作者面临的重大问题。

2021年2月，中共中央、国务院印发了《国家综合立体交通网规划纲要》，指出“加快推进城市群、重点地区、重要口岸、主要产业及能源基地、自然灾害多发地区多通道、多方式、多路径建设，提升交通网络系统韧性和安全性”。为筑牢基础设施底线与韧性安全防线，促进基础设施韧性的系统化提升，需要从路基、路面、边坡、挡墙等道路设施的工程韧性出发，突破韧性评估技术和演化理论，提出韧性提升关键技术，保障基础设施路网的健康运行，提升抗灾、救灾及灾后恢复能力。

交通基础设施量大面广，具有异质异构的特点。基础设施韧性既要考虑交通荷载、服役环境、工程求解、维修养护等工程问题的不确定性，又需考虑地质、气象等自然灾害和交通中断等突发事故的不可预测性，为此需要研究复杂条件下道路设施工程韧性演化规律。另一方面我国在公路预防性养护方面积累了一定的经验，并在公路养护决策中得到应用，取得了良好的效果。该技术对道路设施韧性提升具有借鉴作用，但是其韧性跃升机制与演化曲线还缺乏机理层面的理论指导。

3 科学问题研究进展

生态学、材料科学、心理学、经济学、社会学和工程学等不同学科对韧性的理解和表述有所不同。他们共性的部分可以概括为：韧性是在给定破坏性事件或事件集情境下，系统更改控制变量和结构之前吸收干扰，性能短暂中断、衰减或损失，在一个可接受水平上运行并通过适应动荡环境而恢复和成长的能力。韧性所针对的问题，来源于系统内部或外部扰动事件带来的冲击，这些扰动种类繁多，但都具有不确定性高、随机性强、破坏性大等特点。

设施韧性评估最初源于地震工程学领域，当定性研究不能满足现实中的韧性评估需求时，量化研究随之兴起与发展。设施韧性是指设施预防和承受生命周期中各类扰动、吸收初始损坏、扰动后维护核心功能、抵御控制性能下降，恢复正常运行状态的能力，是一个基于不断增强系统预防、吸收、恢复和适应突发扰动的循环过程。设施韧性是设施内在属性，设施结构决定了与性能相关的属性（如鲁棒性、适应性、冗余性），而维护资源决定了与时间相关的属性（如可修复性、可恢复性、快速性）。衡量设施韧性不仅需要对设施结构特性和运行过程有全面了解，也需对不确定因素全面考虑，因此设施韧性逐步引入适应性、灵活性作为其关键属性。

道路交通设施韧性目前的研究关注在两个方面：一个是在交通规划设计与运营层面上，包括路网韧性规划、路网韧性评估、城市生命线韧性保持、路网抗震抗洪等方面；另一个是面向道路基础设施的材料、结构、维护和运行管理等方面的韧性设计、保持和提升。前者偏重网络系统分析，已取得一定的研究成果。后者偏重设施本身的工程韧性演化规律，但目前的研究系统性不强，如侧重于路面的使用性能衰变及疲劳寿命，在路基、边坡、挡墙等方面涉及有限，同时道路设施在复杂道路交通环境下的整体韧性演化研究也比较缺乏，包括基础理论、评估方法、演化机制等。

养护干预能够改变道路设施的韧性演化进程，有效提升设施抵抗自然环境、荷载及地质灾害的累积或瞬间作用。我国公路预防性养护方兴未艾，预防性养护目前主要针对沥青路面的病害，但在路基、边坡、挡墙等方面仍然研究不足。

总体看来，复杂条件下道路设施韧性评估与提升在当下已有一定的研究基础，但是研究较为零散，系统性不强，核心理论和技术尚未真正形成。为此，需要在以下两个方面开展重点研究。

（1）复杂条件下道路设施韧性评估方法和演化机理。

需要明晰道路设施韧性的内涵，围绕着路基、路面、挡墙、边坡等典型道路设施使用性能确定评估指标，基于数据驱动与力学模型融合方法，建立道路设施结构-荷载-环境-疲劳破坏模型，构建复杂条件下韧性演化仿真系统，推演各类设施在不同道路交通条件下的演化规律。

（2）养护干预下道路设施韧性跃迁机制与养护优化策略。

研究分析设施参数变化下的道路设施韧性演化模型的网络空间，基于演化仿真提出养护干预下道路设施韧性跃迁机制及衰变曲线。基于边际成本效益提出可预测道路交通条件和不可预测灾害发生下的养护优化策略，提升道路设施的韧性水平和工程经济性，发展可持续基础设施建管养理论与实践。

主要参考文献

[1] Ludwig D. Barriers and bridges to the renewal of ecosystems and institutions [J]. Ecological Economics,1996,19(2):185-188.

[2] Allenby B,Fink J. Social and ecological resilience:toward inherently secure and resilient societies [J]. Science,2000,24(3):347-364.

[3] 徐江,邵亦文. 韧性城市:对城市危机的新思路[J]. 国际城市规划,2015,30(2):1-3.

[4] 刘严萍,何继新. 设施韧性评估国内外研究现状及未来研究方向[J]. 灾害学,2021,36(3):53-59.

[5] 赵辰. 城市关联基础设施系统网络建模及韧性优化[D]. 北京:清华大学,2018.

[6] Cai B P,Xie M,Liu Y H,et al. Availability-based engineering resilience metric and its corresponding evaluation methodology[J]. Reliability Engineering & System Safety,2018,172:216-224.

[7] Bao S,Zhang C,Ouyang M,et al. An integrated tri-level model for enhancing the resilience of facilities against intentional attacks[J]. Annals of Operations Research,2019,283(1):87-117.

[8] 张春安,田智鹏. 基于高等级公路沥青路面的预防性养护决策研究[J]. 公路工程,2019,44(6):77-80,85.

[9] 位赛厦. 高速公路路面常见病害及预防性养护[J]. 交通世界,2021,(14):109-110.

[10] 谷新昶. 高速公路预防性养护技术探究[J]. 中国公路,2021(23):114-115.

撰稿人:杨轸(同济大学)　郭忠印(同济大学)

CHAPTER FOUR

第 4 章
道路交通信息与控制

道路交通信息与控制是应用现代信息、通信、控制和系统集成技术，对由交通基础设施、运载工具和交通参与者共同组成的复杂系统中各部分运行关系进行协调与控制，优化资源配置，实现交通运输系统安全高效运行，充分满足公众出行和货物运输多样化需求。

交通控制的核心在于实现道路交通的协同运行与控制，达到充分利用道路交通系统时空资源的目标。准确地获取交通信息是实现有效交通控制的前提条件。回顾道路交通信息与控制的发展史，可以发现交通信息获取方式的进步是交通管控技术产生变革的重要驱动因素。

20 世纪 70 年代到 80 年代，欧美西方国家城市交通问题愈发凸显。在无法通过大规模道路交通基础设施建设以进一步改善城市交通状况的情况下，必须借助交通控制技术实现对道路交通运行的调控。在这一阶段，感应线圈、视频检测器、微波检测器等作为交通基础信息的获取手段被提出并广泛使用。20 世纪 90 年代，为提高交通主干道的通行效率和监管水平，纽约、东京、柏林、伦敦等大城市开始建设以高速公路监控系统和电子收费系统为核心的智能公路管理系统。道路交通的控制模式也开始从单一的信号控制，向信号控制与出行诱导相结合的方向发展。进入 21 世纪，随着定位技术、通信技术的发展，浮动车被广泛采用，交通信息从断面信息进入连续的轨迹信息阶段。在智能手机快速普及之后，众包式、以移动互联终端为采集工具的交通信息采集与处理模式得到广泛应用。交通控制也从点、线优化向交通网络系统性优化发展，出行诱导也从固定的显示屏向移动互联终端方式快速演进。

近年来，随着车辆网和自动驾驶的发展，基于车辆网的交通信息采集，综合实现道路与车辆控制协同的车路协同控制技术受到越来越多研究者的关注。随着新一代信息技术和人工智能等在交通领域的深度融合，现阶段的管控重点向移动互联和泛在感知、智能驾驶和车路协同转移，亟须攻克大数据技术、人工智能和集成控制等难点。

20 世纪 90 年代以来，道路交通信息与控制领域的相关理论及技术研究经过三十多年的快速发展，在基础理论、关键技术和应用实践上都取得了丰硕的成果。

在交通信息采集方面，受限于固定检测器的数据采集能力，早期的交通信息采集和交通控制大都只发生在交叉口区域。随着移动检测设备和多源感知技术的发展，这一限制被逐步打破，推动了交通信息采集从局部感知转变为全局信息感知，交通控制从交叉口控制拓展到面向全局的路网控制和交通诱导。在交通管控模式方面，以往的交通控制是被动适应交通需求，根据断面信息对孤立信号配时做优化。近年来利用移动互联在信息采集与交互等方面的优势，交通管控逐渐向实现交通需求的主动调控、多模式交通协同运行和车路协同等方向拓展，最大限度地利用道路时空资源。在交通服务方面，随着车载和手机端移动定位技术的发展，面向个体出行和车辆行驶路径选择的导航服务逐渐成熟。近年来，大数据驱动下的动态交通网络运行状态辨识技术为个性化的精准出行导航服务提供了关键基础支撑。随着综合立体交通网的建设推进，基于多模式交通协同运行、交通枢纽协同服务和移动互联出行诱导等技术的一体化出行成为当前热点和难点。

总体来看，交通信息与控制研究可划分为四个阶段：一是以通信网络建设为主的交通信息化阶段；二是以大数据为支撑的集成信息服务阶段；三是以移动互联为支撑的智能协同管控阶段；四是以载运工具无人技术为支撑的智能交通系统协同运行阶段。目前正在大规模应用和建设的是第二阶段的内容，第三阶段的内容正在进行深入研究与部分示范应用。

人工智能、移动互联、大数据等新一代信息技术的兴起与发展正在推动着道路交通系统向着以自动驾驶、车路协同为主要特点的新一代智能交通系统演变。总体来看，交通技术的发展呈现出三大趋势：载运工具智能化的快速发展；信息技术与交通深度融合；交通系统呈协同运行趋势。新的技术给道路交通带来了一系列变化：交通感知模式，从驾驶人感知转变为车辆感知与驾驶人感知共存；交通管控对象，从交通信号作为执行手段变为交通信号、车道资源和自动驾驶车辆共同作为执行手段，从交通诱导转变为车辆主动控制；交通服务规则，从依赖主观经验追求个体最优的决策准则转变为以网联信息为支撑的群体最优决策准则。随着移动互联和智能网联车的逐渐成熟及落地应用，交通感知环境、系统调控对象和交通服务规则都将发生质的变化，道路交通信息与控制面临着全新的挑战。

世界范围内智能交通系统的发展涉及道路环境感知、地图与定位、通信与信息交互、车载网络安全、车路协同等关键技术，这极大地拓宽了交通信息与控制领域的广度和深度，使得道路交通参与者与管控体系各个环节得以打通，将感知—决策—控制—服务融为一体。面向数字交通与智能化、综合立体交通协同、新型基础设施建设和智能载运工具等国家重大战略需求，结合道路交通信息与控制快速变革的理论及技术趋势，道路交通信息与控制重点研究方向可分为四个方面：一是道路交通运行状态的智能感知及精准推演；二是信息环境下的道路交通系统管控；三是车路协同环境下的道路交通运行控制；四是移动互联环境下的智慧交通出行服务。

微观交通行为感知与预测

Detection and prediction of microscopic traffic behavior

1　科学问题概述

微观交通行为是出行个体在交通网络出行过程中与环境、交通设施以及其他出行个体交互产生的行为，主要包含车辆的驾驶、出行规划和决策等个体在交通网络中产生的各类行为。微观交通行为是构成交通系统行为的 DNA。对于备受关注的拥堵、秩序混乱等宏观表现的微观解析和作用机理溯源探究，亟须从交通个体角度对微观交通行为模型进行认知支撑。

20 世纪 90 年代至今，微观交通行为建模一直是交通领域的热点问题。该领域有许多卓有成效的研究，但时至今日仍存在不可忽视的认知瓶颈，主要集中在以下四个方面：①缺乏充足、可靠的基础数据来源。现有的数据采集手段准确性不高，且覆盖时空范围不足。即使是微观交通行为研究使用最广泛的 NGSIM 数据集，由于高空监控视频检测提取交通参数的准确性不足，导致数据集中速度、加速度信息存在较大的噪声，噪声数据对交通行为建模造成了极大困扰。同时数据的时空范围也受到较大限制，缺乏城市路网范围的、包含完整出行链条的微观交通数据。②缺乏完备的微观交通参数体系。目前支撑微观交通行为研究的参数体系还是以传统的交通流参数(车速、车辆间距、时间间隔等)为主，更侧重对车辆运动过程本身的描述。缺乏从个体出行规划、出行决策到出行过程中人因、环境等多方面因素的描述参数，难以支撑对驾驶人微观交通行为的深层次表达。③未能挖掘交通行为的意图与因果。以往研究受限于数据量小，只能针对车辆运动行为进行建模，如跟驰、变道等，建模停留在运动行为本身而没有挖掘运动行为的深层次原因。同时，将个体出行规划和决策等行为与交通微观行为割裂开来，未能挖掘出行规划和出行决策与驾驶行为的关联关系。④未形成由个体至全局的出行全链条微观交通行为预测模型架构。在受限的数据支撑下，以往研究只能在个体层面对车辆驾驶行为进行预测，难以建立个体从出行规划、出行决策到驾驶行为的全链条预测架构，进而难以建立车辆个体行为与路网交通流之间的宏微观深层次影响的关联关系，尚未形成从车辆个体微观行为推演全局交通状态的模型架构，应用价值受到限制。

随着全时、全域、全量的个体级大数据环境的逐渐完备,将有望突破传统微观交通行为的认知瓶颈,从物理行为认知层面提升至社会物理行为认知层面。因此,在交通微观行为感知与预测研究过程中,首要任务是提升微观交通数据采集的准确性,构建高效、准确的微观交通数据感知手段。同时完善微观行为参数体系,明确现有参数体系相关架构及参数的定义,构建不同微观行为之间的关联关系。在完备的参数体系和准确的数据采集手段的基础上,建立微观交通大数据体系结构,挖掘微观交通行为的意图与因果联系,最终将微观交通行为预测扩展到路网维度,建立宏微观之间的深层次联系,为新一代基于个体行为认知的精细化交通系统调控与交通服务提供数据和理论基础。

2　科学问题背景

过去十几年里,我国城市道路交通状况仍持续恶化,拥堵黑点局部治理等传统手段收效甚微。究其原因,应认识到:虽然从表象来看城市交通拥堵现象十分相近,但从微观层面来看,导致拥堵形成与演化的原因却各不相同。如果能够从微观行为视角对交通拥堵等宏观交通现象进行透析,往往能更好地抓住问题本质,从而"对症下药"。以我国某城市拥堵黑点路段为例,该路段为双向四车道(理论通行能力约为 1400 ~ 1600pcu/h),全长 688m,工作日每天 17:00-18:30 期间出现严重拥堵,路段平均流量仅为 400 ~ 500pcu/h,平均速度仅有 6 ~ 8km/h;通过对该路段进行微观个体交通行为分析发现:一所中学位于该路段,晚高峰期间约 40 辆家长车辆在半小时内由于接送产生的不规则驻驶行为,成为导致案例路段严重拥堵的主要原因;对少数关键的"致堵车辆"实施治理后,该路段晚高峰运行车速恢复为 14 ~ 15km/h。由此看出,只有通过有效的微观交通行为感知与解析,交通管理者才能够从纷繁杂扰的现象中把握主要矛盾,从而进行精准治理,实现"标本兼治"。

当前,以高清卡口数据、GPS 数据、ETC 数据、路侧视频数据及手机信令数据等为代表的交通个体标签感知数据已在我国城市得到广泛推广与应用,基于新型交通大数据环境进行微观交通行为感知、解析与预测具备良好条件,亟待进行系统性研究部署以形成体系化理论方法、关键技术以及实证环境。

3　科学问题研究进展

3.1　传统微观交通行为研究进展

传统微观交通行为研究,从数据源划分,可以分为基于断面交通数据、基于连续交通数据两类。断面数据只能提供流量、速度等统计量参数,通常由地磁线圈等设备采集,被广泛应用于以宏观交通状态为研究目标的宏观交通路网建模和交通态势预测研究,具体包含基于流量/平均车速等的路况分析建模、长短时路网态势预测等。

连续交通数据可提供一段道路固定范围内的车头时距、车头间距、车速、加速度等微观交通参数，是目前微观交通行为研究的主要数据来源。连续车辆数据的感知方法数据来源主要包括GPS浮动车数据和道路监控视频。GPS浮动车配备了车载GPS定位装置，可以实时地提供浮动车位置、速度等信息，相比传统的地磁传感器可以获取全面、连续的车辆空间信息。道路监控视频则依赖于计算机视觉的突破性进展，能够提取更多元更微观的道路与车辆信息。通过目标检测与跟踪算法，获得场景中全部车辆的连续轨迹数据。除路侧监控视频外，现已有交通研究利用无人机航拍视频获得整个路段的交通微观数据。连续车辆数据相比断面数据，拥有时序与空间两个维度，可以感知跟驰、换道、冲突、交叉口行驶等多种微观交通行为。在此基础上，可以建立并充分验证多种微观交通行为模型。通过模拟交通出行中的个体行为，最大程度还原真实交通情况，最终实现对交通流状态的演化预测。基于连续车辆数据的技术路线作为目前微观交通行为建模的主流路线，已经取得了较多的研究成果。但是，已有的微观交通行为研究采用的连续数据基本还是单一来源，且主要利用的是经过加工形成运动行为数据，导致研究局限在路段的车辆驾驶行为，或者只能进行大的道路网格尺度下的OD、路径预测，无法考虑车辆间作用对出行过程的影响。由于缺乏具有完整出行链的微观连续数据，使得微观车辆驾驶行为研究难以与OD、路径预测等研究有效结合，造成了宏微观之间的割裂、出行路径与点线面控制难以互相结合，阻碍了宏微观一体化交通认知、调控、服务的发展。

3.2　交通大数据时代需要解决的问题

在交通大数据背景下，手机信令、监控视频、GPS等多源数据被应用到交通领域，给微观交通行为研究拓宽了发展空间。通过个体对象的大数据时空关联，有条件形成从交通行为诱导、实施、影响等全过程的数据支撑。在微观交通行为研究的完整链条中，浮现了以下迫切需要解决的问题。

(1)全时全域全量个体级的时空全息感知数据集。

数据是支撑研究的基石。随着目前数据驱动类算法研究的突飞猛进，数据逐渐成为算法理论研究的第一生产资料。在微观交通行为研究领域，以往数据集存在准确性不高、覆盖范围不足的问题。交通大数据发展及各地“交通大脑”“数据中心”的建设，为构建新型完备数据集创造了条件。同时，视频、蓝牙、手机信令等多种数据融合以提高数据准确性和交通对象观测粒度的理论方法具有了一定基础。如何构建全时全域全量并精细到个体完整出行链的微观行为数据集，成为目前需要解决的首要难点。

(2)基于多因素微观参数体系的社会行为方法论。

现有微观交通理论集中在对车辆行驶过程中的物理行为建模，未能挖掘交通行为意图及因果,其理论诱因是现有的微观参数体系只能对驾驶行为本身进行描述,难以描述交通个体自身因素、周围环境因素等影响,使得微观建模难以对出行规划、出行决策、出行过程到出行影响的全链条进行建模。如何构建全面的微观参数体系是目前需要解决的难点。同时,在全面的微观参数体系支撑下,如何从物理行为建模延伸到社会行为建模,如何对出行全链条过程中微观行为的因果关系进行建模,是参数体系建立后的难点之一。

(3)构建个体至全局的微观交通行为一致性预测模型框架。

随着全时全域全量数据集和多因素微观参数体系的逐渐完备,有望打破微观交通行为预测理论的发展瓶颈。以往研究聚焦个体层面对驾驶行为进行预测,难以建立个体微观行为的全链条预测架构。其中核心难点在于解耦微观个体以及个体环境之间的关联关系,进而构建考虑环境因素和多种随机性的精细化微观交通模型,建立微、中、宏观道路交通状态演化及关联模型,最终通过对重点微观个体的管控,实现对宏观交通流的优化。

4 总结与展望

从断面交通数据到连续交通数据,是交通参数感知手段的代际更新。断面交通数据提供的宏观交通参数支撑了传统的宏观交通行为和交通流理论研究。随着连续交通数据感知手段的发展,获取全时全域全量个体级交通参数成为可能,为微观交通行为研究扩展了巨大的发展潜力,也提出了迫切的研究和应用需求。

(1)构建新型微观交通参数体系及模型方法。

理论方法研究方面,需要构建新型微观交通参数体系及模型方法,基于全量个体级数据,精细化交通动力学模型,深度剖析底层个体交通行为,支撑上层交通领域研究与应用。这是新一代微观行为感知和预测研究的核心。

(2)推动交通研究落地应用。

应用方面,需要构筑全量数据的采集、处理、建模、应用的自动化作业链,打通宏、中、微观交通数据壁垒,支撑多种交通管控研究与应用,促进交通产研结合,为代际交通理论体系提供更为广泛的实践验证空间。

主要参考文献

[1] 王炜,过秀成. 交通工程学[M]. 南京:东南大学出版社,2000.

[2] May A D . Traffic flow fundamentals[M]. Prentice Hall,1990.

[3] Brackstone M, Mcdonald M . Car-following: a historical review[J]. Transportation Research Part F:Traffic Psychology & Behaviour,1999,2(4):181-196.

[4] Li L, Chen X . Vehicle headway modeling and its inferences in macroscopic/microscopic traffic flow theory:a survey[J]. Transportation Research Part C:Emerging Technologies,

2017,76(MAR.):170-188.

[5] Wan Q, Peng G, Li Z, et al. Spatiotemporal trajectory characteristic analysis for traffic state transition prediction near expressway merge bottleneck[J]. Transportation Research Part C:Emerging Technologies,2020,117(4-6):102682.

[6] Weibin Z,Pulin Z,Yinghao Y,et al. Missing data repairs for traffic flow with self-attention generative adversarial imputation net[J]. IEEE Transactions on Intelligent Transportation Systems,2021.

[7] Lv Y, Duan Y, Kang W, et al. Traffic flow prediction with big data: a deep learning approach[J]. IEEE Transactions on Intelligent Transportation Systems, 2015, 16(2): 865-873.

[8] Bachmann C,Abdulhai B,Roorda M J,et al. A comparative assessment of multi-sensor data fusion techniques for freeway traffic speed estimation using microsimulation modeling[J]. Transportation Research Part C:Emerging Technologies,2013,26:33-48.

[9] Kong X, Xu Z, Shen G, et al. Urban traffic congestion estimation and prediction based on floating car trajectory data[J]. Future Generation Computer Systems,2016,61:97-107.

[10] Zhi Y,Qianyin J,Xiying L. MPP:a novel algorithm for estimating vehicle space headways from a single image [J]. Journal of Advanced Transportation,2020,2020(6):1-16.

撰稿人：何兆成(中山大学)　李熙莹(中山大学)　张荣辉(中山大学)
宗芳(吉林大学)

有限观测条件下交通系统全时空信息重构

Reconstruction of traffic system information in whole time and space under limited observation conditions

1　科学问题概述

交通系统信息，包括人、车、路等对象在内的交通系统全体要素动静态信息，是智能交通系统的重要基石，是系统状态描述与预测的前提条件。因此，如何获得更准确、全面的交通系统时空信息，始终贯穿了国内外的智能交通系统建设与研究历程。在感知设备上，传统的智能交通系统普遍采用地磁线圈、微波、视频交通流等方式获取集计的、抽样的路段断面状态信息；在交通模型上，采用各类宏-中-微观交通动力学模型，通过迭代仿真的方式还原交通流运行的时空信息。

近年来,图像识别、大数据,及物联网技术的快速发展与普及极大拓展了道路交通状态的感知方式与时空规模。断面检测的大规模应用,带来了更高的时空覆盖率;通信系统的发展,带来了实时的流式数据形式。特别是 GPS、射频识别(RFID)、电子警察等新技术提供的出行个体身份信息,极大提高了交通信息的数据分辨率,为时空信息重构带来了新的发展方向。

国内外学者基于新的系统感知环境开展了大量的研究,取得了丰富的学术与应用成果,如城市规模的路段状态估计与预测等。然而,面向交通系统中的人、车个体,在有限的观测条件下进行时空信息重构,依然面临着众多的挑战。

1.1　缺乏完备的交通系统描述模型

交通系统,作为一个开放的社会物理系统,与经过严格定义的人工物理系统不同,其系统对象依照社会规则运行,不具备明确的系统描述模型。车辆在系统中具有在途、驻停等状态,车辆的每一次出行具有起讫点、行驶路径等属性,如何在封闭的空间中对承载车辆状态的平台及车辆的全态进行描述,是实现交通系统的全时空信息感知与重构,需要优先解决的问题。

1.2　存在观测条件的约束与重构方法的瓶颈

智能交通观测系统经过多年的发展,已经形成大范围覆盖,以及部分车辆行为全过程记录的观测条件,但相对城市交通系统的规模,依然存在总体检测密度稀疏的特征,以及出现检测数据错误、缺失的现象。因此,在较长的时间内,对于全时空交通信息重构而言,存在着客观的观测条件约束。另一方面,基于迭代仿真的交通系统时空信息重构,依赖交通动力学方程的推演,随着推演步长的增大,会出现难以消除的累计误差。因此,如何更好地利用新型观测数据,尤其是身份数据,在重构方法上突破观测条件的限制以及模型的本质缺陷,是推动交通系统全时空信息重构的难点之一。

1.3　不同尺度模型重构结果的一致性难以保证

在智能交通多年的发展过程中,涌现了宏-中-微观多尺度的交通运行模型。一般情况下,模型尺度的选取和应用往往参照具体问题的数据条件以及交通问题的尺度特性。例如在交通规划类应用中,由于其时间尺度较大,往往选取较大尺度的交通模型,以避免求解时间过长的问题。由于模型对交通运行过程的描述原理各异,特别是大尺度模型对交通过程的必要简化导致部分细节丢失,在模型尺度的过滤效应下,大尺度模型的结论无法溯源到小尺度模型上,导致重构结果的一致性难以保证。而不一致的模型计算结果,可能会导致在策略的应用上存在不一致的情况,甚至出现南辕北辙的结果。因此,研究如何保证多尺度模型推演结果的一致性，具有重要的价值。

1.4 交通系统感知体系与全时空认知能力未有效匹配

随着交通系统感知设备的逐年完善，城市道路交通系统的感知数据量也呈现逐年上升的趋势；然而，感知设备的数量上涨并不代表系统感知程度的上升。这是因为系统感知能力的配置往往是由业务需求驱动的，由于缺乏全时空认知需求引领的感知设备布局、难以避免重复检测、缺乏数据一致性检查等问题，导致系统内存在大量重复的数据以及检测无效的数据，严重制约了系统全时空信息重构能力的发展。因此，如何权衡建设成本和检测效果之间的矛盾，解决交通系统感知体系与全时空认知能力的配置问题，是影响交通系统认知与推演结果的重要因素。

因此，在有限观测条件下，研究交通系统全时空信息重构，有必要考虑完备的交通系统描述问题；在此基础上，构建更合适的重构方法，突破观测条件的限制以及交通动力学模型的本质缺陷；在多尺度模型的应用中，考虑保障模型推演结果的一致性的机制；最终形成全时空认知能力与感知体系相匹配的观测布局，从而在有限的观测条件下，最大限度地发挥系统的感知能力，在最大限度的时空规模和数据分辨率下，更好地重构交通系统全时空信息。

2 科学问题背景

关于车辆出行信息的获取，主要有两种途径。一是利用固定型的检测设备，如线圈、雷达、电警卡口、ETC 等，对途经车辆的信息进行捕获；另一种是从车辆自身获取移动出行数据，常见的类型如浮动车数据、导航数据、车联网数据等。尽管车辆出行感知的技术多样、数据源丰富，但仍不能在信息世界中准确刻画全样本的车辆的每次出行。究其原因有以下几种：①检测设备能检测的出行数据种类有限，线圈、雷达等设备只能以集计方式获取车辆出行信息，无法获取车辆身份信息，难以进行路径重构；电警卡口、ETC 等设备的检测数据带有车辆身份信息，却只能获取车辆出行的部分信息，不能描述车辆在任意时刻的轨迹。②固定型检测设备布设数量有限，在不考虑返回数据质量的前提下，国内一般大城市可工作的线圈（面向 SCATS 系统）比例约为 48% ~78%，电警卡口覆盖率约 10% ~30%；低覆盖率难以准确重构车辆的出行。③浮动车采样信息虽然可以获取车辆的完整轨迹信息，但其渗透率一般为 4.5% ~7.0%，难以代表全量的车辆信息，且存在有偏抽样的可能。

综上可见，在目前技术手段和感知环境下，对车辆出行的感知是局部的、不完备的。因此，探讨在有限观测条件下，如何在数字化世界全时全域全量构建并还原车辆的完整出行，是实现道路交通系统精细化治理的关键。

3　科学问题研究进展

道路交通系统全时空信息重构的主要工作是基于在现实交通系统中获取的感知数据，还原车辆的完整出行轨迹，包括出行起终点、行驶路径、在任意时刻的位置等。以不同的感知数据输入源为基础，交通系统全时空信息重构主要可以归纳为两条技术路线：以集计型观测数据为输入源和以个体观测数据为输入源的重构技术路线。

(1)以集计型观测数据为输入源的重构技术路线。

基于传统流量、速度、密度等集计型感知数据输入，利用动态交通分配(Dynamic Traffic Assignment，DTA)等配流方法是本技术路线的代表工作。传统固定检测设备如线圈、雷达等只能获取不带车辆身份的集计信息，以这种集计型OD需求为输入数据，DTA通过建立能够模拟真实交通行为的模型，结合路段阻抗函数，将时变的交通出行分配到不同的路径上，通过仿真的方法产生连续的车辆轨迹，完成基于路网层级状态的交通时空信息重构。DTA的重构方法一定程度上能够复现真实交通状态，但仍存在以下不足：①即使在全量观测的条件下，由于集计数据欠缺身份，在原理上不能求解出精确重构路径，需引入更多数据，结合概率框架提升重构精度；在有限观测条件下，传统集计型OD数据的观测与估计本身存在一定误差，导致重构的效果与实际差异更大。②随着各类交通信息的增加，简单的阻抗函数已无法对出行者的选择进行准确描述，使得基于DTA的重构方法的准确性无法得到保证。

(2)以个体观测数据为输入源的重构技术路线。

随着车牌识别、RFID等各类身份标签感知技术的广泛应用，基于个体检测数据进行交通系统信息重构，成为受到广泛关注的技术路线。针对不同的个体检测数据类型，其重构方法特点也有所差异：对于卡口、ETC等定点布设的设备所得的检测数据，会把个体车辆检测信息与路网关联，结合路网的拓扑结构可重构车辆路径及出行信息，但其精度与设备布局情况紧密关联；若以移动通信数据为主要输入源，则基站与路网的有效匹配是影响路径重构的重要因素；浮动车GPS数据或导航数据能获取车辆出行的完整轨迹，但由于渗透率极低，通常只能作为辅助手段来校准其他输入数据源的检测效果。由此可见，个体级交通检测数据类型各异，它们为交通系统观测提供了新的视角，但由于受检测器布局密度、渗透率等因素影响，数据中往往仅包含部分个体或个体的部分出行信息，仍不能直接实现交通系统全时空信息重构。

4　总结与展望

综上分析，随着交通检测技术手段的发展，人们对交通系统的观测逐步从传统的集计级进入个体级的新阶段，这将为交通系统的精细化治理提供基础性认知能力。为此，以交通系统全时空信息重构为目标,并有效应对感知时空范围有限、稀疏、粒度不均等现实观测条件,提出以下亟待解决的相关科学问题。

(1)面向复杂的个体交通行为的交通系统完备描述机制研究。

由于交通系统的开放性,系统对象的行为难以被系统感知与调控。因此,面向复杂的个体交通行为,如何构建一个完备的系统描述机制,使得个体对象及其行为在相应的系统计算空间内能被完全描述、感知,与计算,是进行全时空信息重构的基础科学问题。

(2)在身份数据稀疏采样及部分缺失的观测条件下,个体时空轨迹重构问题。

在身份检测数据的驱动下,利用多个连续过车记录修正个体时空轨迹重构,可避免传统动力学模型中的累计误差。但由于身份检测的空间抽样率较低,以及检测数据部分缺失的问题将长期存在,在有限的观测条件下,如何利用多处时空记录作为锚点,进行个体级全时空轨迹的重构,是道路交通系统感知估计的重要科学问题。

(3)基于个体信息的保障多尺度模型推演结果一致性的机理研究。

针对大尺度模型的细节过滤特征,为了确保各尺度下的模型推演结果可回溯到一致的个体级运动过程,有必要考虑以个体时空信息为基点,探究模型推演的一致性机理,以及如何在保障多尺度模型的输入数据一致性的基础上,提供各级尺度模型的推演结论回溯到个体尺度的可能性。基于个体信息进行多尺度模型推演结果一致性的机理研究,可以进一步避免模型尺度导致的管控决策南辕北辙的现象,是全时空重构信息应用方向上的关键科学问题。

(4)基于全时空认知视角的感知体系布局与优化问题。

城市道路感知体系布局决定了交通系统的时空认知能力的上限,在观测条件的限制下,为了最大限度发挥系统感知能力,需要从全时空认知的视角出发,研究感知体系布局与优化问题,优化交通系统感知体系与认知能力的配置,是具有系统前瞻性的科学问题。

主要参考文献

[1] Zhu Z, Xiong C, Chen X, et al. Integrating mesoscopic dynamic traffic assignment with agent-based travel behavior models for cumulative land development impact analysis[J]. Transportation Research Part C:Emerging Technologies,2018,93(AUG.):446-462.

[2] Yang J, Sun J. Vehicle path reconstruction using automatic vehicle identification data:an integrated particle filter and path flow estimator[J]. Transportation Research Part C: Emerging Technologies,2015,58:107-126.

[3] Yiting Zhu, Zhaocheng He, Weiwei Sun. Network-wide link travel time inference using trip-based data from automatic vehicle identification detectors[J]. IEEE Transactions on

Intelligent Transportation Systems,2020,21(6):2485-2495.
[4] Feng Y,Sun J,Chen P. Vehicle trajectory reconstruction using automatic vehicle identification and traffic count data[J]. Journal of Advanced Transportation,2015,49(2):174-194.
[5] 余志,廖琼华,何兆成. 基于车辆身份感知数据的路段轨迹重构方法研究[J]. 交通运输系统工程与信息,2019,19(04):87-93.
[6] Rao W, Wu Y J, Xia J, et al. Origin-destination pattern estimation based on trajectory reconstruction using automatic license plate recognition data[J]. Transportation Research Part C:Emerging Technologies,2018,95(OCT.):29-46.
[7] Hadavi M,Shafahi Y. Vehicle identification sensor models for origin-destination estimation [J]. Transportation Research Part B:Methodological,2016,89:82-106.
[8] Yin juyuan, Chen xuejian, Sun jian. Vehicle trajectory reconstruction for urban arterial under low-penetration connected and autonomous vehicle environment[C]. 99th Annual Meeting of the Transportation Research Board, Washington, D. C. ,2020.
[9] Owais M,Moussa G S,Hussain K F. Sensor location model for O/D estimation:multi-criteria meta-heuristics approach[J]. Operations Research,2019,14.
[10] Chen G,Viana A C,Fiore M,et al. Complete trajectory reconstruction from sparse mobile phone data[J]. EPJ Data Science,2019,8(1):1-24.

撰稿人:何兆成(中山大学)　黄敏(中山大学)　唐克双(同济大学)
孙剑(同济大学)

网联环境下网络交通状态演变机理与可信推演

Evolution mechanism and credible deduction of network traffic state in connected environment

1　科学问题概述

随着大数据、互联网、人工智能、区块链、云计算等新技术与交通行业深度融合,推进了数据资源赋能交通发展,加速了交通基础设施网、运输服务网、能源网与信息网络融合发展,"人、车、路、环境"一体化的新型网联交通系统逐渐成为现实。尤其是智能车路协同作为当今国际智能交通领域的前沿技术,已被纳入《交通强国建设纲要》。网联自动驾驶车(Connected and Automated Vehicles, CAVs)利用传感器和通信技术可以实现车与车(V2V)、车与基础设施(V2I)、车与人(V2P)、车与网(V2N)的信息交互、协同互动,保障交通安全,提高出行效率。城市交通网络状态推演技术是智能交通诱导系统的重要支撑,面向未来网联自动驾驶车和相关设施的逐步推广,研究城市交通网络状态演变机理,并研发可信推演技术是智能交通系统需要解决的关键问题。

智能网联环境将对交通主体的出行决策过程产生重要影响。人工驾驶车辆(Human Vehicles,HVs),此处指的是无法协同通信,进行中心控制的车辆,一般以用户最优(User Optimal,UO)为准则进行路线选择。然而,网联自动驾驶车既可以按照用户最优准则进行路线选择;也可以按照系统设定的路线行驶,实现系统最优(System Optimal,SO),这有望提升路网运行效率。综合考虑系统管理决策和个体出行决策,出行选择模式极其复杂,目前还缺乏描述这种复杂混合出行决策过程的理论模型。

城市网络交通状态推演主要有两类技术路线:一是基于经验公式或数学解析的模型驱动的技术,主流方法包括动态交通分配模型,宏观基本图模型等;二是基于大数据和人工智能算法的数据驱动的预测技术,主流方法包括传统的统计预测方法,先进的人工智能算法,分布式多智能体仿真等技术。

动态交通分配理论(DTA)作为智能交通系统中最重要的关键技术基础之一,从20世纪90年代至今得到各国学者的广泛研究,从科学角度加深人们对网络交通状态演化机理的了解,从实践角度为交通预测和诱导提供理论支持。然而,动态网络加载(Dynamic Network Loading,DNL)速度慢是动态交通分配理论大规模应用的瓶颈。此外,宏观基本图方法跳出交叉口和路段的限制,着眼于路网整体运行状况,通过综合考虑多项指标反映路网整体运行效果的变化状况,为大尺度的城市网络交通状态演变机理分析和状态快速推演提供了另一种思路,但是新型网联环境下宏观基本图的获取手段仍有待研究。面向新型网联环境,开展城市网络交通状态演变机理研究是实现交通智能化的必然需要,不但有可能解决困扰城市的交通拥堵“顽疾”,而且有望对交通安全、交通事故的处理与救援、客货运输管理、道路收费系统等方面产生巨大的影响。

智能网联环境提供了丰富多源的实时交通数据。车辆状态通过路侧设施传输到区域数据感知终端,并统一传输到城市交通监测中心。路侧设施能够监测实时交通状态,反馈给交通个体以提供出行服务,反馈给交通管理者以制定相应的管控措施。现有数据驱动的交通状态推演方法还存在计算效率低、环境适应力差的缺点。如何充分利用实时感知的多源数据,引入具有较高适应性和较强自学习能力的数据驱动技术,并与快速动态网络加载技术相结合,实现城市网络交通状态的高效精准可信推演是发展网联环境下智能交通系统的一个重要难题。

此外,考虑智能网联设施的建设周期长,其覆盖率对城市交通网络承载能力、可靠性、与韧性等性能指标的影响,是进行态势可信推演的重要基础,也是城市智能网联设施规划建设的重要理论支撑。

2　科学问题背景

城市交通系统是一个复杂、开放、随机、动态、自适应和具有突变特性的系统。研究城市交通状态演变机理与可信推演技术的根本目的在于指导整个城市路网的交通设计、管理和控制,寻求缓解和预防交通拥堵的有效方法,从而保障城市交通平稳、安全、高效运转。通过探索城市交通状态演变机理,全面深入地研究城市交通需求和交通流的形成机制,探究各类交通瓶颈的生成和传播过程,寻找交通拥堵的内在根源并揭示其演化规律,可以为制定科学的城市交通规划、建立先进的智能化城市交通系统和发展有效的交通管理控制策略和技术奠定坚实的理论基础。

当前网联自动驾驶车初步兴起,其对传统城市交通系统的利弊尚不明确。有研究表明,任由尚未成熟的网联自动驾驶车上路行驶,可能形成移动瓶颈,减弱交通流稳定性,进而降低道路通行能力,影响驾驶平顺性,这将进一步加剧交通拥堵问题,同时威胁驾驶安全。随着技术进步,产业界和学术界对网联自动驾驶车还是抱有十分乐观的发展态度,一致认为成熟的网联自动驾驶车性能将远优于人工驾驶车,从而增强交通流的稳定性,有望缓解甚至消除交通拥堵。因此,亟须针对新型网联环境提出网络交通状态演变和可信推演的技术方法,从科学角度加深人们对网络交通状态演化机理的了解,从实践角度为交通预测和诱导提供理论支持。

3　科学问题研究进展

城市交通网络的研究从时间维度上分为静态交通网络分析方法和动态交通网络分析方法。网络交通状态演变机理主要依赖于动态交通网络分析方法。基于传统城市网络交通流理论与方法,结合智能网联环境所带来的新技术与方法,实现网联环境下网络交通状态演变机理与可信推演任务,该领域已经取得以下几个方面的研究进展。

3.1　网联环境下网络交通流建模方面

研究主要集中在揭示网联自动驾驶车和人工驾驶车混合的多用户出行决策机理。现有研究认为,与人工驾驶车相比,网联自动驾驶车将在未来显著改变人们的出行行为。然而,网联自动驾驶车尚未在真实交通场景中广泛应用,理论模型各有侧重,尚未综合考虑系统管理决策和个体出行决策,而且理论模型普遍缺乏真实场景的数据验证。面对新型网联环境,出行行为显著不同于传统模式,亟须在网联环境下构建一套科学的交通智能决策系统,提供分析问题、建立模型、模拟决策过程和方案的环境,能够及时有效地帮助决策者分析解决复杂的决策问题,通过决策支持系统可以为城市交通治理政策制定与评估提供有效的科学依据。

3.2 网联环境下城市交通网络状态演变机理方面

研究聚焦在描述交通流如何在交通网络中的传播,从而估计路段、路径走行时间。传统关于交通网络状态演变机理的研究方法主要包括:不考虑物理排队模型(流出函数、路段性能函数和点排队模型等),考虑物理排队模型(元胞传输模型,路段传输模型等),宏观基本图(Macroscopic Fundamental Diagram,MFD),以及一些数据驱动的方法。考虑物理排队模型可以很好地描述道路网络上的动态交通现象,包括激波的形成和路段上车辆拥挤排队的传播等。

现有的交通网络动态加载模型一般基于简单的三角形基本图,采用最简单的元胞传输模型和双排队模型。该模型假设网联自动驾驶车和人工驾驶车仅跟车时距不同,其他车辆参数都相同,以此修改网联自动驾驶车在不同渗透率下的拥堵波的传播速度。这显然不符合真实的混合交通状态,因此需要构建能刻画网联自动驾驶车跟车特性的交通网络动态加载模型。

宏观基本图采用密度或速度作为交通状态判别和拥堵的评价指标,可以将网络交通流的运行情况及拥堵等级划分为若干个等级(比如:自由流、稳定流、不稳定流、限制流、强制流),从而更科学地了解网络交通流变化规律,制定出合理的拥堵等级划分方法,实现城市交通网络状态的快速推演。宏观基本图理论能够在少量网络交通流数据的基础上,简明快速地辨识区域交通基本状态。然而即使如此,宏观基本图的实测仍存在困难,大量实测数据均是道路交通流的抽样数据,需要进行大量的数据补充与校核工作;另一方面,可以通过交通仿真确定路网的宏观基本图,但是由于仿真方法难以全面融合真实交通状况,所以其结果通常也仅仅作为定性分析使用。

机器视觉、机器学习、智能决策、神经网络等人工智能技术在城市交通系统的深度应用是当前城市智能交通发展的重要方向之一,能够有效提升现有城市交通状态感知和推演的能力及精确度。常用的方法有:递归神经网络(Recurrent Neural Network,RNN)、长短期记忆网络(Long Short Term Memory,LSTM)、门控循环单元(Gated Recurrent Unit,GRU)、模糊神经网络(Fuzzy Neural Network,FNN),以及堆叠自编码器(Stacked Auto-Encoder,SAE)等深度学习框架广泛应用于城市交通流参数的预测。此外,交通流具有很强的动态交互性,不仅体现在时间序列关联模式上,其空间关联模式的挖掘对于交通流参数预测也具有重要影响。因此,卷积神经网络(Convolutional Neural Network,CNN)、图神经网络(Graph Neural Network,GNN)和注意力机制(Attentional Mechanism,AM)等先后被引入到交通流参数预测中,以期探究多空间点位交通流参数之间的相互影响模式,并融合 LSTM 等构建多时空节点耦合的预测方法。但是,由于交通出行的随机性和交通流的周期性、非线性特征,如何捕捉道路网络上交通流的复杂的时空相关性并进行预测一直是一个具有挑战性的问题。

3.3　网联环境下网络交通状态可信推演方面

城市网络交通流具有高度非线性非凸的特性,传统的数学模型虽然能够准确刻画交通状态的动力学演化机制,但受限于严苛的模型假设和缺乏大规模网络求解算法,无法直接应用到城市级场景。

近年来,基于机器学习的数据驱动技术飞速发展,该技术从大量离线或在线数据出发,通过输入、输出训练学习变量分布特征及内在规律而形成自主决策方法。数据驱动技术无需任何先验知识和精确数学模型,仅需从交通流量、平均速度、时间占有率等样本数据中寻找内在规律,通过自适应学习来实现交通数据修复预测、融合处理以及网络交通状态预测。但是,机器学习模型是一个黑箱,其内在机理难以把握,面对纷繁复杂的交通场景,纯粹的机器学习模型也难以保证安全精度,比如,特斯拉车辆因图像识别失误发生驾驶事故。

此外,城市交通网络的承载能力、可靠性、韧性等是其重要的性能指标,智能网联设施的覆盖率对网络的性能指标的影响机制是可信推演的前提,城市网络交通运行状态快速可信推演是提高城市交通应急管理能力的重要手段。网联环境为城市交通网络状态的精准感知提供了技术手段,以此为基础,结合城市交通网络的可靠性与韧性理论,可以实现高效的可信推演。

4　总结与展望

研究网联环境下网络交通状态可信推演理论可以为智能网联设施规划、建设、运营和管理提供支持,是智慧交通建设的核心内容之一,但实现相关理论与技术的大规模应用,还需要突破以下几个关键问题。

(1)在网联环境下面向系统管理和个体出行的多用户混合出行决策机理研究。智能网联设施规划需要与网联自动驾驶车保有量协同,避免规划滞后造成的网络效率损失,以及规划超前造成的资源浪费。构建融合网联自动驾驶车和人工驾驶车的混合多用户动态交通分配模型则是科学规划、建设和评估智能网联设施的基础。现阶段出现了很多关于网联自动驾驶车和人工驾驶车混合的多用户出行决策的研究,系统管理和个体出行模型互不统属,不同理论模型得出的结论尚不统一。因此,需要从复杂交通系统集成的角度,综合考虑系统管理决策和个体出行决策,开展多用户混合的出行决策理论研究是实现智能网联交通大规模落地应用的关键科学问题之一。

(2)开发大规模网络上快速的动态网络加载技术方法。城市交通网络中网联自动驾驶车与人工驾驶车共存,需要采用多用户动态交通网络加载模型,该问题在动态交通分配理论中是一个关键难点，需要突破多用户动态交通网络加载模型的计算速度，实现网络交通状态快速推演。目前，限制 DTA 技术落地的重大瓶颈是缺乏针对城市级的大规模网络的有效求解算法。较传统 DTA 问题而言，网联环境下新型混合交通的 DTA 模型复杂度更高，求解难度更大，需要深入分析网联环境下出行者动态出行选择行为，提出 DTA 新模型，利用模型的结构特征，结合并行计算技术，寻求有效的模型求解方法。一些潜在的研究方向是，构建基于宏观基本图的 DTA 新模型，并提出有效的求解算法；利用机器学习的方法得到近似的 DNL 模型；开发网络分解技术，利用基于并行计算的方法大幅提升 DNL 的效率。

(3)开发数据和模型双驱动的交通状态可信推演框架。在理论数学模型中引入数据驱动模块有望兼顾数学模型和机器学习的优势，以多模型组合的方式来提高交通状态可信推演模型精确性、效率性和鲁棒性，比如在代理优化技术中，研究人员采用克里金(Kriging)模型替代 DTA 中的 DNL 模块，实现了网络交通流的快速加载。在未来，开发数据与模型混合驱动的城市网络交通状态可信推演技术，综合考虑路段物理属性、交通需求变化以及交通流时空影响程度对区域路网交通状态的动态影响，利用交通状态指数对不同路段、道路或整个路网在不同时间的交通流运行状况进行动态、定量分析，为交通管理者的管控策略制定和管控效果评估提供信息支持，还能对交通出行者的出行行为选择与出行路径规划进行合理指导，促进网联自动驾驶车发展。

(4)构建网联环境下城市交通网络承载能力、可靠性、韧性等性能评估体系。在全感知的网联交通环境中，网联自动驾驶车作为浮动车实时采集路况，感知交通系统状态，基于数据驱动的模型或机器学习方法有望应用在该领域，构建出实时动态的网络承载能力、可靠性与韧性评估技术方法，为智能网联设施安全、高效、绿色运行提供保障。

主要参考文献

[1] 汪光焘. 大数据时代城市交通学发展的机遇[J]. 城市交通，2016，14(1)：1-7.

[2] 龙建成，郭嘉琪. 动态交通分配问题研究回顾与展望 [J]. 交通运输系统工程与信息，2021，21(5)：126-137.

[3] Vine S L，Zolfaghari A，Polak J . Autonomous cars：the tension between occupant experience and intersection capacity [J]. Transportation Research Part C：Emerging Technologies，2015，52：1-14.

[4] Li F，Yue W . Cooperative adaptive cruise control for string stable mixed traffic：benchmark and human-centered design [J]. IEEE Transactions on Intelligent Transportation Systems，2017，PP (12)：1-13.

[5] Chen Z B，He F，Yin Y F，et al. Optimal design of autonomous vehicle zones in transporta-

tion networks [J]. Transportation Research Part B:Methodological,2017,99:44-61.
[6] Levin, Michael W, Boyles S D. A multiclass cell transmission model for shared human and autonomous vehicle roads[J]. Transportation Research Part C: Emerging Technologies, 2016, 62:103-116.
[7] Wang J, Peeta S, He X Z . Multiclass traffic assignment model for mixed traffic flow of human-driven vehicles and connected and autonomous vehicles [J]. Transportation Research Part B:Methodological, 2019, 126.
[8] Zhang L, Zeng G, Li D,et al. Scale-free resilience of real traffic jams[J]. Proceedings of the National Academy of Sciences, 2019.
[9] Shi H T,Zhou Y,Wu K S,et al. Connected automated vehicle cooperative control with a deep reinforcement learning approach in a mixed traffic environment[J]. Transportation Research Part C:Emerging Technologies,2021,133:103421.
[10] Yu H Y,Jiang R,He Z B,et al. Automated vehicle-involved traffic flow studies:a survey of assumptions,models,speculations,and perspectives[J]. Transportation Research Part C:Emerging Technologies,2021,127:103101.

撰稿人:姜锐(北京交通大学)　李新刚(北京交通大学)　刘家林(北京交通大学)

道路交通状态多源协同智能感知

Multi-source collaborative intelligent perception of road traffic state

1　科学问题概述

道路交通状态感知作为智能交通系统的核心,一直受到国内外相关学者的广泛关注。传统的道路交通状态感知依赖路基固定检测器,故障率高、感知范围小,无法精准感知大范围路网车路状态。随着移动互联、大数据以及人工智能等技术的快速发展,极大地丰富和拓展了道路交通状态感知的手段,车基、空基等移动感知成为交通信息重要的采集方式之一,基于路基、车基以及空基等多源交通信息的协同感知与融合,成为道路交通状态感知的必然出路。

近年来,国内外学者围绕道路交通状态多源协同感知开展了大量的研究,取得了丰富的成果,随着自动驾驶技术的快速发展,城市交通系统面临变革,现有道路交通状态感知方式无法进一步满足城市交通精细化运行管控的要求,存在以下四个瓶颈:

1.1 构建大范围路网全时域协同感知体系难

多基协同的感知方式为交通信息采集带来了极大的便利。然而，现有的路基手段设备购置与维护成本高，边缘数据融合处理的信息量极大，由于经济性和实用性限制，无法覆盖大范围路网；车基移动感知覆盖范围广，但是感知质量较低，可信度不足；空基移动感知受限于续航里程等，感知范围、工作时长有限，仅能覆盖小范围区域。因此，构建面向大范围路网的低成本全时域协同感知体系以实现交通状态的敏捷获取是首要的技术瓶颈。

1.2 海量多源异构数据时空匹配与融合难

在工程实践中，由于传感器的异质性、工作环境动态时变等原因，导致不同传感器感知的数据存在很大的差异，异质传感器的时空匹配难度较大。此外，路基-车基-空基协同的多源感知体系中众多传感器生成的信息冗余度过高，且由于不同精度的传感器带来的感知数据置信度的差异，传统基于深度学习的方法极易发生维度爆炸。因此，厘清路基-车基-空基传感器协同机理，并在此基础上研究多源异构数据的多层级融合技术是面临的技术瓶颈之一。

1.3 基于多源数据的交通行为理解与状态辨识难

由于路基、车基以及空基等多源传感设施的属性、类别和状态数据存在量级和构成差异，现有研究更多关注特定时空范围内的有限感知数据类型，且提取的信息量级和类别受到限制，无法进一步精准辨识交通参与者的状态，难以对其交通意图进行预测。因此，从多源数据中挖掘大范围路网全时空语义特征，精准辨识车路状态并进行高效一致性表达是亟待解决的技术瓶颈之一。

1.4 多源数据信息安全与隐私保护难

随着不同方式采集的多源数据汇聚，不可避免地带来了数据信息安全问题。在数据传输和存储的过程中存在诸如隐私泄露、数据欺骗以及篡改等问题，给整个智能交通系统带来了极大的安全隐患。此外，由于部分感知节点不可信，数据在其存储方面也面临着泄露、私有信息被曝光等风险，造成难以估计的严重后果。因此，海量数据传输和存储过程中的信息安全与隐私保护是当前面临的瓶颈之一。

综上所述，在解决复杂实际道路交通环境下多源交通信息协同感知与融合问题的过程中，有必要研究低成本全时域协同感知体系下的移动目标全程在线跟踪技术和道路设施全寿命周期监测技术；在厘清路基-车基-空基协同多源传感器的时空协同机制的基础上，建立异质传感器时空匹配模型，探索数据的多层级融合方法；同时，基于海量多源交通数据挖掘大范围路网全时空交通语义特征，精准辨识车路状态并进行高效一致性的数字化表达；此外，针对信息安全问题，建立数据安全评估机制，构建数据传输可信网络，研发端-管-云一体的信息安全威胁态势感知系统，确保海量交通数据的信息安全与用户隐私得到保障。多效并举，助力智能交通系统由网联化向立体化、自主化迈进，具有重大的现实和科学意义。

2　科学问题背景

智能交通系统能够保障城市交通系统有序运行，2021 年 2 月发布的《国家综合立体交通网规划纲要》中明确规定，到 2035 年，我国基本建成泛在先进的交通信息基础设施，实现北斗时空信息服务、交通运输感知全覆盖。作为智能交通系统的核心，道路交通状态感知至关重要，传统的道路交通状态感知以路基固定检测器为准，采用摄像头和雷达等固定检测器，由于其故障率高，感知范围小，无法满足智能交通精准管控的数据需求。随着移动互联、大数据、人工智能等技术的发展，极大地丰富了道路交通状态的感知手段，利用车基传感器移动性强、覆盖范围广的特点和空基传感器机动性强的特点，多基协同的交通状态感知与融合成为了道路交通状态感知的发展方向。

然而，由于传感器的异质性、工作环境动态时变等原因，导致不同传感器感知的数据存在很大的差异，这些传感器的精度、频率、范围等直接影响到交通状态感知的精度，如激光雷达扫描频率为 10 Hz，毫米波雷达为 77Hz，在利用多源传感器数据进行感知效率的提升过程中，面临多数据的矫正、融合、辨识等技术难点，目前，在小范围的交通场景中交通状态感知的精度可达 90% 以上，然而针对大范围路网的交通场景，其感知的精度与实时性则陷入困境，现有的感知方法存在很大的局限性，因此，必须开展多源协同感知体系的研究，进而提升交通状态评估准确性、实时性以及全局性。

3　科学问题研究进展

利用异质传感器对交通状态进行精准感知，是智能交通精细化管理和控制的基础。目前，国内外围绕交通状态多源协同智能感知的研究已取得一系列进展。

3.1　大范围路网全时域协同感知体系研究进展

在大范围路网全时域的协同感知体系方面，包括道路健康状态感知、宏观交通流感知及微观交通目标感知等。目前比较成熟的感知方法主要依靠单一传感器，往往存在传感器性能受限、交通信息获取不足的缺点。如单独使用激光雷达、视频检测器、微波雷达及航拍摄像机等不同类型的交通目标检测器来获取动态目标的基本运动信息。近年来，使用多源传感器来感知交通信息受到广泛关注，如微波雷达与视频、激光雷达与视频等不同形式的组合感知方式，能够有效降低单一传感器带来的检测误差，获得具有更高精度的状态信息。然而，现有研究主要采用适用于特定空间范围内的感知系统，其感知的空间范围受到极大的限制，不能获取目标在长距离内的运动信息，即使通过跨区域多检测器组合感知实现纵向感知范围扩大，但实际成本和技术问题也限制了全时域感知目标的实现。

3.2 海量多源异构数据时空匹配与融合研究进展

在数据时空匹配与融合方面，由于传感器自身特性以及工作环境的差异性，单一传感器存在感知精度差、可信度低等问题。研究人员提出了多种信息融合方法，用于提高交通状态感知精度，如基于阶段、基于特征和基于语义的数据融合方法。这就首先需要对多种数据源进行时空匹配，目前的多源数据配准方法精度严重依赖外部参数标定的精度，部分方法虽然摆脱外部参数标定困境，但是参数初始化时间过长，影响时空配准的实时性。此外，当前的多种融合框架无法兼顾数据处理的实时性与数据融合的准确性，使差异化精度的海量多源数据难以得到有效利用。

3.3 基于多源数据的交通行为理解与状态辨识研究进展

在基于多源数据的交通行为理解与状态辨识方面，现有的研究主要聚焦于交通目标行为理解与交通运行状态辨识，鲜有研究涉及道路风险状态辨识和道路设施工作状态或生命周期状态监测。在交通目标行为理解方面，从包含丰富信息的精细车辆轨迹数据或交通流数据出发，通过替代安全指标提取等方法构建危险驾驶行为识别模型来进行异常行为或交通事件检测是当前的研究热点，但是这些研究更多关注于单车的风险驾驶行为以评估车辆行驶过程中的安全水平和风险变化规律，而没有基于道路范围内的大量轨迹数据或交通流数据对群体车辆交互作用下的风险态势开展分析。在交通状态辨识方面，一般以固定区域内的统计数据，如交通量、占有率、车速等数据为基础，通过对期望数据的预处理，利用数值分析方法、经典统计模型及安全可靠性指数得到评估道路畅通或拥堵程度的评判指标，进而划定交通运行状态等级实现交通运行状态辨识，但是却忽略了道路在时空维度上的安全-风险演变机理。

3.4 多源数据信息安全与隐私保护研究进展

在多源数据信息安全与隐私保护方面，现有研究大多集中在以多方安全计算、同态加密、属性基加密为代表的加密方法和以差分隐私为代表的数据扰动方法。加密方法既能将数据明文编码为仅特定人员能够解码的密文，保证存储和传输过程中数据的机密性，同时借助安全协议实现直接对密文计算并求得正确结果。然而，数据加密过程往往涉及大量计算，复杂情况下将产生巨大的性能开销，在多源协同智能感知中难以实现。而以差分隐私为代表的数据扰动方法通过噪声添加机制保证攻击者获取敏感信息，但是会在一定程度上降低数据的可用性，不利于协同感知。

4 总结与展望

综上所述，受益于其多尺度、大范围、高精度的感知能力，路基-车基-空基协同的多源感知体系能够有效改善道路交通状态实时反馈与调控机制，进而全面提升交通感知系统实时性与可靠性，并因此成为未来的发展趋势。但在其实际应用的过程中，仍存在以下关键科学问题有待解决。

(1)动态复杂环境下面向不同管控需求的大范围路网路基、车基、空基全域全时空群智协同机理。现阶段路基感知设备购置与维护成本高，无法覆盖大范围路网；车基移动感知覆盖范围广，但是感知质量较低，可信度不足；空基感知则受限于续航里程等，感知范围、工作时长有限，仅能覆盖小范围区域。因此，结合动态复杂环境下的大范围路网全时域感知的需求，综合考虑全局路网中车基、路基及空基的交通状态感知特征，研究面向动态复杂环境的大范围路网全域全时空群智协同机理以实现高精度、高覆盖、高可靠性的交通状态感知是需解决的关键科学问题之一。

(2)考虑不同置信度的海量、多源、异构数据动态时空匹配机制与分层融合框架。路基-车基-空基协同的多源感知体系中，不同传感设备感知数据，时空配准困难，且因感知数据冗余度高，感知精度置信度低，导致传统的数据融合方法性能受限。因此，处理跨空间感知数据的异质性问题，构建时空一致的异构数据匹配模型，并在此基础上，过滤冗余信息，研究高置信度感知数据的提取方法，实现低时延、高精度的分布式多源数据融合，是需解决的关键科学问题之一。

(3)面向不同等级自动驾驶车辆赋能需求的动静态感知信息辨识与语义化表达方法。多源交通数据呈现出体量大、种类多、定义复杂等特征，且动静态交通数据特征具有显著差异。因此，在动态信息感知方面，依照时间序列连续检测并准确跟踪道路上的移动目标，攻克移动目标沿道路全线的全过程运动轨迹时空关联问题；在静态信息感知方面，监测道路路基、路面、桥涵及隧道等基本结构的健康状态，量化并评价交通工程及沿线设施的运行状态；并在此基础上，建立体系化的语义模型，对交通运行态势进行全息表征是需解决的关键科学问题之一。

(4)从群体到个体尺度的系统多源数据隐私保护机制。多源数据具有高敏感性，在路基-车基-空基协同感知过程中对个人数据隐私与公共道路信息安全的保护具有重要意义。如何建立不同应用场景下的威胁模型以及考虑可持续性和用户需求的统一优化模型，运用区块链等技术开展隐私保障研究，获得高效、低计算复杂度的隐私保护框架是需解决的关键科学问题之一。

主要参考文献

[1]《中国公路学报》编辑部. 中国交通工程学术研究综述·2016[J]. 中国公路学报, 2016,29(06):1-161.

[2] Li W, Wang J, Fan R, et al. Short-term traffic state prediction from latent structures: accuracy vs. efficiency[J]. Transportation Research Part C: Emerging Technologies, 2020, 111:72-90.

[3] Zhu L, Yu F R, Wang Y, et al. Big data analytics in intelligent transportation systems: a survey[J]. IEEE Transactions on Intelligent Transportation Systems, 2018, 20(1):383-398.

[4] You L, Zhao F, Cheah L, et al. A generic future mobility sensing system for travel data collection, management, fusion, and visualization[J]. IEEE Transactions on Intelligent Transportation Systems, 2019, 21(10):4149-4160.

[5] Li X, Tan J, Liu A, et al. A novel UAV-enabled data collection scheme for intelligent transportation system through UAV speed control[J]. IEEE Transactions on Intelligent Transportation Systems, 2020, 22(4):2100-2110.

[6] Randeniya D I B, Gunaratne M, Sarkar S, et al. Calibration of inertial and vision systems as a prelude to multi-sensor fusion[J]. Transportation Research Part C: Emerging Technologies, 2008, 16(2):255-274.

[7] Khaleghi B, Khamis A, Karray F O, et al. Multisensor data fusion: a review of the state-of-the-art[J]. Information fusion, 2013, 14(1):28-44.

[8] Cui Y, Chen R, Chu W, et al. Deep learning for image and point cloud fusion in autonomous driving: a review[J]. IEEE Transactions on Intelligent Transportation Systems, 2021, 23(2):722-739.

[9] Zhang C, Zhu L, Ni J, et al. Verifiable and privacy-preserving traffic flow statistics for advanced traffic management systems[J]. IEEE Transactions on Vehicular Technology, 2020, 69(9):10336-10347.

[10] Khan M A, Salah K. IoT security: review, blockchain solutions, and open challenges[J]. Future generation computer systems, 2018, 82:395-411.

撰稿人：于海洋(北京航空航天大学)　任毅龙(北京航空航天大学)
吕能超(武汉理工大学)　谭墍元(北方工业大学)

基于数据与模型融合的复杂交通系统精准推演

Data-driven and model-driven accurate simulation and prediction of complex transportation system

1　科学问题概述

随着数字信息技术的全面应用布局，各类终端、电子化外场设备、中心业务应用都产生了海量的数据，人工智能、大数据、物联网、云计算等信息技术得到了快速的发展，并且渗透到了交通运输行业各个业务领域中，成为重要的生产要素。目前数据分析主要采用概率统计、数理分析等方法，其不足之处在于概率统计计算方法主要依赖于历史案例数据，难以推测出交通系统未来发展演化的各种可能情况，可解释性不强。而对于交通系统状态的快速判断与演变规律进行分析，是实施交通管理与控制的前提。例如，出行方案规划，不仅需要考虑出发时刻的路网交通状态，还需要提前考虑未来途中路网交通状态的变化，进而推荐合理出行路线和可靠出行方式。人工智能、大数据等数据驱动技术作为科技发展新引擎将极大程度深化对交通系统演化规律的全面理解、提高对交通系统未来发展的精准判断。未来交通将是现实世界与虚拟世界的交汇融合，通过获取现实世界中动态实时的交通数据，在虚拟世界里将其数字化、模型化，可以打通物理世界和云端数字孪生世界的壁垒，在虚拟世界中模拟、推演、解决现实世界中遇到的交通问题。复杂交通系统精准推演，正是未来交通虚拟世界中重要的底层支撑技术。

复杂交通系统精准推演，是指在给定交通系统要素(包含人、车、路、环境等)组成条件下，通过数据计算、算法推导、模型推理、仿真演算等步骤，对真实世界中物理实体和智能实体对象的特征、行为、形成过程和性能等进行描述和建模，复现现有复杂交通系统运行状况，随着时间的变化精确推算出复杂交通系统中各组成要素的状态指标，预先把握未来系统的运行状况。相比传统交通仿真的正确复现某种交通现象，复杂交通系统精准推演，更加突出系统要素复杂性、交通数据实时性、虚拟与现实交互性、交通系统分析前瞻性和推演结果精准性，能更好地融合宏观表征与微观行为，实现全要素、全时空推演，为未来智能交通管理提供底层支撑。

复杂交通系统精准推演，是一个多学科交叉新兴热点问题，处理对象具有高度随机、复杂特征。目前而言，相关技术成熟度不高，工程应用效果不佳，总体来说其限制主要来源于以下四大瓶颈：①交通大数据可参考样本具有一定局限性，一方面交通系统要素关联度较高，数据采集传输成本较高，无法确保全要素全时空实时采集，需要通过有限数据分析复杂交通系统状态，另一方面，极端交通现象几乎不可观测，无法完整估计交通现象分布规律，而且不能通过提升交通数据采集手段突破其局限。②交通系统具有隐性演化规律和多元机理，既导致现有系统推演过程中模型泛化能力不足，也易导致交通系统决策机制在数据驱动的推演中缺乏理论支撑。具体表现为，推演模型难以复制推广，且常见的以黑盒模型为主、以结果为导向的推演方法无法高度融合多源信息，进而导致高效精准的交通系统推演决策机制难以实现。③交通系统具有高维度、非线性、强反馈、高随机等特性，复杂交通系统要素众多，需要极高维度特征进行描述，且各维度之间具有复杂的相互作用、无法简单叠加，导致模型复杂难解，此外复杂交通系统随机噪声较多，模型预测准确性难以保证。④缺乏同时满足泛化性与精准性的交通系统精准推演技术体系，模型驱动从交通现象机理本质出发，基于数学公式描述交通系统要素内在关系，数据驱动从数据表象出发，刻画数据之间的关系，两种技术各有优缺点，但缺乏二者之间的融合，无法优势互补，导致复杂交通系统推演精度与泛化性能受限。

因此，在解决复杂交通系统精准推演过程中，既需要突出数据驱动推演的优势，利用其高效的非线性表达与随机不确定性预测能力，又要正视数据自身的局限性，需要通过模型驱动进一步增强数据驱动模型的可解释性和泛化能力。构建数据驱动与模型驱动的融合机制，实现复杂交通系统精准推演。

2 科学问题背景

以数据资源赋能交通发展为切入点，贯彻落实国家大数据战略部署，推进交通运输治理体系和治理能力现代化，提升综合交通运输服务水平，加快交通运输向数字化、网络化、智能化发展，以智慧赋能交通，全面支撑现代综合交通运输体系建设和交通强国建设。新基建下的智慧交通更加强调科技属性，传统行业与高新技术产业的结合是大势所趋，以科技创新驱动而非单纯基础设施建设来满足基本出行需求与出行品质提升。国内以阿里、百度、腾讯、滴滴、华为等为代表的互联网企业，利用大数据、云计算、人工智能、无人驾驶、即时通信等方面技术优势，积极研发城市交通大脑产品，在全国各地与政府部门联合开展城市交通大脑建设。复杂交通系统精准推演，对交通系统内组成要素(包含人、车、路口、路段、环境等)、功能、性能及时空要素做最佳组合，实现对交通容量、交通需求、交通状态等方面的可知可控可预判，是城市交通大脑的底层核心，依托实时智能化运算与前瞻性预判，实时提出精准、个性化的系统解决方案，实现交通控制和交通管理最优化。

在智能化、信息化快速发展和大规模技术应用的同时，我国城市道路以及公路上的交通通行安全与效率总体上并未出现根本性好转。尽管全国 40 多个城市都号称拥有“交通大脑”，但是其基本功能大体都是数据采集、数据存储、数据处理、数据分析以及数据可视化，虽然能存储PB级数据，实时处理PB级数据，但是并未挖掘出数据蕴含的真正价值，无法做出科学决策。各大互联网公司的“交通大脑”产品，仍以各自技术优势出发，通过人工智能、大数据、边缘计算、云操作等先进技术，进行智能交通管理和控制系统的升级换代。然而在实际中，现有产品很难满足交通系统高效协同运行的需求，在一些突发性、应急性事件发生时，容易出现“大脑”瘫痪、失灵等状况。究其原因，对数据处理和模型构建的核心底层技术研发仍待突破，未能精准推演复杂交通系统演化过程，无法判定复杂交通场景的发生概率与智能交通管控措施的潜在价值。

此外，以互联网公司为主体建设的“交通大脑”，过分关注数据驱动，缺乏交通基础理论应用。一方面，数据的实时驱动能够动态反映复杂城市交通系统的高时变性和强耦合性，但这种时变和耦合关系往往只是系统运行状态在表象上的一种体现，缺乏交通运行的基础理论支撑、典型机理阐释和溯因分析。例如，拥堵源于出行分配的不均衡这一本质原因，而非某路段流量的激增表象。另一方面，复杂交通系统表现为交通诸多要素导致的高维度、复杂系统衍生的非线性、交通状态在时间域和空间域交互影响下的强反馈、突发应急事件导致的高随机性。忽视交通运行的系统性以及诸多要素、环境下的相互关联作用，将导致“头痛医头，脚痛医脚”的管控困境，难以从全局的角度提高系统层面的运行效率。因此，城市“交通大脑”需要在多源、跨域、完备的数据感知基础上，对其背后的系统运行状态、规律、原理、机制等进行全息解析和认知，从而完成复杂交通系统的精准态势推演，为城市交通管控提供更加科学合理的决策支持。

3　科学问题研究进展

复杂交通系统精准推演，以交通流等系统要素为主要对象，结合交通数据、机理模型等，解析估算其未来发展运行情况。依据算法设计原理的不同，目前对于复杂交通系统精准推演的研究，按其发展时间大体可分为三种技术路线：传统交通流理论模型、新兴大数据驱动预测模型、未来数据模型双驱动方法。

3.1　传统交通流理论模型

交通流理论模型出现时间最早，发展相对成熟，已成为交通工程的核心技术。依据交通流模型建立的仿真推演算法，也是复杂交通系统推演的传统方法。现有的交通流模型分为三类：宏观模型、微观模型和中观模型。这些模型各有特点，彼此之间又存在一定的联系。宏观模型将交通流作为由大量车辆组成的可压缩连续流体介质，研究车辆的集体平均行为，而不关注单个车辆的个体特征，因此，宏观模型也称为连续模型。微观模型把交通流看作由大量独立车辆组成的复杂自驱动多粒子系统，集中于车辆个体在相互作用下的行为描述，进而推导出整个系统的统计特征。微观模型建立在驾驶行为研究的基础上,包括车辆跟驰模型和元胞自动机模型两类。中观模型介于微观方法和宏观方法之间,通过对宏观模型进行局部细化,或是建立较大范围的微观交通模型,成为二者联系的桥梁。中观模型常使用元胞传输机制、交通流离散化等微观和宏观典型技术手段,建立效率与精度相平衡的方式。

城市的发展带动了多种交通模式(包括私家车、公交车、城市轨道交通、慢行交通等)的生成,并逐渐形成相互关联的复杂城市交通网络。当前,国内外对交通流特性研究的主要成果集中在单一交通模式,复杂城市交通网络中多模式交通流的演化模型、耦合机理以及各种交通模式间交通流的迁移规律等领域仍缺少具有代表性的成果。同时,城市交通系统中要素爆炸式增长,关联关系错综复杂,也为传统模型的计算求解带来较大的难度。动态网络负载模型一直是基于仿真的动态交通分配的核心内容,但往往也是大规模流量分配和相关优化问题的计算瓶颈。配合超强算力,实现复杂交通网络的高效快速计算,可进一步推动传统交通流模型在系统推演过程中的应用。

3.2 新兴大数据驱动预测模型

与交通流理论模型不同,近年来随着传感手段的丰富和硬件成本的降低,智能交通系统可采集的数据在数量和种类上都急剧上升。相应地,从各种来源收集的海量数据,可为不同利益相关者提供复杂时变交通流的不同侧面反映。大量可用数据正在引发智能交通系统发展的一场革命:将智能交通系统从传统的技术驱动系统转变为更强大的多功能数据驱动智能交通系统。准确及时的交通流量信息对于智能交通系统的成功部署至关重要。现有的复杂交通系统推演基本以大范围路网交通流短时预测为主,具体方法从传统机器学习逐步发展为基于大量交通数据的深度架构模型。常规的建模思路是通过大量的特征加工,融合交通系统要素的时空相关特征,叠加事件和天气等许多复杂系统外因影响,形成预测精度较高的深度学习算法。

从技术特点上看,深度学习建立了从特征输入到预测结果之间的黑盒映射,但是如何对特征进行选取、加工并确定模型的结构,成为该技术在复杂交通系统精准推演中的关键环节和应用瓶颈。高效的特征加工和合理的模型结构,不仅依赖于对复杂交通系统的认知和理论储备,同时也依赖于通过无监督式学习从数据中挖掘未知的复杂交通系统运行模式。此外,在一些监督学习的场景下,深度学习网络训练依赖于大量的标签数据,而交通系统的极端运行情况往往难以提供完整的标签分布,导致训练效果较差。最后,复杂交通系统对应的深度学习结构较为复杂,难以高效部署实际工程,如何轻量化部署深度学习结构,实现复杂交通系统快速推演并保持高精度,也是该技术路线需要解决的问题。

3.3　未来数据模型双驱动方法

相较而言，交通流理论模型和数据驱动分析各有优劣，而数据和模型融合驱动的推演体系，则有望综合二者的优势并克服各自的不足，成为未来复杂交通系统精准推演的研究方向。一方面，交通流理论模型注重机理解析，探究因果关系，揭示交通系统演化规律，对问题的适应性较好，但对复杂交通系统建模的完整性要求不高且求解困难。另一方面，新兴的数据驱动分析，避免复杂系统的非线性建模问题，直接通过统计手段建立数据特征之间的关系，分析准确性高且计算速度相对较快，但是交通数据采集质量要求高，模型场景适应能力相对较弱。两种技术路线各有优劣、成熟度各异，在未来研究趋势中可以优势互补，探索数据驱动与模型驱动融合的复杂交通系统精准推演体系，实现高效的工程应用。

数据驱动与模型驱动融合机制可分为两类：嵌套式和相交式。嵌套式以一种方法为主体，另一种方法作为主体方法中的一个模块。以模型驱动方法为主时，数据驱动方法可以用于结果校准、交通系统未知模式认知和计算速度提升，提高分析效率以及复杂交通系统中不确定性预测精度。以数据驱动方法为主时，模型驱动方法可以提供高质量的因果数据等领域知识，提升特征工程与算法结构设计效率，增强方法泛化性能。相交式融合则同时汇总两种方法分析结果，形成最终交通系统精准推演结果。目前相关融合机制的研究，尚未取得显著成果，未来仍有待继续推进，解决复杂交通系统精准推演的科学问题及其高效工程化的技术问题。

4　总结与展望

传统交通流理论模型、新兴大数据驱动预测模型、未来数据模型双驱动方法是复杂交通系统精准推演研究的三种主要技术路线，并具有各自的局限性和待深入研究内容。因此未来研究趋势及发展潜力有所不同。

（1）传统交通流理论模型缺乏对复杂交通流的演化、耦合、迁移规律的探索，且要素爆炸式增长和网络动态变化对传统模型求解计算具有一定挑战性，但随着快速计算技术的发展，相关求解算法的研究，可以极大改善传统模型求解速度，释放应用潜力。

（2）大数据驱动预测较大程度上依赖于跨空间、高度时变、异构的多源交通数据，形成动态统一的知识理解。研究高维检测数据的补全和异质样本的增广方法，实现从高度动态时变的数据流中学习知识，以及将不同数据源的知识做科学合理的融合，是亟须解决的关键问题之一。

（3）数据模型双驱动的复杂交通系统推演，具有泛化普适性和推演精准性等潜在优势，但仍处于研究和应用初期，其未来研究趋势在于研究更加高效的融合机制与复杂交通系统计算技术,实现数据驱动与模型驱动的优势互补。

主要参考文献

[1] Pi X, Ma W, Qian Z. A general formulation for multi-modal dynamic traffic assignment considering multi-class vehicles, public transit and parking [J]. Transportation Research Part C: Emerging Technologies, 2019, 104: 369-389.

[2] Patwary A U Z, Huang W, Lo H K. A link-to-link segment based metamodel for dynamic network loading [J]. Transportation Research Part C: Emerging Technologies, 2021, 130: 103286.

[3] Wright M A, Gomes G, Horowitz R, et al. On node models for high-dimensional road networks [J]. Transportation Research Part B: Methodological, 2017, 105: 212-234.

[4] Turek W, Siwik L, Byrski A. Leveraging rapid simulation and analysis of large urban road systems on HPC [J]. Transportation Research Part C: Emerging Technologies, 2018, 87: 46-57.

[5] Zhang J, Wang F Y, Wang K, et al. Data-driven intelligent transportation systems: a survey [J]. IEEE Transactions on Intelligent Transportation Systems, 2011, 12(4): 1624-1639.

[6] Lv Y, Duan Y, Kang W, et al. Traffic flow prediction with big data: a deep learning approach [J]. IEEE Transactions on Intelligent Transportation Systems, 2015, 16: 865-873.

[7] Zhang J, Zheng Y, Qi D. Deep spatio-temporal residual networks for citywide crowd flows prediction [C]. In Thirty-First AAAI Conference on Artificial Intelligence, San Francisco, USA, 2016: 1655-1661.

[8] Ye P W D. Optimal traffic sensor location for origin-destination estimation using compressed sensing framework [J]. IEEE Transactions on Intelligent Transportation Systems, 2017, 18(7): 1857-1866.

[9] Liu Y, Liu Z, Jia R. DeepPF: a deep learning based architecture for metro passenger flow prediction [J]. Transportation Research Part C: Emerging Technologies, 2019, 101: 18-34.

[10] Su Z, Chow A H F, Zhong R. Adaptive network traffic control with an integrated model-based and data-driven approach and a decentralised solution method [J]. Transportation Research Part C: Emerging Technologies, 2021, 128: 103154.

撰稿人:刘志远(东南大学)　张文波(东南大学)　叶佩军(中科院自动化所)

新型混合交通流协同控制理论与方法

Vehicle-flow-based cooperative control of new mix traffic

1　科学问题概述

道路交通控制是调控交通流，改善阻塞，提高其安全性和节能减排极为重要的技术手段之一，并始终伴随着交通工程、信息与计算机技术以及系统科学的发展与时俱进。经百余年发展，以断面检测数据为基础，以信号灯为核心控制手段的道路交通控制理论与方法体系逐步建立。然而，受可获取数据精度和控制方法效率等制约，道路交通控制系统的主动性、预见性和智能化程度仍不能满足现实交通控制的需求，世界范围内普遍涌现的城市道路交通阻塞、网络供需失衡、交叉口排队溢流和绿灯失效等问题仍亟待解决。

智能网联、自动驾驶技术的快速发展推动着道路交通控制对象、数据环境和控制手段的变革：①传统交通流向智能网联新型混合交通流转变。常规车辆（Regular Vehicle，RV）、网联车辆（Connected Vehicle，CV，如网联出租车、公交车、分时租赁车、互联出行车辆等）、网联或非网联自动驾驶车辆（Connected Automated Vehicle or Automated Vehicle，CAV or AV）共同组成的新型混合交通流已经呈现并长期存在。②检测目标向检测途径转变。与传统的交通控制中只能通过断面检测器采集集计交通流状态信息不同，CV 和 CAV 可以为控制系统提供不同精度的历史和实时的个体时空轨迹信息，从原来的检测目标变为检测途径。③控制对象向控制手段转变。与传统的交通控制中 RV 只能被动响应控制策略不同，CAV 和 CV 可以基于与控制系统的交互进行自主决策，主动调整路径、车道、速度（“粒”控）；也可以和交通控制系统协同决策，影响交通流中相邻的其他个体（如 RV）的决策，从而改变整体交通流的分布和状态（“流”控），成为控制的新手段。

因此，考虑智能网联新型混合交通流带来的轨迹数据和个体车辆管控能力两大变化，如何揭示 RV-CV-CAV 混合交通流中不同类型车辆间相互作用机理和状态演化规律，建立基于智能网联车辆时空轨迹数据的信号配时优化方法和“粒-流”协同控制策略，构筑智能网联新型混合交通流协同控制理论，是智能网联环境下道路交通控制领域的关键科学问题。

2　科学问题背景

交通拥堵、能源危机和环境污染等已成为备受关注的热点问题，并带来了巨大损失。相对于拓宽道路等耗费资源的改善措施，交通控制在效费比上具有较大优势，是预防和缓解交通拥堵的关键策略。然而，传统道路交通控制依仗的断面检测器需要巨大的建设、维护经费投入,且难以持续保障。FHWA 数据显示,纽约等城市超过 1/4 的线圈不能提供数据;在我国一些城市和区域,有效工作的线圈不足 50%。现实中的交通控制效果尚难以达到期望的水平。以美国为例,调查表明 260000 个信号控制交叉口,有约 75% 以上需要进行配时参数的优化;信号配时的不合理导致主要道路上车辆发生 5% ~10% 的附加延误(约 2.96 亿车·h)。2019 年美国交通部推出的 Performance Measures for Traffic Signal Systems 项目对控制系统进行评估并提出对更高效控制算法的需求。公安部提出的"信号灯智能化",以及 2020 年提出的《关于进一步加强城市道路交通信号控制应用工作的指导意见》(公交管〔2020〕302 号)等,凸显了我国行业对交通控制理论、技术和方法的迫切需求。

传统道路交通信号控制方法可分为基于阶段(Stage-based)、基于信号灯组(Group-based)、基于车道(Lane-based)以及基于时间帧(Time-slot-based)的优化方法,代表性的信号控制软件或系统有 Synchro、SCATS、SCOOT 以及 RHODES 等。随着车-车(Vehicle to Vehicle,V2V)和车-基础设施(Vehicle to Infrastructure,V2I)通信技术的发展,CV 轨迹数据为交通控制提供了车辆级信息数据源。在纯 CV 环境下,车辆轨迹数据(例如车辆速度,加速度和位置)可替代固定检测器数据,估计/预测交叉口车辆的到达模式和交通流状态(例如行程时间和队列长度),以进行信号配时。随着智能网联技术的发展,CAV 不仅可以提供轨迹数据用于道路交通信号优化,还能接收交通信息(如交叉口布局、信号配时、交通流状态等)进行轨迹规划。从纯 CAV 的理想环境出发,有学者从信号配时优化、车辆轨迹规划和信号配时-车辆轨迹协同控制三个角度提出了道路交通控制方法。

然而,在不久的将来,100% 的智能网联环境还无法实现。据相关研究报道,未来 20 ~30 年,传统意义上由常规车辆构成的交通流,将变成由 RV、CV、CAV 等不同级别智能网联车辆共同构成的新型混合交通流。如何对新型混合交通流进行有效管控,实现交通运行效率、安全、绿色、公平和舒适等多目标优化,是交通控制领域的重要挑战。

3 科学问题研究进展

道路交通信号控制理论的研究兴起于 20 世纪初,逐步从单点交叉口扩展到网络,从固定配时发展到自适应控制。传统交通控制的研究主要基于断面检测数据展开,并形成了相对稳定的体系框架。进入 21 世纪,随着智能网联、车路协同相关技术的快速发展,如何管控 CAV、CV 和 RV 等共同构成的混合交通流逐渐凸显为交通控制的研究前沿。根据控制对象不同,目前的新型混合交通流控制主要分为三种技术路线来实现 CAV、CV 和 RV 交通流的多目标协同控制:交叉口信号控制、智能网联车辆引导和智能网联车辆-交叉口信号控制协同优化。

3.1 交叉口信号控制

相较于断面检测器数据,智能网联车辆轨迹数据包含更加丰富的个体级信息(车辆位置、车速等),时空覆盖范围更广,粒度更细,为交叉口信号控制提供了新的数据源。智能网联车辆轨迹数据环境下交叉口信号控制方法可以分为两类:

(1)利用抽样车辆轨迹数据或与传统断面检测器数据等多源数据相融合,估计混合流中的 RV 状态(车辆位置、车速等),或直接估计反映混合流整体状态的传统交通流参数(流量、排队长度等),以此作为传统信号配时方法的输入,实现交叉口信号配时优化。这类方法本质上是利用智能网联车辆轨迹数据进行交通流状态估计,在信号控制方法上并无创新。主要难点在于,当智能网联车辆渗透率较低且固定检测器布设不完备时,难以准确估计 RV 状态或混合流状态。

(2)利用抽样车辆轨迹数据推演抽样轨迹随信号配时参数变化的演化规律,以抽样轨迹的运行状态最优(最小化车均延误、停车次数等)为目标,直接优化交叉口信号配时参数。这类方法跳出了传统信号控制框架,无须估计流量、排队长度等传统集计交通流参数,具有信号控制方法上的创新。主要难点在于,当信号配时参数变化时,抽样轨迹的演化规律难以准确刻画,用抽样轨迹的运行状态表征交通流运行状态可能存在偏差。

3.2　智能网联车辆引导

新型混合交通流环境下的智能网联车辆引导主要包括微观轨迹引导和宏观路径诱导,进而起到调控交通流的目的:

(1)智能网联车辆的微观轨迹引导包括纵向轨迹引导(车速引导)和横向轨迹引导(车道选择引导),覆盖单交叉口、干线多交叉口和网络多交叉口三个层面,以个体效益最优(例如被引导车辆油耗最小)或系统效益最优(例如交通流总延误最小)为目标。主要难点在于,CAV、CV 和 RV 的驾驶行为存在复杂交互作用,而 RV 驾驶行为存在较强随机性、难以准确预测,并且 CV 针对引导策略存在一定遵从率。

(2)智能网联车辆的宏观路径诱导主要指在路网层面智能网联车辆的路径选择引导,以个体效益最优(例如被引导车辆延误最小)或系统效益最优(例如交通流总延误最小)为目标,调控混合交通流在路网的时空分布。主要难点在于,CAV、CV 和 RV 的路径选择共同影响路网路段阻抗,路段阻抗反过来又会影响 CAV、CV 和 RV 的路径选择,然而由于存在智能网联车辆的微观轨迹引导,路段阻抗与车辆路径诱导的相互影响机理难以准确刻画。

3.3　智能网联车辆-交叉口信号控制协同优化

智能网联车辆-交叉口信号控制协同优化认识到上述两种控制方法之间存在较强耦合关系,对其进行协同优化可进一步提升混合交通流的运行效率、改善交通拥堵。在此类控制方法中,交叉口信号配时信息传递给智能网联车辆进行车辆层面的引导策略优化,以实现提升系统效率(例如减少车辆启动损失时间)、安全(例如保持安全时距)、节能减排(例如降低车辆油耗)等目标。车辆到达信息同样会传递给交叉口信号控制机进行信号配时优化,以提升交叉口通行效率(例如降低车辆平均延误)。两者协同优化将得到最优的信号配时以及相应的最优车辆引导方案。现有研究大多假设 RV 和 CV 严格遵守某种驾驶行为模型,或先使 RV 和 CV 跟随 CAV 形成混合车队再对车队进行轨迹引导。在混合车队控制方法下,往往只需制定车队头车轨迹引导策略,其余车辆则遵循跟车模型行驶,进而降低问题复杂度。主要难点在于,耦合优化问题维数高,缺乏高效求解算法,难以满足实时应用需求。

4 总结与展望

综上所述,现有的新型混合交通流控制研究主要围绕上述三种技术路线展开,这三种技术路线优缺点各异,未来研究趋势及发展潜力有所不同:

(1)交叉口信号控制("流"控)技术路线是最基础的交通流控制方法,实现条件最简单,当前最容易落地应用,未来研究趋势在于开发适用于低智能网联车辆渗透率信号配时优化算法。

(2)智能网联车辆引导("粒"控)技术路线能够主动调控网络交通流的时空分布,但该路线部分研究尚处于理论阶段,距全面落地应用有较大差距,未来研究需优化模型架构及求解算法,并建立落地应用的技术平台。

(3)车辆引导-交叉口信号控制协同优化("粒-流"协同控制)技术路线能最大程度提升路网交通运行效率,是未来发展的方向。然而,该路线尚处于理论研究阶段,且落地应用的支撑条件最为复杂,从理论模型到落地应用均是未来研究的重大挑战。

主要参考文献

[1] Yu C, Ma W, Yang X. A time-slot based signal scheme model for fixed-time control at isolated intersections [J]. Transportation Research Part B: Methodological, 2020, 140: 176-192.

[2] Improta G, Cantarella G E. Control system design for an individual signalized junction [J]. Transportation Research Part B: Methodological, 1984, 18(2): 147-167.

[3] Dresner K, Stone P. A multiagent approach to autonomous intersection management [J]. Journal of Artificial Intelligence Research, 2008, 31: 591-656.

[4] Feng Y, Head K L, Khoshmagham S, et al. A real-time adaptive signal control in a connected vehicle environment [J]. Transportation Research Part C: Emerging Technologies, 2015, 55: 460-473.

[5] Ma W, An K, Lo H K. Multi-stage stochastic program to optimize signal timings under

coordinated adaptive control [J]. Transportation Research Part C: Emerging Technologies, 2016, 72: 342-359.

[6] Tachet R, Santi P, Sobolevsky S, et al. Revisiting street intersections using slot-based systems [J]. PLos One, 2016, 11(3): e0149607.

[7] Yu C, Feng Y, Liu H X, et al. Integrated optimization of traffic signals and vehicle trajectories at isolated urban intersections [J]. Transportation Research Part B: Methodological, 2018, 112: 89-112.

[8] Rey D, Levin M W. Blue phase: Optimal network traffic control for legacy and autonomous vehicles [J]. Transportation Research Part B: Methodological, 2019, 130: 105-129.

[9] Ma W, Wan L, Yu C, et al. Multi-objective optimization of traffic signals based on vehicle trajectory data at isolated intersections [J]. Transportation Research Part C: Emerging Technologies, 2020, 120: 102821.

[10] Ma C, Yu C, Yang X. Trajectory planning for connected and automated vehicles at isolated signalized intersections under mixed traffic environment [J]. Transportation Research Part C: Emerging Technologies, 2021, 130: 103309.

撰稿人：马万经（同济大学）　俞春辉（同济大学）

不同智能等级车辆混行的车辆-信号-车道协同控制

Collaborative control of vehicle trajectories, traffic signal, and lane settings under mixed traffic of different levels of intelligent vehicles

1　科学问题概述

在传统交叉口控制模式下，交通信号是主要的控制手段，而由于交通信息获取手段单一，驾驶员适应能力有限等条件的限制，无法实现车道资源的高效动态调控。此外，车辆作为交通系统的参与主体之一，只能被动适应控制策略，是现有交通系统控制效果不佳，难以应对持续增长的交通需求的致因之一。车辆智能化和网联化技术使交通系统在信息获取方式、车辆行为模式、交通控制方式、交通需求与供给博弈等诸多方面产生突破性变革，交通主体相互孤立、独立决策的现状也将逐步改善。智能网联车辆的普及将打破原有的交通设计、信号控制、车辆控制界限，通过交通控制器和车辆之间的紧密集成使基于全时空交通信息的人车路一体的协同优化控制成为可能。然而，智能网联车辆的发展和应用是一个漫长过程，未来一段时间内，道路交通系统仍将处于不同智能等级车辆混行的阶段，如人工驾驶车辆（Human-driven Vehicle，HV），网联人工驾驶车辆（Connected Human-driven Vehicle，CHV）和网联自动驾驶车辆（Connected and Automated Vehicle，CAV）共存。针对不同智能等级车辆构成的混行交通系统，突破传统环境下交通管理及控制的限制，在充分发挥智能网联车辆优势的同时兼顾低智能等级车辆运行，最终实现交通信号、车道资源及车辆轨迹的协同控制，对提升交通系统控制效果具有重要意义。

鉴于此，不同智能等级车辆混行环境下的交叉口管控手段必须进行全新变革。以不同智能等级车辆混行交通流、交叉口时空资源的耦合机理、智能网联汽车渗透率等与控制方案的适配关系为重点，如何构建从单点信号交叉口，到干道连续信号交叉口，再到信号控制路网不同层面的交通系统时空资源协同优化与车辆轨迹主动调控方法，是智能网联环境下道路交通控制领域亟须突破的关键科学问题。智能网联混行交通系统是人工智能与交通融合发展的高级阶段，相关科学问题的解决，将为推动智能网联交通系统的应用奠定基础，并推动载运工具制造业、交通运输管控服务业的高品质发展，为落实《交通强国建设纲要》、实现交通技术的引领发挥决定性作用。

2 科学问题背景

交叉口是城市交通系统的重要组成部分，也是城市交通流的主要瓶颈。现阶段，交叉口处的交通流调控手段主要依靠交通信号控制和车道功能划分。信号控制从时间的角度按照一定规则依次向不同方向的交通流分配路权以避免不同车流间的冲突，可长期固定也可短期动态变化；而车道功能划分从空间角度分配不同转向车辆的通行空间，相对固定。由于城市职住分离等原因，城市交通路网存在明显的潮汐现象，交通需求分布在时间和空间上呈现出规律波动特征。虽然通过调整交通信号控制策略能够一定程度上考量交通需求的变化，但是在提升交通效能方面是有限的，车道资源与交通信号的协同控制被认为可以更好地适应动态交通变化，然而受限于人工驾驶车辆的接收实时信息的反应能力以及精准交通运行状态信息的缺乏，至今还没有能够满足实际应用要求的控制方案。

近年来，自动驾驶和智能网联技术的快速发展为解决上述问题带来了新机遇。从传统交通到智能网联交通，交通信息的感知模式、交通控制的对象与控制方式都发生了变化。在传统交通环境中，交通信息主要来源于被动调查、固定传感器的断面信息和部分浮动车信息；在智能网联交通环境中，载运工具等移动终端可记录详细的出行轨迹信息。在传统交通环境中，交通资源是被动适应交通需求；在智能网联交通环境中，可以实现交通资源对交通需求的主动调控。在传统交通环境中，往往只能根据断面信息对孤立信号配时做优化；在智能网联交通环境中，可实现大范围路网下的交通信号配时和车辆运动轨迹的协同优化。

然而，由于政策、技术等方面的原因，智能网联汽车的发展和应用是一个循序渐进的过程，在可预见的未来，自动驾驶车辆将与传统人工驾驶车辆在未来道路交通系统中长期共存，这将改变道路交通系统的组织形式、运营模式和运行方式，引发交通系统一系列变革性发展。利用智能网联交通在信息采集与交互等方面的优势，构建面向混行环境的智能网联交通系统运行机理与调控方法，实现车道资源-车辆轨迹-交通信号的协同控制成为必然要求，才能真正最大限度地利用道路时空资源，切实提升交叉口通行效率、减少能源消耗、保证交通流的稳定性。

3　科学问题研究进展

依据道路交通系统空间尺度和研究粒度的不同，目前针对智能网联环境下交叉口控制的研究主要分为三个层面：单点信号交叉口、干道连续信号交叉口和信号控制路网。

3.1　单点信号交叉口

在单信号交叉口控制上，传统研究主要着眼于基于有限网联信息和检测器信息的交叉口运行状态估计及交通信号的优化等。随着智能网联车辆的发展和普及，促进了交叉口控制方式的改变。特别是在自动驾驶逐渐普及的过程中，不同智能等级的车辆将共同存在，这对交通系统的组织运行方式、交通系统时空资源分配方法提出了新的要求，并引发交通系统的一系列变革。传统以人工驾驶车辆为对象的信号交叉口交通设计与控制理论方法，难以适应极其复杂的混行交通运行状况。面向单点交叉口的混行环境下车辆-信号-车道协同控制研究进展及存在的难点包括：

(1)车辆集群生态驾驶轨迹引导与控制。车辆轨迹控制是降低交通信号对连续车流影响，提升车辆生态驾驶表现的有效手段。在信号交叉口区域，车辆协同自适应巡航控制需要以车辆间的协同交互为依据，并与信号配时相适应。特别是在可预见的未来，自动驾驶车辆与人工驾驶车辆混行共存，如何刻画人工驾驶车辆的不确定性及其与自动驾驶车辆之间的耦合关系，实现车辆集群的生态驾驶轨迹控制是亟须解决的问题。

(2)车辆轨迹与交通信号的一体化协同优化。准确刻画车辆轨迹与交通信号之间的交互机理是实现二者协同优化的基础。现有文献研究车辆轨迹规划与信号配时优化相对独立，缺乏考虑其关联性，大都未能实现交通信号配时与车辆轨迹的协同控制。固定信号配时下的自动驾驶车辆轨迹规划研究已取得丰硕成果，在混行环境下实现交通信号自适应控制与自动驾驶车辆轨迹的协同控制仍是亟须解决的问题。

(3)不同自动驾驶车辆渗透率下车道资源协同管控。传统交叉口通过车道功能划分和交通信号实现时空资源的分配，而交叉口时空资源与交通需求分配的耦合机理是车道资源协同调控的依据。同时，考虑到混行环境下人工驾驶车辆的行为不确定性和有限的适应能力,针对不同自动驾驶车辆渗透率下的混行交通流,设计高普适性、强鲁棒性的车道资源动态管控方案是实现预期控制效果的关键。

3.2 干道连续信号交叉口

相比单信号交叉口,除考虑交叉口内部车路要素交互关系外,干道连续信号交叉口的管控还需要考虑上下游交叉口在运行状态和控制策略上的耦合联动。站在干道系统优化的角度,单个信号交叉口的最优化并不意味着连续交叉口的最优,因此干道连续信号交叉口协同控制不仅需要实现车辆、信号、车道间的协调,更要准确把握单信号交叉口子系统控制和干道连续信号交叉口系统全局最优化之间的关系,具体研究进展及存在的难点包括:

(1)连续信号交叉口时空关联机制建模。连续信号交叉口之间存在交通流的强相关和控制策略的强耦合关系,而车辆轨迹、交通流是这种关联关系的具体体现。连续信号交叉口时空关联机制建模是实现协同调控的核心依据。然而,现有研究场景和建模方法均较为理想化,存在连续信号交叉口界定不明,多交叉口关联关系不清等问题。

(2)基于全局视角的交通信号-车道资源-交通信号协同控制。连续信号交叉口协同控制是一个交互复杂的系统问题。由于上下游信号交叉口在交通流、控制策略等方面存在耦合联动,实现基于全局视角的连续信号交叉口协同控制尚需深入研究。基于数学规划模型的控制方法存在较多理想假设,对实时交通信息误差敏感性较大,缺乏控制系统冗余设计,因此面向干线连续信号交叉口的交通信号-车道资源-交通信号协同控制更应关注模型计算效率、控制方法鲁棒性和模型可扩展性等问题。

(3)混行车流生态驾驶轨迹控制。混行车流连续信号交叉口生态驾驶轨迹控制应以干线车流纵向运行速度与信号协调控制相位差的适配关系为基础,平衡好单个交叉口轨迹控制和连续交叉口轨迹控制的关系,建立以停车率最小化的干道绿波控制模型。此外,在混行环境下,实现全局最优的混行车流生态驾驶轨迹控制还应厘清自动驾驶车辆个体轨迹与混行交通流整体轨迹之间的关系,分析自动驾驶车辆渗透率对干线停车率的影响。

3.3 信号控制路网

在人工驾驶和自动驾驶车辆混行条件下,如何建立车辆轨迹诱导与多层级交叉口信号配时、车道资源的协同优化方法,是实现混合车流在路网中高效通行的热点和难点问题,目前研究进展及存在的难点包括:

(1)大范围路网交通控制子区动态划分。大范围路网内部各要素在时间和空间上存在极其复杂的耦合交互,难以通过一个或几个数学模型描述整个系统,交通控制子区划分是解决这个问题的重要手段。考虑交通需求时空分布特征与路网运行状态的演化规律,建立交通控制子区划分算法，将路网划分为孤立子区、干线协调子区、区域协调子区，实现对大规模复杂系统协同控制问题的降维。

(2)面向主动调控的混行交通流状态实时推演。基于自动驾驶车辆轨迹数据的混行交通流状态实时推演是实现主动调控的基础。当前以数据驱动的预测方法大都关注于交通运行状态部分参数的短期预测，极少能够实现对路网区域交通运行状态演变的全过程刻画。

(3)自动驾驶车辆轨迹诱导与交通信号协同优化。根据不同控制子区交叉口运行状态，确定不同状态等级交叉口的最佳控制目标及控制方式，建立各个子区协同优化目标计算方法，构建融合机器学习与协同进化的大规模非线性多目标混合整数规划模型，设计快速求解算法，实现路网层面的交通控制与车辆轨迹诱导。

4　总结与展望

综上所述，在不同智能等级车辆混行环境下，实现自动驾驶车辆轨迹、车道资源与交通信号的协同控制是亟须解决的关键科学问题，对于改变单纯以交叉口信号灯为核心的交通管控模式，建立以车与路共同作为执行手段的交通时空资源与系统状态协同优化方法体系具有重要的意义。围绕交叉口、干道和路网开展智能网联车辆轨迹、交通信号与车道资源协同控制研究方兴未艾，依然面临如下挑战：

(1)自动驾驶车辆渗透率与车道时空资源动态耦合机理。混行道路交通系统在充分利用自动驾驶车辆优势的同时，要兼顾人工驾驶车辆的适应性问题，自动驾驶车辆渗透率的高低将直接影响车道资源的管控方案设计。揭示自动驾驶汽车渗透率对混行交通流的影响机理，量化自动驾驶车辆渗透率与车道资源的动态“车路”耦合关系，建立渗透率自适应的车道资源动态管控模型，是实现车辆-车道-信号协同控制的难点之一。

(2)面向多尺度混行环境的车辆-信号-车道协同控制模型及求解算法。充分挖掘车辆轨迹、交通信号、车道资源间的交互机制，剖析局部最优与系统整体最优的协同关系，建立面向混行环境的车辆-信号-车道的协同控制模型，设计与动态控制相适应的高效求解算法。在此基础上，以复杂大系统状态感知、最优控制、深度学习等方法为基础，探索交叉口、干道和路网的一体化协同控制方法，是实现面向混行环境的多尺度高效协同运行的难点之一。

主要参考文献

[1] Guo Q, Li L, Ban X. Urban traffic signal control with connected and automated vehicles: a survey [J]. Transportation Research Part C: Emerging Technologies, 2019, 101: 313-334.

[2] Li L, Wen D, Yao D. A survey of traffic control with vehicular communications [J]. IEEE Transactions on Intelligent Transportation Systems, 2014, 15(1): 425-432.

[3] Soleimaniamiri S,Ghiasi A,Li X,et al. An analytical optimization approach to the joint trajectory and signal optimization problem for connected automated vehicles [J]. Transportation Research Part C:Emerging Technologies,2020,120:102759.

[4] Ding C,Dai R,Fan Y,et al. Collaborative control of traffic signal and variable guiding lane for isolated intersection under connected and automated vehicle environment [J]. Computer-Aided Civil and Infrastructure Engineering,2021,1-17.

[5] Niroumand R,Tajalli M,Hajibabai L,et al. Joint optimization of vehicle-group trajectory and signal timing:introducing the white phase for mixed-autonomy traffic stream [J]. Transportation Research Part C:Emerging Technologies,2020,116:102659.

[6] Yu C,Feng Y,Liu X H,et al. Integrated optimization of traffic signals and vehicle trajectories at isolated urban intersections [J]. Transportation Research Part B:Methodological, 2018,112:89-112.

[7] Guo Y,Ma J,Xiong C,et al. Joint optimization of vehicle trajectories and intersection controllers with connected automated vehicles:combined dynamic programming and shooting heuristic approach [J]. Transportation Research Part C:Emerging Technologies,2019,98:54-72.

[8] Feng Y,Yu C,Liu X H. Spatiotemporal intersection control in a connected and automated vehicle environment [J]. Transportation Research Part C:Emerging Technologies,2018, 89:364-383.

[9] Wong C K,Heydecker B G. Optimal allocation of turns to lanes at an isolated signal-controlled junction [J]. Transportation Research Part B:Methodological,2011,45(4): 667-681.

撰稿人:丁川(北京航空航天大学)　王亦兵(浙江大学)　姚宝珍(大连理工大学)
胡笳(同济大学)

基于车辆轨迹和路径的城市交通精准协同管控

Precise cooperative control of urban traffic and management based on vehicle trajectory and path

1　科学问题概述

伴随我国城镇化和机动化进程的快速推进，交通拥堵呈现由大城市逐步向中小城市蔓延的趋势。科学高效的交通管控是城市交通拥堵治理的关键所在。2019 年中共中央、国务院发布的《交通强国建设纲要》中,提出到 2035 年,城市交通拥堵基本缓解,强化前沿关键科技研发,加强城市综合交通协同管控技术研发。

传统的城市交通管控方法和技术主要建立在以固定断面、时段集计观测数据(流量、密度、速度等)为基础的交通系统分析和优化理论之上,无法获取个体车辆轨迹(Trajectory)和路径(Path)信息,难以精细刻画城市路网车辆出行需求时空分布规律,难以精确量化路段之间以及各管控子系统之间的动态交互影响,导致管控对象不精准、管控方案模式化、协同管控效益难发挥。近年,网联汽车(CV)、自动车辆识别(Automatic Vehicle Identification,AVI)等新技术应用不断深入,使得个体车辆轨迹和路径感知数据的获取成为现实,交通管理者对个体车辆出行轨迹和路径的精细化调控成为可能,为城市交通协同管控能力提升和技术变革带来了新机遇。

然而,CV 和 AVI 数据稀疏、随机、有偏采样,车辆轨迹数据高维度、强扰动,车辆路径选择行为不确定,交通管控决策变量指数爆炸等问题,仍然是个体车辆轨迹和路径数据在城市交通管控中深度应用的技术瓶颈,亟须突破如下关键科学问题:①稀疏、随机、有偏观测条件下路网全样车辆轨迹和路径的可靠估计;②个体车辆路径选择行为与路网交通状态演化的交互映射机理;③基于高维度、强扰动车辆轨迹数据的多目标鲁棒优化控制;④“数据 + 知识”混合驱动的多系统高效协同运行机制。

2　科学问题背景

传统的城市交通管控方法和技术主要建立在以断面集计观测数据为基础的交通系统分析和优化理论之上,在信息感知(感)、状态辨识(辨)、信号控制(控)和系统管理(管)四个层面存在如下共性问题:①“感不细”:交通运行监测和信号控制系统以线圈、地磁、微波雷达等断面集计检测方式为主,重时段统计数据,轻车辆身份(Identity Document,ID)信息,仅知路段集计流量,未知车辆轨迹和路径;②“辨不清”:主要采用断面集计观测数据计算车道组或路段平均交通状态参数(行程速度、饱和度、排队长度等),未知路段交通状态之间的关联机制,无法解析路网交通状态的形成机理和致因;③“控不准”:主要基于车道组流量的单点信号控制、基于主流向流量的干线协调控制和基于子区流量的区域协调控制,无法面向路径实施精准控制,控制对象模糊化,控制方案模式化;④“管不优”:以路段粒度信息输入为主,路网中主要走廊/通道之间以及各管控子系统(信号控制、交通诱导、事件管理等)之间的交互难以精确量化,协同程度低,整体管控效益难以发挥。

近年,伴随 CV、AVI 等新技术的不断发展和深入应用,交通信息的感知粒度越来越细,海量个体车辆轨迹和路径数据的获取成为可能。例如,高德、百度和滴滴等地图和出行服务商的用户总量接近 20 亿,导航终端以 1 ~ 5 秒/次的频率实时提供 CV 轨迹数据,这些数据可以精细刻画交通流变化过程,提供广域连续的交通流感知信息;我国城市道路上大量布设的电警卡口等 AVI 设备，可以记录通过设备布设断面的全样本车辆身份信息，通过不同点位车辆 ID 的匹配，可以实现车辆部分路径还原；应用越来越广泛的高清智能视频和雷视一体机等设备则可以提供设备布设断面附近区域的高频高精全样本车辆轨迹数据。同时，围绕上述车辆轨迹和路径数据的深入应用，交通工程、大数据、人工智能等学科交叉研究方法的运用越来越普遍。

上述新技术和新数据为传统城市交通协同管控能力提升和技术变革提供了新机遇，具体体现在：①信息感知从“断面集计”到“个体连续”：从固定断面的流量、速度和占有率等粗粒度信息感知向广域连续的个体车辆轨迹/路径等细粒度信息感知转变；②状态辨识从“状态识别”到“机理认知”：从以路段为基本单元的平均交通状态识别向以路径为基本单元的交通状态机理认知转变；③信号控制从“模式化、模糊化”到“精准化、精细化”：从基于断面集计流量、主流向和子区的粗放型信号控制向基于车辆轨迹、路径和 OD 的精细化信号控制转变；④系统管理从“模型驱动、独立分散”到“‘数据 + 知识’驱动、高效协同”：从基于理论模型的推测、归纳和演绎的交通系统分析方法向更适用于复杂系统和多源异构数据环境的“数据 + 知识”模型的分析方法转变，从子系统之间交互难以精确量化的独立分散管控向基于路径关联的多系统高效协同转变。

因此，如何充分挖掘利用海量个体车辆轨迹和路径数据蕴含的丰富交通流信息，有效服务于城市交通管控，已成为近年政府、学界和业界共同关注的热点问题。

3 科学问题研究进展

针对上述问题及其相关的理论方法，现有研究已从信息感知、状态辨识、信号控制和系统管理四个方面，进行了卓有成效的探索和实践。

3.1 信息感知

早期的绝大部分研究主要聚焦基于线圈数据的交通流运行监测。近年，伴随 CV、AVI、移动互联网等技术的发展和应用，国内外学者开始关注个体车辆轨迹和路径的重构，以获取更加丰富的交通流信息，服务于交通规划、交通管控和安全分析等。其中，路径重构主要关注中宏观层面的个体车辆出行起讫点(OD)和行驶路径的推断以及时空集计 OD 和路径流量的估计；轨迹重构研究则主要关注基于多源数据融合的交叉口微观层面(秒级)的车辆运行轨迹的估计和再造，涉及的数据源主要包括线圈、地磁、AVI 和 CV 轨迹等。

3.2 状态辨识

现有研究可分为交通状态参数估计和交通状态判别两类。交通状态参数估计以线圈、地磁等定点检测器提供的断面集计流量、占有率、速度等数据为输入，实现时段平均排队长度、延误等参数的估计。由于检测器的精度不高且布设范围有限等，实际应用受限且不可靠；交通状态判别则通常基于占有率、速度等数据采用阈值法界定路段的拥堵状态。近年，国内外学者开始探讨基于 CV 轨迹数据的交通状态参数估计，包括排队长度、流量和延误等。同时，也有部分研究通过挖掘 CV 轨迹数据蕴含的车辆启停信息，对交叉口排队溢出、过饱和、供需失衡等问题进行分析和诊断。

3.3　信号控制

现有研究可分为单点、干线和区域三个尺度。单点控制以车道组为基本单元，以交通波理论、Webster 公式等为基础进行定时控制，或者结合线圈检测的断面流量、密度、速度信息及相应的算法，进行感应和自适应控制；干线协调控制主要针对关联度高的若干交叉口的协调流向、以延误最小、带宽最大或通过量最大为目标，进行定时、感应或自适应控制，代表性模型有 Transyt 和 Multiband。同时，部分研究也考虑了干线多路径协调控制，例如 OD-band 等；区域协调控制则是干线协调控制的拓展，通常以子区为单位，代表性系统包括 SCOOT、SCATS、RHODES 等。同时，部分学者尝试以路径为基本协调对象，进行区域协调控制优化，反映了交通信号控制精细化、精准化的发展趋势。随着人工智能和智能控制理论的快速发展，大量研究开始将智能算法应用于信号控制的建模和优化求解，包括遗传算法、强化学习、模糊控制和深度神经网络等。近年，部分学者也开始探究抽样网联车轨迹数据应用于单点和干线协调信号控制优化的可行性，初步证明了轨迹数据应用于信号控制优化的潜力。

3.4　系统管理

现有研究可分为物理层面协同管理和策略层面协同管理两类。物理层面协同管理研究主要聚焦交通走廊的集成控制，即连接几个相同的起讫点的离散并相邻的地面运输网络（如快速路、城市干道等）；策略层面协同管理研究则聚焦于信号控制、诱导、事件管理等管控策略的协同优化。早期研究主要聚焦信号控制与交通诱导的耦合，协同模式可分为信息共享式、递阶优化式与全局优化式协同三类。随着城市交通协同管控需求的增加，其他管控策略也被纳入协同管控范围，例如事件管理、公交优先、停车诱导等。

总体上，尽管个体车辆轨迹和路径信息的感知和分析技术为城市交通协同管控带来了新机遇，但是现有城市交通管控方法主要基于 20 世纪建立的面向断面集计数据环境的交通工程理论，难以适应个体连续数据环境下的交通系统分析和优化需求。因此，实现基于个体车辆轨迹和路径的城市交通高效协同管控，依然面临如下的理论和方法挑战：

（1）稀疏、随机、有偏观测条件下路网全样车辆轨迹和路径的可靠估计。

一方面，网联车辆通常被认为是全体车辆的随机抽样且渗透率通常小于 10%，存在观测稀疏问题;同时,随机观测样本无法全面反映全样车辆的驾驶行为与路径选择行为,存在采样偏差问题。另一方面,以电警卡口为代表的 AVI 设备,是道路观测网络在空间上的抽样,仅能覆盖局部区域,覆盖率通常小于40%,同时通过车辆身份匹配得到的车辆路径也具有不完整性。因此,如何解析不同时空尺度上的采样估计偏差、稀疏观测条件下的可靠扩样以及未知区域的车辆路径选择概率估计等问题是路网全样车辆轨迹和路径估计的难点之一。

(2)个体车辆路径选择行为与路网交通状态演化的交互映射机理。

车辆轨迹和路径实际上是个体车辆驾驶行为和路径选择行为的外在体现,而个体行为选择与交通状态演化密不可分。一方面,交通状态的形成是众多个体行为选择的集中体现;另一方面,交通状态又对个体行为的选择产生影响。不同尺度(路网、干线和单点)交通状态的影响因素(行为、事件、设施等)存在差异且表征变量多样,变量之间的关联关系和演化规律复杂。因此,如何解析交通行为选择和交通状态演化的交互映射机理以及高维数据复杂因果或关联关系的智能推理,是刻画交通状态并解析其形成机理和致因的难点之一。

(3)基于高维度、强扰动车辆轨迹数据的多目标鲁棒优化控制。

车辆轨迹和路径的微观表征变量众多(速度、位置、加速度等)且在时空间上的随机波动特征显著。如果直接将维度高、扰动强的海量车辆轨迹和路径数据作为信号控制优化的输入,将导致优化建模复杂和求解困难的问题。同时,路网中各条路径之间存在博弈关系,关键路径动态变化,全局优化需要兼顾不同路径的流量大小及其对全局控制效益的影响程度,以实现多关键路径协同的区域协调信号控制。因此,如何实现高维全样本轨迹数据的智能压缩、强扰动条件下的鲁棒优化及其多目标优化建模与高效求解是基于车辆轨迹和路径的信号控制的难点之一。

(4)“数据 + 知识”混合驱动的多系统高效协同运行机制。

城市交通管控涉及信号控制、交通诱导、事件管理、信息服务等多个子系统,要实现多系统高效协同运行,必须首先精确评价和预测不同管控子系统对全局控制效益的影响,并量化不同子系统之间的交互关系以及确定全局优化目标。个体车辆路径的变化是各管控子系统综合影响的直观表现,然而城市路网拓扑结构复杂,在保证各子系统局部最优的基础上,需要同时达到系统全局最优,存在不同子系统和不同路径之间动态博弈、决策变量指数爆炸等问题,模型驱动的方法难以高效求解。因此,如何运用“数据 + 知识”混合驱动的方法,解决管控效益精准评价和预测、基于路径的控制范围动态划分以及分层递阶协同优化是实现基于车辆路径的多系统高效协同运行的难点之一。

综上所述,研究基于车辆轨迹和路径的城市交通精准协同管控理论和方法,符合我国当前新技术不断发展和深入应用背景下的城市交通精细化治理需求,对于构建个体出行时空连续感知数据环境下的交通系统分析优化和新一代城市交通管控理论和方法体系,提升城市交通管控能力,重塑城市交通管控业务,缓解城市交通拥堵,支撑交通强国建设,具有重要的理论意义和实用价值。

主要参考文献

[1] 姚佳蓉,曹喻旻,唐克双. 基于抽样轨迹数据和改进最小二乘模型的信控路网路径流量估计方法[J]. 中国公路学报,2022,35(3):226-239.

[2] 谈超鹏,姚佳蓉,唐克双. 基于抽样车辆轨迹数据的信号控制交叉口排队长度分布估计[J]. 中国公路学报,2021,34(11):282-295.

[3] Castillo E,Menéndez J,Jiménez P. Trip matrix and path flow reconstruction and estimation based on plate scanning and link observations [J]. Transportation Research Part B: Methodological,2008,42(5):455-481.

[4] Rao W,Wu Y,Xia J,et al. Origin-destination pattern estimation based on trajectory reconstruction using automatic license plate recognition data [J]. Transportation Research Part C:Emerging Technologies,2018,95:29-46.

[5] Tang K,Cao Y,Chen C,et al. Dynamic origin-destination flow estimation using automatic vehicle identification data: a 3D convolutional neural network approach [J]. Computer-Aided Civil and Infrastructure Engineering,2020,36.

[6] Cao Y,Tang K,Sun J,et al. Day-to-day dynamic origin-destination flow estimation using connected vehicle trajectories and automatic vehicle identification data [J]. Transportation Research Part C:Emerging Technologies,2021,129:103241.

[7] Yao J,Tan C,Tang K. An optimization model for arterial coordination control based on sampled vehicle trajectories: the STREAM Model [J]. Transportation Research Part C: Emerging Technologies,2019,109:211-232.

[8] Yang J,Sun J. Vehicle path reconstruction using automatic vehicle identification data: an integrated particle filter and path flow estimator [J]. Transportation Research Part C: Emerging Technologies,2015,58:107-126.

[9] Zheng J,Liu H X. Estimating traffic volumes for signalized intersections using connected vehicle data [J]. Transportation Research Part C: Emerging Technologies, 2017, 79: 347-362.

[10] Guo Q,Li L,Ban X. Urban traffic signal control with connected and automated vehicles: a survey [J]. Transportation Research Part C:Emerging Technologies,2019,101:313-334.

撰稿人:李萌(北京航空航天大学)　林犀(浙江大学)

李深(大连理工大学)　何方(同济大学)

变结构道路交通系统的动态管控方法

Dynamic control method for spatial-temporal traffic system

1　科学问题概述

随着交通供需矛盾的日益突显,如何在有限的道路空间内,实现交通高效运行是道路交通面临的一项挑战,实现该目标的重要方法之一是实施有效的交通控制。然而在日益增长的交通出行需求压力下,现有的交通控制方法已经逐渐达到性能天花板。道路交通控制应该如何发展是摆在所有研究者面前的重要问题。

从本质来看,交通是人或物在时空上的转移,道路交通控制的核心是如何使用各种方法对道路通行权进行合理高效的分配,解决人们通过交通冲突区域时可能发生的冲突问题。所谓道路通行权(以下简称"路权"),可理解为对特定时空范围道路资源的有限占有权和使用权。按照时间和空间两个维度,以最小时间和最小空间为分割单位,道路资源可划分为时空网格,那么每个格子最多只能被一辆车占用。历史上的道路交通控制正是围绕着如何妥善解决路权竞争问题而发展起来的。

交通流在道路网络上的分布随着时间与空间不断变化,常常表现为时空分布不均。道路交通流在时空分布上往往不能够用拥堵,稀疏等简单的状态描述,而是表现出一定的多态性。交通流的多态特性研究为解决信号配时设计、行人交通管制系统设计、确定新的交通管理方案等问题提供了科学有效的手段。考虑到道路交通的"时间线上'车占用物理空间'这一'实体资源问题'"从未改变的本质情况,道路交通控制归根到底仍是一个对道路时空资源分配的控制问题,该问题是交通工程领域持续关注的一大课题。

变结构道路交通系统的动态管控方法的本质是实时动态改变道路时空资源权限,提升道路交通系统安全和效率。近年来,随着信息通信、车路协同、大数据等技术的发展,新技术赋能下的道路交通管控方法又引起学术界和政府部门的高度关注。研究趋势总体表现为,从单一的研究手段向综合考虑多种研究手段融合的方向发展,研究方法包含了交通工程学、车辆工程、自动控制、行为学等多个方面,多学科交叉特征越来越明显。然而,对变结构道路交通系统的管控方法研究尚处于起步阶段,仍有两大亟须解决的关键问题:①道路交通系统时空资源未能得到充分利用。现有道路交通管控研究,主要关注交通信号配时及优化,缺乏对车道功能的控制。如何建立面向人工驾驶有限适应能力的车道功能动态管控方案是首要解决的问题。②基于动态交通需求,充分发挥交通信号实时可控的优势,兼顾人工驾驶车辆的有限适应能力,进而优化车道资源配置,如何实现动态调优交通信号配时和分配车道功能这一快慢变量的协同优化是另一个亟待解决的关键问题。

2　科学问题背景

现阶段,道路交通流调控手段主要依靠交通信号控制和车道功能划分。信号控制从时间的角度按照一定规则依次向不同方向的交通流分配路权以避免不同车流间的冲突,可长期固定也可短期动态变化;而车道功能划分从空间角度分配不同转向车辆的通行空间,相对固定。由于城市职住分离等原因,城市交通路网存在明显的潮汐现象,交通需求分布在时间和空间上呈现出规律波动特征。虽然通过调整交通信号控制策略能够一定程度上考量交通需求的变化,但是对提升交通效能是有限的,从本质上产生潮汐现象的原因是交通需求的动态变化与静态的道路设施供给之间不匹配的矛盾。为了充分提高道路交通时空资源的使用率,道路交通管理积极采用各种交通管控措施,如北京三环的限时公交专用道、美国高速公路的共乘车道(High-Occupancy Vehicle Lane,HOV)、可变车道等技术,都是根据交通需求的变化特征对路段车道及交叉口车道功能进行动态调整,以适应交通流量的变化,是一种变结构的新型交通管理技术。

在传统道路交通管控模式下,交通信号是主要的控制手段,而由于交通信息获取手段单一,驾驶员适应能力有限等条件的限制,无法实现车道资源的动态调控。此外,车辆作为交通系统的参与主体之一,只能被动适应交通系统的控制策略,导致现有交通系统控制效果不佳,难以应对持续增长的交通需求。近年来,车辆智能化和网联化技术使交通系统在交通信息获取方式、车辆行为模式、交通控制方式、交通需求与供给博弈等诸多方面产生突破性变革,交通主体相互孤立、独立决策的现状也将逐步改善。全息交通环境的普及将打破原有的道路交通设计、信号控制、车辆感知及控制界限,通过交通控制器和车辆之间的紧密集成使基于全时空交通信息的车路协同控制成为可能。针对道路交通系统,面向动态交通需求,突破传统环境下车道资源管理及控制的限制,在充分发挥交通信号实时控制优势的同时,建立与人工驾驶相适应的车道功能管控方案,对提升交通系统控制效果具有重要意义。

3　科学问题研究进展

变结构道路交通系统的动态管控技术是根据交通需求的变化特征,对交叉口、路段及路网的车道功能进行动态管控,以实现交通时空资源优化配置、有效提升道路交通运行效率。

3.1 信号交叉口车道功能动态管控研究

对于交叉口而言,信号控制方案可以对时间资源进行动态划分,但往往受到固定的空间资源划分的束缚,当交通需求发生改变时,可能出现交通需求与车道功能设置不匹配的情况,造成交叉口车道利用的不均衡。在非高峰时段,这种不均衡对交通网络的影响较小;但在高峰时段,往往会造成交通拥堵。此外,由于城市功能布局划分和市民通勤早晚差异,大多数城市道路及路口交通需求呈现"潮汐式"分布特征,部分道路或车道出现在某些时段道路资源闲置,而在其他某些时段道路资源不足的现象。以上情况都是道路资源时空分布不均衡的具体表现。根据国内外多年实践经验,为缓解交通资源利用不合理现象,仅对信号控制方案进行优化,改善作用很有限;一种有效和可行的措施就是应用可变车道技术,将车道功能划分动态化,进一步提高时空资源利用率。

当前,在交叉口车道功能动态管控方面的研究已经取得了一些成果,多数研究在讨论信号交叉口车道功能划分的同时均考虑了信号控制,研究重点在集中于车道功能的静态优化设置的基础上,逐步考虑了对车道功能动态化的研究,在车道设置的优化上考虑共用车道(如直左车道)的情况。此外,在交叉口,当公交专用进口道数目和专用道公交流量确定后,增大公交通行有效绿灯时间成为降低公交延误的根本手段,但是增加公交通行相位的绿灯时间必然会对其他相位的车流造成不利影响。为了最大可能地降低对公交车辆提供信号优先时对社会车辆运行产生的不利影响,针对信号控制交叉口 1 个进口道的通行空间分配(车道功能划分)与通行时间分配(绿信比分配)的相互制约和转化关系进行了研究,提出了考虑时空资源的组合优化方法。在此基础上,采用协调控制公交专用道信号、优化相位差、协调控制预指令设置等方法对相邻的两个交叉口公交控制性能进行优化研究,在公交专用道上行驶,能从根本上减少公交车辆与社会车辆之间的冲突问题,提升了路口的通行效率,实现了交叉口的精细化管控。

3.2 路段车道功能动态管控研究

干线交通在时间和空间的综合控制问题,主要体现在时空资源的相互协调和影响。为解决交通管理中道路使用者、车辆、道路交通资源与交通管理控制措施之间的矛盾,发达国家不断探索交通组织优化管理、特殊车道管理、优先通行管理、接入管理等因地制宜、多样化、动态化、智能化的交通系统管理模式。大量研究采用试验交通工程和仿真技术,量化评估和预测交通系统管理措施的影响与效果。在数字化、信息化、交通大数据的背景下,构建高度综合的交通系统管理平台,自动采集道路交通的实时数据并生成管理方案,以实现实时、精确、动态管理。其中,交通组织优化是指在有限的道路空间上,综合运用交通工程、交通流向限制、优先通行等管理措施,科学合理地分时、分路、分车型、分流向使用道路,使道路交通始终处于有序、高效运行状态。特殊车道涵盖高乘载率车辆专用道、可变车道、多功能车道等。

当前国内外研究多为单点或路网交通资源优化,集中于交通时间或空间资源的独立优化研究,对干道时空资源相互影响进行的研究尚不多见,导致接入口间距、渠化和配时等时空要素协调性不强。与交叉口采用综合信号控制与车道管理的交通管控相比,干线交通控制主要集中在动态车道管控方面。目前的研究多为在空间基础上进行时间资源优化,较少实现真正意义的时空资源一体化优化。在空间资源优化方面,目前国内外研究以定性分析为主,侧重于经验数据回归分析,提出了少量计算模型,但模型较少反映出时间资源对空间资源的影响规律,不能很好兼顾宏微观交通需求,且在功能区研究上,深度有待进一步提高。

3.3　路网车道功能动态管控研究

在城市道路网络中,交通堵塞往往起源于个别关键交叉口,形成通行能力瓶颈,并向周边扩散。这种情况下,网络中的交叉口主要对相邻交叉口产生两方面的影响:一是直接影响,即由于进口道车辆排队溢出而影响上游交叉口通行,或出口流量过大造成下游交叉口堵塞;二是间接影响,即由于本交叉口堵塞,后续车辆转移到相邻道路,造成周边道路交叉口堵塞。要缓解拥堵,不仅要对单个交叉口采取改善措施,更需要对网络进行整体优化。而对于"潮汐式"的交通堵塞,堵塞车流沿着交通需求的主流向两端扩散,它一般不是由于路网容量不足造成的,而是供需不平衡所致,故对少数瓶颈点进行时空资源的优化就能取得较好的效果。因此,针对路网在空间上拓扑结构变化,以及时间上表现出的多态特性,在路段、交叉口交通流驶入到路网时,路段与交叉口的通行能力不匹配时,路网的波动特性表现尤为明显。

通过合理的渠化以及时间上的控制管理措施,实现综合路段和交叉口的最佳通行效益。针对路网的变结构交通控制主要包括节点及路段的协同控制、交通诱导等路侧交通控制策略等,通过调整路网中的交通需求及道路通行能力等交通资源,确保交通整体运行的安全、高效、绿色。20 世纪 70 年代开始的通道集成控制通过整合道路交叉口的信号控制、匝道调节、可变限速、交通诱导等不同的管控措施,从由高速公路与城市道路构成的整体路网层面开始着手解决交通拥堵问题。相对于节点和路段的交通控制,针对路网的交通控制更需要对路网整体的运行状态进行实时感知才能实现不同策略间的综合管控。交通需求管理的思路可以归纳为控制交通需求总量、管理小汽车使用、优化出行方式结构和调节交通需求时空分布等。随着信息新技术的发展,GPS、手机、浮动车、RFID 等多种数据采集方式为城市交通需求管理提供了丰富的数据基础;动态数据挖掘与分析方法,实时分析、预测未来交通发展趋势,进而合理引导交通需求的总量增长与时空分布,是目前国内外交通需求管理的研究热点。

4 总结与展望

针对变结构交通的动态管控研究，目前在交叉口、路段和网络层面分别从车道功能、交通控制、交通出行需求等方面展开，但仍存在以下难点在后续研究中有待解决：

(1)变结构交通系统的管控模型精度有待提升。如何精确地确定车辆到达某一路口的时间，以便采取合理的控制信号是目前的问题之一。同时，需要在交叉口和快速路匝道之外的道路区域，将路权的分配和通信贯穿于驾驶全过程。将道路上的多个连续车辆视为流体之后，无法精确衡量和控制每个车辆的运动，未能充分利用有限道路资源。

(2)广域大规模路网下的变结构交通系统的管控方式有待完善。变结构交通系统管控模型计算的复杂性随着所需要考虑的车辆数目急速增长，如何设计合适的算法、找到较优的可行解是今后研究的热点和难点。自组织式的交通系统分布式控制方法具有较强抵抗崩溃性失效的能力，可能是目前较优的选择。

主要参考文献

[1] 李力，王飞跃. 地面交通控制的百年回顾和未来展望[J]. 自动化学报，2018，44(4)：577-583.

[2] 曾滢，杨晓光，马莹莹. 交叉口动态车道功能与信号控制协同问题研究[J]. 同济大学学报：自然科学版，2009，37(7)：903-908.

[3] 钟章建，马万经，龙科军，等. 信号交叉口车道功能动态划分优化模型[J]. 交通信息与安全，2008，26(001)：15-18.

[4] 聂磊，马万经. 基于车道的交叉口车道功能和信号相位优化模型[J]. 同济大学学报：自然科学版，2020，48(5)：683-393.

[5] 张鹏，李文权，常玉林. 基于 Ring-Barrier 相位的交叉口车道功能判分与信号配时协同优化模型[J]. 东南大学学报：自然科学版，2013，43(3)：659-663.

[6] Papageorgiou M，Diakaki C，Dinopoulou V，et al. Review of road traffic control strategies [J]. Proceedings of the IEEE，2003，91(12)：2043-2067.

[7] Qadri S S S M，Gökçe M A，Öner E. State-of-art review of traffic signal control methods：challenges and opportunities [J]. European Transport Research Review，2020，12(1)：1-23.

[8] Mao L，Li W，Hu P，et al. Design of real-time dynamic reversible lane in intelligent cooperative vehicle infrastructure system [J]. Journal of Advanced Transportation，2020，2020(2)：1-8.

[9] Zhang L, Zhao Q, Wang L, et al. Urban intersection signal control based on time-space resource scheduling[J]. IEEE Access, 2021, 9: 49281-49291.

[10] De Souza A M, Brennand C A R L, Yokoyama R S, et al. Traffic management systems: a classification, review, challenges, and future perspectives[J]. International Journal of Distributed Sensor Networks, 2017, 13(4).

撰稿人：李宏海（交通运输部公路科学研究院）　丁川（北京航空航天大学）

基于数字孪生的交通系统管控方法

Traffic system management and control based on digital twins

1　科学问题概述

城市交通系统是典型的开放复杂巨系统，人、车、路、环境多主体交织，随机干扰多，时变性强，对交通管控提出了很高的要求。然而交通系统的试错成本高，管控方案稍有偏差即可能导致交通事故、大规模延误和交通拥堵等严重后果。而且，重大事件、极端天气等非常态事件下的交通管控更是关乎社会生产生活和人民生命财产安全，影响巨大，一旦管控不利则损失无可挽回。随着新一代信息技术的发展，目前交通仿真和管控思想的局限性也日益明显，与当前的交通系统感知、重构、预测和计算性能脱节。全面、准确、及时地评估与推演交通系统运行状态，以及制定精准、动态、高效的管控解决方案已成为交通研究和应用所面临的迫切问题。

现代城市交通解析、管理与控制已经不再局限于单一领域、浅层数据的统计分析与挖掘，其范畴已延拓到更为深层的基于物理交通空间和数字孪生人工交通之间虚实互动的综合分析、评估与决策支持。其典型特征是，现实世界中的物理交通系统与虚拟空间中的数字孪生人工交通系统联系越来越紧密，促使数字孪生人工交通系统发生由被动到主动、由静态到动态、由离线到在线、由独立运行到共同运行以及由短期存在到全寿命周期存在的角色转变。借助于平行系统、数字孪生、元宇宙等理论、方法，数字孪生交通系统综合利用数据、知识、机理建模方法，对实际交通系统进行数字化、软件化定义，进而在此基础上利用大规模计算实验方法推演、评估不同管控方案的实施效果，并对方案进行在线优化调整。然而当前基于数字孪生的交通管控研究还处于理论框架研究的起步阶段，需要重点在以下方面深入研究和创新：①社会、物理、信息系统耦合下的数字孪生交通系统建模理论；②实际交通系统与数字孪生交通系统的实时交互融合机制；③数字孪生交通驱动的交通调度、决策与控制理论。

2 科学问题背景

交通管控是保障交通系统有序运行、提高行车效率和降低事故发生的关键。而在工程实践中由于交通管控不当导致的交通事故和大规模拥堵屡见不鲜，例如减速装置布局不合理导致的事故、区域交通缺乏联动导致的延误、恶劣天气等情况下应急响应不及时导致的大规模拥堵等。特别是突发灾害下，社会生产生活的迅速恢复更离不开高效的交通管控。例如 2021 年 7 月河南极端强降雨期间，郑州市道路交通发生大面积瘫痪，在此紧急状态下更需具有动态监测、快速评估、精准计算、全局调控能力的城市交通运行仿真与管控系统的支持。在智能网联、云计算、大数据环境下，新一代的交通系统开放性、时变性、随机性愈加增强，如果没有一套行之有效的管控方法，交通系统不但将面临更加频繁发生的秩序混乱、拥堵和事故，也无法有效应对突发事件的影响。

基于数字孪生的交通系统，可以将交通仿真从对车辆运动的过程模拟扩展为对整个社会背景下人的行为和活动模拟，从而使交通的计算机仿真升华为交通的计算实验；通过计算实验认识系统各要素间正常和非正常状态下的相互作用关系和演化规律，模拟并"实播"系统的各种状态和发展特性；并通过人工交通系统和实际交通系统的虚实互动与平行执行，对两者的行为进行对比和分析，实现各自未来状况的"借鉴"和"预估"，并相应地调节各自的控制与管理方式。可见，借助数字孪生交通系统，新一代交通管控技术能够依托智能网联、人工智能、大数据等技术，在交通群体协同管控、针对出行链的时空协同管控，以及交通信息的跨时空感知等方面进行深入探索，从而有可能解决现有方法存在的问题，为交通系统的安全高效运行提供全面、准确、及时的评估诊断和精准、动态、高效的管控。

由此可见，基于数字孪生的交通管控对于增强交通系统韧性和交通决策的正确率、提高交通效率、缓解拥堵和降低事件影响具有重要的理论和实践意义。

3 科学问题研究进展

传统交通管控主要通过信号控制、渠化设计、速度控制、车道管理等方法对交通系统运行进行规范和引导，从而达到提高效率、降低延误、保障安全等目标。经过几十年的研究发展和工程实践验证，传统交通管控方法已经形成了比较全面、完整的理论体系。

城市交通的管控能力和范式的转变与科技时代息息相关。继工业技术(Industrial Technology)"老 IT"时代、信息技术(Information Technology)"旧 IT"时代之后，智能技术(Intelligent Technology)"新 IT"时代已经来临。为此，需要转变思维范式，发展智能时代的智能交通系统。数字孪生交通系统就是其中的典型代表，且已成为国际交通科学研究的新兴领域，在全球范围内得到众多研究者的关注。IEEE 智能交通系统学会早在 2004 年就成立了人工交通系统专业委员会，并从 2006 年开始组织每年一次的人工交通系统与仿真国际研讨会。近年来的主要进展包括：①数字孪生驱动的人工交通系统建模：将复杂、开放的实际交通系统中各个交通要素通过代理建模、机理建模、知识建模等方法进行数字化建模，构建交通智能体模型，将各交通要素间的关系转化为规则程序，实现实际交通场景在数字孪生交通系统的真实映射表达和模型化。②基于数字孪生交通系统的计算实验：通过计算实验来认识实际交通系统中各要素正常和非正常状态下的规律和相互作用，探索交通多智能体协同群智控制方法，通过对比各种交通系统管控方案对系统未来状态影响效果进行预测和评价。③平行执行与交互反馈：通过人工交通系统的仿真结果找到解决实际交通系统问题的最优管控方案，对其进行优化控制和动态管理，在实际系统中平行执行并交互反馈。相关工作已经在广州亚运会、青岛交通管控中进行了应用。

可以说，目前基于数字孪生的交通系统管控理论研究与应用已取得初步成效，但尚未成熟，仍需在模型搭建与管控方法等方面开展更加深入和扎实的研究工作。

4　总结与展望

基于数字孪生的交通系统管控，通过在信息物理社会空间中对交通系统进行多模态感知，进而构建各类软件定义的人工交通系统，在计算机中完成对实际交通系统的解析、建模、表示；利用软件定义的人工交通系统、人工智能和计算实验方法进行实验、分析、预测、学习、优化，最后借助平行执行实现对交通系统的管理与控制，实现虚实互动的交通智能管控。

基于数字孪生的交通系统管控作为交通智能化的重要发展方向之一，需重点突破：①社会、物理、信息系统耦合下的数字孪生交通系统建模理论，主要包括面向全出行链的交通要素融合建模方法，跨社会、物理、信息空间的交通系统感知方法，机理、数据、知识相结合的多尺度数字孪生交通系统构建方法；②实际交通系统与数字孪生交通系统的实时交互融合机制，主要包括相互作用的过程和协议以及协同演化方法；③数字孪生交通驱动的交通调度、决策与控制理论，主要包括车路云多智能体群智决策方法、人机合作决策和智能调度方法。

主要参考文献

[1] 李力，王飞跃. 地面交通控制的百年回顾和未来展望[J]. 自动化学报，2018，44(04)：577-583.

[2] Bullock D, Johnson B, Wells R B, et al. Hardware-in-the-loop simulation[J]. Transportation Research Part C: Emerging Technologies, 2004, 12(1): 73-89.

[3] Chen Y, Lv Y, Wang F Y. Traffic Flow imputation using parallel data and generative adversarial networks[J]. IEEE Transactions on Intelligent Transportation Systems, 2020, 21(4): 1624-1630.

[4] Lai J, Hu J, Cui L, et al. A generic simulation platform for cooperative adaptive cruise control under partially connected and automated environment[J]. Transportation Research Part C: Emerging Technologies, 2020, 121: 102874.

[5] Jin J, Guo H, Xu J, et al. An end-to-end recommendation system for urban traffic controls and management under a parallel learning framework[J]. IEEE Transactions on Intelligent Transportation Systems, 2021, 22(3): 1616-1626.

[6] Kong Q, Li L, Yan B, et al. Developing parallel control and management for urban traffic systems[J]. IEEE Intelligent Systems, 2013, 28(3): 66-69.

[7] Yu C, Ma W, Yang X. A time-slot based signal scheme model for fixed-time control at isolated intersections[J]. Transportation Research Part B: Methodological, 2020, 140: 176-192.

[8] Yu C, Sun W, Liu H X, et al. Managing connected and automated vehicles at isolated intersections: from reservation- to optimization-based methods[J]. Transportation Research Part B: Methodological, 2019, 122: 416-435.

[9] Zhu F, Li Z, Chen S, et al. Parallel transportation management and control system and its applications in building smart cities[J]. IEEE Transactions on Intelligent Transportation Systems, 2016, 17(6): 1576-1585.

[10] Zografos K G, Androutsopoulos K N, Vasilakis G M. A real-time decision support system for roadway network incident response logistics[J]. Transportation Research Part C: Emerging Technologies, 2002, 10(1): 1-18.

撰稿人：宗芳(吉林大学)　吕宜生(中科院自动化所)　何兆成(中山大学)
黄玮(中山大学)　朱依婷(中山大学)

网联环境下高速公路主动交通控制

Active traffic control of freeway systems with V2X

1　科学问题概述

高速公路交通控制调控高速公路交通流运行，优化出行效率，降低能耗，减少排放，提升安全水平。根据控制对象和控制手段，高速公路交通控制可分为“常规主动”控制和

“车路协同”控制两种。高速公路交通“常规主动”控制不区分个体车辆,面向交通流整体,通过路端交通控制设施(如信号灯、可变情报板等)调控交通流运行,主要控制方式包括入口匝道控制、主线调速控制、动态路径诱导。高速公路交通“车路协同”控制为近年网联自动驾驶(亦称“智能网联”)研究浪潮所催生,利用分布在车端和路端的感知与计算智能,依托智能网联汽车通过车路协同,实现比常规高速公路交通控制性能更好的交通流控制优化,目前尚处于实验室阶段。高速公路交通控制研究遵循“建模-监视-控制”三级框架,交通流建模、交通状态监视、先进交通控制构成一个有机整体。

高速公路交通系统是典型的非线性、强随机、高扰动、分布参数复杂的大系统。由于现场检测设备数量有限,检测数据存在误差,交通控制手段单一,控制点位稀疏,高速公路交通系统天然具有弱可观和弱可控等特点,给实时精准的高速公路交通控制带来重大挑战。高速公路交通主动控制涉及以下科学问题:

(1)建模:高速公路复杂交通流动态演化的高精度数字孪生复现;

(2)监视:高速公路交通本征状态的全时空无缝感知与预测;

(3)控制:流体守恒定律分布参数系统的边界和内部控制。

智能网联技术的不断进步和广泛应用对高速公路交通控制而言是重大机遇和挑战。机遇体现在全新的信息平台、崭新的控制手段和前所未有的控制模式。第一、在智能网联环境下,网联车辆将扮演“移动”检测器的角色。随网联车辆占比不断提升,整个交通系统将逐渐趋于完全可测。因此,车联网的落地实现将为交通控制构建一个全新的信息平台。第二、在智能网联环境下,控制中心或路边控制器可以将控制信号(如当前路段限速值)直接发送到网联车辆,许多既往不可想象的交通控制任务将变得可行(如入口匝道的自动汇流、瓶颈路段智能网联汽车集群换道规划与控制)。因此,可以通过更加柔性多变的方式去优化交通效率,提升交通安全,实现节能减排。除常规高速公路交通控制方式外,借助智能网联汽车实现的“车路协同”高速公路交通控制方式包括:换道控制(面向多车道交通流均衡分配和瓶颈路段交通流控制)、车头时距控制(面向瓶颈控制)、柔性内边界控制(广义动态潮汐控制)等。

将智能网联汽车引入高速公路交通控制也意味着极大挑战。第一、智能网联技术从进入市场到最终无缝覆盖整个道路交通系统将会是一个长期的过程。预计自动驾驶车辆和人工驾驶车辆混行将是未来高速公路交通流的一个主要特征。两类车辆在跟驰和换道行为上的差异、彼此之间的复杂交互,网联车辆之间的信息交互将使宏观交通流整体属性发生显著变化,给交通流建模带来挑战。第二、在混行环境下,基于车路协同的交通控制必须应对异质化控制对象(混行交通流)的混杂交互、交通流层级的宏观控制和智能网联汽车层面的微观控制的复杂耦合、控制策略的多时间尺度与变结构特征等。因此,混行条件下基于车路协同的高速公路交通控制将面临更加棘手的科学问题。

2 科学问题背景

近20年我国高速公路发展迅猛。国家和相关部委近年发布了一系列有关智能交通的政策文件，如《交通强国建设纲要》《数字交通发展规划纲要》《交通运输领域新型基础设施建设行动方案(2021—2025年)》，明确强调智能交通基础设施是“新基建”的重要组成部分，要大力发展智能交通，率先推进智慧高速公路建设，而高速公路的智能化管控则是其中的重要一环。

智能网联是当今社会最具创新性的发展主题之一，将给高速公路交通带来颠覆性变革。不出意外，智能网联将最先在高速公路交通系统而非城市交通系统落地应用。因此，结合智能网联，研发基于车路协同的交通控制理论、方法和技术，高速公路交通系统将“一马当先”，责无旁贷。中国高速公路里程已居世界第一，欧美国家在发展智能网联时偏重单车智能，而我国则强调车路协同，将智能均衡分配在路端和车端。有鉴于此，中国学者应该主动探求有中国特色的智慧高速公路先进管控理论、方法和技术。

3 科学问题研究进展

3.1 高速公路交通流建模

交通流建模是复杂交通流行为的数学抽象，是智慧高速公路先进交通监视和管控系统不可或缺的基础性构件。宏观交通流模型不考虑个体车辆行为的特异性，关注交通流集计特征，借助流体力学方法分析交通流动态。LWR模型(Lighthill, Whitham and Richards, LWR)是最经典的一阶交通流模型。LWR模型的时空离散化连同三角形或梯形基本图构成著名的元胞传输模型(Cell Transmission Model, CTM)。LWR或CTM模型结构简单且易于使用，能够刻画自由流和稠密流交通状况，描述交通拥堵演化和激波传播，但难以复现某些复杂交通流现象，如通行能力陡降(Capacity Drop)，迟滞效应(Hysteresis Effect)，交通流不稳定性，走-停波(Stop-and-go waves)等。为提升建模能力，有研究者提出高阶交通流模型，包括佩恩-维特汉姆(Payne-Whitham, PW)模型以及ARZ(Aw-Rascle-Zhang)模型。Papageorgiou基于PW模型研发了二阶时空离散化网络交通流模型METANET。目前相关研究存在的难点包括：

(1)新型智能网联交通流模型构建：智能网联技术(如自适应巡航控制)将逐步改变车辆的微观运动属性，最终会导致宏观流体属性的改变。目前尚难以准确构建上述微观局域变化和宏观整体变化之间的解析关联，并以之刻画智能网联对交通流集计特性的影响。

(2)车道级精细化交通流模型构建：人工驾驶条件下常规交通控制手段(如主线调速

控制)主要针对车辆及交通流的纵向运动,无法调控其横向运动(如单车和车群的换道)。智能网联使车道级交通流管控(如换道控制)成为可能,因此亟须研发能同时反映纵向交通流性态演化和横向车道间交通流交互的车道级交通流模型。

3.2　高速公路交通状态估计

交通检测设备往往不足以覆盖整个交通网络,因此必须通过交通状态估计来弥补检测信息的不足,其难点在于需要估计的交通状态变量个数通常远大于能够直接检测的交通状态变量个数。依据固定检测数据的高速公路交通状态估计已有很多研究。近年移动互联和智能网联技术的快速发展为实施交通状态估计提供日益向好的数据条件。在可预见的未来,网联车占比仍将维持较低水平,因此固定和移动检测数据混合使用将成为常态。基于混合检测数据的高速公路交通状态估计大多依据宏观交通流模型。沿一阶模型主线,大部分工作依托 CTM 模型;采用卡尔曼滤波、扩展卡尔曼滤波(Extended Kalman Filter,EKF)、集合卡尔曼滤波(Ensemble Kalman Filter,EnKF)、粒子滤波(Particle Filter,PF)。沿高阶模型路线,有学者采用 PW 模型和 EKF 方法,或依托 ARZ 模型,使用 EKF、EnKF、PF 方法设计交通状态估计器。目前相关研究存在的难点包括:网联环境对交通流模型的补偿效应及对交通状态估计的影响;单纯基于固定检测数据的交通状态估计高度依赖交通流模型精度。一个未解但非常重要的问题是:在固定和移动异构检测数据融合条件下,随网联车占比提升,交通状态估计性能对交通流模型的依赖性是否会减弱;换言之,当网联车数据实现密集覆盖时,是否不需要交通流模型就可以简单实现交通状态估计。

3.3　高速公路交通控制

入口匝道控制恰当调节入匝流量,防止汇聚拥堵,避免瓶颈通行能力陡降,进而改善高速公路主线交通状况。匝道控制也有固定配时和自适应之分。自适应模式又有局域、协同和递阶等多种实现方式。局域控制针对单个入口匝道,所涉及的反馈控制策略包括 ALINEA 及其拓展策略。协同控制面向多个入口匝道,相关控制策略包括线性二次型反馈控制、最优控制、启发式协同控制,以及非线性反馈控制。过去几十年里,匝道控制在欧美国家获得很多成功应用,但国内的应用还很有限。ALINEA 是全球应用最广的反馈匝道控制策略,已成功应用于几百个高速公路场点。以 PI-ALINEA 为核心算法的协同高速公路匝道控制系统 HERO 于 2009 年在墨尔本交通控制中心投入运行,调控 Monash 高速公路沿线 72 个入口匝道流量。目前相关研究存在的难点包括:收费环境下的高速公路匝道控制策略研发,和欧美国家相比,我国城际高速公路发展较晚,目前普遍按收费模式运行,同时实施收费和匝道调控会给车辆运行带来双重约束。如何针对收费高速公路开发简便适宜的匝道控制策略是一个难点问题。

主线调速控制实时调节高速公路主线的调速设定值,平滑交通流速度,优化主线全程的交通流状态。不同于传统的面向安全的主线调速调节,主线调速控制旨在调节高速公路主线交通流速度,进而改善交通流运行效率,绝大多数相关研究工作是近10年完成的。Carlson等首先提出一种基于复杂系统最优控制的主线调速控制方法。最新研究表明:①恰当使用主线调速控制可以显著提升高速公路通行效率;②针对入匝汇流瓶颈路段,主线调速控制和匝道控制的功效几乎等价,但主线调速控制可以避免匝道排队。由于国内高速公路设有收费站,且入口匝道设计容量往往有限,因此结论②尤为重要。主线调速控制是一种应用潜力很大且亟待开发的高速公路交通控制方式,如果使用得当,有望通过主线调速控制统一实施速度调节(保障行车安全与控制尾气排放)和流量调节(控制交通拥堵)。近年有人开始尝试在车路协同环境下使用强化学习方法处理主线调速控制问题,相关研究主要以单智能体控制策略为主。目前相关研究的难点问题有:

(1)主线调速控制作用机理:为充分发挥主线调速控制的潜力,必须结合交通流理论、数字孪生交通流建模研究其本质作用机理。

(2)结合智能网联的主线调速控制:在全人工驾驶模式下,需要依托高速公路门架实现主线调速控制;在智能网联环境下,可以依托网联车辆实现主线调速控制,但具体的控制模式与策略设计需要深入探讨。

4 总结与展望

网联环境下高速公路主动交通控制是未来研究的重点:

(1)入匝协同汇流控制。借助车-车和车-路通信以及自动驾驶技术,控制主路与匝道车辆的运动状态,使入匝车辆以最小的速度波动安全高效地汇入高速公路主线,同时尽量避免干扰主线车辆运行。大多数既有工作面向全智能网联环境,混行条件带来极大挑战;主线多车道混行汇流问题,不仅涉及入匝车辆向主线的汇流,还涉及由此引发的主线外道车辆向内道的汇流。

(2)换道控制。通过调控部分智能网联车辆有序换道来平衡车道交通流,避免触发瓶颈拥堵。研究的难点问题有:混行条件下智能网联车群换道控制;事故条件下主线调速控制和换道控制的耦合实现。

主要参考文献

[1] Diakaki C, Papageorgiou M, Papamichail I, et al. Overview and analysis of vehicle automation and communication systems from a motorway traffic management perspective[J]. Transportation Research Part A: Policy and Practice, 75, 147-165: 2015.

[2] Treiber M, Kesting A. Traffic flow dynamics: data, models and simulation[M]. Springer-Verlag Berlin Heidelberg, 2013.

[3] Roncoli C, Papageorgiou M, Papamichail I. Traffic flow optimisation in presence of vehicle automation and communication systems - Part I: a first-order multi-lane model for motorway traffic [J]. Transportation Research Part C: Emerging Technologies, 2015, 57: 241-259.

[4] Wang Y, Zhao M, Yu X, et al. Real-time joint traffic state and model parameter estimation on freeways using heterogenous sensing data: a state-of-the-art overview and case studies [J]. Transportation Research Part C: Emerging Technologies, 2022.

[5] Papageorgiou M C, Diakaki V, Dinopoulou Y, et al. Review of road traffic control strategies [J]. Proceedings of the IEEE, 2004, 91(12): 2041-2042.

[6] Papageorgiou M, Hadj-Salem H, Blosseville J, et al. ALINEA: a local feedback control law for on-ramp metering[J]. Transportation Research Record, 1991, 1320: 58-64.

[7] Rios-Torres J, Malikopoulos A. A survey on the coordination of connected and automated vehicles at intersections and merging at highway on- ramps[J]. IEEE Transactions on Intelligent Transportation Systems, 2017, 18(5): 1066-1077.

[8] Carlson R C, Papamichail I, Papageorgiou M, et al. Optimal mainstream traffic flow control of large-scale motorway methods[J]. Transportation Research Part C: Emerging Technologies, 2010, 18: 193-212.

[9] Wang Y, Yu X, Zhang S, et al. Freeway traffic control in presence of capacity drop[J]. IEEE Transactions on Intelligent Transportation Systems, 2021, 22: 1497-1516.

[10] Roncoli C, Papageorgiou M, Papamichail I. Traffic flow optimisation in presence of vehicle automation and communication systems - Part II: optimal control for multi-lane motorways [J]. Transportation Research Part C: Emerging Technologies, 2015, 57: 260-275.

[11] Roncoli C, Bekiaris-Liberis N, Papageorgiou M. Lane-changing feedback control for efficient lane assignment at motorway bottlenecks[J]. Transportation Research Record: Journal of the Transportation Research Board, 2017, 2625: 20-31.

[12] Papageorgiou M, Mountakis K-S, Karafyllis I, et al. Lane-free artificial-fluid concept for vehicular traffic[J]. Proceedings of IEEE, 2021, 109: 114-121.

撰稿人：王亦兵（浙江大学）　章立辉（浙江大学）　郭静秋（同济大学）
李宏海（交通运输部公路科学研究院）

多模式交通行为动态诱导

Dynamic guidance of multi-mode travel behavior

1 科学问题概述

随着信息通信技术(Information Communications Technology,ICT)在智慧交通领域的应用,面向多样化出行市场构建需求响应的多模式交通系统,例如地铁+X、停车换乘,以及共享出行、定制公交、出行即服务(Mobility-as-a-Service,MaaS)等,提供面向出行者个体的多模式出行推荐及动态协同诱导,实现环境可持续发展的多模式出行下自愿出行行为改变(Volunteer Travel Behavior Change,VTBC)成为研究前沿。

交通行为动态诱导主要通过智能手机、交通广播、可变信息标志(Variable Message Sign,VMS)、车载导航、社交网络等载体,向出行者发布动态路况信息和出行方式路径推荐以影响其出行决策。多模式交通行为动态诱导期望通过动态精准诱导,提升交通系统运行效率,尤其是提升多模式出行供需匹配效率,以降低对私人出行工具的依赖。但在实际应用上,交通出行诱导信息服务对象针对性弱、信息质量可靠性低、服务手段滞后性强等问题突出,出行者不相信诱导或者不愿意执行推荐出行方案;同时,诱导策略存在时空耦合性差、执行难度较高,以及决策链条过长等问题,导致出行者体验感差,多模式供给和MaaS服务的智能调度较难开展。

国内外学者针对交通行为诱导理论和方法探索多年,总结出大量科学成果和实践经验,但实现多模式交通出行和MaaS服务的动态精准诱导,现阶段急需解决四个工程问题:诱导对象选择、诱导时空机制、诱导信息方案生成,以及诱导效果评价。

(1)通过解析多模式出行模式,识别最佳诱导对象:如何有效利用大量多源异构数据建立交通行为知识框架,开展多模式动态交通行为识别与诱导对象满意度特性分析;

(2)通过解构复杂行为链,挖掘诱导决策的时空机制:如何解构多模式出行各阶段行为,开展时空行为链的信息需求和时空耦合诱导机制研究;

(3)设计个性化诱导信息,建立动态诱导服务模式:如何设计和开展交通信息诱导行为实验并进行交通行为动态演化分析,开展差异性控制和个性化诱导方案研究;

(4)诱导效果评估和系统动态反馈:如何从多模式交通系统供给、出行需求、诱导信息三者相互作用角度,开展不同诱导方案的效果评价,分析其对交通行为演化过程的影响。

2 科学问题背景

随着交通检测、感知、控制、发布等电子信息技术的发展,各种交通出行推荐信息服务快速增长，但是诱导信息的可靠性、诱导决策的科学性仍然与交通系统诱导目标存在巨大差距。由于对多模式交通系统的运行发展与动态控制研判不足，现有的出行推荐信息服务很难满足公众多模式个性化需求。同时，近年来快速发展的多种需求响应式出行及MaaS服务，其需求响应过程中仍然存在信息反馈链条过长、信息处理负担较重，以及系统响应成功率低等问题，成为阻碍开展多模式出行诱导的重要因素。

信息诱导下的出行行为决策机理研究涉及社会学、经济学、管理学、心理学等多学科。过去半个世纪，国内外对时空出行行为的探索获得了显著成果，主要提出并发展了基于出行链（Trip Chain-based）和基于活动的（Activity-based）模型，重在解析影响出行决策的内、外部因素与出行者时、空间位置选择之间的关系，探究出行行为的时空特征和模式。为了更好地刻画出行信息诱导下的决策规律，近年来，学者将计划行为理论（Theory of Planned Behavior）、有限理性（Bounded Rationality）、前景理论（Prospect Theory）、博弈论等行为学、经济学的概念引入到多模式交通出行行为机理分析中，探索出行者行为偏好，刻画出行决策准则及过程。

上述研究成果为交通系统智慧运营和出行服务智能响应提供了预测基础，然而多模式交通系统的供需之间仍存在信息鸿沟，需求演化与供给的变化并不一致，埃尔斯伯格悖论明确指出，人们实际的行为选择明显与主观期望效用理论的结果不相一致。倾向于冒险的出行者通常会根据动态信息随时调整出行方式和路径，而保守的出行者则习惯性选择最熟悉的出行方式和路径，两者需要的出行诱导信息完全不同。当前，出行推荐算法未考虑个体差异，诱导信息的可靠性和适应性也存在问题，不同的诱导策略和期望诱导效果之间缺少因果机制分析，因此，如何在适当的时间地点，给出行者提供符合其自身习惯和价值判断的出行诱导信息，促进多模式交通系统高效运行，成为困扰交通管理者的问题。

城市出行系统供需耦合离不开诱导信息的积极和精确引导，如果未来不能实现多模式出行动态诱导，不仅无法提高多模式交通系统吸引力，还有可能加剧现有的交通问题，产生不良后果：①出行者对增加多模式供给能力和MaaS服务改善不敏感，不利于多模式交通系统的智能和创新发展；②多模式出行系统的无缝衔接无法实现，缺少信息诱导的出行者行为将呈现高度随机性，阻碍了高效多模式出行系统的设计及实现；③面对纷繁复杂的各种单一模式出行信息，出行者将趋向于信息负担较低的私家车出行，进一步加剧对私人出行方式的依赖，降低了整体系统效率。

3　科学问题研究进展

多模式交通出行诱导相关国内外研究主要从数据信息驱动和行为决策机理两个层面开展。从数据信息驱动角度，已有研究将海量庞杂、异质多源、大范围时空关联的交通出行数据化繁为简，提炼出满足交通诱导需求的、人可理解并利用的出行行为数据。国内外已有大量研究挖掘数据驱动的交通出行行为规律，开展基于多源异构大数据的出行行为模式及规律识别研究。但是相关研究大多只关注了单一出行方式，尚未开展多模式出行链行为机理的研究。从行为决策机理角度，为了更好地模拟个体的决策阶段性和链式关联，近年逐步完善的动态模型洞悉了出行链形成和变化的原因和机理。主流建模方法包括结构方程模型、基于随机效用理论的离散选择模型、混合仿真模型等，数据驱动的人工智能算法也开始广泛应用。既有研究往往忽视了动态诱导信息对出行理性决策的长期影响，无法收集出行者对诱导信息的时空需求，针对出行需求及诱导方案的触点信息缺少有效挖掘，出行诱导信息的滞后性明显，尚未探索不确定性因素影响下多模式出行的诱导策略，缺乏对复杂系统供需演化的合理预判。

多模式出行服务需要多个出行子系统高度无缝衔接，需要分辨无法干预、自愿干预、主动干预等诱导对象的类型，科学预判和诱导多种类型的惯性行为，分析诱导信息与多模式出行自我调整和干预调整的因果关系。当前基于数据驱动的系统控制与交通行为诱导研究实践的既有研究主要集中在数据分析、控制管理等独立任务，未能建立可检测和可信决策支持的、闭环反馈滚动优化调节的交通行为诱导理论体系。

综上所述，多模式出行成功诱导的关键在于解构诱导信息对出行者行为的影响机理，并反馈给系统优化供给，生成有效的诱导方案，可以从以下两条技术路线展开：①从行为演化角度研究交通诱导信息服务对多模式时空出行行为的影响，重点关注多模式出行诱导信息与出行者动态出行选择及中长期行为演化之间的相互影响机制和因果关系，以构建新型选择行为模型、数字孪生行为仿真、开展行为实验为主要研究手段。②从多模式出行系统优化控制角度展开，设计系统优化目标和设定预期吸引出行人群，关注系统动态控制与出行者期望的诱导信息之间的耦合功能设计，以不确定因素影响下的智能控制策略和复杂系统人工智能优化方法为主要研究手段。

多模式交通行为动态诱导研究已经有一定基础，但是大多仅限于单一出行方式的诱导，多模式出行链的诱导信息需求尚不明确，诱导信息的动态及时性和可靠稳定性之间的博弈关系尚未得到足够重视，闭环反馈滚动优化调节的交通行为诱导控制的理论体系尚未构建，需要在以下方面开展攻坚。

(1)数据驱动的多模式出行识别和诱导对象敏感性分析：信息化在交通领域的渗透带来了丰富的时空行为数据，提供了不同出行场景下出行者行为模式的智能分类数字画像，如何精细化识别不同场景下的最佳诱导对象是实现智慧诱导的关键。解析包括出行者个人特征、出行需求、出行动机和心理预期等多模式出行影响因素，挖掘信息诱导下的多模式出行行为机理，揭示多模式出行及 MaaS 服务的最佳诱导对象。

(2)解析复杂行为链中高效个性化诱导信息的时空耦合规律：研究多模式出行及

MaaS 服务诱导信息表征方法以及时空耦合特征,如何根据多模式系统的动态服务特征设计符合时空耦合机制的诱导信息,选择时空触发机制是技术难点。研究基于位置的动态交通信息的作用机制,比较不同介质和诱导信息形式的个体反映,建立个性化诱导信息方案库。

(3)多源一体化信息的动态诱导策略:多介质媒体(社交网络等新媒体、可变信息标志、手机等)为提供一体化协同诱导方案、设计主动诱导和被动诱导策略提供了多种途径,如何权衡诱导信息的动态及时性和可靠稳定性之间的博弈关系,构建不同场景下多模式出行及 MaaS 服务诱导方案智能生成模型至关重要。建立精细诱导目标下多模式交通出行及 MaaS 服务动态决策模型,比较不同诱导策略的选择方案。

(4)诱导效果评估、系统动态反馈和 MaaS 创新服务:科学的评价诱导方案是诱导方案落地应用的关键,开展诱导方案智能生成模型可靠性评价是技术难点。评价多源数据的来源是否可靠,影响因素的选取是否全面,所建立的方案生成模型是否客观考虑了出行者行为模式并准确反映了诱导目标,是检验诱导效果的关键要素。实现对多模式交通出行诱导效果的短时预测和中长期演化分析,动态反馈给多模式交通系统。

主要参考文献

[1] 关宏志. 非集计模型:交通行为分析的工具[M]. 北京:人民交通出版社,2004.

[2] Uncles, Mark D. Discrete choice analysis: theory and application to travel demand[J]. Journal of the Operational Research Society,1987,38(4):370-371.

[3] Erhardt G D, Roy S, Cooper D, et al. Do transportation network companies decrease or increase congestion? Sci Adv,2019,5(5):eaau2670.

[4] Akbarzadeh M, Estrada E. Communicability geometry captures traffic flows in cities[J]. Nature Human Behaviour,2018,2:645-652.

[5] Kristal A S, Whillans A V. What we can learn from five naturalistic field experiments that failed to shift commuter behaviour[J]. Nature Human Behaviour,2020,4:169-176.

[6] Y Chen, Y Lv, X Wang, et al. Detecting traffic information from social media texts with deep learning approaches[J]. IEEE Transactions on Intelligent Transportation Systems, 2019,20(8):3049-3058.

[7] Liao F, Tian Q, Arentze T, et al. Travel preferences of multimodal transport systems in emerging markets: The case of Beijing[J]. Transportation Research Part A: Policy and Practice,2020,138:250-266.

[8] Gokasar I, Bakioglu G. Modeling the effects of real time traffic information on travel behavior: a case study of Istanbul Technical University[J]. Transportation Research Part

F:Traffic Psychology and Behaviour,2018,58:881-892.

撰稿人：刘锴(大连理工大学)　严海(北京工业大学)　孙轶琳(浙江大学)
陈坚(重庆交通大学)　刘鹏(北京航空航天大学)　李军(中山大学)
王江波(大连理工大学)　陈圆圆(中国科学院自动化所)
丁川(北京航空航天大学)

非常态事件下韧性交通系统的状态演变规律与应急控制

Status evolution and emergence control of resilient transportation systems under abnormal events

1　科学问题概述

城市交通系统是多要素参与、多模式耦合、多因素作用的复杂巨系统，在受到非常态事件影响时可能造成巨大的人力和财力损失。尤其是大型城市的交通系统，小到交通事故、大型活动，大到洪涝、地震等自然灾害，非常态事件一旦发生、交通瓶颈一旦形成、交通设施一旦受损，往往会迅速扩展和蔓延，影响更大的范围甚至导致整个交通系统瘫痪，且难以在短时间内恢复。其负面影响可能表现为：部分道路拥塞不通、公共交通系统服务水平低下、交通枢纽运转不畅、人员与货物运输停滞。造成上述影响的直接原因是非常态事件的发生，但交通系统的复杂性和脆弱性使其影响加剧且难以恢复。韧性交通系统旨在通过合理的规划设计、运行管理与应急控制，最小化非常态事件对交通系统的影响。

面向复杂交通系统开展韧性评估、系统状态推演并开发有效的应急控制策略是提升交通系统韧性的三个必要环节，其背后的科学问题主要包含：

(1)构建交通系统韧性指标的动态评估方法。评估交通系统韧性需要结合非常态突发事件严重程度、影响因素、处置难度、资源限制及环境等影响因素，获取大规模路网真实、可靠的交通数据，全面考虑各影响因素之间的动态变化规律，是构建韧性交通系统动态评估体系必须要解决的科学问题。

(2)实现复杂交通系统状态的快速、精准推演。韧性交通系统是多要素行为随机、多模式相互耦合而成的复杂非线性交通系统。在非常态事件影响下，系统的网络结构和服务水平将会发生显著变化，实现复杂系统状态的快速、精准推演，构建系统面临非常态事件时的柔性消解转化方法，是韧性交通系统状态演变规律研究的重要科学问题。

(3)面向多模式交通的多控制策略协同研究。非常态事件发生后，利用韧性交通系统的道路资源在时空维度的多用途、高效灵活等特性，研究交通有序组织、流量精准疏导与资源精准配置有效协同方法，是实现可靠性强、实施效率高、资源集约化高的应急控制需要解决的关键科学问题。

2　科学问题背景

随着交通系统的规模和复杂程度越来越高，非常态事件对于交通系统的影响和破坏逐步成为交通研究和管理人员重点关注的问题，韧性交通系统建设的紧迫性日益凸显。不同类型的非常态事件对交通系统的影响程度各异，一部分非常态事件会导致局部交通系统紊乱，根据美国联邦公路局统计结果，交通系统中约 50% 的拥堵由非常态事件（突发事件、交通管制、天气条件等）造成，这些拥堵会破坏正常交通秩序，引发道路大面积拥堵；另一部分灾害级非常态事件（洪涝、地震、恐怖袭击等）会大规模摧毁整个交通系统，例如 2021 年 7 月河南特大暴雨导致全省高速公路水毁 2639 处，干线公路水毁 6553 段，因交通基础设施地下空间溺亡 39 人，交通运输直接损失达 109 亿元。

总体而言，非常态事件发生后对交通系统产生以下负面影响：①破坏速度快，非常态事件会迅速破坏正常的交通秩序，导致人员伤亡或财产损失；②蔓延范围广，非常态事件的影响会从局部向周边区域快速传播，如果没有采取有效的应急控制策略，可能导致整个交通系统瘫痪；③恢复速度慢，非常态事件会导致交通系统长时间失效，降低通行能力和服务水平，严重情况下会阻碍应急救援效率。在世界范围内，为应对非常态事件对交通系统的影响，美国、日本、英国等发达国家都在积极打造韧性交通基础设施，并在相关法律法规中将交通系统的韧性和应急保障作为主要战略目标和规划内容。我国于 2019 年印发的《交通强国建设纲要》指导性文件中明确要求提升交通网络系统韧性和安全性。因此，研究非常态事件下韧性交通系统的状态演变规律与应急控制方法是建立健全综合交通应急管理体制机制的重要手段。

3　科学问题研究进展

韧性交通系统起源于城市基础设施韧性的研究，一部分研究从如何抵御、维持和恢复交通系统正常功能等方面的韧性内涵展开探索，另一部分研究认为韧性相比可靠性、易脆性能更全面地评估交通系统整体性能。虽然目前研究中尚未形成统一的韧性交通系统的定义，但国内外学者对于韧性交通相关概念达成了三个关键共识：①相较于常态化交通网络的可靠性，韧性交通更关注交通系统抵御非常态事件影响的能力和遭受非常态事件后系统的恢复能力，一个高韧性的交通系统应该同时具备遭受非常态事件时的抗干扰能力、维持系统正常运行的能力及快速复原的能力；②韧性交通系统通常包含鲁棒性、冗余性、应变性、恢复性等属性，在面临非常态事件时韧性系统可以由刚性抵御对抗转变为柔性消解转化,依靠灵活弹性实现交通系统的自我调节和迭代升级;③非常态事件的应急处置可以分为四个阶段:预防、准备、响应和恢复。应用于增强交通系统韧性的策略主要围绕一个或多个阶段。这些策略由传统静态目标规划转变为自适应的动态韧性规划,探索多种可能应急管控策略以应对非常态事件的不确定性。根据研究方法的不同,目前对于非常态事件下韧性交通系统的研究可以分为以下三种技术路线。

3.1 基于模型优化的技术路线

模型优化是当前的主流研究路线,该路线将交通系统抵御非常态事件时表现的韧性能力构建为"韧性三角形",并根据演变过程将韧性交通系统划分为系统遭受非常态事件后的损失程度和系统恢复到正常功能的时间两个部分,此路线侧重于韧性评估和应急控制。在韧性评估方面,评估方法主要有数学规划模型、拓扑模型、模糊逻辑模型等。基于数学规划模型的方法主要是通过考虑动态出行需求和客流波动计算网络成本变化以实现韧性评估。相较于数学规划模型,拓扑模型通常具有常规表达式,通过计算网络连接强度和网络节点度分配实现韧性评估。由于韧性交通系统具有多个属性,一些属性例如效率、冗余度很难量化,模糊逻辑方法可以通过改变关键变量、调整模型交互和增加指标之间关联程度来从低到高将交通系统韧性能力量化分级。在应急控制方面,利用用户均衡理论、博弈论、遗传算法等,研究系统遭受非常态事件后引发的供需不确定性问题,采用交通指挥调度、流量引导、信号控制等手段,实现道路网络中流量及资源优化分配并提升系统快速恢复的能力。

模型优化路线存在以下难点:①面向真实交通环境场景,现有的数学规划模型和拓扑模型中缺少刻画交通要素动态变化的特征;②面向大规模交通网络,网络级全局最优解与真实交通存在差异;③面向韧性交通系统应急控制,传统模型方法难以同时结合宏观交通指挥调度和微观交通控制方式构建合理的应急控制策略。

3.2 基于仿真模拟的技术路线

韧性交通系统具有多要素行为随机、多模式相互耦合的复杂非线性特征,仿真模拟的技术路线可以模拟韧性交通系统遭受非常态事件后的状态演变规律,可实现交通系统韧性评估、状态观测和应急推演。一方面,仿真模拟的方法可以通过大量重复的仿真实验不断缩小韧性交通系统各个属性的临界范围,最后获得系统抵御非常态事件的能力和恢复到正常状态的速度;另一方面,仿真模型可以模拟韧性交通系统内各个组件失效后系统性能的下降程度,从而获得系统内各个组件的关键程度排序,根据排序制定有效的应急控制策略。

仿真模拟技术路线存在以下难点:①缺少非常态场景下交通系统状态演变的精准刻

画；②仿真模型参数需要结合真实交通数据进行校正；③大规模交通网络仿真建模难度较大。

3.3　基于数据驱动的技术路线

基于数据驱动的技术路线是近年来比较受欢迎的研究方法，该方法侧重于系统韧性评估和状态演变的预测。区别于模型优化和仿真模拟，数据驱动的方法不考虑韧性交通系统的内在机制，而是直接选取一些能够评估多种非常态事件下韧性交通系统性能的变化情况。通过深度学习、强化学习等人工智能算法研究大规模路网中交通系统状况，以实时交通参数为自变量，系统状态为因变量，建立能够描述系统状态演变过程的预测模型。

数据驱动技术路线存在以下难点：①大规模路网的数据采集难度较高，数据质量直接决定模型计算精度；②非常态事件具有随机性、偶发性等特点，目前数据驱动的模型可解释性较差、泛化能力弱。

4　总结与展望

综上所述，三种非常态事件下韧性交通系统状态演变规律与应急控制技术路线各有优劣，未来的研究仍需重点关注以下难点：

(1)非常态事件下多要素行为随机、多模式耦合的韧性交通系统演变机理。非常态事件具有随机性、偶发性等特点，多模式交通网络可以提高单一交通网络遭受非常态事件后的韧性。如何使道路资源设施在时空维度多用途、高效灵活利用，配合交通有序组织、流量精准疏导与资源精准配置技术，有效缓解非常态事件的影响并辅助交通系统迅速恢复，是非常态事件下韧性交通系统状态演变规律与应急控制的技术难点之一。

(2)面向复杂交通系统构建可以实现系统韧性评估、状态推演和应急控制的全过程研究方法。如何获取大规模路网真实、可靠的交通数据，探索多种技术路线的组合协同使用方法，构建集韧性评估、状态推演和应急控制于一体的全过程研究方法，是非常态事件下韧性交通系统状态演变规律与应急控制的技术难点之一。

(3)考虑韧性交通系统自适应、自学习能力的鲁棒应急控制方法。从长期来看，交通系统的韧性在应对各种非常态事件的过程中，抗干扰能力不断增强，应急控制策略不断优化。深入研究韧性交通系统在预防阶段的鲁棒性、在响应阶段的应变性、在恢复阶段的恢复性，实现交通系统自我适应、自我学习能力，是实现非常态事件下韧性交通系统状态演变规律与应急控制工程应用难点之一。

主要参考文献

[1]　Mattsson L G, Jenelius E. Vulnerability and resilience of transport systems-A discussion of

recent research[J]. Transportation Research Part A: Policy and Practice, 2015, 81: 16-34.

[2] 仇保兴. 构建韧性城市交通五准则[J]. 城市发展研究,2017,24(11):1-8+149.

[3] Li Y, Wang X, Sun S, et al. Forecasting short-term subway passenger flow under special events scenarios using multiscale radial basis function networks[J]. Transportation Research Part C: Emerging Technologies, 2017, 77: 306-328.

[4] Wang Y, Wang J. Measuring and maximizing resilience of transportation systems for emergency evacuation[J]. IEEE Transactions on Engineering Management, 2019, 67(3): 603-613.

[5] Zhou Y, Wang J, Yang H. Resilience of transportation systems: concepts and comprehensive review[J]. IEEE Transactions on Intelligent Transportation Systems, 2019, 20(12): 4262-4276.

[6] Gu Y, Fu X, Liu Z, et al. Performance of transportation network under perturbations: Reliability, vulnerability, and resilience[J]. Transportation Research Part E: Logistics and Transportation Review, 2020, 133: 101809.

[7] Pan S, Yan H, He J, et al. Vulnerability and resilience of transportation systems: a recent literature review[J]. Physica A: Statistical Mechanics and its Applications, 2021: 126235.

[8] 杨超,唐鹏程,郝旭宽,等. 韧性交通建设实践与启示[J]. 综合运输,2021,43(08): 134-138.

[9] Zhang Z, Lin X, Li M, et al. A customized deep learning approach to integrate network-scale online traffic data imputation and prediction[J]. Transportation Research Part C: Emerging Technologies, 2021, 132: 103372.

撰稿人：李萌(清华大学)　马晓磊(北京航空航天大学)　李昀轩(清华大学)

多层级综合交通枢纽协同运行与组织优化方法

Integrated coordinated operation and organization optimization method for multi-level comprehensive transportation hub

1 科学问题概述

高超声速飞行器能够在30km至100km大气层内以大于5马赫的速度长时间飞行，是人类实现从地面到地外自由飞行的重要途径，也是一种可以从根本上改变传统战争时空观念的赋能技术。高超声速飞行器技术具有多学科和多技术高度交叉、相互牵引、相互支持、相互制约的显著特征，涵盖从基础科学、关键技术到飞行试验的各个方面。飞行器天线罩等典型结构在服役过程中不仅承担着严酷的气动力和气动热载荷，需满足结构力学性能要求，同时承担着保护雷达制导等关键电子系统的重要任务，还须满足雷达电磁性能要求，然而力学、热学、电磁学耦合分析属于多学科交叉问题，且力、热、电、结构相关参数耦合困难。依靠传统设计经验和先结构后电磁的串联式解耦设计方法，各学科独立开展设计，再由总体专业对各学科进行协调设计，各学科、各专业均会预留必要的设计余量来应对其他专业的未知因素，很难获得同时满足飞行器透波、承载、隔热性能指标要求的结构设计方案。特别是高超声速飞行器向着更高马赫数、更大飞行空域、更强使役性能的极限追求，单学科的裕度设计方法已经严重制约了飞行器的发展，急需开展多场耦合机理与多学科一体化设计方法研究。

综合交通枢纽是综合交通网络的关键节点，是各种运输方式高效衔接和一体化组织的主要载体。综合交通枢纽因功能层级和空间尺度的不同表现为枢纽集群、枢纽城市、枢纽港站三种形态。2019 年 9 月，中共中央、国务院印发《交通强国建设纲要》，提出“构筑多层级、一体化的综合交通枢纽体系”，旨在促进交通枢纽由单一向综合转变。2021 年 2 月，中共中央、国务院印发《国家综合立体交通网规划纲要》，提出“建设综合交通枢纽集群、枢纽城市及枢纽港站‘三位一体’的国家综合交通枢纽系统”，旨在推进综合交通统筹融合发展。

伴随着高度的数字化、网联化、信息化、智能化为特征的新工业革命开启，移动互联将成为综合交通枢纽未来运行与服务的时代场景，信息与控制技术将成为综合交通枢纽研究与发展的重要基础。城市与区域集约化和协同发展，基于枢纽为载体的“现代交通 +”理念，正在重塑城市与区域时空形态、催生经济新业态与新模式。此外，碳达峰、碳中和目标的实现也基于综合交通枢纽的系统效能的不断提升。

综合交通枢纽所涵盖的不同运输模式具有其各自的运行组织方式，依靠单一交通方式运行组织优化很难保障综合交通枢纽内乘客的便捷舒适出行和货物的高效安全运转。开展多层级综合交通枢纽高效安全一体化协同运行与组织优化方法的研究，基于综合交通枢纽平台实现对多种运输方式资源的优化配置，客运方面，可以促进铁路、民航、长途汽车、城市轨道交通、城市公交、出租汽车等多种运输方式之间运力匹配、集散协调，实现突发事件客流快速疏散，提升枢纽运行效率和安全水平；货运方面，可以助推公、铁、水、空多式联运常态化、动态化统一协调管理，推动各枢纽经济区之间的要素流动、产业链衔接和产业协调发展，满足乘客和货物对综合交通枢纽换乘链的安全性、完整性、连续性、便捷性需求，对于推进综合交通枢纽实现“一站式”服务具有重要的技术支撑作用，对于实现综合交通枢纽与城市乃至区域融合发展具有极其重要的理论意义和实用价值。

多层级综合交通枢纽协同运行与组织优化方法的研究，必须深度贴合信息化技术革命及城市群协同服务的发展趋势，通过统筹不同层级间枢纽内多种交通运输模式便捷换乘以及交通资源协同配置，保障供需动态匹配，推进枢纽内各方式的高效协作及枢纽集群、枢纽城市的发展协同，方能充分释放综合交通枢纽系统的整体效能，满足未来移动互联场景下多样化、个性化、智慧化的出行与物流发展需求。

2 科学问题背景

从工程角度而言，综合交通枢纽是综合交通运输体系的组织中枢，其高效率运行和高质量服务是交通运输现代化的重要标志。我国综合交通枢纽近年来快速发展，取得了积极成效，但仍存在一些短板，如枢纽功能系统性不强，创新驱动和融合发展不足，不同层级枢纽城市、枢纽港站间运行组织、协同服务效应不明显，制约了枢纽体系整体效能的发挥。

随着信息技术的不断发展，基于海量异构数据的城市枢纽客流定位监测与预警系统将是未来发展趋势。监测技术和系统可以将客流、车流及货流等实时准确数据及预警信息提供给枢纽场站的管理者与决策者，从而实现枢纽高效安全运行并为出行者提供丰富的信息服务。因此，面向移动互联时代，如何有效利用现代信息与控制技术，提升综合交通枢纽的智慧化水平，完善涵盖道路、轨道、水上及航空等交通方式，以及融城市与区域发展于一体的综合交通枢纽，通过整合各交通方式的优势，协同优化综合交通枢纽的运行与组织，可以最大程度适应城市群、城市带，以及城镇化发展的需要。

3 科学问题研究进展

国外发达国家从 20 世纪 50 年代就开始对交通枢纽的规划、设计与运行、管理及政策方面展开研究。早期研究重点聚焦于枢纽工程项目的规划选址、衔接换乘等技术与多式联运换装设备的研发，并注意推动自动化、信息化、标准化技术在枢纽领域的应用，逐步建成了一批现代化的综合客货枢纽港站。进入 21 世纪，随着通信、信息等上游技术的攻克，有关综合交通枢纽技术研发的重点开始逐渐转向枢纽的智慧化运行，如欧盟的马可波罗计划，借助信息与物联网深度融合，实现载运工具、航运设施、货物物流之间的信息共享，以及多式联运一体化等。国际航空运输协会也致力于推动生物识别、数字管理等技术在机场综合交通枢纽中的应用。

当前，国际上有关综合交通枢纽研究方向主要包括：一是短程通信、蓝牙、5G、视频分析等通信信息技术在枢纽客货流监测、实时感知、精准定位、自动安检等领域的技术和设备研发，基于海量异构数据的城市枢纽客流定位监测与预警技术也是研究重点之一；二是基于出行即服务（MaaS）、自动识别系统（Automatic Identification System，AIS）、虚拟现实

(Virtual Reality,VR)等技术,依托综合交通枢纽在旅客联程运输、物流供应链管理领域中的应用,主要对服务资源、枢纽环境、信息交互等整合集成技术进行研究。三是基于云平台、大数据、人工智能等技术,创新改善综合交通枢纽在协同运行决策、自动调度等方面的优化技术。

从我国当前发展情况看,基于综合交通枢纽的多方式协同运行无论在组织体系还是在技术支撑方面,还存在一些技术瓶颈,难以满足资源高效利用要求,尤其是在协同联动和主动控制的理论方法和技术方面,人工智能、大数据等技术尚未能与交通枢纽的组织管理技术深度融合,导致同一城市群或城市内不同综合交通枢纽一体化协同联动能力差,控制决策以模型驱动为主,难以根据交通流变化实时改变控制策略。综合交通枢纽成为简单的不同交通方式的“线性”衔接,多种运输方式服务脱节,移动互联环境下城市群枢纽协同服务体系有待构建。“三位一体”综合交通系统建构背景下,枢纽协同运行与服务模式面临变革,迫切需要向公众出行提供实时、准确、个性化的交通信息和服务技术。枢纽系统无法满足协同调度的快速需求,全程管控能力弱,难以实现运营数据化与协同决策。

以往针对综合交通枢纽运行组织优化大多侧重于单一枢纽内不同交通方式间接驳优化,缺少对枢纽群间各交通方式多尺度下的统筹协同,使得枢纽运行组织优化效果不佳。此外,在 MaaS 的运输变革下,城市群枢纽信息化推广及应用为枢纽间多方式协同运行提供了更多优化空间,同时也带来了前所未有的技术挑战。因此,为实现未来综合交通枢纽高水平运营管理以及城市群深度融合和协调发展,多层级综合交通枢纽协同运行与组织优化仍需要进一步进行研究。无论是乘客出行微观尺度还是枢纽运行组织宏观尺度,以及综合枢纽与城市及区域融合发展等方面,多层级综合交通枢纽协同运行与组织优化研究仍有诸多需要攻克的问题:

(1)移动互联网环境下联程出行行为建模及机理分析。随着信息化和互联技术高速发展,枢纽型综合交通系统在增强城市群可达性的同时也为一站式购票、一证式出行、一体化组织、无缝化衔接的旅客联程出行提供了必要条件。国内外的研究大部分是针对单一出行方式进行,尚缺乏对城市群旅客多方式组合出行行为的研究,而联程出行不仅包括了单一出行方式,还包含了多方式组合出行。因此,有必要从联程出行的全过程出发,结合大数据信息挖掘技术方法,分析旅客在城市群枢纽间进行联程出行时的方案选择行为以及综合交通枢纽接运方式的选择行为,进一步构建城市群交通枢纽间联程出行行为模型并对选择行为机理进行深入剖析,为综合枢纽协同运行与组织优化奠定基础。研究综合视频分析、生物识别、AI 智能算法的无感知状态下的旅客画像技术与安检核验技术,从而提升换乘效率和服务水平。

(2)考虑可变弹性需求的客运枢纽间多方式协同运行优化。随着城市群建设与发展的加快,城市群枢纽间运输通道涵盖交通方式愈加丰富,多模式组合出行愈加频繁。随之而来的是移动互联技术和个性化、可定制交通方式的发展,乘客灵活可变的出行需求弹性变化特征日益显著。若仍旧假定为固定需求，其计算结果将严重偏离实际情况，无法达到各交通方式下的供需匹配以及多方式的协同运行。既有研究中对枢纽间多方式协同优化研究尚不充分，大多停留于枢纽间单一交通方式的时刻表优化等。另一方面，城市群枢纽信息化建设和现代大数据挖掘技术为弹性需求精准化估算以及多方式协同运行优化提供了更多的可能性。因此，考虑弹性需求的枢纽间多方式协同运行优化问题亟须进一步探索。

(3)不确定环境下综合客运枢纽协同优化的鲁棒性及控制策略。对于城市群内的综合交通枢纽，由于其涵盖了铁路、城市公交、城际大巴、轨道交通、航空、水路等多样性交通方式，尤其是城市公交、城际大巴、航空等交通方式均在庞大的开放式环境下运行，现实交通环境中存在大量不可避免的不确定因素干扰交通运输设备正常运行，这些不确定因素的出现往往导致实际运营偏离既定运行组织计划。此外，相较于单一枢纽，城市群综合交通枢纽所要满足的客流需求也具有高度的多样性和不确定性。在这些不确定因素作用下，鲁棒性则成为能否确保综合交通枢纽协同运行与组织稳定以及持续有序运行的重要因素。有鉴于此，亟待从鲁棒性和控制策略方面对综合交通枢纽协同运行与组织优化方法进行进一步研究。同时考虑面向巨量、时变、个性化、网络化运输服务需求，针对多层次交通复杂系统、多模式超级运输网络的综合效能与服务水平提升问题，研究全程多粒度运输网络强时空供需匹配与协调控制机理，研发大型综合交通枢纽智能调度与集成控制技术，面向一体化出行需求实现运输资源动态配置与协同组织，多模式交通一体化运营管理，常态和偶发事件下多方式协调调度技术。研究基于集成化通信平台(ICP)、物联网(IoT)、5G、eLTE、多点定位等新技术的枢纽间协同服务技术；研发基于全域大数据和智能分析能力的枢纽协同运行与服务质量指数。

主要参考文献

[1] 张国伍，张秀缓，罗雄飞. 综合交通枢纽的虚拟组织协同管理模式研究[J]. 系统工程，2000(04):43-48.

[2] Atamturk A, Zhang M. Two-stage robust network flow and design under demand uncertainty [J]. Operational Research, 2007, 55(4):662-673.

[3] 王佳，符卓. 综合客运枢纽接运公交线路优化设计[J]. 系统工程，2012, 30(05):101-106.

[4] Yan Y D, Meng Q, Wang S A, et al. Robust optimization model of schedule design for a fixed bus route [J]. Transportation Research Part C: Emerging Technologies, 2012, 25:112-121.

[5] 余柳，刘莹. 东京综合交通枢纽布局规划研究与启示[J]. 交通运输系统工程与信息，

2013,13(001):17-24.
[6] 陆化普,孙智源,屈闻聪.大数据及其在城市智能交通系统中的应用综述[J].交通运输系统工程与信息,2015,15(05):45-52.
[7] 张军,王云鹏,鲁光泉,等.中国综合交通工程科技2035发展战略研究[J].中国工程科学,2017,19(1):43-49.
[8] 魏玉聪,朱熹,崔晓天.基于大数据的综合交通枢纽客流监测系统设计[C].2018年中国城市交通规划年会.
[9] 鲁晨,孙健,杨涛.综合交通枢纽客流行人换乘组织优化及仿真[J].系统工程,2020,38(3):8.

撰稿人:李鹏林(交通运输部规划研究院)　任其亮(重庆交通大学)
郭忠(交通运输部科学研究院)

面向出行即服务的多模式交通资源动态调度与组织优化

MaaS-oriented dynamic scheduling and organization optimization of multi-modal transportation system

1　科学问题概述

现代城市的多模式交通系统具有丰富的内涵,包括多种交通方式,涉及多样化的运输服务模式。其中,多种交通方式指公共汽(电)车(以下简称"公交")、快速公交、轨道交通等公共交通方式,出租车、电话叫车等准公共交通方式,以及社会车辆出行等非公共交通方式。多样化运输服务模式不仅指传统的公共交通服务和个人出行,还包含智能出行时代新兴的"灵活公交服务",如合乘车、定制公交、需求响应公交等,以及基于网约出租车、共享汽/单车等"个性化出行服务"。理想情况下,这些多模式交通系统应互补合作,高效、高品质地服务动态、多样化的时空出行需求。然而,各交通模式的经济和技术特征差异显著,面对智能出行的发展,如何系统统筹其运输资源的调度与组织,促进无缝衔接的一体化出行服务,是当前重要的交通工程科学问题之一。

现有交通(时空与运能、运力)资源调度与组织优化的研究主要集中在传统(准)公共交通系统,虽然涉及多种公共交通方式,但对新兴智能出行模式的考虑不足;后者的出现,尤其是其共享性和动态响应等特征,深刻改变了出行者的出行决策行为,导致交通需求的出行规律、时空轨迹呈现新的变化。然而,传统理论方法仍未及时调整研究对象和边界,抓住新兴出行模式海量数据资源和移动网联能力的优势,精准描述、预测出行行为规律,从而更高效地组织和调度有限的交通资源。

鉴于此，交通资源的调度与组织优化需要针对多模式交通系统，进行全面的理论扩展与深刻的技术变革。理论方面，需要建立多模式交通系统联合组织优化方法，根据各交通模式的经济和技术指标，扬长避短，最大限度发挥联合交通模式的综合优势。技术层面，在上述多交通模式的联合组织架构基础上，建立基于数据和网联条件的交通时空资源的动态调度控制方法，实现多模式交通系统的协同运行。

2 科学问题背景

随着移动通信技术的进步和交通互联网企业的发展，新兴出行模式因其便捷性和经济性，迅速兴起，给传统城市交通系统带来了前所未有的巨大冲击和变革，尤其对城市公共交通系统的影响最为显著。传统的公共交通系统组织与调度未能及时反应，缺少整体优化理论和方法指导，导致在一些区域或走廊存在多种客运模式重复建设与资源投放、恶性竞争的现象；而与公共交通系统有互补关系的出行模式却处于自发的接驳状态，缺少系统的组织引导。

移动互联在出行领域的应用，诞生了出行即服务(MaaS)的交通理念并促进了其发展，其核心是将多模式运输服务整合到统一的数字化交通平台，提供一体化出行服务，从信息层面解决了分散式出行需求与集约化供给之间的矛盾，为个体出行者提供最大便利，也为交通管理者带来了系统整体优化的机遇与挑战。因此，如何从社会和综合交通运输系统的角度，研究传统公共交通系统与新兴出行模式间时空衔接组织和调度方法，实现整体客运效率最高，是当前亟须研究的重要课题。

3 科学问题研究进展

依据各交通模式技术经济特征，针对两种典型的交通模式组合关系，其组织优化与协同调度的研究主要存在以下几方面进展。

3.1 传统公共交通系统与新可达方式联合组织优化问题

作为共享个人出行模式的网约车、共享汽/单车能够实现门到门服务，是解决传统公共交通可达问题(“最后或最初一公里问题”)的可行方案。一方面，当前关于共享个人出行模式的研究主要集中在自身运营管理方面，包括供需匹配问题、车辆路径规划问题、动态车辆调度问题和定价问题等。但近年，网约车、共享汽/单车未能缓解甚至加剧了城市交通拥堵和环境污染问题。下一步研究的重点应关注与既有公共交通系统衔接的系统构筑与运营调度问题，以期实现以大运量公共交通为导向的、可靠的、可持续的城市交通系统。另一方面，当前融合新可达方式的研究多关注传统公共交通资源优化调整。新可达方式的交通速度和灵便性更高，覆盖范围更广，结合此优势，传统公共交通服务可引入大站距停站方案、开设区间快线等新式运营策略，从而减少停靠次数和延误，提升线路运营速度。然而，传统单方式公共交通线网设计问题本身已经非常复杂，属于 NP 难问题，加之新可达方式将更加难以求解。因此，在重点研究公共交通运营方案与新可达方式的联合优化的基础上，同时寻找建立良好数学性质的优化模型，开发更高效的求解算法。

3.2 骨干公共交通系统与灵活公交联合组织优化问题

与共享个人出行模式不同，合乘车、定制公交、需求响应公交为人们提供了一种按需获取的“门到门的公共交通服务”，其线路和时刻表的灵活性区别于传统公共交通系统。目前，这类灵活公交的研究仍主要关注各自系统的运营设计与调度问题，仅面向城郊低密度人口或特殊人群，问题规模通常较小。随着移动互联网平台公司的公交服务业务铺展，城市范围内的灵活公交正迅速发展，产生了以下待研究的关键问题。例如，灵活公交车辆运营策略的选择问题，即比较研究基于空间分布的网约车式运营模式和基于发车频率的运营模式。基于预约的大规模车辆路径规划问题，亦即充分考虑用户的时间窗和地点偏好约束。基于动态需求的实时车辆路径规划问题，亦即考虑动态需求插入与拒绝以及车辆路径调整。最后，统筹考虑交通资源在骨干公共交通系统与灵活公交系统间的匹配，需要研究车队规模分配、服务区域划分，以及融合灵活公交接驳的干线公共交通线网联合设计问题等。

3.3 多模式交通系统动态协同调度控制问题

传统城市公共交通系统调度主要是指时刻表协同，其研究方法可分为“运营设计类模型”和“实时控制类模型”两类。前者在设计阶段研究时刻表计划和停站策略，协调不同方式/线路的车辆到站时间来降低乘客换乘成本。后者在实际运行阶段，考虑诸多不确定性因素，研究通过实时控制来保持时刻表计划，于一定时间窗范围内协同车辆到站方案，降低随机延误。然而，现有的时刻表协同研究大多仅限于传统公共交通模式，即公共汽（电）车和轨道，欠缺考虑与新兴出行模式之间的衔接与联动。显然，在上述多模式交通系统组织结构的基础上，基于发车频率或基于时刻表的公共交通系统与新可达/接驳模式之间的联合调度，将是下一步的研究课题。

4 总结与展望

综上所述，在多模式交通系统中，现有调度与组织研究主要存在两点不足：一是多模式交通系统资源配置与运营管理，尤其是传统公共交通系统与新兴出行模式之间的关系，缺乏整体优化方法指导；二是各模式内的交通资源调度相互独立，缺少协同优化。鉴于此，本研究方向有两点展望：

(1)以出行即服务为导向的多模式交通系统组织优化理论与方法。主要包括：①传统公共交通系统与新可达方式联合组织优化理论,研究基于现有公共交通系统的网约车、共享汽/单车资源配置问题,联合新可达方式的公共交通线网设计模型和算法等。②骨干公共交通与灵活公交系统联合组织优化理论,即研究灵活公交运营策略、车辆路径规划问题,以及新接驳模式与干线公共交通线网的联合设计模型和算法。

(2)适应交通需求时空动态分布特征的多模式交通车辆协同调度理论与控制方法。主要包括:①考虑现有公共交通运营计划,包括基于公共交通时刻表或动态公共交通出行的新可达/接驳模式车辆调度与平衡问题。具体而言可能包括考虑现有公共交通系统时刻表的网约(合乘)车调度问题、基于动态公共交通出行的起终点站共享汽/单车平衡调度问题、干线公共交通与接驳公共交通的时刻表协同问题等。②围绕重要交通节点,研究多模式交通系统车辆到站协同调度模型与控制模型。例如大型交通枢纽、轨道交通终点站以及换乘站点等。以上研究问题也将分为"运营设计"和"实时控制"两类场景展开,分别指导车辆的调度计划和实际运行控制以及服务条件的设计等。

主要参考文献

[1] 交通运输部.交通运输部关于公布"十三五"期全面推进公交都市建设第一批创建城市名单的通知[EB/OL].[2017-08-04]. https://xxgk.mot.gov.cn/2020/jigou/ysfws/202006/t20200623_3315419.html.

[2] 陈汐,王印海,刘剑锋,等.多区域通勤定制公交线路规划模型及求解算法[J].交通运输系统工程与信息,2020,20(4):166-172.

[3] Chen P, Nie Y. Connecting e-hailing to mass transit platform: Analysis of relative spatial position[J]. Transportation Research Part C: Emerging Technologies, 2017, 77: 444-461.

[4] Chen P, Nie Y. Analysis of an idealized system of demand adaptive paired-line hybrid transit[J]. Transportation Research Part B: Methoddogical, 2017, 102: 38-54.

[5] Daganzo C, Ouyang Y. Public transportation systems: Principles of system design, operations planning and real-time control[M]. Singapore: World Scientific Publishing Comany, 2019.

[6] Fan W, Mei Y, Gu W. Optimal design of intersecting bi-modal transit networks in a grid city[J]. Transportation Research Part B: Methodological, 2018, 111: 203-226.

[7] Fan W, Yu Ran. Planning skip-stop services with schedule coordination[J]. Transportation Research Part E: Logistics and Transportation Review, 2020, 145: 102-119.

[8] Luo S, Nie Y. Impact of ride-pooling on the nature of transit network design[J]. Transportation Research Part B: Methodological, 2019, 129: 175-192.

[9] Luo S, Nie Y. Paired-line hybrid transit system in a monocentric city with exponential demand pattern[J]. Transportation Research Record, 2019, 1-13.

[10] Luo X, Gu W, Fan W. Joint design of shared-bike and transit services in corridors[J]. Transportation Research Part C: Emerging Technologies, 2021, 132: 103366.
[11] Mei Y, Gu W, Cassidy M, et al. Planning skip-stop transit service under heterogeneous demands[J]. Transportation Research Part B: Methodological, 2021, 150: 503-523.
[12] 任华玲,高自友. 动态公交网络设计的双层规划模型及算法研究[J]. 系统工程理论与实践,2007,27(5):82-89.
[13] Stiglic M, Agatz N, Savelsbergh M, et al. Making dynamic ride-sharing work: the impact of driver and rider flexibility[J]. Transportation Research Part B: Methodological, 2021, 91(C): 190-207.
[14] 王炜,杨新苗,陈学武. 城市公共交通系统规划方法与管理技术[M]. 北京:科学出版社,2002.
[15] Wu L, Gu W, Fan W, et al. Optimal design of transit networks fed by shared bikes[J]. Transportation Research Part B: Methodological, 2020, 131: 63-83.

撰稿人:刘晓波(西南交通大学) 范文博(西南交通大学)

一站式出行与预约式交通系统构建技术

Construction technology of MaaS and reservation-based transportation systems

1 科学问题概述

近年来国家实施“互联网+”便捷交通战略,推动了智能出行服务变革,平台型共享经济在出行领域广泛应用,定制公交、网约车等出行服务新业态快速发展,传统的交通运输系统要素向线上化发展,推动了一站式、预约式等“出行即服务”(Mobility-as-a-Service, MaaS)交通系统的发展。一站式出行与预约式交通系统通过信息服务平台快速、精准匹配出行需求和交通供给,从交通方式维度、时间维度大幅度提升了出行效率,缓解了传统交通系统分散出行需求与集约交通供给矛盾、灵活出行需求与计划交通服务矛盾,提升了用户的智能出行体验效果。然而,一站式出行与预约式交通系统,与经典的交通系统相比,在交通需求、交通供给和出行服务等方面面临着新的挑战。

(1)如何精准、及时地获取和刻画一站式出行与预约式交通系统的出行需求。现有的需求分析理论主要集中在针对经典交通系统的集计确定型和非集计倾向型研究,面对一站式出行与预约式交通系统的不同时间维度要求,在考虑个性化、响应性、全链条等影响需求特征刻画与需求演变的重点因素,多源需求数据融合填补,个体出行隐式特征辨识,混合出行需求预测等技术问题方面，现有的理论与技术方法亟待提升，需要解析一站式出行与预约式交通系统出行需求本征新内涵，揭示个体出行需求新规律，建立需求预测新方法。

(2)如何揭示一站式出行与预约式交通系统中固定与可变混合出行需求演变规律及多方式交通系统耦合机理。传统交通运输系统以服务固定式需求为主，兼顾弹性需求，其系统优化的对象多为计划式、确定性设施资源和运力资源，未拓展到不同交通方式间的协调优化问题。一站式出行与预约式交通系统中部分出行需求为可变需求，与固定出行需求混合具有更大的随机性，在需求与设施、运力的耦合关系中，对交通供给资源的灵活配置、柔性组织和协同调度提出了更高要求。

(3)如何调控一站式出行与预约式交通系统中出行服务与个性化、全过程出行需求之间的关系。个性化出行的多样性、随机性和时变性，对一站式出行与预约式交通系统服务信息的响应、交互的复杂程度和时限提出了更高要求，系统可获取的参数和数据，远远突破了传统控制方法和模型的假设，需要建立两者之间的泛在感知、精准监测体系，构建基于个体出行行为规律的优化模型，支撑出行需求和供给资源动态匹配和及时反馈。

2　科学问题背景

一站式出行与预约式出行是出行即服务概念的典型呈现形式，出行服务产品是一站式出行与预约式出行功能的载体。具有一站式出行、预约式出行、需求响应、供需动态匹配等功能的出行服务平台的目标是通过多种交通方式的融合发展，鼓励绿色、低碳、慢行出行模式，鼓励减少私家车出行，最终缓解交通拥堵，实现交通出行智慧化转型，助力实现碳达峰、碳中和。

近年来，随着全球城市化的加速推进，出行服务逐渐呈现出去中心化、精细异质化、轻量化等显著特点，如何在多方式、多主体的市场环境下研究并发式供给资源协同优化配置方法，缓解出行服务平台与交通供给端运营主体之间的矛盾，是加速出行服务落地需要解决的核心问题。一站式出行与预约式交通系统构建技术出现了两大研究热点：在个体出行的多维决策变量环境中，基于异质性用户画像，优化设计面向需求端的“千人千面”个性化出行激励方案；在移动互联环境下，基于用户预约出行信息、实时交通网络态势研判、车辆供给状态等多源交通信息，依托实时动态仿真技术以及数学优化算法，构建预约出行动态供需匹配与协同系统。

3　科学问题研究进展

一站式出行与预约式交通的相关研究围绕一站式出行服务、组合出行路径、出行链仿真优化、智慧出行服务等技术路线开展。

3.1　面向一站式出行服务的跨方式、多主体、并发式供给资源协同优化配置

跨方式供给资源优化主要是基于方式链综合出行成本测算来解析方式转移机理、估计转移矩阵,融合复合网络重构交通流分配模型,并以网络交通流时空分布为基础优化供给资源配置。近年来,随着共享出行模式的日益普及,研究者探索了多种共享车辆资源的预约响应机制、动态调度算法及出行者与服务者之间的智能匹配方法,研究理念由静态交通规划层面的单一交通方式时空资源配置向基于预约和实时响应的共享资源配置转变,但仍存在如下局限:①偏重于单一出行方式的供需平衡优化,缺少全方式的衔接协调,无法满足门到门、一站式的出行即服务需求;②主要以出行需求个体和服务供应个体的收益最大化为目标优化资源配置,忽略了跨平台、并发多主体出行需求的相互作用关系,缺少对网络交通流运行效率的考虑,无法充分挖掘路网资源与共享出行资源的最佳协同方式;③局限于多种出行方式之间的配置,未考虑与共享出行资源投放、出行诱导和路网交通信号控制等资源的协同优化,无法实现多资源配置手段的优势叠加。因此,如何刻画多资源配置子系统的耦合作用机理、描述出行服务系统及多出行资源子系统与出行需求的作用方式,系统优化综合交通资源配置是提升服务品质亟待突破的研究问题。

3.2　多方式、跨网络组合出行路径建模与算法

多方式组合是一站式出行的重要特征,涉及不同方式的组合排序和每种方式的路由信息,而路由信息又是在交通网络中计算得到的。如何构建能够灵活适应多方式组合出行的网络分析模型是求解组合出行优化问题的关键,传统四阶段法和活动模型仅能有限地完成多方式之间的结合。理论和方法瓶颈在于四阶段法或出行方式链模型关注的是集计出行量,在此基础上进行单方式分配;活动模型虽然关注了个体出行活动之下的交通方式分配,但仍然忽略了各方式之间的相互影响。要实现多方式组合,需要对复合交通网络进行综合表达,如超交通网或多层交通网络。与传统运输网络不同,多层网络可以实现物理层(道路网、轨道网等)和方式层(小汽车、公共汽车、地铁)分离。当使用多层网络时,通用的路径搜索算法将不再适用,需要建立针对多层网络的路由算法,借助超网络架构并加入虚拟连接,使得不同方式网络之间能够联通,进而使用全局路径搜索算法实现多种方式路由的计算处理。

3.3　大规模路网中多方式组合出行链的多目标仿真优化

在大规模路网多方式组合出行链层面,优化设计一站式与预约式服务的运力组织运营方案,需要借助高效率仿真优化技术。然而,其面临如下问题与挑战:①大规模出行链模型仿真成本昂贵,给领域探索寻优算法(如遗传算法、禁忌搜索等)带来极高的计算负荷。针对这一挑战,其核心解法在于设计合理有效的代理模型机制,并研发大规模路网快

速计算、宏中微一体交通仿真模型。②城市路网感知数据质量低下，仿真模型可信度差。针对这一挑战，可基于典型数据采集形式，如电子警察探头及浮动车数据，设计多源异构数据融合方法以及车辆轨迹重构还原算法，提升仿真模型精度。③交通仿真模型噪声大，对寻优造成显著干扰。由于交通仿真过程中含有随机因素，仿真结果通常包含噪声，常见的降噪处理方法为：在允许的计算资源下，对同一个采样点进行多次仿真或采用回归代理模型代替插值模型，取其期望值以降低仿真结果的不确定度。④多目标优化、多层次决策变量导致仿真优化初始采样效率低下。在高维度、多层次决策变量且计算资源有限情况下，如何获取足量的可行采样点信息来构建可信代理模型，是求解多目标、多层次优化问题的核心挑战。

3.4 基于实时交通信息的个性化、一体化智慧出行服务

多方式复合网络是一体化智慧出行服务的基础，其主要构建策略是基于交通网络拓扑结构借助步行网络转换实现多方式系统的静态衔接，亦有学者基于客流流量和运行时间等动态数据提出加权复合网络构建方法，但其简洁性和可执行性不强；在一体化智慧服务路径规划方面，传统研究多以路径最短为目标寻求最佳方案，缺少与管控信息和交通状态信息的动态交互；近年来，很多学者通过大数据挖掘的方式探究个体行为轨迹，进而借助强化学习等算法迭代优化出行线路，提升网络运行效率，但存在如下几方面缺陷：①偏重于静态出行服务方案的规划，缺少对实时管控信息的考虑，无法确保全过程服务的最优性；②多类用户的出行服务同质化，缺少对个体出行偏好等行为的挖掘，制约方案质量；③出行服务的手段片面化，缺少与出行激励措施的协同，无法反馈宏观层面的出行引导；④跨方式服务分布于多个平台，缺少一体化整合，制约出行体验。因此，融合个体出行行为信息及路网实时管控信息动态优化服务方案、打通出行服务全链条、构造一站式出行服务新模式具有很强的时代需求性。

4 总结与展望

综上所述，针对一站式出行与预约式交通系统，为满足人们对于出行的智能化、舒适性、个性化、立体化等要求，迫切需要开展一站式出行与预约式交通系统构建技术研究，支撑智慧化出行服务。在管理侧，针对多方式、多目标的组合出行优化，需要提出快速优化决策模型；在供给侧，需要深入研究出行资源时空优化配置；在用户端，需要提高信息的实时性及个性化程度，满足各类人群的个性化出行需求。新型移动互联环境下的一站式出行与预约式交通系统将出现重大技术变革，鉴于此，本研究方向有两点展望：

(1)研究大数据和人工智能双驱动的一站式出行与预约式交通出行优化方法，研究自适应感知的多任务动态学习方法和去中心化多智能体强化学习框架，提出智能出行平台

高效匹配、优化调度、方式组合、动态定价等多种策略动态优化方法。

(2)搭建新兴技术个性化出行需求管理以及预约出行在线决策优化平台，全景再现一站式出行与预约式交通系统中的供需时空演化规律，形成面向未来城市交通的一站式与预约式智慧出行服务技术体系。

主要参考文献

[1] Silver D, Schrittwieser J, Simonyan K, et al. Mastering the game of go without human knowledge[J]. Nature,2017,550(7676):354-359.

[2] Chen X, He X, Xiong C, et al. A Bayesian stochastic kriging optimization model dealing with heteroscedastic simulation noise for freeway traffic management[J]. Transportation Science,2019,53(2):545-565.

[3] Daganzo C F, Ouyang Y. Public transportation systems: principles of system design, operations planning and real-time control[M]. Singapore: World Scientific Publishing Company,2019.

[4] Melinda M, Maria K. The potential of mobility as a service bundles as a mobility management tool[J]. Transportation,2019,46:1951-1968.

[5] 刘向龙,刘好德,李香静,等. 中国出行即服务(MaaS)体系框架与发展路径研究[J]. 交通运输研究,2019,5(3):1-9.

[6] Ho C Q, Mulley C, Hensher D A. Public preferences for mobility as a service: insights from stated preference surveys[J]. Transportation Research Part A: Policy and Practice,2020,131:70-90.

[7] Pangbournea K, Mladenović M N, Stead D, et al. Questioning mobility as a service: unanticipated implications for society and governance[J]. Transportation Research Part A: Policy and Practice,2020,131:35-49.

[8] Xiong C, Shahabi M, Zhao J, et al. An integrated and personalized traveler information and incentive scheme for energy efficient mobility systems[J]. Transportation Research Part C: Emerging Technologies,2020,113:57-73.

[9] Liu J, Mirchandani P, Zhou X. Integrated vehicle assignment and routing for system-optimal shared mobility planning with endogenous road congestion[J]. Transportation Research Part C: Emerging Technologies,2020,117:102675.

[10] 陈喜群. 网约共享出行研究综述[J]. 交通运输系统工程与信息,2021,21(5):77-90.

撰稿人：陈喜群(浙江大学)　刘好德(交通运输部科学研究院)　叶建红(同济大学)
田野(同济大学)　马东方(浙江大学)

CHAPTER FIVE

第 5 章
道路交通安全

道路交通安全以道路交通参与者、运载工具、交通设施、环境与信息等要素为研究对象，探究其相互作用关系对交通运输系统运行安全的影响规律，研究将安全特性融入规划、设计、建造和运行全过程的理论与方法，实现道路交通系统的安全可持续发展。

道路交通安全领域的研究最早始于 20 世纪初，主要聚焦于阻止交通事故的发生，缺乏系统且规范的研究体系。20 世纪 20 年代后期，道路交通事故频发，人们开始认识到道路交通安全研究的重要性。1930 年美国成立了交通工程师协会，推动了成体系的道路交通安全研究与实践的开展。至 20 世纪 60 年代初期，道路交通安全研究取得了若干探索性成果，如道路交通事故死亡人数非线性回归模型，拉加尔等提出的 6 项自变量回归模型等。

20 世纪 60 年代后期，道路交通安全研究取得深层次发展，具体可分为宏观和微观两个方面。前者分析道路交通事故率等宏观性指标，为制定相应的改善政策提供指导和建议；后者应用交通冲突技术分析交通冲突中可测量、可记录的数据，探索引发道路交通事故的原因。

20 世纪 70 年代末 80 年代初，随着汽车保有量的不断增加，道路交通安全研究也逐渐得到了发展中国家的广泛重视。1979 年，美籍华人张秋先生回国讲学，系统地介绍了当时最前沿的交通工程知识体系，促使一大批高校开始创立相关学科，极大地推动了我国道路交通安全研究的发展。至 20 世纪末，全球道路交通安全研究依靠应用数学领域的新兴成果及早期的计算机技术等，实现了综合快速发展。进入 21 世纪之后，信息科学技术突飞猛进，智能运输系统及道路交通仿真技术等不断完善，道路交通安全研究也进入前所未有的大数据信息时代。

面向人、车、路和环境的巨大体量挑战以及多因素之间的复杂作用关系，道路交通安全研究在事故成因与风险辨识、事故预防和安全评估等方向上不断拓展和延伸。数据采集设备的升级,驾驶模拟技术的提升,以及智能网联技术的发展,为道路交通安全研究带来了新的契机。在交通事故成因与风险辨识方面,交通事故的记录、备案要求日臻完善,道路危险路段的路侧、车载监测设施正在逐渐普及,改善了人-车-路-环境基础数据的供给现状。数据挖掘技术的发展,也使得依靠小规模基础数据获取更多特征信息成为可能,为道路交通安全的研究提供了有益的补充手段,促进了风险辨识精度的进一步提升。

目前,道路交通安全研究主要存在的问题有:①由于缺乏完备的交通事故基础数据库,以及数据挖掘技术不成熟,人-车-路-环境系统要素之间动态交互影响作用关系尚不明确,风险辨识精度低。②交通构成要素不规范,事故风险场景再现困难,导致交通事故发生机理不明确,干预手段下交通事故风险难以完全消除,事故预防效果差。③安全管理无法实现智能化调控,导致设施保障能力弱,安全管控能力不强,安全评估水平不高。

综上所述,道路交通安全研究有望基于先进的数据采集设备、成熟的数学分析手段以及多元化的心理、生理、行为检测方法和模拟仿真技术在未来的研究工作中予以突破。智能网联技术发展,多种共享出行方式的普及,以及实时化、个性化出行信息服务的实现,是未来道路交通系统的主要特征。由此,必然要求道路交通安全研究能够满足新兴技术的阶段性发展需求和系统安全性的要求,交通设施的安全设计能够与新型云端智能系统的发展逐步适应,交通运行的组织模式能够在保障安全的基础上自主优化出行效率,形成以安全为首要目标,对效率和环保等多目标进行优化的系统运行模式。

道路交通安全作为现代交通工程学科可持续发展的目标之一,其理论的重大发展与突破将推动交通本质安全技术的变革。在国家战略需求及未来科技发展背景下,道路交通安全重点发展方向包括数据精细化下的事故致因与风险辨识、面向风险场景多变的事故预防,以及交通系统协同安全与评估。

(1)安全数据精细化下的事故致因与风险辨识。面向道路交通系统安全事故成因与风险辨识发展目标,针对人、车、路、环境等复杂要素对交通事故影响机理挖掘问题,重点围绕高风险交通参与者交通认知行为特征、交通冲突主体的互馈失效机制、车辆人机交互信息影响特征、交通事故严重程度致因机理解析等方面开展研究。

(2)风险场景多变、不确定情况下的事故预防。面向道路交通系统降低事故风险、提高事故预防效果的发展目标,针对实时风险干预、伤害预防与事故趋势演化问题,重点围绕道路交通事故风险形成机理及干预机制、交通运行状态与实时事故风险的互馈机制及风险消解机理、泛在网联环境下异构交通系统事故风险解析与协同安全等方面开展研究。

(3)智能管控下的交通安全评估。面向道路交通系统提高安全管控能力,提升安全设施保障能力的发展目标,重点围绕智能汽车运行风险场景安全性测评、面向本质安全的道路交通设施安全评估与优化设计、车路协同信息异常对交通安全运行的影响机理等方面开展研究，推动道路交通安全智能化防控和评估方法发展，促进传统交通事故管理与智能技术的融合，着力提升道路交通安全管理的智能化水平。

基于驾驶场景的道路交通事故致因机理与发生规律

The casual mechanism and law of road traffic crashes based on driving scenarios

1　科学问题概述

道路交通安全形势严峻，交通安全改善已成为全球研究热点问题。道路交通事故是小概率事件，涉及人、车、路、环境等因素的相互作用。驾驶人个体特征和驾驶行为是交通事故的直接影响因素，目前缺乏驾驶人认知过程通用模型；同时，各类道路交通事故特征具有时间、空间分布差异，交通事故各影响因素作用机理差异较大，交互机理尚不明确。针对不同驾驶场景，开展道路交通事故致因机理与发生规律相关科学问题研究具有重要意义。

针对单起交通事故，事故深度调查可从人、车、路、环境、管理等因素进行系统分析，确定事故影响因素之间的关系和事故致因。由于道路交通事故场景的复杂性和多样性，有限的事故深度调查样本量难以反映事故发生的一般规律。事故统计建模是定量分析事故影响因素的方法，可以判别影响因素与事故发生的相关关系，但这种方法可能过高估计某些要素的重要程度，无法体现影响因素的内在机理。

基于驾驶场景开展事故致因和发生规律研究是分析事故发生原因的有效方法。通过将道路交通事故按照道路设施、事故形态和事故原因等进行归类并划分场景，分析导致同一类驾驶场景事故的相同或相近致因。但由于驾驶场景复杂多样，涵盖交通参与者、极限驾驶工况、混杂的交通组成和复杂的道路线形等，重构道路交通事故场景，对事故数据的完整性、准确性要求较高。基于驾驶场景研究事故致因机理与发生规律，是一项系统、复杂的研究工作。

2　科学问题背景

道路交通事故具有时间、空间分布特征，由于运行环境（如速度、流量、交通组成等）的复杂多变，高速公路、地面道路等不同道路设施事故影响机理存在显著差异，导致事故多发道路判别存在波动性和不确定性。道路交通环境组成要素较多，道路几何线形、路面光滑度、视线范围和交通控制设施等因素影响事故前车辆运行轨迹。传统事故致因分析得到的是占比较高的事故影响因素，应用于制定宏观层面的道路安全改善对策，但是治理措施的精准性、有效性和时效性评估仍不足。因此，明确事故致因机理和发生规律是识别关键道路设计因素并制定道路安全改善方案的基础和前提。

驾驶人个体特征和驾驶行为是交通事故的直接影响因素,驾驶人之间交互作用机理尚不充分。根据美国机动车碰撞事故报告,94%的交通事故与驾驶人有关。驾驶人感知、决策和操作能力不仅与自身生理、心理特征相关,还受到车-路-环境因素的交互影响。目前对于风险驾驶行为识别局限于驾驶人自我描述和监控设备预警等方法,风险驾驶行为与事故发生的定量关系仍不明确。对驾驶人行为机理的理解不足,将导致道路安全设计难以满足驾驶人的感知与决策需求。

道路交通事故致因机理能够揭示危险的驾驶环境条件,为车辆控制和防撞系统设计与改善提供重要参考。辅助驾驶与自动驾驶等智能汽车技术发展迅速,带来了道路交通运行环境的变革,道路交通安全问题将变得更加复杂。传统人-车-路事故数据库,为事故后采集数据,难以准确掌握事故前驾驶人行为和车辆运动学参数。未来将应用大数据、自然驾驶数据和智能网联汽车感知数据等建立事故前场景库,包含道路、车辆和驾驶人等场景要素,模拟车辆发生事故前的运动轨迹。通过大数据有助于解析复杂道路交通环境对智能汽车运行安全的影响,揭示交通事故道路交通系统人-车-路-环境交互机理。

由此可见,若无法揭示交通事故致因机理与发生规律,将很难提供改善交通安全的有效对策,交通安全问题将难以得到有效改善。因此,为提高道路安全治理水平、增强驾驶人安全意识和完善车辆安全功能,亟须基于驾驶场景研究交通事故致因机理与发生规律。

3　科学问题研究进展

基于驾驶场景研究交通事故致因机理与发生规律涉及的科学问题主要集中于事故统计分析模型、交通事故深度调查及事故致因分析方法。

事故统计分析模型数十年来得到了学术领域的广泛研究,并在应用上有深入的探索实践,可判别影响道路、环境等因素对事故发生的显著影响。目前关于事故统计分析模型的研究主要基于传统数理统计模型、内生性或异质性模型和数据驱动方法:①传统数理统计模型使用有限且易获得的数据来预测安全相关变量对事故发生的影响机理;②内生性模型考虑安全相关变量的潜在内生性来预测事故的发生,异质性模型则考虑了可能影响事故发生或严重程度的未观测因素;③数据驱动方法利用数据挖掘、机器学习、神经网络等技术对事故进行预测。

交通事故深度调查针对单起事故发生的原因和相关因素开展延伸调查,从人、车、路、环境、管理等方面分析查找安全问题,提出针对性的意见和建议,推动相关部门、行业、企业整改问题和追究责任。我国公安部交通管理局发布的《道路交通事故深度调查工作规范(试行)》(公交管〔2017〕409号)规定了深度调查的目的、定义、范围、方法。在事故深度调查中有两种常用的分析方法:①哈顿矩阵模型:事故是由人、车、路、环境四个因素综合作用的结果,在事故发生前、事故发生时和事故发生后三个阶段对影响事故发生的因素进行分析;②系统事故分析:基于系统思维方法,为动态、复杂系统行为引发事故提供了更深层次的理解,如 Accident Map (AcciMap 模型)。哈顿矩阵模型的提出引起了对事故致因研究的重视,通过对矩阵中的因素制定干预措施可以减少交通事故的发生、降低事故严重程度。

基于场景的事故致因分析方法将事故根据其发生形态进行划分,在体现个体事故特征的同时集计了同类事故的相似致因,如城市交叉口的机动车与非机动车事故,城市快速路追尾事故等。驾驶可靠性与错误分析方法(Driving Reliability and Error Analysis Method, DREAM)是常用的分析方法,主要步骤为:①事故致因分类:从人、车、路、环境等方面分析导致事故的所有可能因素并汇总成致因变量表;②单起事故致因链分析:确定事故的直接致因(如时机问题、速度问题、距离问题等),推理导致直接致因的潜在致因(如反应过慢,判断错误等)以得到致因链;③致因集计:从场景的直接致因出发,统计每类潜在致因出现的概率,得到该场景下的致因树以及主要致因。

总体来说,事故致因机理与发生规律研究取得了一系列成果,但随着道路交通安全形势愈发严峻,仍旧存在以下难点需逐渐攻克。

3.1 事故统计分析模型

事故统计分析模型可以建立道路环境因素对事故的影响关系,且同时具备事故预测和致因解析的能力,还可应用于事故多发道路判别和改善措施量化评估。但目前事故统计分析模型针对人因的考虑不足,难以挖掘不同场景下事故发生的人-车-路-环境交互机理,具体存在以下难点:①数据缺失和人因、经济、社会、车辆特征等未观测到的影响将增大模型的估计误差;②内生性或异质性模型相对比较复杂,模型可迁移性较低;③数据驱动方法难以挖掘事故致因机理。未来的发展方向在于与致因分析模型相结合,为致因分析提供先验知识。构建事故统计分析模型时需要在预测准确性和致因解析效果之间进行权衡,预测准确性高的事故统计分析模型未必是致因解析效果最佳的模型。

3.2 交通事故深度调查

交通事故深度调查通过对人、车、路、环境等因素以及事故发生的过程、原因、后果等信息的详细分析,剖析事故的深层次原因,用于判定事故责任和有效预防事故的发生。但现有深度调查方法相对简单,难以形成广泛适用的改善措施,具体存在以下难点:①调查样本通常为单起事故,难以针对典型道路设施提取事故的共性特征;②事故数据采集不规范、数据内容不完善;③调查标准不统一,方法不规范,相比于事故统计分析模型,事故深度调查确定的是单起事故的发生原因,无法基于多起事故原因形成统计学分析,难以解析交通事故普遍发生规律。其未来趋势主要为结合视频记录生理、心理数据等新兴数据并对事故发生的因素进行深度挖掘。

3.3　基于场景的事故致因分析方法

基于事故场景等致因分析方法，针对典型道路设施、典型事故类型分析致因机理和发生规律分析人-车-路-环境因素，分析结果具有科学性，且得到的事故关键致因能够指导工程安全的改善。基于场景的事故致因分析存在以下难点：①在场景划分方面，需充分考虑场景特征，保证同一类场景的事故致因具有同质性；②在样本选取方面，样本需要具有代表性并反映总体特征，从而推断真正事故致因；③在致因变量选取方面，解释参数之间的相关性会对致因真实性和可解释性造成负面影响。总体上，基于事故场景的方法可分析导致某场景下事故的致因树以及主要致因，但该方法主要基于人为推导的致因链分析事故致因，欠缺对因果关系的证明过程，未来需优化场景提取与致因分析方法，进而实现对道路安全隐患的有效判别与改善。

主要参考文献

[1] 《中国公路学报》编辑部. 中国交通工程学术研究综述 · 2016[J]. 中国公路学报，2016，29(06)：1-161.

[2] Mannering F，Bhat C R，Shankar V，et al. Big data，traditional data and the tradeoffs between prediction and causality in highway-safety analysis[J]. Analytic Methods in Accident Research，2020，25：100113.

[3] Mannering F. Temporal instability and the analysis of highway accident data[J]. Analytic Methods in Accident Research，2018，17：1-13.

[4] Liu Q，Wang X，Wu X，et al. Crash comparison of autonomous and conventional vehicles using pre-crash scenario typology[J]. Accident Analysis & Prevention，2021，159：106281.

[5] Wang X，Xie K，Abdel-Aty M，et al. Systematic approach to hazardous-intersection identification and countermeasure development[J]. Journal of Transportation Engineering，2014，140(6)：04014022.

[6] Wassim G. N，John D S，Mikio Y. Pre-crash scenario typology for crash avoidance research[R]. Washington，DC：U. S. Department of Transportation，2007.

[7] Haddon J W. A logical framework for categorizing highway safety phenomena and activity[J]. Journal of Trauma and Acute Care Surgery，1972，12(3)：193-207.

[8] Judea P. Causal diagrams for empirical research[J]. Biometrika，1995，82(4)：669-688.

[9] Yue L，Abdel-Aty M，Wu Y，et al. In-depth approach for identifying crash causation patterns

and its implications for pedestrian crash prevention[J]. Journal of Safety Research, 2020, 73: 119-132.

撰稿人：王雪松(同济大学)　柴晨(同济大学)　王晓梦(上海海事大学)

车辆人机交互信息影响特征及作用本质

The influence characteristics and mechanism of vehicles' human-machine interaction information

1　科学问题概述

随着信息化技术与汽车工业的深度融合和快速发展，汽车已经超越了以前狭义运载工具的概念，逐渐发展成为复杂的人机交互系统。汽车的内部空间、操纵过程、人机交互界面出现革命性的转变。良好的车辆人机交互系统可以辅助驾驶人感知、识别驾驶人意图、改善驾驶人决策、增强驾驶人操纵能力、减轻人驾驶操作负荷。然而，目前的车内人机交互系统尚缺乏统一的设计标准，部分人机交互设备不能满足驾驶人的信息需求，驾驶人满意度低，甚至引发驾驶分心、负荷过载的情况，增加行车风险，甚至导致更为严重的安全事故。

驾驶人与车辆的有效和谐交互是实现驾驶安全的重要保障，也是发挥人机交互信息积极效用的前提。人机交互过程与驾驶人属性、驾驶风格、生心理特征、车辆运行状态、信息给予模态与复杂性、外部环境条件等多维耦合影响因素密切相关。人机信息交互模态的复杂多变性、驾驶行为的不确定性、驾驶人认知决策模型的完善性、人机交互信息的补偿机制、作用效果评价及优化方法的协同性等，均对人机交互信息的合理性、有效性、接受与服从度造成影响。事实上，驾驶人对信息的处理遵循“感知—决策—操控—行为”的认知行为过程，基于驾驶人认知行为链路挖掘人机交互信息影响特征及作用本质，是研究车辆人机交互问题的核心，也是开展人机交互信息设计、评价及优化的前提。

因此，研究应面向车辆人机交互信息影响特征及作用本质，充分考虑驾驶人、驾驶任务、驾驶场景的多样化、个性化、模糊化等特性，构建普适性的人机交互认知决策理论模型；基于驾驶人的个体属性、认知链路、驾驶意图、驾驶负荷等心理机制和行为特性，通过显性表现和隐性本质相结合挖掘信息与行为的交互机理；考虑人机信息交互模态的复杂性、驾驶个体的差异性，构建合理顺畅的多模态多通道人机信息交互模态以满足驾驶人的信息需求。最终，实现人机交互系统功能、界面及关键参数的优化设计和甄选，提升信息给予的有效性及补偿能力，提高交通安全综合水平。

2　科学问题背景

随着人工智能和通信技术的升级演进以及国家相关规划与政策配套的大力支持，车联网、车路协同等技术逐步落地，使得多源的交通信息以及丰富的信息交互模式得以集成在驾驶舱内。然而，大量及丰富的信息在帮助驾驶人提升感知和判断能力的同时，同样可能引发驾驶负荷增加、分心驾驶等风险。因此，人机交互系统需要将复杂信息充分整合和加工提炼，使其能够改善驾驶人的感知决策能力，降低与因素相关的失误，并提供给驾驶人良好的使用体验。

然而，多元化的信息来源、差异化的信息需求、个性化的驾驶群体等诸多因素交互耦合，使得车辆人机交互系统的合理和有效性面临巨大挑战。目前，由于车辆人机交互信息影响特征及作用本质尚不清楚，导致：①人机交互信息对驾驶行为的影响特征不确定。新兴的交互模式在更高空间、时间维度上呈现出自由、开放的认知和感知交互态势，客观上解放了驾驶人在车载环境中对信息的探索和追求。车辆人机交互信息对驾驶人从隐性心理到显性行为都会造成影响，而人机交互信息对于驾驶人及其行为的影响特征尚不明确。②驾驶人对人机交互信息的认知决策链路不清楚。驾驶舱内的信息复杂度呈现爆炸式增长，信息的内涵也区别于以往的传统车辆。同时，驾驶人的角色分工及驾驶主体优先级不断改变，而目前仍然缺乏普适性的人机交互理论框架来描述不同场景交互下的驾驶人“感知—决策—操控—行为”认知决策过程；③人机交互信息需求与补偿机制不明确。驾驶个体的信息需求受到个体属性、场景任务、驾驶角色等多因素的共同影响，如何明确不同外部场景下驾驶人的个性化需求，并通过多模态的信息交互给予合理的信息补偿是待解决的关键问题；④尚未形成多目标协同的系统评价与优化方法。人机信息交互系统应兼顾驾驶人的依赖度、信任度、愉悦性等主观情绪需求，同时应符合优化注意、提高驾驶安全的客观系统目标。然而，面向特定和多维目标的人机交互系统效能评估体系尚未建立，也直接影响了人机交互系统的优化效果。

总体来看，挖掘车辆人机交互信息影响特征及作用本质，明确人机交互信息的影响特征、认知决策链路、信息补偿机制和多目标协同评价优化方法，进而服务于人机交互系统优化设计，改善人机交互信息的服务水平，提高人机交互效率，这既是推进汽车工业信息化发展的需要，更是需求导向的必然选择。

3　科学问题研究进展

人机交互信息影响特征及作用本质挖掘以驾驶人为核心，旨在明确驾驶需求、交互模态、作用机理、系统效用，从而服务于人机信息交互系统的功能、界面以及关键参数优化设计。目前，车辆人机交互信息相关的研究主要集中在人机交互模态设计、人机交互行为影响机理挖掘、人机交互系统效用评估及优化三个方面。

3.1 人机交互模态设计方面

人机交互模态设计相关研究主要集中于三个方面：①系统功能设计，主要指人机交互系统的功能及信息范围；②系统界面设计，指视觉界面的设计，包含视觉界面的信息量、信息布局、信息显示方式，如颜色、大小、亮度、尺寸等；③多通道交互设计，包括听觉、视觉、触觉等多通道的交互方法。人机交互多模态设计分为以技术为中心和以驾驶人为中心两种。以技术为中心的设计方法往往由生产厂商决定在汽车人机界面中集成哪些功能。而以驾驶人为中心则是关注驾驶人的需求和偏好，以及在使用过程中所建立的主观感受。常用的以驾驶人为中心的研究方法包括：竞争产品研究、高保真原型法、驾驶人满意度调查、内容分析法、驾驶人访谈、可用性测试、专家评估、焦点小组、观察法、角色法、情景法、行为聚焦、体验设计、移情等。随着研究的逐步发展，以技术为中心的设计思想逐步被淘汰，以驾驶人为中心的研究设计原则成为主流。总体上，当前以驾驶人为中心的原则更加符合以人为本的设计思想，初步形成了人机交互系统多模态设计方法。

3.2 人机交互行为影响机理挖掘

人机交互行为影响机理挖掘主要分为两个方向：①人机交互认知理论分析。以认知理论、信息加工理论、多资源理论等人因学理论为基础，构建车辆人机交互的认知链路用于描述人机交互的信息加工与反应决策过程。②人机交互认知决策动态交互特征刻画。该方法主要基于主观问卷、静态桌面实验、驾驶模拟实验和实车测试等获取驾驶人的主观评价、生心理指标和细粒度的动态交互行为数据，在以实验数据为驱动的基础上，目前已可简单实现人机交互认知决策过程及其特征的量化。

3.3 人机交互系统效用评估及优化

人机交互系统效用评估及优化方法分为主观评价、生理测试及行为绩效三种方法：①主观评价，关注驾驶人的主观心理感受，指利用数学模型，如模糊粗糙集评价法、层次分析法，将人的心理感受进行量化；②生理测试，聚焦于交互过程中被试者的生理反应，指通过仪器测量被试者在体验时的脑电、心电、肌电等生理反应，如脑电测试、眼动测试、功能核磁共振测试，测试结果具有较强的客观性；③行为绩效，关注交互后表现出的行为影响，关注驾驶人操纵车辆的高效性、稳定性、安全性等目标，通过驾驶人的操纵行为及车辆运行数据综合反映驾驶绩效。人机交互系统效用评估及优化旨在构建针对不同认知及行为阶段的评估体系和方法，目前已初步形成了人机交互系统效用评估体系。

总体来看，现有针对车辆人机交互的研究已有一定基础，但由于对人机交互信息影响特征及作用本质挖掘不够充分，导致在人机交互信息影响特征刻画、认知决策链路剖析、信息补偿机制构建和多目标协同评价优化等方面存在不足，制约了“以人为本”的交互系统功能、界面以及关键参数优化设计，使得人机交互系统存在设计标准不统一、驾驶人满意度低等问题，需重点在以下几个方面开展攻坚：

(1)普适性的人机交互模态设计方法。针对以驾驶人为中心的人机交互模态设计方法基于典型驾驶人在特定环境下的行为特性，需要兼顾不同的驾驶人群体和足够的样本量，缺乏实际行为间的实时动态交互等问题，以驾驶人认知行为链路为线索，结合驾驶人、驾驶任务、驾驶场景的特性，构建普适性的人机交互认知决策理论模型，并综合考虑驾驶人的个体属性、认知链路、驾驶意图、驾驶负荷等心理机制和行为特性，深度解析人机交互信息的作用本质，通过显性表现和隐性本质相结合挖掘和量化信息与行为的交互机理。

(2)多模态多通道的人机信息交互机理。针对人机交互认知理论分析需要克服驾驶人、驾驶任务、驾驶场景的多样化、模糊化、个性化、复杂化的特性，人机交互认知决策动态交互实验结果容易受到实验场景、数据感知手段以及被试人群影响等问题，应综合考虑驾驶人出行信息需求、对人机交互信息的认知行为过程以及接受和服从程度，重点研究人机交互信息的形式、内容和触达方式，挖掘信息交互对驾驶人感知、决策及行为的影响以及不同阶段间的序贯关系，建立以驾驶人为中心的车辆人机交互多模态设计规范及方法。

(3)多目标协同优化的人机交互系统效用评估及优化方法。针对人机交互系统效用评估及优化方法集中在单一指标层次的问题，以人机交互信息“0 负荷”为约束，协同系统多目标优化，兼顾考虑驾驶人的主观感受、生理反馈和行为绩效，建立以安全性为根本、兼顾顺畅性和生态性的多目标综合评价体系，实现人机交互系统功能、界面及关键参数的优化和甄选，提升信息给予的有效性及补偿能力。

主要参考文献

[1] 李克强，戴一凡，李升波，等. 智能网联汽车(ICV)技术的发展现状及趋势[J]. 汽车安全与节能学报，2017，8(1)：14.

[2] 袁泉，郝威，彭勇，等. 智能车辆人机工程[M]. 北京：清华大学出版社，2020.

[3] 王武宏. 车辆人机交互安全与辅助驾驶[M]. 北京：人民交通出版社，2012.

[4] Oviatt S L. Multimodal interactive maps：designing for human performance. [J]. Human Computer Interaction，1997，12 (1)：93-129.

[5] Park J，Park W. Functional requirements of automotive head-up displays：A systematic review of literature from 1994 to present [J]. Applied Ergonomics，2019，76：130-146.

[6] Calvi A，F D' Amico，Ferrante C，et al. Effectiveness of augmented reality warnings on

driving behavior whilst approaching pedestrian crossings: a driving simulator study [J]. Accident Analysis & Prevention, 2020, 147.

[7] Vaezipour A, Rakotonirainy A, Haworth N, et al. A simulator evaluation of in-vehicle human machine interfaces for eco-safe driving [J]. Transportation Research Part A: Policy and Practice, 2018, 118: 696-713.

[8] Christian P, Frederik N, Andy P, et al. Evaluating distraction of in-vehicle information systems while driving by predicting total eyes-off-road times with keystroke level modeling [J]. Applied Ergonomics, 2017, 58(1): 543-554.

撰稿人：赵晓华(北京工业大学)　李振龙(北京工业大学)　伍毅平(北京工业大学)

人机混驾环境下交通行为预测与交互优化

Traffic behavior prediction and interaction optimization in a human-machine hybrid driving environment

1　科学问题概述

2020 年 2 月 10 日，国家发展改革委、科技部以及交通运输部等 11 个部门联合发布的《智能汽车创新发展战略》中明确提出：开展复杂系统体系架构、复杂环境感知、智能决策控制、人机交互及人机共驾等基础前瞻技术研发。随着自动驾驶技术的不断发展，未来交通在很长时间内将进入自动驾驶和人工驾驶车辆混行的过渡阶段。在人机驾驶混合交通环境下，考虑到交通的安全性和道路的容纳性，弱势交通参与者行为的预测、人机交互作用关系量化以及整体交通态势优化等现实问题亟须探讨和研究。

(1)弱势交通参与者行为的准确预测可以有效保护其安全，降低交通事故发生的概率，一般 30cm 的小偏差就会产生极大的区别，这决定了弱势交通参与者的安全与否。现有的研究表明，当车辆以 50km/h 的速度行驶时，对于可能发生的人车碰撞事故，若能提前 0.16s 采取紧急制动或者转动方向盘等措施，可以使弱势交通参与者的伤亡概率降低 15% 左右。目前，大多数针对弱势交通参与者行为的预测研究是基于深度学习展开的，该方法通过数据驱动的方式，大量训练消除过拟合后，可以取得普适性较好的行为预测结果，但对于弱势交通参与者的一些社会行为(跟随、急停、变道等)和不安全交通行为(不走人行道、闯红灯、互不让行等)可解释性较差。针对现有的弱势交通参与者行为预测方法未能考虑其社会心理学特性，预测其社会行为不准确的问题，引入社会力，其实际是一种基于弱势交通参与者社会心理学的连续驱动力，具体包括弱势交通参与者的自驱动力、弱势交通参与者间的相互作用力以及交通设施对弱势交通参与者的作用力等，通过以上作用力量化弱势交通参与者的社会心理学特性及人机交互的作用关系，并最终变成可解析化的代码，融入自动驾驶车辆的智能决策控制器中。分别从弱势交通参与者心理特性和不安全交通行为产生机理探究、交互影响机制下影响度的量化指标探究以及人机混驾场景下交通行为精准时空动态预测方法探究三个方面展开相关研究，探究如何通过深度学习与社会心理学的结合，解决弱势交通参与者的行为准确预测问题。

(2)整体交通态势优化可以有效提高交通的安全性和道路的容纳性，现有的交通场景主要涉及人工驾驶车辆和弱势交通参与者混行，而在人机混驾场景下，增加了自动驾驶车辆，自动驾驶车辆与人工驾驶车辆以及弱势交通参与者之间会产生交互影响。如何通过对弱势交通参与者行为的准确预测，并基于预测结果，进而实现自动驾驶车辆的智能决策和规划控制，解决交通安全问题和提升道路通行效率，同时考虑自动驾驶车内乘员的驾乘体验，为了达到以上目的需从安全性、容纳性与舒适性的多目标优化策略方面展开相关研究。

复杂的交通环境和复杂的弱势交通参与者行为是自动驾驶车辆上路行驶所面临的困难，如果能实现自动驾驶车辆对弱势交通参与者行为的准确预测，将积极推动自动驾驶车辆的产业化落地。同时，也可以基于载入相关算法的路侧计算单元(MEC)来实现弱势交通参与者行为的预测，并将相关信息上传到云端，实现人机信息的交互和共享，通过车路协同达成自动驾驶车辆和人工驾驶车辆以及基础设施之间的智能协同与配合。这样一方面可以优化现有的自动驾驶车辆的决策控制策略，降低自动驾驶车辆的成本，保护弱势交通参与者的安全，另一方面可以提升整体的交通态势感知度，为自动驾驶车辆的决策规划提供信息支持，进而提高道路的容纳性以及车辆行驶的安全性和舒适性，改善交通拥堵、燃油消耗、环境污染等问题，为整体的交通控制策略提供依据，达到系统资源优化的目的。

2　科学问题背景

从工程角度而言，现有自动驾驶车辆对弱势交通参与者的保护主要是基于目标检测，对弱势交通参与者的行为进行检测与识别，若有碰撞风险，则自动驾驶车辆会进行预警和避碰控制。同时，目前对弱势交通参与者行为预测的研究主要是针对单类型的弱势交通参与者如行人等，未能对各类型弱势交通参与者(行人、自行车、电动自行车)的行为进行统一预测，由于各种交通因素的影响会使弱势交通参与者的行为发生变化，而行为的变化与社会心理学具有一定的相关性，如何建立基于弱势交通参与者社会心理学的量化模型正是统一预测的难点所在。此外，对弱势交通参与者行为预测的准确性还有待提高，由于弱势交通参与者的情绪、思维的随机性以及交互性对行为的影响比较大，如何建立基于随机性和交互性的量化指标，并对弱势交通参与者受到的干扰进行量化评估正是提高行为预测准确性的难点所在。在人机混驾环境下，若不能对弱势交通参与者的行为进行精确预测,对其安全保护就会降低,交通事故的发生率就会提高,随之带来人员伤亡数量的增加;此外,若仅对单类型的弱势交通参与者进行行为预测,而未对整体的交通态势进行感知和交互优化处理,也会带来交通拥堵以及安全问题的困扰。考虑到我国未来很长一段时间内会处在自动驾驶和人工驾驶车辆混行的阶段,为了提升交通的安全性和道路的容纳性,必须展开人机混驾环境下弱势交通参与者的行为预测与交互优化技术研究,并形成一套弱势交通参与者行为预测的核心理论,从而探究出适合中国弱势交通参与者的行为预测方法,将该方法运用到自动驾驶车辆或者路侧 MEC 中,基于行为预测的结果,自动驾驶车辆能够实现动态的决策规划,进而开发出一套自动驾驶车辆智能决策控制系统,并最终实现对整体交通态势的有效控制。

3 科学问题研究进展

近年来,国内外有不少研究者从事弱势交通参与者行为预测的研究工作,目前常用的行为预测方法主要包括基于感知交互模型的方法和基于深度学习的方法。基于感知交互模型的方法虽然能够以社会心理学为基础,考虑各个弱势交通参与者之间的交互影响以及道路交通设施对弱势交通参与者的影响,能以较好的准确率完成其交通行为的预测,但有一定的局限性,一方面,当前的研究忽略了弱势交通参与者的异质性的影响,随着年龄、性别的不同,其运动行为模式也不尽相同,且鲜有针对各类型弱势交通参与者混合场景的统一预测;另一方面,基于感知交互模型的方法只能反映弱势交通参与者即时的运动反应,不能像神经网络一样,考虑长期的依赖信息以及适应复杂的运动场景,降低了弱势交通参与者行为预测的精度。基于深度学习的方法利用编码和解码的框架,辅以注意力机制、生成对抗网络以及添加池化层等改进措施,能够以一定的准确性来预测弱势交通参与者的行为,但其未能像基于感知交互模型的方法一样基于社会心理学,可以合理预测出弱势交通参与者的一些社会行为和不安全行为,如避让、结伴、加速、闯红灯、抢道行为以及对斑马线、红绿灯的依赖等行为,这同样也降低了弱势交通参与者行为预测的精度。同时,现有的文献中鲜有针对各类型弱势交通参与者交互影响机制的研究,考虑到其交互影响的规律不明,对影响度的量化问题是亟待解决的。此外,基于弱势交通参与者行为预测的结果,对整体的交通态势的感知和交互优化处理研究几乎处于空白阶段,无法达到安全性、道路容纳性与舒适性的多目标优化目的。

针对国内外的研究现状,立足于我国的复杂交通环境,需提出一种克服现有弱势交通参与者行为预测技术的局限性,更加适合于人机混驾环境下的行为预测技术。该行为预测技术不仅需要考虑弱势交通参与者异质性的影响,量化人机交互影响,而且还需要融合基于感知交互模型和基于深度学习模型的优点,克服单一模型的缺陷,从而提高弱势交通参与者行为预测的精度。将弱势交通参与者行为预测技术固化至自动驾驶车辆或路侧

MEC 的硬件载体，通过输入弱势交通参与者的社会心理特性数据、时空物理数据以及周围交通环境数据，即可输出准确的弱势交通参与者行为预测结果，整体行为预测精度达到 90% 以上，计算耗时在 30ms 以内，满足自动驾驶车辆的预测精确性和实时性要求。同时，将弱势交通参与者的行为预测结果接入车联网路侧及云端 App 系统进行测试验证，与车载单元（On Bord Unit，OBU）和路侧单元（Road Side Unit，RSU）进行数据交互，实现车-路-云信息的全面融通通信。此外，自动驾驶车辆基于该技术给出的弱势交通参与者行为预测结果完成避碰路径规划，并在规划过程中兼顾安全性和舒适性。基于以上研究内容，最终开发出一套自动驾驶智能决策控制系统，加速推动自动驾驶车辆的产业化落地，进而推演到对整体交通态势的感知和优化，实现对交通态势的实时在线管控。

整体来说，目前弱势交通参与者行为预测与交互优化技术已有一定研究基础，但现有研究较为零散、针对性不强，理论分析不够深入，这也导致了该变革性技术的发展与应用短期受限，需重点在以下方面开展攻坚：

（1）针对弱势交通参与者的异质性，探究其心理特性和不安全交通行为产生的机理。弱势交通参与者的多种心理与行为特性，如注意，意图，行动能力，以及危险行为倾向性等均与不安全交通行为紧密相关。然而，研究领域尚未对弱势交通参与者的心理与行为特性进行系统性划分，也未全面探究不同心理与行为特性对不安全交通行为的影响及其权重。由于在真实交通环境里，弱势交通参与者的多种心理与行为特性是同时作用于交通行为的，如何基于弱势交通参与者的心理和行为特性对其不安全交通行为进行准确预判，是混合交通流场景中准确建立弱势交通参与者心理与行为模型的难点之一。

（2）人机混驾场景下，基于交互影响机制，建立影响度的量化指标体系。人机混驾场景下，各交通参与者之间的交互对自身的状态产生明显影响，弱势交通参与者与自动驾驶车辆和人工驾驶车辆之间的动态交互关系，将对自动驾驶车辆、人工驾驶车辆的行为决策以及弱势交通参与者的运动意图产生不可忽略的影响；多交通参与者混行场景下，弱势交通参与者与附近交通流中各个交通参与者均会产生不同程度的交互，如何基于交互影响机制，获取多交通参与者混行场景下各交通参与者行为状态对交互作用的相应规律，是建立影响度的量化指标体系的难点之一。

（3）人机混驾场景下，基于弱势交通参与者行为的随机性、多变性与非典型性，提出精确行为预测方法。在人机混驾的交通环境下，各类型的交通参与者必然会产生频繁的行为交互，为了保障自动驾驶车辆决策规划的最优性，需能够对弱势交通参与者的行为进行准确的预测。然而，目前研究领域内对于弱势交通参与者行为预测的研究主要采用基于深度学习的数据训练方法，该方法对于弱势交通参与者的一些社会行为可解释性较差，无法在时空域内实现连续精准的行为预测。因此，如何将社会心理学与大数据相结合，实现对弱势交通参与者交互行为的精准时空动态预测，是目前混合交通环境下弱势交通参与者行为预测的难点之一。

(4)基于整体交通态势感知，提出安全性、容纳性与舒适性的多目标优化策略。在人机混驾场景下，自动驾驶车辆行驶过程中需要保证各类型弱势交通参与者的安全、主车的高效通行以及车内乘员的良好驾乘体验，对车辆的软件算法提出了较高的要求。因此，建立表征自动驾驶车辆驾乘品质的评价与优化模型，并在智能决策与规划控制域中融合自动驾驶车辆驾乘品质优化模型，构建复杂场景中耦合安全性约束、容纳性优化与驾乘品质优化的多目标优化匹配方案，是提升车辆智能化水平变革性技术的难点之一。

综上，通过融合弱势交通参与者的社会心理学模型和深度学习模型，量化各交通参与者之间交互影响的指标，达到对弱势交通参与者行为准确预测的目标，并基于交通行为预测的结果，完成自动驾驶车辆的智能决策与规划控制，同时对整体交通态势进行感知和优化，提升人机混驾复杂环境下交通的安全性和道路的容纳性，推动自动驾驶车辆的产业化落地，保护环境，减少污染的排放。

人机混驾环境下交通行为预测与交互优化的整体架构如图 1 所示。

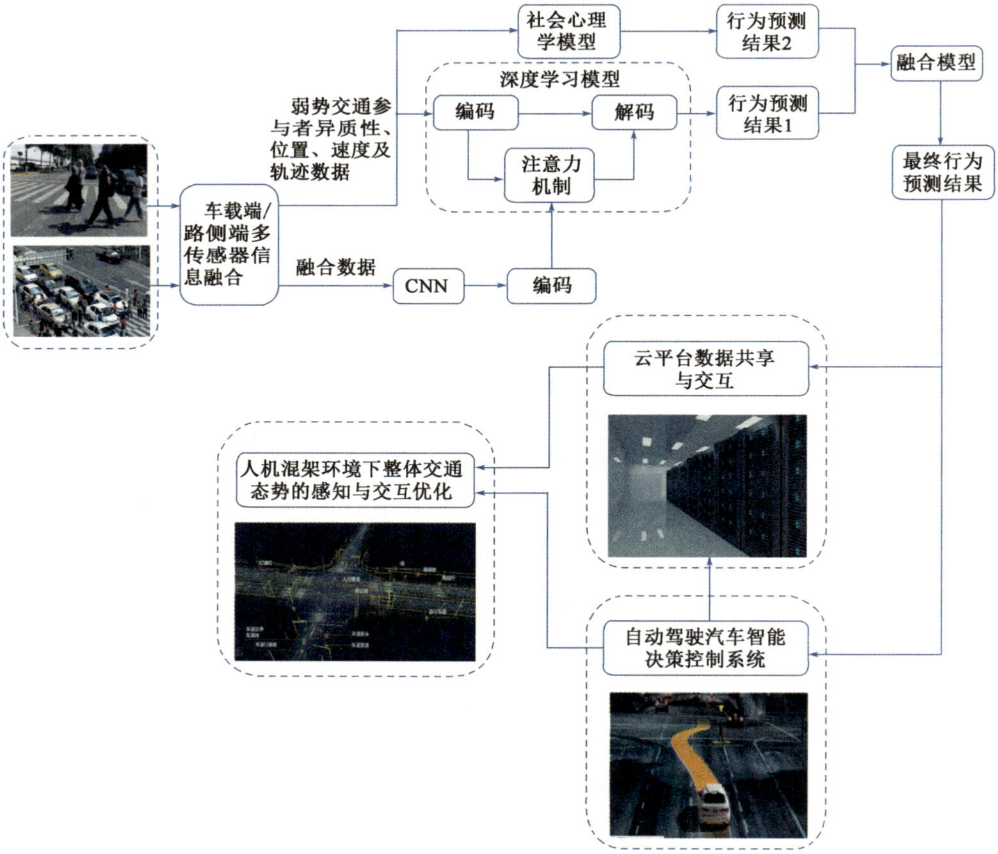

图 1　人机混驾环境下交通行为预测与交互优化的整体架构

主要参考文献

[1] Keller C G, Gavrila D M. Will the pedestrian cross? a study on pedestrian path prediction[J]. IEEE Transactions on Intelligent Transportation Systems, 2014, 15(2):494-506.

[2] Chen H, Zhang X. Path planning for intelligent vehicle collision avoidance of dynamic pedestrian using Att-LSTM, MSFM and MPC at un-signalized crosswalk[J]. IEEE Transactions on Industrial Electronics, 2021.

[3] Zhang X, Chen H, Yang W Y, et al. Pedestrian path prediction for autonomous driving at un-signalized crosswalk using W/CDM and MSFM[J]. IEEE Transactions on Intelligent Transportation Systems, 2020, 22(5):3025-3037.

[4] Zhang R, Cao L, Bao S, et al. A method for connected vehicle trajectory prediction and collision warning algorithm based on V2V communication[J]. International Journal of Crashworthiness, 2017, 22(1):15-25.

[5] Zeng W L, Chen P, Nakamura H, et al. Application of social force model to pedestrian behavior analysis at signalized crosswalk[J]. Transportation Research Part C: Emerging Technologies, 2014, 40:143-159.

[6] Liu J, Wang G, Duan L Y, et al. Skeleton-based human action recognition with global context-aware attention LSTM Networks[J]. IEEE Transactions on Image Processing, 2017, 99:1586-1599.

[7] Hug R, Becker S, Hübner W, et al. Particle-based pedestrian path prediction using LSTM-MDL models[C]// 2018 IEEE 21th International Conference on Intelligent Transportation Systems. IEEE, 2018:2684-2691.

[8] 王少博. 动态场景下基于交互性预测的自动驾驶汽车轨迹规划方法研究[D]. 合肥: 中国科学技术大学, 2020.

[9] Elhoseny M, Tharwat A, Hassanien A E. Bezier curve based path planning in a dynamic field using modified genetic algorithm[J]. Journal of Computational Science, 2018, 25:339-350.

撰稿人：张希(上海交通大学)　倪颖(上海交通大学)　胡笳(同济大学)
　　　　高晓卿(上海交通大学)

交通冲突主体的互馈失效机制及事故趋势演化机理

Failures in interactive responses between traffic conflict entities and their impact on crash/risk development

1 科学问题概述

从系统角度看，以交通冲突为风险源的交通安全风险是交通运行的固有属性，交通出行必然伴随交通冲突，因而交通安全风险是客观存在的。交通冲突主体之间包括互向运动状态判断失效、操作控制失效和协作失效在内的互馈失效是导致道路交通事故发生的主要原因，降低交通冲突主体间的碰撞风险是交通安全水平提升的关键目标。同时，交通冲突主体的互馈失效机制可以观测、可以重复实验，构建事故替代指标，重构、描述安全问题事件(由主体行为以及环境等因素引起对应主体间交通风险加剧的事件)的发生发展过程，并以此表征交通冲突主体间的风险关系，是解析交通冲突主体之间的安全风险关系，量化与判定风险以及其演化规律的有效手段。

交通参与者在速度矢量交互过程中形成交通冲突及行为互馈，而在冲突演化过程中的反馈失效则会导致交通事故的发生。交通冲突技术体系自 20 世纪 70 年代初步形成，由于理论体系尚未完善、数据采集手段限制、多路况场景化数据缺失等原因，导致现有交通冲突研究缺乏对交通冲突主体互馈失效机制的考虑，难以对事故趋势演化机理进行准确解析，因此以冲突指标构建风险量化方法存在较大局限，亦严重制约了交通安全风险阻断理论研究与工程技术的突破。具体难点如下：

(1)行驶过程中行为变异性解析难。表征交通行为的高精度微观数据难以获取，强随机的行为变异特征难以描述，且缺乏冲突主体失效机制受控实验的研究，导致冲突场景下的行为变异性特征规律难以建模和准确量化。

(2)对冲突主体之间存在交互的多重反馈特征刻画难。主体间交互关系涉及多因素干扰，多因素影响关系难以描述，且交互过程存在关联的动态变化特征，难以从指标维度构建交互场景时空条件下的互向影响关系。

(3)主体交互反馈失效条件与事故趋势关系构建难。交互反馈的失效引起交通冲突风险的加剧，互馈失效下引起事故的概率受避让条件、冲突主体操作与运动特征异质性等多复合条件影响，风险与事故存在显著的非线性关系，难以准确建模描述风险加剧至事故发生的规律。

针对上述难点，亟须剖析各种交通场景下的冲突主体交互与多重反馈的行为特征，解析其互馈失效机制，继而剖析如何以交通替代指标表征和量化事故趋势演化机理，为道路交通安全风险评估提供科学依据与技术支撑，为事故风险前置阻断提供理论与技术基础。

2　科学问题背景

我国以及发达国家为从道路与交通设计、交通状态管理、车辆性能提升及智能感知与控制等工程技术角度解决交通安全问题，已投入大量资金进行改善，然而交通事故死亡人数仍居高不下。近年来我国每年在交通事故多发点位工程改善、违法行为查处等的投入总计超过百亿，然而交通安全死亡人数于 2016 年降至 5.8 万余人，此后每年死亡人数反上升至超 6.2 万人。如果继续按照现有的工程改善方法进行投入，安全水平提升的边际效益有限。因此，对于事故风险的准确研判和事前阻断技术是提升交通安全水平的重要突破方向。

虽然基于事故数据的致因推断与事故预测，具有深远的统计学意义且已有的研究成效显著，然而首先，交通事故具有显著的小概率及随机特征，事故点位的事故要素统计未必能真实反映安全风险；其次，事故具有不可重复性，其发生发展过程难以重现观测，其发展规律难以重构，因此事前阻断技术尚缺乏科学支撑。以交通冲突为风险的显性表达，以冲突相关指标为风险的量化指标，是量化风险、实时判定风险，以及实现事前阻断的重要技术基础。此外，目前交通冲突指标已成为重要的风险指标，欧美国家已将其广泛应用在事故（风险）黑点判定、事故多发点位安全问题诊断、交通安全改善措施评价等传统工程中。

交通冲突形成风险，而冲突主体之间交互反馈过程中发生互向运动状态判断失效、操作控制失效及协作失效等失效情况，才是风险加剧并最终导致事故的本质原因。然而，现有相关研究未充分考虑冲突主体之间互馈失效对事故发展趋势的影响，冲突过程中交通主体之间的交互关系不明确，交通主体间的互馈失效机制未明晰，传统基于冲突的风险量化指标难以实现对事故风险的精确刻画。多个研究发现，在相关场景下现有以交通冲突作为量化指标的交通安全风险与事故发生率的拟合度不佳。如 Zangenehpour 等在对交叉口自行车-车辆事故的调研中发现，事故与冲突的相关关系（斯皮尔曼等级相关性）仅为 0.4。由此可见，冲突主体之间互馈失效机理缺乏解析这一问题，限制了交通风险评估在传统安全评价领域的发展，亦制约了对风险机理以及事故趋势的深入解析，导致交通风险指标对风险的客观量化能力不足，因而难以形成有针对性且有效的风险阻断。

面向全球迫切的交通安全提升需求，亟须准确解析交通冲突主体之间的风险关系，量化与判定风险及其演化规律；因此，利用交通管控与车辆控制技术主动消解风险、源头，阻断事故发生，是突破交通安全水平提升瓶颈、实现事故发生率与严重程度显著降低的关键途径。

3 科学问题研究进展

目前虽尚未形成关于交通冲突主体间交互反馈以及反馈失效机制的系统研究,但是关于交通主体冲突关系的研究实际上由来已久。以主体间交通冲突关系为基础开展交通风险分析的技术路径,即为交通冲突技术。其最早由瑞典学者 Christer Hydén 提出,并由瑞典发起,进而引起世界范围积极响应的"零"事故愿景,冲突分析技术因其在交通安全评价中高效实用的特点被欧美等发达国家推广普及。围绕交通冲突技术,相关研究的进展可以分为三个阶段:①基于观察法的冲突事件判定与风险分析;②未考虑运动状态变化的冲突量化与风险分析;③基于运动变化规律的冲突量化与风险分析。

3.1 基于观察法的冲突事件判定与风险分析

交通冲突技术形成初期,主要通过对近事故事件(near-crashes,如紧急避让、制动、急转事件等)的观察,以相关事件替代事故数据,通过事件的频次以及频率分析,开展目标风险点位的安全诊断或者评价,由此形成基于观察法的冲突分析技术。由于交通冲突技术起源于瑞典,故早期冲突技术亦称为瑞典交通冲突技术。最原始的交通冲突观察法是基于道路观测者的实地观察,随着摄像设备的普及,逐步形成了基于视频记录的交通冲突观察方法,并沿用至今。观测者对现场拍摄的视频记录进行浏览,判断并记录近事故事件的发生状况。然而,基于观察法的冲突事件判定及风险分析受观测者主观判断影响大,难以合理量化冲突风险。

3.2 未考虑运动状态变化的冲突量化与风险分析

随着交通数据采集技术的不断迭代,冲突分析技术由传统的事故先兆(如紧急避让事件)观测方法,向基于轨迹的替代指标自动提取方法发展,如基于轨迹的冲突时间(Time-To-Collision,TTC),相关研究也逐步开始关注交通冲突的量化分析。如后侵入时间(Post Encroachment Time,PET),是通过计算交互车辆驶离冲突位置的时间差来预估车辆的安全状态。相关研究通过定量化的风险表征指标量化行车风险,为交通冲突与交通事故之间的定量关联分析奠定了良好的基础。然而,该类研究未考虑交互主体的运动状态变化特征,往往采用简化的分析手段,如 TTC 计算过程中采取恒定速度假设等,故难以准确量化交通冲突,导致了相关研究存在计算获得的交通冲突与事故的关联性不强等问题。

3.3 基于运动变化规律的冲突量化与风险分析

考虑冲突场景中交互车辆主体的运动变化规律,进而量化交通冲突并开展相应的风险分析是准确量化交通冲突的关键。车辆的运动变化规律是指在冲突场景下由于驾驶人的特性及操作导致车辆表现出来的运动变化特征。近年来也有学者开始关注并开展相关的研究工作,如采用驾驶人的刹车距离和刹车减速度量化行车风险。此外,少量研究亦对冲突场景中车辆的交互关系有所考量,例如考虑通过跟驰状态下前车的扰动及驾驶人的反应时长和制动行为特征来量化追尾碰撞风险等。然而,不同场景及驾驶人的异质性导致交通冲突主体的运动变化规律存在差异,现有指标针对不同场景的泛化能力有限。同时,现有研究忽略了冲突主体的互馈失效对于风险加剧最终导致事故的关键影响。

4　总结与展望

目前面向多场景、多工况、多目标的高精度轨迹采集技术(如基于图像、毫米波雷达、激光雷达等的多目标轨迹追踪技术)以及融合感知技术的快速发展,已实现路域轨迹获取的突破。全天候全场景的精细化轨迹,为研究交通冲突场景下的主体交互失效机制提供了实际道路场景的海量微观粒度数据,由此形成的基于冲突的风险研判技术体系,将准确量化事故风险,为解析事故风险演化机制带来重要突破。然而现有交通冲突的研究缺乏对冲突失效机制的考虑,亟待发展,且该技术路径本身也存在一定限制:基于微观轨迹的冲突事件研究依旧难以解决交通冲突如何最终演化发展为事故的问题,由于事故的偶发性,采集轨迹过程中往往难以捕获,或者仅能获得少量事故场景,导致构建以冲突事件为基础的风险指标与事故之间量化关系的样本数据缺失,由交互反馈失效引起风险加剧最终风险如何激发形成事故的研究路径依旧不全。

为解决“交通冲突主体的互馈失效机制及事故趋势演化机理”这一科学问题,仍需基于路域级的交通轨迹数据形成“微-中-宏观”全粒度数据库,构建适用于多交通场景的交通冲突主体失效机制解析以及风险量化模型,基于高逼真模拟与仿真技术以及事故前冲突形成发展推演构建“行为-冲突-事故”全尺度事故链,由此构建解决本科学问题的完整技术路径。由此或形成以下方面研究:①利用模拟器与虚拟现实技术,研究针对失效机制的实验方法,面向互向运动状态判断失效、操作控制失效及协作失效问题,解析交互失效的心理生理发展变化规律;②面向多元化道路场景,解析冲突主体交互失效事件特征,构建多场景下交通风险量化模型;③基于事故前的轨迹信息,依据动力学关系以及冲突风险特征,解构风险及风险演化与事故的映射关系,解析事故趋势演化机理。

主要参考文献

[1] Fisher D L, Pradhan A K, Pollatsek A, et al. Empirical evaluation of hazard anticipation behaviors in the field and on driving simulator using eye tracker [J]. Transportation Research Record, 2007, 2018(1): 80-86.

[2] Wang J, Sun S, Fang S E, et al. Predicting drowsy driving in real-time situations: using an

advanced driving simulator, accelerated failure time model, and virtual location-based services[J]. Accident Analysis & Prevention,2017,99:321-329.

[3] Hayward J C. Near miss determination through use of a scale of danger[J]. Transportation Research Record,1972,384:24-34.

[4] Allen B L,Shin B T,Cooper P J. Analysis of traffic conflicts and collisions[J]. Transportation Research Record,1978,667:67-74.

[5] Cooper D F,Ferguson N. Traffic studies at T-junctions. 2. a conflict simulation record[J]. Traffic Engineering Control,1976,17(Analytic).

[6] Shangguan Q,Fu T,Wang J,et al. Quantification of rear-end crash risk and analysis of its influencing factors based on a new surrogate safety measure[J]. Journal of Advanced Transportation,2021,2021:5551273.

撰稿人:王俊骅(同济大学)　傅挺(同济大学)　赵晓华(北京工业大学)

高风险交通参与者交通认知行为特征规律及心理机制

Traffic cognitive behavior characteristics and psychological mechanism of high-risk traffic participants

1　科学问题概述

高风险交通参与者一般是指由于生理、社会、经济、法律等原因,在利用交通资源的过程中,其生命健康权和路权缺失,或得不到应有的保证,在出行中容易产生风险行为、引发事故和受到伤害的人群。与正常交通参与者相比,高风险交通参与者不仅违法行为频发、交通事故多且伤亡严重。与交通弱势群体相比,并非所有的交通弱势群体都是高风险交通参与者,非交通弱势群体也可能是高风险交通参与者;高风险交通参与者更容易产生危险交通行为,在事故中存在更多的过错程度,是值得关注的重点风险人群。然而,目前针对高风险交通参与者的管控法规与执法程度并不严格、出行行为监管对策较少、针对性管控设施不足,进一步加剧了风险及事故的发生频率和严重程度。因此,高风险交通参与者应该是道路交通安全管控的重点对象,需要特别关注和保护。

交通事故及风险的产生与交通参与者的认知行为及心理状态关系密切。对风险感知不足、判断决策不够以及自身风险行为高发,是诱发高风险交通参与者风险和事故频发的主要原因。为有效降低高风险交通参与者风险和减少事故发生,需要在准确识别高风险人群特征的基础上,量化明确风险致因和产生过程,进而针对不同群体的风险行为和需求特性，建立针对性和差异化的行为优化手段与管控策略。事实上，“信息感知—判断决策—行为反应”构成了人体信息处理系统，而心理机制对信息处理过程具有驱动作用。因此，认知行为及心理机制是导致高风险交通参与者风险及事故高发的本质内核。

鉴于此，有必要面向高风险交通参与者交通认知行为特征规律及心理机制，聚焦研究高风险人群注意力、记忆力、感知力、执行力等与认知能力的差异，挖掘高风险交通参与者行为产生的认知行为特性，实现高风险交通参与者多维特征精准刻画与辨识；基于高风险人群的交通行为特征，引入属性、态度、技能和感知水平等因素，借用人因工程相关理论对各因素的相关关系提出假设，解析风险行为的心理成因，建立高风险人群交通行为模型，对行为表现产生驱动、量化作用；从提升高风险人群的机动性和安全性出发，探讨高风险人群的培训需求，研究传统与智能交通管控设施对驾驶能力的补偿作用，建立针对不同高风险人群的个性化教育培训模式和差异化交通管控策略。

2　科学问题背景

高风险交通参与者是道路交通系统的特殊群体，但由于对其交通认知行为特征规律及心理机制挖掘不够充分，其难点主要在于：①高风险群体特征难以准确细致辨识。高风险交通参与者在社会性缺陷、生理性缺陷以及高风险交通行为等方面均可能与一般群体存在区别，并且不同风险群体在不同外部场景下的行为表现具有多样复杂性，高风险人群范围难以细致界定，本质特征研究和剖析缺乏样本，难以实现“感知—决策—行为”多维特征精准刻画。②难以充分揭示风险致因机理。当前大多事故致因挖掘模型更多考虑事故形态与发生时间、道路交通与环境条件的关联关系，而要深度挖掘高风险交通参与者风险及事故特征和致因机理，必须从根本上找到高风险交通参与者的显性行为特征和隐性认知规律，而外部影响因素耦合交互、自身行为规范难以度量、心理驱动机制难以量化等问题，进一步加深了揭示风险致因和产生过程的难度。③难以制定针对性的行为矫正及管控策略。交通安全教育培训和交通管控设施是保障交通安全的重要支撑，受样本及追踪连续观测实验难度限制，行为矫正效果和教育培训模式以及交通安全设施改善的线性相关关系难以构建，矫正效果及边际效益难以评价。另外，行为矫正亟须面向高风险交通参与者特殊需求的个性化行为优化手段以及传统与新型智能装备协同补偿的差异化管控对策，统一的行为矫正和管控策略难以有效刺激风险行为改变。

总体而言，挖掘高风险交通参与者交通认知行为特征及心理机制，实现高风险交通参与者多维特征精确识别和准确刻画，进而量化明确风险致因与产生过程，从而建立针对不同高风险人群的个性化教育培训模式和差异化交通管控策略，是降低高风险交通参与者风险及事故发生概率，提高交通系统总体运行安全的必然选择。

3 科学问题研究进展

高风险交通参与者的认知决策过程、出行行为特征和认知心理机制等与一般交通群体存在差别。目前,关于高风险交通参与者认知行为规律及心理机制的研究主要集中在群体特征辨识、风险致因机理挖掘、行为矫正与管控策略三个方面。

3.1 高风险交通参与者群体特征辨识

高风险交通参与者群体特征辨识是认知行为特征规律及心理机制研究的基础。该研究主要从三个方面辨识高风险交通参与者:①社会性缺陷,在交通意义上有出行困难或能力暂时性不足的群体,如智力发展暂时不足、认识能力暂时有限的未成年人,以及情绪偏激容易出现“路怒”的驾驶人;②生理性缺陷,由生理障碍或者衰老引起,导致注意力、记忆力、感知力、执行力等与交通出行需要的相关能力下降,如残疾人和老年人等;③高风险交通行为,通过交通出行行为表现进行人群风险识别,如利用急加速、急减速、急变道、超速、分心驾驶等不良驾驶行为指标将驾驶行为风险分为高、中、低不同等级。目前的研究主要涉及高风险交通参与者群体的内涵和行为特征界定等内容,初步实现了高风险交通参与者与一般正常交通出行群体的区分。

3.2 高风险交通参与者风险致因机理挖掘

高风险交通参与者群体特征辨识是认知行为特征规律及心理机制研究的核心。主观量测和数据驱动是当前研究高风险交通参与者风险致因的主流路线,常用的算法模型包括回归模型、结构方程模型以及机器学习算法等。具体包括:①主观量测,利用调查问卷或量表获取高风险交通参与者对交通法规的了解程度、态度、接受安全教育的意愿以及发生交通事故的原因等相关内容,进而利用统计分析方法和结构方程模型探究认知行为与行为风险的直接或间接关系;②数据驱动,采用驾驶模拟和实车测试的方法获取高风险交通参与者在不同场景,完成不同驾驶任务中的认知、决策、行为和生心理数据,并利用风险行为指标、事故次数、任务完成时间和准确度等作为安全绩效的评价标准,采用统计分析手段或机器学习算法,挖掘个体属性、认知决策能力与行为风险及事故的关系。以上两种方法目前已经具备初步的风险致因整合和机理挖掘能力。

3.3 高风险交通参与者行为矫正与管控策略

高风险交通参与者行为矫正与管控策略是认知行为特征规律及心理机制研究的目标,我国对高风险交通参与者的关注近年来才有所重视,行为矫正与管控策略的研究也处于起步阶段,主要包括两类:①出行行为教育培训,旨在加强对高风险交通参与者道路交通安全文明出行知识、道德、法律、政策的宣传教育，使其提高安全意识，降低违法意向。目前教育培训的手段主要包括静态宣传（宣传手册及视频）、互动体验（驾驶模拟和 VR 技术等）和动态反馈（手机移动反馈终端）等；②交通设施管理控制，根据不同场景的出行需求，从出行安全性、可达性和顺畅性等角度出发，通过布设交通标志、标线、交通信号灯、人行横道线、护栏等交通安全设施改善出行环境，降低高风险交通参与者与其他交通流的冲突。近年来随着智能交通装备的出现，智能斑马线、智能道钉、路权警示灯等新 ITS 设备也开始应用到不同交通场景，以补偿传统交通安全设施的效能，以期进一步减少交通违法行为和交通事故。当前出行行为培训和交通设施管控在一定程度上提升了高风险交通参与者的出行安全。

4　总结与展望

总体来看，高风险交通参与者的认知行为特征规律及心理机制在当下已有一定的研究基础，但现有研究对高风险群体的特征辨识不准确细致、风险致因机理挖掘不充分、行为矫正及管控措施策略针对性不强。仍旧存在以下难点需重点攻克。

（1）高风险交通参与者多维特征精准刻画识别。针对不同甚至同一交通出行群体在不同外部场景下的行为表现具有多样复杂性，基于单一维度和局部表现的辨识方法较难触及高风险交通参与者的本质特征等问题，以不同场景下的多源细粒度感知、决策、行为及生心理数据为驱动，聚焦高风险交通参与者行为表现多样复杂性和内外部本质特征，以“感知—决策—行为”过程为线索、心理机制为驱动，建立多维特征刻画与辨识方法，实现高风险人群多维特征精准刻画识别。

（2）高风险交通参与者内外部因素风险致因解析模型。出行行为是个体属性、主观规范、心理认知等内部因素和车辆、道路、环境、管理等外部因素耦合交互的结果。针对高风险交通参与者风险致因机理挖掘方面，主观量测精细度不够、数据驱动覆盖面不全、模型方法处理能力不足等问题，采用主观测量与数据驱动相结合、统计分析方法与机器学习模型相结合的方式，以数据为驱动、认知行为特征和心理机制为导向，建立高风险交通参与者风险致因模型，揭示自身行为规范、心理驱动机制和外部影响因素共同作用下的风险产生和演变过程，明确人群内部隐性特征对行为表现产生的驱动和量化作用。

（3）高风险交通参与者个性化教育模式和差异化管控策略。为有效刺激高风险交通参与者使其改变风险行为，以高风险交通参与者的认知行为特征和心理驱动机制为导向，充分考虑不同风险人群的“千人千面”特性，探究高风险人群的特殊培训需求，研究传统与智能交通管控设施对驾驶能力的补偿作用，建立针对不同高风险人群的个性化教育培训模式和差异化交通管控策略。

主要参考文献

[1] 张诗波,刘澜,李平飞,等. 行人致命交通事故特征与致因机理研究——基于181例深度调查事故案例[J]. 交通信息与安全,2018,36(6):16-23.

[2] 冯忠祥,季诺亚,罗毅,等. 基于问卷调查的公众交通安全意识评价方法[J]. 中国公路学报,2020,33(6):212-223.

[3] 程文冬,付锐,马勇,等. 驾驶人在手机通话行为中的认知分心图像识别研究[J]. 中国公路学报,2021,34(5):168-181.

[4] Brandtner A,Liebherr M,Schweig S,et al. Subjectively estimated vs. objectively measured adaptation to driving simulators - Effects of age,driving experience,and previous simulator adaptation[J]. Transportation Research Part F:Traffic Psychology and Behaviour,2019,64:440-446.

[5] Depestele S,Ross V,Verstraelen S,et al. The impact of cognitive functioning on driving performance of older persons in comparison to younger age groups:A systematic review [J]. Transportation Research Part F:Traffic Psychology and Behaviour,2020,73:433-452.

[6] Perlman D,Samost A,Domel A G,et al. The relative impact of smartwatch and smartphone use while driving on workload,attention,and driving performance[J]. Applied Ergonomics,2019,75:8-16.

[7] Renge K,Park K,Tada M,et al. Mild functional decline and driving performance of older drivers without a diagnosed dementia:study of leukoaraiosis and cognitive function[J]. Transportation Research Part F:Traffic Psychology and Behaviour,2020,75:160-172.

撰稿人:赵晓华(北京工业大学)　伍毅平(北京工业大学)　王俊骅(同济大学)

道路交通事故严重程度致因机理解析与伤害预防

The causing mechanism of road traffic accident severity and injury prevention

1　科学问题概述

道路交通事故严重程度是表征事故发生后所造成的人身伤害和经济损失的重要指标。国外的主流体系把事故伤害程度分为无伤害(仅财产损失)、可能伤害、非致残伤害、致残伤害、死亡五大类,对于每一起交通事故选择事故中伤害程度最严重的人员来代表该起事故的伤害程度。我国的交通事故严重程度通常分为无伤亡、轻伤、重伤和死亡等。不同严重程度的事故对社会影响的差异性很大,死亡事故所造成的直接经济损失可以达到无伤害事故的千倍以上。具有多人死亡的特大交通事故还将产生不可估量的间接经济损失、人员的精神伤害和负面的公众舆论导向。

探索事故严重程度的致因机理并针对性地开展伤害预防是本领域的世界共识。道路交通事故严重程度的分析过程有着“对象多样、要素庞杂”的特点，且事故的发生过程涉及大量的不确定因素和人类未知机理，精准分析难度大，需要多领域的理论知识和建模体系进行支撑。为了减轻交通事故严重程度，道路交通事故严重程度致因因素交互作用机制及耦合机理有待进一步分析，在此基础上构建应用于多场景的有效模型、进行智能化道路交通事故管控与伤害预防措施的工程应用等方面是本方向待攻克的关键科学问题。

2　科学问题背景

面对人、车、路巨大体量的挑战和交通强国建设的要求，传统的交通安全技术手段和管理方法难以为继。

由于交通事故数据质量和数量的欠缺，以及交通安全管理体制和机制的局限，已有交通事故严重程度和伤害预防方面的研究还无法有效降低各类交通事故的严重程度，难以满足交通事故发生时对降低伤害程度以及预防伤害的诉求，短期内很难实现零死亡，平安交通的目标。为了有效减轻道路交通事故严重程度并提出具有针对性的伤害预防措施，现有研究还面临如下三个问题。

2.1　道路交通事故严重程度致因因素交互作用机制及耦合机理不明晰

道路交通事故严重程度的致因分析大多依赖于已发生的交通事故数据，由于缺乏完备的交通要素数据库、交通事故数据库和交通运行数据库，现有研究大多依赖美国公开的交通事故数据，减轻事故严重程度和提高伤害预防方面的研究成果很难在国内得到有效应用。面对高风险交通参与者，多类别车辆，复杂道路环境以及恶劣天气等多因素交互作用，难以开展高质量、符合现实需求的道路交通事故严重程度致因与伤害预防研究。

2.2　有效应用多场景的交通事故严重程度预测模型缺乏

国内多元化的交通构成要素，非标准的交通设计，复杂的交通运行环境是交通安全最大的挑战。因为不清楚各种致因要素的作用机制以及相互之间的作用机理，难以针对多场景建立有效的模型和方法刻画交通事故严重程度，难以利用模型和方法来推动交通安全管理、减轻交通事故严重程度并提升交通安全预防措施方面的实施效果。

2.3　智能化道路交通事故管控与伤害预防措施的工程应用缺少

由于缺乏基于大数据的智能交通安全管控，无法实现交通运行态势精确感知和智能化调控，不能大范围、实时反馈交通事故情况、临时交通管制等信息，也无法将各种伤害预防方法有效应用到工程实践中。

由此可见,无论从数据、方法和应用层面,现有道路交通事故严重程度致因机理解析与伤害预防研究面临不同程度的制约与问题。为了提高交通安全管理水平,减少道路交通事故严重程度,预防各类交通事故带来的伤害,有必要从多因素交互作用机制、多类别模型与方法和智能化交通安全管理和伤害预防的工程应用方面开展进一步研究。

3 科学问题研究进展

道路交通事故严重程度一直都是交通安全研究领域关注的重点之一。数十年来,众多学者基于历史交通事故数据,分析了人-车-路-环境-救援等相关因素对道路交通事故严重程度的影响。考虑不同类别交通事故发生环境和内在机理的差异,交通事故严重程度的分析对象可按照道路类型(例如:高速公路、农村公路、城市道路)、设施类型(例如:交叉口、路段)、交通方式(例如:行人、自行车、机动车)、机动车类型(小汽车、卡车、特种运输车辆)、事故类型(单车事故、多车事故)等指标进行分类。在分析尺度上,大多数研究以整个事故的严重程度为分析单元,忽略了碰撞车辆间(或行人与车辆间)的交互影响以及车辆不同座位的安全性差异。

人的因素主要包括:年龄、性别、驾龄、是否系安全带、酒驾、药驾、毒驾、是否为过错方等;车的因素主要包括:车辆类型、车龄、车速、车辆碰撞点等;路的因素主要包括:道路曲率、坡度、限速、车道数、隔离带类型和宽度、路肩类型和宽度、路面平整度等;交通因素主要包括交通量大小或交通拥挤度以及交通构成等;环境方面包括自然环境(例如:天气状况)和建成环境(例如:土地利用类型和社会、经济、人口状况);救援方面主要考虑了事故救援到达时长等因素。现有研究虽然证实了这些因素对交通事故严重程度的影响,但在分析过程中仅考虑其单一效应,鲜有探究时变因素的迟滞效应和多因素间的交互效应。而且,不同研究对同一因素影响效应的分析结论不尽相同,甚至出现完全相反的结论,分析结果的有效性和可移植性仍有待检验。

在分析方法上,根据建模原理的不同,可分为机器学习和统计回归模型两大类。交通事故严重程度通常划分为若干个离散等级(例如,我国公安部将道路交通事故划分为无伤亡、轻伤、重伤和死亡四个等级)。统计上,通常采用离散概率模型(例如:Logit 和 Probit 模型)对其进行回归分析。交通事故历史数据的内在特征通常与传统离散概率模型的假设不符,使得其难以精准拟合事故严重程度与其影响因素间的内在关系。为了解释事故数据的有序性、内生性、异质性、时空相关性等特征,一系列改进 Logit 和 Probit 模型先后被提出并获得了更好的预测准确度。此外,历史事故数据固有的漏报(即:部分事故数据未上报或上报信息错误)和不均衡(即:严重等级越高的事故占比越低)问题仍未得到有效解决,严重影响了交通事故严重程度致因机理的精准解析。分类回归树、神经网络、支持向量机等机器学习方法也被用于事故严重程度分析。这些方法不对事故严重程度与观测因素间的内在关系做出明确假设,通常能够获得比传统离散概率模型更高的预测准确度,而且还考虑了因素间的交互作用对事故严重程度的影响。然而,其"黑盒子"特性使得这些模型难以清楚地量化观测因素对事故严重程度的影响,致使其使用范围及实施效果有限。

根据事故严重程度致因分析结果,学者们从宣传教育、交通执法、工程技术、医疗救援等方面提出了相应的对策建议,以纠正事故严重程度负面影响因素,从而实现降低严重伤亡事故发生概率的目的。然而,传统的事故伤害预防对策无法实现交通事故严重程度的实时预测和在线干预。随着智能网联汽车技术的兴起和发展,众多智能化的主动和被动安全设备以及车载信息终端不断涌现。这些新型安全设备和信息终端为精准、及时干预交通事故伤害奠定了重要基础。

4 总结与展望

综上所述,现有研究虽然已经对道路交通事故严重程度进行了大量的实证分析并提出了相应的伤害预防对策,但仍存在以下关键科学问题需要重点攻克。

(1)道路交通事故严重程度的多影响因素交互作用机制及耦合机理。针对各类典型的道路交通事故,如何构建精细化的交通事故综合数据库,并从事故单元-人车单元-乘客单元等层面,探究表征并量化人-车-路-环境等因素对事故伤亡严重程度的交互作用,是深入解析道路交通事故严重程度致因机理面临的重要科学问题。

(2)综合考虑事故漏报和不平衡等特征的事故严重程度建模。在现有的统计回归模型的基础上,解决事故漏报和不均衡等问题,同时综合考虑有序性、内生性、异质性和时空相关性等内在特征,是实现道路交通事故严重致因机理精准解析面临的关键技术挑战。

(3)交通事故严重程度致因机理的可移植性评估。不同地区和社会环境下,道路交通事故严重程度致因及其影响效应可能存在差异。如何评价理论研究成果的可移植性,明确其适用范围和条件,是影响理论成果大面积推广和应用面临的关键问题。

(4)智能化交通伤害预防对策集构建。针对交通事故严重程度负面影响因素,融合传统的宣传教育、交通执法、工程技术、医疗救援手段和新兴的主动安全技术构建智能化的对策集以实现对交通事故伤害的主动干预和精准预防,是将道路交通事故严重程度致因机理解析理论成果应用于道路交通安全改善的重要趋势。此外,构建合理的安全改善效用评估方法,剔除其他因素变动的影响,准确估计这些对策实施对降低交通事故严重程度的实际效用,是检验道路交通事故严重致因机理解析成果有效性的关键技术。

主要参考文献

[1] Savolainen P T, Mannering F L, Lord D, et al. The statistical analysis of highway crash-injury

severities:a review and assessment of methodological alternatives[J]. Accident Analysis & Prevention,2011,43(5):1666-1676.
[2] Yamamoto T, Hashiji J, Shankar V N. Underreporting in traffic accident data, bias in parameters and the structure of injury severity models[J]. Accident Analysis & Prevention, 2008,40(4):1320-1329.
[3] Huang H, Chin H C, Haque M M. Severity of driver injury and vehicle damage in traffic crashes at intersections: a Bayesian hierarchical analysis [J]. Accident Analysis & Prevention,2008,40(1):45-54.
[4] Mannering F L, Shankar V, Bhat C R. Unobserved heterogeneity and the statistical analysis of highway accident data[J]. Analytic methods in accident research,2016,11:1-16.
[5] Winston C, Maheshri V, Mannering F. An exploration of the offset hypothesis using disaggregate data: the case of airbags and antilock brakes[J]. Journal of Risk and Uncertainty,2016,32(2):83-99.
[6] Zeng Q, Huang H. A stable and optimized neural network model for crash injury severity prediction[J]. Accident Analysis & Prevention,2014,73:351-358.
[7] Zeng Q, Gu W, Zhang X, et al. Analyzing freeway crash severity using a Bayesian spatial generalized ordered logit model with conditional autoregressive priors [J]. Accident Analysis & Prevention,2019,127:87-95.
[8] Meng F, Xu P, Wong S C, et al. Occupant-level injury severity analyses for taxis in Hong Kong: a Bayesian space-time logistic model[J]. Accident Analysis & Prevention,2017,108:297-307.
[9] 赵跃峰,张生瑞,马壮林. 基于部分优势比的公路隧道交通事故严重程度分析模型[J]. 中国公路学报,2018,31(09):159-166.
[10] 吕璞,柏强,陈琳. 融合深度反残差与注意力机制的山区高速公路事故严重程度预测模型[J]. 中国公路学报,2021,34(6):205-213.

撰稿人:董春娇(北京交通大学)　马路(北京交通大学)　曾强(华南理工大学)

车路协同信息异常对交通参与主体安全运行的影响机理

Influence mechanism of abnormal vehicle infrastructure cooperative information on the safe operation of traffic participants

1　科学问题概述

随着自动驾驶与数字道路的发展,未来 10 ~ 20 年整个道路交通将处于车路协同的新型混合交通流状态，道路交通安全将面临更加复杂、未知的行驶环境，如何保障该环境下交通参与主体的安全运行亟待研究，作为连接所有交通参与主体的车路协同信息安全尤为重要。为此，美国、欧盟和我国都陆续制定了相应的自动驾驶信息安全监管法律规范，提升自动驾驶环境下车路协同信息服务水平。

车路协同信息服务借助无线通信、移动网络和传感网等新技术，将包括交通参与者（人）、交通载运工具（车）以及交通基础设施（路）在内的所有交通参与主体连接起来，实现车辆与车辆之间、车辆与交通基础设施之间的信息交互、融合与共享。而作为车路协同信息重要载体，5G、4G等通信技术由于其自身属性特征，其易受到复杂交通环境和人为干扰，引发信息服务异常问题，进而对交通参与主体的安全运行产生影响，造成自动驾驶车辆碰撞、局部路网拥堵，甚至造成整个交通系统瘫痪。造成车路协同信息异常问题的因素具有复杂性、未知性和多样性，复杂交通环境造成的常发性通信不稳定因素，网络攻击、车路信息恶意篡改等通信中断因素，都会对交通参与主体运行安全产生影响。并且造成安全运行的致因因素超出了传统交通安全的致因因素范围，其对交通参与主体的运行安全影响程度具有未知性。因此，有必要研究车路协同信息异常对交通参与主体的安全运行影响机制，以实现交通参与主体安全运行以及整个交通系统稳定的目的。

2　科学问题背景

现有的车路协同信息在复杂交通环境下会出现多种异常的现象，包括：①高频低损的车路协同信息异常，由于无线通信技术的固有不稳定性（如丢包或时延）和通信信道特性（如带宽）限制等影响，高频次常发性通信异常经常发生，会对自动驾驶车辆编队、区域交通管控等产生累计影响，致使整个交通系统稳定性降低，当异常参数超过车路协同设备控制阈值时，可能会诱发期望运行参数运算错误、自动驾驶能力降低等问题；②低频高损的车路协同信息异常，由于开放的无线通信系统极易受到伪装、窃听、重放和中断等人工因素干扰，低频次偶发性通信异常偶有发生，从而导致司机的隐私权遭受侵害并对其生命产生威胁，造成路面交通系统的剧烈紊乱，又或者受到不可抗力因素影响，如天气、自然灾害等，从而导致车路协同信息服务大规模失效，一旦发生将严重威胁到整个交通系统的运行安全，不同车路协同信息异常干扰形态对交通参与主体安全运行影响不同。

上述车路协同信息异常，均会对包括交通参与者（人）、交通载运工具（车）以及交通基础设施（路）在内的所有交通参与主体的安全运行产生影响，其科学问题主要体现在以下三个方面。

2.1　车路协同信息典型异常形态及对交通参与主体安全影响规律

针对不同的交通参与主体运行干扰，车路协同信息异常形态表现形式不一样，对于车辆更多表现为丢包率、时延参数过大,交通信息重复发送、虚假交通信息发送等,干扰车辆运行状态造成其发生碰撞或异常波动行为。对于路面基础设施,如信号灯、电子指示标,可能表现为信号灯显示紊乱,易引发交叉口冲突事故,或者引导错误滞后造成路段负载不均衡等问题。针对不同交通参与主体,挖掘车路协同信息典型异常形态,及其对参与主体安全运行的干扰聚焦点,并解析影响规律,对提升交通参与主体本质安全具有重要意义。

2.2 车路协同信息异常与交通参与主体安全运行作用机理

车路协同信息服务的交通参与主体更加多样化,除传统的人、车、路、环境之外,还包括网联车辆、新型基础设施等类型,这些交通参与主体运行中所面临的风险具有复杂性和未知性,其运行中可能受到的干扰来源及程度具有不可预知性,目前对于信息异常还没有统一聚类体系,对于干扰强度也缺乏量化标准。车路协同信息异常对不同交通参与主体的运行安全产生由点及面的干扰,不同作用形态和强度会对其产生不同的安全后果。因此有必要研究车路协同信息异常与交通参与主体安全运行作用机理,深入了解交通参与主体安全运行事故致因。

2.3 车路协同信息异常下交通参与主体运行态势及结果表现形式

车路协同信息异常情况下,交通参与主体安全运行水平与道路交通系统运行效率会呈现减低趋势,包括事故率提高、道路分配不均匀、道路容量降低等影响,严重情况下会导致路段甚至路网的瘫痪,需要一定的干预手段来预防或减轻因信息异常所带来的危害。通过研究其安全运行演化模型以掌握交通参与主体安全运行态势,针对不同的演化态势了解车路协同信息异常下交通参与主体运行安全恶化最终结果,并以合理的表现形式进行展示,有利于对其影响制定合理的干预机制。

3 科学问题研究进展

主要研究集中于三种技术路线:构建安全运行模型、搭建安全运行仿真平台、实测信息服务应用场景。

3.1 构建安全运行模型

该路线通过细分交通参与主体的表征特征,以此解析交通安全运行机理,揭示车路协同信息异常下各个交通参与主体安全运行的映射模式及其变化规律。该路线主要包括三个方向:①综合指标评价:分别以交通参与者、载运工具与基础设施为研究对象,拆分单个目标在异常状态下的安全运行影响并凝练成各个影响因素下的表征指标,构建安全运行综合指标评价体系;②交通适应程度:将交通参与主体的安全运行行为综合体现在对交通环境的适应程度上，通过技术手段将转化为车路协同信息异常情况下，交通参与主体的交通适应性问题，主要包括异常状态下的驾驶员响应力、通信稳定性能、硬件响应时间等；③道路交通韧性：考虑车路协同信息从异常到恢复的全生命周期对交通参与主体的扰动情况，分析异常发生后，整个交通系统能够维持正常运行的概率或遭受不利影响的程度。

构建安全运行模型存在以下难点：①面向实际的交通场景，传统的综合指标评价方法，仅能满足对单一研究对象的解释性描述，无法从全部交通参与主体的角度考虑其安全运行影响；②面向高频低损的常发性交通场景，交通适应性这类研究不能够有效地区分小规模、不确定性扰动下交通参与主体安全运行的稳定性；③面向低频高损的偶发性交通场景，道路交通韧性评价的研究起步较晚，目前国内外研究对其定义及内涵还没有明确的解释和阐述，参与主体的运行特征分析也尚不明确，难以把握全生命周期内安全影响分析的鲁棒特征。

总体上，该技术路线通过量化各个交通参与主体的表征指标，剖析影响安全运行的主要因素，以此来降低研究对象的复杂程度。然而，仅依靠安全评价模型来阐释异常状态的安全运行机理并不能完全满足实际工程需要，一方面，车路协同信息异常是一个动态过程，静态的影响因素评价效果不能良好适应实际需求；另一方面，面对实际的普通车辆与联网自动驾驶车辆的混合交通流的复杂场景时，安全评价模型得到的结论有效性还需要进一步探索和验证。

3.2　搭建安全运行仿真平台

该技术路线近年来得到学术领域的广泛研究，是目前研究的热点。利用已有的仿真软件或编程手段，构建安全运行仿真平台，模拟各种车路协同信息异常场景，分析异常场景对交通参与主体的安全运行的影响规律。目前关于安全运行仿真平台的研究主要采用数值仿真、软件模拟以及驾驶模拟等三种手段。

该技术路线存在以下研究难点：①基于数值模拟的车路协同信息异常场景可以完整模拟，但得到的仿真数据真实性与实际应用仍有一定的距离；②基于软件模拟的车路协同信息异常场景通信与跟驰等模型参数需自定义设置，结果的良莠取决于参数的选择；③基于驾驶模拟的车路协同信息异常场景难以遍历全部车辆的驾驶行为，且对驾驶员的需求度较高。

总体上，搭载安全运行仿真平台能够在一定程度上考虑实际复杂的交通环境特征，用于分析交通参与主体的安全运行影响机理。然而，仿真平台由于自身的局限性使其在实际工程应用时还需要进一步测试和检验。

3.3　实测信息服务应用场景

该技术路线是互联网、车企等工程领域较为关注的研究方向，目前处于探索实践的阶段。利用测试场或自动驾驶专用道搭建车路协同服务信息场景，通过无线信息干扰、中断等手段实现车路协同信息异常状态，建立综合指标评价模型和分析仿真结果，研究异常场景对参与主体在实际交通环境中运行安全影响机理和安全状态动态演化规律。

该技术路线存在以下研究难点：①当前基于车载 OBU 的运行状态推演，数据量大且受传感设备的影响，数据质量也难以把握，导致安全运行规律的可解释性和稳定性差；②当前基于路侧 RSU 的方案部署，忽略了交通参与主体安全运行的微观驾驶行为影响；③面对高频低损的车路协同信息异常场景，仍没有良好的解决手段。

总体上，该技术路线保障了安全运行规律解析的准确性，直接将实测结果与理论研究相融合，从而真实反映了交通参与主体面对车路协同信息异常时的运行状态，也为后续的控制手段奠定了应用基础。然而，相较于其他两种技术路线，该技术路线实测场景成本较高，计算复杂度也更高，适宜应用在特殊场景的研究。

4 总结与展望

需要针对不同场景应用不同的技术路线：

(1)构建安全运行模型实现难度低，模型评价手段和方法应用广泛，但因其机理解析不够深入，未来研究中应将安全运行模型作为交通参与主体安全运行的量化参考。

(2)搭建安全运行仿真平台能够实现复杂交通场景及特殊场景的规律分析，是分析安全运行规律中的关键一环，其未来研究趋势在于开发更加接近真实交通环境的仿真场景。

(3)实测信息服务应用场景能够更好地反映出在车路协同信息异常状态下，交通参与主体的真实规律。然而，受现实环境的限制，该路线目前尚不能大规模进行实车测试，未来需优化计算模型，完善典型特殊驾驶场景。

主要参考文献

[1] Wang P, X Wu, X He. Modeling and analyzing cyberattack effects on connected automated vehicular platoons[J]. Transportation Research Part C: Emerging Technologies, 2020, 115: 102625.

[2] Han X, Tian D, Sheng Z, et al. Reliability-aware joint optimization for cooperative vehicular communication and computing [J]. IEEE Transactions on Intelligent Transportation Systems, 2020, PP(99): 1-10.

[3] Lian C, H Jia, Park BB, et al. Development of a simulation platform for safety impact analysis considering vehicle dynamics, sensor errors, and communication latencies: assessing cooperative adaptive cruise control under cyber attack[J]. Transportation Research Part C: Emerging Technologies, 2018, 97(DEC.): 1-22.

[4] Khan S K, Shiwakoti N, Stasinopoulos P, et al. Cyber-attacks in the next-generation cars, mitigation techniques, anticipated readiness and future directions[J]. Accident Analysis & Prevention, 2020, 148(105837): 1-16.
[5] Bolbot V, Theotokatos G, Boulougouris E, et al. A novel cyber-risk assessment method for ship systems[J]. Safety Science, 2020, 131: 104908.
[6] Mongelli M. Design of countermeasure to packet falsification in vehicle platooning by explainable artificial intelligence[J]. Computer Communications, 2021(4).
[7] Huang S E, Feng Y, Liu H X. A data-driven method for falsified vehicle trajectory identification by anomaly detection[J]. Transportation Research Part C: Emerging Technologies, 2021, 128(6): 103196.

撰稿人：王江锋(北京交通大学)　徐进(重庆交通大学)

泛在网联环境下异构交通系统事故风险解析与协同安全防控

Analytical and synergetic safety for heterogeneous traffic system under ubiquitous connectivity

1　科学问题概述

现代互联网、通信网、物联网等新兴网络技术为交通系统各主体实时状态的感知和交互提供了泛在网联环境；大数据、云计算、人工智能等信息技术的发展为泛在网联交通系统安全、高效、智慧协同化运行提供了技术支撑。泛在网联技术强大的环境感知、信息交互与智能决策/控制能力，能够突破传统被动防控和主动干预手段，通过各交通主体间的协同感知和决策控制实现协同安全，成为继被动安全与主动安全之后的新一代安全技术。然而，泛在网络的不断扩展和渗透将改变交通系统的组织形式和运行规则，使其成为具有泛在感知能力、具备协同交互功能、表现为异构互联形态的有机系统，其中网联主体间、网联与非网联主体间的交互，将催生出新的安全问题。传统以人-车-路为对象的安全分析方法，已无法适应网联化进程下交通系统表现形式和构成特征的变化。因此，为了发挥泛在网联在安全提升方面的技术优势，促进泛在网联交通系统的良性发展，亟须在以下方面进行深入研究：①泛在网联环境下包括个体和群体(如单车和车队)等网联主体的运行特征及规律；②泛在网联环境下人-车-路-网系统主体间交互机理及交通事故风险演化规律；③泛在网联交通系统多场景事故风险即时评估体系；④泛在网联环境下网联个体与网联群体、网联主体和非网联主体、可控主体和不可控主体等异构交通主体的协同安全决策与控制等问题，通过研究形成一套面向泛在网联交通系统的协同安全理论框架及技术体系，从而最大化交通系统的整体安全性能。

2 科学问题背景

近年来，国家出台了《交通强国建设纲要》《新一代人工智能发展规划》《交通运输领域新型基础设施建设行动方案(2021—2025 年)》等一系列政策，旨在加强泛在感知设施、传输网络、时空信息服务在交通运输行业的建设和应用，推动智能网联车辆技术(Intelligent Connected Vehicle，ICV)与智能车路协同技术(Intelligent Vehicle-Infrastructure-Cooperation-System，I-VICS)的稳步发展。

泛在网联交通系统是一种具有泛在感知能力、具备协同交互功能、表现为异构互联形态的有机系统。其优势在于能够打破交通元素间的信息壁垒，实现对交通群体的协同决策与控制，从而突破交通元素之间原有的交互关系和组织形式，形成具有强耦合、自组织、协同化的泛在网联群体。然而，交通系统的网联化需要经历漫长的技术渗透过程，必将经历网联交通主体与非网联交通主体长期共存的发展阶段。通信不对称所导致的信息不通畅和交互欠耦合，增加了交通系统的复杂性和不稳定性，反而可能提高事故风险。统计数据显示，虽然当前(2021 年 9 月)L2 级乘用车的新车市场渗透率已达到 20%，但不同厂商的智能网联车辆在设备和技术方案上均有较大差异。智能网联车辆的涉事记录中，近 70% 的交通事故是由车辆间的交互不协调导致，而且由于智能驾驶车辆紧急制动所造成追尾事故的比例是常规车辆的 1.6 倍。

提高交通安全水平是推动构建泛在网联交通系统的核心目标之一。发挥网联技术在安全提升方面的优势，需要完整的交通系统安全分析及评价理论作为支撑，需要有效的协同安全决策与控制技术作为保障。若不针对泛在网联环境下的交通系统进行全面性分析和系统性建模，难以深入理解网联环境下的交通运行规律和交通事故发生机理，无法充分发挥泛在网联技术在提高交通系统性能方面的优势，反而可能导致新的交通安全问题产生。现有安全分析方法无法考量泛在网联环境下异构交通系统的运行特征，描述网联群体与其他主体、网联群体与群体之间的交互规律，无法解析由于不同类型主体间欠耦合所导致事故的发生和演化机制，缺少对异构交通系统进行风险评估的标准和手段，从而难以提出有效的协同安全决策与控制方案。因此，为有效促进网联技术与现有交通系统的有机结合，最大化发挥泛在网联技术在提升交通安全方面的技术优势，首要任务是从车辆、车队、群体等多个维度构建以协同安全为核心的交通安全研究体系与方法，在对泛在网联环境下新型交通系统特性的分析和风险解析的基础上，实现异构交通主体的协同安全决策与控制，从根本上提高交通系统的安全性。

3　科学问题研究进展

对于泛在网联交通系统的安全研究目前主要有三种技术路线:数据驱动型、模型驱动型以及数据与模型双驱动型。

3.1　数据驱动的事故机理解析与风险评价

该技术主要包含以事故数据挖掘为手段的事故致因解析方法,和以事前场景分类为手段的事故演化机制解析法。其中,事故致因解析方法通过收集泛在网联环境中涉及网联车辆的交通事故、交通冲突数据,结合事故发生地点的道路环境、交通控制等特征数据,借助数理统计理论与大数据分析技术,从整体样本层面挖掘事故特征信息以及导致事故发生的环境、道路和交通流信息。事故演化机制解析法基于事故深度调查数据和自然驾驶数据,通过描述碰撞前涉事车辆的行驶轨迹、运动/动力学特性等信息,同时识别关键事故致因,将事故进行归类分析,旨在还原事故演化过程、明确事故演化机制及关键致因的作用机理。该方法以真实事故数据为基础,能够切实反映事故相关信息,所得结果可靠性强,且具有较高的实践指导价值。

3.2　模型驱动的典型场景协同安全决策与控制技术

该技术针对泛在网联环境下的入网车辆(包括智能辅助驾驶和无人驾驶车辆),面向路段、匝道、交叉口等典型交通场景下的复杂多主体异构交通环境,研究如何通过泛在网联技术,实现多主体间的协同决策与控制,从而确保交通系统的安全运行。研究内容围绕提升交通系统安全包括:面向多交通主体协同的信息交互机制、复杂异构交通场景下的车辆协同决策与优化理论,以及以场景为驱动的车辆协同决策及控制仿真理论与测试验证方法等方面。该技术以车辆的运动/动力学特性及人体生理感知/决策特征为基础,所构建的模型具有理论性强、可解析、可推演等优势。

3.3　数据与模型双驱动的在环风险解析与协同安全

上述两种技术方案均存在一定局限性。由于事故发生的随机性、零散性特征,数据驱动的技术方案存在样本量有限、样本覆盖有偏、关键信息遗漏等缺陷,难以全面表征异构交通系统存在的安全问题;而且“后验式”的评价结论具有滞后性,难以及时用于事故的防控。由于当前数据存储及计算能力的局限,模型驱动的技术方案难以对交通系统的随机特性进行建模,仅适用于小范围特定场景的研究,难以满足实时安全决策与协同控制的应用要求。

因此,学者们开始探索数据与模型双驱动的在环风险解析与协同安全技术方案,包括基于物理信息的机器学习方法、面向动态对抗场景的车辆自动控制策略研究等初步的尝试。该方案以数据驱动的安全态势解析与评价作为协同安全控制系统的实时反馈，在线动态调整/优化以模型驱动的决策和控制策略的模型参数，协同各交通主体间关系。该技术方案结合了数据驱动技术在事故风险解析与评价、模型驱动技术在交通主体决策与控制方面的优势，弥补了数据驱动技术缺乏主动防控性、模型驱动技术缺少数据支撑的缺陷。研究内容包括事故关键致因挖掘、演化机理解析及风险评价模型、车辆决策与控制模型及算法构建等处于线下的基础研究，还涵盖了复杂场景多主体协同感知及通信、高风险事件精准预测、网联主体辅助决策与协同控制策略自生成等面向线上的关键技术，该技术路线是面向未来泛在网联环境、解决异构交通系统安全管理与事故防控问题的关键技术。

然而，数据与模型双驱动的在环风险解析与协同安全技术还处于研究初期，特别是面向泛在网联交通系统的安全管理与防控仍存在诸多科学问题需探索，主要包括：

(1)异构交通主体交互机理解析与风险因素作用机制挖掘。泛在网联技术的不断渗透增加了交通系统主体间交互的多样性和复杂性。一方面，人-车-路通过泛在网络形成不同形式的网联主体，出现了网联个体与个体、个体与群体、群体与群体等多样化的交互形式。另一方面，泛在网联技术实现交通系统全覆盖的过程中，必将经历网联主体与非网联主体共存的现象，两类主体间相互适应的过程中出现的交互欠耦合问题会增加交通事故风险。因此，如何理解网联环境下各交通要素之间复杂的交互作用机制，从而进一步深入剖析由于主体间交互欠耦合、欠协同所引发事故风险的传递、传播、演化机制，是待解决的难点问题。

(2)泛在网联环境下交通系统协同安全理论方法。传统交通安全分析方法大多聚焦于非网联个体(或群体)的行为刻画，无法描述网联个体间由于信息互联和协同控制所形成的网联群体之间的交互行为和风险特性，无法解析由于不同类型主体间欠耦合所导致事故的发生和演化机制，缺少对异构交通系统进行风险评估的标准和手段。如何描述泛在网联环境下新型交通系统的协同运行特性，如何构建面向泛在网联交通系统的协同安全理论与方法体系，重新定义交通安全研究对象和评价指标，是进行泛在网联交通系统安全分析的基础和前提。

(3)基于协同感知的事故风险实时辨识与安全态势即时研判。不同于传统的交通状态感知技术，泛在网联技术可以提供全域时空动态交通信息的实时共享，实现多视角、超视距下的协同感知。如何在全面理解泛在网联环境下交通主体(包括个体与群体)的运行特征及交互机制的基础上，依托泛在网络的协同感知机制，对事故风险进行实时辨识、对安全态势进行即时研判与预测，是进一步进行协同决策与控制，提升交通系统安全性的关键。主要包含两方面问题需要解决：①面向运动与静止、同类与异类等不同交通主体，考虑车载与路侧、同步与异步等不同条件下的多传感器协同感知及场景融合问题；②基于实时感知场景的交通主体风险辨识与安全态势预测问题。

(4)泛在网联交通系统多主体在环安全辅助决策与协同控制技术。面向网联交通主体的辅助决策和协同控制是利用泛在网联技术提升交通安全的关键。目前普遍采用的协同机制包括:面向局域协同安全的分布式协同机制,以及面向广域协同安全的集中式协同机制。如何在理解泛在网联交通系统运行特性和异构交通主体交互机制的基础上,合理利用泛在分布式和动态集中式网联结构的技术优势,构建面向多主体安全交互的网联主体辅助决策与协同控制算法,并与交通环境协同感知及高风险场景辨识技术相结合,将实时风险辨识/预测与实时决策/控制进行有效结合,形成一整套实时安全评价在环的协同安全决策与控制系统,是构建异构交通系统在环风险解析与协同安全研究体系所面临的最核心问题。

主要参考文献

[1] 张毅,姚丹亚,李力,等. 智能车路协同系统关键技术与应用[J]. 交通运输系统工程与信息,2021,21(05):40-51.

[2] 鲁光泉,宋阳. 车路协同环境下驾驶行为特征与交通安全综述[J]. 交通信息安全,2014,32(05):13-19.

[3] 刘菲菲,武红利. 2021 世界智能网联汽车大会在京开幕[N]. 北京日报,2021-09-26.

[4] Liu Q,Wang X,Wu X,et al. Crash comparison of autonomous and conventional vehicles using pre-crash scenario typology[J]. Accident Analysis and Prevention,2021,159(4):106281.

[5] Favarò,Francesca,Eurich S,et al. Autonomous vehicles' disengagements:trends,triggers, and regulatory limitations[J]. Accident Analysis and Prevention,2018,110:136-148.

[6] Papadoulis A,Quddus M,Imprialou M. Evaluating the safety impact of connected and autonomous vehicles on motorways[J]. Accident Analysis and Prevention,2019,124:12-22.

[7] 李立,徐志刚,赵祥模,等. 智能网联汽车运动规划方法研究综述[J]. 中国公路学报,2019,32(06):20-33.

[8] Xu,H,Zhang Y,Li L,et al. Cooperative driving at unsignalized intersections using tree search[J]. IEEE Transactions on Intelligent Transportation Systems,2019,99:1-9.

[9] Mo Z,Di X,Shi R. A physics-informed deep learning paradigm for car-following models [J]. Transportation Research Part C:Emerging Technologies,2021,130:103240.

[10] Mahmassani H. Autonomous vehicles and connected vehicle systems:flow and operations considerations[J]. Transportation Science,2016,50(4):1140-1162.

撰稿人:裴欣(清华大学)　韩春阳(清华大学)　余荣杰(同济大学)
徐铖铖(东南大学)　杨子(南京理工大学)

道路交通事故风险形成机理及干预机制

Road accident risk generation and intervention mechanism

1 科学问题概述

道路交通系统是由人-车-路-环境等要素构成的动态复杂系统，系统中每个要素自成子系统又相互作用，道路运行风险通常源于子系统协作失调而未能得到及时干预矫正。因此基于道路交通事故致因的复杂性特征，有必要从风险源头多层次、多角度开展事故风险形成机理及干预机制的研究工作。

目前与道路交通事故有关的安全研究，涵盖了宏观到微观各个层面，包含事故影响因素辨识与预测、交通安全设施改造与优化以及以“4E(教育、工程、执法、急救)”为手段的道路交通事故防控。但一起交通事故从风险产生到事故形成，受人-车-路-环境多因素交互影响，风险至事故的演变链条和致因演化机理尚不清晰，链条的突变点和薄弱环节还不明确，致使道路交通安全治理仍然存在诸多问题。①部分道路交通安全相关标准、规范设计要素取值和理论依据有待进一步论证和深化。大量交通事故表明，有些满足现有规范、标准条文要求的道路设计并不符合本质安全要求，导致运营后出现大量的事故高发路段。部分道路设计要素内在耦合作用及其对交通安全的影响机理尚不明确。②道路交通事故黑点辨识方法有待完善。目前道路交通事故黑点辨识仍以事故数据统计分析为主，难以对事故发生的内在机理进行研究。随着大数据采集技术和装备的出现，基于多源数据探究交通事故发生的内在机理成为可能。③道路交通运行风险防控的干预机理不明确。一方面道路标志标线、交通安全设施应用以及道路限速管理等交通治理措施的出台和实施受主观因素影响较多，缺乏对交通影响的科学分析，这些措施实施以后，对交通安全改善的影响机理、影响的演化过程以及与其他因素的交互作用机制等还有待深入研究。另一方面，随着数字化、信息化和智能化技术快速发展，道路运行风险在途主动防控已成现实，大量智能化技术和装备得到应用，但其对交通系统干预机理尚不明确，设置方法基本空白，制约了新技术、新装备在道路高风险路段治理中的科学应用。

为了推动我国交通事故防控由被动防护向主动干预、预防为主的本质安全方向发展，有必要追本溯源，研究多因素耦合作用下交通运行风险触发和演化机制，探究交通系统人-车-路-环境各要素之间交互影响机制及其演化规律，揭示要素协调水平与风险之间的响应特征，量化表征风险和事故之间的映射关系，明晰事故演化机理，这将有助于精准制定风险防控措施，提高系统安全的弹性和鲁棒性，从人-车-路协同视角探索不同风险的主动干预方法，优化道路交通系统，提升系统的宽容性和本质安全水平。

2　科学问题背景

受人、车、路、环境等客观因素综合影响，我国交通事故频次与人员伤亡一直居高不下，防控任务艰巨。交通安全治理与事故防控理念是否先进、措施应用是否合理，取决于人、车、路、环境等客观要素对事故诱发机制的科学认识和规律掌握。长期以来，由于交通事故发生机理的复杂性、事故致因的不确定性以及认知手段的局限，极大地制约了复杂环境下交通事故的防控能力。在人-车-路-环境多因素交互作用下，驾驶员生理承受能力、环境认知能力、车辆操控能力均会受到若干负面影响，导致复杂环境下道路交通运行风险形成及演化机理更为复杂，很难基于自然驾驶和正交分析试验辨识各个影响因子对行车风险的渐进影响作用。另外，复杂环境下道路危险路段的历史事故数据有限，多数事故描述信息与驾驶人心生理状态、风险驾驶行为的关联度不足，不利于深度挖掘行车风险的演化规律与事故发生的边界条件。

智慧交通时代的到来为突破上述科学问题带来了契机。道路危险路段的路侧、车载监测设施正在逐渐普及，交通事故的记录、备案要求日臻完善，改善了人-车-路-环境基础数据的供给现状。数据挖掘技术的成熟，也使得依靠小规模基础数据获取更多特征信息成为可能，为道路危险路段行车风险的研究提供了补充手段。此外，随着驾驶模拟技术的逐步提升，大规模开展道路多种风险场景下的模拟驾驶试验具备了成熟的条件。例如8自由度驾驶模拟舱能够提供360度全景式的行车环境，在保证安全的前提下获取丰富的行驶轨迹、驾驶行为、驾驶员心生理状态数据。综上所述，道路交通事故风险形成演化机理及干预机制，有望基于先进的模拟仿真技术，成熟的数学分析手段以及多元化的心理、生理、行为检测方法，在未来的研究工作中予以突破。

3　科学问题研究进展

复杂环境下道路交通事故风险形成演化机理是指在驾驶人心生理特性、车辆动力与制动性能、道路线形、交通流、气象条件、地质地形条件等复杂因素的耦合影响下，道路交通运行风险演化为交通事故的发生—累积—质变过程。目前针对道路交通运行风险形成机理的研究包括集计分析和非集计分析两个路线。

基于集计分析的道路交通事故风险形成机理研究主要有统计回归模型和机器学习两大类。鉴于事故频次非负整数特征，为了解释事故数据的事故漏报、过度离散、异质性、时空相关性等特征，一系列计数回归模型及其改进计数模型先后被提出，用于解析相关因素对道路交通事故风险形成的影响。神经网络、支持向量机等机器学习方法也被用于事故频次分析，这些方法不对事故频次与外在因素间的内在关系做出明确假设，通常能够获得比传统计数模型更高的预测精度，而且还考虑了因素间的交互作用对事故频次的影响。

基于非集计分析的道路交通事故风险形成机理研究方法主要有两类。第一类是基于自然驾驶或者模拟驾驶采集交通运行过程中的人-车-路-环境数据，从人因、道路线形、道路景观、安全设施、通风照明、路面状态、交通条件、气候条件、天气条件等方面对事故的影响因素进行单因素或多因素交互影响研究，分析事故风险形成机理及演化机制，进而提出风险主动干预机制。第二类是基于事故因果链、海因里希法则、两类危险源等理论为基础，将交通事故分成隐患形成和隐患发展阶段，从行车过程时间序列维度对行车风险状态进行划分，再利用基于时间序列和事故因果链的分析理论，研究行车过程运行风险演化过程，解析事故链各个节点变化状态，揭示交通事故演化路径和规律，进而提出对道路交通运行风险的阻断机制。

在道路交通事故风险形成机理及干预机制研究方面还有以下难点需要攻克：

3.1 人-车-路-环境多因素耦合作用下道路交通事故风险形成机理与演化规律

在现有事故建模分析框架下，研究人-车-路-环境等因素对道路交通事故风险的交互作用，提取并构建相关因素的表征指标；通过模拟仿真、数值分析、数据回溯、模型预测等手段研究驾驶行为、道路设计要素、交通运行状况、行车环境等因素耦合作用对交通运行事故风险形成、演化的影响机理，厘清道路运行风险演变链条，构建道路交通事故风险预测模型，确定风险向事故发生实质转变的边界条件及阈值，并通过模型可移植性检验提升模型适用性。

3.2 考虑多种事故数据特征的事故预测模型和黑点判别方法

现有的事故预测模型通常针对事故数据的单一特征(例如：过度离散、异质性、时空相关性)，这些特征可能同时存在同一事故数据集中。如何有机融合这些模型，综合考虑多种数据特征，是道路交通事故风险形成机理解析面临的技术挑战。事故预测建模方法的提升以及加强预测模型解释性也是事故黑点判别方法改进的重要基础。

3.3 人-车-路-环境系统风险动态辨识与风险防控机制

研究人-车-路-环境系统要素之间动态交互影响规律，揭示多要素协同作用下行车风险诱发机理，提出在途风险辨识及动态防控方法；探究交通运行事故风险演变链条，找到链条上的突变点和薄弱环节，并设计先进的干预方法及手段，精准指导防控措施的制定与改进，达到显著提升交通事故多发点段主动防控、精准防控的目标。

3.4 交通运行风险智能化主动干预方法与设计优化

针对大量智能化技术和装备应用现状，考虑交通要素之间的交互特性，从人-车-路协同视角研究风险主动干预措施的作用规律，揭示智能化装备干预机理，进而指导道路交通系统优化，提升本质安全水平；针对交通事故风险负面影响因素，研究宣传教育、交通执法、道路设计、交通设计与管理等多种措施组合干预机理及方法，最大化降低道路交通事故风险的综合效应；针对道路事故薄弱点段，综合考虑驾驶人疲劳驾驶、分心驾驶、激进驾驶、心理负荷等人因特征，从主动干预层面优化交通设计方案或车辆辅助驾驶系统，并进一步解析智能化干预手段下复杂环境道路交通事故风险的消除作用机制。

主要参考文献

[1] Dominique Lord, Fred Mannering. The statistical analysis of crash-frequency data: a review and assessment of methodological alternatives[J]. Transportation Research Part A: Policy and Practice, 2010, 44(5): 291-305.

[2] Wen H, Zhang X, Zeng Q, et al. Bayesian spatial-temporal model for the main and interaction effects of roadway and weather characteristics on freeway crash incidence[J]. Accident Analysis & Prevention, 2019, 132: 105249.

[3] Qiang Zeng, Pengpeng Xu, Huiying Wen, et al. Applying a Bayesian multivariate spatio-temporal interaction model based approach to rank sites with promise using severity-weighted decision parameters [J]. Accident Analysis and Prevention, 2021, 157: 106190.

[4] Torbic D J. Highway safety manual[J]. Institute of Transportation Engineers Ite Journal, 2010(6): 20.

[5] Haghani M, Behnood A, Oviedo-Trespalacios O, et al. Structural anatomy and temporal trends of road accident research: Full-scope analyses of the field[J]. Journal of Safety Research, 2021, 79: 173-198.

[6] Zeng Q, Wen H, Wong S C, et al. Spatial joint analysis for zonal daytime and nighttime crash frequencies using a Bayesian bivariate conditional autoregressive model[J]. Journal of Transportation Safety & Security, 2020, 12(4): 566-585.

[7] 徐进，邵毅明，杨奎，等. 基于人-车-路协同仿真的山区道路大型车辆行驶适应性分析[J]. 中国公路学报，2015，28(02)：14-25.

[8] 邵毅明，毛嘉川，刘胜川，等. 山区公路上驾驶人的车速控制行为分析[J]. 交通运输工程学报，2011，11(01)：79-88.

[9] 马勇，付锐. 驾驶人视觉特性与行车安全研究进展[J]. 中国公路学报，2015，28(6)：82-94.

[10] 游锦明，方守恩，张兰芳，等. 高速公路实时事故风险研判模型及可移植性[J]. 同济大学学报：自然科学版，2019，47(3)：347-352.

撰稿人：温惠英(华南理工大学) 赵胜(华南理工大学) 刘唐志(重庆交通大学)
马昌喜(兰州交通大学) 王玲(同济大学)

交通运行状态与实时事故风险的互馈机制及风险消解机理

The interaction mechanism between traffic flow state and real-time crash risks and prevention of crash risks

1 科学问题概述

我国道路交通安全形势仍然较为严峻,事故死亡率是发达国家的2-6倍,中共中央、国务院印发的《交通强国建设纲要》提出了提升本质安全水平的发展要求。探索先进的交通安全管理理论以提升道路交通系统的安全性是交通学界一直探索的目标,传统的交通安全管理通过分析已有道路的事故数据,诊断事故高发地点与原因,实施安全改善,对提升道路安全发挥了重要作用,但主要缺陷是在交通事故造成严重生命财产损失后才被动地采取改善措施。动态交通控制系统的出现使得主动交通安全调控成为可能,主动交通安全调控利用高精度交通流数据判别交通事故风险,并通过对交通流运行状态进行管控以即时降低交通事故风险,主动提升交通安全水平。精准刻画交通流运行状态与交通安全间复杂的互馈关系是实现主动交通安全调控的前提,交通运行状态与实时事故风险之间具有复杂的关联规律,交通运行状态是导致交通事故风险的直接影响因素,同时交通事故风险也会引起驾驶行为应激调整从而影响交通运行状态。在人-车-路-环境交互作用的复杂道路交通系统中,交通流动态特征、天气特征和道路特征等因素共同作用于交通事故的发生,如何在众多混杂因素干扰下准确捕捉交通流动态特征对交通安全的影响,是一个具有挑战性的问题。

随着动态交通控制系统的不断应用,海量实时交通流数据(例如30s精度)的获取成为可能,这些高精度交通流数据为研究道路交通事故发生前的交通流动态特征提供了契机。国内外学者针对道路交通事故风险实时辨识问题开展了系统深入的研究,取得了丰富的研究成果,并在快速道路交通流主动管控工程实践中得到了示范应用,但目前在事故风险的影响机理、辨识精度、预警方法等方面还存在不足,总的来说有以下三个瓶颈:①复杂交通运行环境下交通事故前兆难以精准捕捉。已有研究发现多数快速道路交通事故发生前可以观察到有别于正常情况的交通运行状态,表现为交通流在时间和空间上的不均匀分布,也被称为交通事故前兆,可以将交通事故前兆作为事故风险的客观描述。如何归纳交通事故前兆的发生规律及其与交通事故的映射关系,是构建交通事故风险预测模型的基础，但目前实时交通流检测器难以完整捕捉事故前兆的复杂动态特性。②交通流状态-驾驶行为-交通事故风险的影响链尚未被清晰揭示。交通运行状态与交通事故风险存在复杂的互动关系，现有研究解析了交通流动态特征对交通安全的影响规律，但交通流状态-驾驶行为-交通事故风险的影响链尚不清晰，交通事故风险的变化将导致车队内形成对风险的应激反应及车辆群体行为的变化，进而对交通运行状态产生持续影响，交通事故风险对交通运行状态的作用规律尚不清晰。③交通事故风险的干预机理不清晰。由于传统数据采集方式存在精度与覆盖范围的不足，交通事故风险与交通运行状态传播的时空演化特征难以解析，并且事故风险具有路域扩散和点位迁移特征，风险消解机制以及消解所依托的交通运行环境边界效应难以解析，对应的交通管控措施难以精确制定，制约了面向风险的精准交通控制策略的实施，进而限制交通管控的工程应用与安全提升效果。

由此，如何归纳交通事故前兆的发生规律及其与交通事故的映射关系，是构建交通事故风险预测模型的基础，在此基础上，动态交通安全调控系统利用获取的实时交通流数据判别事故风险，预测短时间内事故风险的变化，通过指定的控制策略主动地调节交通流运行状态，例如改变高速公路主线限速、控制高风险区域车辆换道和改变入口匝道汇入流率，可以达到主动降低交通事故风险的目的，克服传统交通安全管理静态、被动应对交通安全问题的缺陷。

2　科学问题背景

动态交通控制技术是调控道路交通运行状态的重要手段，已成为交通运行主动安全防控的重要途径。如何解析道路交通运行状态与交通事故风险互馈机制、并有效消解事故风险是构建动态交通控制系统面临的核心问题。目前高精度车辆轨迹检测与追踪技术已在学界和业界取得了长足发展，为道路交通运行状态与实时事故风险互馈机制研究提供了坚实的基础。此外，近年来，能提供全息感知能力的道路交通管控系统已逐渐成为常态，可进一步丰富交通运行状态与事故风险互馈机制研究的数据来源，有望实现其精准解析。与此同时，除了路侧管控设施，越来越多的车载管控终端投入使用，为基于车辆行为管控的交通事故风险主动干预提供了契机。

因此，亟须开展交通运行状态与实时事故风险的互馈机制及风险消解机理研究。如何解析两者间复杂的互馈机制、并有效消解事故风险已成为当前道路安全管控面临的问题。

3　科学问题研究进展

在过去的十多年中，众多学者通过观测大量高速公路交通事故发生前的交通流特征，证实了交通事故前兆的存在。根据交通事故风险辨识解析度和交通流数据精度，现有研究可以分为以下几个方向：

3.1 交通运行状态与事故碰撞形态和严重程度的关联规律

该方向研究只考虑事故发生前交通流特征,关注交通流特征对交通事故碰撞形态和严重程度的影响,这类研究对比分析不同碰撞形态和不同严重程度交通事故发生前的交通流特征,构建交通事故碰撞形态和严重程度判别模型。由于这些研究只考虑了交通事故发生前的交通流特征,无法区分交通事故发生前交通流特征和正常交通流特征,只能回答如果发生交通事故,在当前交通流条件下该交通事故为追尾事故或者有人员伤亡事故的概率。因而,这些研究无法根据高精度交通流数据实时计算交通事故发生概率。

3.2 交通运行状态对实时事故风险的影响规律

该方向研究同时利用事故发生前和正常状态下交通流特征开展研究,配对病例-对照方法和非配对病例-对照方法是最常采用的两种数据分析方法。配对病例-对照方法根据指定的混杂因素(例如时间、地点、天气状况等)来抽取正常交通流数据,保证正常交通流数据与事故发生前交通流数据的混杂因素相匹配,以消除混杂因素(例如道路和天气因素)对研究结果的影响。配对病例-对照方法采用条件逻辑回归以消除有偏抽样导致的样本偏差,虽然在样本提取阶段就能够控制混杂因素的影响,但采用配对病例-对照方法构建的实时事故风险模型无法反映道路特征和天气信息对事故风险的影响,适用于道路特征较为相同的路段以及晴天条件下的事故风险预测。

非配对病例-对照方法通过完全随机方式抽取非事故数据,通过适当的统计分析方法,后者同样能够消除混杂因素对研究结果的影响,但与配对病例-对照研究方法不同的是非配对病例-对照方法直接用天气特征和道路特征变量作为模型的解释变量。非配对病例-对照方法可以利用传统逻辑回归构建实时事故风险模型,但由于实际样本的非事故样本与事故样本比例与真实总体的差异,需要采用位移变量修正逻辑回归的估计结果。

近年来,机器学习方法开始广泛应用于交通事故风险预测方面的研究,机器学习方法通过松弛对模型结构的假定,构建更加泛化的内在函数关系,从而提高事故风险的预测精准度。概率神经网络、多层感知机、支持向量机,都被用于实时事故风险预测。它们展示了比传统统计模型更好的拟合、预测性能。从交通安全实践角度来看,预测准确性应成为评价实时事故风险预测方法最重要的指标之一。因此,机器学习方法在该领域具有美好的应用前景。

3.3 高精度车辆轨迹数据驱动的交通运行风险解析

随着交通数据采集手段日益丰富,毫米波、激光雷达等获取的高精度轨迹数据为交通运行状态和风险时空演化的研究提供了重要的数据支撑。结合 ETC 系统大规模网联数据,为路域时空范围层面、触达微观运动状态的交通运行特征解析提供了数据基础,为采集微观-中观-宏观全粒度的交通运行状态以及交通运行风险的全维度指标,提供了关键支撑。高精度路域范围的轨迹数据,辅以基于机器学习的数据挖掘技术,由此进一步解析风险演化与交通运行状态的动态响应关系,为揭示交通运行状态与实时事故风险的互馈机制及风险消解机理提供了重要技术途径。

3.4　交通事故风险消解机理与干预技术

根据交通运行状态与实时事故风险的互馈机制,消解交通事故风险的主要途径包括:在车队内部消解、通过交通流自身容错性进行风险消解、通过交通管控技术干预交通运行状态进行风险消解。现有研究尚未系统揭示交通事故风险的消解机制,已有的少量关于交通流容错能力的研究,本质上即为对交通流具备消解风险能力的解释,对交通流状态风险消解机理进行了初步探索以及量化建模。

目前大多文献主要研究通过外部干预交通运行状态来消解事故风险,主要干预技术包括:交通流管控、车辆主动避让、风险提示等。车道级、全域覆盖交通管控技术的普及应用,为交通事故风险精细化干预与阻断提供了必要的硬件支撑;此外,高精度全域覆盖的交通流信息和路域超视距感知技术,结合车路协同环境下车辆自主编队、协同感知、协作式避碰、队列拆分等车辆主动控制技术,为交通事故风险消解提供了时空连续控制方式。围绕交通管控与风险干预问题,仍需突破面向细粒度交通运行状态和风险演化状态感知的路域管控系统布设方法,以及针对不同风险场景与风险消解阶段的管控技术。

主要参考文献

[1] Golob T F,Recker W W. A method for relating type of crash to traffic flow characteristics on urban freeways[J]. Transportation Research Part A:Policy and Practice,2004,38(1):53-80.

[2] Lee C,Abdel-Aty M,Hsia L. Potential real-time indicators of sideswipe crashes on freeways [J]. Transportation Research Record Journal of the Transportation Research Board,2006,1953:41-49.

[3] Oh C,Oh J,Ritchie S. Real-time hazardous traffic condition warning system:framework and evaluation[J]. IEEE Transactions on Intelligent Transportation Systems,2005,6(3):265-272.

[4] Xu C,Liu P,Wang W,et al. Evaluation of the impacts of traffic states on crash risks on

freeways[J]. Accident Analysis and Prevention,2012,47:162-171.

[5] Lee C,Hellinga B,Ozbay K. Quantifying effects of ramp metering on freeway safety[J]. Accident Analysis and Prevention,2006,38(2):279-288.

[6] Abdel-Aty M,Uddin N,Abdalla F,et al. Predicting freeway crashes from loop detector data by matched case-control logistic regression[J]. Transportation Research Record,2004,1897:88-95.

[7] Hossain M, Muromachi Y. Understanding crash mechanism and selecting appropriate interventions for real-time hazard mitigation on urban expressways[J]. Transportation Research Record,2011,2213:53-62.

[8] Yu R, Wang X, Yang K, et al. Real-time crash risk analysis for Shanghai urban expressways:a bayesian semi-parametric approach[J]. Accident Analysis and Prevention,2016,95:495-502.

[9] 游锦明,方守恩,张兰芳,等. 高速公路实时事故风险研判模型及可移植性. 同济大学学报:自然科学版,2018,47(3):347-352.

[10] 马新露,樊博,陈诗敖,等. 基于实时交通流的事故风险评估与分析模型. 华南理工大学学报,2021,49(8):19-25.

撰稿人：温惠英(华南理工大学)　徐铖铖(东南大学)　王俊烨(同济大学)
傅挺(同济大学)　曾强(华南理工大学)

面向本质安全的道路交通系统交互机理及设施优化设计

Intrinsic safety-oriented interactive mechanisms and infrastructure optimization designs for road traffic systems

1 科学问题概述

道路交通系统是一个复杂的社会技术系统,其技术系统包括道路交通设施设计、信息、环境与车辆等,社会系统为道路使用者。社会系统与技术系统的相互协调是道路交通系统运行安全的保障,而交通事故发生是社会系统与技术系统作用过程中失衡导致。从社会技术系统安全的视角,一方面要求道路使用者遵守道路交通技术系统的基本规则,另一方面道路交通技术系统应适应道路使用者的能力与缺陷,具体到道路交通设施安全设计,需要在满足车辆行车运动学和动力学约束的前提下,考虑道路使用者的生、心理(如视距缺陷、身体脆弱性、感知-反应时间等)局限性,并能充分适应道路使用者驾驶行为习惯的多样性特征。为此,首先需要从系统层面诠释道路交通系统设计要素组成,然后科学揭示道路交通设施与人-车系统的耦合作用关系,基于人因工程理论研究面向道路设施安全关键要素的安全评价与优化设计方法。道路使用者与道路交通技术系统关系如图1所示。

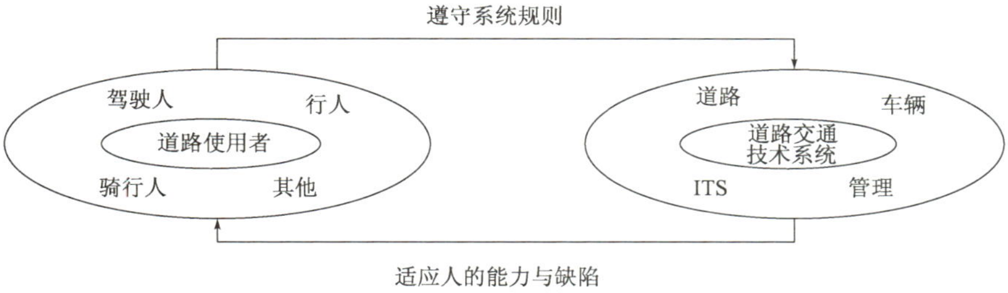

图1　道路使用者与道路交通技术系统关系

2　科学问题背景

在我国,长期以来人们普遍认为,绝大多数情况下的交通事故由道路使用者的过失导致,"人"是交通事故的最主要责任方。这一观念甚至得到了很多交通工程师及研究者的认同,导致我国的交通安全干预对策大多是应对道路使用者的违法行为,主要采用教育与执法手段来加以约束和控制。该观念的盛行忽视或淡化了道路交通设计者和管理者在道路交通事故中的责任和义务。

本质安全对应名义安全,名义安全主要指符合设计标准规范的安全;本质安全指实质的安全,其依赖于人因工程与系统工程理论,以及针对新兴交通系统发展的安全研判与设计。即使按当前标准规范进行道路设施设计,也不能适应多样化的驾驶行为习惯,虽然能满足名义安全,但往往基于规范设计的道路交通系统以及许多符合规范标准设计的道路,其建成后的运行安全程度与设计预期不一致;或者刚建成的时候比较接近设计预期,运营之后运行安全状态随着时间变化,偏离设计预期越来越严重。

道路使用者是道路交通系统的核心。由于道路使用者在生理和心理上存在局限性(如视距缺陷、身体脆弱性、感知-反应时间等),如果设计的道路交通系统不能适应道路使用者固有的能力缺陷,而一味追求道路使用者不犯错误,交通事故就不可能完全避免。预防交通事故发生、降低交通事故伤害,需构建能够适应人的能力与缺陷的本质安全道路交通系统。近年来学者提出了"自诠释道路"理念,该理念认为驾驶人生理及心理能力的局限性是道路及交通设施设计最主要考虑的因素之一(而不单是行车动力学因素),特别强调道路必须符合驾驶人的认知逻辑,即道路交通行车环境能够引导驾驶员做出与设计预期相吻合的驾驶行为。需要从复杂社会技术系统视角诠释道路交通设施设计与人-车系统的耦合作用关系，综合人因科学、系统工程、交通工程等学科理论构建本质安全系统设施优化设计新方法。

3 科学问题研究进展

3.1 本质安全道路设施设计要素分类及各类要素之间的耦合协同作用机制研究

道路交通系统是一个复杂的社会技术系统，科学理解系统的要素组成及要素之间交互作用机制是交通系统优化设计的前提条件。目前对于道路交通安全机理研究主要还是偏向单一要素的作用机制研究，基于历史事故数据或域内交通流冲突点、道路环境及外部条件，结合多种理论模型和仿真方法，标定该系统要素的安全影响，即通过事后诊断的方式，寻找具有高风险的人群、车辆及道路，进而针对高风险对象采取防治措施。由于缺乏对人-车-路-环境耦合协同关系的考量，这种补救式防控策略难以从根本提升道路交通的安全水平。近年来，以荷兰、瑞典为代表的国家率先开展的可持续安全、零死亡愿景等道路安全行动计划，是道路安全系统工程理论的成功实践。我国道路环境与使用者行为特性与国外存在显著差异，需要考虑我国道路交通设施设计、交通行为特征等实际情况，运用社会技术系统与人因工程等科学理论，综合人、车、路、环境要素，搭建道路交通系统安全模型，全面剖析各要素之间的耦合协同作用机制。

3.2 典型要素和设施系统的安全设计方法研究

道路交通安全设施系统对道路交通安全起着至关重要的作用，其安全设计方法需要从交通系统工程学的观点出发，统筹考量涵盖交通系统的人、车、路、环境各方面的典型要素，并重视道路使用者本质安全，构建由典型要素到设施系统点线面结合的综合道路交通安全设施。世界各国为了满足交通运输发展对安全设施的需求，不断加大对交通安全设施的研发力度和科研投入，如美国、欧洲各国、日本等国家都执行由主管部门制定的交通安全设施规范，随着实际使用情况不断加以改进，各国制定并完善了一系列的交通安全设施设计规范和操作细则，针对交通标志、交通标线、安全护栏、隔离设施、防眩设施、视线诱导装置、减速限速装置等的类型、设置原理、设计原则和构造材料等进行了大量研究，基于真实数据比对、实验数值分析、驾驶模拟仿真等方式，分别从宏微观层面论证各种安全设施设计的驾驶影响和安全效益，部分研究从考量驾驶员视觉特性的角度出发，针对道路设施构成的立体景观进行了安全设计。目前的交通安全设施设计方法更侧重于针对典型要素和关键设施进行规划设计，考量全要素动态行车场景和综合设施系统并面向绿色节约的体系化安全设计方法是重要的发展方向。在未来智能网联环境下，交通设施系统的安全设计应该充分考虑车路协同体系，利用人、车、路、环境间典型要素的信息交互与融合，通过设施系统化的安全设计理念构建以人为本的高度智慧化安全设施系统。

3.3　道路交通设施安全性评价研究

道路交通设施安全性评价一直是交通安全研究与应用的焦点。设施安全性评价除了涉及道路设施本身外，还涉及人-车-路-天气-环境等多因素在宏观-中观-微观多层次交互，存在高维复杂非线性、时空耦合关联性、有效信息难以获取和数据分布不规则等科学特性。当前阶段随着交通信息采集系统的升级，以多源异构交通大数据为驱动，采用高级统计分析方法和人工智能模型，重点解决安全设施与事故致因耦合、数据异质性和结构化特征甄别等关键科学问题，实现全时空精细化的事故黑点识别，为交通安全规划、设计和交通事故预防提供理论基础和决策支持。

从目前研究进展来看，还需重点攻克的技术问题有：

(1)典型危险道路设施的事故触发机制与演化规律。

道路交通系统是复杂系统，协调的道路设计要素是保障系统安全的基础前提，众多由道路设计不合理引发的道路安全问题，其事故原因及其内在联系亟待进一步揭示。如何优化关联道路设计要素阈值，系统解析设计要素与行车风险、交通事故之间的交互耦合关系，厘清道路事故演变链条，确定风险向事故发生实质转变的边界条件及阈值，是亟待攻克的技术难点。

(2)基于本质安全的道路交通设施容错性/宽容性设计。

虽然容错性设计(或宽容性设计)在公共建筑领域已经成为共识，但在道路设计领域的推进却极为有限，目前多停留在理念阶段。其中一个重要原因是缺乏道路驾驶行为基础理论和基础数据作为支撑，无法形成适应中国地形和交通条件的容错性设计方法。另一个客观事实是虽然容错性越高，行车安全性越好，但很多建设者担心在既有资金投入规模条件下，实施容错性设计会导致工程造价剧增，进而造成项目数量萎缩，基于此，在目前以及未来相当长时期内，能够被各方所接受的只能是适度容错。此外，国内现有的道路容错性设计理念还仅仅停留在路侧净区方面，那么除了路侧净区之外，容错性设计在道路设计的各方面、各环节还有哪些体现，如何在交安设施、标志标线、线形设计、隧道设计等方面体现容错性设计。由此，需要构建适应中国国情和发展路径的道路容错性设计方法。

(3)面向不同地域特点和差异性驾驶偏好的道路交通设施设计。

道路是暴露于自然环境中的人工构筑物，区位、地理、地形、经济和人文共同决定了道路交通系统的运行特点和安全性，决定了道路设施和运行环境具有鲜明的区位性和地域性特征，比如山地、高原、高寒、荒漠等自然条件因素，偏远、近郊、城镇、都市等区位条件因素，都会影响差异化的车路系统运行状态和驾驶偏好。但目前我国是采用一个技术标准来指导全国的道路交通设施设计，难以适应我国高度差异化的地域性、区位性和驾驶特性。基于此，道路交通设施安全设计时，如何融入地域性特征和道路使用者行为特征，是亟待解决的技术问题。

(4)面向本质安全的新型交通设施优化布局与设计。

路侧感知、通信、诱导等交通基础设施的建设，以及现有交通基础设施的网联化、智能化改造是车辆联网、智慧车路协同等新一代智能交通技术创新发展的重要保障。提高交通安全水平是发展新一代智能交通技术的首要目标。因此，本质安全的建设理念应贯穿于新一代智能交通技术的整个发展过程中，作为指导新型基础设施规划和建设的重要依据。一方面，研究如何在深入剖析人的生、心理局限性的基础上，优化设施的人-机、人-路等微观个体功能性设计，最大化提高道路使用者的感知和决策能力，发挥微观个体设施安全性能；另一方面，研究如何在充分理解人-车-路(设施)系统安全交互机理的基础上，从宏观路网层面对设施进行优化布局，选取最优布设位置，在发挥个体设施安全效用的前提下，进一步提高设备组网系统在增强出行者群体行为能力方面的优势，发挥智能交通系统安全效用，从人因方面提高交通系统本质安全性。

主要参考文献

[1] Organisation for Economic Co-operation and Development (OECD). Towards zero: ambitious road safety targets and the safe system approach [M]. Pairs: OECD, 2008.

[2] Wegman F, Aarts L T. Advancing sustainable safety: National road safety outlook for 2005—2020 [J]. Safety Science, 2006, 46(2): 323-343.

[3] Larsson P, Dekker S W A, Tingvall C, et al. The need for a systems theory approach to road safety [J]. Safety Science, 2010, 48(9): 1167-1174.

[4] 华杰工程咨询有限公司. 公路项目安全性评价规范: JTG B05-2015 [M]. 北京: 人民交通出版社股份有限公司, 2016.

[5] American Association of State Highway and Transportation Officials (AASHTO). Human factors guidelines for road systems (second edition) [M]. Washington DC: Transportation Research Board, 2012.

[6] Neuman T R. Guidance for implementation of the AASHTO strategic highway safety plan [M]. Washington DC: Transportation Research Board, 2003.

[7] American Association of State Highway and Transportation Officials (AASHTO). Highway safety manual [M]. Washington DC: AASHTO, 2010.

[8] Wooldridge M D. Geometric design consistency on high-speed rural two-lane roadways [M]. Washington DC: Transportation Research Board, 2003.

[9] Elvik R, Hoye A, Vaa T, et al. Handbook of road safety measures(second edition) [M]. UK: Emerald Group Publishing Limited, 2009.

撰稿人:黄合来(中南大学)　徐进(重庆交通大学)　王杰(长沙理工大学)
韩春阳(清华大学)

不同空间尺度下交通系统安全评估与规划方法

Traffic system safety assessment and planning methods under different spatial scales

1　科学问题概述

在交通系统中,人、车、路、天气、环境等要素中的任何一个失效都会对交通安全产生威胁。交通系统的复杂性一方面导致交通事故在发生对象、碰撞形态、严重程度上的多样性,另一方面造成交通安全影响因素在国家-城市-宏观-中观空间尺度下的差异性。传统交通安全分析方法注重同类道路设施、单一用户群体的静态安全水平,然而仅考虑道路设计等微观因素而忽略土地利用、路网特征、出行需求、社会、经济、人口等宏观变量,无法精准捕捉复杂交通系统安全演变机理及发展规律。城市网格化管理对交通系统安全评估与规划提出了新的挑战。如何有效应对因多尺度数据耦合造成的聚合粒度不匹配性、高维复杂非线性、潜在异质性、时空交互性、观测偏差、部分样本关键特征变量信息缺失等问题,均衡模型可解释性、可移植性和实用性,构建融合国家-城市-宏观-中观多空间层次,面向“私家车-出租车-公交巴士-摩托车-电动车-自行车-步行”多出行模式,兼顾“事故频次-事故严重程度-事故伤亡成本”多维度指标,考虑人、车、路、天气、环境多类别因素的交通系统安全评估与规划体系是一个亟须解决的科学问题。

2　科学问题背景

交通安全是全球的共性问题。世界卫生组织发布的《2018 年全球道路安全现状报告》显示,全球道路交通死亡人数持续攀升,2016 年高达 135 万人,交通事故伤害已位列第八大致死原因,并且成为 5 ~ 29 岁的儿童和年轻人首要致死原因。由此看来,交通安全面临的巨大挑战成为现代化城市治理的痛点。

2019 年,中共中央、国务院印发的《交通强国建设纲要》,明确提出“加强交通安全综合治理,切实提高交通安全水平”的目标。我国经济发展已迈入新阶段,城市群一体化将成为未来创新发展的驱动力。评估交通系统安全水平、推演交通安全演变态势,是开展中长期交通规划、制定交通安全发展政策的刚性需求,也是反向评估已实施政策效果的重要手段；靶向识别黑面-黑线-黑点、深度解析影响因素，是开展交通安全网格化管理、提出安全改善方案的先决条件。因此，应尽快建立不同尺度下的交通系统安全评估与规划方法体系，以实现区域间交通系统安全水平的协同提升。

3 科学问题研究进展

目前，对交通系统安全评估与规划的研究主要体现在四个尺度：国家、城市、宏观以及中观层面。前两者评估策略相近，后两者研究方法相似，因此融合为国家、城市和宏观、中观两个层面进行介绍。

3.1 国家、城市交通系统安全评估与规划

国家、城市交通安全评估与规划探寻事故变化规律，分析交通安全发展特征，预测未来发展趋势，进而把握交通系统及出行模式安全特性，制定道路安全管理政策。这方面研究涉及三个重点：交通安全评价指标选取、交通安全水平评估、交通安全规划制定。

交通安全评价指标选取是开展安全评估与规划的基础。常用的安全评估指标有事故数、十万人死亡率、万车死亡率、经济损失指标，但难以反映行人、非机动车等重点管理对象的特征，部分研究进一步结合事故、管理、社会发展特点构建复合指标开展国家、城市的安全评估。交通安全水平评估是支撑安全规划制定的定量工具，包含安全水平差异对比及安全趋势预测两个方面：前者针对同一时期不同国家、城市的交通安全水平发展进行横向对比，后者针对特定国家、城市区域的不同时期交通安全水平开展纵向对比。横向对比运用横断面数据构建安全对比评估模型，对特定时间点和特定范围内交通安全状况和有关因素分布状况的资料进行收集、描述；纵向对比运用时间序列数据描绘交通事故发展规律特征，既对过去发展历史进行追溯，也对未来发展趋势进行预测；面板数据综合考虑不同个体的差异性和某一个体的历史信息，适应于安全评估中复合横、纵向对比的需求，更为精确地分析变量之间的关系以及动态变化特征。交通安全规划是评估与规划研究的应用。交通安全规划是将交通安全融入至交通规划的目标制定、技术分析、方案优选、对策制定及监督评估等各个环节中，为交通系统组成、交通出行模式选择提供安全参考，尽管我国在一些城市开展了交通安全管理规划的初步尝试，但如何利用所形成的安全评估方法来支撑国家、城市交通安全政策的制定仍有待探索。

3.2 宏观、中观交通系统安全评估与规划

宏观、中观交通安全评估与规划立足于城市内的宏观区域单元或主干道中观单元，运用统计分析模型评估人口、社会、经济、交通需求、路网特征、土地利用等因素对交通安全

的影响,进而判别事故多发单元、诊断重点安全问题,在此基础上规划安全提升对策。这方面研究涉及三个重点:安全分析单元的划分、安全评估模型的构建、安全提升对策的规划。

安全分析单元是评估与规划研究的基础。宏观区域层面的安全分析单元划分策略主要有三类:按照交通特征划分,如交通分析小区;按照行政区划划分,如社区和街道;按照人口普查单元划分,如人口普查区。城市主干道层面,传统研究将路段和交叉口划分为独立单元,而近期的研究则提出将相邻路段与交叉口组合为中观单元。安全评估模型是评估与规划研究的工具。事故数据具有过度离散性、时空相关性、层次结构性、潜在异质性、观测偏差、部分样本关键特征变量信息缺失等复杂特征,传统的泊松模型和负二项模型无法处理以上特征,现有研究逐步开发出高阶安全评估模型来处理以上问题,包括随机效应/参数模型、条件自回归模型、分层嵌套模型、有限混合模型等。安全提升对策是评估与规划研究的应用。已有研究表明,居民出行特征、土地利用特征、路网形态结构等因素均是交通安全规划的重点对象,因为它们是宏观与中观尺度下交通安全的显著影响因素。然而,目前对交通安全规划政策实施方法的研究依旧缺乏。

4　总结与展望

综上所述,现有不同尺度下交通系统安全评估与规划方法在当下已有一定研究基础,但是随着交通系统复杂程度的提高及交通数据的日趋多元化,仍旧存在以下难点需逐渐攻克:

(1)面向国家和城市的有效且可靠的交通安全评价方法。

常用的安全评估指标难以反映行人、非机动车的特征,且较多依赖于事故数据,针对我国交通出行者多样化、交通数据多元化的特点,面向国家和城市交通安全管理,构建一套有效且可靠的交通安全评价复合指标是亟待解决的重要问题。

(2)具有高度可移植性的宏观和中观安全评估模型构建方法。

目前针对宏观区域单元或主干道中观单元,所构建的复杂安全评估模型存在参数估计难度高的问题,导致模型的工程应用性低,表现为很多地区无法获得详尽数据构建安全评估模型。其未来趋势主要为构建具有较高可移植性的安全评估模型,为各地的交通安全评估提供可实施的理论依据。

(3)交通安全改善对策的落地指导方法。

在国家和城市层面,尽管我国在一些城市开展了交通安全管理规划的初步尝试,但如何利用所形成的安全评估方法支撑国家、城市交通安全政策制定仍有待探索。在宏观和中观层面,安全提升对策缺乏落地指导方法。未来的发展方向在于如何基于安全评估模型,为不同尺度下交通安全改善对策提供先验知识。

主要参考文献

[1] Dong N, Meng F, Zhang J, et al. Towards activity-based exposure measures in spatial

analysis of pedestrian-motor vehicle crashes[J]. Accident Analysis & Prevention,2020,148:105777.

[2] Huang H,Abdel-Aty M. Multilevel data and Bayesian analysis in traffic safety[J]. Accident Analysis & Prevention,2010,42(6):1556-1565.

[3] Lavrenz S M,Vlahogianni E I,Gkritza K. Time series modeling in traffic safety research [J]. Accident Analysis & Prevention,2018,117:368-380.

[4] Li J,Wang X. Safety analysis of urban arterials at themeso level[J]. Accident Analysis & Prevention,2017,108:100-111.

[5] Mannering F, Bhat C R, Shankar V, et al. Big data, traditional data and the tradeoffs between prediction and causality in highway-safety analysis [J]. Analytic Methods in Accident Research,2020,25:100113.

[6] Paulozzi L J,Ryan G W,Espitia-Hardeman V E,et al. Economic development's effect on road transport-related mortality among different types of road users: A cross-sectional international study[J]. Accident Analysis & Prevention,2007,39:606-617.

[7] Wang X, Yuan J, Schultz G, et al. Investigating the safety impact of roadway network features of suburban arterials in Shanghai[J]. Accident Analysis & Prevention,2018,113:137-148.

[8] Wang X,Zhou Q,Yang J,et al. Macro-level traffic safety analysis in Shanghai,China[J]. Accident Analysis & Prevention,2019,125:249-256.

[9] Xu P,Zhou H, Wong S C. On random-parameter count models for out-of-sample crash prediction:accounting for the variances of random-parameter distributions[J]. Accident Analysis & Prevention,2021,159:106237.

[10] Yannis G,Ziakopoulos A. A review of spatial approaches in road safety[J]. Accident Analysis & Prevention,2019,135:105323.

撰稿人:王雪松(同济大学)　黄合来(中南大学)　李佳(北京工业大学)

智能汽车运行高风险场景辨识、重构、衍化及安全性测评

Intelligent vehicle driving risk scenario identification, reconstruction, derivation and safety assessment

1　科学问题概述

在科技发展和国家战略的推动下,智能汽车将被规模化引入现有交通系统,在未来很

长时期将存在人工驾驶和智能汽车自主驾驶混行的新型人机混驾交通流模式。小范围公开道路测试显示智能汽车自主驾驶已造成诸多安全隐患，包括智能汽车由于自身算法原因造成的单车运行事故，智能汽车与驾驶员交互属性存在矛盾造成的交通流运行风险。面向智能汽车功能研发测试与未来交通运行安全管理的需求，亟须针对智能汽车自主驾驶高风险场景分布规律进行挖掘和解析。然而，智能汽车自主驾驶时，驾驶员不再拥有车辆的运动控制权，自动驾驶系统成为驾驶环境监测和车辆运行控制的主体，其高风险场景的影响因素、形成机理和触发概率等均将发生改变，现有面向人工驾驶行为数据的高风险场景分布规律挖掘方法等不再适用。因此，实现智能汽车运行高风险场景辨识、重构、衍化及安全性测评是待研究的科学问题。

2 科学问题背景

国家发改委联合科技部等印发的《智能汽车创新发展战略》提出“到2025年，实现有条件自动驾驶的智能汽车达到规模化生产，实现高度自动驾驶的智能汽车在特定环境下市场化应用”。社会公众及相关部门对以智能驾驶和智慧设施为代表的未来交通系统提升交通系统安全性有着极高期许。然而，智能汽车实车道路测试、示范运行的结果表明，人机混驾条件下智能汽车自主驾驶的高风险场景分布规律较现有交通系统存在不一致：①由于驾驶机理的差异性，智能汽车在复杂交通环境中自身事故风险与驾驶员相比，存在由于算法缺陷导致的事故，如优步、特斯拉等自动驾驶致死事故；②智能汽车在人机混驾条件下会诱发新的事故形态，如美国加州自动驾驶公开道路测试的事故以智能汽车被驾驶员追尾占主导（占比达58%），智能汽车的应用导致追尾事故风险发生巨大变化；③智能汽车与驾驶员的交互属性存在矛盾，驾驶员对智能汽车驾驶意图的不理解易产生附加事故风险，如Waymo自动驾驶采取保守型变道及跟驰策略，驾驶员无法理解自动驾驶汽车行驶意图，引起事故风险。德国伦理委员会提出，智能汽车推广应用的前提是其与驾驶员相比拥有更好的安全性，且可平衡各类风险（Positive Balance of Risks）。未来道路交通运行管理需要考虑人机混驾条件，因此，面向智能汽车自主驾驶功能测试，和未来很长时期内的人机混驾交通运行安全管理需求，亟须对智能汽车运行高风险场景辨识、重构、衍化及安全性测评问题开展深入持续研究。

3 科学问题研究进展

现有针对智能汽车运行高风险场景分布规律的研究主要有以下三种技术路线：

3.1 基于人工驾驶数据的高风险场景辨识

基于人工驾驶数据库，通过以场景为基本单元的测试方法，辨识高风险场景。人工驾驶数据库的主要来源有交通事故数据、实车采集数据，包括自然驾驶实验（Naturalistic Driving Study，NDS）和场地运行测试（Field Operation Test，FOT）等。其中，Waymo 参考基于 GES（General Estimates System）事故数据库构建的 37 类事故前场景开展自动驾驶系统的风险测评；欧盟 ASSESS 项目则基于德国深度调查事故数据库（German In-Depth Accident Study，GIDAS）提取典型车辆事故场景和行人事故场景开展智能汽车运行风险测试。但是，基于现有人工驾驶事故数据推导的测试场景存在交通参与者信息有限、车辆运动特征等关键数据精确度低等缺陷，可实现真实驾驶工况回放的 NDS/FOT 数据成为测试场景的主要来源。研究人员围绕在海量、异构的连续数据环境提取高风险场景的技术难点，尝试应用车辆运动特征识别算法、计算机视觉处理技术和深度学习模型等开展高风险场景的辨识。然而，采用上述数据驱动型场景提取、构建的技术路线仅能提取现有交通系统的风险场景，无法面向不同智能汽车市场渗透率的人机混驾条件下保障测试场景的覆盖度。

3.2 高风险场景规律解析

基于智能汽车运行高风险场景的重尾分布特征，通过加速测试方法，实现高风险场景的快速搜寻、定位、提取和规律解析。当前，围绕高级驾驶辅助系统（Advanced Driver Assistant Systems，ADAS）高风险场景辨识的方法已有诸多研究，研究人员主要采用测试矩阵法、最差场景评估法和蒙特卡洛仿真法挖掘 ADAS 预警功能面临的高风险场景。但是，考虑到人机混驾条件下智能汽车面临的复杂场景数量相对于 ADAS 呈指数型增长，且大量应用人工智能（Artificial Intelligent，AI）、深度学习等算法的智能汽车运行风险非单调变化，上述研究方法已不再适用。针对上述问题，既有前沿研究提出了以下方法：①Zhao 等人提出了基于重要度抽样的风险场景加速提取理念：基于人工驾驶条件下的高风险场景关键参数的获取和分布特征拟合，如跟车场景中的碰撞时间（Time to Collision，TTC），采用重要度抽样理论对高风险场景进行提取和重点测试；②Mullins 等人提出自适应抽样的风险场景辨识方法：通过闭环反馈式测试场景搜寻技术的研究和仿真环境的搭建，采用高斯过程等有监督的机器学习分类算法，对自动驾驶汽车的驾驶能力边界进行搜寻以提升高风险场景搜索的靶向性；③伊利诺伊大学香槟分校研发了故障注入（Fault Injection，FI）的风险场景测试方法：在获取高风险测试场景的基础上，采用机器学习模型研发智能汽车算法的故障注入引擎，提升智能汽车的风险暴露概率。既有研究通过加速测试方法，实现了智能汽车自主驾驶高风险场景的辨识。然而，上述研究仍然依赖于对现有交通系统中高风险场景的挖掘，无法从智能汽车风险场景产生机理去解析其分布规律。

3.3 基于深度学习的高风险场景生成

基于少数已辨识的高风险场景，通过深度学习方法，学习高风险场景内在特征，从而生成新的风险场景。由于高风险场景的小概率、偶发特征，在现实中获取的高风险场景难以全面覆盖智能汽车自主驾驶可能面临的风险场景，因此，高风险场景分布规律的精准解析难度大。新兴的深度学习、强化学习算法为风险场景稀缺的问题提供了技术手段，该技术路线通过建立生成模型，学习已有风险场景本质规律，同时产生新的风险场景。按照风险场景结果类型可分为以下三个方面：①高风险场景图像或视频数据。采用数据增强算法，如生成对抗网络（Generative Adversarial Network，GAN）、变分自编码器（Variational Auto-Encoder，VAE）等，生成不同天气、光照等条件下稀缺的视觉感知环境数据。②高风险车辆轨迹数据。采用自回归（Auto-Regressive，AR）模型、变分贝叶斯方法等合成具有高碰撞风险的驾驶场景轨迹数据。③风险场景参数化数值。针对驾驶场景，采用贝叶斯优化、强化学习等算法，构建智能体生成模型，观察并学习模型输入与输出，辨识高风险场景参数取值。该技术路线构建的场景生成模型，通过学习已辨识的智能汽车自主驾驶高风险场景，从本质上学习场景的分布特征，但是现有研究主要以生成新的高风险场景为最终目标，缺乏对其分布特征规律的进一步解析。此外，该技术路线仍然缺乏对场景覆盖度明确的评价方法。

4　总结与展望

综上所述，如何量化辨识智能汽车运行高风险场景并对高风险场景进行重构、衍化，进而服务于智能汽车运行安全性测评是该科学问题需解决的核心。

（1）目前，针对智能汽车运行风险场景的量化评估缺乏参考基准。当前，已有诸多既有研究从碰撞可能性的角度，基于预期碰撞风险开展智能汽车运行场景的风险评价。由于相关研究中的碰撞可能性分级阈值以主观设定为主，缺乏构建近似碰撞事件与事故的数理关系，故无法量化智能汽车场景的运行风险（即无法回答智能汽车是否比驾驶员更安全）。此外，考虑到混行条件下驾驶员和智能汽车自主驾驶行为的异质性是当前智能汽车高风险场景的重要致因，如何在风险场景量化评估时综合考虑人机交互行为的安全性是当前研究面临的难点。

（2）如何保障高风险场景辨识的覆盖度也是该科学问题的难点之一。风险场景辨识的覆盖全面性是开展分布规律解析的重要保障，如何针对已辨识风险场景的覆盖度进行评价是尚待解决的问题。一方面，由于交通系统中道路设施的复杂性、驾驶行为的异质性等特征，以及随着智能汽车市场渗透率的不断提高，智能汽车自主行驶时将面临随时间逐步演变的无限场景，难以穷尽枚举；另一方面，智能汽车自主驾驶的高风险场景中存在小概率偶发和未知的不安全场景，如何针对未知的不安全场景开展泛化推衍也是待研究的问题。

（3）场景衍生技术是智能驾驶测试的核心关键技术，如何加速生成智能驾驶与人工驾驶车辆混行交互的高风险场景是亟待解决的核心科学问题。这一科学问题的求解有三大难点：大规模异构交通主体混行的条件下，多交通主体交互的场景难以解析和再现；人-车-路-环境-信息多场景要素耦合的条件下，核心关键要素难以判别和筛选；全要素空间的维度极高，多要素连续交互的场景难以快速搭建，故高风险场景衍生效率难以提升。因此，如何解析及再现大规模异构交通交互场景，有效筛选关键的场景要素，形成整套交互式连续场景生成技术是加速智能驾驶测试的核心问题。

(4)基于智能汽车运行高风险场景辨识特征参数，如何实现高风险场景重构，进而提高智能汽车运行安全测试的效率与可信度，是该科学问题的核心难点。功能测试过程中所获取的高风险场景有限，回放式场景化测试无法覆盖智能汽车与人工驾驶混行交通流下的各类场景，亟须辨识解构高风险场景基础特征，基于特征重构生成高风险场景，同时保障智能汽车运行安全测试的高效率与高可信度。

主要参考文献

[1] Menzel T, Bagschik G, Maurer M. Scenarios for development, test and validation of automated vehicles[C]//2018 IEEE Intelligent Vehicles Symposium (IV). IEEE, 2018: 1821-1827.

[2] 余荣杰、田野、孙剑. 高等级自动驾驶汽车虚拟测试：研究进展与前沿[J]. 中国公路学报, 2020, 207(11): 129-142.

[3] Zhao D, Lam H, Peng H, et al. Accelerated evaluation of automated vehicles safety in lane-change scenarios based on importance sampling techniques[J]. IEEE Transactions on Intelligent Transportation Systems, 2017, 18(3): 595-607.

[4] Koren M, Alsaif S, Lee R, et al. Adaptive stress testing for autonomous vehicles[C]//2018 IEEE Intelligent Vehicles Symposium (IV). Changshu: IEEE, 2018: 1-7.

[5] Mullins, Galen E. Adaptive generation of challenging scenarios for testing and evaluation of autonomous vehicles[J]. The Journal of Systems and Software, 2018.

[6] Feng S, Feng Y, Yu C, et al. Testing scenario library generation for connected and automated vehicles, part I: methodology[J]. IEEE Transactions on Intelligent Transportation Systems, 2020, PP(99): 1-10.

[7] Feng S, Feng Y, Sun H, et al. Testing scenario library generation for connected and automated vehicles, part II: Case Studies[J]. IEEE, 2021(9).

[8] Zhang M, Zhang Y, Zhang L, et al. Deeproad: GAN-based metamorphic testing and input validation framework for autonomous driving systems[C]//2018 33rd IEEE/ACM International Conference on Automated Software Engineering (ASE). IEEE, 2018: 132-142.

[9] Ding W, Xu M, Zhao D. Cmts: A conditional multiple trajectory synthesizer for generating safety-critical driving scenarios[C]//2020 IEEE International Conference on Robotics and

Automation (ICRA). IEEE,2020:4314-4321.
[10] Ding W, Chen B, Xu M, et al. Learning to collide: an adaptive safety-critical scenarios generating method[C]//2020 IEEE/RSJ International Conference on Intelligent Robots and Systems (IROS). IEEE,2020:2243-2250.

撰稿人:黄合来(中南大学)　余荣杰(同济大学)　李烨(中南大学)
胡笳(同济大学)

CHAPTER SIX

第6章
道路交通环境

在碳达峰、碳中和目标以及能源约束和污染问题的背景下，道路交通环境学科研究当前和未来交通系统对能源和环境的影响规律，研究对人体健康影响的量化评估与协同管控理论、方法与技术，研究将交通能源和环境等特性融入道路交通系统规划、设计、建造、运行管控过程的理论、方法与技术，支撑道路交通系统的低碳绿色可持续发展。

交通运输在物理意义上是能量驱动的物质位移。从人力、畜力、蒸汽机到内燃机，人类每一次能源利用技术的变革都重塑着交通形态。近一百年来，随着经济社会发展，交通需求以及机动车保有量迅速增长，由此引发的交通、环境污染以及气候变化之间的矛盾更加凸显。

20 世纪 40 年代起，洛杉矶和伦敦陆续出现光化学烟雾事件，交通与环境之间的矛盾关系开始受到人们的关注。20 世纪 70 年代，美国颁布《清洁空气法》，逐步重视汽车排放控制的相关研究，通过制定严格的排放标准、提高油品等级、研发尾气后处理装置等一系列措施，来减少交通对环境的影响，发布了第一代交通排放量化模型 MOBILE。

20 世纪 90 年代以来，人类活动对全球气候变化的影响开始被重视。交通作为温室气体排放的重要主体，面临排放占比大、减排难、达峰迟等突出问题。世界范围内交通运输碳排放占比总量 25%，综合交通中道路交通占比超过 80%。交通运输与温室气体排放开始成为研究重点之一。

2000 年之后，我国城镇化和机动化进程加快。尽管车辆、发动机和排放后处理技术使得单车污染物排放下降了 90% 以上，然而频发的雾霾污染以及我国碳达峰、碳中和目标的制定，使研究者更加意识到从交通管控角度进行减排和污染防控的重要性。交通工程学科以及环境工程学科开始进行跨学科合作，从交通行为、能耗排放量化、扩散过程、污染影响等各环节进行交通环境学科的交叉研究。

道路交通环境在现阶段主要着力于研究交通能耗、温室气体与污染物排放、交通与空气质量、交通噪声以及人体健康影响等。关键理论研究聚焦于低碳交通系统设计与能效提升管控、道路交通-排放-污染-暴露影响链机理,以及道路交通污染物排放对人群健康影响评估等方面。

在低碳交通系统设计与能效提升管控方面,主要研究交通基础设施和载运工具在建设和运营过程中的各类型能源消耗,能源结构演变中的交通各要素生命周期能耗;研究交通与能源基础设施协同规划设计,油、气、电、氢等多态能源车辆在实际路况交通流中的能耗表征方法等。然而,以化石燃料为主的道路交通的传统规划方法,未考虑能源或电力系统的制约性,交通和能源网络基础设施规划和设计方法仍然相对独立,基于交通能源双侧“源-网-荷-储”属性的基础设施规划设计和管控方法仍然缺乏。

在道路交通-排放-污染-暴露影响链机理方面,主要研究交通污染物排放对空气质量的影响机理及模型表征方法,路侧污染物在环境中的扩散模拟方法,人群在污染物中的暴露量化及污染物对人群公共健康的影响机理等。目前,交通源污染溯源方法尚不清晰,机动车排放相关活动和功率分布难以明确,道路交通-排放-污染-暴露链条的耦合解析不够。污染扩散模型的准确性、鲁棒性和计算效率难以平衡。在噪声方面,交通噪声的算法复杂程度高,无法快速更新实时噪声场计算,未考虑新能源车以及未来出行技术赋能下的交通噪声变化。

在道路交通污染物排放对人群健康影响评估方面,主要研究道路交通环境污染场测算、人群活动分布刻画,以及面向靶向防控的污染健康影响评估。现有方法聚焦于环境领域的评价量,对比相关标准规范的浓度/声压限值,结合人口、超标暴露时间等进行影响评估。然而,这类方法缺乏道路交通排放与动态人群活动特征的耦合,难以揭示道路交通排放在浓度/强度、持续时间、作用区域等方面对人群活动、体量、年龄特征的影响,无法准确反映交通环境污染对不同人群造成的健康影响的异质性,难以保证环境影响的公平性。

碳达峰、碳中和目标下的交通能源转型,将催生与重构交通能源基础设施融合发展及其协同管控技术。面向未来电动化、智慧化、网联化的发展趋势,需要从如下重点方向开展研究:

碳达峰、碳中和目标下交通与能源基础设施协同规划设计与管控:为适应交通大规模电动化趋势,从源头降低交通对化石燃料的依赖,是降低交通碳排放,实现碳达峰、碳中和目标的根本手段。需要在交通网和能源网规划设计层面研究各能源类型车队的碳排放特性和结构演变规律,建立交通与能源基础设施协同自洽的规划设计理论与方法,建立交通网与能源网的“源-网-荷-储”协同运行管控方法与技术。

交通环境影响全链条评估与靶向防控研究:交通对环境的交互影响是随时空不断演变的动态随机过程。在交通路侧空气质量实时监测与污染扩散模拟方面,从监测优化布局、数据协同获取技术、“交通-排放-浓度”耦合解析，到扩散理论研究，需剖析交通环境污染监测数据的时空代表性及其影响机理，建立污染环境影响场模拟方法；需要进一步厘清多尺度多维度上不同交通运行状态下交通与环境等多要素间的动态耦合机理，研究从交通污染产生、扩散到人群暴露、靶向防控的模拟方法，完善交通与环境耦合建模与协同决策优化方法。

城市交通路侧空气质量实时监测与污染扩散模拟

Real-time traffic-related air quality monitoring and near-road pollutant dispersion modeling in urban areas

1 科学问题概述

随着交通运输需求的不断增长，交通移动源，特别是靠近人群活动的道路交通已成为我国北京、上海、深圳等多个城市空气污染物的重要(甚至首要)排放源，其直接排放或由二次反应间接产生的细颗粒物、臭氧、氮氧化物、黑碳和超细小颗粒物(粒径 <100nm)等会对人体健康产生不良影响。城市路侧环境通常为人群活动集中和污染物“热点”区域，浓度远高于城市平均浓度。而由于扩散气象条件和大气化学变化的复杂性，使得污染物之间常出现此起彼伏的浓度变化，因而对各污染物的协同控制提出了更高的要求。这些因素加上机动车类型和行驶路况的多样随机性，使得道路交通产生的空气污染在城市中的浓度分布呈现很高的时空动态特征。因此，精确描述城市路侧污染的时空分布，能够量化交通系统对空气污染和公共健康危害的动态贡献，为制定可持续交通规划和污染防控精细化措施提供关键支撑。

城市交通污染扩散的表征主要通过空气污染浓度监测和交通污染扩散模拟的方式实现。路侧污染浓度的监测除了能直接得到观测点的浓度规律外，其与交通排放、气象风场信息的有机结合，能为交通污染的溯源和扩散机理研究提供数据基础。此外，城市路侧的污染扩散模拟，是预测多种交通和扩散条件情景下空气质量的重要技术手段，从而可融合实时监测数据和人的动态活动轨迹信息来量化交通造成的暴露和健康影响。监测为模拟提供可靠的数据基础和模型修正依据，模拟是对监测未覆盖区域的扩展量化或未来政策情景污染情况量化的有力手段。

国内外学者在城市交通污染浓度的监测与扩散模拟领域已探索多年，做出了富有成效的研究，但该领域在理论和技术方面都存在瓶颈，导致该方法的预测精度和普适性都未达到要求，其中瓶颈集中于以下三个方面：①针对路侧监测覆盖有限，难以代表复杂路侧环境的污染扩散情况。固定监测站点的覆盖空间范围有限，目前的设置分布还很稀疏，尤其缺少针对路侧监测的站点。移动式监测虽增加了空间覆盖范围，但由于受限于设备搭载体积，监测精度较低，可监测的污染物种类和辅助数据受限，且受制于移动巡航操作需求，难以实现长时间覆盖。②污染扩散模型在城市复杂扩散条件下的准确性、鲁棒性和计算效率难以平衡。现有的污染扩散模型大多模拟以“小时”为最小时间单位的平均污染浓度，尤其在日间浓度预测中模型因无法捕捉到高排放交通源快速移动造成的浓度短暂性峰值，从而常常低估平均污染浓度。此外，很多传统污染扩散模型的理论开发最初是面向烟囱等静态源的污染扩散模拟，并不特定针对道路交通环境，因此难以精确模拟复杂城市环境下机动车的移动和路侧地表环境导致的污染扩散特征。而基于物理化学原理的计算流体力学模型虽然理论上可以达到较高的精度，但模型参数标定要求很高，计算复杂且极为耗时，导致模型的推广和在路侧扩散模拟领域的可用性受限。近年来发展的基于机器学习的模型可能实现地方性短时长且精度优良的浓度预测，具有较高的应用价值。然而，脱离物理属性的纯数据驱动方法，需要大量监测数据支撑，其鲁棒性在未包含历史数据的情形下可能不稳定，工程理论价值受限。③路侧污染溯源贡献不清晰，交通-排放-浓度的链条耦合解析不够。由于机动车运行多样且存在湍流效应和排放因子异质，路侧可能的污染源多样（多种车型的尾气蒸发、刹车和轮胎磨损、道路扬尘、非路侧背景污染浓度等），扩散气象环境的高时空随机动态，加上密集型城市布局下扩散地理条件复杂，这些都给路侧污染的溯源，以及交通、排放、气象和代表性浓度数据的解读带来极大挑战，而此类集成性研究的不足，不仅直接导致了城市路侧污染扩散的溯源和机理研究进展缓慢，也给污染防护的管控方案有效评估与决策带来阻碍。城市交通排放和路侧空气扩散环境本身具有复杂性，因此，单一的监测方法或污染模拟方法，可能难以描述城市环境的空气污染时空变化。

2　科学问题背景

据生态环境部 2021 年数据，机动车排放已成为深圳、北京、济南、上海、杭州和广州的 $PM_{2.5}$ 首要污染源，贡献率达到 21.7% ~52.1%。小汽车和货车也分别是城市碳氢化合物和氮氧化合物的主要排放源之一，而碳氢化合物和氮氧化合物是形成城市夏季首要污染顽疾——臭氧的重要前体物。国内外的发展经验告诉我们，进入后工业化时期，交通移动源污染排放仍会保持快速增长态势，占比也将持续提升。

城市路侧是人群活动集中和污染物“热点”区域，浓度远高于城市平均浓度。据观测，2019 年北京市二氧化氮南三环和东四环的路侧监测年均浓度值比北京国标站浓度值高出将近一倍。近十年来，对健康危害尤为严重的黑碳和超细小颗粒物受到广泛关注。有研究表明，机动车的这两类排放会在城市道路环境中显著累积，加剧公共健康隐患。据美国环保署的统计，美国有超过 4500 万人常年活动于主干道和机场等地面交通设施 100m 内范围，存在较大的污染暴露风险。我国城市由于路侧慢行交通使用群体众多，户外活动区域丰富（如路侧步行区和活动广场），尤其有长期暴露于路侧尾气污染的场外作业人员（交警、环卫工人、快递人员等），暴露于路侧污染带来了更大的公共健康隐患。因此，机动车作为距离人群最近的排放源，路侧空气质量的量化和相关的健康影响研究显得尤为重要。

从监测方面，我国国家级固定监控站大多用于监测整体城市空气质量，并未主要针对路侧空气污染，且由于流行病调查和相关立法滞后，国标并未将黑碳和超细小颗粒物纳入监测范围中。从路侧污染模拟方面，现有的污染扩散模型从设计和参数标定大多基于理想的地理、简单的排放源和可控测试环境。相比模型设计所依赖的简单场景，我国城市路侧布局、交通方式和行驶工况多样，建筑布局密集，扩散条件极为复杂。考虑到机动车异质的运行工况、排放的不均匀（重型柴油车远高于轻型汽油车）、车流气动（占路边湍流动能 50% ~70%）和道路几何（占路边湍流动能 20% ~50%）等复杂湍流场等因素，现有模型难以在城市场景对路侧污染扩散实现精确模拟，预测结果很可能无法有效地反映污染控制政策效果，很大程度上削弱了通过模拟筛选出的污染防治政策的可靠性。

总体而言，如果不对路侧污染浓度进行科学有效的监测和表征，不从底层机理升级现有的路侧污染扩散模型，则很难准确描述路侧污染的时空分布和探索交通和路侧污染扩散的复杂耦合性特征，严重妨碍路侧污染溯源的实施与防控机制策略的制定。目前看来，城市路侧污染和扩散相关的研究，从监测优化布局、数据协同获取技术、交通-排放-浓度耦合解析，到扩散理论都存在提升空间，仍需要大量理论和实证研究。

3　科学问题研究进展

城市交通污染的监测按观测点属性分为固定站点监测和移动式监测两个手段。城市路侧污染扩散模拟按模型设计机理的不同主要分为物理化学模型和数据驱动模型两类。

3.1　污染监测

现有城市交通污染的监测大多基于固定站点监测，在空气污染形成机理和控制工程中得到广泛应用。固定站点可额外搭建设备获取气象和车流量等信息来探索研究污染物的扩散规律，为得到路侧污染扩散的普适性规律提供宝贵数据基础。固定站点由于近乎无搭载限制，监测精度一般较高且易实现全天候、污染物种类全覆盖和逐秒级监测。然而，受制于其本身难以移动的特性，固定站点监测空间覆盖范围有限，难以对不同的道路几何和地形影响进行分离量化解析，基于固定站点开展污染溯源研究的难度较大。

为扩展城市空气质量数据的空间分布，越来越多的学者使用移动平台进行城市路侧污染的监测。移动式监测通常根据需求,选择需要测试的污染物并搭载于移动运载工具上(如地面运载工具或无人机)。相比固定站点,移动式监测利用运载工具的机动性,在城市不同环境中进行移动测量,实现不同地表和垂直空间以及多种近路距离/路上的污染实时监测,为解析道路交通污染的扩散空间分布规律和溯源研究提供重要数据支持。然而,移动平台受搭载设备体量限制,监测精度和监测污染物类型数量受到限制。

如何针对城市复杂路侧环境污染表征,利用固定站点和移动平台协同监测,对两类监测手段取长补短,探索空气质量监测数据的时空代表性及其路侧污染内涵,是实现城市路侧浓度监测的技术难点之一。该技术的突破可为交通-排放-浓度数据集成与耦合研究,以及交通污染扩散模型的理论研究提供宝贵数据基础。

3.2　污染扩散模拟

基于物理化学的污染扩散模型,是利用大气物理和大气化学基础理论构建数学模型,通过计算机数值计算(如计算流体力学)或稳态假设(如高斯烟羽方法)求解污染物的扩散过程。理论上,如果路侧污染源排放数据准确,气象方程、地形参数和对应风场参数设置全面,物理化学模型可提供较高的污染预测准确性。同时,由于模型是基于污染源与污染浓度之间的物理化学关系建立的,模型的可解释性非常强。因此,物理化学模型被大量应用于污染控制政策分析与研究。然而,物理化学模型路线存在以下难点:①此类模型输入数据要求全面翔实,对输入数据质量要求高;②所需算力和时间成本很高;③模拟精度高度依赖已有物理化学模型与实际大气状况的吻合程度及场景适用性。因此,从数据获取、参数标定的门槛,以及模型机理的适用性来看,现有的物理化学模型用于城市多种尺度和多场景(如路段、交叉口、高架等)的路侧污染扩散模拟的可行性不高。

近年来,由于可获取数据种类的扩展和计算统计的发展,用机器学习方法对空气质量进行预测的数据驱动模型应运而生。数据驱动是以纯概率统计为基础,建立污染物浓度与历史浓度、交通流,气象和土地利用等历史数据的关系,从而达到对空气质量的预测。数据驱动模型计算求解高效,在实际工程应用上适用于短时长多频次的空气质量实时预测。数据驱动模型路线存在以下难点:①所需的输入数据量和种类要求比物理化学模型更高;②基于污染物浓度与变量之间的纯统计关系,结果可解释性受限;③依赖历史数据所体现的交通-排放-浓度链条耦合关系,对未来特定污染控制政策情景下的空气质量预测的可靠性有待商榷(数据驱动模型用于工程预测问题的通病),用于政策场景评估的权威性不高。

仅仅利用单一空气污染模拟方法,难以满足如今对城市复杂交通环境下空气污染评估的要求。如何加强对污染扩散的物理化学机理的解读,充分利用交通、气象和环境等大数据,融合概率统计和监测数据在交通污染扩散关键参数识别和标定中的应用,进一步探索复杂城市环境下的关键参数对污染扩散的物理化学作用机理的“物理化学+统计”融合模型理论和设计方法，是在新技术背景下开发我国城市交通污染扩散模拟新方法的难点之一。

总体而言，城市交通路侧空气质量监测与污染扩散模拟已具备一定基础，但目前针对路侧的污染监测点较少，现有的扩散模型精度和准确性未达到精细化预期，受制于数据和模型机理，交通-排放-浓度的路侧污染溯源解析也不够，需重点攻坚以下方面：

(1)城市路侧污染固定+移动监测协同布局优化。针对城市复杂路侧环境污染表征的监测系统布局研究不足的局面，利用固定站点和移动平台协同布局实时监测道路交通环境，两类监测手段取长补短，探索空气质量监测数据的时空代表性及其内涵。

(2)交通-排放-浓度耦合机理研究。针对路侧污染溯源不清晰，交通-排放-浓度链条解析不够的问题，研究复杂建成环境下路侧污染扩散机理，量化道路交通活动的排放和路侧空气污染时空动态性。

(3)面向城市复杂环境的多尺度交通污染路侧扩散理论建模。针对污染扩散模型在城市条件下的准确性、鲁棒性，和计算效率难以平衡，研究交通污染扩散智能计算模型，融合概率统计在交通污染扩散关键参数识别和监测数据中的标定应用，探索复杂城市环境下“物理化学+统计”融合模型理论。

主要参考文献

[1] Ramanathan V, Carmichael G. Global and regional climate changes due to black carbon [J]. Nature Geoscience, 2008, 1(4): 221-227.

[2] Daigle C C, Chalupa D C, Gibb F R, et al. Ultrafine particle deposition in humans during rest and exercise[J]. Inhalation Toxicology, 2003, 15(6): 539-552.

[3] Heist D, Isakov V, Perry S, et al. Estimating near-road pollutant dispersion: a model intercomparison[J]. Transportation Research Part D: Transport and Environment, 2013, 25: 93-105.

[4] Niemeijer D. Developing indicators for environmental policy: data-driven and theory-driven approaches examined by example [J]. Environmental Science & Policy, 2002, 5(2): 91-103.

[5] Apte J S, Messier K P, Gani S, et al. High-resolution air pollution mapping with Google Street view cars: exploiting big data[J]. Environmental Science & Technology, 2017, 51(12): 6999-7008.

[6] Yu Y T, Xiang S, Noll K E. Evaluation of the Relationship between momentum wakes behind moving vehicles and dispersion of vehicle emissions using near-roadway measurements

[J]. Environmental Science & Technology,2020,54(17):10483-10492.
[7] Li H Z, Gu P, Ye Q, et al. Spatially dense air pollutant sampling: implications of spatial variability on the representativeness of stationary air pollutant monitors[J]. Atmospheric Environment: X,2019,2:100012.
[8] Wang Y J, Zhang K M. Modeling near-road air quality using a computational fluid dynamics model, CFD-VIT-RIT [J]. Environmental Science & Technology, 2009, 43 (20): 7778-7783.
[9] Batterman S, Ganguly R, Isakov V, et al. Dispersion modeling of traffic-related air pollutant exposures and health effects among children with asthma in Detroit, Michigan[J]. Transportation Research Record,2014,2452(1):105-113.

撰稿人：刘皓冰(同济大学) 向升(清华大学) 张少君(清华大学)
吴烨(清华大学)

燃油汽车和新能源汽车混合交通流能耗和排放量化

Quantifying energy consumption and emissions of mixed traffic with conventional fuel and alternative fuel vehicles

1 科学问题概述

机动车作为排放体量最大，且非常靠近人群活动的交通移动源，其碳排放控制和污染排放治理已成为我国生态文明建设和污染防治攻坚战的关键领域。机动车能耗和排放量化研究，是交通运输系统环境影响评价、实现科学节能减排的量化依托。探索切实有效的道路交通节能减排治理路径，关键在于能耗和排放量化方法能否准确解析出车队(车型、燃油类型、排放标准、载重)、交通运行(流量、车速、加减速、坡度)、能耗排放三者的耦合关系，从而实现不同交通场景下环境影响量化分析的无偏估计。自20世纪70年代起，国内外开始对于燃油汽车的“车队-运行-排放”解析量化工作，尤其是机动车尾气排放量化方法进行研究，已积累了丰富的成果。

为了进一步推动低碳环保的绿色交通发展，国务院办公厅于2020年印发的《新能源汽车产业发展规划(2021—2035年)》中提出了发展纯电动汽车、插电式混合动力(含增程式)汽车、燃料电池汽车“三纵”的布局思想。我国城市道路在未来较长时间里将是传统燃油汽车和新能源汽车混合运行的局面。机动车新技术和新能源汽车的发展也给城市道路交通能耗和排放量化研究带来更大的挑战，主要体现在以下四方面：①对新能源汽车能耗和排放的预测能力偏弱。现有能耗排放模型大多基于传统燃油车内燃机的功率需求建立模型，无法模拟诸如电动车制动能量回收、混动车内燃机与电机切换导致催化器冷却等问题对机动车排放的影响。以上技术的应用也使得尾气排放生成和控制过程更加复杂，增大了能耗和尾气排放量化模拟的难度。②机动车排放相关活动和功率分布难以明确。由于出行和运输活动的多样性，如何捕捉机动车各类运行状态(如路上行驶工况和加减速分布、冷启动等)和对应的功率分布特征一直是能耗和排放量化的难点，而新能源汽车的混入还带来了不同驱动类型汽车的识别，以及油、电做功分担判断等新的问题，使交通流运行活动和功率分布的表征变得更为棘手。③量化结果的置信度难以评估。主要来自机动车随机活动和各类活动下排放因子取值的双重不确定性。目前的主流模型是基于回归或测试"均值"的确定性模型，无法对短时长或微观尺度环境评估结果的可信度或置信度做定量判断。④"非尾气"活动排放研究滞后。随着新国标汽车和新能源汽车保有量的增加，制动和轮胎磨损颗粒、挥发性有机物蒸发等机动车"非尾气"排放的比重将增大，部分污染物的排放量甚至超过尾气排放，而相关研究的精细度远比不上机动车尾气研究。总体而言，后三个难点在该领域将长期存在，而新能源汽车的全面引入让问题的解决更具迫切性和挑战性。

2 科学问题背景

相比纯做功输出型的燃油汽车，电动汽车新增了制动能量回收模式，而"油-电双驱动"的混合动力汽车在不同电量状态和运行条件下的运行模式更为复杂。多项研究已观测到混合动力汽车在多种常规路况下的尾气排放并不低于燃油汽车：如混合动力汽车在低电量情况下进入电量维持、耗油模式；混合动力汽车内燃机熄火/启动切换过程中，三元催化器由于冷却而导致部分尾气处理功能短暂性低效。以上因素均可使混合动力汽车产生比燃油汽车更高的一氧化碳、氮氧化物和细颗粒物(PM)尾气排放。因此，新能源汽车混入，特别是混合动力汽车市场份额的增加，并不能简单理解为交通流的电驱动比例增加而更清洁环保。从量化模型研究层面，需要探索新能源汽车功率建模方法，及其与能耗尾气排放的耦合关系。此外，机动车能耗和排放量化精度还很大程度上取决于行车活动和功率分布的准确性。车型、排放标准、能源类型、行驶工况、坡度、冷启动静置时间、载重等参数取值的不确定，都能轻易影响相应的能耗和尾气排放达15%以上，从而影响交通环境评估的有效性。

近年来，"非尾气"也得到广泛关注。据美国环保署预测，"非尾气"排放产生的部分污染物在未来20年将占据机动车总排放重要甚至主要比例。机动车的挥发性有机物排放(VOCs，形成臭氧的重要前体物)的重要来源之一是车辆昼间运行、热浸、加油等阶段的燃料蒸发散逸，占总机动车VOCs排放的10%～40%。此外，基于美国环保署MOVES和加州空气资源署EMFAC模型测算，到2030年，制动和轮胎磨损可能贡献机动车超过80%的PM_{10}及超过45%的$PM_{2.5}$排放。由于纯电动汽车和混合动力汽车比同等燃油车重

10%～29%，且磨损排放与车重有强正相关关系，因此轮胎磨损产生的细颗粒物排放可能因新能源车的推广而增加。尽管“非尾气”排放重要性已达成共识，但“非尾气”量化方法研究不足，直接导致实际排放量化工作力不从心，相应的管控标准制定也缺乏依据。

3　科学问题研究进展

机动车能耗与排放量化研究已有50余年的历史。目前，广泛使用的主流模型（如MOVES，CMEM，COPERT，IVE）虽然输入参数和建模尺度范围各有不同，但在结构上均以机动车运行状况与排放因子的耦合表征作为核心模块，采用车辆比功率（单位质量下发动机支持机动车驱动并克服阻力做功需求的指标）与排放建立拟合关系，或者以机动车比功率为衔接桥梁的平均车速与排放建立拟合关系。然而，以上被广泛应用于交通管理决策的排放模型，均不配备有效的模拟新能源汽车能耗和排放的功能。面向传统燃油汽车的比功率指标难以确定混动车的油、电使用分担率和油、电切换引起的尾气排放特征，伴随着新能源汽车和节能汽车的需求增长，整车物理模型陆续面世，并支持电动汽车动力系统和能耗建模：如美国国家可再生能源实验室开发的FASTSim模型，美国阿贡国家实验室开发的AUTONOMIE模型，以及Gamma Technologies开发的GT-SUITE模型。前两款模型目前均只支持能耗量化，不支持反应过程更为复杂的尾气排放过程的建模。此外，以GT-SUITE为代表的用于汽车设计的高精度整车模型虽然可以模拟尾气排放，但对单车参数输入要求非常细致（发动机、驱动设计等），不适用于对接海量交通运行数据，难以支持从交通中微观（路段、交叉口层面）至宏观（路网）层面的能耗和排放量化。面向交通节能减排决策的燃油汽车和新能源汽车混合交通流能耗和排放量化方法需要开辟新的思路。

除量化的理论方法外，行车活动的描述对能耗和排放量化精确度也至关重要。交通出行与运输需求的多样随机性给机动车活动时空分布的捕捉带来一定难度。现有的如地面线圈、浮动车和监测视频等道路网交通信息获取手段能为城市道路机动车的排放量化提供宝贵数据。然而，行驶工况信息（逐秒车速和加减速），特别是和排放测算高度相关的车辆信息（能源类型、车重、排放标准、生产年限），较难通过直接观测来大面积实地获取。目前缺乏针对机动车能耗和排放量化的、实地操作切实可行的信息获取系统性方法，另一种思路是通过评估行车活动的不确定性来量化结果的置信度。然而，已知的主流模型都无法提供排放因子的置信度，仅考虑行车活动概率分布无法描绘能耗和排放的完整置信度或概率分布。

相比能耗和尾气排放研究，机动车的“非尾气”研究从排放因子测试到相关行车活动收集方法都较为滞后。以目前考虑因素相对周全、国际上相对权威的MOVES模型为例，在机动车制动和轮胎磨损的细颗粒物排放方面，美国环保署通过对已有的研究的汇总，发现制动缓急显著影响细颗粒物排放。然而，受制于研究数量、数据样本和实验条件，

MOVES 最终仍将制动细颗粒物排放因子按车型简单划分为低、中、高速、极低速和显著制动5挡。受制于类似因素，轮胎磨损细颗粒物排放也仅按平均车速划分。实际情况中，制动排放受车重、减速速率和气象等因素的显著影响，而轮胎磨损受车重、加减速速率、轮胎材质和路面材质等因素的显著影响。此外，当前磨损排放集中于燃油汽车，而电动汽车用于电量回收的反向电机转动刹车技术，以及根据需求采用电制动和机械制动协同使用方式，可能带来异于燃油汽车机械制动的磨损排放特征。在蒸发排放方面，机动车蒸发排放的化学组分复杂，涉及车辆白昼静置、热浸、运行、加油等多个渗漏挥发散逸环节，且与气候温度、油品特征等外在因素直接相关，对实验手段及溯源方法要求很高。然而，蒸发排放研究现阶段在国内尚未全面展开。国内外相关实验和数据样本的缺乏，导致机动车蒸发排放的共性特征和参数影响机理难以总结。以上影响"非尾气"的诸多因素表征和对应排放因子的量化方法仍需要大量实验或实地研究。

总体而言，燃油汽车能耗与尾气排放研究已具备大量基础，但对新能源汽车能耗和排放的量化研究已相对滞后于新能源汽车发展趋势；此外，机动车排放活动的功率分布表征和排放不确定性估计、"非尾气"活动排放研究均需要进一步加强。需重点攻坚以下方面：

(1)新能源汽车能耗和排放量化方法。研究新能源汽车响应复杂工况的驱动机理，并研究新能源汽车多驱动模式下的能耗和排放特征量化方法；研究空间多尺度混合能源交通流的能耗与排放量化方法。

(2)面向机动车能耗排放的交通信息获取。行车活动的精准捕捉直接影响机动车能耗和排放量化的精确度。针对车辆工况等信息难以通过已有交通检测系统进行大范围收集的难点，建议开展基于交通运行参数的工况信息挖掘与表征研究，并结合车辆活动和排放因子的置信度估计方法，实现基于工况表述的机动车能耗与排放无偏预测。

(3)"非尾气"排放量化研究。开展制动、轮胎磨损、蒸发等"非尾气"活动排放因子的数据实测方法研究，挖掘相关排放活动的关键影响参数，解析各类活动的排放机理，建立非尾气排放量与车辆行驶工况、交通流运行状态的关系，开展"非尾气"活动的工况表征研究，建立兼顾精确性、实用性的综合排放模型构架。

主要参考文献

[1] Franco V, Kousoulidou M, Muntean M, et al. Road vehicle emission factors development: a review[J]. Atmospheric Environment, 2013, 70: 84-97.

[2] Huang Y, Surawski N C, Organ B, et al. Fuel consumption and emissions performance under real driving: comparison between hybrid and conventional vehicles[J]. Science of the Total Environment, 2018, 659: 275-282.

[3] Guensler R, Leonard J D. A Monte Carlo technique for assessing motor vehicle emission

model uncertainty[C]//Transportation Congress, Volumes 1 and 2: Civil Engineers—Key to the World's Infrastructure. ASCE, 2014.

[4] Ehsani M, Gao Y, Longo S, et al. Modern electric, hybrid electric, and fuel cell vehicles [J]. CRC press, 2010.

[5] Romagnuolo L, Yang R, Frosina E, et al. Physical modeling of evaporative emission control system in gasoline fueled automobiles: A review[J]. Renewable and Sustainable Energy Reviews, 2019, 116: 109462.

[6] Wu Y, Zhang S, Hao J, et al. On-road vehicle emissions and their control in China: a review and outlook[J]. Science of the Total Environment, 2017, 574: 332-349.

[7] Johnson T, Joshi A. Review of vehicle engine efficiency and emissions[J]. SAE International Journal of Engines, 2018, 11(6): 1307-1330.

[8] Huo H, Zhang Q, He K, et al. Modeling vehicle emissions in different types of Chinese cities: importance of vehicle fleet and local features[J]. Environmental Pollution, 2011, 159(10): 2954-2960.

撰稿人：刘皓冰(同济大学)　吴亦政(北京交通大学)　涂然(东南大学)

面向可持续发展的交通与环境耦合建模与协同决策优化

Coupling modeling and collaborative decision optimization of traffic and environment for sustainable development

1　科学问题概述

随着交通系统的快速发展，特别是机动车保有量及出行里程的快速增长，道路交通拥堵问题凸显，机动车尾气、噪声污染等环境问题日益严重，交通出行与环境污染问题交叉耦合特征愈发鲜明。与此同时，随着现代交通系统电动化、智慧化、网联化的发展，交通出行与环境污染多要素之间在不同时空尺度上呈现出更为复杂动态的交互耦合、相互反馈关系。而在实际工作中，长期的条块化管理机制导致治理决策无法在交通效率提升和环境质量改善之间取得平衡点，严重制约城市和区域的可持续发展。由此可见，交通出行与环境污染耦合建模与协同决策技术是解决现有交通效率与环境改善分离的重要科技支撑。

交通与环境污染的耦合关系主要体现在交通发展与环境污染的相互矛盾，以及交通出行效率与环境效应的多要素交互上。交通与环境污染耦合是一个随时空不断演变的动态随机过程，始于复杂、随机、时变交通行为；在时变气象条件和三维城市空间形态的影响下，产生了不同污染机理的噪声和尾气污染问题；同时噪声和尾气污染防控又反过来对交通出行行为产生不同程度的限制反馈作用。因此，厘清城市复杂街区空间上不同交通运行状态与噪声、尾气污染等多要素间的动态演变关系，实现交通与环境的协同决策、调控与优化，是可持续发展中绿色交通管理所需的一项重要的技术。相对于交通运行与环境污染独立建模研究，交通与环境污染耦合建模研究具有更高的理论、技术与实践要求。

国内外学者已在交通与环境耦合建模与决策研究方面开展了诸多研究，而系统性揭示交通出行与尾气、噪声等环境污染演变关系的建模研究仍不多，多停留在交通能耗、交通噪声、交通尾气等单一要素层面上，仍存在对交通与环境污染多要素互馈作用机理解释不明、协同决策效率低等问题。总体来说仍存在以下三大瓶颈：①不同时空维度上交通与环境污染的相互影响机理尚未明晰。现有宏观角度上研究集中在区域交通行为导致的大气污染排放、交通占地、噪声、水土流失等规律分析，微观尺度上的机理揭示集中在街道交通噪声和尾气污染两个分离的层面上，包括街道建筑物的交通噪声排放影响机理、多变交通流的交通尾气排放影响机理等，难以说明系统性的交通要素与噪声、尾气排放等环境多要素的多维度动态耦合关系。②城市复杂街区的交通与环境动态耦合建模难度大。交通与环境的耦合建模包括交通出行行为、交通尾气排放、污染扩散模拟、交通噪声传播扩散等多要素模型的建立及其动态耦合计算，现有研究中针对单一要素建模较为常见，而面向城市复杂路网、街区空间等中微观尺度上的动态耦合建模是欠缺的，同时，面临着多维度交通、环境信息数据获取，多尺度上时空粒度更细、要素更多的动态模拟计算问题。③单一角度建模实现的决策协同性差。车、道路、区域等不同尺度上的交通出行仿真模型、交通尾气排放扩散模型、交通噪声排放扩散模型、污染扩散模拟模型等均是针对交通、环境等不同要素单一角度的建模计算，为交通出行管控、交通噪声防控、交通尾气污染防控等不同方面的管理决策提供支撑，现已分别独立形成较有效的技术方案，但协同决策模型研究相对不多，仅见于城市-交通-能耗-污染的协同。④多维度耦合建模、多目标约束的动态调控存在复杂计算问题。实现城市街区三维空间上交通与环境演变过程的多要素耦合建模，以及城市交通与环境多目标协同决策策略的验证与实施，往往面临着大数据驱动的跨领域多维度、多因素的高度耦合计算，多目标约束的动态调优等复杂的计算问题，现有研究在大规模且动态跨领域多维数据的时空关联与迭代计算效率方面尚有待提高，针对大数据的环境与交通的协同决策，有效搭建超算环境显得至关重要。

因此，以交通产生的尾气、噪声重要环境问题为主，针对城市交通出行与环境污染协同发展决策所需，需要探索城市复杂街区的交通需求、路网、排放、污染等多因素的耦合特性，搭建超算环境下交通出行与尾气排放污染、噪声排放污染等的多维动态耦合计算模型，解决多维度动态模拟计算、多目标约束下动态调优等高性能复杂计算问题，最终实现城市街区三维空间上交通与环境污染的多维关系解析、发展态势推演以及多目标决策优化。

2　科学问题背景

近几年,城市交通系统机动车化快速发展,噪声、尾气排放等环境污染问题日益凸显,严重制约了交通系统的可持续发展。在城市大气污染方面,$PM_{2.5}$、O_3、NO_2污染特征明显,汽车尾气已成为上述污染的重要污染源。NO_x 和 VOCs 作为 O_3污染的前体物,其交通源排放占比超过30%的城市比比皆是,并且在北京、广州、上海等大中型城市的中心城区NO_2浓度超标频率较高,交通源浓度贡献率在50%~80%。在噪声污染方面,据《2021年中国环境噪声污染防治报告》显示,全国311个地级及以上城市的各类声环境功能区中,4a类(交通道路、内河航道两侧区域)声环境功能区的噪声达标情况靠后,尤其是夜间噪声达标率在所有声环境功能区中位列第二低水平,给城市居民带来极大健康风险。由此可见,交通带来的环境污染问题严重,污染要素众多,污染程度不一。

传统交通系统中,交通流都具有时变性,拥堵、通畅等路况时刻变化,车辆匀速、怠速等工况交替出现;且白天与晚上车型分布差异大,即白天汽油车多、晚上柴油车多,导致不同排放物排放量具有随机性和时变性。与传统交通系统相比,现代交通系统的车辆电动化、智慧化、网联化的发展增强了车辆出行行为的随机性和个性化特征,零排放与燃油车辆混行、编队车队和非编队车辆混行,使得交通与环境污染之间的耦合反馈关系呈现越来越复杂的个体多样性、时空多变性,即从微观个体到区域路网、日尺度、小时尺度甚至分钟尺度的动态发展,需探究复杂街区空间上交通与环境耦合的高效计算方法才能进一步系统揭示这些机理机制。

在实际管理工作中,交通效率提升、环境质量改善决策往往独立开展,交通运行的调控分属于交通运输管理部门,环境污染的防控分属于环境管理部门,交通出行仿真模型、交通尾气排放扩散模型、交通噪声排放扩散模型等单一要素建模被大量研究,分别为交通出行管控、交通噪声防控、交通尾气污染防控等相互分离的管理决策提供支撑,最终导致系统性的交通与环境的耦合关系难以被揭示,带来了诸多决策执行的重复性、矛盾性、效益冲突等问题。

交通、环境、地理等跨领域且实时监测大数据的迅猛发展,特别是大规模个体级车辆出行行为数据、个体行人行为等数据的涌现,为交通与环境污染的耦合建模、更高时空辨识度耦合的机理揭示、宏微观交通污染的动态演变、高效低成本的协同优化决策都提供了很好的研究条件。由此可见,在个体级行为大数据的驱动下,开展交通与环境耦合建模与协同决策优化是可行的。

3 科学问题研究进展

目前对于该方向的研究，技术路线包含三个主要环节：交通出行与尾气、噪声排放及传播扩散的动态耦合建模，城市复杂街区的交通与环境污染多要素耦合机理揭示，交通出行与环境污染多目标协同决策优化，各环节的研究进展总结如下：

3.1 交通出行与尾气、噪声排放及传播扩散的动态耦合建模

当前研究主要集中在交通出行仿真模型、交通尾气排放扩散模型、污染扩散模拟模型、交通噪声排放扩散模型等单一要素建模上，均已逐步发展出了宏微观不同尺度上的计算模型，并在实际交通与环境管理控制决策中得到广泛应用，而系统性的交通与环境污染协同发展的城市街区、路网、出行、噪声、尾气等的多要素相互影响演化过程的动态耦合建模是欠缺的。

伴随着不同维度上交通、环境监测数据的获取以及精细信息感知技术的不断扩展，交通尾气排放扩散模型逐步发展出了宏观区域尺度上的排放污染模拟计算模型，以及微观道路、车辆尺度上的排放计算模型、污染扩散模拟方法。宏观上基于区域空间内的交通保有量、行驶里程、能耗、经济发展水平等数据，实现对区域排放总量的核算；基于物理化学过程的数值模拟方法，实现理想空间场景上的排放扩散过程的动态计算。微观上则基于实时个体车辆、交通流的精细行为数据而开展，实现单车、道路出行的动态排放量化，排放扩散模拟也已实现实际三维街区场景下的扩散模拟。总体来说，交通尾气排放方面已逐步建立了较为全面的不同尺度宏微观计算模型。面向交通噪声的排放扩散模型的研究也已覆盖宏微观尺度，微观尺度上的道路交通流噪声排放计算、道路交通噪声在城市区域大规模三维区域的室内外传播衰减计算研究均已开展，实现了城市复杂空间上三维建筑物的交通噪声精细计算。

面向大规模的城市街区，单一要素的宏微观交通仿真、排放计算、扩散模拟等均不能同时反映全局路网和局部街区的精确状态，多要素耦合建模对交通环境污染机理的揭示更为系统。然而，随着多要素耦合建模的考虑，往往面临着更多维度数据感知处理、多因素模拟、多目标调优的复杂计算问题。

研究存在以下难点：①单一要素的宏微观建模对实际问题的解释不系统、不全面；②时空颗粒度更细、要素更多、面向复杂三维街区场景的动态耦合计算难度大。

3.2 城市复杂街区的交通与环境污染多要素耦合机理揭示

掌握日益复杂的城市交通系统运行规律，洞察交通拥堵与尾气、噪声等污染问题的演变过程与影响因素，最终得到优化的管控决策方案，才能更好地回答政府和学界急切关心

的交通与环境的协调发展问题。

目前国内外学者大多从单一角度对交通出行与环境污染的关系进行分析，如交通运行状态对噪声的影响、交通运行状态对尾气排放的影响等，以及大气污染对交通出行的影响等，即多是利用单一种类的大规模监测数据进行单项研究。交通对环境的直接影响，如尾气排放污染、交通噪声污染等较为显而易见，而环境对于交通的限制反馈作用尚未清晰，其影响分析还缺乏公认的理论框架。针对交通尾气、交通噪声两大重要问题的影响机理研究，宏观角度上主要集中在区域交通保有量增加导致的排放污染、交通噪声等规律分析，微观尺度上集中在时变交通流下交通噪声和尾气污染两个分离层面，包括街道建筑物的交通噪声排放影响机理、多变交通流的交通尾气排放影响机理等，难以说明系统性的交通出行要素与噪声、尾气排放等环境多要素的多维度动态耦合关系。

随着交通、环境、地理等跨领域监测大数据的发展，交通和环境问题的研究已经从局部采样数据丰富到了全域感知数据，使得通过数据关联和知识学习研究多条件下的交通与环境动态耦合机理成为可能，将为交通与环境多目标协同决策提供理论基础。即针对单一要素宏微观建模对问题解释不系统、复杂动态耦合机理揭示不足等问题，利用交通与环境系统多源监测数据的深度关联与融合，面向城市复杂三维空间，建立从微观车、道路到中观街区、路网的交通出行、噪声、尾气等多要素的动态耦合计算模型，揭示其中的复杂动态关系，挖掘交通及环境态势衍生、耦合的时空演变特征和动力学机制。

3.3　交通出行与环境污染多目标协同决策优化

交通运行、尾气与噪声控制等单目标优化的研究较为常见。在交通运行优化方面，常见于交通出行管控，如交通拥堵决策优化、交通路网通行效率优化等，单纯考虑交通通行能力，以道路通行状况为控制目标，利用交通流分析与交通仿真模型等手段，实现交通出行行为的建模与调控优化。在环境污染方面，相关研究主要集中在交通尾气分析与控制、交通噪声影响分析与控制等。以尾气或噪声为单一控制目标，建立单一要素的计算与分析模型，利用实际监测实验分析与模拟建模，采用尾气排放监测与分析、排放污染模拟与预测、减排与防控措施制定技术路线，实现交通噪声、交通尾气排放污染的防控决策。

在绿色低碳交通发展战略引导下，现有研究已逐步由单目标优化转变到交通与环境协同决策上。协同决策的思路在交通与环境独立建模的基础上，考虑了交通出行与环境多要素的耦合作用，如交通出行与能耗、交通出行与噪声、交通出行与尾气污染等建模。基于交通出行与交通噪声、交通尾气等环境要素的耦合计算模型，采用系统最优原则，建立均衡出行效率与绿色环保的交通出行管控方法。

研究存在以下难点：①多目标协同决策与智能管控非常复杂，模型构建较难。②多目标协同决策的策略验证与调控算法时间复杂度高，计算量大。首先，针对现实场景下交通出行与环境污染防控决策独立的问题，开展多目标协同决策及智能管控方法的研究。全面考虑交通出行与环境多要素的动态耦合作用，基于大规模交通与环境的时空演变分析，研究均衡出行效率、能耗和排放要素的协同决策理论与方法，建立"交通与环境时空演变、决策与管控策略"相互作用下的协同决策与智能管控方法。其次，解决超算环境下多目标协同决策的策略验证与调控实施问题。即针对多维度数据处理、多因素耦合建模、多目标调优需要的复杂、高效计算问题，搭建超算环境来构建实际交通环境系统各要素之间的交互运行和物理过程演变的"孪生系统"，实现对决策方案的仿真、评估与实施优化。

主要参考文献

[1] Wang Y, Szeto W, Han K, et al. Dynamic traffic assignment: a review of the methodological advances for environmentally sustainable road transportation applications[J]. Transportation Research Part B: Methodological, 2018, 111: 370-394.

[2] Zhou X, Tanvir S, Lei H, et al. Integrating a simplified emission estimation model and mesoscopic dynamic traffic simulator to efficiently evaluate emission impacts of traffic management strategies[J]. Transportation Research Part D: Transport and Environment, 2015, 37: 123-136.

[3] Wang S, Ahmed N U, Yeap T H. Optimum management of urban traffic flow based on a stochastic dynamic model[J]. IEEE Transactions on Intelligent Transportation Systems, 2018, 20 (12): 4377-4389.

[4] Lan Z, Cai M. Dynamic traffic noise maps based on noise monitoring and traffic speed data [J]. Transportation Research Part D: Transport and Environment, 2021, 94.

[5] Ding H, Cai M, Lin X F, et al. RTVEMVS: Real-time modeling and visualization system for vehicle emissions on an urban road network[J]. Journal of Cleaner Production, 2021, 309 (7655): 127166.

[6] Wang X T, Liu H, Lv Z F, et al. Trade-linked shipping CO_2 emissions[J]. Nature Climate Change, 2021, 11: 945-951.

[7] 龙瀛，毛其智，杨东峰，等. 城市形态、交通能耗和环境影响集成的多智能体模型[J]. 地理学报, 2011, 66(8): 1033-1044.

撰稿人：刘永红(中山大学)　丁卉(中山大学)　赵晓华(北京工业大学)

道路交通环境污染对人群健康影响评估与靶向防控

Human health impact assessment and targeted intervention of traffic-related environmental pollution

1　科学问题概述

随着城市道路交通系统的日臻发达和城市人口密度的爆发性增长,道路交通运输效益与城市人居环境之间的矛盾日益尖锐,道路交通带来的各种污染已成为困扰世界各大城市的主要环境问题。大量国内外研究表明,交通排放污染与多种疾病均有较强的关联关系,长期暴露在这些环境污染中,会增加暴露人群的健康风险。在人口活动分布以及交通环境污染高度集中且高度重合的中国城市区域内,该类问题尤为突出。针对环境污染及其潜在危害,党的十九大报告要求着力解决突出环境问题,坚持全民共治、源头防治,持续实施大气污染防治行动,打赢蓝天保卫战;《交通强国建设纲要》要求有效防治公路运输大气污染和降低交通沿线噪声及振动;2021 年 3 月,“加强环境噪声污染治理”内容被首次纳入《中华人民共和国国民经济和社会发展第十四个五年规划和 2035 年远景目标纲要》中。道路交通环境污染对人群健康影响评估和靶向防控工作需求迫切,势在必行。

交通排放污染防控工作长期存在“底数不清、机理不明、技术不足”瓶颈问题,主要表现为以下三个方面:

1.1　城市道路交通污染排放的底数不清

道路交通污染物和噪声的排放与车辆类型、车队结构、载重状态、行驶特征、交通流参数等因素密切相关;城市复杂的三维空间结构以及外在的气象环境也会对交通源污染物和噪声的传播造成直接的影响;计算要素体量巨大、交通流的时变特性强、多源异构数据关联融合度低,导致城市道路交通排放污染物浓度场和噪声场的计算精度不足、效率不高、动态性差、不确定性强。

1.2　城市道路交通排放污染物和噪声对人群健康影响的机理不明

长期以来,我国道路交通环境影响评价仅聚焦于环境领域的评价量,缺乏道路交通排放污染物浓度场和噪声场的动态时空分布与动态人群活动特征的耦合分析,难以揭示道路交通排放污染物和噪声在浓度、强度、持续时间、作用区域等方面对人群体量、年龄结构及活动特征的影响情况,缺乏精确刻画本地化人群健康影响机理的暴露剂量影响函数,无法准确反映交通环境污染对不同人群造成的健康影响的异质性,难以保证环境影响的公平性。

1.3 城市道路交通环境污染的靶向防控技术不足

交通排放污染物和噪声的防控工作主要以限制车辆出行或建设防护屏障等方式为主，且防控目标以环境领域评价量达标为主，缺乏“交通-环境-人群健康”的全链条评估，交通排放污染物和噪声的人群暴露可溯源性差，防控决策过程中污染源和受体的对应关系不清晰，防控措施的靶向性弱、成效不佳。

2 科学问题背景

道路交通环境污染问题不容忽视。据《中国移动源环境管理年报(2021 年)》统计，2020 年全国机动车四项污染物排放总量为 1593 万 t，其中氮氧化合物 626.3 万 t，超过全国废气中氮氧化合物的 50%，交通源也成为本地颗粒物排放的主要来源；据《2021 中国环境噪声污染防治报告》统计，2020 年全国城市 0 类功能区(康复疗养区)、4a 类功能区(道路交通干线两侧区域)、1 类功能区(居住文教区)夜间环境噪声达标率仅为 57.4%、62.9%和75.3%。近几年的统计报表显示，道路交通排放污染物和噪声污染并未呈现显著改善的趋势，交通环境污染的防控工作任重道远。

由于道路交通排放污染物和噪声的排放与车辆及交通流的状态密切相关，具有极强的时变性，而且道路交通环境污染分布极不均匀、城市超高密度的人口分布以及频繁跨区域的人口流动，使得健康风险准确定量评估和实施靶向防控手段难度极高。如果无法开展城市道路交通环境污染对人群健康影响的评估和靶向防控，将导致城市空气质量和声环境质量持续变差，大量居民因暴露在交通环境污染中而承担过高的健康风险。

3 科学问题研究进展

目前对于该方向的研究，主要的技术路线包含四个环节：道路交通环境污染场测算、人群活动分布刻画、交通环境污染人群健康影响评估和交通环境污染靶向防控。各环节的研究进展总结如下：

3.1 道路交通环境污染场测算

道路交通环境污染场包括污染物浓度场和噪声场，现阶段主要有基于实地监测的测算和基于污染物、噪声排放及传播扩散模型的模拟计算两种方法。

其中实地测算法是根据大气监测站、环境噪声监测站等固定站点或车载式、便携式大气及环境噪声监测设备，采集各点位或区域的污染物浓度及噪声的声压级，结合城市用地情况、声环境功能区划分、兴趣点等信息，利用插值法测算出研究区域的污染物浓度场和噪声场。该方法虽然能获取具有说服性的实地数据，但也存在一定的劣势：①无法识别交通源污染物和噪声；②构建的污染物浓度场和噪声场与测定的数据间存在时空维度误差；③对人力、设备需求高，难以适用于城市大规模区域的研究。

模拟计算法是近年来得到广泛应用的方法，该方法通过对不同类型车辆在不同行驶状态下的污染物和噪声排放进行测量标定，综合考虑道路交通流组成、行驶速度、道路状况、气象条件、城市路网和建筑物的三维空间结构等因素，实现城市大规模区域交通污染物浓度场和噪声场的实时动态计算。该方法存在以下问题：①高精度的交通污染排放计算模型对多源大数据融合度要求高，模型需要本地化；②传播扩散算法复杂度高、计算量大，实时动态计算对算力要求高。

3.2　人群活动分布刻画

道路交通环境污染对人群健康的影响与污染场和人群活动分布的时空重合程度有关，长时间暴露于高交通环境污染区域的人群，其健康负担更重。目前人群活动分布刻画的方法按其刻画效果，可分为静态的人口数量分布刻画和动态的人群活动分布刻画两类。

其中静态的人口数量分布刻画是目前广泛应用的方法。该方法基于人口普查、灯光遥感等数据估算小区或街道级的人口数量分布情况。该方法数据获取简单，但存在以下劣势：①数据动态性差，无法刻画人群的活动特征；②数据维度单一，仅能估算人口的数量分布；③空间分辨率低，仅能精确到街道、街镇级区域。

动态的人群活动分布刻画是一种全新的人群活动分布估计方法，该方法利用手机信令数据、定位数据、城市兴趣点数据、车辆识别信息数据、交通 IC 卡数据等多源时空大数据，实现精确到个体、实时动态的人群活动特征刻画，并能提供人群的年龄结构、性别等多维度信息。但该方法对数据的数量、质量、关联度等要求较高。

3.3　交通环境污染人群健康影响评估

按照评估的指标，现阶段交通环境污染的影响评估分为环境领域评价量驱动的评估和人群健康风险评价量驱动的评估。

环境领域评价量驱动的评估是交通领域主流的评价方法，根据交通环境污染场的测算结果，对比相关标准规范的浓度/声压限值，结合人口数量、超标暴露时间等进行影响评估。该评估方法实施简单，但未能解析交通环境污染对人群健康风险的作用机理，无法准确反映交通环境污染对不同人群的影响的异质性。

人群健康风险评价量驱动的评估方法则是交通领域和卫生健康领域结合的评价方法，一方面通过医学观察的手段揭示交通环境污染对不同个体的影响机理，建立交通环境污染物浓度和噪声场强度与人体健康指标的关联关系；另一方面通过交通环境污染场与人群活动分布的耦合，建立“交通-环境-人群分布”的作用关系，二者结合构成了“交通-环境-人群健康”的全链条评估。此方法的难点在于交通环境污染对不同人群的影响量化，以及交通环境影响评价指标体系的健全完善。

3.4 交通环境污染靶向防控

现阶段对道路交通环境污染的防控以限制交通出行、建设受体与污染源之间的防护屏障等措施为主，对不同污染场景的适应性弱，防控的精准性差，效果不佳。

交通环境污染的防控，应结合“交通-环境-人群健康”的全链条评估过程，对交通环境污染的受体进行精准溯源，建立受体与主要交通污染源的对应关系，实现精准治理；同时，针对典型的污染源作用模式，形成优化措施数据库，构建热点地区优化措施自动响应方法，实现对热点地区的高效优化。

综上所述，现阶段道路交通环境污染的计算、对人群影响的评估以及噪声污染防控研究已经有一定的研究基础，但现有研究难以实时动态反映时空分布不均匀的交通污染物对暴露人群的影响，污染计量未能考虑人群体量和暴露时间，防控措施靶向性不足，导致该技术的发展与应用受限，需重点在以下方面开展攻坚：

(1)本地化交通环境污染场的实时动态模拟计算。交通污染的排放与多种因素密切相关，交通流的动态变化特性使交通污染物浓度场和噪声场持续变化。因此，需要对多源异构的交通环境大数据进行深度关联融合，面向城市复杂的空间模态和巨量的计算要素，降低算法的复杂度，提高计算精度，建立道路交通尾气和噪声污染的实时动态计算方法体系。

(2)交通环境污染场与人群活动分布的动态耦合。交通环境污染场与人群活动分布的耦合，是人群健康影响评估的基础。利用手机信令等时空数据，对精确到个体的人群活动进行实时动态刻画，体现人群年龄、性别等多维度特征，在时空维度上与交通环境污染场实现动态耦合，是道路交通环境污染对人群健康影响评估与靶向防控的重要发展方向。

(3)交通环境污染对人群健康影响评估体系的健全完善。交通环境污染对人群的影响存在年龄、活动强度、暴露时间等方面的异质性。因此，需要量化交通环境污染对不同人群的健康影响风险，建立健全交通环境污染对人群健康影响的评估体系。

(4)交通环境污染靶向防控的工程实现技术。现阶段，国内对交通环境污染的防控方法较为单一，多实行“一刀切”政策，未能实现动态化、精准化的热点地区识别。如何建立交通污染源与污染受体的作用链，并对主要污染源实现精准筛查和一体化防控，是该领域需要攻克的主要问题之一。

主要参考文献

[1] Pope III C, Burnett R, Thun M, et al. Lung cancer, cardiopulmonary mortality, and long-

term exposure to fine particulate air pollution[J]. Jama,2002,287(9):1132-1141.
[2] Lelieveld J,Evans J S,Fnais M,et al. The contribution of outdoor air pollution sources to premature mortality on a global scale[J]. Nature,2015,525(7569):367-371.
[3] Woodcock J, Edwards P, Tonne C, et al. Public health benefits of strategies to reduce greenhouse-gas emissions: urban land transport[J]. The Lancet, 2009, 374(9705): 1930-1943.
[4] Stylianos K, Marco P, Gabienne A. Common noise assessment methods in europe (CNOSSOS-EU)[M]. EUR 25379 EN, Luxembourg: Publications Office of the European Union, 2012.
[5] Lan Z Q, He C M, Cai M. Urban road traffic noise spatiotemporal distribution mapping using multisource data[J]. Transportation Research Part D: Transport and Environment, 2020, 82:102323.
[6] Recio A, Linares C, Banegas J R, et al. Road traffic noise effects on cardiovascular, respiratory, and metabolic health: An integrative model of biological mechanisms[J]. Environmental Research, 2016, 146:359-370.
[7] Bescond V L, Can A, Aumond P, et al. Open-source modeling chain for the dynamic assessment of road traffic noise exposure[J]. Transportation Research Part D: Transport and Environment, 2021, 94:102793.
[8] Murphy E, Douglas O. Population exposure to road traffic noise: Experimental results from varying exposure estimation approaches[J]. Transportation Research Part D: Transport and Environment, 2018, 58:70-79.

撰稿人:蔡铭(中山大学)　杨炜俊(中山大学)　吴亦政(北京交通大学)

低碳目标下交通与能源基础设施协同规划设计与管控

Synergetic planning design and management of transportation and energy infrastructure towards low carbon goals

1　科学问题概述

碳达峰、碳中和目标的提出，不仅是应对气候变化的要求，也是针对资源环境约束突出问题、加快经济社会发展全面绿色转型做出的重大战略决策。《交通强国建设纲要》中明确提出加速交通基础设施网、运输服务网、能源网与信息网络融合发展，其中载运装备的电动化、智能网联化以及交通网和能源网泛在互联融合发展，将深刻改变交通系统的能源消耗、碳排放及其发展趋势。

在道路交通领域，《新能源汽车产业发展规划(2021—2035 年)》要求 2025 年新能源汽车新车销售量占比 20% 左右，力争到 2035 年，纯电动汽车成为新销售车辆的主流，公共领域用车全面电动化，充换电服务网络便捷高效。新能源汽车对能源、交通等基础设施改造升级需求迫切；同时，能源供给侧的风、光等非稳定性供给占比正逐年增大，供需两侧网络可靠性和韧性面临巨大挑战。由此暴露出能源供需两侧网络的动态性和不确定性大、设施设备规划和管控理论不适应、网络间耦合协同机理不明确等问题，主要体现在以下四个方面：

1.1 对交通电动化趋势以及各能源类型车队的碳排放特性和结构演变机理表征不清晰

现阶段的碳排放测算方法还是以面向传统燃油汽车能耗排放特征为主，对未来新能源汽车大量涌入后车队结构变化导致能源需求结构差异的相关研究储备不足，而新能源车的碳排放特征与燃油汽车存在本质区别，油、电、氢、混各能源类型车辆的能耗异质性将给交通能源需求侧的精准评估带来巨大挑战。

1.2 交通流能耗排放的动态时空分布特征解析不足

从长周期来看，交通流能源和技术结构的更新迭代会导致交通能耗排放演变规律难以准确表征；短周期来看，出行和交通运行状态受常发/偶发拥堵、不利天气、突发事件、节假日等随机事件影响，进而导致网络层面能耗排放发生显著变化，使这一动态演变的准确预估变得更为棘手。交通流功率分布决定其能耗排放，而传统流量、速度、密度等交通流参数均难以表征交通流的功率分布动态特性。

1.3 交通能源基础设施协同规划和设计理论滞后

交通能源供给、输送、储能和消耗的网络化时空分布规律不明确。能源网中的风电、光电由于自身对外界环境的依赖性导致能源供给在时间、空间维度具有双重不确定性。在能源网络规划阶段，由于供需两端同时存在的动态性和不确定性，导致网络时空特性难以准确刻画，供需匹配难以均衡。基础设施设备协同规划理论滞后，难以支撑低碳交通系统高质量发展。

1.4 交通能源网络间协同运行与可靠管控理论缺失

交通基础设施与能源基础设施两个网络在过去很长时间内相对独立运行。碳达峰、碳中和目标下交通能源供需两侧发生显著变化，各自在网络内部调整，以及简单的网络叠加将难以满足未来两网协同的可靠性及韧性要求，需建立基于“源-网-荷-储”动态特性的交通网与能源网协同运行与管控方法，建立交通能源跨网络的风险形成、动态传播和韧性提升理论。

总而言之，上述四个难点将在碳达峰、碳中和目标进程中长期存在，交通领域的低碳目标让问题的解决更有迫切性和挑战性。

2　科学问题背景

在交通能源需求侧，《2030年前碳达峰行动方案》提出，到2030年，新增新能源、清洁能源动力的交通工具比例达到40%左右。在能源供给侧，《中共中央 国务院关于完整准确全面贯彻新发展理念做好碳达峰碳中和工作的意见》提出，到2030年，风电、太阳能发电总装机容量达到12亿千瓦以上，非化石能源消费比重达到25%左右；2060年，非化石能源消费比重达到80%以上。无论油、电、氢、混各能源类型交通侧，还是风、光等不稳定供给能源侧，供需两侧同时进行着深刻变革，两侧的动态性和不确定性显著增大。

然而，交通与能源基础设施规划、设计、管控协同性不足，尚缺乏理论支撑。面向“源-网-荷-储”动态耦合的复合网络建模方法尚未形成；考虑能源供需、设施规划、运行管控、可靠服务等因素的系统各要素耦合机理尚未明确，需深度挖掘；系统运营中能源需求与供给动态性及不确定性突出，有待提出交通与能源协同网络韧性优化方法；系统优化对象条块分割、调控开环，需摆脱原有束缚，从规划、设计、运行、管控多个阶段，探索系统间协调自洽的设计理论与方法。

3　科学问题研究进展

交通的物理本质是能量驱动的物质位移，交通流在物理上是多态能源供给下的能量流。现阶段，道路交通电动化的进程刚刚开启，交通网与能源网的关联耦合尚不显著，针对二者的相关研究相对独立，主要集中在交通网络能耗排放量化、交通与能源基础设施规划设计、交通与能源网络运行管控三个方面。

3.1　交通网络能耗排放量化

交通网络能耗排放量化方法可划分为两大类：自上而下和自下而上型，这两类都涉及能源使用上下游和寿命周期边界的界定。前者先建立能耗和交通活动总量的宏观关系，需要时再按一定规则分配，一般应用于大范围交通能耗的长期规划预测，难以表征其网络上的时空分布特征。后者先进行基于交通流的路段能耗量化，再通过自下而上的方式将路段交通能耗集计到路网，这种方法能够用于短周期时空演变规律的发掘。机动车速度、加速度、功率分布常作为表征机动车行驶状态和能耗排放的链接参数。已有研究对交通流功率分布进行了分析,并建立了不同车型在交通流中的功率分布图谱,这是现阶段交通能耗排放量化方法的主要研究趋势。基于功率类参数的模型具有支撑路网上细时空粒度能耗预测、支撑道路交通网和能源网快速响应耦合的潜力。

3.2 交通与能源基础设施规划设计

目前交通网和能源网基础设施的规划设计理论和方法相对独立,在满足各自出行、运输、用能需求的基础上,以提升设施服务的安全、效率、可靠性水平为目标。现阶段交通与能源融合协同研究聚焦于宏观发展评估、交通充换电设施规划、分布式发电与储能系统设计、分布式光伏直流并网、区域智能微网结构建模和仿真等。随着电动车规模和交通设施沿线分布式发电能力的提升,交通与能源基础设施规划设计中,需充分耦合风、光、储、油、电、氢等多种形态交通能量的供给、变换、储能和消纳特点,提升动态交通系统能源自洽率和服务可靠性。由于交通对能源需求与光、风等新能源的供给都存在时空分布离散、状态不稳定的特征,传统不以交通为重要用电需求的电力系统发电、输电、配电、用电、调度、通信难以适应即将迅速增长的交通用能变化。

3.3 交通与能源网络运行管控

在信息技术革新和推动下,交通运行管控研究重点正向移动互联、智能网联、车路协同等方向转移。由于电动化是大多数高等级自动驾驶采用的技术路线,智能网联管控研究呈现出与新能源愈发紧密的关联。研究重点包括网络交通状态演变机理与可信推演、混合交通流协同控制、基于轨迹的动静态管控、非常态事件下韧性提升等。在能源侧,随着风、光等多态能源对网络韧性提出的更高要求,大量管控研究围绕感知、预测、传输、抗干扰等方面对能源网韧性的提升开展,包括多源发电出力精准预测,大规模智能有序慢充,应急快充功率配置,储能优化,以及负荷及对电压、频率稳定性影响,并网、离网平稳过渡等。然而在不同规模失稳的跨方式网络传播机理与失效边界表征、迟滞机理、功能重构、效能提升等协同管控方面,交通出行及交通流运行特征与能量流供需及多能转换特征尚未得到有效耦合。

在碳达峰、碳中和目标下,交通流与能量流高效耦合、交通与能源网络设备协同运行,从源头降低对化石燃料的依赖,是降低交通碳排放的根本手段。未来需要重点在交通流能耗时空特征与演变规律表征、交通与能源网络协同规划设计理论、交通与能源网络协同运行管控及韧性提升三个方向进行突破:

(1)交通流能耗时空特征与演变规律表征。

研究油、电、氢、混等各能源类型车队的能耗碳排放特性和结构演变规律,剖析各交通流状态下的功率分布特性和表征方法,建立道路交通流-速-密-能基本图理论,建立支撑能流网络调控的交通用能多时间尺度精准预测方法，提出交通能源需求与供给网络间的不确定性度量方法及可靠性评估技术。

(2)交通与能源网络协同规划设计理论。

研究交通与能源网络运行状态下交通流与能量流间的时空演变特征，研究风、光、储、氢等交通多态能源供给、输送、储能和消耗的网络化时空分布模型，建立多态能流变换网络容量与阻抗表达方法，建立交通与能源跨网络供需互动均衡与配流优化理论，进而建立交通与能源基础设施协同自洽的规划设计理论与方法。

(3)交通与能源网络协同运行管控及韧性提升。

研究交通流与多态能流的随机过程特征与多时间尺度供需耦合方法，研究动态交通的多态能源功率协同和配置理论，剖析交通负荷的能流网络拓扑及容量、阻抗及效能的动态影响机理，开展基于出行和交通运行时空特征的供补能调控研究，研究基于能量管控的协同编队、速度控制、信号优化、停车诱导及充换电功率协同技术，建立交通网与能源网的“源-网-荷-储”协同运行管控方法。

主要参考文献

[1] Das L, Munikoti S, Natarajan B, et al. Measuring smart grid resilience: methods, challenges and opportunities[J]. Renewable and Sustainable Energy Reviews, 2020, 130: 109918.

[2] Ayar M, Obuz S, Trevizan R D, et al. A distributed control approach for enhancing smart grid transient stability and resilience[J]. IEEE Transactions on Smart Grid, 2017, 8(6): 3035-3044.

[3] Zhang L, Long R, Chen H, et al. A review of China's road traffic carbon emissions[J]. Journal of Cleaner Production, 2019, 207: 569-581.

[4] Zhang Z, Song G, Wu Y, et al. How do errors occur when developing speed correction factors for emission modeling? [J] Transportation Research Part D: Transport and Environment, 2021, 101: 103094.

[5] Zhai Z, Song G, Yu L. How much vehicle activity data is needed to develop robust vehicle specific power distributions for emission estimates? a case study in Beijing[J]. Transportation Research Part D: Transport and Environment, 2018, 65: 540-550.

[6] Pinto J A, Kumar P, M F Alonso, et al. Traffic data in air quality modeling: a review of key variables, improvements in results, open problems and challenges in current research[J]. Atmospheric Pollution Research, 2019, 11(3): 454-468.

[7] Jiang Y, Song G, Zhang G, et al. Estimation of hourly traffic flows from floating car data for vehicle emission estimation[J]. Journal of Advanced Transportation, 2021: 1-11.

[8] Richardson D B. Electric vehicles and the electric Grid:a review of modeling approaches, impacts, and renewable energy integration [J]. Renewable and Sustainable Energy Reviews,2013,19:247-254.

[9] Xu X, Aziz H M A, Guensler R A. Modal-based approach for estimating electric vehicle energy consumption in transportation networks [J]. Transportation Research Part D: Transport and Environment,2019,75:249-264.

[10] Wang A, Xu J, Zhang M, et al. Emissions and fuel consumption of a hybrid electric vehicle in real-world metropolitan traffic conditions[J]. Applied Energy,2022,306:118077.

撰稿人：宋国华(北京交通大学)　王建(东南大学)　吴亦政(北京交通大学)
翟志强(北京交通大学)

城市客运交通碳排放动态影响机制与宏微观一体化调控

Dynamics mechanisms of urban passenger transport CO_2 emissions and integrated macro-micro regulation

1 科学问题概述

在第七十五届联合国大会一般性辩论上，习近平主席提出："中国将提高国家自主贡献力度，采取更加有力的政策和措施，二氧化碳排放力争于2030年前达到峰值，努力争取2060年前实现碳中和。"交通运输行业是能源消耗和碳排放的重要来源，随着我国整体步入工业化后期和后工业化发展阶段以及跨区域合作交流需求日益增长，其碳排放总量还将保持快速增长态势。随着国家碳达峰、碳中和目标的稳步推进，处于快速城市化和经济结构转型升级期的城市客运交通，将面临更大碳减排压力。面对我国碳达峰、碳中和的目标，城市客运交通面临的节能减碳任务将尤为艰巨。

城市客运交通碳排放一直是交通碳排放研究的重点领域，已有学者做了大量的工作，然而城市客运交通排放的动力机制的整体解析尚未形成系统化、标准化的整体框架，大量的研究都为片段化、碎片化的研究，研究未完全覆盖城市客运交通碳排放的完整机理，因而宏微观一体化调控体系也尚未形成。交通排放机理及调控方面的研究长期存在"城市客运交通碳排放宏微观测算不系统，城市客运交通碳排放机理不明晰，调控手段碎片化、调控成本效益不清晰"等瓶颈问题。

1.1 城市客运交通碳排放宏微观测算不系统

城市客运交通碳排放在宏观层面与居民的生活方式、居民出行次数、出行距离、出行的模式分担、各类交通工具排放因子相关；尤其是在道路层面上，其与车队结构，载运特征、行驶特征及交通流运行参数密切相关。计算要素众多，所需基础信息繁复，数据散布在各个部门，实现精准的计算有难度。另一方面，宏观方面的计算主要依靠“能源平衡表”中的“交通运输、仓储、邮电通信业”的计算，其口径与“从底向上”计算有着极大差异，因而无法校核。

1.2　城市客运交通碳排放机理不明晰

总体机理上，城市客运交通碳排放受到出行需求、模式分担和交通排放技术水平等三个方面的影响。出行需求受到居民收入水平及生活方式、城市结构等要素的影响；模式分担受到汽车保有量、公共交通供给、公共交通及城市出行政策等要素的影响；交通排放技术水平受到车队组成、排放标准、电动车渗透率、交通流等要素的影响。但是这些要素的表征都较为复杂，且较多要素存在时空特性，因而整体的交通排放机理尚未得到完整、清晰的揭示。近年来，随着交通各类数据手段及数据采集的完善性提升，为完整的机理揭示提供了重大契机，从而也为精准的一体化调控带来了可能。

1.3　调控手段碎片化、调控成本效益不清晰

国家宏观层面对碳排放的调控主要通过汽车燃油经济性、电动车渗透等方式来调控，城市宏观层面主要通过城市结构调整、居民职住关系、公共交通供给、城市客运交通政策等方面来调控，城市微观层面主要通过居民出行行为干预、公共交通行为导引、车流优化、生态驾驶等方式调控。现有研究主要从单一政策或某几个政策的可行性、情景分析来探讨碳减排效果，缺乏对宏微观调控的一体化考虑。更进一步分析，现有调控更少考虑政策的成本效益，导致了较多不经济减碳手段的出现，致使调控出现低效和不可持续性。

2　科学问题背景

当前我国仍处于机动化快速发展阶段，千人汽车保有量与国际水平相比仍有较大差距，推动私人小汽车向绿色出行转移的环境和条件仍不完善。我国交通运输部门以化石能源为主导，且此类能源消费结构短期内难以发生重大变化。当前城市客运交通主要通过调节交通出行需求、优化交通出行结构、提高交通工具能效水平以及改善能源结构等相关技术实现碳减排，但总体上仍处于效果初显阶段，相关技术的系统性、针对性、深入性仍有较大欠缺。

随着碳达峰、碳中和目标的进一步推进和压实，城市客运交通的碳排放即将成为行业的约束性条件，在城市客运交通碳排放的总量约束下实现高效的碳减排甚至净零排放目标，则急需解析城市客运交通动态影响机理并形成宏微观一体化的综合调控手段。在达成碳减排

目标的同时，提升城市客运交通减排的经济效率及综合社会效益，实现减碳和综合效益的双赢。

3 科学问题研究进展

3.1 城市客运交通碳排放的精准核算

现有的城市客运交通碳排放主要通过两个途径进行核算。其一是自下而上的计算方法，主要通过各模式人公里数(或车公里数)、各模式分担比例及各模式的排放因子计算获得，此类方法主要用于获得宏观层面的碳排放的结果，其精度主要取决于本地化的排放因子库。其二是从上向下的计算方法，主要通过统计年鉴或能源统计年鉴中的统计数据获得。近年来，随着各类车辆轨迹数据、车辆 OBD(车载诊断系统)数据的大量出现，基于车辆行驶状态来精细化测算排放量成为可能，从而也催生了大量的科研成果。由于此类数据非全部样本，因而只能反映部分的结果，不能反映全样本信息，但是此类数据的发展为全样本精细化排放测算提供了可能性。

3.2 城市客运交通碳排放机理的解析

城市客运交通碳排放的机理解析主要有三条路径，其一是根据卡亚恒等式，通过分解碳排放总量与各类因子的关系，进而通过对数平均迪氏指数法或其他各类分解方法获得排放的驱动力要素，然而此类要素只体现宏观层面的要素，不能体现居民出行及生活偏好、交通运行、交通组织等微观层面对城市客运交通碳排放的影响，因而失去了在微观层面的意义。其二是在城市或区域层面根据多模式交通需求及分布模型来模拟交通情况，计算各类政策对交通碳排放总量的影响，此类方法受到交通调查数据及模拟精准性的影响较大，往往只能模拟交通体系中的模式分担、出行长度等要素，难以在交通流层面精细化模拟。其三为微观的机理分析，例如交通路口的信号灯、交通流组织等对地面交通的影响，基于出租车(网约车)轨迹分析潜在合乘对交通碳排放减少的影响，未涉及全交通方式及全区域层面。总之，在宏观、微观层面都有较多研究工作，然而工作在整体性上考虑不足，各类工作考虑的因素往往交叉。因而在总体机理解析上不能把这些要素进行清晰的梳理和致因分析，从而不能产生宏微观一体化的统一框架和机理。

3.3 城市客运交通碳排放宏微观一体化调控及成本效益分析

城市客运交通碳排放的调控本质上来自于对机理的理解。基于卡亚恒等式分解分析的调控机理主要体现在对宏观要素的控制，如汽车保有量、汽车能源强度、整体燃油经济性、能源排放因子等，其优点在逻辑和概念清晰，缺点在于实现其转换的抓手及微观要素体现不甚完善，尤其是对于复杂多变的交通系统来说，此类调控未能达到精细化调控的目标。

从交通出行机理出发的调控基本上都是按照图 1 所示的框架来进行。AVOID 指的是减少交通需求，SHIFT 指的是变为绿色模式分担，IMPROVE 指的是提升每车公里的运行效率。在每一类里面都有技术方法、管理方法、信息及经济方法。有些方法是针对宏观问题（例如电动车普及、城市结构调整、汽车燃油结构调整等），有些方法是针对微观（如交通流改善、小汽车合乘、出行偏好引导等），研究往往通过各类政策的组合来实现碳减排目标。

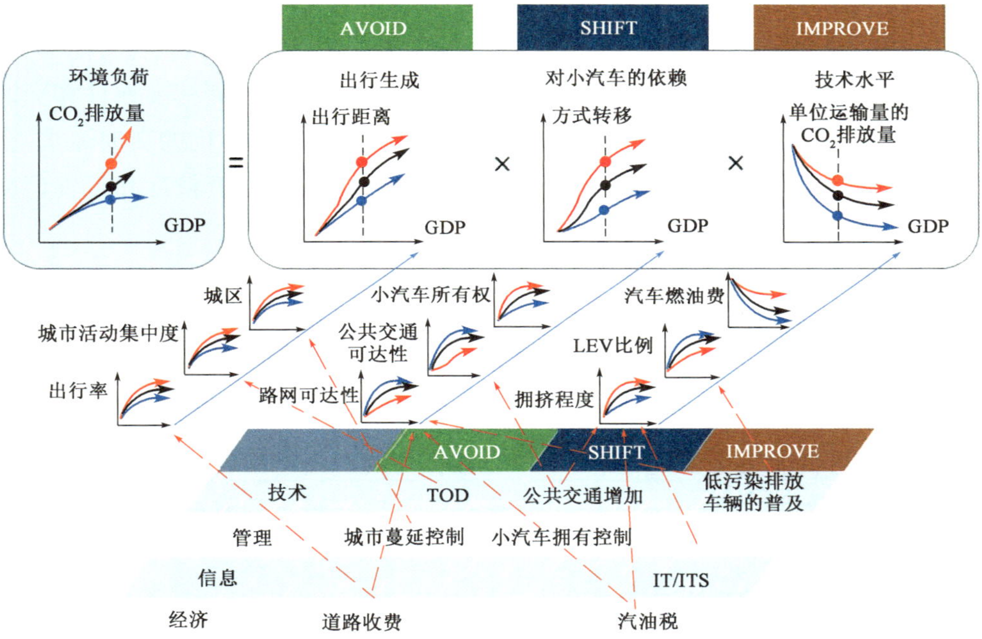

图 1　调控机理示意图

此类研究虽然在框架上显示了一体化减排的体系，但是现有研究和微观层面要素的结合并不充分。此类研究考虑了宏观表象（出行需求、模式分担、交通技术水准）对总量的影响，也考虑了各宏观要素背后的影响机制。尤其是近年来，随着交通出行数据颗粒度的提高，对居民出行行为及汽车轨迹方面的排放调控及机理研究较多出现，进一步充实和补充了宏观要素与微观要素之间的联系，使得排放机理解析的清晰度日益提升。但是，宏微观一体化的整体调控机制依然碎片化和片段化，学界也没有建立统一的宏微观一体化解析范式，从而导致诸多工作只是在案例阶段，不能形成统一的研究框架来推进宏微观一体化调控系统的完善。

城市客运交通碳减排中极少有关注碳减排的成本及响应社会效益的研究，随着碳减排成为硬约束，碳减排约束条件下基于交通宏微观一体化调控的成本效益分析将成为碳减排路径选择的重要指标。因此,亟待建立碳减排的成本效益函数,综合分析碳减排的合理路径,实现高效、可持续减碳。

综上所述,现阶段城市客运交通碳排放动态影响机制的研究已经有了一定的基础,但现有研究在客运交通多尺度碳排放计算精准校核方面存在不足,在宏微观一体化机理上尚未完全打通,进而导致宏微观一体化调控的成本效益评价方法及精准调控手段缺失,需重点在以下方面开展攻坚:

(1)城市客运交通碳排放的精准核算。一方面随着各类车辆运行轨迹及监测的出现,排放因子本地化核算及数据库的建设,提升排放的计算精度在局部成为可能(如有轨迹数据及 OBD 数据的出租车、网约车、公交车等)。城市客运交通碳排放总量的计算另一方面则取决于交通大调查情况的改善,精细化的交通运行数据有助于更精准地计算交通排放因子,从而使得总量计算更精细化成为可能。然而,如何对多源异构的交通需求、交通出行、模式分担、交通运行状态进行整体化处理,提高排放的整体计算精度和可置信度是难点之一。

(2)城市客运交通碳排放机理的宏微观一体化解析。虽然卡亚恒等式可以解析出各类宏观层面的要素,但各类宏观要素背后的机理及要素依然繁多并具有较强的耦合性,这些要素同时还受到居民偏好、城市空间结构等“人-空间”层面的影响,现有的大数据环境为揭示这种机理提供了可能(如手机信令可揭示城市结构与出行总量及距离的关系、轨迹数据可揭示合成可能性、共享单车数据可揭示慢行出行偏好等)。然而,如何实现各类“大小”数据的结合,实现局部机理解析和整体解析的有机统一则是技术难点之一。

(3)城市客运交通碳排放宏微观一体化调控及成本效益分析。在城市客运交通宏微观一体化解析的基础上,基于成本效益分析,构建城市客运交通碳排放动态监测与反馈调控技术,评估城市客运交通系统在低碳化发展过程中的阶段性偏差及减排的综合效应,确定面向阶段性偏差的补偿调控力度,从而实现城市客运交通碳减排的帕累托改进将是研究的重点和难点。

主要参考文献

[1] Xiao L, Liang D, Kai L, et al. Factor decomposition analysis and causal mechanism investigation on urban transport CO_2 emission: comparative study on shanghai and Tokyo [J]. Energy Policy, 2017, 107(8): 658-668.

[2] Nakamura K, Hayashi Y. Strategies and instruments for low-carbon urban transport: An international review on trends and effects[J]. Transport Policy, 2013, 29(9): 264-274.

[3] Wang W W, Zhang M, Zhou M. Using LMDI method to analyze transport sector CO_2

emissions in China [J]. Fuel and Energy Abstracts,2011,36(10):5909-5915.
[4] Abrell, Jan. Regulating CO_2 emissions of transportation in Europe: a CGE-analysis using market-based instruments[J]. Transportation Research Part D: Transport and Environment, 2010,15(4):235-239.
[5] 吕晨,张哲,陈徐梅,等. 中国分省道路交通二氧化碳排放因子[J]. 中国环境科学, 2021,41(07):3122-3130.
[6] 陈蔚,段仲渊,宋家骅,等. 城市机动车能耗排放核算平台建设——以深圳市为例[J]. 城市客运交通,2018,16(05):64-70,78.
[7] Aguilera I, Eeftens M, Meier R, et al. Land use regression models for crustal and traffic-related $PM_{2.5}$ constituents in four areas of the SAPALDIA study [J]. Environmental Research,2015,140:377-384.
[8] Xiao Luo, Liang Dong, Yi Dou, et al. Analysis on spatial-temporal features of taxis′emissions from big data informed travel patterns: a case of Shanghai, China[J]. Journal of Cleaner Production,2017,142(1):926-935.
[9] Wang C, Wood J, Wang Y, et al. CO_2 emission in transportation sector across 51 countries along the Belt and Road from 2000 to 2014 [J]. Journal of Cleaner Production,2020,266:122000.
[10] Santi P, Resta G, Szell M, et al. From the cover: quantifying the benefits of vehicle pooling with shareability networks [J]. Proceedings of the National Academy of Sciences of the United States of America,2014,111(37):13290.

撰稿人:骆晓(同济大学)　李晔(同济大学)　涂然(东南大学)

个人出行碳核算和低碳行为引导

Personal travel carbon inventory estimation and strategies to improve low-carbon behaviour

1　科学问题概述

交通运输部2022年印发的《绿色交通“十四五”发展规划》,提出“引导公众出行优先选择公共交通、步行和自行车等绿色出行方式,不断提高城市绿色出行水平”。为了引导公众绿色出行行为,广州、深圳等城市开始试点个人出行碳普惠政策,以绿色出行激励的方式引导个人碳减排。现阶段缺乏基于多源数据的个人出行碳排放准确追踪,出行者对于个人出行碳普惠等低碳行为引导措施的信任度不高,选择绿色出行方式的驱动力不足,导致以碳普惠为代表的绿色出行引导政策难以推广，难以取得预期的碳减排效果。相关研究暴露出的问题主要体现在以下三个方面：

1.1 个人出行碳排放缺乏精准追踪和准确核算

传统的交通碳排放清单编制采用交通部门年油耗量、分方式交通运输年周转量、机动车平均年行驶里程等粗粒度数据，计算区域内年碳排放总量。对于个人出行而言，其碳排放量的计算需要准确的分方式出行活动数据和不同出行方式在出行时空下的碳排放强度。目前的碳排放清单编制方法适用于宏观尺度的碳排放总量计算，难以对个人出行碳排放量进行精准追踪和准确核算，也难以满足低碳出行引导的实时性需求，导致低碳出行激励的可信度不足、出行者参与度不高，政策效果难以达到预期。

1.2 出行者行为选择内部因素、外部因素及其影响机理有待研究

影响出行者行为的因素可以分为内部心理因素和外部驱动因素。外部因素包括年龄、性别、收入水平等社会经济学属性和政策、产品本身的属性，可以直接通过定量调查获取。内部因素指出行者对环境问题及其相关管控与引导政策（如碳排放、碳税、新能源车购置补贴等）的认知和态度。这些因素一般通过访谈等定性调查获得。如何获得出行者的真实态度并对其进行量化分析，是理解行为选择驱动力的难点。在数据收集方面，现有研究多为外部因素的收集，研究方法难以支撑出行者行为选择的驱动力解析。对于出行者的碳排放认知、态度等心理因素及其对行为决策的影响机理，仍需在调查设计、数据收集和分析方法等方面深入研究。

1.3 低碳出行引导政策/措施制定和实施过程缺乏相关决策理论支持

受到个人碳排放量核算精度的限制，针对个人碳排放，尤其是针对个人出行碳排放的行为引导方法较少。现阶段低碳行为引导政策包括个人碳交易和碳普惠制度，相关研究大多针对整体机制的设计，缺乏对于技术细节，如碳信用（Carbon Credit）、碳减排激励手段和奖惩金额等方面的定量研究，也缺乏相关政策或措施下，用户行为选择的数据收集和量化分析。为了避免引导政策和调控措施的不可持续性，需要解析出行者行为选择与碳普惠等低碳出行引导方法之间的相互影响关系，并根据二者的动态反馈对实施过程进行及时调整，提高个人低碳出行引导政策的科学性。

2 科学问题背景

在智能网联交通运输服务迅速发展的背景下，自动驾驶、自动泊车、智慧充电等交通新技术提高了道路交通的运行效率，而出行客票套餐、聚合网约车平台等新型出行服务大

大提升了私人出行方式(即私家车、网约车、租赁车)的出行效用。已有研究证明这些技术与服务在提升个人出行便捷度和出行效率的同时,可能会提高城市道路交通的拥挤程度和总碳排放量。已有研究表明,全球范围内,网约车服务可替代8%～42%的城市公交出行,带来更长的高峰交通延误(高于无网约车场景约60%)和更严重的尾气排放。如果不采取出行需求的管控措施,自动驾驶技术的发展可能会带来比当前高出一倍的能耗需求。

在我国出行机动化快速发展的现状下,如何推动私人出行方式向绿色出行方式的转变,实现绿色交通的发展目标,是出行引导政策制定和实施过程中急需解决的问题。以碳普惠、碳交易为代表的绿色出行引导方法可以提高出行者对不同行为选择下碳排放量的关注度,结合激励、奖惩等方法,可以提高绿色出行方式的吸引力。提高这些新型出行引导方法的有效性,一方面需要建立出行者的信任度,其前提是实现个人出行碳排放的精准追踪和准确核算。另一方面则需要充分描述出行者的行为选择驱动机理,根据出行者多样化出行需求和偏好进行政策引导和方法设计,同时建立低碳行为引导与出行者行为反馈的持续响应,提高政策的接受度和可持续性。

3　科学问题研究进展

3.1　个人出行碳排放量精准核算方法

交通出行碳排放的计算方法基本原理为出行活动水平与出行碳排放强度的乘积。在城市交通系统中,出行活动水平可以从居民出行调查、公交刷卡、网约车订单、加油站记录等来源获得。出行碳排放强度可以采取碳排放清单编制标准的推荐值,也可以根据当地行驶工况重新标定。根据出行方式的不同,现阶段交通出行碳排放量主要有两种计算模式:

(1)根据客运周转量计算:统计碳排放量计算周期内各出行方式的行程公里数,乘以各交通方式的碳排放系数(即单位距离的碳排放量)得到总碳排放量。

(2)根据能源消耗量计算:即统计碳排放计算周期内各出行方式的总能耗量,乘以各出行方式能耗的碳排放系数(即单位能耗的碳排放量)得到总碳排放量。

两种方法适用的场景不同。根据能源消耗量的方法通常用于自上而下的碳排放量计算,根据客运周转量的方法通常用于自下而上的碳排放量集计。然而两种方法均基于大范围的交通出行统计值,难以精确到出行者个人。已有研究利用居民出行调查数据进行交通量分配,获取具有相似OD出行者的碳排放值。随着数字化出行和交通多源数据的发展,出行轨迹的获取不再是困扰研究者的主要问题。然而,未来研究仍需关注多源数据的融合问题,平衡出行轨迹数据抓取的精度和出行活动水平描述的准确性,结合OD数据、出行时间等中宏观信息和出行轨迹定位等微观信息补全各行程段的出行活动水平。

出行活动碳排放强度仍然是当前需要攻克的重要问题。以单位距离的碳排放强度为例，现阶段研究通常根据给定行驶距离内的平均速度，利用线性回归、模态聚类等方法获取其排放因子数值。然而已有研究证明同一平均速度的碳排放因子具有一定的差异性，具体取值与该行程段内的交通运行状态和其他驾驶操作，如加减速比例、怠速比例等均有关系。此外，新能源车碳排放强度受车辆工况、电力系统供能的影响，其单位距离排放因子的准确标定仍有待完善。未来需要综合车型和出行方式，完善个人出行活动水平的定义和描述方法，缩小特定活动水平下碳排放因子的取值范围，同时保证该取值的可扩展性和代表性。

3.2 出行者低碳行为决策机理及驱动力研究

出行者行为选择理论源于经济学和市场营销学，通过研究政策(或产品、服务)的效用及其与个人出行者的特征之间的关系，了解该政策(或产品、服务)在人群中的接受度和对不同人群效用的影响，从而帮助政府或企业及时调整相应政策(或产品、服务)。

影响出行者行为的因素可以分为外部因素和内部因素，外部因素即为政策(或产品、服务)的属性以及出行者的社会经济学特征，而内部因素则为出行者的性格、出行者对某些事物的态度、出行者受环境和周边人的影响等。两种类型因素的获取方法包括：

(1)外部因素：一般通过定量调查获得，如居民出行调查、SP(Stated Preference)调查等，再通过统计回归的方式获得定量研究结果。

(2)内部因素：一般通过定性调查获得，例如采用李克特量表了解出行者对碳排放、环境保护等社会议题的态度，或用访谈的方法了解出行者对这些社会议题态度背后的原因等。少数内部因素可以采用定量调查，如性格。在政策(或产品、服务)早期，也可以通过定性调查的方式获取出行者对这一政策(或产品、服务)的整体态度，通过结构方程等较为定性的研究方法分析数据。由于内部因素的隐晦性和访谈等定性调查方式的高成本，可能导致调查结果的偏差。部分研究尝试从社交网站数据推断出行者的性格以及其对一些社会问题的态度，然而语义解析结果与出行者态度、实际行为之间的关联仍有待挖掘。

出行者行为选择理论在出行者低碳行为研究领域得到了广泛应用，例如出行者是否选择电动汽车的行为、出行者对航空碳税的态度等。现阶段研究大多针对单个独立的低碳出行行为，缺乏综合交通运输层面的低碳出行整体决策。未来研究需要探究出行者对于低碳行为的认知和态度，综合调查、实际出行与消费记录等多源数据，建立出行者认知-态度-行为的链式关系，解析外部因素和内部因素对出行者碳排放及其行为选择的影响程度和影响机理。

3.3　个人低碳行为引导方法决策研究

低碳行为引导政策通过一定的奖惩激励措施，引导用户的低碳行为选择，包括个人碳交易和碳普惠等。碳交易政策提出时间较早，其基本方法是设定碳排放限值，超出部分可以通过向其他参与方购买、置换等方式获得，是一种通过市场手段引导低碳行为选择的方法。这些引导方式最初在能源、工业行业开展。由于个人低碳行为引导在碳排放量计算、个人行为不确定性等方面与能源工业行业的差别较大，需要针对个人出行特征对这些引导方法进行重新设计。已有研究对个人碳交易政策的整体设计，包括碳排放限值的确定方法、限值交易的方法和碳税等已经进行了一系列研究。然而个人碳交易政策直接涉及金钱奖惩和市场交易，在公平性、公信力等方面受到了质疑。

相比碳交易政策，基于碳普惠的低碳行为引导政策提出时间较晚，政策包含的内容较为零碎，政策决策理论和影响评估的研究也缺乏系统性。虽然部分研究探讨了出行者对碳普惠的接受程度，但是这些研究在数据收集和分析方法方面较为定性，难以定量描述出行者对不同低碳行为引导方法的接受程度，不利于政策实施后的影响评估与分析。未来研究需要结合定性与定量研究：①从定性调查结论中总结出影响出行者行为选择的引导方法/政策关键元素，如是否提供资金补贴、是否进行碳信用兑换、是否接入出行优惠等，建立一套完整的低碳出行引导政策设计方法和决策理论；②通过定量调查和试点数据收集，建立出行者对于不同出行引导元素的敏感性分析，提高政策设计和政策影响分析的量化程度，使得政策设计和评估的过程更为科学。同时需要建立出行者行为选择和低碳行为引导方法的动态反馈，及时调整引导方式方法，扩大碳普惠政策的接受度、提高低碳出行引导政策的碳减排效果，助力我国碳达峰、碳中和目标的达成。

综上所述，面向个人出行的低碳行为引导方法在个人出行碳排放准确核算、出行需求和行为驱动机理、低碳行为引导方法决策方面仍存在科学问题。未来研究需从以下方面攻坚：

(1)利用多源出行数据细化个人出行活动水平，综合出行方式和车型选择，完善个人出行活动水平的定义和描述方法，降低特定活动水平下碳排放因子的不确定性。

(2)结合调查数据、出行轨迹数据和历史出行订单数据，探究综合交通运输层面出行者行为决策驱动机理，解析出行者碳排放及其低碳行为选择的影响因素。

(3)综合定性和定量方法，建立低碳行为引导方法和政策的关键设计元素体系，探究出行者对不同元素的敏感性，建立出行者行为反馈和低碳行为引导方法的动态反馈，提高低碳引导的效率和碳减排效果。

主要参考文献

[1] Tirachini A. Ride-hailing, travel behaviour and sustainable mobility: an international review

[J]. Transportation,2020,47(3):2011-2047.

[2] Wadud Zia,Don MacKenzie,Paul Leiby. Help or hindrance? The travel,energy and carbon impacts of highly automated vehicles[J]. Transportation Research Part A: Policy and Practice,2016,86:1-18.

[3] Li W,Long R,Chen H,et al. Effects of personal carbon trading on the decision to adopt battery electric vehicles: analysis based on a choice experiment in Jiangsu, China[J]. Applied Energy,2018,209:478-488.

[4] Hatzopoulou M, Hao J Y, Eric J. Miller. Simulating the impacts of household travel on greenhouse gas emissions,urban air quality,and population exposure[J]. Transportation, 2011,38(6):871-887.

[5] Ferguson M,Mohamed M,Higgins C D,et al. How open are Canadian households to electric vehicles? A national latent class choice analysis with willingness-to-pay and metropolitan characterization[J]. Transportation Research Part D: Transport and Environment,2018, 58:208-224.

[6] Cranenburgh S V, Caspar C G, Wee B V. Simulation study on impacts of high aviation carbon taxes on tourism:application of portfolio vacation choice model[J]. Transportation Research Record,2018,2449(1):64-71.

[7] Bristow A L,Wardman M,Znni A M,et al. Public acceptability of personal carbon trading and carbon tax[J]. Ecological economics,2010,69(9):1824-1837.

[8] Starkey R. Personal carbon trading: a critical survey part 2: efficiency and effectiveness [J]. Ecological Economics,2012,73:19-28.

[9] Tan X,Wang X,Zaidi S H A. What drives public willingness to participate in the voluntary personal carbon-trading scheme? A case study of Guangzhou Pilot,China[J]. Ecological Economics,2019,165:106389.

[10] Tao Y,Duan M,Deng Z. Using an extended theory of planned behaviour to explain willingness towards voluntary carbon offsetting among Chinese consumers[J]. Ecological Economics, 2021,185:107068.

撰稿人:涂然(东南大学)　吴辰旸(东南大学)

第二篇

综合与新型交通系统

绪　　论

综合与新型交通系统是各种传统交通方式发展到高端阶段的历史必然产物，因为任何一种交通方式发展成熟后，都面临着横向与其他交通方式融合发展，纵向引进新兴技术实现自身更新迭代，从而满足社会发展新需求的问题。本篇在总结综合与新型交通系统发展历史基础上，分析了其内涵、发展现状及本领域面临的挑战。通过分析我国综合与新型交通的发展现状及特征和世界主要发达国家综合与新型交通发展路径及趋势，归纳了本学科的重点研究方向，并分方向对征集的科学问题进行了梳理。希望通过对这些难题的提出，引导广大科技人员研究真问题和真研究问题，破解我国交通运输行业未来发展中面临的诸多现实问题（如：交通运输结构发展不平衡、资源与环境代价较大、综合运输效率效益不高、关键技术装备自主创新不足），引领学科脱虚向实、健康有序发展，服务加快建设交通强国。

1　综合与新型交通系统的发展历史与现状

20 世纪中叶，以信息与控制技术为主导的第三次工业革命到来。这次科技革命不仅极大地推动了人类社会经济、政治、文化领域的变革，也影响了人类生活方式和思维方式，使人类社会生活和人的现代化向更高境界发展。基于此，单一一种运输方式已不能满足运输需求，为发挥优势、弥补劣势，各种运输方式之间开始衔接和融合，于是综合交通受到重视，大型综合交通枢纽协同运行和组织优化系统得到快速发展。20 世纪 70 年代，随着资源与环境问题的日益突出，综合交通的研究热点开始转向可持续发展方向。20 世纪 80 年代，发达国家经济发展进入后工业化时期，技术进步从运输需求与运输供给两个方面极大地促进了综合交通结构的升级。各种运输方式的自身效能明显提高并走向成熟。合理配置运输资源、提高综合运输能力，综合运输体系整体结构的调整步伐也明显加快。现阶段综合交通学科主要方向是提高现有基础设施的利用效率，缓解拥堵和环境污染等问题。因而，建立环境保护型和资源节约型可持续综合交通成为世界交通学科的主流。我国综合交通学科的发展紧跟世界发展步伐，主要分为三个阶段，包括认知探索阶段、理念形成阶段和基础成熟阶段。标志性的事件包括：20 世纪 50 年代，我国建立了综合运输研究所，对各种运输方式的合理分工与统一运输网建设等问题开展了长期研究。2008 年，国务院组建了交通运输部，公路、铁路、水运、航空、管道、邮政和城市交通运输等基本纳入交通运输部统一管理，从而为推动综合运输大发展奠定了体制和管理基础。2017 年，党的十九大提出建设交通强国的战略目标。2019 年 9 月，中共中央、国务院印发《交通强国建设纲要》，指出以高质量发展为根本要求，以“构建安全、便捷、高效、绿色、经济的现代化交通体系”为价值取向，从 2021 年到 2050 年左右分两个阶段建设交通强国。为加快建设交通强国，2021 年，中共中央、国务院印发了《国家综合立体交通网规划纲要》，以构建现代化高质量国家综合立体交通网，支撑现代化经济体系和社会主义现代化强国建设。

新兴技术的进步带来了载运工具的变革，从而引发了交通运输方式的自身演化与更新换代。第一次工业革命，蒸汽机的发明催生了火车、轮船等近代交通工具。第二次工业革命，内燃机和电气化的广泛应用，则极大地促进了汽车与道路交通、飞机与民航等现代交通运输方式的飞速发展。第三次工业革命，信息与控制技术的应用，使得五大运输方式日臻成熟，运行效能大为提升。以物联网、大数据、机器人及人工智能等技术为主导的第四次工业革命正在以前所未有的姿态席卷全球，更是催生出了无人汽车、飞行汽车、单人飞行器、临近空间飞行器等一批具有超前概念的新型运载工具。世界各国高度重视新型交通系统和技术的发展，纷纷出台各种支持政策和改革措施。2020 年，美国交通运输部成立了非传统和新兴交通技术（NETT）委员会，从交通运输部层面扫除制度和法规障碍，促进非传统和新兴交通技术的应用，其工作重点是：确保安全第一，注重环境评估，提供资金支持。2019 年欧洲银行颁布了《交通中的颠覆式技术与创新》政策白皮书，大力支持物联网、大数据、人工智能、无人机等具有改变当前交通方式的颠覆式技术的应用和推广。日本、韩国、新加坡等亚洲发达国家也积极推进自动驾驶的研发、应用以及与现有交通基础设施的融合。我国交通运输部在近期先后颁布《交通运输领域新型基础设施建设行动方案（2021—2025）》《数字交通“十四五”发展规划（2021）》等顶层设计文件，以技术创新为驱动，以数字化、网络化、智能化为主线，以促进交通运输提效能、扩功能、增动能为导向，推动交通基础设施数字转型、智能升级，建设便捷顺畅、经济高效、绿色集约、智能先进、安全可靠的交通运输领域新型基础设施。

从综合交通与新型交通学科发展史，可以总结出三个规律：①供应商、服务提供商、用户三侧的技术创新一直推动着交通运输行业的发展，颠覆式创新往往引起交通革命，从而带来社会变革；②历史上任何一种交通方式都曾经是“新型”的，大多数经过“概念设计，原型开发，应用测试，运营维护”四个阶段；③当前各种交通方式都面临着横向联合、纵向延伸的发展趋势,综合与新型交通是传统交通方式发展到高端阶段的历史必然产物。

2 综合与新型交通系统当前面临的难解问题

结合上述综合与新型交通发展历史与现状,为明确综合交通学科内涵,梳理学科边界,探究学科的研究前沿领域与方向,解决综合与新型交通学科研究中存在的重大典型难解问题,在国家自然基金委的指导下,学科学术共同体发起倡议,在全国近百所交通相关专业高校征集科学问题。共征集百余项科学问题,内容涵盖了综合交通系统分析、综合交通系统规划与设计、综合交通协同组织与服务、新型交通基础设施规划设计及运维、新型运载工具设计及运用工程、新型交通系统测试与评价、交叉学科中的新型交通问题等七大方向,其中包括重大基础研究、前沿研究瓶颈、关键共性技术、颠覆性技术、"卡脖子"技术等。具体如下:

(1)综合交通系统分析方向。

本方向主要从综合运输系统供需平衡分析、城市多模式交通供需平衡、综合交通信息模型与仿真三个方面关注以下问题:多模式交通系统与复合网络供需交互作用规律、城市群/都市圈综合交通系统复合化增长、碳约束条件下城市公共交通系统耦合机理等重大基础研究问题,以及多模式交通系统需求管理与主动调控、多模式交通资源动态调度与组织优化等关键共性技术和超大规模城市群交通网络系统分析与优化设计、城市级大规模交通系统在线仿真优化等"卡脖子"问题。

(2)综合交通系统规划与设计方向。

本方向主要从区域运输网络规划与设计、城市多模式交通网络规划设计、多网融合规划与设计、综合交通枢纽规划与设计四个方面关注以下问题:超大规模综合立体交通网规划与 TIM 模型体系、综合交通网络系统韧性建模分析与优化提升等重大基础研究问题,以及韧性城市多模式公共交通系统协同设计与调控、韧性城市交通综合体设施风险评估方法及防控等关键共性技术和重大公共卫生事件期间城市交通管控体系构建等"卡脖子"问题。

(3)综合交通协同组织与服务方向。

本方向主要从一体化客运组织、多式联运、多模式出行服务、应急交通三个方面梳理综合交通领域的重大需求问题:多模式交通时空耦合转移机理与协同运行优化、多式联运无缝衔接系统规划理论等重大基础研究问题,以及集装箱多式联运网络协同配置优化、国际铁路多式联运综合运输网络配流与运输组织协调优化等关键共性技术。

(4)新型交通基础设施规划设计及运维方向。

本方向主要梳理急需攻克的智慧公路领域的现实需求问题,典型问题包括:车-路-云一体化融合系统复杂构型设计与动态控制、新型道路交通系统变颗粒度管控架构、网联环境下数字交通设施系统规划设计、智慧高速公路系统交通控制优化和面向车路协同的道路基础设施全要素数字化与智慧管控等关键共性技术。

(5)新型运载工具设计及运用工程方向。

本方向主要从多栖交通系统、多用途交通系统、临近空间交通系统、特定场景交通系统四个领域梳理急需攻克、国家行业急需的新型交通系统的工程技术难题，典型问题包括：变体飞行器的动力学与控制、复杂环境下临近空间飞艇智能决策控制等重大基础研究问题，以及临近空间低速飞行器循环能源的弱平衡限制、临近空间飞艇数字孪生建模、商船应急改造与安防理论等关键共性技术和水陆两栖车融合设计与协同控制、非成形临近空间飞艇安全发放与精准回收、临近空间飞艇结构损伤在线监测与识别、临近空间太阳能无人机超长航时飞行等“卡脖子”问题。

(6)新型交通系统测试与评价方向。

本方向主要从RAMS测试评价理论、能效量化测试方法、测试工具链、人因测试四个领域梳理新型交通系统发展过程中面临的测试评价问题，主要问题包括：智能网联汽车整车交通在环测试方法等重大基础研究问题，以及基于大规模异构交通流仿真的自动驾驶测试、智能船舶航行测试仿真、新能源汽车运行安全风险评估理论与智能检验等关键共性技术和复杂气象环境下自动驾驶在环测试方法、智能汽车决策规划加速测试与量化评估等“卡脖子”问题。

(7)交叉学科中的新型交通问题方向。

本方向主要从技术驱动交通变革机理、交通系统信息物理融合、多交通系统及要素协作、交通信息安全、其他新兴技术在交通方面的应用五个领域梳理交叉学科中的新型交通问题。具体包括：车路云信息交互机制及优化方法、自主交通要素耦合机理、道路行驶环境与行为响应耦合驱动的复杂系统类脑认知机制等重大基础研究难题，以及网联自动驾驶环境下的车辆群体协同决策及交通运行优化、协同编队驾驶决策控制方法、基于自主编队航行的多船协同运输等关键共性技术和高精度自动驾驶地图增强的可信感知与可靠决策等“卡脖子”问题。

3 综合与新型交通系统发展趋势与重点方向

经过近年来政-产-学-研-用的联合推进，综合与新型交通系统发展取得了显著进展，在大量政策文件的指引下，多地开展了示范运营。综合与新型交通系统已成为新一轮科技革命的重要应用载体，是习近平总书记指出的“坚持面向世界科技前沿、面向经济主战场、面向国家重大需求、面向人民生命健康”科技发展方向中的重要内容，是国家科技竞争的战略要点。同时，在“碳达峰、碳中和”背景下发展综合与新型交通系统是一场深刻的交通系统变革，是低碳交通发展的重要途径。针对当前综合与新型交通系统所面临的实际问题,面向社会发展需求,综合与新型交通系统将主要围绕智能网联汽车及新型运载工具、综合交通系统设计与分析、综合交通规划、测试评价科学问题以及临近空间系统与工程等方面开展研究工作,其发展具有以下特点:

(1)交通基础设施与运载工具系统将紧耦合一体化发展。当前各种交通方式迅速发展,公路、铁路、水路以及民航等运输方式取得了重大成就,各交通模式初具规模。由各交通方式独立运行向着多模式交通系统协同管控方向发展,将实现公路、铁路、航空、水运以及管道运输的互联互通、一体化集成,提高运行效率,从而促进各交通模式纵向发展,增强不同交通方式深度融合,以提升区域的互联协作。多模式、多节点、多链路融合互补的综合交通网络规划与设计可有效统筹资源配置,提升运输网络效能和可持续性,助推城市圈发展。多模式运输体系自主出行与共享集成服务可实现多种运输模式的协作配合;综合立体交通枢纽一体化协同以枢纽层级结构立体化,客货流“出行-运输-服务-监管”多层级信息感知和高效交互为研究重点,可促进共享出行并增强韧性,提升枢纽客货运输效率,改善交通参与者出行体验。运载工具与交通基础设施将逐步实现层次化紧耦合运行,从而促进基础设施中宏观管控与运载工具微观控制的融合运行。这些都将成为综合交通未来的发展重要方向。

(2)新兴技术与学科交叉创新是驱动交通运输变革的推进器。随着新一轮科技革命和产业融合,利用新兴技术实现革命性效能提升以及跨越模式与维度边界开创新型交通系统,成为新型交通方式的变革模式。应主要围绕技术驱动交通变革机理、交通系统信息物理融合、多交通系统及要素协作、交通信息安全、新兴技术在交通系统中的应用等新型交通系统理论开展相关研究。新型交通系统未来发展的重要方向包括:以智慧公路、新型轨道运输系统、智慧港口及航道、智慧机场、智慧管道、其他新型设施为重点的新型交通系统规划与设计;包括多栖交通系统、多用途交通系统、临近空间交通系统、特定场景交通系统等在内的新型运载工具设计及运用工程;面向复杂、不确定运行环境的交通系统全效测试,建立完备高效的测试和可信评价体系,建立完善的标准化测试评价工具链,实现从子功能、单节点测试向多维多层级测试,建立面向新型交通系统的多维多层级全效测试理论与方法。

本学科领域的科学问题征集工作在国家自然基金委指导下完成,以发展现状为依据,以具体需求为导引制定下一阶段需要重点研究的问题,其间难免存在疏漏和不足。希望广大科研人员共同努力,攻克相关难题,推动新型交通系统的快速高质量发展。

CHAPTER ONE

第1章
综合交通系统分析

中共中央、国务院印发的《交通强国建设纲要》，明确指出："构建安全、便捷、高效、绿色、经济的现代化综合交通体系，打造一流设施、一流技术、一流管理、一流服务"。"交通强国"国家发展战略的实施，将引导我国交通运输行业发展重点由交通基础设施建设主导向综合交通体系效能提升主导的重大转型，各交通运输方式统筹兼顾、一体化融合发展是提升综合交通体系运输效率与服务质量的关键。而综合交通体系一体化融合发展的技术基础是贯穿于综合交通系统规划、建设、运行与管理全过程的综合交通系统分析。

对于综合交通系统分析的研究主要聚焦于7个方面。多模式交通系统与复合网络供需交互作用规律研究基于交通系统的经济、用地、交通基础设施及其抽象出的复合网络拓扑，通过搭建供需交互机制与复合网络交通流推演机制，准确、合理、高效地计算系统供需状态；城市级大规模交通系统在线仿真优化研究是交通管控决策与评估等全局动态优化实践的急迫要求，多技术的融合与完善为分析解决该问题创造了更好的条件。多模式交通资源动态调度与组织优化研究涵盖构建以出行服务为导向的多模式交通系统组织优化理论与方法和开发适应交通需求时空动态分布特征的多模式交通车辆协同调度理论与控制方法，实现整体优化方法指导；各模式内的交通资源调度相互独立，协同优化。多模式交通系统需求管理与主动调控的研究涵盖构建面向新运营组织方式的多模式交通系统需求管理理论和适应新型技术的多模式交通系统主动调控方法，实现在车道层面上多源实时数据融合，在网络层面上多模式协同耦合优化，在区域层面上交通宏观运行定量分析。城市群/都市圈综合交通系统复合化增长及智能管控的研究聚焦多交通方式、枢纽节点，以及枢纽与交通网络间的协同互馈关系，同时考虑基于新的创新技术手段而出现的相关交通实践和政策，对于新时期城市综合交通系统发展提供的新机遇。碳约束条件下城市公共交通系统耦合机理与协同优化的研究在数字化交通发展背景下减少居民出行碳排放,通过政策制定、规划控制和行为引导来规避交通方式耦合过程中带来的效率失衡以及对环境和气候变化的负面作用。超大规模城市群交通网络系统分析与优化设计的研究将交通信息大数据在多尺度层面上进行融合,有效地辅助洞察综合交通行为、理解交通运行特征、预测综合交通演化趋势,为城市群综合交通提供智能服务与智慧决策。

多模式交通系统与复合网络供需交互作用规律

Supply and demand interactions in multimodal transportation systems

1　科学问题概述

随着国民经济的发展,居民出行需求总量持续增加,交通基础设施建设逐渐进入瓶颈,城市交通系统面临艰巨挑战:①各模式需求发展严重失衡,网约车和小汽车体量不断攀升,传统公交日益萎缩;②各模式管理运营各自为政、缺乏合作,复合交通网络协作、联通程度低,交通网络过载承受能力弱、通行效率低;③各模式(如小汽车、地铁、地面公交、共享单车)交通需求与复合网络供给时空匹配度差,致使各模式效能差异大、总出行成本高,难以计算复合网络承载力、定位系统瓶颈、寻求有效拥堵治理措施。这些现状严重制约城市交通系统效能,阻碍我国“交通强国”的建设,研究多模式交通系统与复合网络供需交互作用规律已成为国内外研究热点。

多模式交通系统与复合网络供需交互作用规律研究可概括为三个核心内容:①多模式出行需求生成机理与需求耦合演化机制;②单模式交通网络融合及复合网络中各模式交通流连通、干扰机制;③多模式交通需求与复合网络供给耦合规律及系统时空均衡性分析。深入研究这些内容是理解、分析、治理城市综合交通系统的关键,在理论层面形成复合网络动态承载能力分析理论方法体系,在技术层面为多模式交通系统的网络规划设计和供需调控提供模拟优化方法工具,在产业层面开发城市多模式交通分析系统,从而缓解交通拥堵,降低污染能耗与出行成本,全面提高城市综合交通系统整体效能、行业水平与国际竞争力。

交通系统供需分析始于20世纪50年代,经过历代国内外学者的钻研,已有丰硕成果。但至今依然难以形成准确描述多模式交通需求与复合网络供给交互作用规律,全面推演、分析交通系统承载力和供需时空均衡性的理论方法体系。①在需求演化方面,由于居民出行决策偏好差异性、决策过程随机性,难以量化土地利用、交通状态、复合网络拓扑连通性(如地铁、地面公交换乘)等因素对各模式需求协同变化趋势的影响。②在供给分析方面,各模式在运营机制上差异显著,在交通流上存在泛耦合、非线性、随机性,刻画其交通流相关性、耦合推演机制，识别单一网络关键节点、路段并融为复合网络十分困难。③在供需作用规律方面，因各模式在网络连通性、稳定性、可达性、出行效益、居民偏好等方面的差异，各模式内、模式间供需干扰错综复杂，现有理论难以解析供需耦合作用关系，难以从网络拓扑规划、节点连通性、供需时空特性等方面分析大型系统的效能，难以支撑供需调控策略生成，阻碍落地应用。

2 科学问题背景

近年来，随着电子支付、即时出行的普及和地铁网的完善，我国各地逐渐形成了颇具规模和特色的多模式交通系统。然而，各模式需求发展失衡现象严重。我国私家车、网约车出行需求持续攀升，截至2021年6月汽车保有量已达到2.92亿辆，网约车日均订单量超过2300万单。相反，传统地面公共交通日渐萎缩，以北京为例，2010—2016年，公交日均客流由1328万人次下降至928万人次。与此同时，供给端对需求失衡缺乏统筹调控，如快速公交车道并未因公交需求下降而减少、共享单车与机动车并行现象普遍、关键枢纽节点的模式连通换乘服务差等。严峻的供需失衡问题降低了城市道路的利用率，持续恶化我国城市交通的拥堵状况，造成了出行时间增加、事故频发、汽车尾气排放增多、各模式效用差异明显、总出行成本居高不下等诸多问题。交通运输部发布的数据显示，我国每年因交通拥堵带来的经济损失约占城市人均可支配收入的20%，相当于GDP的5%～8%（数据来自 http://www.its-china.org.cn）。探索各模式供需在复合网络中的作用规律，寻求各模式的平衡发展，提升复合网络的承载力和稳定性已成为我国城市交通发展的燃眉之急。

基于我国城市土地利用紧密、路网密度大、适合步行、模式连接密集等特点，城市多模式交通系统在理论上可以协调发展、协同运营，实现出行者、经营者和监管者的共赢。通过复合网络分析规划、协同运营设计、供需调控，监管部门能汲取不同交通模式的优点，充分发挥各模式的互补性（如利用共享出行解决地面、地铁公共交通最后一公里问题），规避恶性竞争，以达到降低出行成本、提升通行效率、实现节能减排等长远社会目标。然而，若监管部门无法充分理解多模式交通系统与城市复杂网络的供需交互作用规律，将难以提出有效的供需调控和复合网络资源配置优化策略，无法解决城市交通系统的供需失衡问题。

此外，大数据、人工智能等新兴科技帮助监管者更加全面地掌握多模式交通运行状态，为多模式交通系统与复合网络供需交互规律研究提供先进的建模分析工具。融合复杂交通场景、供需交互机理、复杂网络理论与新兴人工智能大数据技术，将形成普适性强、应用性高的多模式交通系统供需交互作用分析理论与方法，帮助实现大规模城市综合交通系统供需调控策略优化和落地实践。

3　科学问题研究进展

多模式交通系统与复合网络供需交互作用规律研究以交通系统的经济、用地、交通基础设施及其抽象出的复合网络拓扑为输入,以多模式供给、需求时空状态为输出,通过搭建供需交互机制与复合网络交通流推演机制,准确、合理、高效地计算系统供需状态。根据时间模拟尺度和模型假设的不同,此研究目前主要分为三种技术路线:静态均衡建模路线、动态供需演化建模路线、数据模型双驱动路线。

(1)静态均衡建模路线。静态均衡建模路线得到了学术领域的广泛研究,该路线通常只关注交通供需平衡在系统网络中的最终状态。基于多模式城市交通网络结构和网络资源供给(如道路容量、公交服务能力)与管理策略(如拥堵收费、电子路票、出行激励等),利用用户均衡理论、复杂网络理论等理论方法构建各模式路段出行成本或效用函数、出行者选择集、路径行为静态选择模型,计算均衡条件下不同模式、路段交通分担率、流量和效用。目前关于多模式交通系统静态供需均衡模型研究在需求端主要采用传统基于出行的需求生成理论,可考虑各模式效用、重大事件、网络连通性对需求的内生作用;在供给端主要关注关键节点、路段对静态承载力的影响,探索复合网络中、不同供需结构下系统效能和瓶颈。

静态供需均衡模型路线已相对成熟,该路线可基于传统的交通均衡理论构建多模式交通系统的需求分配与出行模式选择模型,因此它易于建模且求解算法简单,从而可快速估算出替代交通方式划分和交通需求。但该路线仍存在以下难点和瓶颈:①对各模式之间的交通分流、转换所产生的排队、干扰现象不敏感,难以刻画复合网络中不同模式交互节点的衔接效率;②作为规划方法,无法分析复合网络拓扑的稳定性,很难实际应用于动态承载力计算和供需调控;③无法分析各模式间的转移、换乘、多次出行等客流需求特征。

(2)动态供需演化建模路线。动态供需演化建模路线是当前研究多模式交通系统供需动态交互作用的热点。该路线考虑交通复合网络供给状态的不确定性与各模式连接点、重要路段通行能力的时变性,刻画供需时空演化规律。在需求层,目前的研究以构建基于活动出行的动态供需均衡演化模型和交通流逐日演化模型为主。前者从行为分析的角度解释出行需求的发生,体现交通需求的连贯性和动态性。后者考虑复合网络供给状态的变化和出行者路径选择更新机制,研究交通供需的自我调整反馈规律。在供给层,根据宏观交通流推演机理、排队论、微观车辆、地铁行进规律、模式切换等机理和因素构建宏观、中观、微观的复合网络模型,描述各模式交通流、个体出行单位的动态交互影响机制。通过动态调整流量、流速、加载率等方式研究复合网络的动态承载力,分析拓扑结构、关键节点和路段对系统通行能力、稳定性的作用。

动态供需演化建模路线有利于全景再现多模式交通需求的形成与交通流在复合网络

中时空演化规律，进而可从动态角度分析承载力，设计调控策略，缓解供需的耦合性矛盾。然而，该路线仍存在以下难点和瓶颈：①考虑各模式需求的复合性，难以全面刻画异质出行者的出发时间、模式变换等出行特征参数；②交通流在复合网络中的动态推演需大量节点、道路抽象建模假设，难以简洁复刻多模式共存、连接和互斥；③考虑各模式效用、出行者认知等动态变更，供需演化涉及更多的影响因素和参数估计，模型将难以构建与高效求解。

(3)数据模型双驱动路线。数据模型双驱动路线是一种新兴技术路线，采用机器学习、强化学习等数据驱动和人工智能技术，结合交通领域知识与传统模型，对交通系统进行供需建模、仿真与优化。目前已初步建立的模型方法包括数据驱动的多模式供需仿真模型、基于自主强化学习的供需动态交互与调控优化模型等。其中，数据驱动需求演化模型运用神经网络理论，利用邻接矩阵、权重分配等方式将单一模式网络融合成复合网络，定量描绘多模式需求与交通状态等时空变量的关系；而自主强化学习基于搭建基于智能体的多模式交通仿真环境和智能体奖励、效益机制，不断调节供需调控决策变量，以达到最优(如网络承载力最大化、总出行成本最低等)多模式协同调控策略。

双驱动路线的主要优点是可深入挖掘交通大数据中供需交互作用关键信息并实现模拟结果的交叉验证，适应实时变化的复杂交通场景。该路线仍处在探索阶段，相关研究较少，目前存在以下难点和瓶颈：①当前的双驱动技术只能适应小规模复杂场景或简单场景，未能应用于大规模路网；②对数据量要求大，求解复杂度高，需要耗费大量的计算资源，然而其可解释性仍待进一步探索；③当前的双驱动方法思路使复合网络交通流推演抽象建模更为复杂，需进一步的理论技术学科交叉研究。

总体而言，三种技术路线的发展程度各不相同，基于其各自的优劣势与研究需求，其未来发展潜力各有千秋：

(1)静态均衡建模路线。静态均衡路线虽无法模拟复杂的动态交通状况，但由于计算高效、建模容易，依然有发展空间；可考虑结合多模式数据、多场景、多目标，开发交通复合网络分析规划一体化模型。

(2)动态供需演化建模路线。动态仿真路线为多模型交通动态供需作用提供坚固的方法论，然而框架复杂、参数繁多，难以用于大规模场景；可考虑局部简化、近似等思路，提升建模运算效率；开发并行计算、边缘计算方法，提升大时空范围建模能力。

(3)数据模型双驱动路线。双驱动路线可再现多模式系统供需作用，然而对交通理论融入尚浅，难以解析交通规律；需以交通理论为主体，新技术为支撑，革新多模式交通与复合网络供需作用知识和方法体系；针对多源异构交通数据，可考虑数据驱动、模型驱动方法对交通现象的交叉验证。

主要参考文献

[1] Daganzo C F, Sheffi Y. On Stochastic Models of Traffic Assignment[J]. Transportation science, 1977, 11(3): 253-274.

[2] 四兵锋,高自友. 多模式的城市混合交通均衡配流模型及算法[J]. 公路交通科技, 1999(01):46-50.

[3] Peeta S, Ziliaskopoulos A K. Foundations of Dynamic Traffic Assignment: The Past, the Present and the Future[J]. Networks and Spatial Economics, 2002, 1(3), 233-265.

[4] 孙剑,杨晓光,刘好德. 微观交通仿真系统参数校正研究[J]. 系统仿真学报, 2007(01):48-50,159.

[5] Mahmassani H, Saberi M, Zockaie A. Urban Network Gridlock: Theory, Characteristics, and Dynamics[J]. Transportation Research Part C: Emerging Technologies, 2013, 36, 480-497.

[6] Fu X, Lam W H K. A Network Equilibrium Approach for Modelling Activity-travel Pattern Scheduling Problems in Multi-modal Transit Networks with Uncertainty[J]. Transportation, 2004, 41: 37-55.

[7] Ke J, Zhu Z, Yang H, et al. Equilibrium Analyses and Operational Designs of a Coupled Market with Substitutive and Complementary Ride-sourcing Services to Public Transits[J]. Transportation Research Part E: Logistics and Transportation Review, 2021, 148: 102236.1-102236.14.

[8] 刘攀,刘志远,田琼,等. 城市多模式交通供需平衡机理与仿真系统研究[J]. 中国基础科学, 2021, 1: 57-66.

[9] Zhang L, Yang H, Wu D, et al. Solving a Discrete Multimodal Transportation Network Design Problem[J]. Transportation Research Part C: Emerging Technologies, 2014, 49: 73-86.

[10] Wang S, Mo B, Zhao J. Theory-based Residual Neural Networks: A Synergy of Discrete Choice Models and Deep Neural Networks[J]. Transportation Research Part B: Methodological, 2021, 146: 333-358.

撰稿人:朱政(浙江大学)　柯锦涛(香港大学)　吴影辉(江苏科技大学)
陈喜群(浙江大学)

城市级大规模交通系统在线仿真优化

Simulation-based optimization for city-level transportation system

1 科学问题概述

对城市千百万级人、车的道路网、公交网、轨道网等组成的大规模多模式交通网络进行有效分析与决策面临诸多困难,借助能够模拟复杂交通现象、复现交通流时空演化规律的交通仿真技术是实现大规模交通管控决策与评估的主要科学技术途径。在线仿真优化是充分利用交通仿真模型进行交通系统优化的重要方法,其核心思路是将交通仿真模型嵌入优化算法中,以实时交通参量为输入、以仿真模型的输出作为算法的适应值来指导优化算法,进而快速搜索出问题的最优解。

尽管目前仿真优化方法已用于解决最优路段收费、交叉口信号控制等问题,但从目前城市级大规模交通系统的在线仿真优化的实时响应能力、在线计算精度、可移植性三个层面来看,仍存在宏微观仿真模型分离、面向大规模仿真需求的实时响应能力差,仿真模型与数据采集脱钩、在线计算精度低,仿真优化方案通常针对特定问题、可移植性弱等突出显性问题。具体到机理性层面,主要体现为:

(1)交通系统仿真优化对交通仿真提出了与传统宏观仿真结果相反的低算力需求、高结果颗粒度的要求。

(2)基于部分历史样本数据构建的交通代理模型计算效率较低,无法实时捕捉交通系统的实际运行状态,不能满足预测精度要求。

(3)现有的仿真优化方案仅能针对不同优化问题“比”选出最优组件组合方式,无法真正实现方案“优”选。

2 科学问题背景

面对城市级大规模交通系统实时优化需求,如路网信号控制、突发事件下应急处置方案生成等全局动态优化问题,现有的城市交通系统优化方法通过建立复杂的解析数学模型计算优化目标函数,采用一系列精确求解算法(如分支定界算法、列生成算法等)或启发式算法(如种群进化算法、领域搜索算法等)获得待优化目标的全局最优解或局部最优解。然而这类传统优化方法很难捕捉交通流动态演变规律及排队溢出过程,并且在高维度的决策空间中,解析数学模型和优化算法具有非常高的复杂度,优化效率低,难以对现在城市级的交通组织管理、交通事件预警和评估、交通基础设施规划建设、交通政策可行性分析研究提供量化的决策依据,很难用于解决城市级大规模交通系统的实时优化问题。

以道路交通事故为例，其发生的时间和地点均具有突发性和随机性，通常导致部分车道关闭，降低局部路段的通行能力。相关研究指出，当部分车道关闭时所在路段的通行能力至少降低25%，拥堵传播速度可达20km/h。如果不能及时评估交通事故的影响并实时优化相关管控方案，将导致拥堵范围扩大以及二次事故风险升高。

面向城市级大规模交通系统实时优化的需求，基于仿真的优化方法逐渐受到行业内学者的关注。交通仿真模型作为一种成熟的交通解析工具，建立起了交通管控方案和交通性能评价指标的映射关系。在基于仿真的优化方法中，仿真实质上是一种试验方法，可以用来评估并预测某种特定管控方案的效果。然而若通过枚举对备选方案进行逐一验证，没有明确的搜索目标，则无法给出问题最优或近优解，当试验方案较多时，该方法变得极其复杂，甚至无法实现。

因此将仿真技术和优化方法相结合，则为解决大规模交通系统优化提供了有效手段。在优化过程中通过仿真评估、建立精准的代理模型、基于代理模型的快速寻优3个步骤的结合，实现大规模交通系统的在线仿真优化，足以满足百万级人口城市超2万节点网络的仿真推演，有助于交通系统服务瓶颈的准确预测、复杂出行行为的精准模拟、需求调控方案的高效实施，实现大规模交通系统的在线仿真优化。

针对大规模交通系统在线仿真优化的需求，目前常见的仿真优化理论还存在诸多缺陷，如：缺少处理高维仿真优化问题的潜力或方法，限制了现有交通仿真模型的利用价值和应用场景；仿真方法和优化方法的效率低下，难以实现精细化、科学化的优化管控；不同优化问题对应的最优仿真优化方案区别显著，导致方法可迁移性弱等。

3　科学问题研究进展

为提升交通系统管理与控制优化的效率和精度，可通过仿真优化的方法，建立待优化交通系统的在线仿真模型，同时通过引入仿真模型的代理模型提升有限计算资源内的优化效率。为了适应更大规模交通系统在线仿真优化的需求，近年来涌现出了大量关于改进计算效率、预测精度、可迁移性等方面的研究成果。

(1)面向大规模交通系统的仿真模型。当前主流的交通仿真模型主要包括宏观模型、微观模型和中观模型三类。宏观模型对计算机资源要求较低，仿真速度很快，但无法捕捉单车路径并评价交通精细化管控方案效果。微观模型对交通系统的要素及行为的细节描述程度高，但计算效率相对较差，无法在合理时间内针对大规模系统完成仿真。中观模型在细致程度上介于微观和宏观模型之间，可在1min内完成针对百万级车辆数的大规模系统的交通分配与仿真，因此可作为基础构件用于大规模系统仿真优化。

(2)多源数据与仿真模型的融合。在仿真优化过程中，依据部分已知的仿真先验信息建立的代理模型可以用来代替部分复杂的仿真计算，提高仿真优化的效率。由于部分被节约的仿真评估需要由代理模型完成,因此代理模型的预测精度通常会对仿真优化结果产生较大影响,尤其在大规模网络中建立高精度的代理模型具有非常高的挑战。常见的提升代理模型精度的方法包括:①使用非线性映射能力更强的数据驱动模型,如基于深度学习和机器学习的代理模型;②在代理模型中引入科学的模型管理策略(或称采集函数),常见的模型管理策略如 EI 准则、PI 准则、LOC 准则、主动学习等;③利用代理模型集成的思想使用多种不同原理的代理模型预测解的适应性,避免由于单一代理模型的内在缺陷对预测结果的影响,降低偶然性;④建立综合数据驱动代理模型和交通流模型的元模型代替仿真模型,在有限精度的数据驱动模型基础上加入交通流关系的先验信息,进一步提升高维问题决策空间内代理模型的预测精度。同时,由于常见仿真模型底层大多为含有随机因素的车辆跟驰、换道模型、路径选择模型,因此仿真结果中通常包括由于不确定信息带来的异方差噪声。在噪声的影响下,同一个解可能会表现出不同的目标函数适应度。常见的降低随机异方差噪声影响的方法包括:①在允许的计算资源内对同一个解多次仿真,取其平均值降低仿真结果的不确定度;②建立对仿真噪声具有较高包容度的代理模型,如将基于插值的代理模型更换为基于回归的代理模型,或使用较强泛化能力的机器学习模型作为代理模型等,同时将自适应向量和代理模型结合进一步平滑仿真噪声。

(3)多样化的仿真优化方案。仿真优化对象性质多样,仿真优化方案组合繁多,问题形式包括 0-1 整数优化、线性优化、组合优化,甚至非凸优化。现有研究多为针对单一优化问题的特定(ad-hoc)解决方案,其可迁移性较弱,缺乏较普适性的解决方案,导致大规模交通系统优化中的仿真优化方法未从“点状”成果出发,融合、升华为“面状”成果群。可行的技术改进思路包括:①针对交通领域中仿真优化思想和应用的综述性工作,定性及定量化比较各种仿真优化框架,从各模型组件的科学机理出发,解析代理模型、模型管理、优化算法间的组合关系与叠加效应,如给出分别针对高斯过程代理模型与机器学习代理模型的模型管理方法;②提炼仿真优化在大规模交通系统优化的应用场景,基于知识图谱等建模思路,依托现有典型点状成果,提出以优化问题性质、仿真模型能力、已有计算资源等为输入变量,以最优仿真优化方案为输出的自动化仿真优化方案生成器,进一步推动仿真优化在城市级大规模交通系统优化方面的理论研究与应用推广。

分析现有城市级大规模交通系统在线仿真优化问题实时响应能力差、在线计算精度低、可移植性弱的瓶颈问题,建议未来重点加强针对交通仿真模型计算效率低下,代理模型预测精度不足,代理模型、模型管理、优化算法间的组合优势解析等问题的研究。

(1)针对交通仿真模型计算效率低下的问题,未来可构建面向大规模交通系统的宏中微多分辨率一体化仿真模型,采用多线程平行计算技术,以及模型参数分段存储技术。

(2)针对代理模型预测精度不足的问题,未来可以考虑根据不同的预测精度需求,建立基于多元仿真先验信息的仿真代理模型，同时引入合适的降噪方法平滑由于随机仿真带来的异方差噪声。

(3)针对代理模型、模型管理、优化算法间的组合优势解析的问题，未来可以开展多次反复试错实验，在理解各种组件方案的科学机理的基础上，提出普适的仿真优化解决方案。

4　总结与展望

解决城市级大规模交通系统在线仿真优化问题是支撑交通管控决策与评估等全局动态优化实践的急迫要求，信息采集、大数据、云计算、交通仿真等技术的融合与完善为分析解决该问题创造了更好的条件。

应该清醒地看到，在线仿真优化技术开发所面临的挑战性是巨大的，即使是目前国际上技术水平较高的少数几个在线仿真模型，其现有的功能和实施效果与实际的期望之间仍有着相当大的差距。未来需重点解决以下三个方面的问题：

(1)如何通过构建面向大规模交通系统的宏中微多分辨率一体化仿真模型，以解决交通仿真模型计算效率低下的问题。

(2)如何通过建立基于多元仿真先验信息的仿真代理模型，同时引入合适的降噪方法平滑由于随机仿真带来的异方差噪声，以解决代理模型预测精度不足的问题。

(3)如何通过解析代理模型、模型管理、优化算法间的组合优势，提出普适的在线仿真优化解决方案。

主要参考文献

[1] 王炜，赵德，华雪东，等. 城市虚拟交通系统与交通发展决策支持模式研究[J]. 中国工程科学，2021，23(3)：163-172.

[2] Ge Q, Fukuda D, Han K, et al. Reservoir-based Surrogate Modeling of Dynamic User Equilibrium[J]. Transportation Research Part C: Emerging Technologies, 2020, 113: 350-369.

[3] Li D, Tomio M, Takayuki M, et al. Incorporating Observed and Unobserved Heterogeneity in Route Choice Analysis with Sampled Choice Sets[J]. Transportation Research Part C: Emerging Technologies, 2016, 67: 31-46.

[4] Sun J, Wu J, Xiao F, et al. Manage Bottleneck Congestion with Incentives[J]. Transportation Research Part B: Methodological, 2020, 134, 143-166.

[5] Cao Q, Ren G, Li D W, et al. Semi-supervised Route Choice Modeling with Sparse Automatic Vehicle Identification Data[J]. Transportation Research Part C: Emerging Technologies, 2020, 121: 1-17.

[6] Chen X, He X, Xiong C, et al. A Bayesian Stochastic Kriging Optimization Model Dealing

with Heteroscedastic Simulation Noise for Freeway Traffic Management[J]. Transportation Science,2019,53(2):545-565.

[7] Yang H, Huang H J. The Multi-class, Multi-criteria Traffic Network Equilibrium and Systems Optimum Problem[J]. Transportation Research Part B: Methodological,2004,38(1):1-15.

[8] Qu Y, Zhou X. Large-scale Dynamic Transportation Network Simulation: A Space-time-event Parallel Computing Approach [J]. Transportation Research Part C: Emerging Technologies,2017,75:1-16.

[9] Long J, Szeto W. Link-based System Optimum Dynamic Traffic Assignment Problems in General Networks[J]. Operations Research,2018,67(1),167-182.

[10] Osorio C, Bierlaire M. A Simulation-Based Optimization Framework for Urban Transportation Problems[J]. Operations Research,2013,61(6):1333-1345.

撰稿人：任刚(东南大学)　李大韦(东南大学)　田野(同济大学)
李豪杰(东南大学)

多模式交通资源动态调度与组织优化

Dynamic scheduling and organization optimization of multi-modal transportation system

1 科学问题概述

现代城市的多模式交通系统具有丰富的内涵，不仅包括多种交通方式，还涉及多样化的运输服务模式。其中，多种交通方式指常规地面公交汽(电)车、快速公交、地铁和轻轨等公共交通方式，出租车、电话叫车等准公交方式，以及社会车辆。多样化运输服务模式则指除了传统公交服务和个人出行之外，新兴的网约合乘车、定制公交、需求响应公交等灵活的公交服务，以及基于网约出租车、共享汽/单车的个人出行服务。理想情况下，这些多模式的交通系统混合交织，互补合作，以期更高效、高品质地服务动态、多样化的时空需求，满足社会经济持续发展和环境保护要求。在这一过程中，如何根据各交通模式的经济和技术特征，统筹资源的组织与调度，从社会整体角度减少或避免重复投资浪费和恶性竞争，是交通研究者所面临的新挑战。

现有交通(时空与运能、运力)资源调度与组织优化的研究主要集中在传统(准)公交系统，虽然涉及多种公交方式，但对新兴出行模式的考虑不足；后者的出现，尤其是其共享性和动态响应等特征,深刻改变了出行者的出行决策行为,导致交通需求的出行规律、时空轨迹呈现新的变化。然而,传统理论方法仍未及时调整研究边界,抓住新兴出行模式海量数据资源和网联能力的优势,精准描述、预测出行行为规律,从而更高效地组织和调度有限的交通资源。

鉴于此,交通资源的调度与组织优化需要针对多模式交通系统,进行全面的理论扩展与深刻的技术变革。理论方面,需要建立多模式交通系统联合组织优化方法,根据各交通模式的经济和技术指标,扬长避短,最大程度发挥联合交通模式的综合优势。技术层面,在上述多交通模式的联合组织架构基础上,建立基于数据和网联条件的交通时空资源的动态调度控制方法,实现多模式交通系统的协同运行。

2　科学问题背景

随着移动通信技术的进步和交通互联网企业的发展,新兴出行模式因其便捷性和经济性,迅速风靡世界各地,给传统城市交通系统带来了前所未有的巨大冲击和变革,尤其对城市公交系统的影响最为显著。国内外实证研究发现:一方面,网约车的出现导致公交使用量减少了6% ~13%;但另一方面,网约车在公交服务空白地区和时间满足了人们的出行需求,起到了接驳公交的作用。共享汽车对城市公交使用的促进和降低影响参半。而共享单车在导致地面公交客运量下降的同时,却贡献新增地铁客运量2% ~7%。

综上,尽管我国城市公交系统建设成绩显著,但在上述新兴出行模式冲击下传统的公交系统组织与调度未能及时反应,缺少整体优化理论和方法指导,导致在一些区域或走廊存在多种客运模式重复建设与资源投放、恶性竞争的现象;而与公交系统有互补关系的出行模式却处于自发的接驳状态,缺少系统的规划引导。

新兴出行模式与传统公交系统之间存在复杂的竞争和互补关系,但作为多模式交通系统中的组成部分,终极目的仍是最高效地利用社会资源为出行服务。近年"出行即服务"(Mobility-as-a-Service,MaaS)概念的提出与兴起表明,多模式融合提供统一服务已呈发展趋势。因此,从社会的、综合交通运输系统整体的立场,如何重新定位传统公交系统,调节与新兴出行模式的关系,从而实现整体客运效率最高,是亟须研究的重要课题。

3　科学问题研究进展

依据各交通模式技术经济特征,针对两种典型的交通模式组合关系,即"传统公交+新可达方式"和"骨干公交+灵活接驳公交",阐述其组织优化与协同调度研究趋势和关键问题。

3.1　传统公交系统与新可达方式联合组织优化

制约传统公共交通系统发展的本质问题之一是其流动性和可达性之间的冲突,其中可达性问题也即“最后或最初一公里问题”。网约车、共享汽/单车为人们提供了共享的个人出行工具，能够实现门到门服务，是解决“最后或最初一公里问题”的可行方案。作为新的可达方式，共享个人出行模式与传统公交的联合组织，可以从两个方面来展开。

一方面，基于既有公交系统，优化配置新可达方式交通资源。当前网约车相关的研究主要集中在运营管理方面，包括供需匹配问题、车辆路径规划问题、动态车辆调度问题和定价问题等。但近年来越来越多证据表明，网约车服务未能缓解甚至加剧了城市交通拥堵和环境污染问题。因此，进一步研究的重点应关注与既有公交系统衔接的系统构筑与运营调度问题，以期实现以大运量、绿色公交为导向的可靠的、可持续的城市交通系统。具体关键问题包括：考虑换乘公交的网约车路径及接驳点规划问题、司乘匹配问题、定价问题和空车调度问题等。而共享汽/单车方面也有类似研究趋势，未来的研究应侧重依托现有公交线网的共享汽/单车的站点布设问题、停车容量设计问题和车队规模优化问题等。

另一方面，融合新可达方式，优化调整公交资源。新可达方式的交通速度和灵便性更高，覆盖范围更广。结合此优势，公交线网站点和线路布设可采用更大间距，从而减少停靠次数和延误，提升线路运营速度。因此，应重点研究公交线网与新可达方式的联合优化。然而，传统单方式公交线网设计问题本身已经非常复杂，并且被证明为 NP 难问题，涉及大量的变量和参数，大规模问题难以求解，再加上新可达方式将更加难以求解。所以，研究问题核心应关注多模式交通系统联合设计的理论与方法，寻找建立更好数学及应用性质的优化模型，开发更高效的求解算法。

3.2 骨干公交系统与灵活公交联合组织优化

与共享个人出行模式（即网约车、共享汽/单车）不同，网约合乘车、定制公交、需求响应公交，为人们提供了一种“门到门的公共交通服务”，但其线路和时刻表的灵活性又区别于以往的公交系统。传统上，灵活公交系统研究包括电话叫车问题（dial-a-ride）、辅助公交系统（paratransit）设计问题、需求响应接驳公交（demand-responsive connector）设计问题。早期的灵活公交主要基于预约式服务，近年出现了一些基于网约平台的动态响应公交服务，例如美国的微公交（micro-transit）系统和加拿大的 Pantonium。然而，这类系统的研究仍主要关注自身的运营设计与调度问题，仅面向城市郊区低密度人口或特殊人群，问题规模通常较小。

随着交通互联网公司的公交服务业务铺展，城市范围内的灵活公交正迅速发展，带来了以下关键问题。例如，灵活公交车辆运营策略的选择问题，即比较研究基于空间分布的网约车式运营模式和基于发车频率的运营模式。基于预约的大规模车辆路径规划问题，亦即充分考虑用户的时间窗和地点偏好约束。基于动态需求的实时车辆路径规划问题，亦即考虑动态需求插入与拒绝以及车辆路径调整。最后，统筹考虑交通资源在骨干公交系统与灵活公交系统间的匹配，需要研究车队规模分配、服务区域划分，以及融合灵活公交接驳的干线公交线网联合设计问题等。

3.3　多模式交通系统协同调度控制

在城市多模式交通体系中，乘客为完成出行在方式间和线路间多次换乘是常态。调查显示我国城市公交乘客的换乘率在18%～76%，大城市（如北京、上海）的换乘率高于60%。然而，当前我国城市公交服务的主要问题之一是“等车时间长、换乘不方便”，衔接不畅的多模式交通系统极大地限制了其整体服务水平。为解决此问题，多模式交通系统在运营管理中进行协调调度是非常迫切的现实要求。

传统城市公交的协同调度主要是指时刻表协同研究，又可分细为“运营设计类模型”和“实时控制类模型”两类。前者在设计阶段，研究时刻表计划和停站策略，协调不同方式/线路的车辆到站时间来降低乘客换乘成本。后者在实际运行阶段，考虑诸多不确定性因素，研究通过实时控制来保持时刻表计划，于一定时间窗范围内协同车辆到站方案，降低随机延误。然而，现有的时刻表协同研究大多仅限于传统公交模式，即地面常规公交和地铁，欠缺考虑与新兴出行模式之间的衔接与联动。显然，在上述两方面的多模式交通系统组织结构的基础上，研究基于发车频率或基于时刻表的公交系统与作为新可达/接驳模式之间的联合调度，将是下一步的研究课题。具体而言，应包括：考虑现有公交系统时刻表的网约（合乘）车调度问题、基于动态公交出行的起终点站共享汽/单车平衡调度问题、干线公交与接驳公交的时刻表协同问题、大型交通枢纽以及换乘站点多模式交通系统资源分配与协同调度研究。以上研究问题也将分为“运营设计”和“实时控制”两类场景展开，分别指导车辆的调度计划和实际运行控制以及服务条件的设计等。

4　总结与展望

综上所述，在多模式交通系统中，现有调度与组织研究主要存在两点不足：多模式交通系统资源配置与运营管理，尤其是传统公交系统与新兴出行模式之间的关系，缺乏整体优化方法指导；各模式内的交通资源调度相互独立，缺少协同优化。鉴于此，设定本研究方向的两点展望：构建以出行服务为导向的多模式交通系统组织优化理论与方法；开发适应交通需求时空动态分布特征的多模式交通车辆协同调度理论与控制方法。

（1）以出行服务为导向的多模式交通系统组织优化理论与方法。主要研究内容包括：①传统公交系统与新可达方式联合组织优化理论，亦即研究基于现有公交系统的网约车、共享汽/单车资源配置问题，研究联合新可达方式的公交线网联合设计模型和算法。②骨干公交与灵活公交系统联合组织优化理论，即研究灵活公交运营策略、车辆路径规划问题，以及作为新接驳模式与干线公交线网的联合设计模型和算法。

(2)适应交通需求时空动态分布特征的多模式交通车辆协同调度理论与控制方法。主要研究内容包括：①考虑现有公交运营计划，包括基于公交时刻表或动态公交出行的新可达/接驳模式车辆调度与平衡问题。②围绕重要交通节点，例如大型交通枢纽和轨道交通终点站，研究多模式交通系统车辆到站协同调度模型与控制模型。

主要参考文献

[1] 交通运输部，关于公布"十三五"期全面推进公交都市建设第一批创建城市名单的通知：交运函〔2017〕597号[a/ol].(2017-08-04)[2023-08-14]. https://xxgk.mot.gov.cn/2020/jigou/ysfws/202006/t20200623_3315419.html.

[2] 陈汐，王印海，刘剑锋，等. 多区域通勤定制公交线路规划模型及求解算法. 交通运输系统工程与信息，2020，20(4)：166-172.

[3] Chen P, Nie Y. Connecting E-hailing to Mass Transit Platform: Analysis of Relative Spatial Position[J]. Transportation Research Part C: Emerging Technologies, 2017, 77: 444-461.

[4] Chen P, Nie Y. Analysis of an Idealized System of Demand Adaptive Paired-line Hybrid Transit[J]. Transportation Research Part B: Methodological, 2017, 102: 38-54.

[5] Daganzo C, Ouyang Y. Public Transportation Systems: Principles of System Design, Operations Planning and Real-Time Control[M]. Singapore: World Scientific, 2019.

[6] Fan W, Mei Y, Gu W. Optimal Design of Intersecting Bi-modal Transit Networks in a Grid City[J]. Transportation Research Part B: Methodological, 2018, 111: 203-226.

[7] Fan W, Yu Ran. Planning Skip-stop Services with Schedule Coordination[J]. Transportation Research Part E: Logistics and Transportation Review, 2020, 145: 102-119.

[8] Luo S, Nie Y. Impact of Ride-pooling on the Nature of Transit Network Design[J]. Transportation Research Part B: Methodogical, 2019, 129: 175-192.

[9] Luo S, Nie Y. Paired-line Hybrid Transit System in a Monocentric City with Exponential Demand Pattern[J]. Transportation Research Record, 2019, 1-13.

[10] Luo X, Gu W, Fan W. Joint Design of Shared-bike and Transit Services in Corridors. Transportation Research Part C: Emerging Technologies, 2021, 132: 103366.

[11] Mei Y, Gu W, Cassidy M, et al. Planning Skip-stop Transit Service under Heterogeneous Demands[J]. Transportation Research Part B: Methodogical, 2021, 150: 503-523.

[12] 任华玲，高自友. 动态公交网络设计的双层规划模型及算法研究[J]. 系统工程理论与实践，2007，27(5)：82-89.

[13] Stiglic M, Agatz N, Savelsbergh M, et al. Making Dynamic Ride-sharing Work: the Impact

of Driver and Rider Flexibility[J]. Transportation Research Part B:Methodological,2016,91(C):190-207.

[14] 滕靖,杨晓光. 大城市公共交通多模式协调调度体系研究[C]//第三届中国·同舟交通论坛——公共交通与城市发展学术研讨会论文集. 上海:同济大学出版社,20-28.

[15] 王炜,杨新苗,陈学武,城市公共交通系统规划方法与管理技术[M]. 北京:科学出版社,2002.

[16] Wu L,Gu W,Fan W,et al. Optimal Design of Transit Networks Fed by Shared Bikes[J]. Transportation Research Part B:Methodological,2020,131:63-83.

撰稿人:刘晓波(西南交通大学)　范文博(西南交通大学)

多模式交通系统需求管理与主动调控

Travel demand management and active regulation of multi-modal transportation system

1　科学问题概述

传统道路多模式交通,主要体现在运载工具的多样化,例如公共交通工具、私家小汽车、非机动车等。然而随着大数据、移动互联、人工智能等新技术的不断涌现,道路多模式交通被赋予了全新的内涵,主要体现在以下两个方面:一是车辆能源类型或智能化水平的差异化,例如传统燃油汽车和新能源汽车、传统人工驾驶汽车、当前不完全自动驾驶汽车和未来完全自动驾驶汽车等;二是交通运营组织方式的丰富化,例如共享出行/停车、定制公交、MaaS 等。这些新的交通模式一方面与现有交通服务存在竞争,另一方面也促进现有交通运营方式的变革,带来了社会与环境新的挑战。然而,传统理论方法难以在崭新的多模式交通系统背景下准确地刻画出行规律并精准地引导交通行为,进而导致交通需求管理效果不彰。

鉴于此,多模式交通需求分析与管控理论必须进行深刻变革、紧跟时代步伐。需要以多模式交通需求形成机理,多模式交通时空资源优化配置和系统状态协同调控为研究重点,构建基础理论和管控手段两层研究框架,形成多模式交通系统的新型需求管理与主动调控方法体系。在需求管理层面,需要提出解析新兴交通模式作用下的出行需求形成机理与交通系统运行规律的模型方法;在主动调控层面,需要建立多模式交通资源优化配置与交通系统运行协同动态调控方法。

2 科学问题背景

随着车联网、大数据、云计算等新技术以及共享出行、出行即服务等新运营组织方式的不断涌现，多模式交通被赋予了新的内涵，它反过来促使出行需求的时空演化呈现出新的变化，行为决策机制与运营响应机制的关联更加复杂。然而，传统交通行为分析和需求管理方法存在对新型多模式交通系统运行规律认识不清、对多源数据的融合能力不足、对出行选择引导不精准等缺陷。

此外，从传统的道路系统到新型多模式交通系统，交通信息的感知模式、交通调控的对象与方式都发生了变化。在传统交通环境中，交通资源是被动适应交通需求；在新型多模式交通下，可以实现可变车道、区域停车等交通资源自适应主动调控。在传统交通环境中，往往只针对单一路段或单一交通模式做调控；在新型多模式交通下，可实现大范围路网的多源信息融合，并对多种交通模式做协同优化。

3 科学问题研究进展

依据研究空间范围和粒度的不同，目前对于多模式交通系统需求管控的研究主要分为三个层面：车道层面、网络层面、区域层面。这些研究环环相扣，详解如下。

3.1 车道层面

在道路多模式交通系统中的车道管理与控制上，传统研究主要着眼于通行能力管理、通行权调配、拥挤收费定价、信号灯配时等。近年来，以共享出行为代表的交通组织模式创新、多源交通数据与驾驶自动化的发展，促进了交通需求管理理论与调控方法的发展。特别是在可预见的未来，自动驾驶车辆将与传统人工驾驶车辆共存，这将改变道路交通系统的组织形式、运营模式和管理方式，引发交通系统一系列变革性发展。基于这些变革对交通系统进行分析与协同优化已成为当前道路交通工程领域的研究热点和难点，具体总结如下：

(1)高载客量车辆(High-Occupancy Vehicle，HOV)车道的动态调配目的是使乘客运输量而不是通行车辆最大化。共乘车辆可以同时使用HOV车道和普通车道，而自驾车辆只能使用普通车道。为了实现高效的车道分配，需要将信息流与道路交通流实时耦合，这给多模式交通车道动态优化分配带来了挑战。

(2)对于道路瓶颈通行许可证(Tradable Bottleneck Permit，TBP)出行者比预约时间早到/晚到瓶颈的可预见实际场景，传统研究多为利用大数据对出行者到达规律进行分析或挖掘外生最优的瓶颈通行许可证供给策略，而目前缺乏合理的瓶颈通行许可证最优供给策略的内生建模方式与求解算法。

(3)面对自动驾驶车辆将与传统人工驾驶车辆在道路交通系统中共存的情况，需要通过自动驾驶专用车道和可变车道等资源自适应主动调配,以实现交通需求与供给的互动关系从“被动刚性合作”演进为“主动弹性适配”。

3.2　网络层面

网络中多模式交通流为出行者进行各种复杂选择后在时间与空间上所形成的宏观聚集结果。由于城市内多模式交通相互耦合、相互联动,因此某种单一交通模式子系统被优化后甚至可能使得整个多模式交通大系统变得更糟。例如道路拥堵收费使得更多的出行者选择乘坐地铁,进而可能导致地铁站内过度拥挤甚至发生踩踏。虽然现有交通需求分析与管理理论已经取得了大量成果,但还无法充分准确地刻画、引导和调控道路多模式交通系统中的各类复杂出行行为与交通需求时空分布。具体存在以下难点:

(1)当今交通分析对象已经开始从单次出行,经由巡回出行,转变为链式活动出行,其过程可跨越多个交通方式,使得传统交通规划“四阶段”之间的界限变模糊。这对构建能够刻画多交通模式交融的动态交通需求生成模型提出了挑战。

(2)特殊条件(节假日、重大活动、突发事件、恶劣天气等)和新兴交通模式(共享出行/停车、自动驾驶、新能源车辆等)作用下的出行需求管理理论的构建是当前热点科学问题。

(3)车路协同环境下,交通信息获取和控制优化模式将发生巨大变化,研究网络层面的交通信号主动调控与多模式交通协同优化是亟待解决的工程应用问题。

3.3　区域层面

在区域层面上刻画平均交通流量与平均交通密度的动态演变规律的有力工具是宏观基本图(Macroscopic Fundamental Diagram,MFD),以其为基础的区域交通需求管控措施相较于可交易电子路票(Tradable Travel Credit,TTC)和路网通行许可证(Tradable Network Permits,TNP)在实际操作层面上有着较大优势。研究表明维持高水平的区域路网流出能力是防止宏观基本图出现拥堵区域(即区域整体陷入拥堵)的有效方式,而区域内各类停车设施的实时剩余停车泊位数量则是路网流出能力的重要组成部分,称为路网内部流出能力。但传统模型提出的区域边界车辆流入流出控制模型都以对需求的被动反应为主,不能够实现对区域内部各类停车设施车辆流入流出量的主动调控,基于多种手段的供需调控策略是当前研究热点。区域层面交通需求管控研究现存难点总结如下:

(1)当前对宏观基本图特性与路网拥堵时空分布的定量分析还不深入,由于缺乏海量多源数据支撑,传统研究所得结论的鲁棒性并不强。

(2)区域停车供需匹配模型求解算法的时间复杂度较高,当前算法难以应对区域停车供需的实时匹配,同时内部子区域划分方式和数量与计算成本的关系还不明确。

(3)对于多种交通模式、传统人工驾驶汽车和(当前不完全/未来完全)自动驾驶汽车、可预约与不可预约停车设施共存以及存在各种不确定性的实际交通场景，缺少主动调控手段，且当前建模方法较为理想化，导致适用场景与所得结论具有一定局限性。

4 总结与展望

综上所述，在多模式复杂交通系统中，现有需求管控研究主要存在以下不足：在车道层面上，欠缺多源实时数据融合；在网络层面上，缺乏多模式协同耦合优化；在区域层面上，缺少交通宏观运行定量分析。鉴于此，设定研究两点展望：构建面向新运营组织方式的多模式交通系统需求管理理论；提出适应新型技术的多模式交通系统主动调控方法。

(1)新运营组织方式下的多模式交通系统需求管理理论。①多模式交通网络建模与路径选择：通过构建超级网络刻画活动链的可行路径，基于最优化理论建立刻画活动出行的最短路问题的数学模型并设计有效的求解算法。②多模式交通服务定价与需求诱导：结合多种策略对出行即服务下出行链定价机制展开探索，并开发诱导多模式交通时空分布的管理策略。

(2)新型技术下的多模式交通系统主动调控方法。①多层级交通资源配置动态优化：以鲁棒与最优控制理论为基础，构建多模式状态下专用车道资源最优配置模型、多模式网络资源动态调配建模方法、区域交通资源协同组织优化方法。②基于路网交通信号协同调控的需求引导：以深度学习、最优控制等技术为支撑，探索基于路网系统状态的多种交通信号协同自适应控制方法，以引导交通需求时空分布。

主要参考文献

[1] Nagurney A B. Comparative Tests of Multimodal Traffic Equilibrium Methods [J]. Transportation Research Part B: Methodological, 1984, 18(6): 469-485.

[2] Friesz T L, Bernstein D, Smith T E, et al. A Variational Inequality Formulation of the Dynamic Network User Equilibrium Problem [J]. Operations Research, 1993, 41(1): 179-191.

[3] 黄海军. 城市交通网络平衡分析—理论与实践 [M]. 北京：人民交通出版社, 1994.

[4] Daganzo C F. Urban Gridlock: Macroscopic Modeling and Mitigation Approaches [J]. Transportation Research Part B: Methodological, 2007, 41(1): 49-62.

[5] Wu D, Yin Y, Lawphongpanich S, et al. Design of More Equitable Congestion Pricing and Tradable Credit Schemes for Multimodal Transportation Networks [J]. Transportation Research Part B: Methodological, 2012, 46(9): 1273-1287.

[6] Long J C, Huang H J, Gao Z Y, et al. An Intersection-movement-based Dynamic User Optimal Route Choice Problem [J]. Operations Research, 2013, 61(5): 1134-1147.

[7] 王炜,陈学武. 交通规划:第 2 版[M]. 北京:人民交通出版社股份有限公司,2017.
[8] Ding C, Cao X, Wang Y. Synergistic Effects of the Built Environment and Commuting Programs on Commute Mode Choice [J]. Transportation Research Part A:Policy and Practice, 2018,118:104-118.
[9] Wang P,Wada K,Akamatsu T,et al. Trading Mechanisms for Bottleneck Permits with Multiple Purchase Opportunities [J]. Transportation Research Part C:Emerging Technologies,2018, 95:414-430.
[10] Liu P,Liu J,Ong G P,et al. Flow Pattern and Optimal Capacity in a Bi-modal Traffic Corridor with Heterogeneous Users [J]. Transportation Research Part E:Logistics and Transportation Review,2020,133:101831.

撰稿人:田琼(北京航空航天大学)　王鹏飞(燕山大学)
刘鹏(北京航空航天大学)　丁川(北京航空航天大学)

城市群/都市圈综合交通系统复合化增长及智能管控

Evolution and intelligent operation of comprehensive transportation system in urban agglomerations and metropolitan areas

1 科学问题概述

近年随着我国新型城镇化进程加快,特别是城市空间形态和结构的变迁,交通需求增长迅速,新型交通出行方式和组织方式不断加入,交通模式呈现更加复杂化、多样化的特点,共享出行、自动驾驶、交通环境、交通能源等新型系统层出不穷。与此同时,城际高速公路及铁路的出现,提升了远郊的交通可达性,城市空间蔓延到几十甚至几百公里,出现了以中心城市为核心的大都市区(圈)、城市群和都市连绵区等,形成了以城市中心区为核心呈多中心、分散状的形态。然而,城市群/都市圈交通方式在各自发展的同时,相互协同、配合及促进程度不足,多方式资源协调问题日益突出,严重影响了城市和区域的经济建设和运行效率,已成为制约城市和区域可持续发展的主要瓶颈。当前新形势下,要缓解城市群/都市圈各类交通问题,构筑和谐交通体系,需充分运用各种方法手段,以大数据驱动,从整体、宏观的角度去认识整个交通系统,理解综合交通系统异构网络复合化增长的内在机理,从而更好地从城市群层面实现多出行方式资源优化配置与智能管控。

2 科学问题背景

城市群交通系统是包含多个子系统(各种交通方式)的复杂系统,其综合功能的完善依赖于多种交通方式功能的健全和协调。由道路、港口、机场、轨道等构成的综合交通体系不但决定了城市群空间的规模和尺度,也直接影响着城市群对各类要素的集聚与扩散能力,成为城市和区域综合竞争力的重要支撑点之一。现有研究主要强调城市群综合交通系统与区域内各城市发展相适应,较少涉及综合交通系统须承受城市群发展带来的压力,因此有必要预测社会各项指标以指导综合交通体系建设。本科学问题拟从大数据驱动的角度,构建城市群/都市圈综合交通系统各模式的复合化增长及智能控制的理论与方法体系。同时,考虑基于新型创新技术手段而出现的交通实践和政策,如共享出行(如网约车、分时租赁车辆)和自动驾驶技术,为新时代城市群/都市圈综合交通系统发展提供的新动能和机遇,保证多交通模式的复合化协调增长,为各级政府决策提供科学依据。

3 科学问题研究进展

本科学问题拟探讨大数据战略下,城市群/都市圈综合交通系统多模式复合化协同增长的必要性和可行性。在此基础上,发掘基于新型创新技术手段出现的相关交通实践和政策,为城市群综合交通系统发展提供的新动能和机遇。通过量化特定外部条件下各类城市综合交通系统结构及发展需求,如构成方式、客流分担比例、协同方式及强度,考虑综合交通系统与居民出行行为的匹配关系,以及各模式不同层级交通网络的承载能力和流量均衡性,建立多层级网络合理规模的测算方法。考虑城市群交通系统涉及不同主体与内外协同两个层面,设计城市群综合交通系统协同增长效果评价指标、体系和方法;根据评价指标体系、规划参与主体的关注点,以及协同发展理论,构建综合交通系统复合化增长效果评价推演平台,并选择具有代表性的典型城市群区域(如长三角、珠三角)进行验证。

综合交通需要从城市和区域发展的层面,主要包含以城市经济建设和运行效率为核心的道路与轨道交通,需研究交通网络对城市土地利用、出行方式的影响作用。城市道路交通网络是一种典型复杂性网络体系。已有主流研究学者,包括 Barabasi 等倾向于将道路交通路网看作随机网络。例如,美国高速公路网络大部分节点拥有连接数接近(点的连接度具有钟形曲线分布特征)。Peng 等建立了道路随机网络模型,对道路网络性能和机动性进行研究,验证了道路网络对于机动性的重要影响。Jiang 和 Claramunt 将城市街道网络抽象成节点-连接网络,发现其具有小世界网络特性,但不具备无标度网络特性。类似,Masucci 等以伦敦街道为研究对象,分别将其视为网格、静态随机平面图和增长随机平面图,证实伦敦街道网是一个增长的自组织系统。Xie 和 Levinson 使用经验数据和模拟数据对城市地面交通网络拓扑结构的演化进行研究,验证了演化是一个互动、投资和撤资迭代的过程,证实了城市交通网络拓扑结构由于外部作用的驱动或者内部元素作用,允许其随时间进行演化。苗亚楠运用复杂网络理论和计算机仿真等相关技术,以北京市道路网络为例,在分析提炼其道路网络时空演变规律的基础上,构建了中心型道路网络演化模型,揭示了城市道路网络演化的两种机制,即稠密化和扩张;证明了城市道路网络的空间分布与拓扑中心存在较强的关联性,即随着与拓扑中心距离的增大,道路网络密度线性降低而路段平均长度线性增大。段杰和李江基于 GIS 平台,以武汉市中环线以内区域的交通网络为研究对象,借助分形几何方法,并运用拓扑网络分析城市交通网的层次结构、复杂性及城市空间形态的组合情况,来确定交通网络的整体层次结构及复杂程度,从而进一步分析交通网络的基本形态。宗跃光等以复杂网络理论和 B-A 模型为基础,统计和分层解析了南京主城区复合交通网络特征,发现城市复合交通网络主要由随机网络和无尺度网络共同组成,从而实现随机网络的稳定性、可达性和无尺度网络的高效性、成长性的优势互补,同时发现城市路网复合化衍生过程符合自下而上和自上而下的双向增长过程。

与此同时,轨道交通(地铁、轻轨等)因其大容量、快速、高效的特点,为缓解城市交通拥堵、建设可持续人居环境等问题提供了重要突破口。如何提高城市轨道交通网络的性能,避免网络故障和其造成的不良影响,是当下亟须解决的问题,需要从科学的角度来认识和了解城市轨道交通网络的特点和其演化规律,以便提出科学有效的决策。轨道交通网络具有时空维度上的复杂性,Derrible 和 Kennedy 通过对全球 19 个大城市的轨道交通系统拓扑结构指标和客流数据统计分析发现,轨道交通网络拓扑结构是吸引出行者使用公共交通的关键因素。Chen 等以世界上 33 个大城市轨道交通网络为研究对象,通过随机攻击和蓄意攻击的研究方法,得出东京和罗马轨道交通是鲁棒性最好的地铁网络。Sun 等引入 OD 客流数据,研究基于站点的网络脆弱性,提出判定识别网络关键站点的方法;通过模拟连接攻击,分析故障情况下乘车时间和客流损失的变化,揭示了关键线路连接在网络脆弱性中的重要作用。客流数据的引入使得网络脆弱性研究更具现实意义,但仅关注站点或线路对网络脆弱性的影响仍不全面,缺少对网络整体脆弱性的整体把握,且网络中任何站点和线路都不是独立存在的,彼此之间存在相互影响,需要更加全面考虑。

当前新形势下,要缓解城市群/都市圈各类交通问题、构筑和谐交通体系,需充分运用多种方法手段,以数据驱动,从整体、宏观的角度去认识整个交通系统,理解城市群/都市圈交通异构网络演化的内在机理和运行规律。无论是城市道路还是轨道交通网络,可通过其动力学过程的行为和特性来反映其功能,采用状态变量(State Variables)来表示其性质和特征。因此,可采用大数据方法,从交通换乘枢纽节点对系统的影响出现出发,结合协同目标的约束,研究城市群交通系统中不同方式间的相互作用关系,实现多交通方式求同存异、协同发展。现有对于城市群交通网络拓扑结构的应用研究涉及交通运输工程、管理科学与工程、系统工程、地理信息科学、大数据分析等多学科交叉,取得了一系列研究成果,但也存在以下问题:

(1)仅针对单一方式进行,忽略实际运行中不同等级及类型网络容量属性的区别,如引入复合交通等级网络来考虑不同级别的道路节点和连接边数的等级关系，结果可能产生较大差异。

(2)主要聚焦于城市区域范围内的出行需求和模式，如公共交通等，重点采用用户均衡或者动态网络建模等数学方法，从优化和博弈的层面来考虑居民出行，缺少针对城市群范围多模式交通网络复合化增长演化过程的研究。

(3)研究对象局限于给定轨道交通及道路骨干网络，缺少针对不同形态路网结构差异性的研究成果，因而无法获得针对城市群综合交通网络动态演化过程的普适性结论。

解决上述问题，可从大数据驱动的角度，根据城市群综合交通系统开放复杂的特性，从中观层面研究多交通方式、枢纽节点，以及枢纽与交通网络间的协同互馈关系，提出构建城市群综合交通系统各模式的复合化增长及控制策略体系。同时，考虑基于新的创新技术手段而出现的相关交通实践和政策，对于新时期城市综合交通系统发展提供的新机遇，保证城市群/都市圈综合交通系统各模式的复合化增长及智能管控，为政府决策提供科学依据。主要包含以下内容。

3.1 城市化进程中城市群/都市圈综合交通系统自适应演化机理

主要考虑城市群综合交通系统与城市空间形态和结构等外部环境因素间互馈关系；结合区域内各城市居民出行需求，将主动发展与被动增长有效结合，构建城市群综合交通系统协同增长框架体系。随着城市化进程中交通方式和交通特性的变化，各方式间关系并非单纯协同与竞争，可考虑借鉴生态学种间关系，将其相互作用划分为偏利共生、互利共生、完全竞争、依存、抑制等类型。通过引入生态学种间关系理论，解析交通方式间相互依赖、协同成长的内在机理，建立交通方式间相互作用关系表征，研究城市演化进程中综合交通系统各方式间自适应协调机理。

3.2 协同发展导向下的城市群综合交通网络层级合理规模测算模型

综合考虑人口、国民经济指标、行政等级、地理区位、城市化进程等因素，对各城市进行类别划分，将分类时所考虑的因素以及居民出行结构作为城市特征指标，每类城市对应一个特征集；以特征集作为交通方式生存的资源环境，借鉴生态学中关于生态位理论，定义每种交通方式的生态位；依据不同生态位资源利用程度，确定特定外部条件下各类城市交通系统结构以及发展需求(构成方式、客流分担比例、协同方式及强度)；结合交通系统网络与居民出行行为的匹配关系、各方式不同层级交通网络的承载能力及流量均衡性，建立各层级网络合理规模的测算方法。

3.3 城市群多方式出行服务资源优化配置与智能管控技术

从城市群智慧出行与服务综合管理系统应用层面，依托各城市已有信息平台，如上海市“智慧公安”和“综合交通信息平台 IDPS”，进一步建立交互应用平台和信息管理平台，提高城市群综合交通系统的智能化运行和管理水平。以“广泛式采集、分布预处理、集中性分析”为核心，构建城市群一体化全过程“广义出行链”及广义网络模型和覆盖出行全过程的服务新模式，研究多方式动静态出行资源均衡配置方法及协同调度技术。根据城市群内各城市人口规模和出行强度，建立梯度分级的差异化管理方案，提出城市群智慧出行评估评价体系和相关技术标准，鼓励共享、定制、MaaS 等新兴交通出行模式试验发展，以满足市民多样化的出行需求。在出行资源配置及智能管控中，还需要考虑用户需求、资源均衡、多方利益等多因素评估，建立网络级出行智能协同管控方案，以实现城市群多方式出行资源优化配置效果及效率。

主要参考文献

[1] Barabasi A, Bonabeau E. Scale-free Networks[J], Scientific American, 2003, 288:50-59.

[2] Peng W, Dong G, Yang K, et al. A Random Road Network Model and Its Effects on Topological Characteristics of Mobile Delay-tolerant Networks [J]. IEEE Transactions on Mobile Computing, 2013, 13(12):2706-2718.

[3] Jiang B, Claramunt C. Topological Analysis of Urban Street Networks [J]. Environment and Planning B: Planning and Design, 2004, 31(1):151-162.

[4] MasucciA P, Smith D, Crooks A, et al. Random Planar Graphs and the London Street Network[J]. The European Physical Journal B, 2009, 71(2):259-271.

[5] Xie F, Levinson D. Topological Evolution of Surface Transportation Networks [J]. Computers Environment & Urban Systems, 2009, 33:211-223.

[6] 苗亚楠. 城市道路网络演化特性与生长模型研究[D]. 北京:北京交通大学, 2015.

[7] Wang J, Rong L, Zhang L, et al. Attack Vulnerability of Scale-free Networks due to Cascading Failures [J]. Physica A: Statistical Mechanics & Its Applications, 2008, 387 (26): 6671-6678.

[8] 段杰, 李江. 基于空间分析的城市交通网络结构特征研究[J]. 中山大学学报(自然科学版), 2002, 41(6):105-108.

[9] 宗跃光, 陈眉舞, 杨伟, 等. 基于复杂网络理论的城市交通网络结构特征[J]. 吉林大学学报(工学版), 2009, 39(4):910-915.

[10] Derrible S, Kennedy C. The Complexity and Robustness of Metro Networks [J]. Physica A: Statistical Mechanics and its Applications, 2010, 389(17):3678-3691.

[11] Chen G, Dong Z Y, Hill D J, et al. Attack Structural Vulnerability of Power Grids: A Hybrid Approach based on Complex Networks [J]. Physica A: Statistical Mechanics and its

Applications,2010,389(3):595-603.

[12] Sun D J,Zhao Y,Lu Q C. Vulnerability Analysis of Urban Rail Transit Networks:A Case Study of Shanghai,China [J]. Sustainability,2015,7(6):6919-6936.

[13] 黄海军,高自友,田琼,等. 新型城镇化导向下的城市群综合交通系统管理[J]. 中国科学基金,2018,32(2):214-223.

[14] Huang H J, Xia T, Tian Q, et al. Transportation Issues in Developing China's Urban Agglomerations[J]. Transport Policy,2020,85:A1-A22.

撰稿人:孙健(长安大学)　黄一哲(上海交通大学)

碳约束条件下城市公共交通系统耦合机理与协同优化

Coupling mechanism and collaborative optimization of urban public transportation system under carbon constraint

1　科学问题概述

随着全球变暖、环境污染、能源紧缺以及交通拥堵等问题日益严重,全球对非机动化交通以及公共交通的关注度逐渐提高,以公共交通和慢行交通为代表的绿色交通方式的发展问题,是应对环境问题的重要手段和途径。虽然近年来我国公共交通发展迅速,并且共享单车、网约车等新兴交通方式规模不断增加,但与发达国家相比,我国城市公共交通出行的分担率较低,虽然不少城市也正致力于创造一个具有环境友好型的城市空间,引导城市向积极、绿色的交通模式转变。但伴随城市发展水平不断提高,人们对运输时效性、个性化和舒适度等要求也越来越高,进一步导致了城市公共交通服务水平不高,以及导致出行分担率偏低等问题,从而导致单位运输周转量的二氧化碳排放强度下降面临瓶颈,低碳交通发展面临严重挑战。

当前,广义上的城市公共交通系统包括了地面公交、轨道交通、慢行交通(自行车、共享单车、步行)、网约车等多种交通方式,在碳达峰、碳中和的约束条件下,如何构建既具有高服务水平、对城市发展具有支撑引导作用,又符合碳约束条件的综合公共交通体系,是实现城市和交通系统可持续发展的重要前提。数据统计显示,交通领域占全国终端碳排放的15%,过去九年以年均增速5%以上的速度在发展,预计到2025年会增加50%。而多种公共交通方式在不同城市类型、不同城市布局等多种资源禀赋及环境约束下的耦合机制及其协同效应问题,是影响城市公共交通体系规划及其协同优化的重要基础与关键问题。通过已有研究仍较难判断当前在数字化交通发展背景下的城市综合公共交通效率提高到底会增加抑或减少居民出行碳排放，如何通过政策制定、规划控制和行为引导来规避交通方式耦合过程中带来的效率失衡以及对环境和气候变化的负面作用。

2　科学问题背景

2021 年 9 月 22 日，中共中央、国务院印发了《关于完整准确全面贯彻新发展理念做好碳达峰碳中和工作的意见》，其中，明确了加快城市轨道交通、公交专用道、快速公交系统等大容量公共交通基础设施建设，加强自行车专用道和行人步道等城市慢行系统建设，深入推进运输结构优化调整，加快推进低碳交通运输体系建设。2021 年全国两会政府工作报告明确指出，在“十四五”期间，要推动绿色发展，促进人与自然和谐共生。单位国内生产总值能耗和二氧化碳排放分别降低 13.5%、18%。交通运输作为经济社会先行领域，在碳达峰、碳中和任务上任重道远。事实上，在推动单种运输方式节能减排的同时，如何从城市公共交通系统的综合环境影响测度以及各方式间的耦合机理角度探讨系统协同优化与调整问题，已经成为加快建设交通强国的重要目标和具体举措。

一般认为，交通运输领域的碳排放主要涉及六个环节：①交通运输能源消费的碳排放强度；②交通运输活动的能源消费；③源于生活和经济活动的交通运输压力；④源于生活和经济需求的生活和经济活动；⑤人均生活和经济需求；⑥人口等。因此，单纯通过技术创新和追求高移动性（提高可达性）来减少出行碳排放是不可行的。对于城市公共交通而言，如何兼顾交通运输服务带来的流动性以及环境约束，主要体现在针对单种或多种运输方式组合带来的排放强度以及为出行需求提供的可达性水平。更为重要的是，可达性的提高将会通过各种土地用途类型的再区位（如居住区位和商业区位的重新选择）来改变城市土地利用，从而又会对城市交通环境和居民出行需求产生影响。例如多中心化能够缓解中心城区的交通拥堵，同时也会对居民的职住空间距离产生影响。以往的城市公共交通系统碳排放分析主要基于单方式的环境影响与能源消耗，针对不同运输方式的消耗总量与排放总量开展研究。目前，随着基于位置服务（Location Based Services，LBS），如移动通信（GSM）、全球定位系统（GPS）、社会化网络（SNS）和无线宽带热点等技术的进步和广泛应用，大规模、高质量的个体时空数据的获取正不断成为可能，这些遍布（Ubiquitous）的个人贡献（Volunteered）数据对描述和理解城市公共交通系统的出行需求、活动特点和环境影响，提供了新的途径和技术手段。

在多种公共交通运输系统优化的方面，伴随着 ICT 技术和计算科学发展起来的大数据管理、应用与分析技术在智慧交通中发挥着重要作用。当前，通过海量个体数据融合等技术方法来实现公交线路优化、公交智能调度、优化供给与需求的调配已逐渐成为主要的运营管理方式。但从系统协同优化角度看，不同公共交通方式所提供的交通供给效率之间存在特定耦合关系，即多种交通方式在特定时空框架下的组合方式所产生的服务水平(机动性及可达性)存在互馈机制，进而在影响出行行为的同时，对出行产生的碳排放水平也产生了差异化作用。因此，如何结合海量数据挖掘以及出行需求规律探究的基础上，探讨多种交通方式耦合条件下的系统结构特征与效率差异，并在此基础上结合碳排放约束条件，形成满足碳排放约束的综合公共交通系统协同优化方法与方案，是实现“双碳”目标下城市公共交通系统优化的重要前提。

3　科学问题研究进展

首先，能源经济学领域的国内外学者利用多种方法对不同交通部门的能耗和碳排放进行了测算，结果普遍表明，相较于私人汽车，公共交通的人均百公里能耗和碳排放强度比较低。因此，将私人汽车部门的客流引导到公共交通部门对低碳交通具有重要意义。类似的，Zhang Lingling 等、Aggarwal 等和 He Dongquan 等通过对城市交通碳排放的影响因素进行分解，利用情景预测法探讨不同出行结构下交通碳排放的变化，他们的研究都表明，目前在发展中国家的城市客运部门中，提高公共交通出行比例不仅有利于节约能源，同时还能够有效减少客运交通部门的碳排放。

为进一步验证地面常规公交的碳减排作用，国内外学者大多将反映地面常规公交规模的相关指标如公交车辆数、公交专用道长度以及公交出行分担率等纳入碳排放的影响因素，构建回归模型以分析地面常规公交对交通碳排放的影响。第一，公交运营车辆方面，有学者将公交运营车辆数量作为碳排放的影响因素，构建了实证回归模型，研究发现由于公共交通对小汽车的替代效应，城市公交运营车辆越多，城市碳排放越少，即增加公交运营车辆数对城市交通碳排放有负向影响。第二，公交客运量方面，曹小曙等的研究表明，地面常规公交承担的通勤客运量比例越高，通勤活动产生的交通碳排放越低。第三，公交线路方面，有研究指出：公交线路越多，公交站点的设置越便捷，私家车部门产生的交通碳排放越少，越有利于总体交通碳减排。黄经南等的研究也表明地面常规公交线路条数对城市交通碳排放有负向影响。

以上研究探讨了常规公交的相关指标对交通碳排放的影响，多数学者主张增加地面常规公交的运营车辆数、运营里程和客运量以降低交通碳排放。然而，章玉的研究却发现，就目前我国城市发展阶段来看，大多数城市的地面常规公交规模不宜盲目扩大，否则将降低公交效率以及道路运行效率。因此，如何在投入资源有限的条件下扩大地面常规公交的客运量产出，即如何提高地面常规公交效率应是研究的重点。在近期的研究中，有学者分析了地面常规公交效率对汽车能源消耗的影响。首先，提出了假设：地面常规公交效率越高，表明其服务效果和出行体验越好，居民就会越倾向于公交出行，由于常规公交与私家车在道路系统中存在竞争关系，因而汽车能源消耗会相应减少。另一研究结果表明:地面常规公交效率的提高对城市车辆能耗存在显著的抑制作用,并且这种影响存在收入的门限效应。

主要参考文献

[1] 张峻屹. 后疫情时代交通运输领域的一体化碳减排政策[J]. 城市交通:1-16.

[2] 麦文隽,邹乐乐,王毅,等. 城市客运交通节能减排潜力分析——以镇江市为例[J]. 城市问题,2017(08):31-41.

[3] Zhang L,Long R,Chen H,et al. Analysis of an Optimal Public Transport Structure under a Carbon Emission Constraint:a Case Study in Shanghai,China[J]. Environmental Science and Pollution Research,2017,25(1):1-12.

[4] Aggarwal P,Jain S. Energy Demand and CO_2 Emissions from Urban On-road Transport in Delhi:Current and Future Projections under Various Policy Measures[J]. Journal of Cleaner Production,2016,128:48-61.

[5] He D,Liu H,He K,et al. Energy use of,and CO_2 Emissions from China's Urban Passenger Transportation Sector-Carbon Mitigation Scenarios upon the Transportation Mode Choices[J]. Transportation Research,2013,53(07):53-67.

[6] 刘李红,李红昌. 高铁与城市交通对城市碳足迹影响研究[J]. 北京交通大学学报(社会科学版),2017,16(04):17-29.

[7] 苏涛永,张建慧,李金良,等. 城市交通碳排放影响因素实证研究——来自京津沪渝面板数据的证据[J]. 工业工程与管理,2011,16(05):134-138.

[8] 吕倩,高俊莲. 京津冀地区交通运输碳排放模型及驱动因素分析[J]. 生态经济,2018,34(01):31-36.

[9] 曹小曙,杨文越,黄晓燕. 基于智慧交通的可达性与交通出行碳排放一理论与实证[J]. 地理科学进展,2015,34(04):418-429.

[10] 宁晓菊,张金萍,秦耀辰,等. 郑州城市居民交通碳排放的时空特征[J]. 资源科学,2014,36(05):1021-1028.

[11] 黄经南,高浩武,韩笋生. 道路交通设施便利度对家庭日常交通出行碳排放的影响——以武汉市为例[J]. 国际城市规划,2015,30(03):97-105.

[12] Daraio C,Diana M,Di Costa F,et al. Efficiency and Effectiveness in the Urban Public-Transport Sector:A Critical Review with Directions for Future Research[J]. European Journal of Operational Research,2016(01):1-20.

[13] Qiang Cui,Ye Li. An Empirical Study on the Influencing Factors of Transportation Carbon Efficiency:Evidences from Fifteen Countries[J]. Applied Energy. 2015,141,209-217.

[14] Hiroaki Nishiuchi, Tomoyuki Todoroki, Yusuke Kishi. A Fundamental Study on Evaluation of Public Transport Transfer Nodes by Data Envelop Analysis Approach Using Smart Card Data[J]. Journal of Japan Society of Civil Engineers Ser D3, 2013, 69(5): 1725-1734.

撰稿人：袁长伟(长安大学)　付鑫(长安大学)

城市群综合交通网络系统分析与协同规划

Analysis and cooperative planning of comprehensive traffic network system in urban agglomeration

1　科学问题概述

经过多年的持续建设，高铁、高速公路和港口、机场等交通基础设施在我国有了很大发展，对快速推进城镇化进程发挥了重要支撑作用。然而，在城市密集地区，特别是处于培育阶段的城市群地区，城际交通的瓶颈约束依然比较突出，成为制约城市群地区提高承载力的突出短板。从国内外的研究现状和发展动态来看，对于城市交通的研究已有相当的规模和深度，但关于城市群多层次和多模式交通网络系统分析与协同规划的关键理论和科学问题仍在探讨、试验和测试阶段，也是国际交通领域的研究热点之一。《交通强国建设纲要》也指出通过推动各交通方式相对独立发展向一体化融合发展的转型，建设一体化融合、高速度和高智能的综合交通体系。在该背景下，研究城市群居民出行的复杂决策行为，解析城市群多层次交通需求演化分析；融合城市综合交通网络系统分析结论，为城际交通、市郊交通与城市内部交通系统的多层次和多模式协同关系提供剖析技术，提出城市群综合交通网络协同规划技术；分析城市群发展、交通出行活动变化规律及突发交通事件三者的内在关联性，建立城市群综合交通系统韧性设计模型，将成为我国城市群综合交通网络系统分析与协同规划的重要问题。

2　科学问题背景

长期以来，国家非常注重基础设施建设，然而随着各种运输网络基础设施的日益完善，各大城市群的综合交通运输系统并没有展现出与基础设施匹配的运输效率。尽管我国在交通基础设施投资显著(近5年交通固定资产投资平均增长率为5.32%)，但是交通基础设施的大量投入还未能完全转化至运输服务质量的提升。因此，未来城市群综合交通系统应在基础设施网络一体化的基础上，更加注重多层次交通需求耦合与多模式客运服务的一体化。

城市群交通涵盖城市交通、都市圈交通、城际交通和区际交通等多个层级，导致城市群综合交通系统建设与运营都具有很强的时空复杂性，多层次交通与多种交通方式（主要是公路、铁路和民航）很难协同，在面临各类常发性或偶发性突发事件（如拥堵、自然灾害等）的侵袭时，无法做到各种交通方式的有效衔接和立体互补，从而导致综合交通网络系统的局部或全局瘫痪。例如，2018 年雪灾造成长江经济带上中下游 10 余省受灾，部分高速公路及铁路网络几乎瘫痪；2019 年台风“利奇马”影响长三角城市群，造成上海、温州和舟山等多个机场航班大面积延误和 300 多趟铁路停运。这些事件引起我们反思，在对城市群综合交通网络系统分析的基础上，提高各种交通模式之间的协同韧性，形成协调配合和应急替代格局。因此，如何开展各模式交通网络的综合规划与管理，以及对多方式交通时空资源的协同配置和布局，特别是能涵盖公路和铁路客流交通网络以及公铁及航空枢纽的综合交通网络一体化规划方法，成为我国城市群交通规划与综合交通组织面临的新问题。

3　科学问题研究进展

城市群已成为支撑世界各主要经济体发展的核心区和增长极，与此同时，我国城市群发展已进入快车道。“十四五”规划中明确提出，要全力推进以京津冀、长三角和珠三角等城市群为重点的 19 个城市群建设。由于缺乏系统层面的战略指导，我国城市群综合交通体系普遍存在：交通基础网络不完善，结构不合理；各种交通方式衔接不畅，客运效率不高；综合交通运输体制机制尚未真正形成等一系列问题，制约了城市群整体效能的发挥，导致我国城市群发展面临能源短缺及环境污染等严重挑战。

城市群综合交通网络系统的基础理论研究与分析的核心是研究系统中服务对象、载运工具、基础设施及环境之间的相互机理和关系，以保证交通运行安全、提升设施运行效率、减少交通环境污染和提升出行舒适性及经济性。在实践中，交通运行环境涉及众多影响因素，相互作用关系复杂，如个体出行者特征差异和路段及网络层面交通流的规律性和随机性，现有理论方法难以给出精确描述与解释。目前城市群综合交通系统缺少成熟的交通流理论，而目前较为完整的道路交通流理论在研究中大量的假设和简化往往忽略了个体特征，致使当前研究陷入以交通局部现象窥视整体规律的困境，难以准确调控与预测交通态势的演变。随着传感器、物联网、通信网络和人工智能等理论与技术的快速发展，城市群综合交通系统可以获取多模式、高价值、作用域多样化的海量交通信息数据，因此，大数据理论与技术的应用为解析城市群综合交通系统的基础特征、属性、运行状态及其演变规律提供了新的可能。将交通信息大数据在多尺度层面上进行融合，可以有效地辅助洞察综合交通行为、理解交通运行特征和预测综合交通演化趋势，为城市群综合交通智能服务与智慧决策提供坚实基础。

总体来看，城市群综合交通网络系统分析与协同规划在当下已有一定研究基础，但现有研究较为零散、针对性不强，研究成果杂乱，难以统一与集成，这也导致了综合交通的网络特征和演化机理难以清楚解析，需重点在以下方面开展攻坚。

3.1 城市群多层次交通需求演化分析

现代城市群不是孤立和封闭发展的：在网络供给方面，城市群交通网络都具有多层次（城际交通、市郊交通和城市交通等）与多模式（主要是公路和铁路）的特征；在出行需求方面，随着城市群间经济社会活动增加，交通需求具有更强的城际耦合程度与显著的动态性和阶段性。因此，适用于城市交通的传统交通需求预测方法无法反映出城市群交通需求的规模、结构和空间耦合特征与演化过程。基于此，宏观视角下揭示城市群系统的社会、经济特征及其与综合交通系统的协同关系；中观层面下解析城际间交通出行的特征和演化规律以及城际交通需求与城市内部需求一体化的规律；挖掘出行行为在城市群相关交通活动决策时的新特性和新规律，提出城市群交通需求的形成和演变机理，从而全面地解析城市群多模式交通网络供给和需求的复杂作用关系是亟须解决的关键科学问题之一。

3.2 城市群综合交通网络协同规划

长期以来，我国城市群综合交通网络体系中各客流服务模式条块分割、各自为政，子系统大多孤立运行，综合交通网络系统点、线、面之间缺乏畅通衔接，未能形成有机整体，难以实现真正协同运行，各交通系统的运行效率低于预期。究其原因，主要是目前的规划设计更关注基础设施建设和多模式网络的“硬联通”，而城市之间信息共享缺乏和体制机制不协调，导致交通出行结构不合理以及多种客流方式衔接不顺畅。因此，如何突破传统的城市交通研究框架，解析城市群综合交通网络结构和出行需求特征及其相互作用机理，挖掘交通枢纽对多层次和多模型交通方式的连接作用，研究城际交通、市郊交通与城市内部交通系统在协同设计上的衔接关系，分析城市群交通走廊上多种交通模式的协同行为，构建一体化的城市群多模式多层次交通网络设计模型是需要重点关注的科学问题。

3.3 综合交通系统韧性设计

城市群综合交通系统中，客流行为从传统孤立的单方式向多方式协同发展，这导致不同方式间的关联更加紧密，突发事件也更容易突破地域界限而相互传导形成区域性危机，对综合交通系统的影响机制也越发复杂。影响范围较大的突发事件（例如，雪灾、洪水或突发公共卫生事件等）则可能会放大城市群组团间的不同模式下交通系统的功能差异，进而导致整个综合交通系统的失稳。因此，如何构建风险环境下城市群综合交通系统承载能力评估方法，解析不同类型风险干扰下综合交通系统承载能力的变化规律，实现多尺度城市群综合交通系统韧性关键组件节点、链路和区域的精准识别，解析供需互动角度下城市群人口、经济和网络结构与综合交通系统韧性的协同演化机理，构建突发事件下基于弹性优化的综合交通系统联动及协同管控策略,是城市群综合交通网络系统拟解决的第三个关键科学问题。

主要参考文献

[1] 汪光焘. 中国城市交通问题、对策与理论需求[J]. 城市交通,2016,14(06),1-9.

[2] 黄海军,高自友,田琼,等. 新型城镇化导向下的城市群综合交通系统管理[J]. 中国科学基金,2018,32(02):214-223.

[3] Strano E, Shai S, Dobson S A, et al. Multiplex Networks in Metropolitan Areas: Generic Features and Local Effects [J]. Journal of the Royal Society Interface, 2015, 12 (111), 20150651.

[4] Domínguez M, Fernández-Cardador A, Cucala A P, et al. Energy Savings in Metropolitan Railway Substations Through Regenerative Energy Recovery and Optimal Design of ATO Speed Profiles[J]. IEEE Transactions on Automation Science and Engineering, 2012, 9(3), 496-504.

[5] Miao F, Han S, Lin S, et al. Taxi Dispatch With Real-Time Sensing Data in Metropolitan Areas: A Receding Horizon Control Approach [J]. IEEE Transactions on Automation Science and Engineering, 2016, 13(2), 463-478.

[6] Li X, Huang B, Li R, et al. Exploring the Impact of High Speed Railways on the Spatial Redistribution of Economic Activities - Yangtze River Delta Urban Agglomeration as a Case Study[J]. Journal of Transport Geography, 2016, 57, 194-206.

[7] Min Y H, Park M J, Hong S P, et al. An Appraisal of a Column-generation-based Algorithm for Centralized Train-conflict Resolution on a Metropolitan Railway Network [J]. Transportation Research Part B, 2011, 45(2), 409-429.

[8] Su B B, Chang H, Chen Y Z, et al. A Game Theory Model of Urban Public Traffic Networks [J]. Physica A-Statistical Mechanics and Its Applications, 2007, 379(1), 291-297.

[9] Sanchez-Mateos H S M, Sanz I M, Frances J M U, et al. Road Accessibility and Articulation of Metropolitan Spatial Structures: the Case of Madrid (Spain) [J]. Journal of Transport Geography, 2014, 37(05), 61-73.

[10] Sun H, Wu J, Wu L, et al. Estimating the Influence of Common Disruptions on Urban Rail Transit Networks[J]. Transportation Research Part A, 2016, 94, 62-75.

撰稿人:于滨(北京航空航天大学)　田琼(北京航空航天大学)
蒋永雷(北京航空航天大学)

CHAPTER TWO

第2章 综合交通规划与设计

随着人们对交通要求的不断提高,发展现代综合交通运输体系,构建综合交通网络成为新时期交通发展的主要特征。综合交通规划是在合理利用资源的基础上保证政治、经济、社会可持续发展,并对交通进行的多目标规划与安排。近几年,国家越来越重视交通规划的发展,《交通强国建设纲要》提出“建设城市群一体化交通网”,《中国交通的可持续发展》白皮书指出加快构建世界级城市群交通体系,《国家综合立体交通网规划纲要》明确要推进城市群内部交通运输一体化发展,推进综合交通枢纽一体化规划建设。

在过去的几十年里,我国城市建设与经济发展都处于高速发展阶段。在当前经济转型新时期,我国经济发展进入新常态背景下,为了满足时代需求,大型城市在发展过程中,需要从城市总体规划入手,建立支持城市经济发展的交通系统。传统综合交通编制工作已不能满足交通系统规划需求,由交通设施规划逐渐转向了交通政策层面规划。交通规划编制工作作为城市总体规划的主要组成部分,对城市空间塑造、功能实现有十分重要的现实意义。相比于中小型城市,大城市具有经济体量大、实力强等特点,对于城市交通的系统性有更高的要求。

新时期背景下,区域一体化的发展态势促使大城市在发展过程中,需要不断提高自身在全球城市网络中的地位,站在城市统筹发展的角度看待交通问题。在传统交通规划编制工作中,通常情况下系统规划范围与城市用地布局规划相一致,统一为中心城市加市域、城郊分治的规划模式及编制方法。但实际上,大城市近些年在发展过程中,有关城市职能已经扩展到了市域,甚至直接跨界到邻近城市。有关城市活动打破了传统城市中心与城市郊区的便捷性,各种交通活动融为一体,但是传统交通规划编制仍不能跨越这些障碍,导致交通活动链被人为割裂,与城市活动的实际情况脱节。因此,需要推进综合交通枢纽及邮政快递枢纽统一规划、统一设计、统一建设、协同管理,依托城市群建设综合交通枢纽集群。在满足城市经济、社会发展所产生的必要交通需求的前提下,通过综合交通规划,能够更加有效地利用城市土地资源,构建产生最小环境影响的以人为本的城市综合交通系统,实现政府对交通设施的合理利用与管理,使交通设施能更好地满足社会经济发展的需要。

城市群多模式客运枢纽协同布局

Collaborative planning of multi-mode passenger transport hubs layout in urban agglomerations

1 科学问题概述

由于区域发展、功能定位、衔接能力等方面的制约,当前城市群客运枢纽存在与区域空间形态不匹配、功能互补不强、方式衔接不畅、协同运行欠缺等问题,严重制约了综合运输网络的一体化发展。

在工程方面,现有的城市群枢纽业务同质化现象明显,城市群枢纽利用不均衡特征明显。随着经济发展,城际出行需求日益增长。城市群的建设与发展,出行需求呈现规模化、常态化和多样化发展。城市的对外枢纽的建设需求也持续增长。不同模式枢纽间互补性不强,枢纽业务同质化现象明显,导致城市群枢纽利用不均衡特征明显,造成部分枢纽超负荷运行的同时,其他枢纽运输资源的闲置。以京津冀城市群内的机场群为例,2019年首都机场的利用率已经达到了117%,而天津滨海机场和石家庄正定机场的利用率分别是95%和60%,呈现出北京“吃不下”,天津“吃不饱”,河北“吃不上”的状态。

同时,现有布局规划难以支撑城市群下枢纽群规划需要。由于我国枢纽规划多是从单一交通方式或单一城市的角度进行考虑,城市群多模式客运枢纽与区域空间布局之间关系缺乏规划,城市群客运枢纽普遍存在与区域空间形态不匹配、定位不清晰、功能互补不强、方式衔接不畅、协同运行欠缺等问题,严重制约了综合运输网络的一体化发展。

枢纽布局规划作为交通规划的重要内容,涉及区域客流需求、枢纽选址布局优化等内容,一直是国内外学者的关注重点,并取得较为丰富的研究成果。然而,城市群尺度下的多模式客运枢纽协同布局规划带来了新的挑战:

(1)城市群依托枢纽的出行需求规模化、常态化和多样化特征明显。随着城市群交通一体化进程推进,交通出行空间范围日趋扩大、城市群内城市间可达性逐步提升、旅客联程运输模式持续推进,带来了大尺度空间下规模化、常态化、多样化的跨市域客流需求,客运枢纽的利用逐步提升。开展城市群空间形态、产业布局、土地利用、交通网络的可达性与客流流动规律间的耦合分析，研究城市群空间尺度、多模式下的客流需求生成规律及态势推演是枢纽协同布局的关键问题之一。

(2)枢纽客流需求受城市群空间形态和枢纽布局等多重因素的影响。客运枢纽承载着城市群对外的出行服务，也是城市群内部客流流动的关键节点。枢纽的客流需求受城市形态、人口分布、用地规划以及产业布局等的影响。随着生产要素和生产力在城市群内重新布局和分工、产业结构和空间布局的不断调整，枢纽客流需求也将产生显著变化。同时，枢纽间竞合关系，以及城市群在功能定位、选址、规模等方面的差异，均对枢纽客流需求有显著影响。综合城市群空间形态以及枢纽布局方案开展枢纽客流需求预测也是实现枢纽群协同布局的关键问题。

(3)城市群内跨方式、多场站的客运枢纽布局的协同规划。打破不同运输方式间的壁垒，实现跨方式、跨区域下枢纽的协同布局，是实现运输资源的充分利用、城市群枢纽协同布局的核心问题。目前枢纽的协同布局缺乏有效的评价标准，考虑客流需求与枢纽布局互馈作用机制下，区域内跨方式、多场站的枢纽功能定位、选址、规模等的规划方法还需完善。

因此，有必要聚焦城市群多模式客运交通枢纽的协同布局，构建能够响应城市群空间结构的调整和交通运力资源的变化的枢纽客流需求预测模型，打破不同运输方式间的壁垒，研究枢纽协同布局的评价指标体系，开展城市群内枢纽的协同布局规划，形成枢纽群的运力资源分配、规模、位置等布局方案，为城市群交通一体化发展提供理论支撑。

2 科学问题背景

城市群在我国生产力布局格局中起着战略支撑点、增长极点以及核心节点的作用，是我国未来经济发展格局中最具活力与潜力的核心地区。交通一体化作为城市群建设的重要组成和基本保障，对未来城市群发展至关重要。《交通强国建设纲要》(2019 年)提出“建设城市群一体化交通网”，《中国交通的可持续发展》(2020 年)白皮书指出加快构建世界级城市群交通体系，《国家综合立体交通网规划纲要》(2021 年)明确要推进城市群内部交通运输一体化发展，推进综合交通枢纽一体化规划建设，推进综合交通枢纽及邮政快递枢纽统一规划、统一设计、统一建设、协同管理，依托城市群建设综合交通枢纽集群。

客运枢纽体系高效协同是推进城市群交通基础设施互联互通和运输服务一体化的重要保障，其布局的合理与否决定了枢纽系统乃至整个区域交通运输系统的运行效率。但由于我国枢纽规划多是从单一交通方式或单一城市的角度进行考虑，在规划阶段的不协同容易造成规划预期与实际效果的较大差异。同时，枢纽与城市交通资源间不协调，严重制约了枢纽的集疏散能力。城市群各枢纽间的运输资源配置不平衡，在缺乏有机联系的情况下也容易导致枢纽利用的极度失衡，在严重影响运输系统整体效率的同时，形成枢纽运输资源的浪费。除此之外，随着城市群交通可达性逐步提升、生产要素和生产力在城市群内重新布局和分工、产业结构和空间布局的调整，城市群出行需求的规模化、常态化和多样化特征日趋明显。现有的枢纽布局方法难以适应城市群多样化的交通需求，也很难引导城市群交通需求向绿色低碳方向发展。

因此，开展城市群多模式客运交通枢纽协同布局研究，对提升区域交通可达性，优化城市群运输资源配置，提高整体运输效率，促进城市群空间结构调整，支撑区域协同发展，具有极为重要的理论和实践意义。

3　科学问题研究进展

本科学问题涉及了城市群客流规律挖掘、出行行为解析、客流需求预测、布局规划模型等内容，各部分内容均有不同程度的研究进展，故分别进行介绍。

3.1　城市群客流规律挖掘

城市群出行中涵盖了城市交通、都市圈交通、城际交通和区际交通多个层级，在各层级上衍生出多模式的交通方式及其联运模式，多种交通方式依托公路枢纽、铁路枢纽和民航枢纽等多种类型枢纽完成城市群常态化、规模化和多样化的出行需求。城市群空间布局结构、交通设施供给和产业分工布局等多方面因素交互影响，共同促使城市群产生多样化的出行特征。城际出行需求空间分布相比城市内部更为不均衡，绝大部分出行需求集中在城市和城市、城市与周边城镇之间，呈现两头大、中间小的哑铃式分布形态；在出行时间上，城际间多样化出行需求的时间不确定性更高，节假日等特殊时期出行需求骤增。同时，在空间联系视角下，城市间出行联系层次分化明显，核心城市、中心城市承担着城市群对外、对内联系的同时也向周边节点城市和城镇辐射，形成多圈层嵌套的出行需求网络；另一方面，部分城市间功能联系紧密地区超越了地理距离，依托枢纽的快速交通供给服务，出现“圈层＋飞地”现象，城际出行需求呈现出地域性与功能性并存的现象。

此外，城市群客流需求分析的数据源可分为以下两类：其一，基于统计年鉴或大规模出行调查等传统数据来源；其二，基于手机信令或个体 GPS 轨迹等移动互联数据来源。前者侧重分析城市群出行需求的宏观分布特征，具有数据结构简练、信息可靠度高等优势，但不利于解析个体的微观出行行为，且存在采集成本高、实施难度大等缺点。此类研究从实证研究的角度出发，旨在揭示城市群出行的客流整体构成与时空分布规律。

移动互联、大数据等技术的发展，极大地拓展了出行需求数据的来源，也为城市群客运需求分析带来了新的方向。以手机信令数据、运营车辆 GPS 数据、互联网服务位置数据为代表，虽然存在有效信息提取难度大、精确度低等技术难题，但其数据规模大、空间覆盖范围广、采集成本低等特点，在城市群客流规律分析中有突出优势。

总体上，在城市群客流规律挖掘方面虽然积累了一定的研究成果，但还需要解决以下两个问题：一是融合多源数据的城市群尺度下客流宏观规律分析。单一或局部的数据来源均会对更大空间范围内出行活动的解析产生影响，如何利用广域手机信令数据、城际及公共交通运营数据、出租车/网约车订单等多源、广域交通数据，分析大空间尺度下的出行需求时空分布规律，挖掘多样化出行决策机理。二是客流需求与城市群空间结构的耦合分析。开展城市群空间形态、产业布局、土地利用、交通网络的可达性与客流流动规律间的耦合分析，挖掘客运枢纽、客流需求与城市群空间结构三者间的相互作用关系，是实现城市群客运枢纽协同布局的重要基础。

3.2 城市群出行行为解析

出行行为分析是开展交通规划与交通需求管理等方面研究的重要工具，能够使定性分析与定量分析有机地结合在一起，在有效进行交通需求预测的同时，响应一系列外部条件的变化。开展城市群客流出行行为解析将能够为剖析城市群客流的集疏散规律、不同枢纽间的竞合关系等问题奠定基础。

城市群出行可归类为需换乘一种或多种交通方式完成的组合出行问题，早期多以“小汽车＋地铁”的通勤出行为研究对象，后续将其扩展为“自行车＋地铁”“步行＋公交”等任意两种市内交通方式的组合。此外，也有学者针对城际组合出行问题开展研究。现有文献中的城际组合出行概念可细分为两类：其一，城际交通方式间的组合（如：“铁路＋飞机”的“空铁联运”形式，即联程出行）；其二，城际交通方式和市内交通方式的组合（即城际出行的市内接驳问题，如：“铁路＋公交”）。亦有国内学者将组合出行定义为广义的出行链（或称之为基于出行链理论的出行），即一种不包含途中活动、仅存在换乘行为的出行链。多重选择问题中存在至少两类决策假设，即序列型决策和同步型决策，甚至更复杂的联合决策过程，而现有研究对该问题的考虑较少，对于组合出行不同阶段决策的相互影响机制、决策的关联性与依赖性论证尚不透彻。同时，在生产要素、空间资源和流通市场一体化配置背景下，对于城市群这一城市密集区，城市群的交通选择行为也将变得更为复杂。

在城市群内出行常态化、旅客联运服务多样化的发展趋势下，缺乏对出行者复杂组合选择行为机理的系统化研究，研究各阶段决策的同步性与序列性、选择结果的关联性与依赖性、选择影响要素的跨阶段作用、选择模型的一体化标定等关键问题，剖析不同阶段决策的相互影响机制，形成有效统合组合出行行为各阶段决策相互影响的一体化行为建模理论与方法，也是城市群多模式客运枢纽协同布局的难点问题之一。

3.3 城市群枢纽客流需求预测

四阶段法被广泛用于交通需求预测中，包括出行生成、出行分布、方式分担和交通分配等。城市内的出行需求研究起步较早,对城市道路系统、轨道交通系统、出租车/网约车的客流需求分析和管控已有较为成熟的方法和手段。

出行生成预测常用的预测方法有原单位法、增长率法、回归分析法、交叉分类分析法等,这些方法往往需要大量的社会经济数据做支撑。出行分布预测(OD 预测)可分为集计模型和非集计模型。前者主要包括增长系数模型、重力模型法和基于重力模型的改进模型法。但是这些模型依赖于既有的客流分布数据,无法直接应用于城市群内新 OD 对的客流预测;同时缺乏对乘客出行行为的深入分析,无法反映客流形成机理。而非集计模型从微观行为角度解释客流的目的地选择机理,但对数据的要求较高。在方式划分和客流分配方面,多是利用离散选择模型对乘客方式和路径选择行为进行解释,并利用相关客流数据对模型参数进行拟合,从而得到客流多方式分配预测模型。

在范围更广泛的城际出行和区际出行中,取而代之的是更多样化的商务和休闲出行需求,基于空间联系理论被广泛应用于区域间出行需求的分析中,以引力模型、最大熵模型、城市流强度模型等作为城市空间联系的量化方法,结合城市的社会、经济和交通水平等影响因素,对出行分布模型中的参数进行调整,以分析城际间多样化的出行需求。

交通需求预测已经取得较为丰富的研究成果。但是既有研究通常是基于客流统计规律建立客流预测模型,缺乏对乘客出行行为机理的考虑,一旦外界条件发生变化,模型的解释和预测能力将明显降低。同时,传统四阶段法的各个阶段相互独立,造成各阶段参数的不一致性和各阶段模型独立标定时的误差积累,导致客流预测结果与实际客流产生较大的偏差。

综上所述,现有的预测方法难以适应城市群枢纽复杂、多样的出行需求和多模式枢纽间的竞合关系,有必要融合微观出行行为与宏观客流规律,构建一体化的枢纽交通需求预测方法,在避免传统"四阶段法"各个阶段相互孤立的同时,能够响应城市群空间结构的调整和交通运力资源的变化。

3.4　城市群枢纽布局规划模型

枢纽的布局规划是对枢纽场站的数目、规模、位置,以及与其他枢纽的相互关系进行优化调控的过程,综合考虑客流需求的分布情况、交通运输条件及自然环境因素,对不同的枢纽场站进行合理布局,是提高交通运输效率与社会经济效益的有力保障。

现有的交通枢纽规划布局研究主要是从静态和抽象的角度研究单一交通方式枢纽场站的规划布局,以枢纽运营总成本最小、综合运输网络总运输成本最小、交通运输系统社会效益最大、旅客广义费用最低等为优化目标,运用运筹学模型与方法、数学物理模型和效益成本分析法等构建枢纽布局规划模型,采用相应的启发式算法求解枢纽场站布局方规划方案,包括枢纽的运力资源分配、规模、位置等。并从适应性、协调性、经济性、方便性与社会性等方面对枢纽的布局规划方案进行综合评价。然而，现有研究没有考虑枢纽所在地交通网络的动态变化以及综合运输网络的节点层与其他层面的互动关系，缺乏对交通枢纽和交通网络的一体化分析，与城市、城市群的协调发展考虑不足。

因此，面向规模化、常态化、多样化的城市群出行需求以及城市群综合交通系统的可持续发展需求，还需突破以下两方面的问题：一是研究并提出枢纽协同布局的评价指标。从枢纽的功能定位、运力资源配置、城市群客流的运输效率、一体化交通运行衔接等方面，形成能反映枢纽布局协同性的量化指标体系，为城市群多模式枢纽布局的现状评价与优化提供依据。二是城市群多模式客运枢纽的协同布局理论研究。充分考虑枢纽与城市群、城市等空间的交互作用特征，综合枢纽未来的运行情况、能力配置、可达性和服务能力等，考虑客流需求与枢纽布局的互馈作用机制，形成城市群客运枢纽的协同布局理论方法。

4 总结与展望

综上所述，城市群客运枢纽协同布局是一项复杂的系统工程，涵盖了诸多研究内容，还未有明确的技术路线，多是围绕单一的研究点开展了相关研究，并未形成科学、合理的解决思路。因此还需针对城市群发展特点，在已有研究成果的基础上，进行拓展和衍生。

(1)城市群客流规律挖掘。随着空间尺度的拓展，不同类型和强度的出行需求相互作用，利用广域大数据准确捕捉和模拟客流的生成与运行是开展枢纽协同布局的基础。

(2)城市群出行行为解析。剖析城市群内客流出行的多阶段决策过程，研究各阶段决策的同步性与序列性、选择结果的关联性与依赖性、选择影响要素的跨阶段作用、选择模型的一体化标定等关键问题。

(3)城市群枢纽客流需求预测。融合微观出行行为与宏观客流规律，构建一体化的枢纽交通需求预测方法，在避免传统“四阶段法”各个阶段相互孤立的同时，能响应城市群空间结构的调整和交通运力资源的变化。

(4)城市群多模式客运枢纽协同布局规划。打破不同运输方式间的壁垒，通过构建枢纽协同布局的评价指标体系，开展城市群内枢纽的协同布局规划，形成枢纽的运力资源分配、规模、位置等布局方案。

主要参考文献

[1] Kelly M E . The Location of Interacting Hub Facilities[J]. INFORMS,1986.

[2] 刘强，陆化普，王庆云. 区域综合交通枢纽布局双层规划模型[J]. 东南大学学报：自然科学版，2010，40(6)：6.

[3] Kaveh F，Tavakkoli-Moghaddam R，Triki C ，et al. A New Bi-objective Model of the Urban

Public Transportation Hub Network Design Under Uncertainty[J]. Annals of Operations Research,2021,296.

[4] Tabuchi T. Urban Agglomeration and Dispersion:A Synthesis of Alonso and Krugman[J]. Journal of Urban Economics,1998,44(3):333-351.

[5] Huang H J, Xia T, Tian Q, et al. Transportation Issues in Developing China's Urban Agglomerations[J]. Transport Policy,2020,85.

[6] Yao E,Morikawa T. A Study on Integrated Intercity Travel Demand Model [J]. Transportation Research Part A:Policy and Practice,2005,39(4):367-381.

[7] Capurso M,Hess S,Dekker T. Modelling the Role of Consideration of Alternatives in Mode Choice:An Application on the Rome-Milan Corridor[J]. Transportation Research Part A:Policy and Practice,2019,129:170-184.

[8] 李志纯,黄海军. 弹性需求下的组合出行模型与求解算法[J]. 中国公路学报,2005(3):94-98.

[9] Román C, Martín J C. Integration of HSR and Air Transport: Understanding Passengers' Preferences[J]. Transportation Research Part E: Logistics and Transportation Review, 2014,71:129-141.

[10] Allard R F, Moura F. The Incorporation of Passenger Connectivity and Intermodal Considerations in Intercity Transport Planning[J]. Transport Reviews,2016,36(2):251-277.

撰稿人:姚恩建(北京交通大学)　杨扬(北京交通大学)　杨敏(东南大学)

韧性城市交通综合体设施风险评估方法及防控

Risk assessment and operation of urban transportation complex facilities in resilient cities

1　科学问题概述

近年,“韧性城市建设”为应对城市危机、保障城市安全提供了新的思路和方向。本科学问题通过识别和评估城市交通综合体枢纽系统常态风险,基于可持续发展理念,研究城市交通综合体人车流动性与风险关联机理、交通综合体枢纽流动性的新服务/管理模式以及城市综合交通服务与风险防控一体化决策体系。引入蒙代尔三角理论,构建“成本+鲁棒性+能效”的三维城市韧性交通综合体评估体系,拟在韧性城市交通综合体风险防控与管理方面进行理论方法和技术突破。研究成果将对把握我国韧性城市交通枢纽系统中多模式协同机理,构建面向可持续人居环境的综合交通体系起到基础性作用。

2 科学问题背景

近年,韧性城市逐渐成为未来城市发展的新趋势,其主要目标在于提高城市应对冲击和风险的适应和转型能力。2015 年,联合国经济与社会理事会地震和特大城市行动委员会(Earthquakes and Megacities Initiative,EMI)针对发展中国家发布 *Urban Resilience Master Planning*(《城市韧性总体规划》),期望通过实施灾害风险管理总体规划(DRMMP)为韧性城市建设提供规划框架和实施路径。规划从灾害风险数据基础库建立、风险脆弱性评价、不同情景预测分析、韧性城市总体规划到灾害风险和韧性评估指标体系的建立,构建城市灾害韧性评估系统。

交通作为城市重要子系统之一,是整个城市韧性的关键,对于韧性城市风险防控表现突出。以韧性为导向,对城市交通承受和韧性再造,使其具有足够适应能力、抗冲击能力、学习能力和自我调整恢复能力,从而提高城市交通的综合性、系统性、包容性、便捷性、高效性、可达性、准确性、协同性、融入性等,使得城市交通系统具备面对不确定因素的抵抗力、恢复力及适应力。韧性交通通过功能空间的有序组织与安排形成合理的时空行为空间,提高通勤效率和改善交通水平,具有较高可达性。交通综合体是由铁路、公路、水路、航空、管道等现代运输方式构成的枢纽型结合体。各种运输方式的技术经济特征不同,适应不同的自然地理条件和运输需求,具有各自优势;综合发展和综合利用各种运输方式,能形成技术先进、功能互补、网络布局完善、运输结构合理的结合体。而城市交通综合体则是随着城市综合交通系统的发展,尤其是在大中城市综合交通枢纽尤其是地铁上盖,也同时具备购物等功能。即在城市综合体基础上加入多模式交通枢纽的作用,因此也称为城市交通综合体。从客运角度,交通综合体枢纽是随着城市化机动化进程中交通行业的快速发展,而出现的一个新概念;从功能角度,铁路客站、长途客运站、地铁换乘站等,均可被认为是城市交通枢纽。城市客运交通综合体枢纽指集中大量场站与专业设施,利于载运工具与交通服务的衔接,方便大规模旅客发到、中转和换乘的位置。其出现和发展与城市交通,尤其是城市公共客运交通紧密联系,随着城市交通的发展经历了一个从简单到复杂、从低级到高级的发展过程。

考虑城市交通系统的动态性和运行复杂性,交通综合体枢纽需要具备韧性,某种意义是提升其自身性能和支持城市层面风险防控管理能力的关键。2021 年 2 月,中共中央、国务院在《交通强国建设纲要》和十九届五中全会“统筹推进基础设施建设,加快建设交通强国”重要论述的基础上,印发了《国家综合立体交通网规划纲要》,着重提出“建设多层级一体化国家综合交通枢纽系统”,主要内容包括“建设面向世界的京津冀、长三角、粤港澳大湾区、成渝地区双城经济圈四大国际性综合交通枢纽集群。加快建设 20 个左右国际性综合交通枢纽城市以及80个左右全国性综合交通枢纽城市。推进一批国际性枢纽港站、全国性枢纽港站建设。”鉴此，本科学问题立足于城市交通综合体设施，通过识别和综合评估城市交通综合体系统常态风险。以交通综合体枢纽为抓手，推动韧性城市更有效的能力提升，提升城市综合交通系统的鲁棒性和风险防控能力，实现以城市交通为导向的韧性城市可持续发展。其相关研究成果将对把握我国韧性城市交通系统多方式协同，构建面向可持续人居环境的韧性城市交通系统优化及管控体系起到基础性作用。

3　科学问题研究进展

本科学问题提出通过识别和评估城市交通综合体枢纽系统常态风险，基于可持续发展理念来研究城市交通综合体设施、人/车流动性与风险关联机理，实现城市交通枢纽“更有效的能力提升”。

枢纽安全对于保持交通系统的整体稳定性非常重要，需要在有效识别各种风险的基础上，规范和提高交通综合体系统的抗风险能力。张倩按功能将交通综合体枢纽内设施分为场站设施、换乘设施、信息设施和配套服务设施，基于空间句法分析建筑空间关联度对各类功能空间布局的组合要求，将空间相互关系表达为连通图，并依照图论原理得出空间各类变量值，用以定量分析空间组构特性。万瑛莹利用工作-风险分解结构（WBS-RBS）矩阵，将交通综合体按火车站、大型客运汽车站、港口、机场四大类进行一级分解，二级分解为配套辅助设施分解。同时，借鉴事故树分析法，根据常见突发事件（火灾、水灾、恐怖袭击、公共卫生事件、拥挤踩踏事件）对风险进行分解，得到交通综合体的规模、管理水平、所处地域的地质条件和社会环境等会影响枢纽风险辨识结果。Lee提出一种多层设施布局算法，将通道、电梯等设施间连接关系表示为邻接图，使用Dijkstra算法计算设施间最短路径，以设施间连接度最大和步行时间最短为目标，采用改进遗传算法求解得具体的布局方案。杨其鸣采用系统安全评价方法对危险源进行识别与评价，综合考虑大型交通枢纽系统的建筑结构和客运组织环节，将其划分为19个子系统，建立基于区域划分的危险辨识模型，同时结合已确定客运站危险源汇总，应用事故树分析法重点分析和辨识拥挤踩踏事件、火灾、爆炸、大量旅客滞留车站这四类事故的危险源。

合理的交通综合体评价指标需遵循综合性、科学性、独立性、易获取性和稳定可比性等原则。张倩从建筑空间关联度角度，提出对交通综合体枢纽功能空间布局要求，分析了功能空间衔接重要度影响并建立评价模型，在专家打分基础上采用层次分析法（AHP）标定各影响因素权重。贾水库从系统工程角度，构建地铁运营系统层次分析法模型，确定地铁运营系统指标体系，将成对比较矩阵的特征向量作为地铁运营系统安全评价因子权重，确定相关因子影响力排序，得出人和管理是影响地铁安全运营的首要因素。Chen建立国际机场环境风险评估网络层次分析法（ANP）模型，从建筑环境、社会环境、自然环境三个维度定义评价指标(38个),将评价标准划分为9级,使用成对比较(pairwise comparison)得到相对重要程度。杨其鸣将评价指标分为人员因素、设备因素、环境因素、安全管理四方面,通过熵权法计算各评价指标权值,以此指标体系和权值为基础,将样本枢纽站数据输入BP神经网络进行训练和测试,确定出各模型参数,设计出适用于综合交通枢纽风险评价的BP神经网络模型。房霄虹重新整合数据包络分析法(DEA)应用于综合交通枢纽评价,将待评价综合体枢纽作为决策单元,输入各功能节点的运能匹配度、平均换乘时间、枢纽组织有序度数值,输出人均换乘设施面积、换乘舒适度,得到各交通方式不同规划方案排序。在DEA评价体系下,无效决策单元通常是因为平均换乘时间过长、枢纽内冲突点较多且人均换乘面积过小等原因导致。

在交通综合体设施风险评估方面,Chen通过分析交通综合体内各类设施的连接关系,构建枢纽内潜在风险监视节点图,建立监视节点重要性评价指标体系,利用可变权重灰色关联分析(GRA)计算不同潜在监视节点的重要性,识别综合交通枢纽内关键监视节点。陈曼英建立地铁火灾主要风险因素的故障树,运用模糊数学和故障树耦合的分析方法对地铁火灾危险源进行识别和评估,通过定量分析计算不同危险源的概率重要度和临界重要度,得出控制地铁火灾风险关键在于降低可燃物存在、控制乘客不安全行为和提高消防灭火系统的可靠性,并从人员、设备、管理、环境等角度出发,提出减小地铁火灾风险的具体管控措施。甄利贤选用故障树分析法对拥挤踩踏、火灾、爆炸、大规模旅客滞留四种高铁车站常见突发事件进行危险源辨识,计算各种危险源的结构重要度。将危险源辨识结果按人为、设备、环境和管理因素分类汇总,利用熵权法修正的层次分析法确定指标权重,构造基于模糊综合评价的高铁车站风险评估方法。程学庆对高铁车站旅客进出站顺序和空间结构进行分析,得出高铁站常见风险事件包括恐怖袭击、拥挤踩踏、火灾爆炸及疾病卫生,并结合事故树与事件树定性风险分析,识别高速铁路客运作业流程中的危险源,构建相应事故树并提出事故前后的风险控制措施。宋雨欣利用事故树分析得到高铁客运站安全风险指标体系,结合云模型模糊处理,将专家对车站评价指标的定性自然评价语言转化为对应的模糊数;综合考虑主观权重与客观权重,对传统优劣解距离法(Technique for Order Preference by Similarity to Ideal Solution,TOPSIS)模型进行改进,得到最优组合赋权的TOPSIS模型,实现高铁客运站风险评价。

当前城市交通综合体从技术需求到设施设备的更新换代速度加快,传统客运站点换乘系统风险识别与综合评估方法已无法适应当前大型交通综合体枢纽运营管理要求。现有研究主要对踩踏、火灾、爆炸、旅客滞留等事件进行风险辨识,缺乏以新冠疫情为代表的突发大型公共卫生事件风险识别评价及控制对策,需从韧性城市角度对大型交通综合体风险事件的原因和影响进行全面精确的系统识别和量化评估。解决上述问题,可通过分析城市综合交通系统中关键单元-交通综合体的节点作用,来辨识枢纽韧性与风险的内在关联；在此基础上，探索适合大型城市交通综合体枢纽的管理模式。主要包含以下内容：

（1）城市交通综合体枢纽系统风险识别与综合评估，包括韧性城市交通综合体枢纽设施规划与系统建设功能性分析，交通综合体枢纽系统特征分析及风险识别，以及韧性城市视角下城市交通综合体枢纽评价方法体系及指标。从指标构建、规范建立、方法完善等方面对现有交通枢纽评价方法进行研究；建立多维度交通综合体枢纽安全风险评价指标体系，提出韧性城市视角下城市交通综合体评价方法体系及指标。

（2）城市交通综合体人车流动性与系统风险关联机理，从人车流动性和运营安全层面考虑多模式动态协同，从运营主体、多灾种和运营安全等方面识别风险。从综合交通枢纽风险事件的风险因子进行评估，引入云物元理论对关联度进行计算，获得综合交通枢纽风险因子关联度、因素关联度、灰色关联度等指标，量化评估其风险等级。

（3）基于交通综合体的城市交通服务动态可靠性和鲁棒性研究，聚焦交通枢纽设施系统复合风险/综合可靠性研究，从系统整体角度研究不同设施风险之间的关联性；引入蒙代尔三角理论，构建"成本＋鲁棒性＋能效"的三维度评估体系，从多层面考虑韧性城市交通综合体的可靠性和鲁棒性。

（4）从城市智慧出行与服务综合管理系统应用层面，考虑依托已有信息平台，利用移动互联、云计算、大数据湖、区块链等新兴技术手段，建立枢纽交互应用平台和信息管理平台，提高城市综合交通系统的智能化运管水平，构建城市智慧出行与服务新模式。

主要参考文献

[1] 刘丹，华晨. 弹性概念的演化及对城市规划创新的启示[J]. 城市发展研究，2014，21(11)：111-117.

[2] Godschalk D R. Urban Hazard Mitigation：Creating Resilience Cities[J]. Nature Hazards Review，2013，4(3)：136-143.

[3] 黄志冈，荣朝和. 国外城市大型客运交通枢纽的发展趋势与原因[J]. 交通运输系统工程与信息，2007，7(2)：12-17.

[4] Xia T，Tian Q，Liu T L，et al. Transportation Issues in Developing China's Urban Agglomerations[J]. Transport Policy，2020，85：A1-A22

[5] 张倩. 大型铁路综合客运枢纽交通设施配置优化方法研究[D]. 南京：东南大学，2017.

[6] 万瑛莹. 综合交通枢纽运营安全风险管理研究[D]. 成都：西南交通大学，2018.

[7] Lee K Y，Roh M I，Jeong H S. An Improved Genetic Algorithm for Multi-floor Facility Layout Problems Having Inner Structure Walls and Passages[J]. Computers & Operations Research，2005，32(4)：879-899.

[8] 杨其鸣. 大型铁路客运站系统安全风险辨识及分析研究[D]. 北京:北京交通大学,2018.
[9] 陈衍泰,陈国宏,李美娟. 综合评价方法分类及研究进展[J]. 管理科学学报,2004,(2):69-79.
[10] 贾水库,温晓虎,林大建,等. 基于层次分析法地铁运营系统安全评价技术的研究[J]. 中国安全科学学报,2008,18(5):137-141.
[11] Chen Z,Li H,Ren H,et al. A Total Environmental Risk Assessment Model for International Hub Airports[J]. International Journal of Project Management,2011,29:856-866.
[12] 房霄虹,周磊山,周勃. 基于可排序 DEA 的城市综合交通枢纽评价方法研究[J]. 交通运输系统工程与信息,2008,8(2):108-113.
[13] Chen Y,Guanghou Z,Pingpu L. Study on Identification Method for Key Monitoring Nodes in Comprehensive Transportation Hub[J]. In:Proceedings of the 2011 International Conference on Transportation,Mechanical,and Electrical Engineering (TMEE). 2011,1927-1932.
[14] 陈曼英. 基于模糊理论的地铁火灾风险评估及控制研究[D]. 泉州:华侨大学,2013.
[15] 甄利贤. 大型高速铁路车站客运安全风险分析[D]. 成都:西南交通大学,2014.
[16] 程学庆,王睿,李月,等. 基于蝴蝶结模型的高速铁路车站安全风险管理[J]. 铁道运输与经济,2015,37:77-82.
[17] 宋雨欣. 基于 TOPSIS 和贝叶斯网络的高速铁路客运站安全评价及风险管控研究[D]. 北京:北京交通大学,2018.

撰稿人:孙健(长安大学)　马文军(上海交通大学)

综合交通网络系统韧性建模分析与优化提升

Modeling assessment and optimization improvement for resilience of integrated transportation networks

1　科学问题概述

随着城市的快速发展,单一的交通发展模式已经不能满足日益增长的交通需求。城市多模式交通协同发展是必然趋势,有利于整合现有的交通资源,充分发挥综合交通网络的整体效能。然而,由于综合交通基础设施的高暴露度、高集聚性和高耦合性,综合交通网络也面临着不同事件的影响,例如自然灾害、恐怖袭击、突发事件、交通事故等。这些事件极易造成局部多种方式交通网络的中断或失效,甚至诱发严重的交通拥堵造成大范围交通系统瘫痪，从而对社会经济发展、人民生命安全、财产安全产生极大的威胁。交通网络韧性研究得到了越来越多的关注，但与现有单一交通网络韧性研究不同，综合交通系统既受到其内部多方式交通网络间交互作用的影响，同时也受到不同规模出行需求演化的时空特征的影响，这使得既有研究不适用于解决综合交通网络韧性的建模、评估与提升等方面的问题。因此，如何量化分析不同灾害事件下综合交通网络性能随时间的演化规律，制定有效的调控策略以缓解灾害对交通系统造成的影响，从而有效地提升综合交通网络系统韧性，保障综合交通系统在满足交通需求下有序运转，已成为国内外相关领域研究人员要解决的科学问题。

自21世纪初，随着复杂网络研究的深入，不少学者逐渐将复杂网络的理论应用到交通领域，研究城市多模式交通网络的拓扑结构，为量化分析网络性能和提高网络的运行效率提供理论参考。目前对于复杂交通网络韧性的研究，大多针对静态交通拓扑结构建立无权网络模型，但综合交通网络具有动态性和时空复杂性，无权网络模型不能真实地反映现实多模式交通网络。此后，虽然有部分学者尝试构建了客流加权下的交通网络性能评估模型，但大多都局限于单一交通网络韧性分析，并且假设客流仅仅在某个或某两个网络间按照特定情景进行分配转移。这难以刻画和解决综合交通系统内在客流的集散转移规律，更无法准确捕捉到综合交通网络上随客流转移变化的系统韧性的演化机理。因此，该方向依旧面临着以下几个方面的严峻挑战：①不同尺度下多式多层耦合交通网络建模与仿真技术；②多维度下综合交通系统韧性演化机理及迁移规律；③大规模客流集疏运作用下综合交通网络韧性演化机理及迁移规律；④灾害全过程下综合交通系统多阶段优化策略与韧性提升方法；⑤无人驾驶环境下智能化综合交通网络系统韧性建模与评估方法；⑥基于节能减排的绿色综合交通系统韧性提升优化模型方法。

因此，聚焦多模式综合交通网络系统韧性建模分析与提升方法，探究不同交通方式间的耦合性、乘客出行需求的多样性、时空演化特征和客流供需平衡对综合交通网络系统韧性的影响，解析交通系统客流集散时空演变规律，挖掘灾害事件下综合交通系统响应决策机理；综合城市（群）社会经济、交通供给、客流特征等因素，研究综合交通系统韧性演化机理；在分析出行需求迁移特征与多方式交通供给互动关系的基础上，开展多模式交通网络交互特性对系统韧性影响机理研究，实现供需平衡的可持续交通，是综合交通网络规划、多模式网络结构设计、多方式换乘服务配置、综合交通一体化发展的关键理论支撑。

2　科学问题背景

改革开放特别是十八大以来，我国各类基础设施网络基本形成，综合交通运输体系不断完善，运输服务能力和水平大幅提升，人民群众获得感明显增强，多样化、高效化和舒适化的出行需求不断增强。然而，交通运输网络不可避免地会遭受到各种各样异常事件的扰动，比如地震、洪水和海啸等自然灾害，或者临时性的交通管控等导致的道路封闭，甚至是一些人为造成的针对关键交通设施的恐怖袭击事件。2019 年，牛津大学、世界银行和欧盟委员会等联合研究表明，全球约 27% 的公路和铁路资产至少面临着一种自然灾害，公路和铁路网络最易受地表洪水的影响，其次是热带气旋、河流洪水和地震。同时发现，气候变化将加剧自然灾害对交通基础设施的影响，气温和降水的潜在增长将极大地影响各类交通基础设施的养护和修复。这些破坏性事件造成了严重的社会经济损失，例如客货运输受阻，出行成本增加，重大人员伤亡等。面对这些困难和挑战，2021 年，中共中央、国务院印发了《国家综合立体交通网规划纲要》，明确指出："综合交通网络布局仍需完善，结构有待优化，互联互通和网络韧性还需增强"。应对和缓解各类灾害下综合交通系统的影响，已成为综合立体交通网络规划建设当前不可规避的难解问题。

针对各类灾害频发及其强度不断增大，多式交通网络高效协同是推进综合交通基础设施互联互通和运输服务一体化系统韧性提升的重要保障。如何构建多层多式交通设施耦合网络，量化解析各类交通网络间相互协同机理关系，进一步明确与综合交通网络性能之间的影响机制，这将有效提升城市一体化交通乃至全国综合交通运输系统的应灾承灾能力。但由于我国交通规划发展多是从单一交通方式开始，在规划阶段忽视衔接协同容易造成规划预期与实际效果的较大差异。同时，不同交通方式之间资源保障的不协调不匹配，严重制约了灾害事件下各类交通方式间大客流的疏散转移能力。城市群各交通方式间的运输资源配置不平衡，在缺乏有机联系的情况下也极易受到某一突发事件影响而导致区域综合交通系统瘫痪，在严重影响运输系统整体效率的同时，形成运输资源的浪费。此外，随着各类交通设施网络可达性逐步提升、生产要素和生产力在区域内重新布局和分工、产业结构和空间布局的调整，人们出行需求的规模化、常态化和多样化等特征对综合交通网络性能的影响也产生了明显的变化。现有的各交通网络衔接配合机制难以解决灾害事件下多样化、规模化和集聚化的出行需求，也无法量化分析出灾害情况下不同出行需求变化与系统韧性的互馈机制，更难以引导综合交通设施网络韧性提升策略向绿色低碳的可持续交通发展。

因此，开展综合交通网络系统韧性建模分析研究，对提升城市内公共交通以及区域城市群综合交通可达性，优化城市群运输资源配置，增强综合交通网络韧性，提高综合运输体系效率，促进我国综合交通网络空间结构调整，支撑区域多方式交通协同发展，保障"一带一路"沿线交通设施网络的安全运行，具有极为重要的理论价值和实践意义。

3　科学问题研究进展

"韧性"一词在 1973 年首次被引入生态学和进化领域。这个概念最初用来描述一个生态系统在变化后继续运作的能力。虽然韧性的定义因学科而异，但作为风险评估的一个要素，韧性的本质是一致的，即描述了系统承受灾害并从中快速恢复的综合能力。21世纪初，随着美国、欧洲等发达国家和地区率先在城市基础设施系统中展开对韧性的研究，交通系统作为城市基础设施系统中十分重要的组成部分，其韧性的相关研究也开始得到学者们的广泛关注。目前针对交通系统韧性并没有形成一个统一的认识和定义，但总体上交通系统韧性关注于系统恢复的程度和速度，强调在恢复阶段对资源的利用效率。最常用的方法之一是“韧性三角形”方法，它根据系统在受破坏后恢复所需时间内的系统性能损失来量化韧性。通过表示系统性能指标随破坏过程的变化，将韧性过程划分为初始稳定阶段、破坏阶段、恢复阶段和新的稳定阶段，从鲁棒性、冗余性、智慧性和快速性四个维度指标来定量分析交通系统的韧性。随着研究的深入，对复杂交通网络在受不同破坏性事件攻击和风险条件下其结构和功能的韧性表现的研究越来越多，也提出了许多仿真方法和模型，其中包括故障树模型、系统动力学模型、基于 Agent 的模型、输入-输出模型等。然而，这些已经比较成熟的理论方法绝大多数都是解决单一交通网络。伴随着综合一体化交通网络的快速发展，以及出行即服务（MaaS）等新兴综合交通发展理念和规模化出行需求的变革，关于灾害事件下多尺度综合交通网络韧性建模、评估与提升方面的科学问题研究依旧任重道远。

近些年来，虽然一些学者们在地铁与公交接驳的多式城市公共系统韧性优化与提升以及多模式交通网络可达性方法等方面取得了一定的成果，但无论是多尺度多式交通耦合交通网络建模还是多模式交通网络耦合协同关系机理研究，以及灾害事件下大规模客流需求转移与城市及区域综合交通网络韧性评估与提升等方面，综合交通网络系统韧性评估与提升建模研究仍有诸多亟待攻克的科学问题。

3.1　不同尺度下多式交通网络建模与仿真技术

综合交通系统的逐步形成在提升城市（群）交通网络运行效能的同时，也为一体化组织和无缝衔接的多模式交通联程出行提供了必要基础。然而，国内外的研究大部分是针对单一交通方式进行，尚缺乏对城市及区域城市群多模式交通网络结构衔接与功能协同的研究，而无论是城市内公共交通网络，还是区域间多方式综合交通网络下旅客出行不仅包括了单一出行方式，还包含了多方式组合出行。因此，有必要从不同尺度出发，分析城市内及城际间多方式交通在结构连通、换乘衔接、功能依赖等方面的耦合协同关系，进一步构建多尺度多方式耦合交通网络模型并对多种交通方式间相互协同演变机理进行深入剖析，从而形成轻量化快速仿真模型技术，为综合交通网络系统韧性评估与分析奠定理论基础与技术支撑。

3.2　多维度下综合交通系统韧性评估方法及演化机理

城市交通基础设施建设与发展不断加快，城市（群）的多种交通方式已经形成，满足乘客出行的各类运输通道越来越丰富，多模式组合出行越来越频繁。因而，如何量化解析在日常情景与灾害情景下城市及区域综合交通网络系统韧性，是保障综合交通系统有序运行的理论关键。分析解决这个问题所涉及的不仅包括交通基础设施自身物理韧性、多交通网络地理结构衔接、关键综合交通基础设施运维，还包括乘客出行需求弹性变化、多交通方式间相互作用关系等多维度因素制约，若仍旧假定或忽视这些因素，系统韧性评估结果将严重偏离实际情况，无法解析综合交通系统韧性演化机理，更无法为灾害事件下制定综合交通系统预警与调控策略提供有力的理论支撑。既有研究中对综合交通系统韧性评估及其演化机理研究尚不充分，大多停留于某一时刻下单一交通方式的网络鲁棒性、脆弱性、出行可靠性等方面。因此，解决多维度下综合交通系统韧性评估方法，及其演化机理与迁移规律的研究问题亟须进一步探索。

3.3 大客流集散需求下综合交通网络韧性影响机理分析

人们的出行已呈现出多样性、集聚性、规模性、便捷性等新时代特征，乘客出行越来越追求出行高效、出行舒适、出行安全。然而，由于目前城市(群)多方式交通网络结构连通并不完整，功能衔接并不成熟，所以在大规模客流需求下保障乘客高效出行，维护交通系统通畅运行十分重要。同时，在突发事件下多交通方式间客流转移对乘客出行安全保障和提高区域交通网络性能方面都是至关重要的。但是，现有研究中多数假设乘客的出行行为不会发生变化，仅仅解决了单一交通方式中客流的分配规律，这明显背离了现实情况，与未来综合交通一体化的发展趋势也是背道而驰。既有的理论方法并不适用于解析多方式间大规模客流的传播转移规律，更不能解决不同情景下大规模客流在综合交通网络中转移演化对系统韧性的影响机理。解析大规模客流集散需求下综合交通网络韧性影响机理对综合交通网络结构布局、规划建设具有直接的指导意义。因此，这一科学问题亟须深入研究和解决。

3.4 全灾害周期的综合交通系统多阶段韧性优化提升方法

由于各类灾害的日益频发，交通系统作为城市正常运作的核心基础设施，其在灾害事件下如何快速高效地恢复到正常运行状态，为救灾抢险提供必要运输通道，满足人们必要出行需求是一直备受关注的研究问题。结合灾害的演化特征，灾前阶段多为风险预防、维护保障、灾害预警等方面，灾害过程中主要研究风险适应、调控抵抗等，而恢复过程则侧重资源配置优化、恢复优先级等问题。然而，既有研究目前难以将不同阶段的优化策略形成统一的模型方法，并且多数研究假设灾害只是某一时刻发生，忽视了灾害随时间的演化过程，并且未能形成对多交通方式耦合网络的韧性优化建模。因而，全灾害过程下综合交通系统多阶段优化策略与韧性提升方法的科学问题是亟待突破的，这将为构建更具有韧性的综合交通系统提供有力的理论依托。

面向综合交通一体化的发展未来，综合交通网络系统韧性方向的科学问题还将面临以下两个方面的挑战：一方面，考虑数字化、智能化无人驾驶技术融合下综合交通系统韧性建模方法。智能网联技术快速发展，未来必将成为综合交通运行的主要力量，需要利用大数据、深度学习、数字孪生等前沿技术更好地解决多交通方式间交通流演化规律、无人驾驶网联环境下网络性能的量化方法、无人驾驶条件对出行需求影响的精确量化，以及考虑智能网联环境影响下风险规避与系统韧性建模等关键问题。另一方面，考虑低碳可持续交通的综合交通网络韧性提升研究。充分考虑城市新能源基础设施与交通网络间交互作用、多交通方式耦合协同特征，综合客流需求变化和集散特性、宏观客流出行行为的时空数据挖掘及融合，研究基于能源低耗减排的综合交通系统韧性优化模型与求解方法，确保在满足乘客多样化出行需求的同时，控制出行需求总量平衡和优化多方式衔接结构，实现出行需求与交通供给平衡下系统韧性最大化的可持续交通发展，也是该方向亟待攻破的挑战之一。

主要参考文献

[1] MattssonL, Jenelius E. Vulnerability and Resilience of Transport Systems-A Discussion of Recent Research [J]. Transportation Research Part A: Policy and Practice, 2015, 81: 16-34.

[2] Faturechi R, Miller-Hooks E. Travel Time Resilience of Roadway Networks Under Disaster [J]. Transportation Research Part B: Methodological, 2014, 70: 47-64.

[3] Wang, H. et al. Evaluation and Prediction of Transportation Resilience Under Extreme Weather Events: A Diffusion Graph Convolutional Approach [J]. Transportation Research Part C: Emerging Technologies, 2020, 115: 102619.

[4] Chen X Z, Lu Q C, Peng Z R, et al. Analysis of Transportation Network Vulnerability Under Flooding Disasters [J]. Transportation Research Record, 2015, 2532: 37-44.

[5] Reggiani A, Nijkamp P, Lanzi D. Transport Resilience and Vulnerability: The Role of Connectivity [J]. Transportation Research Part A: Policy and Practice, 2015, 81: 4-15.

[6] D'Lima M, Medda F. A New Measure of Resilience: An Application to the London Underground [J]. Transportation Research Part A: Policy and Practice, 2015, 81: 35-46.

[7] Jiang R, Lu Q C, Peng Z R. A Station-based Rail Transit Network Vulnerability Measure Considering Land Use Dependency [J]. Journal of Transport Geography, 2018, 66: 10-18.

[8] Goncalvesa L A P J, Ribeiro P J G. Resilience of Urban Transportation Systems. Concept, Characteristics, and Methods [J]. Journal of Transport Geography, 2020, 85: 102727.

[9] Lu Q C. Modeling Network Resilience of Rail Transit Under Operational Incidents [J].

Transportation Research Part A:Policy and Practice,2018,117:227-237.

[10] Omer M,Mostashari A,Nilchiani R,et al. A Framework for Assessing Resiliency of Maritime Transportation Systems[J]. Maritime Policy & Management,2012,39(7):685-703.

[11] Miller-Hooks E,Zhang X,Faturechi R. Measuring and Maximizing Resilience of Freight Transportation Networks[J]. Computer Operation Research,2012,39:1633-1643.

[12] Lu Q C,Xu P C,Zhang J. Infrastructure-based Transportation Network Vulnerability Modeling and Analysis[J]. Physica A:Statistical Mechanism and its Applications,2021,583:126350.

[13] Cats O,Koppenol G J,Warnier M. Robustness Assessment of Link Capacity Reduction for Complex Networks:Application for Public Transport Systems[J]. Reliability Engineering and System Safety,2017,167:544-553.

[14] Jenelius E, Mattsson L G. Road Network Vulnerability Analysis of Area-covering Disruptions: A Grid-based Approach with Case Study[J]. Transportation Research Part A:Policy and Practice,2012,46(5):746-760.

[15] Lu Q C,Lin S. Vulnerability Analysis of Urban Rail Transit Network Within Multi-modal Public Transport Networks[J]. Sustainability,2019,11(7):2109.

[16] Wan C,Yang Z,Zhang D,et al. Resilience in Transportation Systems:a Systematic Review and Future Directions[J]. Transport Reviews,2017,38(4):479-498.

[17] 孙强,王庆云,高咏玲. 不确定需求条件下多阶段区域综合交通网络设计的双层规划模型[J]. 交通运输系统工程与信息,2011,11(6):6.

[18] 陈艳艳,路尧,孙浩冬. 国家综合立体交通网下的城市群交通一体化—以京津冀城市群为例[J]. 中国公路,2021,(9):4.

[19] 王炜,华雪东,郑永涛. 综合交通系统“多网合一”交通分析模型与算法[J]. 交通运输工程学报,2021,21(2):159-172.

[20] 曾明华,李夏苗. 多层次多模式综合交通网络设计研究[J]. 交通运输系统工程与信息,2010,10(2):7.

[21] 李成兵,张帅,杨志成,等. 蓄意攻击下城市群客运交通网络级联抗毁性仿真[J]. 交通运输系统工程与信息,2019,19(2):14-21.

[22] 滕靖,徐瑞华. 城市轨道交通突发事件下公交应急联动策略[J]. 铁道学报,2010,32(5):13-17.

[23] 路庆昌,崔欣,徐标,等. 公交接驳场景下轨道交通网络脆弱性研究[J]. 中国安全科学学报,2021,31(8):141-146.

撰稿人:路庆昌(长安大学)　徐鹏程(长安大学)　李静(长安大学)

多尺度综合交通枢纽协同运行与组织优化方法

Multi-scale optimization method of coordinated operation and organization for integrated transportation hub

1　科学问题概述

交通枢纽是交通需求网、运输网、设施网、服务网等的交会处和不同模式、不同运能的交通交换与集散中心,视其功能和交会的运输模式及其规模而呈现出不同尺度的综合交通枢纽。2019 年 9 月,中共中央、国务院印发了《交通强国建设纲要》,进一步提出“构筑多层级、一体化的综合交通枢纽体系。依托京津冀、长三角、粤港澳大湾区等世界级城市群,打造具有全球竞争力的国际海港枢纽、航空枢纽和邮政快递核心枢纽,建设一批全国性、区域性交通枢纽,推进综合交通枢纽一体化规划建设,提高换乘换装水平,完善集疏运体系。大力发展枢纽经济。”旨在促进交通枢纽由单一向综合转变,统筹多种交通方式规划建设和运行组织优化,实现多种交通方式的深度融合。因此,开展多功能多尺度综合交通枢纽高效安全协同运行与组织研究,对于实现交通枢纽与城市乃至区域融合发展具有极其重要的理论意义和实用价值。

综合交通枢纽所涵盖的不同运输模式具有其各自的运行组织方式,依靠某一尺度下单一交通方式运行组织优化很难保障综合枢纽的高效安全运转和乘客便捷出行。如轨道交通往往按其云运行图开行,乘客到达规律较强;而出租车、私家车等交通方式供需则是随机性较强,且与实时道路通行环境有密切关联。因此,多尺度综合交通枢纽协同运行与组织优化须通过统筹枢纽内多种运输模式便捷换乘以及枢纽间各交通资源协同配置,保障供需动态匹配,实现枢纽内及枢纽间交通方式的高效协作,并与城市乃至区域发展协同,方能充分释放运输系统的整体运能,同时满足多样化的出行与发展需求。

2　科学问题背景

从工程角度而言,综合交通运输作为经济社会发展的先导性、服务性行业,是社会经济活动的基础支柱和重要纽带。我国庞大的经济规模和人口数量,需要与之相匹配的交通运输供给能力。伴随着高度的数字化、网联化、信息化、智能化为特征的新工业革命开启,城市与区域集约化和协同发展,基于枢纽为载体的“现代交通 +”理念,重塑城市与区域时空形态、催生经济新业态与新模式,实现“人享其行”和“物畅其流”将成为长期的发展趋势。此外,实现“碳达峰”及“碳中和”目标也亟须综合枢纽的综合交通系统效能不断提升。因此,完善涵盖道路、轨道、水上及航空等交通方式,以及融城市与区域发展于一体的综合交通枢纽,通过整合各交通方式的优势,协同优化综合交通枢纽的运行与组织,可以最大限度地适应城市群、城市带,以及城镇化发展之需。

3 科学问题研究进展

国外发达国家从 1950 年代开始对交通换乘枢纽的规划、设计与管理及政策方面进行研究。1964 年日本建成了世界上第一条高速铁路——新干线,由此发展了“核心型”交通枢纽。随后,欧美国家高速轨道交通相继发展,交通枢纽站也逐渐发展起来。在伦敦、纽约等国际性大都市,利用自身铁路交通网络较早发展的优势形成了“更新型”交通枢纽的发展策略,将城市轨道交通、铁路、长途客运以及市内公共交通汇集的复合交通换乘枢纽,与城市空间、商业、餐饮、娱乐等相融合,最终更新成为一体化综合城市枢纽,不仅实现了交通的立体化无缝换乘,还集成了许多不同规模与等级的综合枢纽协同发展。美国纽约的宾夕法尼亚车站和华盛顿的联合车站、荷兰鹿特丹中央车站、德国柏林中心火车站都是典型的代表。总体而言,以日本、美国以及欧盟国家等为代表的工业化国家,在综合枢纽规划、设计与管理方面已有相当的理论和技术研究及实践。然而,伴随着信息与智能技术的高速发展,以及综合交通与枢纽发展理念和需求的变革,关于不同尺度综合枢纽的规划、设计与运行优化管理科学问题研究仍方兴未艾。

信息化技术已成为综合枢纽研究与发展的重要基础。监测技术和系统可以将客流、车流及货流等实时准确数据及预警信息提供给枢纽场站的管理者与决策者,从而实现枢纽高效安全运行并为出行者提供丰富的信息服务。作为综合枢纽监测的手段包括红外客流监测技术、视频识别监测技术、射频识别监测和客流定位感知技术等。随着信息技术的不断发展,基于海量异构数据的城市枢纽客流定位监测与预警系统将是未来发展趋势。

以往针对综合交通枢纽运行组织优化大多从枢纽接驳系统出发,将其视为铁路、城市轨道交通、公交、出租车等交通方式间运输接驳(换乘)问题进行研究。具体地,提出公交、出租车的场站设置政策性建议,或是在考虑车站停站时间、引入松弛时间等因素的基础上,以乘客出行总时间最少、换乘时间最少或者企业运营与乘客出行总成本最少为优化目标,以发车频率或时刻表为决策变量建立优化模型。而且,现有研究侧重于单一枢纽内不同交通方式间接驳优化,缺少对枢纽群间各交通方式多尺度下的统筹协同,使得枢纽运行组织优化效果往往不尽如人意,多尺度综合交通枢纽协同运行与组织优化仍需要进一步进行研究。

近些年来,虽然一些学者们在枢纽客流监测与预警以及接驳系统运行优化等方面取得了丰硕的成果,但无论是乘客出行微观尺度还是枢纽运行组织宏观尺度,以及综合枢纽与城市及区域融合发展等方面,综合交通枢纽协同运行与组织优化研究仍有诸多需要攻克的问题。

3.1　联程出行行为建模及分析

枢纽型综合交通系统在增强城市(群)可达性的同时,也为一站式购票、一证式出行、一体化组织、无缝化衔接的旅客联程出行提供了必要条件。国内外的研究大部分是针对单一出行方式进行,尚缺乏对城市群旅客多方式组合出行行为的研究,而联程出行不仅包括了单一出行方式,还包含了多方式组合出行。因此,有必要从联程出行的全过程出发,分析旅客在城市群枢纽间进行联程出行时的方案选择行为以及交通枢纽接运方式的选择行为,进一步构建城市群交通枢纽间联程出行行为模型并对选择行为机理进行深入剖析,为综合枢纽协同运行与组织优化奠定基础。

3.2　考虑弹性需求的枢纽间多方式协同运行优化

城市群建设与发展不断加快,城市群枢纽间运输通道涵盖交通方式越加丰富,多模式组合出行越加频繁。随之而来的,乘客出行需求弹性变化特征日益显著。若仍旧假定为固定需求,其计算结果将严重偏离实际情况,无法达到各交通方式下的供需匹配以及多方式的协同运行。既有研究中对枢纽间多方式协同优化研究尚不充分,大多停留于枢纽间单一交通方式的时刻表优化等。因此,考虑弹性需求的枢纽间多方式协同运行优化问题亟须进一步探索。

3.3　不确定环境下协同优化的鲁棒性及控制策略

对于城市群内的综合交通枢纽,由于其涵盖了铁路、城市公交、城际汽车、轨道交通、航空、水路等多样性交通方式,尤其是城市公交、城际汽车、航空等交通方式均在庞大的开放式环境下运行,现实交通环境中存在大量不可避免的不确定因素干扰交通运输设备正常运行,这些不确定因素的出现往往导致实际运营偏离既定运行组织计划。此外,相较于单一枢纽,城市群综合交通枢纽所要满足的客流需求也具有高度的多样性和不确定性。在这些不确定因素作用下,鲁棒性则成为能否确保综合交通枢纽协同运行与组织稳定以及持续有序运行的重要因素。有鉴于此,亟待从鲁棒性和控制策略方面对综合交通枢纽协同运行与组织优化方法进行进一步研究。

主要参考文献

[1] 张国伍,张秀缓,罗雄飞. 综合交通枢纽的虚拟组织协同管理模式研究[J]. 系统工程,2000(04):43-48.

[2] Atamturk A, Zhang M. Two-stage Robust Network Flow and Design Under Demand Uncertainty [J]. Operational Research, 2007, 55(4):662-673.

[3] 王佳,符卓. 综合客运枢纽接运公交线路优化设计[J]. 系统工程,2012,30(05):101-106.

[4] Yan Y D,Meng Q,Wang S A,et al. Robust Optimization Model of Schedule Design for a Fixed Bus Route [J]. Transportation Research Part C,2012,25:112-121.

[5] 余柳,刘莹. 东京综合交通枢纽布局规划研究与启示[J]. 交通运输系统工程与信息,2013,13(001):17-24.

[6] 陆化普,孙智源,屈闻聪. 大数据及其在城市智能交通系统中的应用综述[J]. 交通运输系统工程与信息,2015,15(05):45-52.

[7] 张军,王云鹏,鲁光泉,等. 中国综合交通工程科技 2035 发展战略研究[J]. 中国工程科学,2017,19(1):43-49.

[8] 魏玉聪,朱熹,崔晓天. 基于大数据的综合交通枢纽客流监测系统设计[C]//2018 年中国城市交通规划年会,2018.

[9] 鲁晨,孙健,杨涛. 综合交通枢纽客流行人换乘组织优化及仿真[J]. 系统工程,2020,38(3):8.

撰稿人:任其亮(重庆交通大学)

韧性城市多模式公共交通系统协同设计与调控

Collaborative design and control of resilient multi-modal public transport systems

1 科学问题概述

近年来,建设韧性城市受到越来越多的关注,提高城市韧性、增强抗风险能力,成为现代城市建设管理的重大课题。公共交通作为推动城市发展的基础功能,提升其系统韧性对促进城市韧性发展至关重要。不断迭代的信息技术及其衍生的新业态正在重塑未来的城市与交通运输系统,特别是城市多模式公共交通系统交互性日益增强,系统的服务模式、基础设施和其韧性都在发生颠覆性改变。国内外对于多模式公共交通的研究已有相当的规模和深度,但许多关键理论和科学问题仍在探讨、实验和测试阶段,一直是交通领域的研究热点。不同于道路交通中的实体网络,公共交通网络是逻辑网络,其具有周期连通的特性。对于城市多模式公共交通系统,其韧性不仅仅体现在突发事件发生后的系统恢复能力,更在于从设计层面到运营层面的全过程韧性考量。明晰韧性多模式公共交通系统的内涵和特征,完整解析多模式间耦合关系,构建其系统韧性评估理论;揭示道路交通环境影响规律,挖掘多模式功能与城市工程设施交互关系,构建韧性公共交通系统规划与设计方法体系;解析突发事件下乘客行为特征和需求演变,突破被动式公交调度模式,构建主动式公交动态调度运行态势推演及调控方法;破解多尺度仿真解耦,实现示范区域测试验证。

2　科学问题背景

国内外研究和实践都已证明,大力发展公共交通是破解日益严重的城市交通需求与供给矛盾问题,尤其是改善交通拥堵带来的环境、经济、安全等问题的有效措施之一。按百名乘客计算,公共交通比小汽车道路占用长度减少近 9 倍,节省油耗约 5 倍,有害气体排放降低约 15 倍。近年来,城市公共交通的地位越来越突出,我国各主要城市针对城市公共交通体系的建立与完善也都投入了大量的人力与物力,并取得了良好的效果。北京、上海、深圳等大城市的机动化公交分担率也已经超过 50%。然而,我国大多数城市的各种公共交通模式仍缺乏有机衔接,多种公共交通模式间未能形成有机整体,严重制约了城市公交系统的服务质量。例如,北京和上海等大城市乘客平均步行换乘距离超过 1km,高峰平均候车时间基本在 10min 左右。

整体来看,大部分城市的公共交通系统运行的可靠性与发生异常事件后的恢复能力较弱,当面临各类突发事件(例如自然灾害、突发公共卫生事件和交通事故等)时,多模式公共交通间的不协调和不畅通问题则更加凸显。例如,2016 年武汉特大洪水,约 70% 公交停运;2018 年深圳灯光秀测试,导致多条道路严重拥堵、地铁瘫痪;2020 年台风“巴威”过境青岛,导致城市公共交通几近瘫痪;2021 年郑州连遭暴雨袭击,导致城市地铁和公共汽车交通近乎瘫痪。这些事件引起我们反思,在基础设施的科学规划和建设的基础上,还应提高各运输模式子系统自身的韧性及其间的协同韧性,形成多模式协调和应急替代格局,确保其共存共荣,实现各种公共交通资源最优整合及利用,提高交通系统的抗风险能力。

《国家综合立体交通网指标框架》也首次将“交通网韧性”设置为发展指标之一。城市公共交通系统是“交通韧性”增强建设的重要一环,其韧性的提升不仅有利于保障城市居民的安全高效出行,还将助力城市持续、稳定和安全运行。各类风险事件对城市公共交通系统产生的冲击往往是巨大的,这也推动了城市公共交通系统由传统的单纯以效率和功能为主体的发展模式,向以提升交通韧性为目标的发展模式转变。

3　科学问题研究进展

韧性城市着眼于构建整体性的城市安全系统,从被动防御转向主动适应,不断提升经济韧性、社会韧性、空间韧性、基础韧性和生态韧性。优化基础设施韧性是提升城市韧性的基石,以智能化驱动和提高维护能力,增强城市交通等系统抗击冲击和快速修复能力,保障其在极端情况下能正常运转。韧性交通概念的提出引起了众多国内外研究者的关注。世界银行等国际组织及欧美发达国家交通主管部门的研究和实践表明，韧性交通应具有较高的可靠性和必要的冗余性，且能承受、应对突发事件并实现快速恢复。对于城市公共交通而言，需要从规划与设计、运营与管理、应急调度等全方位提升系统韧性，保持系统较高的弹性和较强的抗冲击能力。

以往的城市公共交通优化多以模型驱动为主，建立在领域经验和抽样调查等基础上，通过物理理论、经济学理论和统计分析等方法构造体系化的公交系统分析理论及方法。这种方法的优点是基于现实世界的交通现象和问题总结规律，并采用数学模型来解释这些规律，可以较好理解交通问题的产生、演化过程，有助于从问题本源来破解交通问题。然而，城市公共交通的不断发展涉及众多影响因素，包括出行者个人行为特征与公共汽车在道路路口、路段及网络层面运行特征及其态势演化、规律性和随机性等。各因素相互作用关系具有高度复杂性，导致城市交通子系统功能域、相互作用与协同等模型难构建，应用既有模型驱动方法已难以给出机理解释和精确推演，也很难真正解决实践中的问题。

近年来，交通大数据为现有城市公共交通理论与技术的完善和提升提供了新的视野和可能。利用动态、多源、时空关联的交通大数据，数据驱动方法能够改进与完善现有交通流模型、理论，更准确和全面地分析、解释和处理交通状况，推演交通状态。基于交通大数据方法，挖掘海量数据蕴含的复杂隐性和显性交通知识，进行领域知识发现，综合交通数据、信息和知识，获取动态出行需求与供给信息、交通动态状况和路网交通态势演化趋势与规律，从而提出更有效的管理服务措施和调度方案。然而，纯粹的数据驱动方法，大多是多个无规律的数据模型或一个黑箱算法，很难解决工程问题的同时揭示其潜在的科学规律，难以从根本上解析和破解交通问题。

综上所述，在城市公共交通领域，基于模型的交通规划技术和方法，在我国也已有近40年的发展历程，在交通规划定量分析方面发挥着不可替代的作用。在大数据和人工智能快速发展的时代背景下，传统交通模型体系及建模技术已无法适应大数据的应用与精细化、精准化规划决策的需求。因此，“模型+数据”双驱动的技术路线已经逐渐为城市公共交通领域的研究人员所采用。未来的城市公共交通领域的规律研究，不再局限于公交系统内部的数据，还需要考虑交通系统运行数据、建成环境和居民行为等多源数据，立足于实际问题及发展目标，探索采用大数据等方式的可持续建模方法。将模型与数据驱动方法相融合，为规划与管理决策工作提供一体化整体解决方案，相较传统的理论与方法更具应用前景。国际上一些城市也启动了韧性相关的实践，如洛克菲勒基金会的“百座韧性城市计划”、美国纽约“更强大和更有韧性的城市计划”以及英国伦敦“增强城市韧性战略计划”等。相关学者针对城市韧性也做了大量的研究，形成了“能力恢复说”“扰动说”“系统说”和“提升能力说”等日益丰富的成果。尽管各领域对韧性城市的解读各有特点，但对一般性规律的探究仍有欠缺。投射到城市公共交通领域，现有研究缺乏系统性，与韧性城市结合不紧密，研究成果难以从规划设计、运营管理、应急调度等方面集成统一。因此，韧性城市多模式公共交通系统协同设计与调控需重点在以下方面展开攻坚。

3.1　系统解析多模式耦合关系，构建城市多模式公交系统韧性评估理论

韧性城市的多模式公交系统服务体系增加了公共交通服务供给韧性。在城市多模式公共交通系统中，公共交通设施（如站点、枢纽、场站）、公交线路和公交网络彼此交互，其韧性也相互影响，且单一模式或单一线路子系统的韧性不能全面反映整个公交系统运行的韧性。仅针对单个子系统的传统研究方法将不再适用于多模式公共交通系统的运行特征研究，也无法解释系统整体韧性的演变规律。因此，如何明晰单个微观层面设施工程韧性及局部扰动对全局公交系统的影响趋势，解析多模式宏观层面的韧性内涵和特征，厘清多模式公共交通子系统替代互补和一体衔接耦合关系及规律，设计衡量多模式间的协同韧性指数，构建保持系统韧性的多尺度、多目标韧性预警机制，对公共交通网络的时空韧性（时间对应指周期性连通，空间对应逻辑网络）特性进行建模解释，是多模式公共交通系统韧性评估体系构建的难点之一。

3.2　揭示道路交通环境与条件影响规律，构建韧性公共交通系统体系

韧性城市注重系统的整体性、系统性和协同性。以往研究常把城市公共交通系统看作一个独立的系统，以静态的道路交通状态、公交需求分布等作为外生条件进行规划与设计，割裂了城市公共交通系统与道路交通环境等外部系统的互动关系。在信息环境下，多模式公共交通系统的功能域分层更加清晰，可以在设计层面为应对未来突发事件干扰预留空间，例如调整常规公交线路、增加运行时刻表的衔接性以及设计多功能车道等，以应对行驶工况不确定性和自然灾害等突发事件。因此，如何挖掘外部环境（如道路及交通状态变化和灾害影响等）干扰下公共交通系统韧性演变规律，解析城市工程设施条件与跨模式功能互补替代间的耦合关系，研究韧性多模式公共交通系统的设计规划方法是构建韧性公共交通系统体系的难点之一。

3.3　突破被动式公交调度模式，构建主动型公交动态调度运行态势推演及调控方法

韧性城市对突发事件的处理模式不再依靠被动防御，而是通过智慧化手段转向主动适应。在韧性城市公共交通系统中，城市交通状态的时变性常导致公交动态调度策略的实施效果不具备可追溯性，尤其是在多模式公共交通系统各模式间存在联动影响的情况下，追溯公交动态调度策略的实施效果尤为困难。目前国际上尚未建立起满足工程实践需求的动态调度策略库，制约了多模式公交动态调度策略适应性的相关研究。过去突发

事件发生后进行韧性恢复的“被动式公交调度”方法虽然在工程中易于实施,但是由于仅考虑当前状态,被动响应调度指令,导致实际效果不理想。在高度信息化条件下,交通信息获取和系统调度方式将发生巨大变化,系统可以根据乘客、车辆、道路和环境数据间的强相关性,对突发事件干扰进行精准感知、在线推演及快速处置,主动适应外界干扰,保持系统韧性。因此,如何解析突发事件影响下的乘客行为特征和需求演变,基于大数据逆推公交动态调度策略实施前后各公交模式运行状态,推演随机干扰下的多模式公共交通系统运行态势,研究面向多模式公共交通系统的主动式公交动态调度方法是亟待解决的另一难点。

3.4 破解多尺度解耦,实现示范区域测试验证

韧性城市公共交通系统拥有庞大的网络节点数量,并且乘客行为、公交设施、公交线路和道路环境多要素交互作用关系非常复杂。传统解析模型忽略了乘客的选择行为,难以准确解释各子系统之间的供需特征、演化规律和设施-线路-系统间的互动关系,导致工程实践无法映射到系统环境。如何对需求-设施-线路-系统进行两两耦合仿真-计算分析并建立集成平台,提出适应韧性城市的多模式型公共交通系统的多尺度实验解耦方法,实现规划与设计、运营与管理和应急调度建模、标定以及子模型间的衔接,并对设计城市公共交通系统韧性动态演化过程进行模拟及测试,进一步分析不同特性条件下所建立模型的收敛条件和在实际应用中的效果,是该研究的再一难点。

主要参考文献

[1] DESOUZA K C, FLANERY T H. Designing, Planning, and Managing Resilient Cities: A Conceptual Framework[J]. Cities, 2013, 35:89-99.

[2] CEDER A, WILSON N H. Bus Network Design [J]. Transportation Research Part B: Methodological, 1986, 20(4):331-344.

[3] BERTSIMAS D, NG Y S, YAN J. Data-Driven Transit Network Design at Scale[J]. Operations Research, 2021, 69(4):1118-1133.

[4] BARNETT A. 1974. On Controlling Randomness in Transit Operations [J]. Transportation Science, 1974, 8(2):102-116.

[5] IBARRA-ROJAS O J, DELGADO F, GIESEN R, et al. C. Planning, Operation, and Control of Bus Transport Systems: A Literature Review[J]. Transportation Research Part B: Methodological, 2015, 77:38-75.

[6] TAKAMATSU M, TAGUCHI A. Bus Timetable Design to Ensure Smooth Transfers in Areas with Low-frequency Public Transportation Services [J]. Transportation Science, 2020, 54

(5):1238-1250.
[7] WALTEROS J L, MEDAGLIA A L, RIAÑO G. Hybrid Algorithm for Route Design on Bus Rapid Transit Systems [J]. Transportation Science, 2015, 49(1):66-84.
[8] CHEN L, MILLER-HOOKS E. Resilience: An Indicator of Recovery Capability in Intermodal Freight Transport [J]. Transportation Science, 2012, 46(1):109-123.
[9] JIN J G, TANG L C, SUN L, et al. Enhancing Metro Network Resilience Via Localized Integration with Bus Services [J]. Transportation Research Part E: Logistics and Transportation Review, 2014, 63:17-30.
[10] ZHOU Y, WANG J, YANG H. Resilience of Transportation Systems: Concepts and Comprehensive Review [J]. IEEE Transactions on Intelligent Transportation Systems, 2019, 20(12):4262-4276.

撰稿人：于滨(北京航空航天大学)　安琨(同济大学)　马万经(同济大学)
姜雨(南京航空航天大学)

重大公共卫生事件期间城市交通管控体系构建问题

Urban transportation management and control architecture during severe public health events

1　科学问题概述

2019年末的新型冠状病毒(COVID-19)感染疫情发生以来,全球各地不断拉响警报并引起了强烈震动。此次疫情中频繁提起人均基本传染数R0,其值为每人日均接触率、接触后传染概率以及病毒生存传染周期的乘积。例如,正常生活中每人日均接触15位他人,接触后传染别人的概率为1.7%,病毒生存传染周期为14d,那么可以预测一个病人会传染15×1.7%×14=3.57人。R0的三个因子只有每人日均接触率与城市环境相关,其他两个因子为流行病自身特征。每人日均接触率指每人平均每天与其他人皮肤和或1m内近距离接触人数。郭健安、管铁2013年对广州城乡1800多名对象调查显示,半数人均每天接触≥10人,休息日接触人数相对于工作日较少,且18~59岁工作人群的接触率最高。流行病学文献一般认为每人日均接触率和城市人口密度、公交出行程度(公交铁路客运网络和民航网络等)成正比关系。也就是说,从流行病控制角度,不支持高人口密度与公共交通网络。正因如此,在重大公共卫生事件防疫期间,各级政府通常采取不同程度的交通管控紧急预案。尤其我国大中城市普遍人口总量大、居住密度高、出行频繁且对公共交通及共享出行依赖程度较高，疫情防控存在多重压力，需要一系列交通联防联控措施作为保障。

本科学问题以重大公共卫生事件期间城市交通管控体系构建与实施为目标，研究疫情常态化、复工复产需求驱动下，构建包括对外枢纽轨、公交交通（含铁路、长途汽车等）、出租汽车/网约车以及私家车等在内的城市多方式交通管控体系，并以 COVID-19 疫情进行实证，以武汉/上海为案例编制城市交通管控实施导则，从实施层面对今后重大公共卫生事件期间的城市交通管控给出路径指引。

2 科学问题背景

作为促进城市经济发展的基础性保障，包括物流及公共交通在内的交通运输系统，已从组织结构上形成了一套分工精细、信息传递规章化、组织行为程序化的体系。鉴于一个组织越适应给定时空情景下的环境条件，就越难以适应突发事件，不应该期待城市交通同时拥有常态状况下的效率和应对突发事件的能力。在重大公共卫生事件疫情防控状态亟须提高能力时，需要有针对性地建立应对事件出现时从常态到紧急状况的转化机制，考虑启动紧急运行机制、建立预警系统及多重决策程序等一系列问题。在加强防控重大公共卫生事件中交通工具传播重大传染病方面，国家卫生部卫应急发〔2005〕247 号文规定：行政管理部门要建立信息沟通渠道和联动协调机制，各级企事业单位要制定和完善防控措施，共同协防、有效控制传染病通过交通工具传播。接到疫情通报后，各部门应及时通知本系统内卫生主管机构和有关交通工具的营运单位，采取相应防控措施。交通工具上发生疫情时，铁路、交通、民航行政主管部门除在各自系统内逐级上报外，应向同级卫生行政部门报告。同时，加强针对铁路、交通、民航等运输系统中非医务人员有关传染病知识的宣传和培训，增强工作人员防病意识和能力，建立旅客健康巡查制度、传染病人交接制度，并在机场、车站、港口等地完善医疗卫生设施，建立传染病定点医疗制度。

本科学问题拟围绕重大公共卫生事件期间城市交通管控体系构建、运行及影响、疫情后评估等方面展开，突出“人民城市”理念，立足于客运和居民出行，相关解决方案将对“以人为本”的城市疫情防控及后期需解决的关键问题起到重要支撑。相关成果将以咨政建言专报、媒体学术文章、管理政策建议、专题研究报告以及进一步的行业实施导则/细则等形式体现。

3 科学问题研究进展

已有城市交通应急管理主要聚焦于城市突发事件中的综合交通系统管控等问题，通过建立城市交通突发事件管理系统，提升交通鲁棒性，如防灾、减灾等，最大限度减少突发事件对城市交通的不利影响。针对大型公共卫生事件，大量学者对交通运输传播传染性疾病的方式和特点进行研究,发现交通运输对疫情传播有着助推作用。在交通系统的推动下,疫情传播可能会出现跨区域传播以及“飞点”传播等现象。张云针对 2009 年我国大陆地区爆发的甲型 H1N1 流感疫情,基于 SEIR 模型,构建了疫情时空发展模型,根据大陆地区各种交通的客运量数据和交通网络的空间分布情况,利用铁路、公路和民航三种交通方式来描述流感病毒病例的省际移动行为,对疫情发展过程进行描述。发现民航和铁路是疫情长距离传播的主要方式,在疫情发生早期严格控制病例通过铁路和民航两种交通方式在省间流动可以有效抑制疫情的空间传播。Fang 等构建了 2000 年 11 月至 2003 年 5 月 SARS 的发病地点地理信息库,分析由北京中心向邻近地区传播的空间格局。结果表明北京周边有国道或省际高速公路的市县感染 SARS 的风险最高,是否被铁路穿过与感染 SARS 的风险没有显著关联,进一步证实 SARS 主要利用国道和省际高速公路从中心地区传播到邻近地区,与火车没有明显关联,这对于控制相关人际传播感染性疾病具有重要意义。

现有交通运输传播疫情特性的研究主要集中于高铁、民航、高速公路等城际与国际交通方式带来的影响,讨论疫情在全球各国之间、国内各省之间以及省内各城市间传播的影响。此外,一些研究针对在高铁、民航等大型交通工具内部疫情扩散的特性进行分析,较少涉及交通运输对城市内部疫情传播的影响。然而,自从新冠疫情(COVID-19)发生以来,交通运输部多次强调应重视城市内部交通对疫情传播的影响,加强城市公共交通防控措施,将疫情传播遏制在城市第一层。尤其是城市公共交通工具提供了一个相对密闭的空间,更容易引发传染病例,因此有必要讨论城市交通传播疫情的特征,加强城市交通防控。为了揭示城市公交运行对城市内 COVID-19 传播的影响,邬少杰等建立考虑迁入者的 F-SEIR 模型,针对区域人口流动对疫情传播的影响进行分析,在考虑密闭公共交通工具内部疫情传播特性的基础上,建立了城市公交传播 COVID-19 模型,并基于武汉市公交 IC 卡数据和公交车辆 GPS 数据进行实证。考虑到学者多次强调了阻断城市交通在疫情防控中的重要作用,却少有人讨论城市交通对城市疫情传播的影响方式,本科学问题主要着眼于城市交通对疫情传播的影响,拟针对重大公共卫生事件期间城市交通管控体系与实施路径展开,重点针对疫情期间公交系统、共享出行/网约车(含出租车)的管控以及基于“互联网 +”的应急物流平台进行。需重点考虑以下问题:

(1)基于人因工程和人机工效学的外埠输入风险与居民出行方式使用效用关联模型研究。考虑城市重大公共卫生事件期间,政府和企业通常鼓励员工采用“互联网 +”、O2O 等线上工作生活模式,因此,可引入人因工程方法分析相关政策对市民交通出行需求效用的影响,判定出行需求总量。其次,以重大公共卫生事件期间城市居民出行方式使用意愿为目标,引入分层抽样调查、焦点小组讨论等方法,获得疫情期间不同出行目的情景下对各类交通工具的选择偏好效用,以及影响方式选择的关键性因素指标。

(2)基于区块链技术的公交乘车系统平台及信息可溯源机制研究。借助区块链技术去中心化、不可篡改、全程留痕、可以追溯、公开透明等特点，增加公共交通(含飞机、铁路及长途汽车等)乘客乘车记录功能，做好乘客信息采集和登记工作，获取全过程出行轨迹并形成疫情相关的信息链条，帮助实现疑似病例筛查和相关接触人员的甄别和精准隔离，实现居民出行全信息"无死角"可溯源。通过采集人口流动大数据、移动通信运营商数据、社交媒体定位数据、疫情实时分布以及公交乘车平台数据等，引入大数据分析及数据挖掘方法，获得可能导致疫情传染的量化关系模型。其核心是建立在各参与者共识基础上的共享数据库，构建重点监测人员信息库，信息库内人员信息根据疫情防控需动态监测更新，保证针对海量人群的高效性。

(3)疫情期间城市网约车/出租汽车管控举措研究。研究疫情期间全市域跨平台网约车/出租车动态供需协同配置及出行路径成本。首先，将城市全域划分为若干网格单元，对多平台网约车/出租汽车进行整合，预测单元格内网约车/出租汽车出行需求；其次，基于疫情分布、患者数量增长趋势等数据，预测起终点及潜在路径的车辆感染成本，进而考虑乘车费用和延迟成本(统称为路径成本)，合理配置各路网网格单元内营运车辆数。

(4)构建包含区域感染成本的城市电子疫情地图，提出广义出行成本计算方法，研究车辆消毒点选址、费用分担等问题，实现城市出行资源优化配置。根据城市各地区病例发生数量划分区域疫情风险等级，建立电子疫情地图实时预警，在已有道路交通导航算法中考虑潜在感染成本，实现疫情期间出行效率及防控效果总成本优化。引入区域理论模型(Location Theory)，在主要交通枢纽(如公交站点、机场、火车站等)、加油站和充电站等地选择布设临时消毒点，统一对出租车/网约车等营运车辆以及私家车等进行消毒。研究车辆消毒监督、消毒点分配，以及针对不同出行情景的消毒费用分担策略，一定程度上通过价格机制来实现鼓励减少出行的目的。

(5)"互联网+应急物流"平台建设及基于Petri网技术的建模仿真。重大公共卫生事件期间的应急物流具有较强紧迫性和主体多元性，需整合各种应急力量及服务资源，实现政府、企业、社团和公众的联合行动。当前我国电商"互联网+"平台和现代化物流技术已取得长足发展，在重大公共卫生事件的实践应充分利用"互联网+"平台、物联网和地理信息系统等先进信息技术。但仅依靠政府或民间的应急物流力量，难以满足防控保需要求；只有政企合作与社会力量协同联动，才能真正构建高效能的应急物流保障体系。因此，需政府自上而下基于"互联网+"、物联网和5G技术，依托百度、阿里、腾讯、美团和高德等互联网电商企业的既有优势，建设"互联网+应急物流"平台。在此基础上，以实际城市需求为案例，引入基于广义随机Petri网技术对应急物流系统进行建模及仿真，构建协同补位的物流体系，做到线上线下无缝对接,提升物资配置效率。

主要参考文献

[1] 郭健安,管铁,等. 广州市社区人群流感抗体水平与人际接触状况的相关性分析[J]. 中华流行病学杂志,2013,35(4):433-436.

[2] Xia H. Modeling, Analysis and Comparison of Large Scale Social Contact Networks on Epidemic Studies[D]. Virginia Polytechnic Institute & State University,United States,2015.

[3] West G. Scale:The Universal Laws of Growth, Innovation, Sustainability, and the Pace of Life in Organisms, Cities, Economies, and Companies [M]. New York: Penguin Press,2017.

[4] Weick K E. Making Sense of the Organization, Blackwell, Oxford, United Kingdom, 2001,352.

[5] 丁蕾,蔡伟,陈国强,等. 新型冠状病毒感染疫情下的思考[J],中国科学:生命科学, 2020,50:1-11.

[6] 卫生部、铁道部、交通部、质检总局、民航总局. 关于加强预防控制传染病境外传入和通过交通工具传播的通知:卫应急发〔2005〕247 号,2005 年 07 期.

[7] 李燕霞,丁芝华,欧阳斌,等. 新冠肺炎疫情对交通运输法规制度体系建设的影响及对策[J],交通运输研究,2020,1(6):58-66.

[8] 张云. 中国大陆地区甲型 H1N1 流感疫情传播的建模与分析[D]. 北京:北京师范大学,2011.

[9] Fang L Q,Vlas S J D,Feng D,et al. Geographical Spread of SARS in Mainland China[J]. Tropical Medicine & International Health,2009,14(1):14-20.

[10] 邬少杰,孙健. 突发公共卫生事件下城市公交传播疫情模型研究[J],吉林大学学报(工学版),2022,53(1):9.

[11] Sun D J,Elefteriadou L. A Driver Behavior Based Lane-changing Model for Urban Arterial Streets[J],Transportation Science,2014,48(2):184-205.

[12] Sun D J,Elefteriadou L. Lane Changing Behavior on Urban Streets:A Focus Group Based Study[J],Applied Ergonomics:Human Factors in Technology and Society,2011,42(5): 682-691.

[13] 宋正娜,陈雯,袁丰,等. 公共设施区位理论及其相关研究述评[J],地理科学进展, 2010,29(12):1499-1508.

[14] Ait-Ouahmed A,Josselin D,Zhou F. Relocation Optimization of Electric Cars in One-way Car-sharing Systems:Modeling,Exact Solving and Heuristics Algorithms[J],International

Journal of Geographical Information Science,2018,32(2):367-398.

撰稿人：孙健(长安大学)　陈方玺(上海交通大学)

超大规模综合立体交通网规划与 TIM 体系

Large-scale comprehensive transport network planning and transportation information modeling TIM system

1　科学问题概述

改革开放以来,我国综合交通系统建设成绩喜人,高速铁路、高速公路、内河航道、城市轨道交通营运里程均居世界第一。但是在综合交通系统规划-建设-管理-控制过程中明显缺乏协同,导致城际间"公路、铁路、水路、民航"以及城市内"道路、公交、轨道"条块分割、各自为政的现象严重,造成了我国综合交通系统运输成本高、运输能力低、服务质量差、系统韧性弱等问题,难以保障我国交通运输行业的发展和治理能力现代化水平的提升,严重制约了我国交通体系的快速发展。

自下而上看,由于我国幅员辽阔,多年来不同地域、不同交通方式间的规划路径与发展情况差异很大,在客观上限制了我国综合交通系统融合发展,网络间无法互联互通、形成有机整体,导致综合交通系统资源共享难、建设协同难、运营调度难、服务优化难、互联互通难,无法满足广大人民高品质、高效率出行需求。深究这一问题的产生,其根源在于综合立体交通网络,特别是超大规模网络的规划理念落后、理论技术储备不足,对综合交通方式间的协调与配合考虑较少,无法在综合交通系统层面形成合力。

相比较小范围、局部片区的综合交通网络,覆盖更广、规模更大、要素更多的超大规模综合立体交通网络规划则具有更大的理论挑战和技术要求。超大规模网络导致了综合立体交通运输需求的层次化与多样化,而多样化又进一步催生了综合交通网络的差异化演进。如何在明确超大规模综合立体交通网络新特征的基础上,高精度把握综合交通系统演化机理及发展趋势;在满足多样化交通需求的同时,统筹好不同交通运输方式的差异,从源头上解决超大规模综合立体交通网络的构建是摆在交通行业面前的关键性难题,亟待理论技术研究。

基于如上认识,必须围绕超大规模综合立体交通网规划需要,充分整合传统交通分析理论与大数据、人工智能、虚拟仿真等新技术,提出并构建一整套面向综合立体交通规划且符合超大规模网络特征的交通信息模型(Transportation Information Modeling,TIM)体系,从顶层规划出发构建综合立体交通网络架构,支撑现代化高质量国家综合立体交通网络实践。

2　科学问题背景

超大规模综合立体交通网络是国家或地区性综合交通运输体系的基础，是铁路、公路、水运、民航、管道等各种运输方式的主要通道和节点，通常需要跨省域/城市群区域，覆盖较大的国土空间范围。超大规模综合立体交通网络规划涵盖系统调查、发展分析、需求预测、方案设计、规划评价和计划实施等多个过程，由于规划过程复杂、影响因素众多，加之超大规模网络的特征机理复杂、供需冗余限制并存，其对基础数据的获取、交通特征的解读、分析结果的梳理、规划方案的生成均有着相当高的要求，需要全套基础理论与数字化分析技术的支持。随着互联网、物联网、云计算等数据感知、传递、整合与展示技术的发展，在工程建造、城市规划建设等领域，基于建筑信息模型（Building Information Modeling，BIM）的数字化管理技术已被广泛应用，城市信息模型（City Information Modeling，CIM）技术的提出又进一步开辟了智慧城市规划、建设和治理新模式，并为城市空间基础设施数字化奠定了基础。但是在综合立体交通系统规划建设等领域，服务于规划分析、系统决策与管理的 TIM 体系及其集成技术发展却十分缓慢。超大规模综合立体交通网络该如何布局？不同交通方式间如何协调？各自的规模多大？建设实施时间序列如何安排？针对这些问题的规划与决策过程缺乏科学合理的理论方法支撑，综合立体交通系统的分析技术还无法适应当下超大规模网络立体化、高质量发展的需要。

实现超大规模综合立体交通网规划的基础是对异质网络特征的解析，核心在于 TIM 体系的构建，关键则是实现网络层面的融合互通。通过梳理超大规模综合立体交通网络规划需求，重点突破超大规模交通网络数字化融合、定量化分析与业务化实践三大关键难题，研究并形成超大规模综合立体交通网络 TIM 体系，这既是面向国家战略发展的应有之义，更是需求导向的当务之急。

3　科学问题研究进展

超大规模综合立体交通网规划与 TIM 体系的研究覆盖城市交通、城际交通、城市群交通、跨区域综合运输等范围，在科学理论层面，TIM 是集交通数据、交通分析、虚拟仿真、分析评价、结果展示为一体的综合立体交通数字化分析集成。目前，与超大规模综合立体交通网 TIM 体系相关的研究主要集中在网络特征数字化解析与融合、理论模型体系、虚拟仿真集成等方面。

（1）超大规模网络特征数字化解析与融合。综合交通网络数字化解析与融合是超大规模综合网络分析与规划的基础，主要涉及网络特征数字化解析、异质网络融合模型构建等研究内容。该方面研究长期关注单一交通方式网络，在解构与分析不同规模网络的特征基础上，提出了诸多经典网络模型，考虑超大规模网络的动态演化特性，进一步发展形成了多维数字融合模型。在综合立体交通网络层面,目前的研究主要是将多个单一交通网络叠加,分别考虑不同规模、不同方式网络特征并分别予以存储,研发并演化出多层次网络融合数字化模型。

(2)超大规模网络规划模型体系。综合立体交通网络理论模型体系是超大规模综合网络分析与规划的核心,当下的研究重点关注多方式运行特征与相互作用机理、交通运输系统供需演化、交通运输网络配流等方面。由于不同交通方式差异大,方式特征研究往往独立展开,在多方式供给特性、动力学演化、运输能力与运行阻抗等方面形成了相对成熟的理论方法;交通方式间的相互作用研究多面向两两方式间展开,提出了方式博弈、方式组合分析等模型。在系统分析影响交通供需因素基础上,供需失衡与供需平衡间的动态转化成为综合交通供需关系理论的基础,并逐步发展形成了需求-供应互动均衡、交通需求动力学分析、交通系统耦合等关键理论模型。其中,网络配流分析是交通供需关系的微观量化呈现,通过移植道路交通领域的成熟理论与方法,目前已可实现中小规模简单综合交通网络单一出行方式、联程出行的配流分析与模型求解。

(3)超大规模网络虚拟仿真集成。综合交通虚拟仿真集成是超大规模综合网络分析与规划的关键,当下的研究重点关注综合交通网络仿真分析技术体系、业务场景预案,以及虚拟仿真集成三方面。考虑综合交通运输模式间相互影响,研究了综合交通系统多方式混合仿真体系及融合分析技术,并开始逐步探索多网数据融合、多网模型融合、多网评价融合的技术手段与实现路径。在业务策略及应用场景方面,研究关注了不同交通运输方式的客流分布、路径/方式选择、运行/政策影响等业务内容或场景的分析,并针对性提出了业务场景预案。虚拟仿真集成重点关注工程应用,目前已经具备初步的理论功能整合与工程应用能力。

总体来看,超大规模综合立体交通网规划与 TIM 体系在当下已有一定研究基础,但现有研究较为零散且杂乱,对超大规模网络特征的把握不够,研究成果难以统一与集成,这也导致了该变革性技术的发展与应用短期受限,需重点在以下方面开展攻坚:

(1)超大规模综合立体交通网络特征解析与数字化融合理论。针对综合交通网络特征解析高维拓扑结构冗余多、表达差、无法处理超大规模网络等问题,开展超大规模综合立体交通网络特征解析、全息几何网络构建、多用途多层次动态逻辑网络模型及自动构建方法、一体化网络分析算法等研究,实现面向超大规模综合多模式交通子网间的层次关系与协同特性映射。

(2)超大规模综合立体交通网络 TIM 体系。针对现有研究主要围绕常规网络及特定交通方式展开,忽视超大规模综合交通方式交互的问题,开展超大规模交通网络异质结构解析、综合立体交通需求与国土空间协同演化、考虑网络竞合演化的交通运行分析、多目标全周期一体化交通网络评价等理论模型研究,实现超大规模综合立体交通网络供需平衡理论构建。

(3)超大规模综合立体交通虚拟仿真集成。针对综合交通虚拟仿真集中在单一方式、简单场景的问题,开展面向超大规模综合立体交通多场景多尺度仿真技术体系研究,集成研发适用于超大网络规模的综合立体交通系统规划与协同运行分析 TIM 平台,形成完整覆盖大规模、多模式、全过程,且具有仿真结果自评估及仿真参数自更新功能的综合立体交通虚拟仿真集成工具,便于 TIM 体系的业务实践与推广应用。

主要参考文献

[1] 王炜,邓卫,杨琪. 公路网络规划建设与管理方法[M]. 2 版. 北京:科学出版社,2007.

[2] 易新宇,蔡先华,付晓. 道路交通网络金字塔模型车道级特征层构建[J]. 测绘工程,2020,29(01):15-22.

[3] 王炜,华雪东,郑永涛. 综合交通系统"多网合一"交通分析模型与算法[J]. 交通运输工程学报,2021,21(02):159-172.

[4] 王炜,赵德,华雪东,等. 城市虚拟交通系统与交通发展决策支持模式研究[J]. 中国工程科学,2021,23(3):163-172.

[5] Daganzo C F, Sheffi Y. On Stochastic Models of Traffic Assignment[J]. Transportation science,1977,11(3):253-274.

[6] Codecá L,Frank R,Faye S,et al. Luxembourg Sumo Traffic (lust) Scenario:Traffic Demand evaluation[J]. IEEE Intelligent Transportation Systems Magazine,2017,9(2):52-63.

[7] Liu Y,Bansal P,Daziano R,et al. A Framework to Integrate Mode Choice in the Design of Mobility-on-demand Systems[J]. Transportation Research Part C:Emerging Technologies,2019,105:648-665.

[8] Rasmussen T K,Watling D P,Prato C G,et al. Stochastic User Equilibrium with Equilibrated Choice Sets:Part Ⅱ-Solving the Restricted SUE for the Logit Family[J]. Transportation Research Part B:Methodological,2015,77:146-165.

[9] Wang H W,Peng Z R,Wang D,et al. Evaluation and Prediction of Transportation Resilience under Extreme Weather Events:A Diffusion Graph Convolutional Approach[J]. Transportation Research Part C:Emerging Technologies,2020,115:102619.

[10] Liu R,Van Vliet D,Watling D. Microsimulation Models Incorporating Both Demand and Supply Dynamics[J]. Transportation Research Part A:Policy and Practice,2006,40(2):125-150.

撰稿人:王炜(东南大学)　华雪东(东南大学)

CHAPTER THREE

第 3 章
综合交通协同组织与服务

随着城市快速发展和交通运输服务品质要求的提升，站城融合发展、枢纽及周边土地综合开发、枢纽空间及内部交通的一体化等已成为世界综合交通组织与服务的发展趋势。公路运输、铁路运输、水路运输、航空运输、管道运输等多种运输方式之间的换乘客流量激增，旅客期望运营者提供便捷的出行服务，运营主体期望能高效利用路网运能。各制式交通由运营管理基本相互独立的局面，逐渐朝着轨道交通一体化发展，以满足旅客日益增长的高质量服务需求以及复合路网运能高效利用的需求。这些需求的满足与制式间的协同程度直接相关，协同程度越高，服务质量越高、路网效能利用越充分。协同程度可以通过协同等级刻画，实现的具体方式需通过运输组织协同模式阐述，包括线网规划建设、运力资源配置、信息共享、应急响应与安全保障、管理机制等一系列内容的选择与决策。最终各制式协同效果很大程度上取决于对运输组织协同模式的选择。

长期以来，国内外学者在综合交通枢纽发展规划、建设设计、商业开发规划、安全疏散、换乘组织、引导系统设计等方面开展了大量研究，对推动高速铁路综合枢纽的发展提供了大量的理论支持。近年来，国内研究人员逐步开展综合交通协同组织与服务的相关研究，综合立体交通网加速成型。我国建成了全球最大的高速铁路网、高速公路网、世界级港口群，航空海运通达全球，规模巨大、内畅外联的综合交通运输体系有力服务支撑了我国作为世界第二大经济体和世界第一大货物贸易国的运转。

根据新发展理念，依托综合交通发展驱动经济社会全面提升和实现城市职住平衡，全面实现以国内大循环为主体、国内国际双循环相互促进发展。建立站城融合发展生态体系，提出多式联运为全球物流业公认的一种高效、安全、低成本的现代运输服务组织方式，通过合理的多种交通集疏运能力匹配、站城土地一体化开发和站城协同管理，逐步建立高效的站城运作体系，完善运输网络布局，合理配置运输通道资源和各通道内的各种运输方式资源，在多式联运网络中充分发挥各种运输方式优势，形成站城一体化客运服务模式、商业开发模式、区域空间耦合模式、信息共享模式等，最后形成布局合理、功能完善、有机衔接、安全环保的综合运输基础设施网络，已经成为我国当前高速铁路综合枢纽绿色、协调发展迫切需要解决的问题。

多模式交通时空耦合转移机理与协同运行优化技术

Space-time coupling transformation mechanism and collaborative operation optimization technology in multi-mode transportation

1　科学问题概述

随着城市多样化交通需求的出现，交通出行方式也趋向于多元化。中共中央、国务院印发的《国家综合立体交通网规划纲要》中提出注重建设人民满意交通，满足人民日益增长的美好生活需要；有序发展共享交通，鼓励公众绿色出行，提高城市绿色交通分担率；提升治理能力，提高政策统一性、规则一致性和执行协同性。多模式交通的内容丰富，包括轨道交通、地面常规公交、网约车、巡游出租车和共享单车等等，多模式交通方式之间的时空关系也变得日益复杂：①多元化以及新型交通方式的快速发展对公共交通产生了一定影响，私家车、出租车、网约车以及共享单车与公共交通方式之间存在竞争关系，部分个性化的出行服务方式已取代了公共交通所能提供的可持续出行模式，并且由于其数量的增加导致交通拥堵更为严重，从而降低了公共交通的速度和吸引力；②但也有部分私家车、出租车、网约车以及共享单车与作为公共交通（尤其是轨道交通）的补充提供了最初/最后一公里服务，在填补公共交通时间和空间空白方面起到积极作用。

因此需要通过宏观以及微观数据深入研究多模式交通方式在时空上的耦合关系，挖掘私家车、出租车、网约车以及共享单车与公共交通的互动转移机理，在多模式系统目标最优的情况下达到各交通方式间的运行协同非常重要。主要科学问题包括：①私家车、出租车、网约车以及共享单车与公共交通的出行数据是时空耦合关系的外在表征，其蕴含丰富的时空关系信息，因此需要利用不同交通方式的出行数据，精细化界定多模式交通系统内部不同交通方式之间的时空耦合关系；②从空间属性、出行属性以及各交通方式的运营参数入手，解析私家车、出租车、网约车以及共享单车与公共交通的互动转移机理；③挖掘私家车、出租车、网约车以及共享单车交通方式中潜在的公共交通需求，设定合理的优化目标，提出私家车、出租车、网约车以及共享单车与公共交通协同运行优化技术。

2　科学问题背景

网约车、共享单车是一种模式创新，实际上也是“互联网 + 交通运输”的一种实现方式。网约车作为出行领域新兴的服务模式，克服了公共交通(特指地面常规公交)固定路线、固定时间的限制，满足了人们对出行舒适度、灵活性等的个性化需求，成为城市出行服务系统中越来越重要的部分。网约车进入美国城市，公交使用量减少了约6%，我国城市的情况更不乐观，减少量达到11%以上，在超大城市接近13%，但也有统计指出有16%的网约车起到接驳公共交通的作用。

共享单车出行方式承担着多元的角色，一方面由于共享单车使用灵活、价格低廉、可以实现“门到门”出行，在中短距离的出行中，可以替代公交出行，促进绿色出行；另一方面，作为一种连接型交通工具，可以提高公共交通站点的可达性，且研究发现共享单车与公共交通搭配使用可以使出行者获得更高的出行效益，出行更加高效省时。共享单车的出现，势必对现存的居民出行交通结构存在一定影响，与公共交通系统的关系存在合作与竞争。

在特大型城市人多、车多、道路资源稀缺的供需矛盾下，城市交通治理的“最大公约数”只可能是“公交优先”，在此基础上才能统筹兼顾私密、便捷、舒适等其他个性化需求。《交通强国建设纲要》也明确指出优先发展城市公共交通，鼓励引导绿色公交出行，合理引导个体机动化出行。私家车、出租车、网约车、共享单车与公共交通的“协同互补”有助于公共交通系统的优化调整。在私家车、出租车、网约车、共享单车便利性保持相对稳定时，其价格的调整对城市公共交通具有不可忽视的影响，通过合法化的调节可弱化其他交通方式与公共交通的竞争程度。

3 科学问题研究进展

3.1 网约车及巡游出租车与公共交通的竞合关系研究

网约车对巡游出租车的替代作用通过大量的研究已得到确认，与出租车相比，网约车与公共交通的关系更为复杂，有学者基于宏观网约车与公共交通需求以及供给数据分析，认为公交出行和网约车使用之间存在负相关关系，网约车的出现在一定程度上减少了人们对于公交的依赖性。然而有些学者则认为网约车的出现是作为公交的补充，例如Hall等人发现Uber在公交乘客量较低的城市作为公交的补充，网约车可以提供公交无法提供的首末英里的服务，增加公交定线、定程服务的可达性和灵活性，并且与现有的公交线路不会产生直接竞争。为了进一步支持网约车可能作为公交补充的观点，Feigon和Murphy采访了公共交通部门代表，并报告了他们中有多少人认为网约车是有效的最初/最后一英里解决方案。然而，Tirachini在南美洲以及Henao和Marshall在美国进行的一项研究中发现，网约车出行中只有5%与其他交通方式(包括公共交通)相结合。

3.2　共享单车与公共交通的竞合关系研究

Kong 等将共享单车与公共交通之间的关系分为模式替代、整合与互补三种类型，共享单车行程起讫点到公交车站的距离，共享单车行程的时长及公共交通的换乘，是区分交通方式替代、整合和互补的关键标准。Martin 等用问卷调查及回归分析等方法得到城市环境越密集，共享单车就越多，对公共交通的替代方式越多，而在交通网络密度不高的地区，共享单车可能是最初一英里和最后一英里的促进者，即实现互补功能更多。Ma 等对五年间地铁及共享单车的客流数据进行分析，结果表明在核心城区的共享单车对公共交通有替代作用，会减少地铁客流量，而在边缘地区的共享单车会增加地铁客流量，具有接驳与补充作用。Martens 等发现与位于社区或城镇边缘的车站相比，位于中心地区的公共汽车站的自行车和骑行水平相对较低，其原因首先是公共交通站点与始发地和目的地之间的相对距离，中心城区相比于郊区距离短，其次是在中心城区人们获得公交供给的机会更多。

3.3　私人小汽车与公共交通的转移机理研究

有关交通方式转移问题最初主要集中在通过对受访者进行 RP、SP 调查，研究私人小汽车出行向公共交通出行的转移。大多基于效用函数采用多元逻辑回归方法构建交通方式转移模型，发现出行时间、舒适性、路网总的交通阻抗等是决定选择私家车还是公共汽车的重要因素，在交通拥挤压力影响下，一定比例的车主会选择公共交通，并以行车时间差为影响变量，模拟小汽车出行者对于出行方式选择的学习与调整机制，绘制方式转移概率曲线，用以估计交通方式转移概率。也有一些学者采用物理模型，如推-拉-锚定（Push-Pull-Mooring）模型、转移作用力理论，构建个体机动化出行向公共交通方式转移意愿模型，从出行者心理、信息情境因素等解析私人小汽车向公共交通方式转移的机理，计算小汽车通勤出行方式向公共交通转移率，分析促使不同类型小汽车通勤者转移条件的差异性。

综上，国内外学者围绕不同交通方式与公共交通的竞合关系，以及小汽车与公共交通的转移机理进行研究并取得了丰富的成果，但仍存在以下不足和未来需要攻克的难点：

（1）明晰多模式交通时空耦合关系及界定标准。已有研究主要通过网约车、共享单车与公共交通出行总量，将两者的关系大致分为竞争与互补，但简单的竞争与互补关系并不能全面解释两种交通方式时空关系合理性，未来还需明确私家车、出租车、网约车以及共享单车与公共交通时空耦合关系的界定标准。

（2）解析多模式交通之间的客流转移机理。已有研究主要采用多元逻辑回归模型，探究私人小汽车与公共交通方式的转移，实际上与私家车相比，出租车、网约车以及共享单车用户向公共交通转移的可能性更高，未来还需进一步解析出租车、网约车以及共享单车与公共交通之间的客流转移机理。

(3)优化多模式交通系统协同运行。以往公共交通系统优化主要围绕单一模式展开，优化参数集中在公共交通系统内部，未来还需考虑出租车、网约车以及共享单车等外部交通方式对公共交通的冲击影响，实现以公共交通为主导的多模式交通协同运行优化。

主要参考文献

[1] 钟军，林岩，杭宇. 中国城市网约车服务对公交使用量的影响[J]. 交通运输系统工程与信息，2020，(05)：234-239.

[2] Rayle L，Dai D，Chan N，et al. Just a Better Taxi? A Survey Based Comparison of Taxis，Transit，and Ridesourcing Services in San Francisco [J]. Transport Policy，2016，45：168-178.

[3] Young M，Farber S. The Who，Why，and When of Uber and Other ride-hailing Trips：An Examination of a Large Sample Household Travel Survey[J]. Transportation Research Part A：Policy and Practice，2019，119：383-392.

[4] Young M，Allena J，Farber S. Measuring When Uber Behaves as a Substitute or Supplement to Transit：An Examination of Travel-time Differences in Toronto[J]. Journal of Transport Geography，2020，82：102629.

[5] Kong H，Jin S T，Sui D Z. Deciphering the Relationship Between Bikesharing and Public Transit：Modal Substitution，Integration，and Complementation [J]. Transportation Research Part D：Transport and Environment，2020，85：102392.

[6] Campbell K B，Brakewood C. Sharing Riders：How Bikesharing Impacts Bus Ridership in NewYork City [J]. Transp Res Pt A-Policy Pract，2017，100：264-82.

[7] Shaheen S A，Martin E，Cohen A. Public Bikesharing and Modal Shift Behavior：A Comparative Study of Early Bikesharing Systems in North America [J]. International Journal of Transportation，2013，1(1)：35-54.

[8] Martin E，Shaheen S. Evaluating Public Transit Modal Shift Dynamics In Response to Bikesharing：A Tale of Two U. S. Cities[J]. Journal of Transport Geography，2014，41：315-324.

[9] Heinen E，Harshfield A，Panter J. Does Exposure to New Transport Infrastructure Result in Modal Shifts? Patterns of Change in Commute Mode Choices in a Four-year Quasi-experimental Cohort Study [J]. Journal of Transport & Health，2017，6：396-410.

撰稿人：梁国华(长安大学)　邓亚娟(长安大学)

多式联运无缝衔接系统规划理论与方法

Theories and methods of seamless connection system planning for multimodal freight transport

1　科学问题概述

多式联运是依托两种及以上运输方式有效衔接，以集装箱为基本单元，为适箱货物提供全程一体化组织的运输服务，具有产业链条长、资源利用率高、综合效益好等特点，对推动全社会物流降本增效和交通运输绿色低碳发展，完善现代综合交通运输体系具有积极意义。但与国外发达国家相比，我国多式联运发展仍处于起步阶段，在基础设施衔接方面存在严重的“中间一公里”问题，对跨运输方式的多式联运无缝衔接系统规划研究不足，缺乏统筹规划、优化设计和建设协调，导致枢纽场站建成后集疏运效率低，功能衔接差，影响多式联运的高质量发展。因此，亟须建立一套适应多式联运发展规律与要求的无缝衔接系统规划理论与方法体系，并主要研究和解决考虑以下科学问题：

(1)如何实现多式联运运输系统动态无缝衔接与网络弹性优化。相对于其他单一方式运输，多式联运的优势主要体现在以长距离、大规模干线运输为主，以其他支线运输为辅，完成前期集货后进行整箱运输，再完成分发配送，集成多种运输方式的多条线路，构成综合运输网络。该网络包含了多种运输方式支撑的多个运输系统，每个运输系统又有自己的运输主体，相互之间多处联通衔接，其动态复杂性和不可控制性程度明显高于单一运输方式。任何节点处衔接不好、能力不足或通行不畅，都可能会降低整体效率效益。因此，有必要从多式联运系统全局效率效益目标出发，深入挖掘构建多式联运运输系统网络优化结构和探索弹性运行机理，精准识别关键衔接节点并加强资源配置，并以此为基础探索多式联运运输系统网络弹性优化，实现其动态无缝衔接。

(2)如何实现多式联运基础设施与工艺系统的无人自主组网与智能协同运行。多式联运无缝衔接的实现，离不开包括站场、线路、物联网络等各种软硬件基础设施的无缝支持，其技术工艺也会受到货类、载运工具、装卸设备、集疏运组织、枢纽布局等诸多要素的制约，还在一定程度上受到人为因素的影响。如何最大限度地排除人为干扰，快速响应多式联运衔接作业要求，让基础设施与工艺系统高效协同是多式联运无缝衔接的难题之一。若多式联运基础设施及工艺系统能自动响应和识别衔接作业与运输需求并形成无人自主网络，实现资源配置和作业协同，将为上述难题的解决提供可能。因此提前布局和研究多式联运基础设施与工艺系统无人自主组网与智能协同运行理论与方法，可为未来无人化多式联运无缝衔接提供理论基础和方法支撑。

(3)如何围绕作业和供需的无缝衔接来对多式联运枢纽进行规划设计和布局优化。多式联运枢纽融合了装卸、搬运、堆存、集散、换接等诸多功能,如何有效划分枢纽各个区块,实现功能有效布局,满足无缝衔接要求,避免生产瓶颈,也成为多式联运无缝衔接系统研究的重点。多式联运无缝衔接系统最终是为货主服务,前期的规划设计也需要考虑后期运行时如何更好地响应货主服务需求,满足货物集配分发时间窗要求。同时 BIM、GIS、数字孪生、元宇宙等理念与技术在建筑领域的应用大大提升了工程规划与设计的数字化水平。因此,基于新技术新理念,紧密围绕作业无缝衔接与供需无缝衔接两方面目标,深入研究多式联运枢纽规划布局与设计数字化方法,开展科学化、规范化多式联运货运枢纽规划布局工作刻不容缓。

(4)如何基于货物特征和货物贸易形式构建多式联运无缝衔接运输和贸易体系。大宗散货通常采用散装船等散装运载工具进行散货运输。多式联运常常以集装箱为基本运输单元来保障衔接的高效性,因此,如何针对大宗散货的货物特征和货物类型进行“散改集”的运输方式转变,是解决多式联运无缝衔接问题的关键之一。此外,在“国内国际双循环相互促进的新发展格局”的推动下,传统货物贸易形式已经不仅仅局限于国内贸易,而是进一步向国际贸易靠拢。这就对多式联运无缝衔接系统规划提出了新的要求,需要制定一套同时符合国内国际货物贸易形式的多式联运无缝衔接贸易体系。这套贸易体系的制定,不仅要求实现多式联运运输系统的国内国际无缝衔接,还要求在货物直接进出口贸易、转口贸易等贸易方式上实现无缝衔接。

(5)如何构建全面的多式联运系统性能评价指标体系并对规划设计方案进行精准动态综合测评。以往多从单一运输方式出发来设计指标和评价多式联运系统,无法满足多式联运系统无缝衔接运行的要求。多式联运系统运行时,其场景复杂多变,还应充分考虑自然、经济及政治环境条件的随机影响。因此如何围绕作业和供需的无缝衔接,面向多式联运生产工艺与货运市场客户需求,来设计和筛选可有效反映多式联运无缝衔接系统性能的关键指标,动态测度规划设计出的多式联运无缝衔接系统性能及其在整个多式联运网络中的作用,以改善和优化规划设计方案,也是需要解决的难题。

2　科学问题背景

多式联运无缝衔接系统,构成要素众多且要素主体之间联系复杂、相互影响。从宏观角度来看,多式联运无缝衔接系统的复杂性体现在各个联运系统之间的独立性和独特性。从微观角度来看,这种复杂性体现在诸如运输货物的特征、货物贸易形式、枢纽布局的灵活性、运输方式的多变性等方面。

目前,多式联运无缝衔接系统规划理论与方法的研究,主要体现在针对多式联运组织管理、信息服务、政策法规等客观因素方面的研究,以及单一运输方式、单一运输系统等方面的研究,此类研究不能从根本上解决多式联运的无缝衔接问题,只能起到一定的导向作用。多式联运的无缝衔接问题的关键是如何用整体性、全局性的量化思维去实现设施工艺衔接、运输方式衔接、枢纽布局规划与系统的衔接、货物贸易形式的衔接等。

(1)多式联运系统网络缺乏一体化弹性运作能力。例如,集装箱海铁换装如果采用水铁联运模式,集装箱码头必须在船舶装卸和铁路车皮装卸这两个环节分别与船公司和铁路公司之间进行作业计划的协调。他们在集装箱作业信息交换、结算标准等方面未统一,协调难度大,容易出现延迟与中断,严重阻碍集装箱海铁联运的一体化运作,不利于提高码头作业效率,也制约铁路集疏运方式的发展。

(2)多式联运系统基础设施、工艺技术落后于无人化、智能化无缝衔接组网的要求。例如,在水铁联运模式中,特种货物或者典型货物在联运枢纽进行转运作业时,港口装卸及铁路换装均可实现无人自动化,而处于衔接环节的多式联运系统若仍然以人工或半自动化作业为主,它们在运载设施工艺的差异,极易造成货物换装转运效率低下,抬高物流作业成本,无法及时响应用户需求,迫切需要向无人化、智能化转变。

(3)多式联运枢纽缺乏针对供需和作业要求的前瞻性规划布局。例如,集装箱海铁换装转运作业中,针对货物的不同属性和货物量,装卸搬运工具,货物堆放和集散的区域也应动态调整,这就要求联运枢纽在规划布局时具有前瞻性,能够根据转运货物的变化进行动态调整。

(4)缺乏基于货物特征和货物贸易形式的均衡性、可预测性货流分配体系。例如:在多种运输方式组合和多功能枢纽的联运系统进行货流分配时,如果不考虑货物贸易形式和货物特征,并且缺乏对于中转节点和运输线路的货量容纳限制因素等的考虑和预测,将极易造成货流中断或者货流不畅的问题出现,这在一定程度上会影响多式联运衔接的高效性。

(5)多式联运系统动态评价指标体系完整性和精准性有待提高。例如:在多主体参与的多式联运系统中,由于参与主体复杂性、环境复杂性等诸多不确定因素的影响,在构建指标体系的过程中,一方面要注重完整性,另一方面应注重对于系统动态不确定因素的预警体系建设,从而实现系统应急方案的动态调整,增强多式联运无缝衔接系统的适用性和有效性。

综上,需要深入研究多式联运无缝衔接系统规划理论与方法,解决多式联运物流运输系统整体优化、无缝衔接基础设施和技术工艺、枢纽规划设计和布局优化技术、货物贸易形式、综合评价理论等科学问题,实现多式联运的无缝衔接,提高多式联运系统效率,降低系统运行成本,并且进一步丰富多式联运理论方法内容,为高质量畅通多式联运枢纽建设提供科学借鉴。

3 科学问题研究进展

(1)针对实现多式联运运输系统动态无缝衔接与网络弹性优化方面，货物运输不再只是供应点和需求点之间的直接运输，而是通过枢纽先进行货物的集中，再统一进行运输，是一种网络化的运输。现有研究的重点更多集中在运输网络结构、运输系统接口、运输节点路径优化等方面。在运输网络结构方面，采用轴辐式的网络结构，选取大型的物流枢纽作为轴辐式网络的轴，以该枢纽(轴)和其他货运站点间的线路为辐，充分地发挥运输系统的高效性。在运输系统接口方面，多式联运过程中的“转接”是其重要特点和环节，它包括不同运输方式的合理转换和货物及其相关信息的无缝衔接，通过整合多个物流运输系统，使其相互衔接、相互转换、相互作用，实现运输系统接口的无缝化，这就需要在硬件、软件等方面进一步研究与探索。在运输节点路径优化方面，通过遗传算法等智能算法，结合目标规划建模的思想，选取最优节点和最短路径，构建基于多式联运无缝衔接的节点路径优化模型，已经成为研究的主流。现有研究也存在着一定的局限性，例如，仅仅考虑单一运输方式，没有考虑运输方式的多样性。同时，研究的内容局限于线路运输能力、成本等因素，没有基于多式联运运输系统的网络化和整体性。

(2)针对实现多式联运基础设施与工艺系统的无人自主组网与智能协同运行方面，对多式联运基础设施方面的研究多是统筹考虑装卸作业载具，通过合理配置装卸设备，实现多式联运无缝衔接。对多式联运技术工艺方面的研究多是基于货物的属性和分类，综合考虑载运工具、运输方式等影响因素，采取差异化的工艺调整。具体研究内容有：对典型货类的多式联运生产业务流程进行梳理和分析；对典型货类多式联运的换装设备进行分析和选型；结合多式联运生产业务流程及其换装设备，设计典型货类的多式联运无缝衔接装卸工艺；并确定典型货类无缝衔接装卸工艺的评价指标，便于对工艺性能进行综合评价。

(3)针对围绕作业和供需的无缝衔接来对多式联运枢纽进行规划设计方面，多式联运枢纽不仅承担传统装卸业务，也是产业链延展的重要节点，其选址、规划设计和智能物流模式延展，对于能否充分发挥多式联运枢纽效能，实现提质增效，具有重要意义。具体研究内容有：结合重心法，对多式联运枢纽选址进行研究，确定多式联运枢纽的建设位置；融合 BIM 技术，对多式联运枢纽的规划设计方法进行研究，从全寿命周期角度考量设计的工期和造价；考虑多式联运枢纽在物流链上下游的延展，对多式联运枢纽的智能物流模式进行研究，实现各类资源的汇聚和互通；确定多式联运枢纽设计的性能指标，便于对多式联运枢纽设计方案的性能进行综合评价。现有部分研究，仅以枢纽选址作为研究重点，这在一定程度上忽视了对于枢纽远期规划设计以及规划设计合理性的分析论证。针对此问题的研究重点，应着眼于枢纽在上下游方向的延展，向智慧化、智能化物流枢纽的方向发展。

针对围绕作业和供需的无缝衔接来对多式联运枢纽进行布局优化方面，现有研究重点多从确定问题边界和优化目标出发，并以大量收集现场数据资料为支撑，构建枢纽选址布局的数学模型，并设计有效的算法进行高效求解。港口、火车站等作为多式联运的节点或枢纽，在货物进场后，如何对货物的堆存区、作业区、换接区、货场道路等进行合理划分，满足交通流、货物集疏运和堆存等的功能要求，是多式联运无缝衔接研究的核心内容。具体研究内容有：典型货类典型货场布局方案梳理和分析；开展基于SLP的功能布局优化研究；研究一套布局耦合与系统流量区域分解的理论计算方法；确定多式联运枢纽布局优化的性能指标，便于对布局优化方案的性能进行综合评价。

(4)针对基于货物特征构建多式联运无缝衔接运输体系方面，在多式联运运输系统中，包括煤炭、石油、金属矿石和矿建材料以及非金属矿石等大宗散货和危险品运输，现有研究结论普遍认为散货运输应逐渐实现集装化，应积极推进“散改集”后的多式联运研究。但是，现有研究的不足之处在于仅仅停留在理论论证方面，研究的重点应该更多侧重于通过规范技术设备的标准化和集装化来实现多式联运系统高效性和时效性。具体的研究内容有：基于多式联运货物特征，在研究多式联运运输成本方面以碳税作为主要考察变量构建混合规划模型；基于多式联运货物特征，建立以运输总成本最小化为目标的模型；总结大宗散货货物特征和货物运输目前存在的问题，加快联运枢纽设施改造，支持物流园区引入铁路专用线，解决“最后一公里问题”等。

针对基于货物贸易形式构建多式联运无缝衔接贸易体系方面，现有研究普遍认为一方面要加强物流基础设施建设，另一方面要加快上线运行多式联运公共信息平台，完成国内国际贸易单一窗口全覆盖，整合建立多式联运网络综合信息平台，压缩装卸货、提离货等环节时间，构建一份合同、一张单据、一个主体、一种费率、一票到底、高效运转的多式联运货物贸易体系，从而，营造良好的多式联运无缝衔接货物贸易软硬件环境。

(5)针对构建全面的多式联运系统性能评价指标体系并对规划设计方案进行精准动态综合测评方面，现有研究主要基于具体工程项目，进行性能评价，形成一套成熟有效的评价体系。仿真技术是解决这类复杂工程问题评价的有效手段，能够处理多方案、多指标的方案评价和比选，贴合实际情况，得到广泛应用。具体研究内容有：典型货类多式联运的工艺、布局、设计等所需要的模型库构建；研究基于事件关联的多式联运枢纽性能仿真的流程方法，实现业务流程、决策方法和规则的有效融合，并能驱动仿真模型；研究基于方差分析和多重比较的仿真评价方法。

综上所述，现有针对多式联运无缝衔接系统规划理论与方法的研究，尚未形成具体完善的理论体系，研究的内容与方向，具有一定的局限性，缺乏系统化和整体性。在进行多式联运系统理论方法研究的过程中，要集中在运输、衔接、布局、规划等方面，还要注重对于系统的量化分析论证。通过对于多式联运无缝衔接系统规划理论与方法的研究，不仅可以促进多式联运的高效发展，还可以产生一定的社会价值，促进经济的发展，具有重要的意义。

主要参考文献

[1] Guo Jingni, Xu Junxiang, et al. Research on Risk Propagation Method of Multimodal Transport Network Under Uncertainty [J]. Physica A: Statistical Mechanics and its Applications, 2021, 8(6): 54-68.

[2] Afaq Khattak, Arshad Hussain. Hybrid DES-PSO Framework for the Design of Commuters' Circulation Space at Multimodal Transport Interchange[J]. Mathematics and Computers in Simulation, 2020, 15(8): 214-242.

[3] 何明珂，涂超，王泽鹏. 基于物流系统接口模型的多式联运运输优化研究[J]. 工业技术经济, 2016, 12(4): 15-18.

[4] 陶学宗，杨德旭，刘德军，等. 粮食多式联运无缝衔接问题研究[J]. 物流工程与管理, 2010, 5(32): 29-31.

[5] Bovy P H L, Hoogendoorn-Lanser S. Modelling Route Choice Behaviour in Multi-modal Transport Networks[J]. Transportation, 2015, 32(4): 341-368.

[6] Cho J H, Kim H S, Choi H R. An Intermodal Transport Network Planning Algorithm Using Dynamic Programming-A Case Study: from Busan to Rotterdam in Intermodal Freight Routing[J]. Applied Intelligence, 2012, 36(3): 529-541.

[7] 高鹏，金淳，邓玲丽. 港口多式联运系统衔接问题及建模方法综述[J]. 科技管理研究, 2020, 2(23): 34-35.

[8] OU Chuan-jin, LI Bing-tao. Research and Application of New Multimodal Transport Equipment-swap Bodies in China[J]. Journal of Advanced Transportation, 2016, 2(21): 215-225.

[9] 杨立乾. 基于轴辐式网络的集装箱支线运输多船型船舶调度模型[J]. 中国管理科学, 2015, 4(11): 860-864.

[10] 张文瀛. 内河集装箱多式联运系统优化及协同策略研究[D]. 北京：北京交通大学, 2020.

撰稿人：蒋惠园(武汉理工大学)

空铁联运服务网络耦合机理与协调机制

Coupling and collaborative mechanism of air-rail transport service network

1　科学问题概述

2021年国务院印发的《国家综合立体交通网规划纲要》明确指出推进各种运输方式统筹融合发展，促进交通通道由单一向综合、由平面向立体发展，统筹考虑多种运输方式规划建设协同和新型运输方式探索应用，实现多种运输方式相互协同、深度融合。高铁和航空作为我国重要的运输方式，承载着主要旅客运输任务，其路网发展完善、客流需求旺盛：截至2020年，我国高铁运营里程达3.79万km，旅客发送量22.03亿人次；全国航空公司64家，定期航班航线5581条，旅客运输量为4.2亿人次。发展二者的联程联运能够有效融合各种运输方式的网络、充分发挥各自的技术优势和市场优势，取长补短，满足多样化、个性化的客流需求，优化运输资源配置，提高运输效率和服务水平。然而，我国空铁联运处于初级发展阶段，运输产品缺乏市场竞争力，实际运送客流量少。其背后深层原因在于高铁和航空的运输组织模式与基础设施建设呈现各自的特点，二者在物理网与服务网层面耦合与互补的作用关系复杂，适用于单一运输方式的运营管理模式不适用于空铁联运的发展。因此，面向我国综合路网不断扩大、日益增长的多元旅客需求的现状，在解析空铁联运网络内聚耦合作用机理与协调机制的基础上，形成适应我国发展特点的优化空铁联运设计理论，是当前完善综合立体交通的重要任务之一。

2　科学问题背景

随着我国高铁路网建设的逐步完善，航空线网覆盖范围的不断扩大，空铁联运具备了空前的发展机遇。航空运输具备快速运输的优势，适合长距离点对点出行；高铁通达性强、覆盖率高，在短途运输中更具有竞争力。高水平的空铁联运产品能够兼顾二者优点，为旅客提供高质量的运输服务。目前，各枢纽机场为了健全完善其集疏运系统，快速扩大其辐射范围，有效缓解其容量压力，在激烈的市场竞争中占据有利位置，协商联合地方铁路局，以提升乘客出行体验为目的，主导开展空铁联运业务。然而，目前空铁联运依旧处于探索阶段，主要有如下问题：①联运节点衔接缺乏统一规划，“四纵四横”高铁通道的绝大部分省会城市，同时具有高铁车站和民航机场，但开展联运的城市节点并不多，从网络服务角度，哪些城市节点适合或应该开展空铁联运服务缺乏理论支撑；②缺乏不同运输方式运输产品协同运营理论及技术的支持，目前由空铁两种交通方式分别独立设计形成的空铁联运产品方案和运行时刻表，由于不同交通方式班次时刻表衔接不合理或能力不适配等原因,往往导致联运乘客在中转环节等待时间过长;而当某种交通方式出现影响运营的突发情况时,也缺乏其他方式必要的运营联动及调整方法等;③联运设施缺乏统一规划和设计,导致乘客在联运港站进行购票、检票、安检、候车、行包托运等环节出现衔接不畅、等待时间过长、重复安检、服务标准不统一等问题;④联运信息共享方面,在联运信息查询、购票/退票、综合信息服务等方面,缺乏互联互通的评价标准,无法指导协同运营与信息互通。因此,空铁协同运营的理论和技术研究,应围绕上述焦点问题展开,实现理论与方法的创新和突破,突出表现在:一是要从联运运输全程来精准把握旅客运输的需求,揭示考虑全出行链的旅客选择行为机理对联程运输需求的影响;二是要从运输企业和旅客全要素角度,来研究建立实现价值共赢的联程运输产品设计理论和方法构架;三是在优化技术方面上,实现由单独交通方式的产品设计向不同交通方式协同的产品设计发展,实现整体优化;四是在指标评价方面上,应从互联互通角度设计评价指标,并关注其对产品设计和资源配置优化的反馈指导作用;五是在技术手段方面上,由小样本数据研究向大数据融合升级,开发支撑协同运营的联运运输产品设计软件系统,实现智能辅助决策。

3　科学问题研究进展

空铁联运出行需求生成预测:目前多数研究侧重于单一交通方式内部的换乘客流预测和不同城市交通间的联程客流预测。例如,郭根材基于高铁列车开行方案,估算不同服务水平与组织措施条件下的高铁换乘客流 OD 规模。Yao 基于 SP/RP 数据,提出集计城际旅客出行模型,预测潜在出行需求。部分研究考虑的联运旅客出行选择行为,比如 Li 和 Sheng 通过 SP 调查,基于 Logit 模型,提出了空铁联运市场分担率模型,结果表明旅行时间是影响空铁联运市场分担率最重要的因素。

空铁联运服务网络设计理论与方法:已有部分学者针对联合运输路网设计和换乘选择进行研究。Allard 和 Moura 从运营商和旅行者两方面详细考虑联运时间成本、服务成本效益和负成本,以总成本最低为目标为航空和铁路优化设计服务网络。可钰和聂磊等将空铁联运客流 OD 分为三类,考虑经济性、方便性和快速性对空铁联运换乘点选择的影响,构建 Logit 模型求解效用函数参数取值,基于效用最大化理论选择各类空铁联运客流 OD 的最优换乘节点。Klose 和 Drexl 详细总结了国外学者关于建立枢纽换乘选址的各种模型,包括连续选址模型、网络选址模型和混合整数规划模型,并从目标函数、有无约束条件、需求有无弹性、静动态模型等方面说明各种模型之间的差异性。

空铁联运运输计划协同优化:相同以及不同交通方式之间的开行方案协同实现的是空间衔接,时刻表协同实现的是时间衔接。相同方式之间,郭根材研究了高铁网列车接续关系生成流程及接续冲突判断标准、接续冲突消解策略、列车接续约束生成模型等技术。Yousef Shafahi 和 Alireza Khani 基于城市轨道交通设计了以换乘时间最少为目标的协同时刻表，给出了每趟列车的发车时间。Ke 等以提高空铁联运的换乘质量为目标优化了铁路时刻表模型，同时考虑旅客的换乘质量。进一步，可钰等以提出空铁联运可达性最大、调整量最小的多目标模型，优化设计高铁时刻表。目前空铁联运时刻表协同已经得到一定的关注，考虑了换乘质量与网络通达性。但是，面对大规模的路网条件，应考虑覆盖更加广泛的路网的运输计划协同，且还要考虑不同 OD 服务水平需求的满足，高服务频率节点的多对多衔接有效组合，低服务频率节点，以及必须有城市交通介入节点的换乘可靠性要求等。

空铁联运服务指标评价体系：Tsamboula 等针对应对交通服务需求的稳步增长这一现状，提供必要的政策工具，采用系统的运输方法，将不同的运输方式整合成一个连贯的运输系统，以满足欧洲公民和工业的需要。此外，对于取得积极成果的情况，介绍了政策行动计划的必要要素。Tapiador 分析了不同运输方式之间的多式联运，尤其侧重高速铁路系统。通过多式联运时间和熵韵律学描绘欧洲高铁车站特征，分析其换乘条件好坏，对枢纽按换乘条件进行分类。Wu 等研究了面向铁路配餐的服务站评价问题，采用 QFD 方法，引入一组绝对和相对指标来获得最具鲁棒性的选址方案，依据"方法-目的链"的理念，建立了两阶段鲁棒目标优化模型。

综上，国内外学者围绕空铁联运出行需求生成预测、联运服务网络设计、联运资源配置、联运服务评价等问题从不同维度展开了研究，取得了丰富的成果，但仍存在以下不足：①我国空铁联运的研究和实践尚处于初期阶段，联运需求预测、联运产品设计、联运资源配置和联运服务评价等方面的研究和实践成果较少。②现有研究成果大多数集中在单一运输方式客运服务网络优化，多方式联运服务是未来值得研究的课题之一。进一步解决上述问题，需要攻克以下难点：

(1)基于全程出行决策过程的旅客行为选择机理。

相较单一运输方式网络而言，空铁联运网络中出行链备选集组成更为复杂。为优化设计空铁联运网络中的旅客出行链，需要对具有不同出行选择倾向的旅客进行特征分析，探讨其出行行为决策过程的影响机理，研究旅客出行链的时空需求与 OD 区域的产业结构、社会经济水平和区域运输网络组成特征之间的匹配关系，为科学合理的空铁联运服务产品设计提供基础。

(2)面向价值共创的空铁联运网络生成与保持机制。

为克服以往服务网络独立优化的局限性，解决单一方式或局部价值体现的产品设计思路带来的参与方动力不足，需建立价值共创的空铁联运服务时空优化模型，为联运产品可持续的制度设计提供理论依据。建立不同应急场景下的多方式协同组织模型，提高空铁联运服务产品的价值保持力，减少单一运输方式运行扰动或局部失效情况下对联程服务网络的冲击。

(3)面向空铁联运的多流线协同与运力资源匹配机理。

从枢纽节点层面,需要解决多流线协同组织、共享资源融合设计和优化配置提升旅客换乘通畅性等问题;从网络层面,需要揭示空铁联运产品对于网络运力资源配置的影响规律,既要提升运力资源配置效率,降低成本费用,又要保持既有子服务网络的能力富裕度和抗干扰水平,保障联运产品在子网络间动态衔接的可靠性,为进一步研究运输网络资源的优化配置技术提供理论支撑。

(4)空铁联运多粒度评价指标与协同运营的互馈关系。

针对空铁联运系统空间联通性及时间顺畅性,需要对不同运输方式之间功能的匹配、运载工具的换乘、信息的互通、枢纽的协调等多个方面进行多粒度分析,建立完善的空铁联运系统互联互通评价方法,揭示各指标与联运系统协同运营和资源合理配置的互馈关系,为构建基于评价指标的反馈优化调整方法提供支持。

主要参考文献

[1] 郭根材. 高速铁路周期性列车接续方案编制理论与方法[D]. 北京:北京交通大学,2015.

[2] Gelhausen M C, Berster P, Wilken D. A New Direct Demand Model of Long-term Forecasting Air Passengers and Air Transport Movements at German Airports[J]. Journal of Air Transport Management,2018:S817920320.

[3] Li Z,Sheng D. Forecasting Passenger Travel Demand for Air and High-speed Rail Integration Service:a Case Study of Beijing-Guangzhou Corridor, China[J]. Transportation Research Part A:Policy and Practice,2016,94:397-410.

[4] Allard R F,Moura F M M V. Optimizing High-speed Rail and Air Transport Intermodal Passenger Network Design[J]. Transportation Research Record,2014,2448(1):11-20.

[5] 可钰,聂磊. 基于 OD 分类的空铁联运换乘点选择研究[J]. 北京交通大学学报,2020,44(03):136-141.

[6] Andreas Klose A D. Facility Location Models for Distribution System Design[J]. European Journal of Operational Research,2005,162(1):4-29.

[7] 郭根材,聂磊,佟璐,等. 基于备选列车接续的周期性列车运行图编制模型研究[J]. 铁道学报,2016,38(08):8-15.

[8] Shafahi Y,Khani A. A Practical Model for Transfer Optimization in a Transit Network:Model Formulations and Solutions[J]. Transportation Research Part A,2010,44(6):377-389.

[9] Ke Y,Nie L,Liebchen C,et al. Improving Synchronization in an Air and High-Speed Rail Integration Service via Adjusting a Rail Timetable:A Real-World Case Study in China[J].

Journal of Advanced Transportation,2020,10:1155.
[10] 可钰,聂磊,袁午阳.基于空铁联运 OD 可达性的高铁时刻表优化模型[J].交通运输系统工程与信息,2021,21(1):7.
[11] Tsamboulas D,Vrenken H ,Lekka A M . Assessment of a Transport Policy Potential for Intermodal Mode Shift on a European Scale[J]. Transportation Research Part A,2007,41(8):715-733.
[12] Tapiador F J,Burckhart K,Martí-Henneberg J. Characterizing European High Speed Train Stations Using Intermodal Time and Entropy Metrics[J]. Transportation Research Part A Policy & Practice,2009,43(2):197-208.
[13] Xin W,Lei N,Meng X. Robust Fuzzy Quality Function Deployment Based on the Meanend-chain Concept:Service Station Evaluation Problem for Rail Catering Services[J]. European Journal of Operational Research,2017,263:S965335548.

撰稿人:聂磊(北京交通大学) 谭宇燕(北京交通大学)

集装箱铁水联运作业组织一体化优化理论与方法

Integrated optimization theory and method of rail-water intermodal transportation organization and operation

1 科学问题概述

集装箱多式联运是集装箱运输组织发展的高级形式,它以集装箱码头和集装箱货场为节点,将水路、铁路、公路等运输方式有机结合,实现从发货人指定的承运地点到收货人指定的交付地点的“门到门”全程运输服务。相较于公铁联运、水公联运,铁水联运的组织更为复杂,是目前集装箱运输与多式联运研究的难点问题。我国具有广阔的陆域,铁路应在集装箱运输与多式联运系统中发挥重要的作用。但是目前我国铁水联运发展相对缓慢。目前我国海铁联运运量占港口集装箱集疏量的比例不到5%,远低于国际20%~40%的水平。

2018年国务院办公厅印发《推进运输结构调整三年行动计划(2018—2020年)》,明确将加快发展集装箱海铁联运发展作为重点任务。2019年9月,中共中央、国务院印发了《交通强国建设纲要》,提出优化运输结构,加快推进港口集疏运铁路、物流园区及大型工矿企业铁路专用线等“公转铁”重点项目建设。同年,国家发改委发布《关于加快推进铁路专用线建设的指导意见》,推进解决我国铁路运输“最后一公里”问题。2021年2月,国务院颁布的《国家综合立体交通网规划纲要》提出综合交通枢纽一体化规划建设要求，全国沿海、内河主要港口的集装箱、大宗干散货规模化港区积极推动铁路直通港区，重要港区新建集装箱、大宗干散货作业区原则上同步规划建设进港铁路。

随着铁路专用线入港区的不断推进，港口铁路和水运实现了物理层面的无缝衔接。由于港口集装箱铁水联运组织涉及完全处于独立运营状态的铁路和水运两个系统，在作业组织层面，如何通过作业组织一体化实现两个系统之间作业组织的高效协调成为亟待解决的问题。面向我国港口集装箱铁水联运实践的迫切需求，研究集装箱铁水联运作业组织一体化优化理论与方法，实现铁路和水运在运输组织层面的无缝衔接，是当前我国高质量、可持续货运系统建设中所面临的紧迫任务之一。

2　科学问题背景

目前，我国在世界十大港口集装箱吞吐量排名中占有七席，水运集装箱的发展形势迅猛，港口集装箱快速、高效转运的需求日益增长，以公路为主的集疏运系统，转运效率低、运输能耗高、对沿线公路影响大，难以满足可持续的发展要求，而铁路具有“高时效、大运能、高准点率”等技术特性，增加港口集装箱铁水联运比例、提高集装箱铁水联运转运效率成为解决上述问题的关键。然而，目前集装箱铁水联运作业组织仍处于探索阶段，铁路和水运两个系统之间作业组织缺少有效协调，并未实现海铁联运作业组织一体化。因此，需要一方面从理论角度出发，基于铁路和水运集装箱运输组织的特点，考虑铁路与水运在港口节点衔接转运的需要，形成集装箱铁水协同组织机理。另一方面从优化技术角度出发，协同优化多种交接模式下海铁联运转运设施设备的衔接与配置，形成集装箱铁水联运作业组织一体化优化体系。

港口集装箱铁水联运作业组织，与传统的港口集装箱门码头和铁路集装箱场站的作业组织相比，不是简单的水运和铁路集装箱场站作业组织的叠加，具有其自身的特殊性和复杂性，主要体现在以下几个方面：①铁水两网耦合的复杂性。铁路和水运均有各自独立的集装箱运输系统，以港口集装箱码头为转运节点，系统作业组织之间互为输入和约束，铁水作业组织之间存在相互联系、相互制约的复杂耦合关系。②系统结构的复杂性。集装箱铁水联运涉及铁路、水运两种运输方式，涉及车船直取、列车-堆场-船舶等多种海铁联运交接模式，涉及岸桥、集卡、场吊、轨道门吊等多种作业设备，具有多层级与多类型等复杂特征。③作业组织一体化的复杂性。港口集装箱铁水联运系统涉及不同交接模式下相关设施设备作业调度的协同、铁水服务网络及运力的协同，是一个涉及面广、对象多的复杂系统工程。

3　科学问题研究进展

铁水联运系统发展：国内外相关学者从铁、水作业及铁水衔接等角度，利用定性或定量的方法研究了集装箱铁水联运的运作机理和联运效率。Fan 等立足整个物流体系，针对铁水联运网络中各物流要素的竞争力实现箱流优化，并研究了箱流拥堵对能力的影响以及其他备选路径和港口的影响。Hu 等围绕集装箱码头与铁路之间的运输衔接，综合考虑车流和箱流的运输过程以及铁、水场站作业过程，研究表明在优化集装箱码头作业的同时考虑铁路场站作业情况，可以有效减少铁路列车延误，实现整体作业优化。

铁水联运作业调度：铁水联运作业调度是针对给定的作业对象，按照一定的设备运用规则和调度目标，充分考虑设备作业特征，确定一段时间内作业资源与作业对象的对应关系与具体顺序。常祎妹等基于码头“车船直取”作业模式，考虑了调度过程中设备间干扰及不确定因素等实际约束条件，优化相关设备的协同作业调度方案，并确定最优设备配置组合，提高集装箱装卸转运作业效率。Yan 等对存在缓存区的港口铁路作业区和堆场之间的调度作业进行了分析，以轨道门吊为主，集卡和堆场正面吊为辅，设计了三种设备的集成调度优化方法。Chen 等以最小化车辆周转时间为目标，研究了自动化铁路集装箱中心站自动化轨道门吊和全自动导轨车协同调度问题，基于“时-空-状态”网对问题进行了描述，并进行实证分析。

铁水联运集疏运组织：铁水联运集疏运组织是从策略决策层面和“点-线”协同的角度，对联运节点作业计划与网络运输计划进行协同优化，充分考虑二者间的作用与耦合关系。Li 等研究了多式联运网络路径选择与货流分配协同优化问题，并在实验中对多种货流分配方案进行了评价。Yan 等研究了港航作业约束下基于满轴开行条件联运集装箱转运方案优化问题，构建了铁路作业区列车调度方案和集装箱转运方案协同优化模型。Jiang 等针对区域物流需求，基于轴辐式网络建构，研究了考虑运输过程碳排放的多式联运网络结构与运输方案协同优化问题。

综上，国内外学者围绕铁水联运系统发展理论、铁水联运作业调度、铁水联运集疏运组织等问题从不同维度展开了研究，取得了丰富的成果，但仍存在以下不足：①我国针对铁水联运系统的研究尚处于初期阶段，系统分析铁水两网作业组织相互联系、相互制约的耦合机理研究成果较少。②针对铁水联运作业调度的协同优化研究多针对单一铁水联运交接模式，且多针对铁水换装局部环节间的协同，针对多交接模式、换装全链条协同的研究尚不多见；③ 针对铁水联运集疏运组织的研究，多针对的是单一集疏运模式的运力配置及开行方案优化，考虑多集疏运模式的运输组织优化研究尚不多见。进一步解决上述问题，需要攻克以下难点。

3.1　集装箱铁水运输网络耦合机理

集装箱铁水两网耦合机理的分析是港口集装箱铁水联运作业组织一体化优化的基

础。通过系统地分析铁路、水运集装箱运输的技术经济特征，运用复杂系统与复杂网络等理论与方法，分析在港口集装箱码头进行转运换装时铁路集装箱运输网络与水运集装箱运输网络之间的相互联系及制约，甄别影响我国集装箱铁水无缝衔接的关键影响因素，探究集装箱铁水运输网络的作用关系及其耦合机理。

3.2 多种交接模式下的海铁联运换装作业全链条一体化优化

针对车船直取、列车-堆场-船舶等多种海铁联运交接模式，系统分析不同交接模式作业流程特点，充分考虑换装作业过程中的不确定性及岸桥、集卡、场吊、轨道门吊等多种作业设备间的协同作业关系，以综合优化整个港口集装箱海铁联运系统的总成本、服务水平、能耗和 CO_2 排放等为目标，研究时空资源约束下的海铁联运换装作业全链条一体化优化问题。

3.3 面向多模式的海铁联运集疏运组织优化方法

针对海铁联运集装箱疏运组织过程中的单一 O 点多 D 点、集运组织过程中的单一 D 点多 O 点的特征，充分考虑海铁联运集装箱的流量及流向特点，设计直达、中心站中转集结、编组站中转集结等多种海铁联运集疏运组织模式，以综合优化集疏运组织的总成本、总时间、顾客满意度等为目标，研究船期约束下面向集运与疏运协同的海铁联运集疏运组织优化问题。

主要参考文献

[1] Fan L, Wilson W W, Tolliver D. Optimal Network Flows for Containerized Imports to the United States[J]. Transportation Research Part E, 2010, 46(5): 735-749.

[2] Hu Q, Corman F, Wiegmans B, et al. A Tabu Search Algorithm to Solve the Integrated Planning of Container on an Inter-terminal Network Connected with a Hinterland Rail Network[J]. Transportation Research Part C, 2018, 91: 15-36.

[3] 常祎妹，朱晓宁. 不确定因素下的集装箱码头车船间装卸作业集成调度[J]，交通运输工程学报，2017，17(06)：115-124.

[4] Yan B C, Zhu X N, Wang L, et al. Integrated Scheduling of Rail-Mounted Gantry Cranes, Internal Trucks and Reach Stackers in Railway Operation Area of Container Terminal[J]. Transportation Research Record, 2018, 2672(9): 1-12.

[5] Chen X C, He S W, Zhang Y X, et al. Yard Crane and AGV Scheduling in Automated Container Terminal: A Multi-robot Task Allocation Framework[J]. Transportation Research Part C: Emerging Technologies, 2020, 114: 241-271.

[6] Li L, Negenborn R R, De Schutter B. Intermodal Freight Transport Planning-A Receding Horizon Control Approach[J]. Transportation Research Part C: Emerging Technologies, 2015, 60:77-95.
[7] Yan B C, Jin J G, Zhu X N, et al. Integrated Planning of Train Schedule Template and Container Transshipment Operation in Seaport Railway Terminals [J]. Transportation Research Part E Logs and Transportation Review, 2020, 142:102061.
[8] Jiang J, Zhang D, Meng Q, et al. Regional Multimodal Logistics Network Design Considering Demand Uncertainty and CO_2 Emission Reduction Target: A System-optimization Approach [J]. Journal of Cleaner Production, 2020, 248:119304.

撰稿人:朱晓宁(北京交通大学)　王力(北京交通大学)

集装箱多式联运网络协同配置优化关键技术

Key technologies for collaborative configuration optimization of container multimodal transport network

1　科学问题概述

近年来,我国高度重视发展多式联运,强化集装箱运输的系统化应用,为集装箱和多式联运的发展提供了良好的政策环境。多式联运是实现我国运输业“降本增效”的有效途径,也是加快建设交通强国的需要,构建协调、高效、可持续发展的多式联运物流系统是我国交通运输行业中长期发展战略的重要内容。《交通强国建设纲要》明确要求“推动铁水、公铁、公水、空陆等联运发展,推进多式联运发展,实现降本增效”。然而,多式联运网络是一个复杂的网络系统,该问题的研究核心是如何确定合适的枢纽位置、规模和数量,如何选择合适的联运方案,从而实现多式联运网络的协同运作优化。因此,在集装箱多式联运网络协同配置方面仍存在以下问题:①多式联运物流网络基础设施布局不均衡,节点间、节点与路线间的配置关系不协调,运力配置不均衡,难以实现物流网络的协同优化配置。②多式联运网络中多种运输方式的协同问题,不同运输方式之间的衔接不够紧密,操作流程烦琐,导致物流成本居高不下。

2　科学问题背景

随着我国多式联运发展的不断推进,其“降本增效”性能显著,但由于多式联运业在我国起步较晚,其在现阶段的快速发展过程中尚存在诸多不利因素,构成了制约行业发展的瓶颈。从公路集装箱运输来看，截至2018年7月，我国全路拥有集装箱43.1万只，集装箱车辆10万辆，集装箱办理站1493个；从铁路集装箱运输来看，我国铁路集装箱运量占货运总量比例长期处于2.5%以下，虽近两年有所提升，2018年上升至7.16%，2019年上升至7.6%，但美国、日本、欧洲这一占比分别为49%、50%和20%，我国与之存在一定差距；从水路集装箱运输来看，2019年全国港口完成集装箱吞吐量2.61亿TEU，比上年增长4.4%。虽然无论是公路、铁路还是水运集装箱的设备数量以及运量都逐年上升，但各种方式联合运输占货运总量的比例仍然较低。以铁水联运为例，我国的铁水联运量由2015年的236万TEU增长至2019年的516万TEU，年均增幅达21.6%，但2019年规模以上港口集装箱吞吐量达2.61亿TEU，铁水联运量占比仅为1.97%，对比国际，该比例普遍超20%，欧美港口最多达40%左右。可以看到，多式联运在我国的发展水平受到了集装箱货物量不足、运输方式不能有效衔接等因素的制约。目前，随着“一带一路”倡议实施、“公转铁、公转水”运输结构调整措施不断推进，多式联运已成为实现交通强国战略和节能减排发展战略的重要基础工程。

然而，目前多式联运系统中依然存在基础设施薄弱、数据不共享、各地政府各自为政等问题，导致系统“连而不通”。多式联运系统资源尚未得到有效利用，运行机制尚未协调统一，因此，如何从多式联运物流节点、运输方式、系统整体最优的视角研究多式联运资源协同配置十分必要。

3　科学问题研究进展

在多式联运发展背景下，部分地区存在同等级、不同等级物流节点过度建设、重复建设的情况，区域物流资源发展不平衡，同质化竞争凸显，而节点间的竞争往往会扩展至多式联运运输链间的竞争，从多式联运系统整体协调统一的视角来研究物流节点之间、节点与运输通道之间不协调问题，是解决目前存在的多式联运系统资源不能有效整合问题的重要途径之一。对多式联运系统资源配置优化的研究主要涉及发展战略与发展模式规划、网络布局优化、运输路径优化、接卸转运设备协调调度优化等各方面。

发展战略与发展模式方面的研究主要基于定性分析，许多学者选定不同的多式联运绩效评价指标对多式联运系统发展存在的问题进行分析并提出建议。这些指标一般包括运输价格、运输时效、联运机制、联运设施等多个方面，学者们基于绩效评价结果分析集装箱多式联运发展存在的问题及其成因，并提出集装箱多式联运发展的对策与建议。

多式联运的网络布局优化是重点研究内容，主要涉及枢纽节点布局优化、物流基础设施网络布局优化和多模式物流服务网络设计优化三方面。对网络布局优化的研究一般以运输方式组合、枢纽节点设施选址和服务价格作为决策内容，以网络总成本最小、社会福利最大或物流节点利润最大为决策目标，构建双层规划模型或多目标优化模型，设计启发式算法求解。总体来看,目前对多式联运物流网络布局的研究中,基于单个行政主体和单模式物流网络布局优化的研究较多,考虑多主体、多模式的研究较少;基于海运网络的研究较多,对陆运网络多模式集成优化的研究较少;基于宏观发展战略优化途径的研究较多,定量研究协同布局优化的成果较少。

多式联运路径优化是提高集装箱运输效益和客户满意度的重要手段,学者们通常基于目标规划法构建路径优化模型。其中,时间、费用以及碳排放是经常被考虑的目标,路径广义成本最小是最为常见的目标函数。大连海事大学的靳志宏团队以海陆集装箱综合运输系统为优化对象,考虑多种实际影响因素如时间窗和费用目标等,展开了较为丰富的运输路径优化研究与集装箱码头的分配调度优化研究。

集装箱多式联运装卸设备调度的研究集中在港站、站轨装卸设备的协同调度,如自动化码头中岸桥、自动引导车、场桥间的协同调度,也有学者考虑了设备装卸作业序列因素,对岸桥、集卡和场桥进行协同调度优化。朱晓宁团队对铁水联运、公铁联运的集装箱装卸设备协同调度问题进行了广泛的研究,以节能减排和高效协同为目标构建多目标模型,充分考虑了设备能耗问题、衔接问题等,但缺乏对公、铁、水、空多种联运方式整体协调机制的研究。

在多式联运系统资源配置优化方面,已有的研究成果中,对多式联运发展战略、发展模式等宏观层面以及对多式联运设备协调调度等微观层面的研究均较为丰富,但从宏微观结合的角度对多式联运系统资源整体协同配置优化的研究较少,存在以下难点需逐步攻克:

(1)基于多层级、多模式、多主体的多式联运物流网络协同配置优化。从供需匹配视角出发,结合我国区域经济、产业布局、进出口贸易、人口、消费模式等因素,研究集装箱多式联运需求形成机理,探究其时空演化规律;在此基础上,从可持续发展与供需平衡视角,探索多层级、多模式和多主体的复杂多式联运体系中,不同功能、不同等级、不同规模的集装箱多式联运枢纽节点资源时空协同配置优化机理,形成基于数据和模型混合驱动的集装箱多式联运多层级物流网络中资源协同配置鲁棒优化的新理论与新方法,提升集装箱多式联运系统效率与效能,是有待解决的难题之一。

(2)基于多主体的大规模多式联运协同运作优化机制。大规模的多式联运网络中,多个利益相关主体的存在使得联运系统更加复杂,因此,研究其合理的协同运作模式与协同保障机理机制,也是集装箱多式联运系统可持续发展的关键与难点。在规划层面,在考虑风险共担的基础上,设计合理的基础设施建设与运营的投融资管理激励机制,激励更多企业和政府参与多式联运系统的协同运作;在运营层面,运用大数据、人工智能和博弈论等理论与方法,探究多主体、多层级、大规模的集装箱多式联运一体化服务网络协同运作机制及其优化机理,进而提升物流网络整体的协同运作效率,是拟解决的难题之一。

(3)集装箱多式联运系统中多维度、分布式资源匹配与协同运作机理。集装箱多式联运系统中，多维度、分布式资源的协同配置与高效运作，是集装箱多式联运系统可持续发展的关键。因此，如何通过集装箱多式联运信息链、价值链分析，揭示多式联运货运服务时效与运输效率的时空耦合特征、作用关系与反馈机理。在此基础上，从集装箱多式联运供需协同视角，分析集装箱多式联运系统中，集装箱、载运工具(汽车、轨道交通、水运等运输工具)、线路、枢纽站场等的多维度、分布式资源协同运作机制，以及不同类型的分布式资源最佳匹配模式，如何利用超网络理论、多目标决策、机器学习，实现多式联运资源动态匹配与时空协同，也是拟解决的难题之一。

(4)基于数据和模型混合驱动的集装箱多式联运协同调度优化方法。在多主体、多层级、多源异构的集装箱多式联运系统中，如何构建一个有限集中与分布协同的集装箱智能调度体系，是提升集装箱多式联运系统效率与效能的关键。因此，构建一个基于自适应目标级联的集装箱协同调度优化模型，研究基于大数据分析、专家知识、数学规划和深度学习、机器学习等人工智能相结合的混合驱动的集装箱多式联运协同调度优化方法，实现多源异构数下的集装箱多式联运系统自主决策与智能调度，提升集装箱多式联运智能化调度水平，也是拟突破的关键技术。

主要参考文献

[1] Zhao Y, Yang Z, Haralambides H. Optimizing the Transport of Export Containers along China's Coronary Artery: The Yangtze River[J]. Journal of Transport Geography, 2019, 77: 11-25.

[2] 何世伟，刘明玮，冯骁，等. 考虑路网点线能力协调的铁路车流路径优化模型[J]. 北京交通大学学报，2021，45(1)：1-7.

[3] 刘杰，黎浩东，张萌. 基于点线能力约束的多层级节点协同布局优化模型及算法研究[J]. 交通运输系统工程与信息，2020，20(02)：107-113 + 121.

[4] Yang D, Pan K, Wang S. On Service Network Improvement for Shipping Liners Shipping Lines Under the One Belt One Road Initiative of China[J]. Transportation Research Part E: Logistics and Transportation Review, 2017, 117(9): 82-95.

[5] Steadieseifi M, Dellaert N, Nuijten W, et al. Multimodal Freight Transportation Planning: A Literature Review[J]. European Journal of Operational Research, 2014, 233(1): 1-15.

[6] Kaya O, Ozkok D. A Blood Bank Network Design Problem with Integrated Facility Location, Inventory and Routing Decisions[J]. Networks and Spatial Economics, 2020, 20(3): 757-783.

[7] Jiang J, Zhang D, Meng Q, et al. Regional Multimodal Logistics Network Design Considering

Demand Uncertainty and CO_2 Emission Reduction Target: A System-optimization Approach [J]. Journal of Cleaner Production,2020,248:119304.

[8] Qu Y, Bektas T, Bennell J. Sustainability SI: Multimode Multicommodity Network Design Model for Intermodal Freight Transportation with Transfer and Emission Costs [J]. Networks and Spatial Economics,2016,16(1):303-329.

[9] 靳志宏,王小寒,任刚,等. 共享堆场协议下海铁联运集装箱堆场分配优化[J]. 中国航海. 2020,43(3):7.

[10] 杨宜佳,朱晓宁,闫柏丞,等. 考虑能耗的铁水联运集装箱装卸设备协同调度[J]. 交通运输系统工程与信息,2018,18(06):215-221.

撰稿人:张得志(中南大学)

国际铁路多式联运网络配流与运输组织协调优化

International railway multi-modal transport network flow distribution and transport organization coordination optimization

1　科学问题概述

在目前国际铁路多式联运的运营实践中,国际铁路通道的运输组织主要是以中欧班列为代表的国际铁路联运。超长距离、多国参与的国际铁路联运组织需要考虑各国的轨距不同(需要换装)、口岸通关制度不同、运输管理体制不同(网运分离模式、网运合一模式)、国际通道基础设施建设水平及运输能力不同、口岸站通过能力紧张程度不同、货源供需结构不同,造成网络结构复杂,运输的不确定性、不可控性大幅增加。中欧班列的开行主要以点对点开行为主,部分运输路径重复,未实现网络化运营,存在货物集结时间长、往返空载率高等问题。国际铁路多式联运网络中国际海运航线的运输组织是以集装箱班轮为代表的国际海运。超长距离国际海运航线的运输组织需要考虑始发枢纽港、挂靠港的选择,其运输组织不仅需要考虑港口选择与航线优化,也需要考虑与陆路运输通道衔接的中转港口选择问题。因此,国际铁路多式联运网络涉及复杂的网络优化、网络配流与运输组织协调与优化问题。

国际铁路多式联运网络是以超长距离国际铁路通道及国际海运航线为主干、以公路运输为集疏运末端所形成的具有大规模、多模式、多粒度、耦合性等特性的国际综合运输网络。铁路和海运是能够实现大运量、长距离、国际化货物运输的运输方式,以铁路为主干的海铁联运及其他多式联运是满足交通运输可持续发展的绿色运输方式。根据运营实际,亟须对以铁路为主干的海铁联运以及国际铁路联运和国际海运进行网络重构和一体化研究。对于超大规模的国际化运输网络,国际铁路多式联运网络的构建需要考虑网络的弹性与稳定性,以中欧班列、海铁联运班列、集装箱班轮的运输组织为载体,以不确定因素影响下运输需求与供给的动态平衡为方向,从系统化、网络化的角度全面深入地研究国际铁路多式联运网络的结构、网络配流的机理与优化方法、运输组织协调机制与优化方法、关键节点的衔接匹配机理以及网络运营效能的动态评价与优化调整等技术与方法。

2 科学问题背景

2020 年 3 月中下旬开始,我国境内口岸站能力紧张。中欧班列出入境口岸尤其是阿拉山口和霍尔果斯,已经接近满负荷运行。而自 6 月下旬起,上述口岸出现严重的拥堵情况。目前,中欧班列需求旺盛,但境外段拥堵严重,尤其是欧盟边境口岸的瓶颈已经常年存在。波白边境的马拉舍维奇口岸作为中欧班列进入欧盟最主要运输通道(95% 的中欧班列从该口岸进入欧盟),已经接近能力上限,口岸积压停装严重。中欧班列开通城市多,国内线路多,但出境后的线路大多重复。内陆地区开通中欧班列城市的货源主要来源于当地及周边地区,货源竞争难以避免,不利于中欧班列的高质量发展。

去程班列与回程班列的开行数量比例影响着中欧班列境外铁路运行成本。由于境外宽轨段运费以及欧洲段运费受境外铁路车辆周转因素影响,都是按照去程以及回程开行数量的比例进行阶梯计价收费,需要保证一定的回程班列数量来取得最优化的境外铁路运费。按照目前从我国发往欧洲最主要通道的阿拉山口、霍尔果斯口岸至欧盟边境布列斯特口岸之间的宽轨段计费标准,去程的比例比回程的比例每增加 5%(即去程数量每多于回程数量 5%),去程运费将增加 100 ~ 200 美元/FEU。而境外铁路公司去程报价在只去不回的条件下普遍比来回程数量平衡条件下高出 300 ~ 500 美元/FEU。如果欧洲回程班列长期少于去程班列,中欧班列境外运费以及境外运行时效都将因境外铁路车辆周转较慢而受到负面影响。

另外,我国主要港口的集疏港主要通过公路运输完成,港口集疏运结构呈现明显的失衡状况,既有集疏港模式已无法满足航运业船舶大型化和港口吞吐量快速增长而产生的集疏港运输需求。“十三五”期间我国海铁联运量年均增速高达 54% 左右,到 2020 年末,沿海共 18 个港口开通了集装箱海铁联运业务,但海铁联运量占沿海港口集装箱吞吐量的比例也仅由 2015 年的 0.4% 上升到 2.7%。2014 年以来,美国近 65% 的进出口集装箱通过主要港口以海铁联运的形式完成运输;国际铁路联盟(UIC)发布的《2018 年欧洲联合运输报告》显示,在近十年我国沿海主要港口集装箱吞吐量世界领先的情况下,2017 年欧洲主要港口集装箱海铁联运量及其占比却总体高于我国港口。从交通运输及港口城市可持续发展的要求看,港口集疏运体系结构不合理,不仅影响枢纽港口的国际竞争力,还会导致港口及周边城市集疏运系统外部成本的显著上升。

国家发改委在《"十三五"铁路集装箱多式联运发展规划》中已明确提出，要提升集装箱货物运量至铁路货运量的20%。2018年，国务院颁布了《推进运输结构调整三年行动计划(2018—2020年)》，提出要明显提高铁路集疏运量，促进集装箱多式联运运量的增长。2019年，国家发改委提出了《关于加快推进铁路专用线建设的指导意见》，通过铁路专用线入港解决海铁联运中港口集疏运问题，着力提升综合交通运输服务水平和效益，积极推动以铁路为骨干的多式联运发展。中央经济工作会议提出了调整运输结构的重点，增加铁路运输量，提高沿海港口集装箱铁路集疏港比例；提高大宗货物和长距离运输的铁路货运比例，大幅提高集装箱海铁联运比例。在"十四五"规划中，明确提出提升铁路集装箱运输能力，建设重点港口铁路专用线，全面实现长江干线主要港口铁路进港。

上述运营实践中存在的问题，反映出国际铁路多式联运网络结构、网络配流与运输组织之间的不协调问题，也是实现国际铁路多式联运可持续和高质量发展亟须解决的问题。

3　科学问题研究进展

目前针对国际铁路多式联运的研究主要集中在联运系统发展、联运组织、联运节点三个方面。

联运系统发展方面，研究主要集中在中欧班列的各条通道的发展对策及评价。具体包括：分析中欧班列中西东三条通道与亚欧铁路运输通道的区别和联系，根据中欧班列在运营中的现状及运输通道中存在的问题，对科学借助亚欧运输通道使中欧班列的服务获得更高满意度的目标提出对策；以典型中欧班列线路渝新欧班列为研究对象，提出计算交通可达性的方法，预测渝新欧班列货运量，并从国际运输水平、行业多样性和渝新欧贡献率三个指标评价渝新欧班列对重庆国际物流中心产生的影响；从发展潜力和风险角度出发，构建包括经济、社会、政策、科技、与我国国际合作关系、营商环境六个层面评价指标的发展策略评价框架。

联运组织方面，研究主要集中在运输组织模式、集结点选址、去回程衔接、路径优化等方面。在运输组织模式方面，构建"轴幅式"运输组织模型，筛选出潜在的集货枢纽。在基于"直达＋集结"混合开行的运输组织模式方面，重点从影响中欧班列国内段运输组织效率的国内段货源集结点选择、去程班列运输组织优化、去回程班列口岸站衔接三个方面开展研究。基于满轴开行条件研究联运集装箱转运方案优化，构建了铁路作业区列车调度方案和集装箱转运方案协同优化模型。在研究洲际公铁多式联运路径选择问题时考虑了时间和列车容量的不确定性，同时考虑了洲际列车在集货阶段的牵引车和半挂车路径问题。

联运节点方面，研究主要集中在联运节点的作业调度优化、口岸站运输组织模式及组织优化方面。针对联运节点，以最小化车辆周转时间为目标，研究了铁路集装箱联运节点自动化轨道门吊和全自动导轨车协同调度问题，基于“时-空-状态”网对问题进行了描述，并进行实证分析。针对口岸站存在进出境列车数不平衡、列车衔接不畅导致铁路口岸站停留时间长等问题，以中欧班列在阿拉山口站的总集装箱小时数最小为目标建立考虑去回程班列且适用于直达和集结运输组织方式的口岸站集装箱配送组织优化模型。在口岸集并运输组织模式研究中，为缓解国际班列口岸站的拥堵状况，提出多点集并、单点集并、班列灵活集并、口岸站加挂等四种中欧班列集并运输组织模式。

以国际铁路通道为主干的国际铁路多式联运已经成为中(亚)欧间物资交流的重要保障。在新的运输环境、联运模式以及供需条件下，从国际铁路多式联运网络本质特性及其匹配协调优化的角度研究国际铁路多式联运网络配流与运输组织优化技术与方法尚属空白。既有研究多侧重于单一国家内或单一方式的运输组织理论与技术，亟须针对超长距离、多国参与的国际铁路多式联运网络配流及其运输组织协调优化的理论与技术展开深入研究。基于此，本科学问题重点攻克的难点主要包括以下六个方面：

(1)多模式条件下，超大规模国际铁路多式联运物理网络结构及其耦合机理。分析超大规模国际铁路多式联运物理网络结构特点，研究超大规模国际铁路多式联运物理网络演变动力与影响因素间的耦合机理。

(2)多模式条件下，超大规模国际铁路多式联运服务网络构建及其优化。基于运输需求时空分布特征，考虑枢纽节点作业能力、线路运输能力等因素影响，构建超大规模国际铁路多式联运服务网络优化模型。

(3)多模式条件下，超大规模国际铁路多式联运网络配流机理和优化。研究超大规模国际铁路多式联运网络配流的影响因素及其作用机理，构建多模式条件下的超大规模国际铁路多式联运网络动态配流模型。

(4)多模式条件下，超大规模国际铁路多式联运组织匹配机制与协调优化。考虑联运组织模式、线路运输能力、节点作业能力、口岸通过能力等因素，研究超大规模国际铁路多式联运组织匹配机制与协调优化技术。

(5)多制式条件下，国际铁路通道跨境口岸联运不匹配性的复杂演变机理及其协调优化。考虑口岸作业资源配置和作业能力限制，从时空资源配置的角度，基于多制式条件，研究国际铁路通道跨境口岸联运不匹配性的复杂演变机理及其协调优化技术。

(6)不确定条件下，国际铁路多式联运网络效能动态评价与优化调整。考虑需求波动、运能供给、场站作业、外部环境、客货运协调等，研究国际铁路多式联运网络效能动态评价及动态调整技术。

主要参考文献

[1] 兰泽康，何世伟，许琰. 考虑车底和集装箱周转的中欧班列动态服务网络设计研究

[J]. 铁道学报,2021,43(4):25-32.

[2] Wei H,Lee T W. Designing a Coordinated Horizontal Alliance System for China's Inland Ports with China Railway Express Platforms along the Silk Road Economic Belt [J]. Transportation Research Part E:Logistics and Transportation Review,2021,147(72):102238.

[3] 邢磊,靳志宏,王小寒,等. 基于分布式鲁棒机会约束的中欧班列空箱调运优化[J]. 铁道学报,2020,42(9):17-25.

[4] 张琦,姜昊,魏玉光,等. 基于货物时间价值的中欧班列服务网络设计[J]. 铁道学报,2020,42(6):12-17.

[5] 冯芬玲,阎美好,刘承光,等. 基于 IPSO-Capsule-NN 模型的中欧班列出口需求量预测[J]. 中国铁道科学,2020,41(2):147-156.

[6] Zhang X,Zhang W,Lee T W. Importance Rankings of Nodes in the China Railway Express Network under the Belt and Road Initiative [J]. Transportation Research Part A:Policy and Practice,2020,139:134-147.

[7] 闫伟,朱晓宁,邓宇君,等. 中欧班列去程运输组织优化模型[J]. 铁道学报,2019,41(2):1-7.

[8] Wen X,Ma H L,Choi T M,et al. Impacts of the Belt and Road Initiative on the China-Europe Trading Route Selections [J]. Transportation Research Part E: Logistics and Transportation Review,2019,122:581-604.

[9] Yang D,Jiang L,Ng A K. One Belt one Road,but Several Routes:A Case Study of New Emerging Trade Corridors Connecting the Far East to Europe [J]. Transportation Research Part A:Policy and Practice,2018,117:190-204.

[10] Jiang Y,Sheu J B,Peng Z,et al. Hinterland Patterns of China Railway (CR) Express in China under the Belt and Road Initiative: A Preliminary Analysis [J]. Transportation Research Part E:Logistics and Transportation Review,2018,119(10):189-201.

撰稿人:郎茂祥(北京交通大学)　张琦(北京交通大学)　王力(北京交通大学)

CHAPTER FOUR

第 4 章
新型交通基础设施规划设计及运维

随着物联网、云计算、大数据等现代信息技术的不断发展，我们的生活、出行、交流交往模式不断创新，促进了城市生活的信息化、产业发展的智能化和城市管理的精细化、与此同时，对国家新型城市交通基础设施及运维管理提出了更高的要求和更美好的期待。当前，我国正处于创新驱动发展、经济转型升级的关键时期，其综合交通体系将逐步进入“完善功能、注重管理、提升服务”的交通设施建设和品质提升并重发展阶段。究其研究重点即建设发展新型交通基础设施及其相应的运维模式去适应当前我国的交通发展趋势。2020 年 8 月 6 日，交通运输部《关于推动交通运输领域新型基础设施建设的指导意见》中提到要坚持以新发展理念引领高质量发展，围绕加快建设交通强国总体目标，以技术创新为驱动，以数字化、网络化、智能化为主线，以促进交通运输提效能、扩功能、增动能为导向，推动交通基础设施数字转型、智能升级，建设便捷顺畅、经济高效、绿色集约、智能先进、安全可靠的交通运输领域新型基础设施。

近几年来，我国的交通设施建设正处在大发展、快发展的黄金时期，全国各地都在进行高速铁路、高速公路、道路城市化改造等建设。究其原因，是因为我国现有的交通基础设施还不能满足国家发展和人民出行的需要，更不能适应当今网络信息化下的时代特征。而在“安全、便捷、绿色、高效、经济”的综合交通体系理念下，交通基础设施运维行业固然取得了长足的进步，但现阶段仍不可否认存在一些问题，比如运作模式单一难以适应市场、人力资本配置混乱等。为了满足时代需求，需要结合现今时代特征进行发展创新，建设出最匹配我国最合适的新型交通基础设施及其运维模式，这也是我国交通领域发展的关键。

新时期背景下，物联网、云计算、大数据等现代先进信息技术深度赋能交通基础设施，精准感知、精确分析、精细管理和精心服务能力全面提升，成为加快建设交通强国的有力支撑。基础设施建设运营能耗水平有效控制。泛在感知设施、先进传输网络、北斗时空信息服务在交通运输行业深度覆盖，行业数据中心和网络安全体系基本建立，智能列车、自动驾驶汽车、智能船舶等逐步应用。在此过程中，网联环境下数字交通设施系统规划设计、车-路一体化融合系统复杂构型设计与动态控制理论、面向车路协同的道路基础设施全要素数字化与智慧管控、管道输氢理论与关键技术、智慧高速公路系统交通控制优化、新型道路交通系统变颗粒度管控架构成为又一亟待解决的关键问题。

网联环境下数字交通设施系统规划设计

Digital road traffic system planning and design under the intelligent network environment

1　科学问题概述

网联交通是推动道路交通系统数字化转型的变革性技术，对促进交通基础设施、交通信息服务、智能汽车等产业链的转型与升级，形成新的经济增长点，具有深远影响和重大意义。高速通信、云计算和大数据等技术的发展与应用将加速网联交通系统的建设落地。以高速网络通信作为联结各个系统要素的桥梁，能够全面提升交通参与者、运载工具和道路基础设施间的互联互通水平，改变"人-车-路"要素实时信息的感知、预测和交互方式，重塑各个要素的系统角色，形成"人-车-路-网"高度融合的一体化网联交通系统。在网联全景信息条件下，观测并解析人-车-路交通要素之间复杂的交互机理及智能控制策略的干预机制，为数字交通设施系统的规划设计提供了全新研究契机。同时，数字交通设施系统的规划设计优化，也将加速高度自主的网联交通系统应用落地。

然而，简单遵循或叠加传统交通设施系统规划设计理论与方法，不能充分利用网联环境下数字交通设施要素的应用潜能，也无法正确界定数字交通要素在网联交通系统中所扮演的角色。目前，网联环境下数字交通设施系统规划设计存在以下问题亟待解决：①如何实现道路基础设施（如道路设施、安全设施、公交设施等）的数字化和电子化，以实现网联交通环境下交通系统状态准确的感知和解析；②如何解析网联环境下人机混合交通耦合机理与系统演化规律，为网联交通系统提供互补的感知和决策能力；③如何构建交通设施和数字设施的协同规划设计，以支撑并推动网联环境下人-车-路交通系统智能化发展。

2　科学问题背景

目前，我国已经进入交通强国建设、智能车路协同发展、新基建与数字化转型发展的新时期，新型交通模式生态环境正在形成，城市交通与区域交通的工作重点已由以大规模基础设施建设为基础的“增量模式”转移到以基础设施数字化转型的“存量模式”上来。数字化、网联化、智能化是交通设施的必然发展趋势。随着互联通信、人工智能、智能驾驶等技术的进步，推动了以交通大数据、人车路协同、自动驾驶为特征的新一代道路交通运输系统——网联交通系统的快速发展，将对现有道路交通运输模式产生重要影响，促使交通参与者、运载工具和道路基础设施的信息获取与交互手段产生变化，并推动道路交通基础设施、交通信息服务、智能汽车等产业链的转型与升级，形成新的经济增长点，意义重大，研究深远。在交通运输部2019年印发的《数字交通发展规划纲要》第四节“构建数字化的采集体系”中，有三个方面的阐述，“一是要推动交通基础设施规划、设计、建造、养护、运行管理等全要素、全周期数字化；二是布局重要节点的全方位交通感知网络；三是推动载运工具、作业装备智能化”。2021年中共中央、国务院印发的《国家综合立体交通网规划纲要》也提出，“全方位布局交通感知系统，与交通基础设施同步规划建设，部署关键部位主动预警设施，提升多维监测、精准管控、协同服务能力”。在国家政策引领下，各地相继出台交通运输新型基础设施建设行动计划，全国范围内开始大规模的数字交通设施建设，新的建设契机带来新的交通基础科学理论问题，对网联交通系统规划设计提出了全新的要求。

3 科学问题研究进展

网联交通系统除了传统交通系统中的人、车、路要素之外，还包括数字交通设施，与传统交通系统共同构成“人-车-路-网”的新型交通系统。在网联交通系统中：智能网联汽车加速迭代，逐渐形成了以驾驶环境感知为基础、交通态势预测为核心、车辆轨迹规划为落脚点的技术架构；道路基础设施转型升级，形成以标志、标线为代表的传统道路设施要素数字化和以路侧感知单元、通信单元为代表的新型道路设施要素集成化的发展趋势；不同于谷歌、特斯拉等国外通过单车智能驱动网联交通系统发展的技术路线，我国的网联交通系统发展规划是以车路协同为核心，推动智能网联汽车与道路基础设施协同升级，形成“智慧的车、聪明的路”系统解决方案。

从单车智能与车路协同技术路线的差异来看，单车智能侧重车辆个体的感知、规划、决策，难以从整体角度解决交通系统的安全与效率问题，智慧的车与聪明的路协同形成网联交通系统的群体智能，实现交通系统的整体最优。“聪明的路”智能道路设施建设的基本原则是不断提升道路基础设施信息化、标准化水平，为不同等级的车路协同自动驾驶提供必要的条件支撑，充分发掘与发挥智能网联汽车在改善安全、提高效率、降低能耗与排放方面的潜力。为了加速自动驾驶与车路协同技术发展，在网联环境下数字交通系统规划与设计方面存在如下难点：

(1)网联环境下交通系统耦合理论与运行规律。在网联环境下交通系统要素的运行与交互规律明显区别于传统交通系统,网联环境不仅引入了新的交通系统要素,包括数字孪生交通系统、信息发布中心、智能网联汽车等,还改变了信息在交通系统中的传播方式。在低时延、动态、可计算的交通信息与通信技术影响下,人与人、人与车、人与道路、人与环境的交互机理将发生根本性转变,网联环境下的交通系统耦合理论与运行规律亟待被揭示,包括网联环境下人-车交互机理、物理-数字交通设施耦合机制、人-系统耦合机理等,刻画不同时空尺度下混合交通系统演化规律。

(2)交通系统数字化及网联协同信息支持。交通系统数字化是数字交通设施的发展基础,需要实现道路设施、安全设施、公交设施等的数字化,构建现役道路与交通设施的数字孪生系统,为道路使用者、管理及服务机构等提供车辆运行、基础设施、交通环境等动态基础数据,具备高性能信息共享、高实时性云计算、大数据分析、信息安全等基础服务机制,并形成支持数字交通设施系统的基础支撑平台。

(3)网联交通环境下人机混合交通车路协同理论。揭示人机混合交通耦合机理与系统演化规律是实现网联环境下数字交通设施系统规划设计的基础,一方面需要解析车路协同系统要素耦合机理,研究车路协同环境下新一代智能交通系统架构理论、方法及运行机制,另一方面需要解析车路协同系统信息网络承载力、连通度和可靠性变化机理,形成车路协同信息网络构建与安全设计理论。

(4)网联环境下交通设施与数字设施协同规划设计。交通设施和数字设施之间仍然存在数字鸿沟,一方面需要在数字交通系统中表征并计算道路网交通运行态势,另一方面要在实体交通设施中融入数字交通系统设计要素,研究考虑物理设施与信息设施多维度融合的复合交通网络建模与要素布局设计方法,形成数字交通系统规划与设计的基础理论及关键技术。

主要参考文献

[1] 王云鹏,鲁光泉,于海洋. 车路协同环境下的交通工程[J]. 中国工程科学,2018,20(2):106-110.

[2] 冉斌,谭华春,张健,等. 智能网联交通技术发展现状及趋势[J]. 汽车安全与节能学报,2018,9(2):119.

[3] 伍朝辉,刘振正,石可,等. 交通场景数字孪生构建与虚实融合应用研究[J]. 系统仿真学报,2021,33(2):295-305.

[4] Mahmassani H S. 50th Anniversary Invited Article—Autonomous Vehicles and Connected Vehicle Systems:Flow and Operations Considerations[J]. Transportation Science,2016,50(4),1140-1162.

[5] Talebpour A,Mahmassani H S. Influence of Connected and Autonomous Vehicles on Traffic

Flow Stability and Throughput[J]. Transportation Research Part C:Emerging Technologies, 2016,71,143-163.

[6] Ran,Bin,et al. Intelligent Road Infrastructure System (IRIS):Systems and Methods:U S 10692365[P]. 2020-6-23.

[7] Urmson C,Anhalt J,Bagnell D,et al. Autonomous Driving in Urban Environments:Boss and the Urban Challenge[J]. Journal of Field Robotics,2008,25(8):425-466.

[8] Paden B,Čáp M,Yong S Z,et al. A Survey of Motion Planning and Control Techniques for Self-driving Urban Vehicles[J]. IEEE Transactions on intelligent vehicles,2016,1(1):33-55.

[9] Xu B,Li S E,Bian Y,et al. Distributed Conflict-free Cooperation for Multiple Connected Vehicles at Unsignalized Intersections[J]. Transportation Research Part C: Emerging Technologies,2018,93:322-334.

[10] Bekiaris-Liberis N, Roncoli C, Papageorgiou M. Highway Traffic State Estimation with Mixed Connected and Conventional Vehicles[J]. IEEE Transactions on Intelligent Transportation Systems,2016,17(12):3484-3497.

撰稿人:陈峻(东南大学)　徐铖铖(东南大学)

车-路一体化融合系统复杂构型设计与动态控制理论

Complex architecture design and dynamic control theory of vehicle-road integration system

1　科学问题概述

车-路一体化融合系统能够有效克服单车自动驾驶和传统车路协同方案的局限,为智能汽车提供了新的技术途径。然而目前这一研究在以下三个方面的科学问题尚未取得有效突破:

(1)车-路相互关联作用机理与车-路广义动力学系统的跨学科统一数字化表征。用于车辆控制的行驶动力学模型主要集中在车路/车车协同的局部机械动力学特性的描述方面,缺乏对车-路系统耦合机制及其机-电-信息相互作用机理的深入研究,动力学模型方程中未包含车-路信息链的传递关系、时间延迟不确定性和交通环境随机特征等,难以支撑车-路一体化的协同感知与决策规划。

(2)车-路多源信息时空同步机制与超视距异构信息的感知融合。受限于当前车载感知技术的识别精度低,观测范围小,对行为特征的利用不充分等问题,如何利用路侧和云端的多源信息优势,实现不同时空范围下、大时延尺度的信息同步与融合,深入挖掘交通态势和交通目标行为和轨迹特点,实现大空间尺度下的超视距实时感知,是当前亟须解决的重要问题。

(3)车辆安全-节能-高效多目标行驶内在耦合制约机制与车-路一体化融合控制。安全、节能、高效是汽车行驶控制的永恒目标,然而在车辆行驶过程中,三类目标间存在内在耦合和制约机制,如果不明晰车辆行驶和道路空间约束间的复杂耦合关系,忽视交通环境的动态变化特性对车辆行驶高效和行驶能耗的重要影响规律,就无法充分利用前方交通历史行驶数据以及前方车辆的动态运动数据,做好对前方交通态势的预先判断,难以实现车辆的车路协同行驶规划控制。

由于感知信息不完备性导致行驶规划结果难以实现广义最优解,是智能汽车面临的关键科学问题,基于完整交通时空态势描述的广域最优决策与控制是车-路-云一体化融合系统面临的核心任务。研究构建车-路-云一体化融合系统复杂构型设计与动态控制理论,将有效克服单车自动驾驶环境感知和控制的原理性局限,为智能汽车发展提供了新的解决思路和技术路径。

2　科学问题背景

伴随着新一轮科技革命的发展,智能汽车已成为各工业强国战略竞争的前沿技术高地。然而,受限于单车自动驾驶和传统车路协同方案,其感知范围、信息来源丰富度和广域规划合理性方面存在原理性技术瓶颈,难以支撑未来智能汽车技术的快速发展。完整准确地描述道路环境、目标空间位置和时空变化趋势,并快速求解以安全、节能、高效为目标的广域行驶规划策略,是高等级自动驾驶车辆控制的核心科学问题,也是智能汽车面临的前沿技术挑战。

然而,现有单车智能技术路线存在车载感知范围有限、可靠性不足、车间行为存在博弈与冲突、单车依靠局部信息进行的规划与控制难以实现全局优化等问题。传统车路协同主要强调车与路侧设备之间的协同,虽然可以解决部分单车智能面临的问题,但应用场景有限,且主要功能在于利用车与车、车与路之间的信息交互辅助单车决策,更难以实现面向路网大范围网联应用中的群体协同决策,不能满足智能网联汽车组成的交通系统在发展过程中对全局车辆与交通的交互、管控与优化、对交通数据的广泛深度应用等方面的实际要求。这些制约因素已经越发难以支撑高等级自动驾驶技术的发展,是单车自动驾驶和传统车路协同亟待解决的共性基础问题。

具备超视距信息融合感知、车辆行驶策略广域规划控制的车-路一体化融合系统方案可有效克服上述问题,通过车路云协同和信息共享方式,充分发挥车路云多源交互信息在广度和深度的优势,实现智能汽车的广域交通信息共享和最优行驶策略规划与控制,切实提高智能汽车感知准确性、可靠性，改善行驶合理性和高效性。

然而目前这一研究尚处于起步阶段，在一些车路协同感知和决策方法上虽有初步结果，但在车-路-云一体化融合的核心关键问题上，如：广义动力学建模、超视距感知和广域动态规划控制等领域，其核心理论和关键方法尚未取得有效突破。

因此，亟须研究车-路一体化融合系统的动态设计与控制方法，实现车-路一体化融合感知和广域协同控制。围绕车-路相互关联作用机理及车-路广义动力学系统建模、车-路多源信息时空同步机制与信息融合、安全-节能-高效多性能目标的内在制约机制三个关键科学问题开展基础理论和方法研究，提升智能汽车环境感知信息的准确性、全面性和车辆规划控制的合理性，实现车-路一体化融合系统下车辆的超视距感知和广域协同行驶。

3 科学问题研究进展

车-路一体化融合系统具备如下核心特征，使其区别于传统车联网与车路协同系统：①车路云泛在互联：云控系统全域范围内车路云各异构节点，通过标准化通信机制进行广泛互联通信，打通信息孤岛，构建起用于支持融合控制的闭环通信链路；②交通全要素数字映射：云控系统通过对从车路云实时获取的各交通要素数据进行分级融合，构建物理世界在信息空间的实时数字映射，统一为不同协同应用提供运行所需的交通要素实时数据，破解混合交通感知难题；③全局性能优化：云控系统通过对协同应用运行方式与行为进行统一编排，消解应用间行为冲突，利用各应用的优势性能，进一步提升系统优化车辆与交通运行的性能；④高效计算调度：云控系统基于协同应用动态运行要求，通过对计算资源使用的整体动态优化调度，确保系统资源的高效利用，实现全域协同应用实时运行的高并发性，保障所服务车辆与交通的运行安全与性能；⑤系统运行高可靠：云控系统通过对感知、计算、应用实例等方面的可靠性动态需求分析与多重备份等方式，实现系统的车辆与交通运行优化的高可靠性。实现上述核心特征的功能，不仅要探索车-路-云的深度耦合机理和系统重构设计方法，还要研究建立车路云广域动态控制理论，以面向各种场景进行复杂系统的融合感知、决策与控制。

在车路云泛在互联与深度耦合机理研究方面，其研究对象主要经历了车路协同、车云联网与车路云融合三个阶段。在车路协同系统领域，研究方向众多包括协同式前撞预警与路口决策支持等。在车云联网系统领域，最初的关注点在于为联网车辆提供管理与信息服务，有基于公共平台与基于自组织网络这两种主要方式。但由于此类车联网云服务系统主要利用消费级云计算技术构建，且受数据源与网联车辆渗透率等方面的限制，不能用于车辆行驶过程的优化。然而，车路协同系统缺乏云平台的支持，其分散的架构提供服务的能力受到路侧设备性能的限制，使其难以对全域智能网联汽车的运行进行协同优化。

在车-路系统重构与广义动力学表征研究方面，目前研究大多局限于将其分为“驾驶员行为”“车辆动力学”“地面力学”等，即主要集中在“车”“路”两者间的简单叠加等相对独立的研究领域，忽略或简化了它们之间相互作用、互相约束的复杂耦合关系，难以符合实际情况。“车-路-云”是一个各组成要素相互耦合、互相制约的全新的复杂动力学系统，对于这样的复杂动力学系统行为机理研究方面，仍在尝试探索阶段，且多集中在车路/车车协同的局部机械动力学特性的描述方面，缺乏对车-路-云系统耦合机制及其机-电-信息相互作用机理的深入研究，动力学模型方程中未包含车-路-云信息链的传递关系、时间延迟不确定性和交通环境随机特征等，难以支撑车-路-云一体化的协同感知与决策规划。

另外，现有车-路-云协同架构下异构多源信息同步机制与融合方面，大多集中在时间同步机制方面的研究。路侧网络和车载网络之间基于无线链路的时间同步机制研究，会因为无线资源调度、流量整形等原因而变得十分有挑战。此外，在多种应用接入并进行通信的条件下，如何降低如娱乐应用通信流量挤占安全应用通信带宽等问题也需要进行深入的研究。而车路多源传感器信息融合感知通过不同的车、路与云的感知信息源，实时获取驾驶相关动态交通要素的精确状态，为规划与控制提供充分的广域感知数据。融合感知方法可按车与路的角度进行分类。纯路侧协同感知方法利用了路侧安装的固定传感器组成的多传感器网络进行融合感知，有利于感知交通情况，且感知范围与结果较稳定；多车协同感知利用不同车辆上传的车载感知信息进行融合感知，有利于感知路面状态，但感知范围不稳定，对车辆渗透率有要求；车路融合感知同时将车载感知信息与路侧感知信息进行融合，结合了车端感知与路侧感知的特点。

从传感器-环境耦合与统一表征方面而言，当前没有任何一种传感器能够满足智能汽车对环境的统一化模型表征需求，但仔细分析各类传感器与环境的耦合及其物理特性，可以发现不同传感器之间相互协同，有可能形成较好的环境表征互补优势。单目摄像头和毫米波雷达几乎在感知性能和天气条件上存在全面互补的特性，而单目摄像头与激光雷达在感知性能上存在部分互补、部分重叠的特性，在复杂天气条件下则处于共同缺失状态。单目摄像头对非机动车目标和交通标志识别的准确率较高，可以有效地对毫米波雷达传感器信息进行补充和约束，而毫米波雷达对车辆运动目标的探测结果，可以显著提高摄像头对目标运动姿态的识别精度。激光雷达由于具有较高的空间位置探测精度，可以大大提高毫米波雷达的方位探测准确度，提高摄像头距离探测准确度等。由于单一传感器各有优缺点，不能完全胜任自动驾驶环境感知的任务。因此，如何利用路侧和云端的多源信息优势，实现不同时空范围下、大时延尺度的信息同步与融合，深入挖掘交通态势和交通目标行为和轨迹特点，实现大空间尺度下的超视距实时感知，是实现车-路-云一体化融合系统交通全要素数字映射的关键科学问题之一。

针对安全-节能-高效多目标内在制约机制与车-路-云一体化协同控制方法，首先需要阐明行驶车速和道路空间约束间的复杂耦合关系，揭示交通环境的动态变化特性对行驶车速和行驶能耗的重要影响规律。在此基础上，梳理车路云广域多目标协同行驶的控制方法。广域多目标协同行驶控制当前包含两种路径：一种是基于全局交通场景信息的车辆行驶规划控制方法，主要是车辆出行路径的静态规划问题，一般可简化为网络中最短路径问题，是图论和网络优化问题中的一类典型问题。另一种是基于局部交通场景信息的车辆行驶规划控制方法。当考虑到前方交通环境不能全程已知，无法预先优化行驶策略的情况下，需要将前方车辆的运动信息引入到自车的行驶规划控制中。

然而，由于车-路一体化融合系统具备车路云泛在互联、交通全要素数字映射、全局性能优化的典型特性，基于全局交通场景信息的车辆行驶动态规划控制成为可能。因此，应充分考虑当前周围车辆信息、前方交通历史行驶数据以及前方车辆的动态运动数据，实现对前方交通态势预先判断，并将道路几何特征和动态交通信息等抽象为动态规划的不定长节点约束和连接约束，建立多目标协同行驶控制策略的道路节点变步长求解方法，实现车-路一体化广域动态行驶规划与控制。

主要参考文献

[1] 李克强，常雪阳，李家文，等. 智能汽车云控系统及其实现[J]. 汽车工程，2020，317(12)：4-14.

[2] Katsaros K，Stevens A，Dianati M ，et al. Cooperative Automation Through the Cloud：The CARMA Project[C]//Its European Congress. 2017.

[3] Wan J，Zhang D，Zhao S，et al. Context-aware Vehicular Cyber-physical Systems with Cloud Support：Architecture，Challenges，and Solutions[J]. IEEE Communications Magazine，2014，52(8)：106-113.

[4] Jia D，Lu K，Wang J，et al. A Survey on Platoon-based Vehicular Cyber-physical Systems [J]. IEEE communications surveys & tutorials，2015，18(1)：263-284.

[5] Sasaki K，Suzuki N，Makido S，et al. Vehicle Control System Coordinated between Cloud and Mobile Edge Computing[C]//2016 55th Annual Conference of the Society of Instrument and Control Engineers of Japan (SICE). IEEE，2016：1122-1127.

[6] Li Z，Kolmanovsky I，Atkins E，et al. Road Risk Modeling and Cloud-aided Safety-based Route Planning[J]. IEEE transactions on cybernetics，2015，46(11)：2473-2483.

[7] Chen B，Yang Z，Huang S，et al. Cyber-physical System Enabled Nearby Traffic Flow Modelling for Autonomous Vehicles[C]//2017 IEEE 36th International Performance Computing and Communications Conference (IPCCC). IEEE，2017：1-6.

撰稿人：李克强(清华大学)　许庆(清华大学)　高博麟(清华大学)

面向车路协同的道路基础设施全要素数字化与智慧管控

CVIS oriented full digitalization and intelligent control for road infrastructure

1 科学问题概述

在交通强国建设、新基建与数字化转型发展的新时期，新交通模式生态环境正在形成。随着国家车联网产业标准体系建设指南的发布，标志着我国智能网联汽车与智能网联设施建设发展选择了“聪明的车、智慧的路与强大的网”相结合的技术路线。有别于“单车感知”的自动驾驶，“聪明的车、智慧的路与强大的网”下的车路协同需要借助在路侧安装额外的传感器、通信单元，以实现降低车身感知、计算能力的技术与成本需求，拓展车辆的感知范围和精度，从而实现自动驾驶。因此，道路交通基础设施的数字化是支撑车路协同的重要载体。2021 年 2 月，中共中央、国务院印发了《国家综合立体交通网规划纲要》，提出“利用新技术赋能交通基础设施发展，加强既有交通基础设施提质升级，提高设施利用效率和服务水平”，旨在升级改造交通基础设施，从而全面提升其智能化水平，满足不同新模式交通场景下的应用要求。

数字化交通基础设施可充分弥补复杂交通场景下自动驾驶汽车安全行驶感知能力不足的缺陷，通过车路协同模式显著降低车辆的硬件升级成本、提高系统整体安全性，对于智能网联汽车落地起到重要的支撑作用。但现阶段由于现有的道路基础设施无法满足车路协同对实时感知、分析和决策的需求，使得进一步推广应用自动驾驶汽车具有未知性和挑战性。

基于上述认识，面向车路协同的要求，探究全要素道路交通基础设施与自动驾驶汽车运行的交互作用机制，构建基础理论和感知交互两层研究框架，形成两者之间相互作用和相互影响的机制体系；探索面向车路协同需求下的道路交通基础设施的服役性能演化规律与 RAMS 要求；研究道路基础设施全要素数字化的大规模存储、高效调用、多模式交互、高精度分析、并行计算等关键性基础技术；研究基于全时空交通信息的协同感知、融合和交互，以及群体智能决策与协同控制理论方法及其关键技术等问题，将是新型数字交通基础设施体系构建与智慧管控的关键科学问题，对于推动数字道路交通基础设施支持车路协同发展具有极其重要的理论意义和应用价值。

2 科学问题背景

自动驾驶在 20 世纪已有数十年的历史，21 世纪初呈现出接近实用化的趋势，是未来重点发展方向，国家出台了一系列政策和规划以促进相关产业的发展。2015 年国家发布《中国制造 2025》，对智能网联汽车的发展作出重要规划。随后又发布了《汽车产业中长期发展规划》,对自动驾驶汽车渗透应用作出规划。2020年我国对于智能网联汽车及新基建作出新的规划,从标准技术到应用规划均有涉及。但近三年来,以谷歌、特斯拉及Uber为主的自动驾驶汽车交通事故不断,其中谷歌6年间发生18起交通事故,其原因很多来源于道路交通基础设施和环境状态感知、分析、决策的不准确、不可靠,侧面说明了道路交通基础设施对自动驾驶汽车运行的重要影响。

"聪明的车"与"智慧的路"的协同交互是自动驾驶汽车感知运行的必要条件之一。近年来,国内外从政策和应用层面都进行了车路协同的推进。从2014年欧盟委员会启动"Horizon 2020"项目到2015年美国交通运输部发布《美国智能交通系统(ITS)战略计划(2015—2019)》,明确ITS战略升级为网联化和智能化的双重发展战略,再到2016年欧盟通过"合作式智能交通系统战略",推进欧盟成员国范围内部署协同式智能交通系统(CITS)服务,实现V2V、V2I等网联式信息服务,无不体现国外各国对车路协同的重视。而在国内,从《交通强国建设纲要》提出到2035年基本建成交通强国,基于人工智能、大数据等新技术的智慧交通成为构建交通强国的重点发展方向,到交通运输部颁发的《数字交通发展规划纲要》中提出到2035年,交通基础设施完成全要素、全周期数字化,天地一体的交通控制网基本形成,都映射出国家对车路协同的大力支持。伴随着新一代信息技术与人工智能的演进发展,一个绿色可持续、数字化、智能化、智慧化的交通基础设施体系建设已经成为人、车、路协同发展的共同目标。

车路协同是自动驾驶的必由之路,而迎接并推动车路协同及自动驾驶的发展,在道路交通基础设施层面,目前面临以下突出问题:道路基础设施侧的智能供给能力不足,道路交通基础设施的精细化感知、分析、决策能力欠缺,基础设施与载运工具之间未形成有机智能协同整体,自动驾驶规模化运行的安全性、稳定性等问题突出。对于支撑广义上的车路协同社会化运行的新型交通基础设施的研究尚处于起步阶段,国外也尚无成熟的先进技术和经验可借鉴。因此,需要对道路交通基础设施侧的全要素数字化、精细化感知分析与决策、综合集成落地开展突破性研究。

3 科学问题研究进展

3.1 道路交通基础设施服役性能与自动驾驶车辆协同交互作用机制

首先是道路交通基础设施性能对自动驾驶汽车舒适性与安全性的研究。道路交通基础设施服役性能是影响自动驾驶汽车舒适性与安全性的重要因素,主要涉及路面车辙、路面坑槽等路面病害与路面环境对自动驾驶汽车舒适性与安全性的影响。随着三维激光扫描重建等技术在道路基础设施数字化不断深化应用,基础设施服役性能表征的不断精细化、准确化。由于道路表面抗滑性能衰减,会造成的车辆作轨迹和行驶稳定性产生不确定性变化;由于道路表面产生车辙、坑槽、破浪等病害,会造成行驶安全性和舒适性出现问题。也有研究从基础设施服役环境角度,开展对车辆行驶安全方面的研究,如不同程度的积水、积雪对行车稳定性和舒适性的影响,但是尚缺乏针对自动驾驶车辆的相关研究。而缺少在自动驾驶车辆对交通基础设施服役性能、RAMS 影响方面的研究。自动驾驶汽车对基础设施服役性能的影响主要从道路结构、性能方面展开研究。受长时间累计车辆荷载的作用,路面内部结构等出现损伤和性能衰减。车辆对路面抗滑性、平整性、路面粗糙度的影响。但这项研究很少有学者从自动驾驶车辆角度分析,大多从一般车辆的角度来分析其对路面服役性能的影响。

3.2　道路交通基础设施的数字化技术

以三维数字化模型为载体,不但包括了道路交通基础设施详细的内外空间几何信息,还包括非几何的功能语义信息。BIM 技术中模型构件精细、属性信息丰富,特性指征参数化完全可作为道路交通基础设施的三维 GIS 空间表达的重要数据源补充。但 BIM 的应用受到了场景单一、坐标系受限、拓扑结构工具不成熟、数据兼容性差基于 C/S(Client/Server)架构等众多因素的掣肘。若将 BIM 和三维 GIS 网络服务有机的结合能够恰好形成优势互补,推动从建筑群到建筑物大小场景一体化应用分析,大幅削减建筑物数据信息获取成本。这将为道路交通基础设施的建设和管理带来协同化设计和全生命周期管理的应用,再结合网络服务技术使集成系统具备网络应用的特性,为三维 GIS 在不同范畴的运用中开辟了新的方向。

在具体探索中,以往的研究在虚拟现实中的视觉接口开发出了部分硬件并提出了有关算法及实现方法;实现了分布式虚拟环境网络设计,建立了网上虚拟现实研究论坛,可以提供实时三维动态数据库,提供虚拟现实演示环境,提供用于飞行员训练的虚拟现实系统,提供开发虚拟现实应用系统的开发平台,并将要实现与有关单位的远程连接。浙江大学计算机辅助设计与图形学(CAD&CG)国家重点实验室开发出了一套桌面型虚拟建筑环境实时漫游系统。该系统采用了层面叠加的绘制技术和预消隐技术,实现了立体视觉,同时还提供了方便的交互工具。另外,他们还研制出了在虚拟环境中一种新的快速漫游算法和一种递进网格的快速生成算法。

3.3　面向车路协同的智慧管控

近年来,伴随车路协同管理与运营管控技术研究的不断深入,新型复杂混合交通系统在状态感知、信息交互、协同控制和虚实仿真验证四个层面,主要从①低维传感器信息融合向多维网联协同感知;②离散交通主体主被动协同控制向大规模群体智能群策群控;③I2X支持的实时信息交互向混合交通主体间的可信交互;④小规模运行效能仿真分析向大规模虚实结合与硬件在线仿真验证等四个方面开展,这也是车路协同环境下数字化基础设施所支持的群体智能决策与协同控制研究的重点内容。

从数字交通基础设施的运营管控角度看,数字化基础设施的本质是数据闭环支撑体系,通过数据全域标识、状态精准感知、数据实时分析、模型科学决策、智能精准执行,实现交通运行状态的模拟、监控、诊断、预测和控制,解决交通规划、设计、建设、管理、服务闭环过程中的复杂性和不确定性问题,全面提高交通资源配置效率和安全运转状态,实现智慧交通的内生发展动力。

主要参考文献

[1] 秦严严,王昊. 自动驾驶车辆交通流基本图与驾驶舒适性[C]//中国智能交通协会. 第十三届中国智能交通年会大会论文集. 中国智能交通协会:中国智能交通协会,2018:274-282.

[2] Keen S D, Cole D J. Application of Time-variant Predictive Control to Modelling Driver Steering Skill[J]. Vehicle System Dynamics,2011,49(4):527-559.

[3] Noto N, Okuda H, Tazaki Y, et al. Steering Assisting System for Obstacle Avoidance based on Personalized Potential Field[C]//2012 15th International IEEE Conference on Intelligent Transportation Systems. IEEE,2012:1702-1707.

[4] Fwa T F, Chu L, Tan K H. Rational Procedure for Determination of Rut Depth Intervention Level in Network-level Pavement Management[J]. Transportation Research Record Journal of the Transportation Research Board,2016,2589(2589):59-67.

[5] Yichang Tsai, Zhaohua Wang. Technology Overview on Validating 3d Transverse Profile Data and Measurement of Pavement Surface Distresses[R]. Georgia Institute of Technology,2015.

[6] Ross. A Spatiotemporal Methodology for Pavement Rut Characterization and Deterioration analysis using long-term 3D pavement data[D]. Georgia Institute of Technology,2017.

[7] 陈丰,涂志敏,陈涛. 基于ITC的自动驾驶卡车编队跟驰安全性评价[J]. 长安大学学报(自然科学版),2019(5):97-105.

[8] 辛喆,陈海亮,林子钰,等. 智能汽车的路面附着极限横向轨迹跟踪控制[J]. 机械工程学报,2020,56(14):138-145.

[9] 刘凯,陈慧岩,龚建伟,等. 高速无人驾驶车辆的操控稳定性研究[J]. 汽车工程,2019,41(05):514-521.

[10] 武鹏飞,刘玉身,谭毅,等. GIS与BIM融合的研究进展与发展趋势[J]. 测绘与空间地理信息,2019,42(1):1-6.

[11] Gao G, Liu Y, Lin P, et al. Bimtag: Concept-based Automatic Semantic Annotation of

Online BIM Product Resources[J]. Advanced Engineering Informatics,2017,31:48-61.
[12] 赵维,茅坪,沈凡宇. 下一代三维图形引擎发展趋势研究[J]. 系统仿真学报,2017,29(12):2935-2944.
[13] 刘北胜. 基于云渲染的三维 BIM 模型可视化技术研究[J]. 北京交通大学学报,2017,41(6):107-113.
[14] 徐志刚,李金龙,赵祥模,等. 智能公路发展现状与关键技术[J]. 中国公路学报,2019,32(8):1-24.
[15] 赵晓华,陈雨菲,李海舰,等. 面向人因的车路协同系统综合测试及影响评估[J]. 中国公路学报,2019,32(6):248-261.
[16] 王建伟,高超,董是,等. 道路基础设施数字化研究进展与展望[J]. 中国公路学报,2020,32(11):101-124.
[17] Zongzhi Li. Transportation Asset Management: Methodology and Application[M]. New York:CRC Press,2018.
[18] Gunarathna P, Hassan R. Sustainability Assessment Tool for Road Transport Asset Management Practice[J]. Road & Transport Research: A Journal of Australian and New Zealand Research and Practice,2016,25(4):15.

撰稿人:王建伟(长安大学)　袁长伟(长安大学)

智慧高速公路系统交通控制优化

Traffic control and optimization for freeway systems

1　科学问题概述

智慧高速公路是交通强国建设的重要内容,是传统交通基础设施与5G、物联网、数据中心等新基建重大设施融合发展的代表。智慧高速公路研究不仅关注高速公路交通管控的智能化提升,还为车路协同和自动驾驶发展奠定基础。

高速公路交通控制旨在通过调控高速公路交通流运行,优化出行效率,降低能耗,减少排放,提升安全水平。根据控制对象和控制手段,高速公路交通控制可分为“常规主动”控制和“车路协同”控制两种。高速公路交通“常规主动”控制不区分个体车辆,面向交通流整体,通过路端交通控制设施(如信号灯、可变情报板等)调控交通流运行,主要控制方式包括入口匝道控制、主线调速控制、动态路径诱导,在西方发达国家已有实地应用。高速公路交通“车路协同”控制为近年网联自动驾驶研究浪潮所催生,利用分布在车端和路端的感知与计算智能，依托智能网联汽车通过车路协同，实现比常规高速公路交通控制性能更好的交通流控制优化，目前尚处于实验室阶段。

高速公路交通控制研究遵循“建模-监视-控制”三级框架。从下到上，交通流建模、交通状态监视、先进交通控制构成一个有机整体。首先，交通流模型是复杂交通流动态的数学抽象，宏观交通流建模从流体力学、解析模型与机器学习联合驱动等不同角度研发适于不同高速公路拓扑条件和交通环境的通用可信交通流模型。交通状态监视依托交通流模型，基于有限交通感知数据实时重构路网交通状态的全息图像并预测该图像的未来演化，为先进交通控制构建不可或缺的信息平台。入口匝道控制、主线调速控制、动态路径诱导是常规高速公路交通控制的三种主要方式。

每个入口匝道的主线汇流区都是潜在的交通瓶颈。入口匝道控制通过入匝信号灯恰当调节匝道入流，防止汇聚拥堵，避免瓶颈通行能力陡降(capacity drop)，进而改善高速公路主线交通状况。主线调速控制利用可变情报板实时调整高速公路主线的可变限速设定，平滑交通流速度和密度，优化主线交通流状态。入口匝道控制是一种“点控”，直接作用于每个入匝汇聚“点”，而主线调速控制是“线控”，作用于高速公路全程。研究表明主线调速控制可以实现与匝道控制类似的功效，但避免形成匝道排队。主线调速控制是一种潜力很大且亟待深入研究的高速公路先进交通控制方式，如果使用得当，有望实现交通效率、行车安全和尾气排放的协同优化。当出行者在大规模高速公路网络中面临多个可行路径选择时，动态路径诱导通过可变情报板为出行者实时建议最优路径，并借此平衡路网相关路径上的交通流，实现路网容量和通行能力的高效利用。

高速公路交通系统是典型的非线性、强随机、高扰动、分布参数复杂大系统。由于现场检测设备数量往往有限，检测数据存在误差，交通控制手段单一，控制点位稀疏，高速公路交通系统天然具有弱可观和弱可控等特点，这对于实时精准的高速公路交通控制构成重大挑战。不考虑网联自动驾驶和车路协同因素，高速公路交通主动控制涉及以下科学问题：

(1)建模：复杂交通流动态演化的高精度数字孪生复现；

(2)监视：交通大系统本征状态的全时空无缝感知与预测；

(3)控制：流体守恒律分布参数系统的边界和内部控制。

网联自动驾驶将给道路交通带来颠覆性变革。网联自动驾驶技术的不断进步和广泛应用对高速公路交通控制而言是重大机遇和挑战。一方面，机遇体现在全新的信息平台、崭新的控制手段和前所未有的控制模式。①目前实时交通检测信息主要采自“固定”交通检测器(如线圈、雷达、摄像头等)。由于安装和维护成本高，此类检测器无法在路网中大量铺装，极大限制了交通控制策略的灵活实施。在智能网联环境下，网联车辆将扮演“移动”检测器的角色。随网联车辆占比不断提升，整个交通系统将逐渐趋于完全可测。因此,车联网的落地实现将为交通控制构建一个全新的信息平台。②常规高速公路交通控制以交通信号灯和可变情报板作为控制命令的执行器。在智能网联环境下,控制中心或路边控制器可以将控制信号(如当前路段限速值)直接发送到网联车辆,甚至可以根据需要直接管控某些智能网联车辆的运行。届时,除传统信号灯外,智能网联车辆也能充当交通控制指令的执行器(即智能网联车不仅是受控对象,也将是控制手段,还是检测设备)。如此,许多既往不可想象交通控制任务将变得可行(如入口匝道的自动汇流、瓶颈路段智能网联车辆集群换道规划与控制)。因此,可以通过更加柔性多变的方式去优化交通效率,提升交通安全,实现节能减排。除常规高速公路交通控制方式外,借助智能网联车实现的"车路协同"高速公路交通控制方式包括:换道控制(面向多车道交通流均衡分配和瓶颈路段交通流控制)、车头时距控制(面向瓶颈控制)、柔性内边界控制(广义动态潮汐控制)等。

另一方面,将智能网联汽车引入高速公路交通控制也意味着极大挑战。①网联自动驾驶技术从进入市场到最终无缝覆盖整个道路交通系统将会是一个长期的过程,所涉及的具体技术演化路径目前还难以准确预料。预计自动驾驶车辆和人工驾驶车辆混行将是届时高速公路交通流的一个主要特征。随智能网联车占比的增加,两类车辆在跟驰和换道行为上的差异、他们彼此之间的复杂交互以及网联车辆之间的信息交互将使宏观交通流整体属性发生显著变化,给交通流建模带来挑战。另外,随智能网联车占比的不断上升,混行交通流特性很可能会持续发生变化,建模工作也必须"因时而动"。②在上述混行环境下,基于车路协同的交通控制必须应对:异质化控制对象(混行交通流)的混杂交互、交通流层级的宏观控制和智能网联车层面的微观控制的复杂耦合、控制策略的多时间尺度与变结构特征等。这些都将给控制策略的设计和实施带来极大挑战。因此,较之常规高速公路交通控制的三个前述科学问题,混行条件下基于车路协同的高速公路交通控制将提出更加棘手的科学问题。

2　科学问题背景

道路交通拥堵是人类文明的产物。尽管人类社会为消除交通拥堵倾注了大量努力,依然未能彻底扭转交通拥堵越演越烈的总体趋势。与此紧密关联,交通安全和污染排放问题也日益引起全社会的广泛关注,特别是后者在国家大力推进"双碳"目标的当下显得格外突出。学界和业界普遍认为,整合交通工程、信息科学、自动控制、人工智能、大数据的智能交通方法和技术为应对上述问题提供了重要手段。迄今为止,道路交通智能化管控的相关努力主要投射在城市交通系统。

过去20年里,我国高速公路发展迅猛,高速公路交通拥堵也越发严重。国家和相关部委近年发布了一系列有关智能交通的政策/文件,如"交通强国""数字交通发展规划纲要”“新基建”，明确强调智能交通基础设施是“新基建”的重要组成部分，要大力发展智能交通，率先推进智慧高速公路建设，而高速公路的智能化管控便是其中的重要一环。

关乎重大科技创新和社会经济发展，网联自动驾驶是当今社会最具创新性的发展主题之一，将给道路交通带来颠覆性变革。网联自动驾驶技术的商用落地和延伸应用预计将是一个长期的过程，所涉及的技术演化路径尚不明晰，但不出意外，网联自动驾驶将最先在高速公路交通系统而非城市交通系统落地应用。因此，结合网联自动驾驶，研发基于车路协同的交通控制理论、方法和技术，高速公路交通系统将“一马当先”，责无旁贷。我国高速公路里程已居世界第一，西方发达国家在发展网联自动驾驶时偏重单车智能，而我国则强调车路协同，将智能均衡分配在路端和车端。有鉴于此，我国学者应该主动探求有中国特色的智慧高速公路先进管控理论、方法和技术。

3　科学问题研究进展

3.1　交通流建模

交通流建模是复杂交通流行为的数学抽象，是智慧高速公路先进交通监视和管控系统不可或缺的基础性构件。宏观交通流模型不考虑个体车辆行为的特异性，关注交通流集计特征，将交通流看作一种无黏性可压缩流体，借助流体力学方法分析交通流动态。宏观模型包括一阶模型和高阶模型。莱特希尔-维特汉姆-理查兹(LWR)模型是最经典的一阶交通流模型。LWR 模型的时空离散化连同三角形或梯形基本图构成著名的元胞传输模型 CTM。LWR 或 CTM 模型结构简单且易于使用，能够刻画自由流和稠密流交通状况，描述交通拥堵演化和激波传播，但难以复现某些复杂交通流现象，如通行能力陡降(capacity drop)，迟滞效应(hysteresis effect)，交通流不稳定性，走-停波(stop-and-go waves)等。为提升建模能力，有研究者提出高阶交通流模型，包括佩恩-维特汉姆(PW)模型以及 Aw-Rascle-Zhang(ARZ)模型。Papageorgiou 基于 PW 模型研发了二阶时空离散化网络交通流模型 METANET。基于固定检测数据，上述模型已成功应用于大规模高速公路网络交通建模仿真、交通状态监视、匝道控制、主线调速控制、动态路径诱导。车路协同环境下的交通流建模研究近年刚刚起步，目前相关研究存在的难点包括：

(1)新型智能网联交通流模型构建。微观模型从跟驰和换道等角度描述个体车辆运动状态变化，宏观模型从流体抽象角度刻画交通流集计动态属性，两者相互统一，内在关联。网联自动驾驶技术(如自适应巡航控制)将逐步改变车辆的微观运动属性，最终会导致宏观流体属性的改变。目前尚难以准确构建上述微观局域变化和宏观整体变化之间的解析关联，并以之刻画网联自动驾驶对交通流集计特性的影响。

(2)车道级精细化交通流模型构建。人工驾驶条件下常规交通控制手段(如主线调速控制）主要针对车辆及交通流的纵向运动，无法调控其横向运动（如单车和车群的换道）。因此，常规交通流建模和状态监视研究主要着眼于多车道平均交通流动态，不关注车道级交通流动态。智能网联使车道级交通流管控（如换道控制）成为可能，因此亟须研发能同时反映纵向交通流性态演化和横向车道间交通流交互的车道级交通流模型。

3.2　交通状态估计

先进交通管控离不开交通检测数据。交通检测设备往往不足以覆盖整个交通网络，因此必须通过交通状态估计来弥补检测信息的不足，即依据有限、局部、富含噪声的交通检测信息按需要的时空精度实时估计高速公路全程交通流状态，其难点在于需要估计的交通状态变量个数通常远大于能够直接检测的交通状态变量个数。依据固定检测数据的高速公路交通状态估计已有很多研究，其中最有代表性的工作由王亦兵完成。近年移动互联和智能网联技术的快速发展为实施交通状态估计提供日益向好的数据条件。在可预见的未来，网联车占比仍将维持较低水平，因此固定和移动检测数据混合使用将成为常态。基于混合检测数据的高速公路交通状态估计大多依据宏观交通流模型。沿一阶模型主线，大部分工作依托 CTM 模型；采用卡尔曼滤波、扩展卡尔曼滤波（EKF）、集群卡尔曼滤波（EnKF）、粒子滤波（PF）。沿高阶模型路线，有学者采用 PW 模型和 EKF 方法，或依托 ARZ 模型，使用 EKF、EnKF、PF 方法设计交通状态估计器。目前相关研究存在的难点包括：

（1）网联车占比的精确估计。在可预见的未来，网联车占比将保持较低水平，整个交通流分成由网联车构成的可观测部分和由非网联车构成不可观测部分，而网联车占比是勾连这两部分的关键参数。因此，研究时变网联车占比动态很有必要。

（2）移动网联对交通流模型的补偿效应及对交通状态估计的影响。单纯基于固定检测数据的交通状态估计高度依赖交通流模型精度。一个未解但非常重要的问题是：在固定和移动异构检测数据融合条件下，随网联车占比提升，交通状态估计性能对交通流模型的依赖性是否会减弱？换言之，当网联车数据实现密集覆盖时，是否不需要交通流模型就可以简单实现交通状态估计？

3.3　交通控制

入口匝道控制恰当调节入匝流量，防止汇聚拥堵，避免瓶颈通行能力陡降，进而改善高速公路主线交通状况。和城市交通信号控制类似，匝道控制也有固定配时和自适应之分。自适应模式又有局域、协同和递阶等多种实现方式。局域控制针对单个入口匝道，所涉及的反馈控制策略包括 ALINEA 及其拓展策略。协同控制面向多个入口匝道，相关控制策略包括线性二次型 LQ 反馈控制、最优控制、启发式协同控制，以及非线性反馈控制。

过去几十年里,匝道控制在西方发达国家获得很多成功应用,但国内的应用还很有限。ALINEA 是全球应用最广的反馈匝道控制器,已成功应用于几百个高速公路场点。以 PI-ALINEA 为核心算法的协同高速公路匝道控制系统 HERO 于 2009 年在墨尔本交通控制中心投入运行,调控 Monash 高速公路沿线 72 个入口匝道流量,产生了惊人的社会经济效益,投资回报周期仅 11d。目前相关研究存在的难点包括：

(1)城市快速路入口匝道与城市信号交叉口协同控制。在城市快速路上由于入口匝道普遍较短,匝道控制产生的匝道排队往往会给邻近城市信号交叉口带来影响,因此需要考虑匝道信号和相关交叉口信号的协同控制。

(2)收费环境下的高速公路匝道控制策略研发。和西方发达国家相比,我国城际高速公路发展较晚,目前普遍按收费模式运行,同时实施收费和匝道调控会给车辆运行带来双重约束。如何针对收费高速公路开发简便适宜的匝道控制策略是一个难点问题。

入匝协同汇流控制指在车路协同控制环境下,借助车-车和车-路通信以及自动驾驶技术,控制主路与匝道车辆的运动状态,使入匝车辆以最小的速度波动安全高效地汇入高速公路主线,同时尽量避免干扰主线车辆运行。入口匝道自动汇流是一个复杂任务,既有研究往往引入一些简化设定:①主线和入匝车辆均为网联自动驾驶车辆;②将入匝加速道看作一个点(而非一条线,因此汇流总是发生在该点)。从②的角度,入匝自动汇流问题可分解成两个子问题:a. 确定主线和入匝车辆相继抵达合流点的顺序,然后令主线和匝道车辆按这个顺序,以“先到先得”的原则完成合流;b. 针对上述顺序,优化主线和入匝车辆轨迹,实现平稳汇流。针对 a 和 b,既有工作大体可分为三类:(i)预先确定合流顺序,专注轨迹优化;(ii)同时优化合流顺序与车辆轨迹;(iii)基于规则确定合流顺序,然后实施轨迹优化。优化计算使用的性能指标主要有:合流区总行程时间、总油耗和乘客舒适度。目前相关研究的难点问题有：

(1)智能网联和人工驾驶车辆混行协同汇流。大多数既有工作面向全网联自动驾驶环境,混行条件带来极大挑战。

(2)主线多车道混行汇流问题。这不仅涉及入匝车辆向主线的汇流,还涉及由此引发的主线外道车辆向内道的汇流,而既有工作多假设主线单车道。

主线调速控制实时调节高速公路主线的主线调速设定值,平滑交通流速度,优化主线全程的交通流状态。不同于传统的面向安全的主线调速调节,主线调速控制旨在调节高速公路主线交通流速度,进而改善交通流运行效率,绝大多数相关研究工作是近 10 年完成的。Carlson 等首先提出一种基于复杂系统最优控制的主线调速控制方法。最新研究表明:①恰当使用主线调速控制可以显著提升高速公路通行效率;②针对入匝汇流瓶颈路段,主线调速控制和匝道控制的功效几乎等价,但主线调速控制可以避免匝道排队。由于国内高速公路设有收费站，且入口匝道设计容量往往有限，结论②尤为重要。主线调速控制是一种应用潜力很大且亟待开发的高速公路交通控制方式，如果使用得当，有望通过主线调速控制统一实施速度调节（保障行车安全与控制尾气排放）和流量调节（控制交通拥堵）。近年有人开始尝试在车路协同环境下使用强化学习方法处理主线调速控制问题，相关研究主要以单智能体控制策略为主。目前相关研究的难点问题有：

（1）主线调速控制作用机理。过去10年里主线调速控制研究积累了不少成果，但其生效机理依然晦暗不清。为充分发挥主线调速控制的潜力，必须结合交通流理论、数字孪生交通流建模研究其本质作用机理。

（2）结合网联自动驾驶的主线调速控制。在全人工驾驶模式下，需要依托高速公路门架实现主线调速控制，在网联或网联自动驾驶环境下，可以依托网联车辆实现主线调速控制，但具体的控制模式与策略设计需要深入探讨。

换道控制通过调控部分网联自动驾驶车辆有序换道来平衡车道交通流，避免触发瓶颈拥堵。在瓶颈路段，驾驶人基于错误或不准确的环境感知往往会作出次优换道决策，这样的群体集计效应往往过早引发瓶颈拥堵（即使瓶颈交通需求没有超过瓶颈通行能力）。另外，在非汇流型瓶颈路段（如桥梁、隧道、上坡路），拥堵也可能出现在一条车道，而其他车道尚有剩余通行能力。此时，可借助换道控制在车道间动态分配交通流，充分利用道路通行能力。在人工驾驶条件下，常规交通控制手段（典型如主线调速控制）主要针对车辆及交通流的纵向运动，无法跟踪和调控车辆及交通流的横向运动（如单车换道、车群换道）。基于智能网联的车路协同交通控制给实现换道控制带来崭新契机。目前相关研究的难点问题有：

（1）混行条件下智能网联车群换道控制。

（2）事故条件下主线调速控制和换道控制的耦合实现。

柔性内边界控制：在人工驾驶模式下，不同方向的交通流（如南北向和北南向）通常由隔离带隔开，彼此不发生任何关联。然而，各向交通需求并不总是和相应的通行能力匹配，由此催生了潮汐控制（如早高峰由南向北设置4车道，由北向南设置2车道；晚高峰反转）。潮汐控制基本是静态的，其设置无法动态调整。然而，在全智能网联环境下，现行的车道设置或可取消，不同方向交通流之间的"硬"隔离可以转化为"软"隔离，进而可实现高时空精度的动态潮汐控制。相关研究刚刚启动，存在一系列难点问题，其中之一是柔性内边界调控的时空尺度设定。

主要参考文献

[1] Diakaki C, Papageorgiou M, Papamichail I, et al. Overview and Analysis of Vehicle Automation and Communication Systems from a Motorway Traffic Management Perspective. Transportation

Research Part A Policy and Practice,75,147-165,2015.

[2] Treiber M,Kesting A. Traffic Flow Dynamics:Data,Models and Simulation[J],SpringerVerlag Berlin Heidelberg,2013.

[3] Roncoli C,Papageorgiou M,Papamichail I. Traffic Flow Optimisation in Presence of Vehicle Automation and Communication Systems-Part I:A First-order Multi-lane Model for Motorway Traffic[J]. Transportation Research Part C,2015,57:241-259.

[4] Wang Y,Zhao M,Yu X,et al. Real-time Joint Traffic State and Model Parameter Estimation on Freeways Using Heterogenous Sensing Data: A State-of-the-art Overview and Case Studies[J]. Transportation Research Part C,2021.

[5] Papageorgiou M,C Diakaki,V Dinopoulou,et al. Review of Road Traffic Control Strategies [J]. Proceedings of the IEEE,2003,91(12):2043-2067.

[6] Papageorgiou M,Hadj-Salem H,Blosseville J M. ALINEA:A Local Feedback Control Law for On-ramp Metering[J]. Transportation Research Record,1991,1320,58-64.

[7] Rios-Torres J,Malikopoulos A. A Survey on the Coordination of Connected and Automated Vehicles at Intersections and Merging at Highway On-ramps[J]. IEEE Transactions on Intelligent Transportation Systems,2017,18(5):1066-1077.

[8] Carlson R C, Papamichail I, Papageorgiou M, et al. Optimal Mainstream Traffic Flow Control of Large-scale Motorway Methods[J]. Transportation Research Part C,2010,18: 193-212.

[9] Wang Y,Yu X,Zhang S,et al. Freeway Traffic Control in Presence of Capacity Drop[J]. IEEE Transactions on Intelligent Transportation Systems,2021,22:1497-1516.

[10] Roncoli C, Papageorgiou M, Papamichail I. Traffic Flow Optimisation in Presence of Vehicle Automation and Communication Systems-Part Ⅱ:Optimal Control for Multi-lane Motorways[J]. Transportation Research Part C,2015,57:260-275.

[11] Roncoli C, Bekiaris-Liberis N, Papageorgiou M. Lane-changing Feedback Control for Efficient Lane Assignment at Motorway Bottlenecks[J]. Transportation Research Record: Journal of the Transportation Research Board,2017,2625:20-31.

[12] Papageorgiou M,Mountakis K-S,Karafyllis I,et al. Lane-free Artificial-fluid Concept for Vehicular Traffic[J]. Proceedings of IEEE,2021,109:114-21.

撰稿人:王亦兵(浙江大学)　章立辉(浙江大学)　郭静秋(同济大学)
李宏海(交通运输部公路科学研究院)

新型道路交通系统变颗粒度管控架构

Multi-granularity control architecture of next generation road transportation system

1　科学问题概述

蓬勃发展的计算机、传感器、自动控制与无线通信技术为道路交通系统带来了车路协同、车联网与智能网联车等众多创新性技术,极大地改变了交通参与者、运载工具、交通基础设施的信息获取与交互模式,从而为道路交通管控系统从单点到网络、从个体到群体、从独立到协同的控制效能转变奠定了技术基础。多维多时空感知、决策、控制信息的交互与协作,将为道路交通系统带来全新横跨"网络-节点/路段-行为控制"的变颗粒度管控手段全面革新。

新型道路交通系统变颗粒度管控架构将提供"宏-中-微"跨纬度的管控支持,提升道路交通的运行效能,促进国民经济的发展。因此,近年来在各类新型交通管控技术领域,也吸引了学术与工业界大量的研究和实践。但是,其距离实际的大规模应用与落地依然存在较远的差距,除去管控支撑所必需的交通基础设施建设以外,主要有四个方面的技术难点:

(1)供需方面道路交通网络中的时空需求动态变化与静态交通网络的矛盾。在供给层面,现有的道路交通系统均为静态网络系统,即建成完工后其道路通行能力不可进行变更。虽然可通过引入智能网联车,借助新型运载工具较强的自动控制能力减小平均车距,但其基础设施物理属性依然是静态且不可变的。与之对应的需求层面,由于出行者的出行需求存在较大的不确定性,交通事件也存在着极强的随机性,上述特性与交通网络性质叠加之后,将导致较为复杂且动态变化的时空出行需求。静态供给与动态需求的矛盾,是道路交通系统长久以来一直面对的矛盾,也是新型交通管控架构需要解决的重点技术难题。

(2)管控方法层面道路交通系统中动态交通流不确定性与"节点-路段"管控手段相对固定的矛盾。现有的交通管控手段主要依赖信号灯和路段中预设的限速标准完成,虽然迭代速度较快的信号灯控制系统已可以完成部分基于程控的信号相位条件,但考虑现有系统的鲁棒控制能力,依然较为依赖"条件-相位"式的预设控制逻辑。而实际控制过程中,交通网络中需求的时空动态变化往往导致控制系统输入存在较强的不确定性。因此,保证管控层面的鲁棒性与动态自适应能力,是新型道路交通管控系统所必须应对的课题。

(3)决策层面管控系统中服从系统管控假设与现实驾驶人自由选择之间的矛盾：现有研究中为了保证模型的可分析性与可解性，往往假设驾驶人会完全服从管控系统提示，或以某种特定的服从度分布遵从系统指示。而真实生活中，驾驶人的路径决策因素往往较为复杂，涉及对交通环境的熟悉程度、对管控系统提示的信任程度、本次出行的特定出行目的与紧迫性等多个方面。上述决策层面假设的差异，将影响管控架构的实际控制效能。

(4)控制层面强耦合管控手段预期和弱耦合驾驶人-基础设施关系的矛盾：在交通管控指令的执行层面，现有的技术期待驾驶人能够进行类似强耦合系统的精确控制，从而实现预想的控制效果。但实际上由于现有基础设施与驾驶人的弱耦合关系，交通管控指令必须经过驾驶人的处理后，由驾驶人执行。该弱耦合关系导致即使驾驶人存在较强的管控服从度，也会由于其对复杂环境反应和操作的不确定性，带来与预期有一定偏差的管控效果，从而降低或是破坏管控效果。因此，是否能打破现有的弱耦合关系，是构建新型道路交通管控架构的重要突破点。

除了上述关键技术问题以外，新型道路交通系统变颗粒度管控架构的构建还涉及大规模变颗粒度管控建模复杂、模型求解效率低、个体利益与群体效益难以平衡等多类不同问题。解决上述问题，需要充分发挥多学科交叉与新兴技术融合的优势，设计出系列跨越不同的管控颗粒维度、具备较好管控能力、较强的可行性、较强协同能力和良好的鲁棒性的管控方法，构成变颗粒度协同管控体系架构。

2 科学问题背景

截至 2021 年 10 月，我国的机动车保有量已经达到 3.9 亿辆，相较 2020 年 6 月增加 3000 万辆。快速增加的机动车保有量给道路交通系统带来了巨大的挑战，为基础设施的运行带来了极大的压力，导致日益严重的交通拥堵、交通安全、环境保护问题。

从根本上来说，道路交通问题实际上是供需匹配问题，即道路交通提供的资源与通行能力能否满足出行者出行与货物运输需求。因此，解决道路交通问题的最重要手段之一，是通过新建或拓宽道路较为直接的增加道路交通系统的通行能力。但是，新建改建基础设施不仅需要巨大的资金投入，也需要占据一定的土地资源。对于现有城际道路交通系统而言，建设成本较高；而对于城市道路交通系统，则存在核心区土地资源匮乏等问题。

交通管控是解决道路交通多拥堵且运行效率低下的又一重要抓手。道路交通管控的实质是对机动车的路径选择、交通网络的节点运行模式及机动车辆的行驶行为进行引导与控制，改变道路交通的宏观、中观、微观的变颗粒度运行状态，使道路交通系统中的出行路径与交通流状态尽可能地向期望状态变化。交通管控是针对道路交通中常见的需求不均衡、关键节点和关键区域冲突明显的现象出现的。早期的交通管控为节点控制，即通过固定配时或预制可变配时交通信号灯，对交叉口等重要的交通冲突点进行疏导，将冲突无序的连续交通流梳理为流向有序的间断交通流，从而提升交通效率。但是，由于交通环境的动态特性，固定或预制的配时无法对实时交通变化进行响应，在某些交通需求变化剧烈的场景甚至会成为拥堵的诱因。随着技术的发展，在宏观层面上出现了以电子地图和导航为代表的路径诱导和规划，提升了出行者的出行效率。早期的电子地图和导航主要为静态地图，即根据路径上的最短路或最短出行时间选择提示路径，后续基于动态轨迹采集和大数据技术，电子地图和导航逐渐融入动态与历史数据，实现了路径诱导能力的进一步升级。但由于路侧感知设备有限、交通态势分析能力不足等问题，现有的宏观路径诱导技术也往往因快速变化的交通环境而失效。

针对上述问题，以计算机、控制、通信等技术为支撑的车路协同与智能网联车技术，为道路交通管控系统带来了新的革命机遇。通过先进的感知与控制手段，能够极大地改善不同颗粒度数据可感知能力、感知精度与感知实时性，提升管控手段的可控性、有效性和合理性，从而带来管控颗粒度、维度和效能的全面变革。

3　科学问题研究进展

面向新型道路交通系统的变颗粒度管控架构主要由宏观、中观与微观三层管控架构构成，分别对应道路交通网络、路段与节点，及关键路段节点内的行为。其中，粗颗粒度是细颗粒度的管控原则指导，细颗粒度是粗颗粒度管控措施对执行效能评估的统计学依据与效果反馈，不同颗粒度的管控策略之间将进行高效的运行状态与控制策略交互，保证全系统的有效协作与运行。

3.1　宏观粗颗粒度动态交通网络设置与交通流分配

宏观动态交通网络设置与均衡分配是面向道路交通网络和网络交通流的两大重要粗颗粒度管控手段，在研究途径上也有部分相似之处。其中交通网动态调节面向可变结构交通网络，在路网通行能力有限的条件下，通过设置动态可变交通设施，改变道路针对不同流向、不同车型、不同特性的交通流的通行能力，从而达到交通网络动态适配交通需求的目的。在该方向现有的研究涵盖可变向车道、可变公交专用道、动态高乘载率车辆(High Occupancy Vehicle，HOV)专用道、动态客货分离车道以及新型的动态自动驾驶专用道等。相较于利用网络拓扑动态变化适应交通流变化的动态交通网络设置，动态交通流分配则是利用出行时间和出行路径的选择性，在考虑行程中路段、节点和拥堵点的时空变化特性基础上，通过合理调配出行需求执行的时空路径，均衡道路交通网络负载，提升网络运行效率。

动态交通网络配置和交通流分配技术属于粗颗粒交通管控的一体两面，即优化供给适应需求,或是优化需求适应供给。上述研究涉及交通网络建模领域,在实际设计运行过程中多将所涉及的动态管控问题转变为实时交通优化问题,并对这个具有一定规模的数学规划问题进行求解。

上述技术路线能够管控的道路交通系统规模大,效率提升显著,但存在以下两个较为严重的技术瓶颈。①管控方法的实时可求解性问题:该类方法求解所需的计算资源量巨大,并且多数为 NP 难问题,导致计算用时较高,在实际应用过程中控制效能的时效性和鲁棒性仍有待进一步提升。②管控方法的可实施性问题:由于一定规模的可调节路网需要进行基础设施改造,动态交通流分配也依赖于用户的使用渗透率,其实现过程需要经过一定的建设周期与用户习惯转化过程。

3.2 中观中颗粒度节点-路段运行状态实时管控

中观节点-路段运行状态实时管控主要是通过对节点信号配时、路段限速等进行动态调节,从而实现路段与节点的通行交通流管控。对关键节点的控制方法主要涉及城市内的自适应信号灯控制(Adaptive Traffic Signal Control,ATSC)和面向高速公路环境的匝道控制(Ramp Metering,RM),对于关键路段的控制方法则主要是面向高速公路与城市快速路的可变限速控制(Variable Speed Control,VSL)。以上两类节点控制方法主要利用上下游交通流检测器评估输入状态,在考虑节点延时、合流冲突与效率等因素的基础上,以最优化目标函数来确定信号相位和定时序列,从而实现节点管控信号随交通流动态变化的自适应最优管控。与节点控制相似,VSL 系统同样通过上下游交通流检测器检测交通流运行态势,当下游合流区等瓶颈区域接近或超出容量运行时,系统将自动调节上游限速,降低通过流量,保证瓶颈区以接近容量的效率运行,防止容量下降,从而抑制瓶颈处交通波的产生和传播。

对于节点-路段运行状态的实时管控,属于主动通行效率优化与保障的范畴。通过对现有运行状态进行具有反馈效果的关键参数控制,保证交通基础设施的高效运行。上述技术,在实际应用过程中,除了交通流演化建模,还涉及反馈控制、模糊控制、鲁棒控制、优化控制等多种类的自动控制技术。

上述中观技术路线对瓶颈区运行效能的管控效果好,管控响应时间较宏观管控措施快,需要的计算资源也较少,有利于在真实交通环境中投入使用,但依然存在以下两点不足:①控制范围有限:单一节点或路段运行状态控制系统仅能够控制单一节点或路段,并考虑该路段或节点的运行效率,因此容易导致拥堵外溢;②控制效能受微观行为影响:节点-路段运行状态控制的效能受驾驶人微观服从度与反应的影响,以 VSL 为例,如驾驶人不配合 VSL 指示的限速,则可能导致控制失效。

3.3　微观细颗粒度协同式交通流控制

新兴的车路协同技术为道路交通管控系统的控制精确化与精细化提供了全新的途径,其表现形式分别为车基细颗粒度交通流控制及柔性专用车道管控技术。车基细颗粒度交通流控制即通过控制混合交通流中的智能网联车的期望运行速度等参数,利用智能网联车的运行影响人驾车辆的运行状态,从而达到对交通流整体运行状态的动态控制。柔性专用道管控技术,则是通过车路通信、信标及路侧连续指示灯等方式,将路段管控单元进行细化,并借鉴轨道交通中的封闭区段模式,在专用车道准许通行车辆前方设置动态换出诱导区。当专用车道无准许运行车辆运行时,则允许一般车辆使用;当有准许车辆运行时,其前方的换出诱导区将引导一般车辆动态换出,在保证基础设施最大运行效率的同时,又最大限度地保障了准许运行车辆的路权。

细颗粒度协同式交通流控制吸收了车路协同系统在感知、计算、控制、发布功能上带来的全方位能力提升,可保证交通流控制的连续可调与精准执行,进一步保障道路基础设施运行效率的优化。但该技术同样受到车路协同系统建设和车路耦合控制能力的制约,需要一定时间方可实现。

4　总结与展望

综上,现有面向新型道路交通系统的管控架构主要由粗颗粒度动态交通网络设置与交通流分配、中颗粒度节点-路段运行状态实时管控与微观细颗粒度协同式交通流控制三个粒度不同的管控模式构成,其成熟程度与优劣势有不同。

(1)粗颗粒度管控针对系统规模大、效果显著,但实时性和可实施性仍有待进一步提升,在智能网联车大规模进入系统后,该方式的顶层引导效能预计将有突破性提升。

(2)中颗粒度管控系统较为成熟,技术应用瓶颈较低,仅需一定规模的布设和多单元协同管控开发即可产生相当规模的效果。但其面向智能网联车的管控能力不够直接,布设也不够灵活,预计将作为过渡技术,存在于新型道路交通系统变革的早期。

(3)细颗粒度管控系统控制效能好,最大限度地应用了新型车路协同技术带来的技术红利,应用也更为灵活。但该系统对车路协同体系的依赖程度较高,需要一定的智能网联车和基础设施渗透率,预期将在未来取代部分中颗粒度管控系统,和粗颗粒度管控构成全新的协同管控体系。

主要参考文献

[1] 李力,王飞跃. 地面交通控制的百年回顾和未来展望[J]. 自动化学报,2018,44(4):577-583.

[2] 钟章建,马万经,龙科军,等.信号交叉口车道功能动态划分优化模型[J].交通信息与安全,2008,26(001):15-18.

[3] 李克强,戴一凡,李升波,等.智能网联汽车（ICV）技术的发展现状及趋势[J].汽车安全与节能学报,2017,8(01):1-14.

[4] Papageorgiou M,Diakaki C,Dinopoulou V,et al. Review of Road Traffic Control Strategies [J]. Proceedings of the IEEE,2003,91(12):2043-2067.

[5] Zhao J,Liu Y,Yang X. Operation of Signalized Diamond Interchanges with Frontage Roads Using Dynamic Reversible Lane Control [J]. Transportation research part C: emerging technologies,2015,51:196-209.

[6] Mao L, Li W, Hu P, et al. Design of Real-time Dynamic Reversible Lane in Intelligent Cooperative Vehicle Infrastructure System[J]. Journal of Advanced Transportation,2020, 2(10):1-8.

[7] Grumert E,Ma X,Tapani A. Analysis of a Cooperative Variable Speed Limit System Using Microscopic Traffic Simulation[J]. Transportation research part C:emerging technologies, 2015,52:173-186.

[8] Tajdari F,Roncoli C,Papageorgiou M. Feedback-based Ramp Metering and Lane-changing Control with Connected and Automated Vehicles [J]. IEEE Transactions on Intelligent Transportation Systems,2020,99(10):1-13.

[9] Chen D, Ahn S. Capacity-drop at Extended Bottlenecks: Merge, Diverge, and Weave [J]. Transportation Research Part B:Methodological,2018,108:1-20.

[10] Han Y,Chen D,Ahn S. Variable Speed Limit Control at Fixed Freeway Bottlenecks Using Connected Vehicles [J]. Transportation Research Part B: Methodological, 2017, 98: 113-134.

撰稿人:龚思远(长安大学)　徐志刚(长安大学)　胡笳(同济大学)
吴霞(长安大学)

第5章
新型运载工具设计及运用工程

新型运载工具设计和运用工程重点关注临近空间飞艇、水陆两栖车、变体飞行器等新近开发并处于迅猛发展阶段的运载工具，研究解决此类运载工具的设计和实际应用问题。新型运载工具是交通与运载学科的新生力量，其扩充了运载方式，具备提升运载效率的潜能，因此，必将吸引更多的学者和行业研究人员深入研究。

新型运载工具设计和运用工程典型问题共10个：非成形临近空间飞艇安全发放与回收问题通过发展新的固热耦合分析方法，构建一种无网格的或计算域随飞艇升降轨迹自适应的外部流动分析模型，最终建立一个全面考虑囊体薄膜结构与内外部流体流固热耦合作用的临空飞艇非成形升降分析模型；水陆两栖车融合设计与控制问题研究多约束条件下的整车优化设计理论与系统匹配方法，考虑复杂工况下水陆两栖车的协同控制理论与最优控制策略建立，并进行包络行驶机构减阻理论及水上稳定性控制策略研究；复杂环境下临近空间飞艇智能决策控制研究建立地面的高置信度的数字孪生系统，同步飞行与测试数据，并利用仿真孪生系统实现智能控制方法的训练与验证；临近空间低速飞行器循环能源的弱平衡限制与时空不均衡问题开展弱能量平衡特性下的一体化综合设计和能量运用策略优化，进行综合环境和任务需求耦合影响的飞行策略优化，并对能量运用策略优化和飞行策略优化的综合运用；临近空间飞艇数字孪生建模问题主要通过基于多领域知识融合的行为机理建模路线（白盒模型）、基于数据驱动的机器学习建模路线（黑盒模型）和基于智能控制的灰盒建模路线展开研究；临近空间飞艇结构损伤在线监测与识别问题研究构建飞艇结构动态特性精细建模，基于结构动力学和基于光纤传感特性改变的损伤监测与识别技术，形成面向飞艇地面及飞行过程中的在线结构监测系统；临近空间太阳能无人机超长航时飞行研究内容包括总体设计方法的系统性研究、柔性蒙皮机翼流固耦合分析及机理探究、太阳能无人机横航向控制技术研究，并尝试突破低雷诺数螺旋桨效率提升的瓶颈，开展飞行轨迹优化研究；临近空间螺旋桨可压缩低雷诺数流动特性与高效宽工况推进设计方法问题出基于新原理、新思想和理论方法的解决策略和技术路线，揭示关键影响参数及其内在作用机制、性能边界影响规律，构建临近空间螺旋桨系统高增效与大跨高度/宽速域可控飞行的设计理论与方法；变体飞行器的动力学与控制基础从变形/承载一体化自适应变形结构入手，分析变体飞行器动力学不确定性机理，对变体飞行器时变系统的耦合动力学建模，考虑变体飞行器耦合动力学飞行非线性稳定性，运用智能化方法进行自主变形决策与协调控制；商船应急改造与安防设计问题探讨多目标协同下的商船应急安防功能需求评定机理，研究安防需求下的商船总体方案拓扑表征方法，深入发展复合需求下的商船优化设计理论与方法。

非成形临近空间飞艇安全发放与精准回收

Safe launch and accurate recovery of non-Shaped near space airship

1 科学问题概述

临近空间作为重要的战略空间，具备部署空中平台执行监视预警、通信中继、导航定位等任务的较理想环境。临近空间浮空器是一种以浮力为主要重力平衡形式的临空飞行平台，其主要特点是载荷能力大、留空时间长，包括临空飞艇与高空气球两类，其中临空飞艇是具有太阳能循环能源和持续动力的先进新型浮空飞行器，兼具长航时与定点驻留能力。随着临空飞艇在工程实践上不断取得新的进展，利用临空飞艇及其组成的网络来执行各类军民任务成为越来越具备现实性的临空平台应用场景。

临空飞艇的典型升降形式有非成形与成形两种，目前广泛采用并取得较好成绩的是非成形升降形式。非成形升降无须副气囊来辅助控制飞艇升降，具有囊体形式、加工制造及升降控制相对简单，结构质量利用效率高的优势，但由于目前难以量化分析升降过程中非成形囊体与内外气体复杂强烈的动态流固热耦合效应，临空飞艇面临着如何实现安全升空与精准降落回收的关键问题，主要表现在：①非成形升降中流固热耦合作用下飞艇的气动特性及热特性变化规律尚不清楚，从而难以设计精准控制飞艇安全升降、定点返场的控制系统；②飞艇在流固热耦合作用下囊体结构受力及其分布的变化规律也缺乏研究，从而难以预判升降阶段是否存在引起囊体等结构安全性的设计问题与外部条件。

目前对飞艇成形升空与驻空阶段有许多相对成熟的分析方法，在工程上也得到很多应用，但至今未形成一种考虑囊体与内外流体强烈动态流固热耦合导致三维形态复杂变化的临空飞艇非成形升降分析方法，总的来说有以下四大瓶颈：①非成形升降中内部气体热交换及膨胀/压缩过程与内外气体流动状态的复杂关联尚不清楚,非成形升降时内部气体与外部的热交换特性与囊体各部分内外流动处在层流、湍流或转捩的何种状态息息相关,也与囊体不同外形时接收的外部热辐射有关,同时内部气体膨胀/压缩驱动下的囊体外形变化对内外流动状态产生直接影响,因此清楚地掌握流固热耦合作用下囊体形态变化与其流动状态及辐射条件的相互影响对准确建立内部气体热交换与膨胀/压缩模型具有重要的意义,但目前的升降分析模型都无法考虑上述相互作用对内部气体热交换与膨胀/压缩的影响;②非成形升降需同时考虑囊体薄膜结构与内外流体的流固热耦合作用增加了建模的难度,飞艇内外介质的气体力学与热力学特性不同,在非成形升降阶段内部介质随外界压力变化而逐步膨胀/压缩且不断地流动,使囊体外形发生很大的变化,而外部空气与气囊的流固热耦合作用也使得囊体内部气体温度及囊体结构、姿态发生大幅变化,因此内外两种气体与囊体结构的流固热耦合作用都需要考虑,这对升降流固热耦合模型的建立带来了困难;③非成形升降中的柔性囊体变形过大使得现有基于体网格的流固耦合分析方法适用度不高,现有基于体网格的流固耦合分析方法在面对复杂流固交界面时都有其局限性,面对非成形升降中柔性囊体薄膜结构褶皱与片状结构较多的复杂情况,现有的流固耦合(FSI)动网格方法适用度不高;④升降范围跨度大的特点与基于体网格的FSI分析方法建立局部有限计算域的要求难以相容,目前的流固热耦合分析方法都仅对临空飞艇驻空时在确定位置的变形等进行分析,不涉及飞艇在空间大范围的运动,面对升降阶段飞艇在高度与水平方向都有大跨度运动的情况,要建立覆盖整个升降过程的大跨度计算域对目前基于体网格的FSI分析方法而言非常困难,其计算量难以估量。

因此,为实现临空飞艇非成形升降中安全升空与精准回收的问题,需发展新的流固热耦合分析方法,提升内外部流动分析对柔性大变形流固交界面的适用性,构建一种无网格的或计算域随飞艇升降轨迹自适应的外部流动分析模型以大幅降低计算规模,最终建立一个全面考虑囊体薄膜结构与内外部流体流固热耦合作用的临空飞艇非成形升降分析模型。

2　科学问题背景

开发和利用临近空间是国家战略任务,临空飞艇是该空间利用的重要平台之一,是开发临近空间的重要载体、大国重器,是支持新时期改革强军的使命任务,是全球军事能力、战斗力新的增长点,将为军事技术带来新技术变革,对未来作战样式带来深远影响,同时临空飞艇具有重要的产业价值。

临空飞艇多采用非成形升降形式,对临空飞艇安全发放和精准回收的控制,有赖于对非成形升降中飞艇流固热耦合特性的分析,但目前还没有一种考虑囊体与内外部流体强烈动态流固热耦合导致三维形态复杂变化的非成形升降分析模型。这使得临空飞艇安全发放与精准回收面临以下两个方面的问题：

(1)难以彻底掌握非成形升降中流固热耦合作用下临空飞艇气动特性以及热特性的变化规律，进而难以设计精准控制飞艇安全升降、定点返场的控制系统。

(2)对临空飞艇在动态流固热耦合作用下囊体结构受力及其分布的变化规律缺乏清晰认识，从而难以预判升降阶段是否存在引起囊体等结构安全性的设计问题与外部条件。

因此，为实现临空飞艇非成形升降过程中对盈余浮力、速度、横向机动的精准控制，优化其非成形升降过程的安全性，研究飞艇非成形升降中的流固热耦合特性，并建立一种考虑囊体与内外气体强烈动态流固热耦合导致三维形态复杂变化的非成形升降分析模型，对实现非成形临空飞艇安全发放与精准回收具有重要的意义。

3　科学问题研究进展

临空飞艇非成形升降流固热耦合研究可采用仿真与试验研究两大类方法，其中仿真分析据流动分析的空间离散形式又分为体网格方法与无网格方法。综上，临空飞艇非成形升降流固热耦合的研究分为三种技术路线：基于体网格法的流固热耦合路线、基于无网格法的流固热耦合路线、探空升降试验路线。

3.1　技术路线1：基于体网格法的流固热耦合路线

基于体网格法的流固热耦合路线当前具备较多研究基础，并在工程中得到广泛应用，其代表性的方法为基于动网格方法如ALE方法的流固热耦合。该路线通过对飞艇内外部有限的流动区域及飞艇囊体薄膜结构进行三维空间离散，并在流体与薄膜结构间利用插值实现流固间力、变形与热的耦合。该路线需建立：①临空飞艇非成形薄膜结构有限元模型；②随结构运动变形而改变流固交界面的内外流场有限体积法模型；③流固间力、热、变形的交换接口。

基于体网格法的流固热耦合路线存在以下难点：①非成形升降中的囊体变形过大使得现有基于动网格的FSI方法适用度不高，非成形升降中柔性囊体薄膜结构褶皱与片状结构较多，现有动网格方法面临网格质量变差、难以有效识别流固耦合界面的困难；②升降范围跨度大的特点与基于体网格的FSI分析方法建立局部有限计算域的要求难以相容，要建立覆盖整个升降过程的大跨度计算域对基于体网格的FSI方法而言非常困难，其计算量难以估量。

总体上，技术路线1通过理论与工程上具备一定基础的流固热耦合方法，可在一定区域内研究飞艇非成形升降流固热耦合特性。然而，该技术路线在面对非成形升降飞艇薄膜结构多褶皱以及大跨度运动需要大跨度计算域时存在着实现耦合较困难与计算量过大的不足。

3.2　技术路线2:基于无网格法的流固热耦合路线

基于无网格法的流固热耦合路线,其代表性的为基于离散涡/涡环与薄膜有限元的流固热耦合,该路线有严谨的理论基础与相对简洁的流动分析模型。该路线对飞艇薄膜结构采用有限元方法进行三维空间离散,对内部介质流动则采用无网格法(如光滑粒子方法)进行空间离散,而对飞艇外部流动采用基于离散涡/涡环的无网格分析方法,并在内外流动与薄膜结构间采用插值方法实现力、变形与热的耦合。该路线包含:①临空飞艇非成形薄膜结构有限元模型;②模拟内部工作介质的光滑粒子方法模型;③模拟外部大气流动的离散涡/涡环模型;④流固间力、热、变形的交换接口。

总体上,技术路线2可相对简洁地实现临空飞艇非成形升降中复杂且大范围运动的流固热耦合交界面与内外流体间的力、热交换,且因不需要体网格而大幅降低了三维流动的计算量,具有流场区域自适应性,在临空飞艇非成形升降流固热耦合研究方面具有极大的潜力。该技术路线的工程应用尚不丰富,与热分析相结合的算法尚需进一步完善。

3.3　技术路线3:探空升降试验路线

探空升降试验路线是获取临空飞艇非成形升降真实热、力与变形特性的重要途径。对于非成形升降流固热耦合模型的建立与验证具有难以替代的作用。

探空升降试验路线存在以下难点:①数据获取成本较高;②难以获得流场中大范围的热与速度分布的数据;③难以获得临空飞艇整体的受力与变形特性。

总体上,探空升降试验路线在获得非成形升降真实的热、力特性方面具有不可或缺的作用,有助于建立更接近真实的临空飞艇非成形升降流固热耦合分析模型以及探索安全的升降操控方法,该路线主要不足在于成本较高以及难以获取全域的热、力特性数据。

4　总结与展望

综上所述,临空飞艇非成形升降流固热耦合研究主要有上述三种技术路线,这三种技术路线的优劣势、成熟度各异,因此未来研究趋势及发展潜力有所不同:

(1)基于体网格法的流固热耦合路线研究基础较多,但在面对非成形升降飞艇薄膜结构多褶皱以及大跨度运动需要大跨度计算域时存在实现耦合较困难与计算量过大的不足,因此该路线需要在耦合方法与计算域自适应方面作大幅提升才能适用于临空飞艇非成形升降的流固热耦合研究。

(2)基于无网格法的流固热耦合路线可相对简洁地实现临空飞艇非成形升降中复杂且大范围运动的流固热耦合交界面与内外流体间的力、热交换,且计算量较低,在临空飞艇非成形升降流固热耦合研究方面具有极大的潜力。其应用尚不丰富,未来研究趋势在于进一步完善与热、力的耦合分析算法。

(3)探空升降试验路线在获得非成形升降阶段真实的热、力特性方面具有不可或缺的作用,有助于建立更接近真实的临空飞艇非成形升降流固热耦合分析模型,该路线的未来发展趋势在于降低成本以及获取更广泛区域的热、力特性数据。

主要参考文献

[1] 赵达,刘东旭,孙康文,等.平流层飞艇研制现状、技术难点及发展趋势[J].航空学报,2016,37(001):45-56.

[2] Lee S,Bang H. Three-Dimensional Ascent Trajectory Optimizationfor Stratospheric Airship Platformsin the Jet Stream[J]. Journalof Guidance, Control, And Dynamics,2007,30(5):1341-1352.

[3] Guo X,Zhu M,Zheng Z,et al. Ascent Trajectory Optimization for Stratospheric Airship with Thermal Effects[J]. Advances in Space Research,2013,52(6):1097-1110.

[4] Colozza A. High-Altitude, Long-Endurance Airships for Coastal Surveillance[J]. NASA Technical Report,2005,213427.

[5] Shi H,Song B,Yao Q. Thermal Performance of Stratospheric AirshipsDuring Ascent and Descent[J]. Journal of Thermophysicsand Heat Transfer,2009,23(4):816-821.

[6] Sad A,Ikma B,Gasa B. Flow Simulation Around 3D Bodies by Using Lagrangian Vortex Loops Method with Boundary Condition Satisfaction with Respect to Tangential Velocity Components[J]. Aerospace Science and Technology,2019,94:105374.

[7] Vines M, et al. Vortical Inviscid Flows with Two-WaySolid-Fluid Coupling[J]. IEEE Transactionson Visualizationand Computer Graphics,2014,20:2.

[8] Selle A,Rasmussen N,Fedkiw R. A Vortex Particle Method for Smoke,Water and Explosions[J]. ACM Trans. Graph. 2005,24(3):910-914.

撰稿人:祝明(北京航空航天大学)

水陆两栖车融合设计与协同控制

Integrated design and coordinated control of amphibious vehicles

1 科学问题概述

水陆两栖车因其水上快速隐蔽、陆地机动灵活以及强滩涂通过能力等优点,具备显著的军民两用价值。在军事上,水陆两栖车主要遂行两栖作战物资装备接驳、输送、补给以及伤员转运等保障任务,民用上具备抢险救灾、岛礁人员与物资运输等应用价值。

水陆两栖车的使命任务和应用价值要求其尽可能具备抗风浪、大载重、高航速、陆地高效机动等性能特点。由于国外武器禁运和技术封锁,我国水陆两栖车仍处于探索阶段,欠缺先进的设计方法与控制理论,存在核心技术卡脖子问题。为适应我军水陆两栖作战环境,提升两栖装备能力,形成两栖装备体系优势,需重点研究以下关键科学问题。

1.1　多约束条件下的整车优化设计理论与系统匹配方法创新

水陆两栖车受海、陆、空转运条件限制,存在尺寸小、构型复杂、设备繁多、运行环境恶劣等不利影响,加上大载重、提升装货空间、装甲防护能力等性能要求,增加了两栖车整备质量,压缩了设备布局空间,导致水陆两栖车设备选型困难,系统匹配度差,现有车船设计理论与规范难以适用,水陆两栖车方案优化设计理论与系统匹配技术是亟待解决的科学问题。

水陆两栖车安全性和稳定性会受质心、重心、浮心以及结构强度、风浪流等多种因素影响,开展水陆两栖车水动力性能和组合优化理论研究是整车方案设计与系统匹配的关键。

水陆两栖车在水上、陆地和滩涂等不同工况中行驶运动阻力差异大,发动机功率需求不同;受尺寸、空间布局、整备质量等因素限制,单台发动机难以适应各种功率要求,混合动力模式可以较好地解决这一难题。混合动力系统驱动特性、喷水推进器水动力学特性与船舶运动学的匹配直接影响船舶的快速性、操作性和安全性。但是,机电复合驱动、功率耦合、高效匹配等技术需要进行针对性研究和核心技术攻关。

可见,水陆两栖车水动力性能、“船机桨”匹配方法与动力耦合求解,多约束条件下两栖车的动力系统优化匹配等科学问题仍待解决,这是实现水陆两栖车安全性、快速性、互操作性的关键科学问题之一。

1.2　复杂工况下水陆两栖车的协同控制理论与最优控制策略建立

水陆两栖车在水上静默、巡航、冲锋等工况中,动力形式频繁切换;陆地存在起步冲刺、急加/减速的瞬时大功率、大扭矩输出/入请求,以及陆地越野工况需求功率呈阶跃式变化特点。因此,开展非线性多目标条件下的水上载荷实时预报模型、混合动力系统耦合与优化控制模型以及实时高效动力输出和能量最优管理策略的控制算法研究,是实现混合动力系统长时域油耗优化、短时域安全行驶保障和动态响应特性的关键科学问题之一。

分布式驱动控制能较好适应陆地复杂行驶工况,其关键点是:多自由度整车动力学的驱动/制动控制理论创新，以及复杂工况下实现速度控制、直线行驶、容错控制、稳定性控制等实时自适应最优驱动控制策略。通过开展具有参数自适应功能的车辆运动动力学耦合的一体化控制策略研究，可以实现车体驱动、制动、转向助力以及稳定性多目标协调控制。

水陆两栖车在通过滩涂和软基路面过程中，阻力随机变化，轮胎和履带的速度、动力和驱动方式不同。因此，轮履速度协同和动力协调分配是提高车辆通过能力的关键，开展轮履协同控制理论研究是提升滩涂和软基路面通过能力的科学问题之一。

1.3　包络行驶机构减阻理论及水上稳定性控制策略研究

水陆两栖车航行阻力易受车体形状、轮履行驶机构、水线以下附件以及风浪流影响，车体功率需求非线性动态变化，制约了水陆两栖车快速性、安全性和稳定性等特性。以车船结合思路，如何开展低阻力流线型车身和高强度轻量化车体结构形式研究，是提高车体航行稳定性和可靠性的关键。

水陆两栖车辆尺度较小，风浪流对车体稳性影响大，为维持车体安全性和稳定性，需要复原力矩及时响应。因此，通过开展复杂海况下小尺度车体的水动力性能和稳定性控制理论研究，提出合理的初稳心高度、储备浮力等衡准机制，可以大大增加两栖车航行快速性和稳定性。

开展车体轻量化结构设计和材料选型，货物装载模型，风浪流环境下的航速自适应控制策略研究，以及对车体线型在满足包络行驶机构和车体的前提下进行水动力减阻技术研究，如压浪结构和尾翼等减阻和稳定性措施，也是提高水上航速和航行稳定性的关键科学问题之一。

2　科学问题背景

水陆两栖车可满足多元化作战需求，在战时可提高后勤保障能力。但是，水陆两栖车在复杂行驶工况、尺寸和构型等约束条件下，要兼具大载重、高航速及陆地高效机动等性能仍面临着一系列理论基础和技术难题：

(1)复杂多约束条件下动力系统耦合建模与匹配问题有待解决。

开展整车机电系统模型建模与耦合理论研究，进行混合动力系统驱动特性、喷水推进器水动力学、船舶运动学等高精度数学模型建模，探究混合动力推进系统“船机桨”匹配方法，是研究高航速、高机动、高安全性的水陆两栖车有待解决的科学问题。

(2)分布式驱动和协同控制耦合机理认知不足。

水陆两栖车在陆地越野环境下具备车辆动力学系统的非线性、强耦合、不确定性等特性，如果不将车辆运动学和动力学进行融合设计和运动控制解耦，将难以高效解决车辆行驶机动性及安全性问题。深入研究纵-横-垂向系统的动态协调控制理论，突破复杂越野工况下车辆行驶安全性、通过性及机动性等多目标优化和协同控制的核心技术，这是提升水陆两栖车综合性能的科学问题手段之一。

(3)两栖车体线型与水动力阻力融合数学模型构建困难。

实践证明，现有船艇静水阻力估算经验数学模型参考价值有限，小比例模型拖曳试验阻力预估误差较大，试验数据转换方法仍不成熟。现有理论和技术设计的车体行驶机构水上航行阻力极大，局部改善难以达到优化目的。

(4)通行滩涂、软基路面过程中的轮履复合行驶协同控制理论需要创新。

轮式或履带式车辆与地面的动力学理论体系相对成熟。然而，轮履复合车辆-土壤系统动力学研究比较滞后，难以建立复杂滩涂、软基路面随机激励的时域模型，并根据轮、履相关函数以及轮胎与履带输入时间迟滞的性质建立复杂滩涂、软基路面的时域输入模型。

3　科学问题研究进展

(1)水陆两栖车具备水上航行、滩涂及软基路面通行，陆地行驶等工况，水陆特性差别很大，给动力驱动匹配和控制带来很大难度。国产高功率密度的发动机在产业政策上支持力度不够、目前没有相关成熟产品，导致技术攻关难度大。混合动力驱动是实现水上高速航行的合理方案，因为水陆两栖车在水上行驶特别是过阻力峰值时，需求功率非常大。混合动力驱动可以在平时用一种方式驱动(电驱或燃油机驱动)、在水上过阻力峰或接近极速时采用柴电混合动力驱动可增加功率，从而实现水陆两栖车的轻量化、高速化。2021年完成预研的某新型水陆两栖运输车，首次研究采用了水上并联式混合动力驱动，陆地分布式各轮独立驱动的动力方案，水上航速及陆地机动性均取得了一定程度的性能提升，需要进一步开展理论和试验研究，总结具有指导意义的多约束条件下的动力系统匹配与优化设计方案。

(2)水陆两栖车的水上航行性与陆地机动性跟船型、混合动力推进系统及轮系驱动系统的合理设计与匹配密切相关。我国的现状是船体设计、车辆底盘设计与水上推进系统配套脱离。船体的设计与建造主要由船舶工程师执行，而车辆系统则为汽车工程师设计，两方设计理念与匹配方法不一致，给系统匹配、调试和系统集成带来困难，很难实现船体、动力系统与推进器最优控制，从而影响两栖车综合性能指标。事实上，各个部件并非孤立系统，都是相互耦合、相互影响的。水陆两栖车在多约束条件和复杂行驶工况共同影响下，“船机桨”匹配、水上稳定性控制、陆地分布式驱动和轮履协同控制等面临严峻挑战。

(3)水陆两栖运输车装备质量和载重大，水上推进功率需求极大，目前的动力设备和技术条件难以实现大抗风浪、高航速和高可靠性等性能指标。水陆两栖运输车研究主要集中在轻量化设计、新材料应用、流线型车身和减阻技术上，诸如减摇装置、装载调配装置、压浪板、尾翼、轮履封舱等技术应用适当提高了航速和稳定性，但增加了车辆结构的复杂性，降低了通过能力，增加了可靠性风险。可见，目前尚未形成系统解决水陆两栖车高航速和高可靠性的设计理论和体系。

(4)针对轮履协同控制理论的研究，我国仍处于初级阶段，未见成熟理论和应用成果。现有研究主要集中在履带施工车辆在湿淤黏性土壤地面的行驶通过性，分析了行走机构接地面的形状、地比压的大小对履带通过能力、转向能力以及行驶速率的影响，仿真实验和数学模型大多基于履带和路面进行探索和研究，今后应进一步开展轮履结合下的动力学和运动学仿真和轮履协同控制理论研究。

综上所述，水陆两栖车研究尚缺乏全面系统的基础理论和核心技术支撑。水陆两栖车上存在水线以下设备和附件多、水动力对车体影响机理不明、“船机桨”匹配考虑因素繁杂、运动动力学耦合困难以及控制理论尚不成熟等问题。需要开展车船结合的低阻力线型包络结构优化设计、运动稳定性减阻措施等融合设计，开展混合动力系统驱动、推进器水动力学、车体运动学、“船机桨”匹配与耦合等数学模型建模研究，以及开展水上航行稳定性控制、陆地高效机动分布式驱动控制、轮履协同控制等学科交叉融合控制理论研究，从而建立新一代水陆两栖车融合设计与协同控制理论的研发体系和技术标准。

主要参考文献

[1] Hassan M Z, Manaf M Z A, Halid M S, et al. UTeM's Amphibious Hybrid Vehicle: Ride and Handling Analysis[J]. Applied Mechanics and Materials, 2013, 393: 354-359.

[2] Jang J, Liu T, Pan K, et al. Numerical Investigation on the Hydrodynamic Performance of Amphibious Wheeled Armored Vehicles[J]. Journal of the Chinese Institute of Engineers, 2019, 42(8): 700-711.

[3] Nenashev P, Abdulov S, Taratorkin A. Estimation of Adequacy of the Simulation Model of A Water-jet Propulsion Drive of High-speed Tracked Amphibious Vehicles[J]. IOP Conference Series: Materials Science and Engineering, 2020, 971(5): 52077.

[4] 林强，徐小军，邹腾安. 一种水陆两栖车的增程式动力系统设计与仿真[J]. 机电技术，2018(05): 72-76.

[5] 宋桂霞. 水陆两栖车辆减阻增速关键问题研究[D]. 南京：南京航空航天大学，2008.

[6] 剧冬梅，项昌乐，陶溢，等. 电驱动差速转向轮式水陆两栖车辆可收放悬架机构运动学分析与参数优化[J]. 兵工学报，2019, 40(08): 1580-1586.

[7] 贾小平，马骏，于魁龙，等. 超高速水陆两栖车技术研究[J]. 机械研究与应用，2015, 28(05): 46-49.

[8] 丁肇，李耀明，唐忠. 轮式和履带式车辆行走对农田土壤的压实作用分析[J]. 农业工

程学报,2020,36(05):10-18.
[9] 周凯强,谢霞,郑波,等. 基于液压驱动的轮履复合式变形轮设计[J]. 军事交通学院学报,2020,22(05):41-46.
[10] 鲍科著. 轮履复合移动平台优化设计及动力学特性研究[D]. 南京:南京理工大学,2019.

撰稿人:吴晓东(上海交通大学)　吴超仲(武汉理工大学)　尚前明(武汉理工大学)

复杂环境下临近空间飞艇智能决策控制

Intelligent decision-making and control of stratospheric airship in complex environment

1　科学问题概述

临近空间飞艇具有太阳能循环能源和持续动力,可持久驻留在临近空间,能自主和遥控升空、降落、定点和巡航飞行,可搭载侦测、通信、导航等多种任务载荷的先进新型浮空飞行器。其主要特点是留空时间长、载荷能力大。20 世纪 90 年代以来,随着平流层和临近空间开发利用程度不断提高,以及高空预警、对地观测、通信中继等军民需求牵引下,世界各国纷纷掀起平流层飞行平台的研究热潮。我国自"十五"启动临近空间低速飞行器领域的研究以来,至今已有二十年左右,在若干国家重大项目支持下,在囊体材料、太阳能电池、储能电池、螺旋桨推进等关键技术的研究上取得阶段成果,北京航空航天大学大学研制的平台已经具备月级别驻空能力,可实现区域驻留和巡航飞行。但现有平台技术具有弱动力、不可测等特点,并且长时运行于临近空间环境中,将面对复杂的环境气象过程,如何结合环境进行长期规划和智能决策,提高作业效率,是临近空间飞艇面向业务化应用需要解决的关键问题,总的说来主要有以下瓶颈:①缺少临近空间环境探测数据,临近空间尚未有长时停留平台对其进行持续探测,环境数据及研究较少,特别是在环境辐射和风场环流等方面,不同区域的特性规律存在较大差异,控制决策面对的包络条件难以确定;②临近空间飞艇控制能力有限,由于平台特性,具有长航时、大惯量、大尺度、低动态和欠驱动等特点,运行时间长、运动范围大、控制能力有限,面对环境变化短时间内调整飞行控制难以满足任务完成;③临近空间飞艇飞行试验数据缺乏,由于现有的飞行试验次数较少,而且获取飞行试验数据的成本较高,难以通过实际的试验来实现复杂环境下的全包络条件飞行状态的记录,智能控制算法的实施需面对冷启动、在线优化等问题。

因此,要解决实际复杂环境下的临近空间飞艇智能决策控制问题,需要建立地面的高置信度的数字孪生系统,并具备在线实时演化的能力,同步飞行与测试数据。同时利用仿真孪生系统实现智能控制方法的训练与验证，解决小样本下的新控制决策任务的学习训练、在线控制算法自适应演化问题。

2 科学问题背景

临近空间高度适中，在 20km 高度对地可覆盖半径 500km 区域，视野广阔，与现有航空飞行器和卫星相比，在活动范围、运行时间、功能作用和使用效费比上均具有独特优势，可实现全天时、全天候高分辨率对地遥感成像以及广域低延时通信。

开发和利用临近空间是国家战略任务，临近空间飞艇是该空间利用的重要平台之一，是开发临近空间的重要载体、大国重器，是支持新时期改革强军的使命任务，是全球军事能力、战斗力新的增长点，将为军事技术带来新技术变革，对未来作战样式带来深远影响，同时临空飞艇及其应用具有重要的产业价值。临近空间飞艇具有典型的军民两用特征，可与航天、航空装备一起从高度上构成高、中、低搭配的装备体系，把空天一体化装备推向更高的层次，真正实现空天一体的无缝集成。在军事领域，可有效提升我军战场侦察监视、反导定位、区域预警探测、战场环境保障等能力；在国民经济建设领域，可广泛应用于国土资源观测、海洋监测、环境保护、防灾减灾、水利监测、城市规划与管理等方面，对于加强能源资源节约和生态环境保护，推动区域协调发展，优化国土开发格局等具有重要作用。

智能控制技术是关键核心技术之一，已经很好地解决了飞行自动控制的问题，但智能控制能力依然有待提高。近年来，强化学习是人工智能领域的新兴交叉研究热点。相比经典控制方法，强化学习可不依赖于专家知识，只通过与环境的交互学习到复杂的策略，能很好地支持临空飞艇的复杂环境下的智能控制与决策，已广泛地应用于策略游戏、自动驾驶和机器人控制领域。临近空间飞艇的智能控制与决策多为连续控制系列任务，状态与控制空间呈现高维度流形空间特点，需获取大量样本进行探索，但样本获取成本较高，多利用仿真环境进行训练，但仿真环境模型与真实环境存在差异。

3 科学问题研究进展

复杂环境下的临近空间飞艇的控制与决策主要根据环境的风场、辐射、温度、气压等外部条件，结合任务目标，完成决策行为、规划飞行轨迹、优化控制序列等任务，根据决策系统方法的不同主要分为了三种技术路线：经典控制理论决策控制路线、基于强化学习的智能决策控制路线、基于知识图谱的智能决策控制路线。

3.1 技术路线 1：经典控制理论决策控制路线

经典控制理论需要对临近空间飞艇的内外环控制问题进行模型建立，根据线性或非线性模型采用不同的控制理论建立控制模型，并根据模型建立控制仿真环境，对控制器相关参数进行调节。目前研究主要集中姿态控制、轨迹控制和轨迹优化。

姿态控制是临近空间飞艇稳定飞行最基本的控制要求，根据线性模型或非线性模型控制方法有所区分，包括了 PID 控制方法、滑膜控制方法、反步法等，同时将复杂环境下的耦合影响转化为干扰，通过模型不确定性度量、参数摄动、自适应等算法提高鲁棒性。

轨迹控制是对临近空间飞艇质心运动的控制，飞行过程中通常要求临近空间飞艇按照预定航线（或航路点）飞行，以完成相应飞行任务。现有研究主要利用反步法实现了闭环系统全局稳定，但对复杂环境耦合作用下的热效应、突风变化、浮力变化等问题尚需进一步研究。

轨迹优化是根据临近空间飞艇任务目标，建立优化问题，将飞行能力、复杂环境、动力学运动学模型作为约束条件进行求解。存在局部最优问题、约束时变等问题，对复杂环境耦合影响难以量化，并且在线优化问题尚需进一步研究。

3.2　技术路线 2：基于强化学习的智能决策控制路线

强化学习已广泛用于解决无人飞行器的智能控制和智能决策问题，提高强化学习在多任务决策中的泛化性，是其广泛部署的前提条件之一。临近空间飞艇试验数据和临空环境数据较少，需要面临小样本强化学习、高维度状态空间下的快速学习和飞行试验仿真验证等问题。

临近空间飞艇飞行决策依赖自身状态数据和环境数据，除去包括状态数据等离散结构化参数，还包括了卫星云图、风场势图、温度势图和激光雷达探测图等非结构化数据，数据呈现高维度特点，需要利用感知模型进行降维，现有环境感知模型训练方法，对于训练数据质量要求极高，常需要利用数据真实值或序列/空间一致性等先验信息进行训练，这给模型训练样本获取加大了难度。如何基于高维度数据样本进行环境感知，提取出低维度的表征，是保证模型训练和任务执行效率的关键。

现有的研究思路主要是利用表征类学习将高维度空间数据映射到低维度空间，对比学习是一种计算量小的表征学习方法，可用于整合结构化数据与非结构化数据。基于对比学习训练场景特征提取编码器，从高维度的观测数据中提取出低维度的特征信息编码。编码器的无监督训练基于对原始数据的随机数据增强方法进行，将相同场景的经过随机数据增强形成正样本对，将不同场景的数据经随机数据增强形成负样本对。正样本之间提取出的特征应该相似，而负样本对之间的特征应该不同。同时，通过对数据增强方法进行设计，对任务关注的信息进行筛选，使得提取的特征中包含任务所关注的信息。

3.3　技术路线 3：基于知识图谱的智能决策控制路线

知识图谱是把复杂的领域知识通过数据挖掘、信息处理、知识计量和图形绘制而显示出来，解释知识领域的动态发展规律。由于临近空间飞艇涉及多个组部件和多种复杂环境对象，难以利用单一的算法解决长期驻空飞行过程中的决策控制问题，需要将不同知识模型、控制算法组成一个关系图谱，在面对不同的环境特性时，优化选用不同的组合控制方法，实现复杂环境下的智能决策，如姿态控制使用基于经典理论模型的算法可达到较好的控制效果，基于强化学习的轨迹规划能适应不同的环境过程影响。未来需优化模型架构与求解算法，进而释放其应用潜力。

4 总结与展望

综上所述，现有的复杂环境下的临近空间飞艇智能控制与决策方法主要围绕上述三种技术路线展开，三种技术路线优劣势、成熟度各异，未来研究趋势及发展潜力有所不同：

(1)经典控制理论决策控制路线具有实现容易、计算效率高的优点，但部分算法依赖模型精度，对复杂环境影响建模考虑有限，难以覆盖全部情况，对长时在线运行飞艇存在固有缺陷，可主要应用于姿态控制和轨迹控制等方面。

(2)基于强化学习的智能决策控制路线利用强化学习的反馈框架，可解决长期规划决策问题，并将复杂环境的影响，通过在线学习的方式，转化成应对的决策模块，现阶段需要解决冷启动和小样本学习的问题，同时通过数字孪生等仿真系统实现对异常状态下的训练，减小样本获取成本，在轨迹规划方面有着明显优势。

(3)基于知识图谱的智能决策控制路线组合了多种算法模型，但受限于试验数据较少，难以开展大规模的应用，相关研究处于理论阶段，随着数据积累增多，进一步提高算法置信度和应用效能。

主要参考文献

[1] Gupta S G, Ghonge M M, Jawandhiya P M. Review of Unmanned Aircraft System (UAS)[J]. International Journal of Advanced Research in Computer Engineering & Technology, 2013, 2(4): 2278-1323.

[2] 樊邦奎，张瑞雨. 无人机系统与人工智能[J]. 武汉大学学报(信息科学版)，2017，42(11)：1523-1529.

[3] Silver D, Huang A, Maddison C J, et al. Mastering the Game of Go with Deep Neural Networks and Tree Search[J]. Nature, 2016, 529(7587): 484-489.

[4] Mnih V, Kavukcuoglu K, Silver D, et al. Human-level Control through Deep Reinforcement Learning[J]. Nature, 2015, 518(7540): 529-533.

[5] 万里鹏，郑南宁，兰旭光，等. 深度强化学习理论及其应用综述[J]. 模式识别与人工智

能,2019,32(1):67-81.

[6] Bellemare M G, Candido S, Castro P S, et al. Autonomous Navigation of Stratospheric Balloons Using Reinforcement Learning[J]. Nature,2020,588:77-82.

撰稿人:祝明(北京航空航天大学) 郭虓(北京航空航天大学)

临近空间低速飞行器循环能源的弱平衡限制与时空不均衡问题

Weak balance limitation and space-time disequilibrium of circulating energy for low-speed near space vehicles

1 科学问题概述

临空低速飞行器主要包括平流层飞艇、太阳能飞机两大类,具有太阳能循环能源和持续状态调整能力,可持久驻留在临近空间,能自主和遥控升空、降落、定点/定区域和巡航飞行,可搭载侦测、通信、导航等多种任务载荷。其主要特点是飞行高度高、留空时间长、可定点/定区域驻留。我国自“十五”启动临近空间低速飞行器领域研究以来,在若干国家重大项目的支持下,已先后在结构材料、太阳能电池、储能电池、螺旋桨推进、飞行控制等关键技术领域取得阶段成果。但目前仍未能对该类平台的长时运行特性获得深入了解,尤其是在内(能源分系统的匹配性设计、能源与其他分系统的综合实际、飞行平台的长时运行策略等)外(风场、经纬度、季节等)因素的综合作用下,为满足飞行平台的任务需求,现有的平台方案中能源系统规模有限,长时运行时综合利用环境资源的能力偏弱,甚至不具备,严重制约了该类平台的工程应用转化。如何通过系统化的模型分析和深度的数据融合实现内外因素的统筹协调与综合运用,实现既定能源系统限制下,能源分系统各组成部件的优化配置,能量在时空维度上的高效、合理调度,并维持其长时运行可靠性,是临近空间低速飞行器面向业务化应用需要解决的关键问题,总的说来主要有以下瓶颈:

(1)能源分系统比例有限,综合优化匹配不足。现行的设计中,为实现升重/浮重平衡,平台的结构重量仍占据较大比例,能源分系统的比例受到严格限制。此外,能源分系统与结构/功能分系统的一体化程度还不高,未能结合能源分系统的工作特性进行综合优化设计,提升系统的功率密度或能量密度。因此,现有飞行平台中能源分系统仅能维持能量的弱平衡。

(2)能源技术发展水平有限,关键部件比功率严重不协调。按20%的商业化太阳能电池阵效率、工作14h计算,在典型区域内,太阳能电池阵的比功率最低都可以达到80W/kg左右。然而,与之配套的储能锂电池系统,按商业化配置、工作10h计算,其比功率仅在

25～30W/kg，不到太阳能电池阵一半，因此在时间维度上存在权衡和优化空间。

(3)环境因素掌握不充分，针对其有利影响未能系统分析和综合运用。临近空间尚未有长时停留平台对其进行持续探测，环境数据及研究较少，特别是在环境辐射和风场环流等方面，不同区域的特性规律存在较大差异，需要结合既定区域的风场历史数据和典型的飞行剖面优化，在明确能源供需运行驱动机理的基础上实现弱平衡条件下的能源系统最优设计和最佳运用。

因此，要解决临近空间低速飞行器循环能源的弱平衡限制与时空不均衡问题，需通过面向平台的内因分析，开展弱能量平衡特性下的一体化综合设计和能量运用策略优化；通过面向飞行环境的外因分析，开展综合环境和任务需求耦合影响的飞行策略优化；通过对能量运用策略优化和飞行策略优化的综合运用，实现有限能量的能源高效利用，为该类飞行平台应用奠定基础。

2　科学问题背景

当前，开发和利用临近空间是国家战略发展需要，可充分体现我国在航空航天领域的原始创新，临近空间低速飞行器作为利用该空间的重要平台之一，属于大国重器，可与航天、航空装备一起从高度上构成高、中、低搭配的装备体系，真正实现空天一体的无缝集成。

基于弱平衡的能源运用策略是实现临空低速飞行器三大平衡中关键平衡——能量平衡所应重点解决的关键问题。近年来，国内外众多学者的研究有的集中在飞行平台自身能量运用策略研究，尽管能对能源系统匹配性进行分析，但分析精度不够，且未能从系统设计角度注入对结构-功能一体化等新设计理念的综合考虑，因而分析过于理想化，可用性不强；有的集中在飞行平台飞行策略设计上，针对能源系统考虑过于简单，仅将其设为固定容量、不考虑内部电路拓扑，因而针对工程的指导性也不强。此外，时空不均衡性进一步使得长航时飞行中的高效能源利用变得复杂，包括：太阳能的产出、飞行区域风场特性具有很强的时空变化特性，使得系统运行工况复杂；由于任务需求的多样化和随机性，负载特性与循环能源系统实时动态变化，也增加了能源系统的工况复杂性。

由此可见，为推动该类平台的工程应用，必须通过对能量运用策略优化和飞行策略优化的综合运用，解决临近空间低速飞行器循环能源的弱平衡限制与时空不均衡问题。

3　科学问题研究进展

根据能源分系统内部太阳能电池阵比功率、储能电池系统比能量/比功率、循环能源系统拓扑组成、循环能源系统运行策略等内部因素开展能量运用策略分析，根据风场特性、飞行季节、飞行区域、任务特性需求等外部条件约束开展飞行策略分析，综合两者分析进行基于内外因素综合考虑的太阳能循环能源系统高效运用策略，可有效解决临近空间低速飞行器循环能源的弱平衡限制与时空不均衡问题。上述研究需综合电气、信息、环境、运载、能源利用等多个学科的技术，实现交叉融合，体现系统创新。

3.1　基于内部因素的能量运用策略分析

对于太阳能飞行器，能源系统一般采用“太阳能电池＋锂电池/燃料电池”的组合方式，基于三种不同电源（太阳能电池、燃料电池和锂电池）的模型和有源电源管理系统耦合，研究能源管理系统，通过模拟、台架和飞行试验研究被动和主动电源控制策略进行模拟和验证，可进一步提高飞行性能。

此外在材料、能源技术水平限制下也提出了结构功能一体化的新思路，如太阳能薄膜电池集成到蒙皮材料实现太阳电池-蒙皮材料一体化设计，材料的拉伸强度为1432N/cm，蒙皮面密度295g/m^2，透氦率小于0.003L/（m^2·24h·atm）；储能电池结构功能一体化设计也可在相同的材料技术下实现储能锂电池系统比能的提升，如凯斯西储大学的1.8m小型无人机采用机翼内置结构功能一体化电池实现了91min到171min的航时增加。

3.2　基于外部条件的飞行策略分析

平流层飞艇与气球驻留位置一般在20km左右，风速相对较低且稳定，同时存在准零风层，通过合理利用平流层风场特性，通过风场预报预测技术对飞行任务规划进行实时修正，利用平流层特有环境进行能源有效利用，利于其长时驻留。Google的Project Loon计划中，设计了基于强化学习的平流层超压气球控制器，通过自主控制气球内部气压，在准零风层上下飘动，依靠方向相反的风力驱动气球保持区域驻空。

不同于高空气球，平流层飞艇驻留高度较为稳定。因此，北航学者研究提出一种基于位置储能的平流层飞艇飞行策略，通过合理利用飞艇驻空空域边界、空域风场特性规划飞行策略，对飞艇昼夜能量进行再分配，有效解决了白天辐照能量冗余、夜晚能源不足的问题，可进一步通过模型预测控制、强化学习等方法，以昼夜净余能量最优为优化目标，进行动态风场中在线飞行轨迹规划，形成平流层飞艇能源弱平衡驻空策略。

太阳能飞机的大升阻比布局滑翔性能高，白天通过储能爬升储存重力势能，夜晚能源不足时刻缓慢滑翔至低高度盘旋，目前基于能量最优的太阳能无人机轨迹规划也成为研究热点，但此类规划还需考虑实际任务需求及变高度飞行过程中风向风速的大幅变化，结合特定任务需求及任务场景的区域环境特性，进行能量最优在线动态规划，以提高轨迹规划和飞行策略的动态性及可用性。

3.3　基于内外因的综合运用策略优化

目前，内外因综合运用策略优化研究尚未能同时细化考虑飞行策略的优化和能源系统运行的优化，针对飞行策略的优化往往将能源系统简化为仅考虑功率和能量的能源系统模型，结合轨迹优化算法和飞行控制实现位置储能、高度储能；而针对能源系统运行的优化往往是针对孤立可再生循环能源系统的能源管理，涵盖设备状态监控、故障监测警告保护、能耗统计和分析、能耗预测和节能运行优化方面的应用。两者结合更具实用意义，如轨迹优化结合飞行姿态对太阳辐照的影响以及电池的充电时机调整，能够延伸能量平衡的适用范围。飞行策略与能源系统自身优化的结合也会聚焦到飞行器整体的多学科优化设计上，采用合适的飞行策略减少对能源系统的需求，针对新的能源需求通过优化设计，优化能源系统各部分的匹配关系从而达到提高能源系统运行效率的目的。

4 总结与展望

综上所述，目前在能源系统高效运用策略研究方面虽已具备一定的研究基础，但仍无法从根本上解决临近空间低速飞行器循环能源的弱平衡限制与时空不均衡问题。因此，为进一步推进临空低速飞行器工程化进程，需对该类飞行器的能量运用策略和飞行策略进行综合优化运用，亟待研究的问题包括：

(1)从系统工程的角度深化开展结构-功能一体化设计方法研究，梳理力学、电学、热控等方面针对该类平台的综合作用机理，结合平台自身的飞行特性，构建基于时空分配与协同的能源分系统综合设计方法。

(2)对于飞行策略过于注重能量利用最优研究，忽略了飞行区域风场特性、辐照特性，甚至飞行平台本身的任务特性，往往导致规划的轨迹过于理想化，应用价值小。同时轨迹规划多集中于定区域飞行任务，对于长航时大范围的跨区域飞行轨迹策略研究非常欠缺。

(3)对于长达数月乃至跨年的长航时飞行任务，以已有的气象预报系统为基础，通过构建能量-风场动态地图，实现对该类飞行平台的长期运行策略规划和仿真推演，为该类平台的工程化应用提供技术支撑。

主要参考文献

[1] Wu J, Wang H, Huang Y, et al. Energy Management Strategy for Solar-Powered UAV Long-Endurance Target Tracking [J]. IEEE Transactions on Aerospace and Electronic Systems, 2019, 55(04): 1878-1891.

[2] Yang T, Zhap L, Li W, et al. Reinforcement Learning in Sustainable Energy and Electric Systems: a Survey [J]. Annual Reviews in Control, 2020, 49: 145-163.

[3] Oettershagen P, Foerster J, Wirth L, et al. Meteorology-Aware Multi-Goal Path Planning for Large-Scale Inspection Missions with Solar-Powered Aircraft [J]. Journal of Aerospace Information Systems, 2019, 16(10): 390-408.

[4] 吴健发,王宏伦,黄宇. 大跨时空任务背景下的太阳能无人机任务规划技术研究进展[J]. 航空学报,2020,41(03):64-84.
[5] Martin R A,Gates N S,Ning A,et al. Dynamic Optimization of High-Altitude Solar Aircraft Trajectories Under Station-Keeping Constraints[J]. Journal of Guidance Control and Dynamics,2019,42(03):538-552.
[6] Shan C,Lv M Y,Sun K W,et al. Analysis of Energy System Configuration and Energy Balance for Stratospheric Airship based on Position Energy Storage Strategy[J]. Aerospace Science and Technology,2020,101:1-12.
[7] Zhang X,Song W,Tu J,et al. A Review of Integrated Systems Based on Perovskite Solar Cells and Energy Storage Units: Fundamental, Progresses, Challenges, and Perspectives[J]. Advanced Science,2021,8(14):2100552.
[8] Bellemard M,Candido S,Castro P,et al. Autonomous Navigation of Stratospheric Balloons Using Reinforcement Learning [J]. Nature,2020,588(7836):77-82.
[9] Wang S, Ma D, Yang M, et al. Flight Strategy Optimization for High-altitude Long-endurance Solar-powered Aircraft based on Gauss Pseudo-spectral Method[J]. Chinese Journal of Aeronautics,2019,32(10):2286-2298.

撰稿人:孙康文(北京航空航天大学)

临近空间飞艇数字孪生建模

Digital twin modeling of stratospheric airship

1 科学问题概述

临近空间飞艇具有太阳能循环能源和持续动力,可搭载侦测、通信、导航等多种任务载荷,是可持久驻留在临近空间的先进新型浮空飞行器,其特点是留空时间长、载荷能力大。临空飞艇飞行横跨对流层与平流层,环境复杂多变,且其飞行过程与环境深度耦合。

作为一种在信息世界刻画、仿真、优化、增强物理世界的重要技术,数字孪生是一种实现物理世界与信息世界交互与共融的有效方法。临近空间数字孪生飞艇是将孪生技术与飞艇工程中关键环节、场景、对象紧密结合,基于模型与数据对物理空间的飞艇工程进行实时模拟、监控、反映,并借助算法、管理方法、专家知识、软件等对飞艇工程进行分析、评估、预测、管理、优化,在空间维度上实现对各场景及对象的服务应用,在时间维度上实现对系统工程的管理。多维、多时空尺度、多学科、多物理量的动态虚拟孪生模型构建是数字孪生技术的核心。

目前，由于临近空间环境探测手段有限、临空飞艇飞行试验数据匮乏，我们对于临空飞艇部分行为机理研究不够深入，无法建立能正确反映飞艇运行期间受环境影响的精准模型。临近空间飞艇数字孪生模型的构建需要解决的关键问题，主要包括以下三个方面：①已建立模型要素不全、层级各异、精度不高，对系统间耦合、学科交叉情况考虑不足。本质上是对临近空间飞艇本身及其与环境交互机理认识不够深入，无法精确描述飞艇物理实体特性。如大型囊体与环境背景辐射交互机理、临空飞艇结冰结霜机理、飞艇柔性多体耦合振动机理、临空飞艇结构疲劳损伤机理、临空飞艇升降阶段流固热耦合机理、临空电磁环境下飞艇电设备失效机理等均有待深入研究。②艇载传感监测手段缺乏、地面测试系统不完善，无法有效支撑临空飞艇精细化建模。临空飞艇空速传感器缺失、囊体状态测量手段单一、结构动力系统测量精度较低等问题均为模型建立和参数校准带来较大困难。试验数据挖掘、艇载及地面测量测试系统拓展等方面均需深入研究。③临空飞艇孪生模型标准化理论缺乏。现有临空飞艇模型多借鉴航空器相关理论，在尺度、类型、数据接口等方面均存在不统一的问题。临空飞艇标准化建模理论研究是建设临空飞艇多尺度多要素归一化模型的基础，需规范飞艇在几何、物理、行为及规则等4层模型建立过程。其中，几何模型描述尺寸、形状、装配关系等几何参数；物理模型分析应力、疲劳、变形等物理属性；行为模型响应外界驱动及扰动作用；规则模型对物理实体运行的规律/规则建模。

2 科学问题背景

临近空间是指距离地面20～100km的空域，不在传统航空和航天覆盖范畴内，是人类尚未进行大规模利用的空白区域。开发和利用临近空间是国家战略任务，临近空间飞艇是该空间利用的重要平台之一，是开发临近空间的重要载体、大国重器，是支持新时期改革强军的使命任务，是全球军事能力、战斗力新的增长点，将为军事技术带来新技术变革，对未来作战样式带来深远影响，同时临空飞艇及其应用具有重要的产业价值。临近空间飞艇具有典型的军民两用特征，可与航天、航空装备一起从高度上构成高、中、低搭配的装备体系，把空天一体化装备推向更高的层次，真正实现空天一体的无缝集成。作为在数字化时代诞生的新型飞行器，临近空间飞艇的数字孪生系统必将发挥重大作用。从空间维度上，孪生飞艇可与试验验证平台、总装车间、飞艇产品、运行网络等对象和场景实时映射，实现更快的仿真、监控、评估、预测、优化和控制；从时间维度上，与总体设计、详细设计、生产制造、驻空管理等环节真实同步，辅助飞艇工程各阶段的管控与协同。

数字孪生作为实现虚实之间双向映射、动态交互、实时连接的关键途径，高保真的动态多维、多尺度、多物理量孪生模型是其核心基础，该模型应可将物理实体和系统的属性、结构、状态、性能、功能和行为映射到虚拟世界，为观察、认识、理解、控制和改造物理实体提供了可靠便捷的数字化手段。临空飞艇研制如火如荼，飞艇数字孪生研究方兴未艾。目前，学术界在数字孪生建模的框架和建模流程上已开展一定研究，但缺乏相应的理论与技术支撑。在建模相关理论上，包括物理行为研究、无损材料测定技术、量化误差与置信评估研究，已取得一定进展，这些辅助技术有助于模型参数的确定、行为约束的构建以及模型精度的验证。临空飞艇单一系统及学科建模已有大量研究成果，但面向数字孪生的多系统、多学科联合建模仿真理论与技术工作尚未开展。临空飞艇飞行过程与飞行环境深度耦合，各系统仿真模型尺度、复杂度、精细度不一致，建立高精度飞艇虚拟模型，开展飞艇全系统、全要素、全流程联合仿真是临近空间飞艇数字孪生系统亟待解决的关键问题之一。

3　科学问题研究进展

动态孪生模型构建问题是临近空间飞艇数字孪生系统的核心问题。该问题研究包括基于机理和基于数据两类方法，可分为三个方面：基于多领域知识融合的行为机理建模路线（白盒模型）、基于数据驱动的机器学习建模路线（黑盒模型）和基于智能控制的灰盒建模路线。

3.1　基于多领域知识融合的行为机理建模路线

本技术路线是指针对不同物理子系统和其间的耦合，从不同领域视角和深层次的机理层面进行融合建模的方法。首先对不同子系统进行模型开发和熟化，然后采用集成和数据融合的方法将不同独立的模型融合为一个综合的系统级模型。多尺度模型可代表不同时间长度和尺度下的基本过程并通过均匀调节物理参数连接不同模型，这些计算模型比起忽略多尺度划分的单维尺度仿真模型具有更高的精度。多领域多尺度统一建模的基本要求为实现知识积累和模型的可重用性，并满足协同设计仿真和并行开发的设计要求。

面向对象建模方法为多领域多尺度统一建模提供了有效途径。其以微分方程、代数方程和离散方程为数学表示形式，从原理上统一了各种多领域统一建模机制，直接支持基于框图的建模、基于函数的建模、面向对象和面向组件的建模，通过基于端口与连接的广义基尔霍夫网络机制支持多领域统一建模。

但是，基于多领域知识融合机理建模研究存在临空飞艇部分机理研究不够深入、模型参数无法准确获取、异构子系统间耦合作用认知不充分等问题，这些均会影响孪生模型规模、精度及模型融合深度与精度。同时，多种特性的融合导致的系统方程自由度过大问题、飞艇孪生模型规模/精度及计算复杂度控制等问题均需深入研究。

3.2 基于数据驱动的机器学习建模路线

在临空飞艇全系统仿真环境中，由于学科限制，建模人员难以获知大部分物理模块的真实运行机理。因而，或者直接将该物理实体当作黑盒模型，利用其提供的输入输出端口直接向其发送仿真服务指令；或者通过特定的规律观察，数据统计猜测并探索其输入输出之间的函数关系，以从数据中学习到的黑盒模型去模拟其真实的模型机理。当物理实体真实的数据量增大时，该黑盒逼近模型可通过数据挖掘的技术优化，逐步逼近真实的物理实体模块。

基于机器学习的建模方法利用高空飞行试验和地面测试试验等历史数据，通过神经网络等数据驱动手段对临空飞艇模型进行描述，并利用飞艇在线实时传感数据对该模型进行学习逼近，实现物理模型的更新、修正、连接和补充。基于数据驱动的机器学习建模路线能够更好地结合系统的实时运行状态，获得动态实时跟随目标系统状态的数字孪生模型。

本技术路线需要解决临空飞艇试验数据缺乏、艇载传感器缺失带来的模型欠拟合、过拟合问题，在提高孪生模型的拟真度的同时，提高模型在不同仿真工况下的泛化能力。

3.3 基于智能控制的灰盒建模路线

灰盒建模是指当临空飞艇系统机理部分已知，难以获知全部的分系统运行原理时，在现有已知部分的基础上，根据历史数据或者专家知识构建接近真实机理的灰盒模型对真实的系统模块进行描述的建模方法。由于多学科之间的专业壁垒和初步浅层的知识共享，对临空飞艇不同系统的描述存在众多感知程度不同的白灰黑盒模型。应用白盒机理模型对临空飞艇描述难以精确且成本高，应用数据驱动的黑盒模型对临空飞艇描述容易过拟合难以扩展。将实时传感数据驱动与部分可解释系统机理融合，采用智能算法对模型拟合调度进行控制的灰盒建模方法可实现对临空飞艇孪生模型的精准构建。

本技术路线需要解决临空飞艇分系统模型灰度评估、模型调度器模拟器智能控制、机器学习建模方法优化等问题。

4 总结与展望

综上所述，临空飞艇数字孪生模型构建问题研究主要包含上述三个方面，研究进展及技术成熟度有所不同：

(1)基于多领域知识融合的行为机理建模路线研究基础较多，但受限于测试成本及探测手段，临空飞艇部分行为机理尚未掌握，不同分系统之间机理模型的计算复杂度、物理尺度和仿真精度之间均存在巨大的差距。因此，该路线需要对飞艇飞行过程与环境耦合机理、多领域统一建模理论等方面加强研究。

(2)基于数据驱动的机器学习建模路线对历史数据库与实时数据量均有较高要求,但临空飞艇飞行试验数据积累较少、艇载传感监测手段缺乏、地面测试系统不完备,无法有效支撑基于数据驱动的临空飞艇精细化建模。因此,该技术路线需要通过仿真与试验相结合的方法加强飞艇数据获取,并解决模型在不同工况下的仿真泛化问题。

(3)基于智能控制的灰盒建模路线尚处于理论阶段,需要在现有行为机理知识、历史数据和实时传感手段的基础上,对多学科知识和多源异构数据进行融合,将智能控制手段应用于模型构建,提高临空飞艇数字孪生模型的统一性与拟真度。

主要参考文献

[1] 赵达,刘东旭,孙康文,等. 平流层飞艇研制现状、技术难点及发展趋势[J]. 航空学报. 2016,01:45-56.

[2] Chen T,Zhu M,Zheng Z. Asymmetric Error-constrained Path-following Control of a Stratospheric Airship with Disturbances and Actuator Saturation[J]. Mechanical Systems and Signal Processing,2019,119:501-522.

[3] Li Y,Nahon M,Sharf I. Airship Dynamics Modeling:A Literature Review[J]. Progress in aerospace sciences,2011,47(3):217-239.

[4] Wu J,Fang X,Wang Z,et al. Thermal Modeling of Stratospheric Airships[J]. Progress in Aerospace Sciences,2015,75:26-37.

[5] Tao F,Qi Q. Make more digital twins[J]. Nature,2019,573:490-491.

[6] 庄存波,刘检华,熊辉,等. 产品数字孪生体的内涵、体系结构及其发展趋势[J]. 计算机集成制造系统,2017,23(4):753-768.

[7] Delussu F,Manzione D,Meo R,et al. Experiments and Comparison of Digital Twinning of Photovoltaic Panels by Machine Learning Models and A Cyber-Physical Model in Modelica[J]. IEEE Transactions on Industrial Informatics,2021.

[8] 胡全义. 基于键合图的多领域统一建模与仿真技术研究[D]. 大连:大连理工大学,2017.

[9] 于惠舟,周凡利,鲍丙瑞,等. 基于 Modelica 语言的飞机飞控系统虚拟样机构建、验证及工程应用[J]. 民用飞机设计与研究,2018(03):97-103.

撰稿人:祝明(北京航空航天大学)

临近空间飞艇结构损伤在线监测与识别

Online structure damage detection and recognition of stratospheric airship

1 科学问题概述

随着临近空间飞艇总体设计技术、高性能囊体材料、超轻结构和能源循环等技术的发展以及应用需求的增加，临近空间飞艇在技术、产品及试验验证等方面均取得了一定的进步。但大量新型材料和先进工艺的应用，使临近空间飞艇结构形式和失效模式具有越来越复杂的趋势，对传统的结构损伤监测、结构可靠性设计提出了新的需求。从国内外临近空间飞艇试验可以看出，飞艇囊体、复合材料吊舱支架等损伤是制约飞艇长期稳定驻留和可控飞行的关键因素之一。囊体结构损伤使得浮升气体泄漏，致使飞艇浮重失衡，失去驻空能力；支撑结构损伤会随着飞行时间的增加而不断积累，最终导致结构破坏。针对飞艇结构安全，亟须开展飞艇结构损伤监测与识别的研究。

目前，对于传统飞行器结构损伤监测与识别的研究已取得了一定的成就，但由于临近空间飞艇起步较晚，尚处于试验示范阶段，对于结构损伤监测与识别的研究不够深入，无法建立有效的结构损伤地面监测及在线监测与识别方法，无法对飞艇结构健康进行评估和预测。总的来说存在以下三大瓶颈：①结构功能一体化传感器布置与优化方法缺失，飞艇囊体结构尺寸大，构型复杂，柔性囊体呈现出高度的非线性，真实使用过程中其危险部位识别难度大，传感器布置与信息传输需考虑尺寸效应和重量因素，传感器与囊体、支架等复合材料的一体化成型技术尚未成熟。②单一损伤识别方法无法实现复杂环境下多尺度监测与识别需求，基于结构动力学和基于光纤传感特性改变的损伤监测与识别技术均存在一定的局限性，单一的方法无法满足飞艇大尺寸动态监控和小区域损伤识别的需求，基于多传感器数据融合的方法需进一步探究。③地面测试系统不完善，无法有效支撑飞艇动态特性精细化建模。飞艇结构的高度非线性以及环境的强耦合性对飞艇动态特性精细模型具有重要影响。由于高低空环境特性的差异，常规的地面试验无法真实反映飞艇在高空中的动力学特性。然而基于结构动力学的损伤探测方法对结构分析模型具有较高的依赖性，因此高精度建模技术、高空试验技术以及误差评判技术等方面均需深入研究。

因此，在开展复杂环境下临近空间飞艇结构损伤监测与识别的过程中，还需要面向飞艇囊体、吊舱支架等复杂复合材料结构，构建飞艇结构动态特性精细建模，进而引入基于结构动力学和基于光纤传感特性改变的损伤监测与识别技术，形成面向飞艇地面及飞行过程中的在线结构监测系统，推进飞艇结构功能化、智能化发展。

2　科学问题背景

近些年在国家重大任务牵引支持下,我国在临近空间飞艇技术研究和试验方面,取得了具有世界先进水平的研究成果。但在飞艇基础理论、相关技术基础研究和试验研究积累较少,仍存在大量的技术难题和瓶颈问题,一定程度上减缓了我国临近空间飞艇的发展速度。作为飞艇总体设计及影响飞艇操控性能的重要因素,飞艇的结构安全性自然成为飞艇基础理论的研究重点之一。飞艇采用的薄膜材料具有刚度小、自振频率低、阻尼小、密度低等特性,在受到载荷作用时容易发生振动并引起大变形,甚至发生失稳和破坏。而在飞行过程中,阵风、气流及刚性连接结构引起的载荷与非线性薄膜曲面结构将产生非线性耦合效应,这使得薄膜结构的破坏机理更加复杂。同时,艇体上安装的推进支架及吊舱等复合材料结构在螺旋桨交变激励下也会萌生结构损伤。随着飞行时长的增加,上述结构损伤不断积累,形成大面积破坏,影响结构安全。目前,为保证飞艇结构安全,工程上常采用增大结构的安全裕度方法,却忽视了结构安全的损伤监测与识别,裕度与结构重量成正比,单纯地追求安全性势必会牺牲结构的轻质化,影响飞艇性能。

由此可见,为了解决上述问题,实现临近空间飞艇的快速发展与应用,必须对其结构安全性进行研究,发展临近空间飞艇结构损伤监测与识别技术,形成结构健康状态在线评估能力是需求导向下的应有之义、必然要求。

3　科学问题研究进展

临近空间飞艇结构损伤监测与识别以结构状态感知为输入,主要完成柔性膜结构及复杂载荷下的复合材料结构损伤实时监测和识别方法的构建任务。依据损伤识别方法的不同,目前对于临近空间飞艇结构损伤监测与识别的研究主要分为三种技术路线:基于结构振动的损伤监测与识别方法、基于机电阻抗技术的损伤监测与识别方法、基于光纤传感特性改变的损伤监测与识别方法。

3.1　技术路线1:基于结构振动的损伤监测与识别方法

基于振动的损伤识别技术由于振动信号易于测量和采集,而且检测过程无须中断结构的正常运行且不需要特定的激励设备,因此存在很高的应用价值,并广泛应用于航空航天等领域。该技术主要利用飞艇结构的模态参数(如模态频率、模态阻尼比、模态形状)与物理性质函数(如质量、阻尼和刚度)的内在联系,通过分析动态响应的变化来监测结构的物理特性。针对临近空间飞艇,结构初始损伤会改变系统的结构刚度、质量或能量耗散特性,从而改变系统的动态响应。飞艇结构损伤识别可分为损伤响应、损伤定位、损伤量化以及损伤预测。

基于振动的方法可以分为基于振动响应的方法和基于模型的方法。基于振动响应的方法通过直接或间接解释结构动态响应与结构完整状态和损伤状态之间的模态参数的变化来识别结构损伤。基于模型的方法假设结构以某种预定方式响应,该方式可以通过数值模型来模拟。通过将已受损结构的相关测量数据更新的模型与原始模型进行比较,可以识别损伤位置和严重性。损伤识别过程具体为:①采用基于振动响应的检测方法对结构损伤的产生进行评判;②对损伤后的模型进行更新,采用基于模型的方法进行损伤的定位和量化分析;③采用疲劳分析模型与结构评估模型对结构剩余寿命进行预测。

基于结构振动的损伤监测与识别方法存在以下难点:①该方法的准确性依赖于精确的结构模型,而飞艇自身具有高度的非线性且与空间环境具有强耦合性,精准模型的建立具有挑战性;②结构振动响应对环境变化特别敏感,传统的振动响应分析方法难以保障损伤识别的准确性;③对于监测较大面积的损伤振动响应方法具有较大的优势,但针对飞艇局部小损伤的产生和扩展敏感度低。

总体上,技术路线1通过利用结构模态参数与物理性质函数的内在联系,降低损伤识别的复杂度,易于实现工程应用。然而,基于结构振动的损伤监测与识别方法也带来一些劣势,该方法对结构模型的精度依赖性较强,且无法实现对局部小范围内的结构损伤进行预测。

3.2 技术路线2:基于机电阻抗技术的损伤监测与识别方法

机电阻抗技术是一种新型的结构健康监测方法,由于其对缺陷检测的敏感度较高,因此在结构健康监测领域中得到了广泛的应用。针对飞艇支架、吊舱等复杂载荷的结构件,若结构发生裂纹、塑性变形等损伤,结构的机械阻抗将会发生变化,通过在动力作用频率范围内测试阻抗的变化程度可判断缺陷和损伤程度。具体的识别过程为:将压电元件(如PZT)置于被测飞艇结构表面中,作为系统中的传感器和驱动器,对被测结构进行监测,从而获得被测结构的机械阻抗信息,通过分析阻抗响应的变化来判断结构受损情况。

基于机电阻抗技术的损伤监测与识别方法存在以下难点:①机电阻抗技术对早期损伤的敏感度较高,适用于初始损伤的检测,但对损伤定位的精度较低;②面对临空飞艇长时驻空使用需求,机电阻抗测量装置PZT的监测范围有限且容易受损,自身及外部因素直接或间接引起的导纳变化往往会对结构损伤识别造成巨大干扰。

总体上,技术路线2成本低,方法简单,适用于初始损伤检测,但监测范围较小,监测类型有限,不易实现对柔性材料的损伤监测。

3.3 技术路线3:基于光纤传感特性改变的损伤监测与识别方法

在飞艇结构健康监测中,采用光纤传感器监测结构的应变场与温度场,进而监测结构运行状态。由于光纤光栅具有尺寸小、重量轻和灵敏度高等特性,可将其埋入飞行器的复合材料结构中进行数据采集。分布式光纤传感系统是同时利用光纤作为传感敏感元件和传输信号介质,利用光波在光纤中传输的特性,可沿光纤长度方向连续传感被测量(如温度、压力、应力和应变等),包括基于后向瑞利散射、拉曼效应等多种不同原理的系统。优点在于可在很大的空间范围内连续地进行传感,传感部分结构简单、使用方便,同时信息获取成本大大降低,性价比高。采用分布式传感器不需要对光纤进行刻蚀,在全程范围内具有感知功能,随着空间分辨率和采样速率的提升,在结构应变场、温度场、结构损伤的监测中具有重要应用价值。相比于传统的应变类传感器,光纤传感器具有下列明显优势:①直径小、重量轻、不会过多增加被测结构重量,且不易与其他传感器发生干涉;②柔性好,对于结构外形具有良好的适应性;③不受电磁场干扰,耐腐蚀,方便组网。

基于光纤传感特性改变的损伤监测与识别方法存在以下难点:①光纤传感器自身变形需要以一定的初始载荷,因此该路线对结构的初始小损伤不敏感;②测量区域受传感器布置的限制,只能对布置点的结构变化进行探测。

总体上,技术路线3借助光纤传感器结构灵巧、布线简洁、高效、长寿命、抗电磁干扰等诸多优势,可实现对飞艇结构连续应变场的监测以及对复杂部件关键应力点的监测。然而,光纤传感器也带来一些劣势,无法对微小初始损伤进行精确捕捉。

4　总结与展望

综上所述,现有临近空间飞艇结构损伤监测与识别研究主要围绕上述三种技术路线展开,然而三种技术路线的优劣势、成熟度各异,因此未来研究趋势及发展潜力有所不同:

(1)基于结构振动的损伤监测与识别方法研究基础较多,但在面对临近空间飞艇大尺寸多动态结构系统高精度建模难度大时,存在识别精度不足乃至误判的情形,因此该路线需要在结构模型物理参数识别与高精度建模方面做大幅度提升才能适用于临近空间飞艇结构的损伤监测与识别。

(2)基于机电阻抗技术的损伤监测与识别方法使用简单,对早期损伤的敏感度较高,适用于临空飞艇结构的初始损伤监测与识别研究。该路线的未来发展趋势在提升传感器结构的可靠性,完善传感器对柔性材料的损伤监测方法研究。

(3)基于光纤传感特性改变的损伤监测与识别方法借助光纤传感器结构灵巧、布线简洁、高效、长寿命、抗电磁干扰等诸多优势,可实现对飞艇结构连续应变场的监测以及对复杂部件关键应力点的监测。其应用尚不丰富,未来研究趋势在于进一步完善微小损伤捕获,传感器与结构一体成型方法。

主要参考文献

[1]　赵达,刘东旭,孙康文,等. 平流层飞艇研制现状、技术难点及发展趋势[J]. 航空学报,

2016,37(001):45-56.

[2] Staszewski W J,Tomlinson G,Boller C. Health Monitoring of Aerospace Structures:Smart Sensor Technologies and Signal Processing[J]. Smart Sensors & Signal Processing,2004.

[3] Park G, Sohn H, Farrar C R, et al. Overview of Piezoelectric Impedance-based Health Monitoring and Path Forward[J]. Shock and vibration digest,2003,35(6):451-464.

[4] Omar A F. Fiber Optic Sensors: an Introduction for Engineers and Scientists[M]. John Wiley & Sons,2011.

[5] Du S Y,Zhang B M. Status and Developments of Intelligentized Aircraft Structures[J]. Journal of Astronautics,2007,28:773-778.

[6] Lee Y S,Chung M J A Study on Crack Detection Using Eigenfrequency Test Data[J]. Computers & structures,2000,77(3):327-342.

[7] Staszewski W J. Intelligent Signal Processing for Damage Detection in Composite Materials [J]. Composites Science and Technology,2002,62(7-8):941-950.

撰稿人：陶国权(北京航空航天大学)

临近空间太阳能无人机超长航时飞行

Ultra-long endurance flight of solar UAV in near space

1 科学问题概述

临近空间太阳能无人机具有航时长、无污染的特点，理论上可以实现“永久”飞行，可广泛应用于对地观测、空中预警、侦察监视、通信中继等军事和民用领域，是当前各国在航空领域的研究热点。与卫星相比，其信号传输损失小、精度高、任务区域规划灵活，生产和运营成本低；与传统飞机相比，其覆盖区域广，留空时间长；与浮空器相比，其操控性好，机动性强。未来战争中，超长航时太阳能无人机将在空间攻防和信息对抗中发挥重要作用，成为空中力量的重要补充，进一步促进空天信一体化发展。然而，太阳能无人机升阻比高、飞行速度低，带来了气动、控制等方面的问题；同时，其设计指标又与能量参数深度耦合，对能源、动力系统提出了新的挑战。太阳能无人机在昼夜飞行时以封闭系统的形式存在，航时取决于各项关键技术的短板，实现超长航时飞行，需要各项子系统共同进步，协同发展。

21 世纪第一个十年(2001—2010 年)，临近空间太阳能无人机的持续飞行时间实现了从数小时到数天的突破。21 世纪第二个十年(2011—2020 年)，学者们开始对各项关键技术开展攻关研究,力求克服技术短板,实现各子系统协同进步。同时,人们对制约各项关键技术发展的难点有了新的认识:①相比于常规无人机,超长航时太阳能无人机总体设计参数与能源及动力系统指标高度耦合,总体设计过程须综合考虑各项指标参数,设计方法相对特殊。②太阳能飞机所处的临近空间具有明显的低雷诺数特性,存在诸多特殊流动现象,如翼型气动效率随雷诺数降低产生的急剧恶化,而柔性蒙皮机翼在低雷诺数下的表现更具不确定性。③太阳能无人机翼载荷通常比常规无人机低 1 ~ 2 个数量级,较低的飞行速度使得太阳能无人机的空速处在与风速相同的量级。稳定的风场会影响飞行轨迹控制,而变化风场会对飞行造成扰动,增加控制难度。④太阳能无人机的能量链中,各环节的能量密度与转化效率制约了其跨昼夜巡航的能力,能源系统效率水平随时间缓慢发展,而传统技术下动力系统的提升空间十分有限。⑤区别于常规无人机,太阳能无人机的飞行姿态和轨迹对能量的输入与消耗存在直接或间接影响,飞行轨迹优化为提升超长航时太阳能无人机的任务可行性提供了又一重要途径。接下来的十年乃至更长时间内(2021—),上述技术难点的突破将成为实现临近空间太阳能无人机更长航时飞行的关键。

总的来说,要实现太阳能无人机在临近空间的超长航时飞行,应以上述技术难点为核心,在多领域开展多维度的科学问题探索:面向总体参数与能量参数的强耦合关系,开展总体设计方法的系统性研究;针对低雷诺数下的特殊流动行为,开展柔性蒙皮机翼流固耦合分析及机理探究;重点考虑变化风场对飞行的扰动效应,开展太阳能无人机横航向控制技术研究;探索先进设计方法,突破低雷诺数螺旋桨效率提升的瓶颈;深入阐释飞行轨迹与能量链的耦合效应,开展飞行轨迹优化研究。

2　科学问题背景

近年来,各国相继推出了规模不一的临近空间太阳能无人机,这些无人机以实现数天乃至数月的不间断巡航飞行为任务目标,能够以较低成本实现通信中继和地面监察功能,堪称“高空伪卫星”。近年来,太阳能无人机的最长连续飞行时间纪录屡次被打破,目前较为先进的机型已实现持续数周的不间断飞行,但距离数月乃至数年的持续飞行仍有较远距离,该类无人机总体性能指标的提升有赖于各项科学问题的共同突破。

随着理论研究的进步和试飞数据的积累,各项科学问题对开展太阳能无人机工程的限制效应开始凸显:①太阳能无人机的设计可行域狭窄且面积小,若总体设计阶段偏离均衡性设计要求,将导致技术难度及研发成本骤增,方案难以闭环;②柔性光伏电池蒙皮在分布式气动载荷作用下发生周期性变形,会对低雷诺数流场演变过程产生不确定性影响,进而导致基于刚性模型的气动分析结论偏离实际工况;③太阳能无人机机翼扭转刚度低,若采用常规控制方式,将导致副翼效率下降甚至反效,严重影响超长航时飞行的操纵品质;④常规构型螺旋桨在低雷诺数下的效率难以突破,对封闭系统内的有限能量造成浪费；⑤不合理的飞行轨迹设计会带来不必要的能量损失，使无人机不间断巡航任务的可行性降低。上述限制效应共同压缩了超长航时太阳能无人机的设计可行域，若不能以科学方法阐释其中的影响机理、采用合理途径全方位解决这些科学问题，将难以使该类无人机的载重量及航时实现质的突破。

由此可见，顺应太阳能无人机发展趋势要求，针对与无人机系统密切相关的科学问题开展研究，有助于突破此类无人机超长航时飞行的技术瓶颈，克服技术屏障带来的短板效应，使临近空间太阳能无人机载荷更重，航时更久。

3 科学问题研究进展

实现临近空间太阳能无人机超长航时飞行，依赖于对各项科学问题的探索与突破。当前，针对各项科学问题已经形成多种可行的技术路线。

3.1 方案总体设计技术

当前开展太阳能无人机总体设计的主流路线包括正向设计路线和逆向设计路线。

(1)正向设计路线的思路是：基于参数敏感性分析和均衡性设计理论，兼顾总体方案可行性与成本因素，广泛调研分系统技术水平发展现状和未来趋势，充分平衡各系统技术难度与影响程度，开展参数均衡设计。基于能量与质量平衡方程，利用多约束边界构建可行域，正向搜索满足输入参数与性能指标的总体设计参数组合，在此基础上进行方案详细设计。

(2)逆向设计路线的思路是：以输入参数和设计目标为导向，基于气动、结构、能源、动力等子系统间的深度耦合关系，权衡各子系统的提升空间与优化方向，探究影响总体方案的客观因素及边界条件，构建多学科优化(MDO)问题，根据期望的优化效果对总体设计参数进行逆向求解，进而开展总体方案详细设计。

正向设计路线存在以下难点：①若对各子系统的技术水平函数估计不足，将大幅提升方案实施成本及难度；②设计结果以可行域形式呈现，难以搜寻全局最优点。逆向设计路线存在以下难点：①子系统间的参数耦合会大幅增加优化难度；②优化设计过程在黑箱中进行，无法直观体现参数间的耦合关系。

总的来说，当设计目标允许在一定范围内浮动时，适合采用正向设计路线，便于在可行域范围内择优选择设计方案，但应以科学的方法开展参数耦合分析与均衡设计；当设计目标是精确的点时，适合采用逆向设计路线，从而得到可行范围内的最优解。

3.2 柔性蒙皮机翼气动特性分析技术

针对柔性蒙皮机翼的气动特性分析，可行的技术路线包括数值仿真和风洞试验两种。

数值仿真路线的思路是：充分考虑低雷诺数流动特性及柔性膜结构的几何非线性效应，构建临近空间太阳能无人机柔性蒙皮机翼流固耦合分析流程，在此基础上深入阐释结构变形与微观流动的相互影响机理，探究此类机翼在膜结构变形、微观流动行为、宏观气动力等方面的表现，进而探索不同参数对该类无人机气动特性的影响规律。

风洞试验路线的思路是：构建柔性蒙皮机翼实验装置，通过合理设计消除翼端干扰，削弱阻塞效应，模拟机翼表面质量与真实湍流环境，开展低雷诺数风洞试验。通过先进试验手段，监测机翼柔性蒙皮变形行为，观测机翼表面流动演变过程，测量不同工况下的宏观气动力与力矩，进而开展流场参数定量分析，阐述变形与气动力的内在联系。

数值仿真路线存在以下难点：①基于低雷诺数问题的经验值进行参数设置，难以对真实工况下的湍流环境进行仿真；②基于光滑曲面开展计算，难以模拟光伏电池对机翼表面造成的粗糙度影响。风洞试验路线存在以下难点：①试验段的翼端效应及风洞阻塞度带来的影响无法完全消除；②在尺度相近及翼载荷相似的前提下，营造低雷诺数试验环境的难度大。

总的来说，数值仿真路线降低了问题研究的复杂程度，便于在机理探索和规律研究的过程中控制变量，提高分析效率，但无法模拟真实工况。而风洞试验路线的研究过程和结论较为直观，便于对真实工况进行模拟，但复杂程度高、难度大。研究该科学问题，有必要将两种技术路线有机结合，取长补短。

3.3　横航向飞行控制技术

目前，太阳能无人机的横航向控制主要有三种路线：一是利用方向舵进行横航向控制，二是利用螺旋桨的差动实现控制，三是利用机翼主动变形实现控制。

(1)方向舵控制路线的思路是：不设置副翼，通过偏转方向舵使机头偏转产生侧滑角，在横向静稳定力矩的作用下使飞机产生倾斜角，从而实现转弯，英国“Zephyr”系列无人机即采用此种控制策略。该控制路线要求飞机横航向具有良好的匹配性，此外还需基于PID控制理论设计由偏航阻尼、滚转角控制和偏航角控制组成的横航向控制器。

(2)螺旋桨控制路线的思路是：多个螺旋桨产生的偏航力矩具有可叠加性，而其他方向的附加耦合力矩很小，因而可以利用螺旋桨差动进行航向操纵，美国“Helios”系列无人机即采用该控制策略。这一思路的研究核心是控制分配与操稳特性，并通过设置动态增益补偿等方式，削弱因螺旋桨动态特性带来的不利影响，提高横航向飞行品质。

(3)机翼主动控制路线的思路是：在大展弦比机翼上安装附加翼面或作动器，通过主动控制使机翼两侧形成扭转角，从而产生用于横向控制的滚转力矩，美国“Apus-30”无人机即采用此种控制路线。该控制路线的核心是机翼刚度匹配与扭转控制设计。

方向舵控制路线存在以下难点：①对无人机横航向匹配要求高，飞机本体设计难度大；②受飞行速度和结构刚度影响，垂尾操纵效率相对常规飞机较低。螺旋桨控制路线存在以下难点：①对全机螺旋桨数量及分布位置有较高要求；②控制逻辑及应急预案较为复杂。机翼主动控制路线的难点在于：光学扭转和弯曲传感器与机翼的集成难度大，机翼结构复杂。

总的来说，方向舵与螺旋桨控制路线的控制能力均存在上限，且都会造成一定的能量损失。若将两种路线进行耦合，所消耗的额外功率将小于单独采用某一种方式，从而有效提高操纵效率。机翼主动控制路线可大幅提高飞机在强湍流区的稳定性，也将是未来研究重点。

3.4 低雷诺数螺旋桨优化技术

低雷诺数螺旋桨优化技术路线包括两种：性能优化路线和匹配优化路线。

(1)性能优化路线的思路是：一方面通过低雷诺数螺旋桨翼型优化设计提高气动效率，研究保持前缘层流流态、抑制层流分离泡产生和推迟分离的技术手段；另一方面通过先进螺旋桨构型设计突破低雷诺数效率瓶颈，探究通过加装格尼襟翼、主动流动控制、桨尖构型设计等手段实现螺旋桨效率显著提升的可能性。

(2)匹配优化路线的思路是：开展低雷诺数变矩螺旋桨设计，基于螺旋桨与电机效率曲线开展耦合分析，考虑无人机在各工况下的功率水平与效能表现，在爬升、巡航、下降等阶段通过优化算法实时为螺旋桨匹配最佳桨矩和转速，充分发挥螺旋桨在各工况下的最佳性能，从而通过匹配设计实现无人机系统整体效率最大化。

性能优化路线的难点在于：①目前，旋转部件低雷诺数翼型的效率已无太大优化空间；②难以克服层流分离泡对螺旋桨翼型的固有影响。匹配优化路线的难点在于：①无法从根源上克服能量短板；②变矩机构复杂，会带来额外的重量及可靠性问题。

总的来说，性能优化路线能从根本上提高系统效率，但技术难度大，工程成本高；匹配优化路线能够最大程度利用能量，但提升效果有限。突破低雷诺数螺旋桨效率瓶颈，须将两种路线有效耦合，合理运用。

3.5 飞行轨迹优化技术

目前，太阳能无人机轨迹优化主要有两个方向，一是对飞行姿态进行优化，二是对飞行高度进行优化。求解轨迹优化问题的路线可以分为间接法路线、直接法路线和伪谱法路线。

(1)间接法路线的思路是：基于 Pontryagin 极大值原理，通过推导最优控制问题的一阶必要条件，将其转化为 Hamiltonian 边值问题，进而完成求解。

(2)直接法路线的思路是：将连续的问题离散化、参数化，采用数值方法直接寻优。具体又可分为只离散控制变量和同时离散控制变量及状态变量两种方式。

(3)伪谱法路线的思路是:通过采用全局插值多项式的有限基在一系列离散点上近似状态变量,采用多项式的导数来近似状态方程中状态变量的导数,且在一系列配点上满足动力学微分方程的约束,将微分方程的约束转化为代数约束。

间接法路线的难点在于:①当求解两点边值问题时,收敛域很小,对初值依赖性高;②当存在过程约束时,间接法难以实施。直接法路线的难点在于:容易收敛得到局部最优解。伪谱法路线的难点在于:处理高维问题时存在龙格现象,对连续但不可导问题需要分段处理。

总的来说,求解轨迹最优问题时,间接法适用于简单问题,直接法容易收敛到局部最优,伪谱法参数少、精度高,但计算量大,求解过程较为复杂。

主要参考文献

[1] Rajendran P, Smith H. Future Trend Analysis on the Design and Performance of Solar-powered Electric Unmanned Aerial Vehicles[J]. Advanced Materials Research, 2015, 1125 (20): 635-640.

[2] 马东立,张良,杨穆清,等. 超长航时太阳能无人机关键技术综述[J]. 航空学报, 2020, 41(3): 623418.

[3] Noth A. Design of Solar Powered Airplanes for Continuous Flight[D]. Suisse: Ecole Polytechnique Fédérale de Lausanne, 2007.

[4] Brandt S A, Gilliam F T. Design Analysis Methodology for Solar-powered Aircraft[J]. Journal of Aircraft, 2012, 32(4): 703-709.

[5] Li C. F, Jiang L H. Review of Near Space Long Endurance Solar-powered Unmanned Aerial Vehicle in Aerodynamic Study[J]. World Sci-Tech R&D, 2018, 40(4): 386-398.

[6] Khot N S, Appa K, Eastep F E. Optimization of Flexible Wing without Ailerons for Rolling Maneuver[J]. Journal of Aircraft, 2015, 37(5): 892-897.

[7] 王睿,祝小平,周洲. 多螺旋桨太阳能无人机横航向操稳特性研究[J]. 飞行力学, 2012, 30(1): 5-8.

[8] Xu M X, Zhu X P, Zhou Z, et al. Exploring an Effective Method of Thrust Allocation for Solar-powered UAV with Multiple Propellers[J]. Journal of Northwestern Polytechnical University, 2013, (4): 505-510.

[9] Mecrow B C, Bennett J W, Jack A G, et al. Drive Topologies for Solar-powered Aircraft[J]. IEEE Transactions on Industrial Electronics, 2010, 57(1): 457-464.

[10] Wang S Q, Ma D L, Yang M Q, et al. 3-D Track Optimization of Solar UAV at High

Altitude[J]. Journal of Beijing University of Aeronautics and Astronautics, 2019, 45 (05):93-100.

撰稿人：杨穆清(北京航空航天大学)　马东立(北京航空航天大学)

临近空间螺旋桨可压缩低雷诺数流动特性与高效宽工况推进设计方法

Compressible low renolds number flow mechanism and design method of near-space propellers for high-efficiency and wide range operating conditions

1　科学问题概述

在20～30km高度，数月～数年定点驻留的平流层飞艇、跨昼夜飞行的太阳能无人机等临近空间低速飞行器，能够突破卫星、飞机和地面长波雷达等的间歇观测、观测距离和观测时间的限制，具有长时或大范围的侦察监视、空中预警、通信中继等重大功能。上述临近空间低速飞行器是“开发和利用临近空间”战略成败的关键，已成为航空强国重点发展的装备。其共同点是使用太阳能和螺旋桨推进系统，螺旋桨是临近空间飞艇和无人机动力推进的主要选择形式，是其关键系统之一。

临近空间螺旋桨系统是否具有高推进效率、大跨高度/宽速域的宽工况特性，将对储能电池与太阳能电池的总配置需求产生严重的影响，并进一步影响能源昼夜需求的平衡、飞行器尺度大小、重量、体积、大跨高度/宽风速的工况适应性、长时驻空、可控飞行和工程制造难度，成为最受关注的焦点。

目前，亟待攻克的基础科学问题有：①亚声速/高亚声速低雷诺数流动特性与推进效率恶化严重问题。与传统航空螺旋桨与旋翼相比，20～30km高度的大气密度极其稀薄，特别是中大功率(≥10kW)临近空间螺旋桨而言，在桨叶中外侧区域存在典型的103～105量级低雷诺数流与高亚声速激波耦合等新物理现象，气流极易分离和不稳定，桨叶径向剖面翼型的最大升阻比、最大升力、失速攻角等特性退化严重，细长体桨叶气动与结构耦合严重，推进效率最大下降近5%，这是20～30km高度临近空间螺旋桨面临的特有基础科学问题与技术挑战，针对低雷诺数螺旋桨气动布局、气动分析与设计、流动控制、试验验证等方法和设计经验都严重不足，已成为制约临近空间螺旋桨长时驻空与可控飞行能力形成的瓶颈；②大跨高度/宽速域飞行的宽工况适用性问题。针对0～30km高度大跨高度、0～60m/s宽速域的苛刻性使用需求，20～30km高度与低空高度的大气密度差异极大，低空时螺旋桨与电机或发动机存在转速、转矩匹配很差的难题，导致低空返场时飞行器抗突风能力严重不足；此外，如何同时兼顾重量轻、高可靠性、长寿命、临近空间极端大气环境使用等性能要求也是临近空间螺旋桨研究所面临的技术难题，上述问题的解决是形成临近空间飞行器具备大跨高度/宽速域可控飞行、长时驻空、定点返场、安全回收等能力的关键。

综上所述，围绕临近空间螺旋桨高推进效率和大跨高度/宽速域可控飞行的宽工况适用性这一重大基础科学问题，亟待提出基于新原理、新思想和理论方法的解决策略和技术路线，揭示关键影响参数及其内在作用机制、性能边界影响规律，构建临近空间螺旋桨系统高增效与大跨高度/宽速域可控飞行的设计理论与方法，为我国飞艇、太阳能无人机等临近空间低速飞行器发展提供关键技术的支持。

2　科学问题背景

在国外，借助空气动力学、结构、流动控制、新材料、工艺和实验技术等最新成果，十年多来，美国 Sky Station 公司和 Lockheed Martin 公司、欧洲空间组织 ESA、荷兰、俄罗斯、日本、韩国等诸多机构先后开展了临近空间螺旋桨基础科学问题研究。例如，美国 NASA Lewis 研究中心等研究机构，从可压缩低雷诺数流气动理论与方法、变密度风洞与高空飞行试验等方面，提出了临近空间螺旋桨专项研究计划，主要包括：专用低雷诺数翼型族研发、专用低雷诺螺旋桨气动分析软件、低雷诺数流动控制、变密度风洞试验技术、低雷诺数翼型和螺旋桨高空试验验证等；总的来说，涉及商业或国防秘密，关于国外临近空间螺旋桨高增效、大跨高度/宽速域设计等文献资料很少。

近 10 多年来，国内先后开展了临近空间螺旋桨总体、低雷诺数高升力翼型与桨叶、流动控制、临近空间环境适应性、临近空间电机等关键技术攻关，提出了小功率临近空间螺旋桨试验测试标准流程，基本突破了小功率（≤10kW）临近空间高效螺旋桨系统关键技术问题，进行了多次临近空间环境飞行验证。

目前，与传统的航空螺旋桨/旋翼空气动力学问题相比，中大功率（≥10kW）临近空间螺旋桨亟待攻克解决的难点问题梳理分析如下：

（1）亚声速/高亚声速低雷诺数流与推进效率恶化严重问题。受制于太阳能板铺设面积有限和太阳能转化效率低，能够获取的能量总功率有限，要求在飞行包线范围内推进效率尽可能高。中大功率临近空间螺旋桨桨叶径向翼型型面涵盖低速-亚声速或高亚声速范畴，且桨叶中外段推力贡献约占 80% 甚至 90% 以上，此外，20km 和 30km 高度大气密度分别为地面的 1/14 和 1/68，桨叶型面处于 104 ~ 105 低雷诺数范畴，甚至会出现 103 ~ 105 量级低雷诺数分离泡与亚声速/高亚声速激波耦合等物理现象，导致桨叶翼型最大升阻比、最大升力、失速攻角等气动特性退化严重，升阻比最大下降 90%，最大升力下降约 50%，气动力特性体现高度的非线性、非定常特征，细长体桨叶气动与结构耦合严重，主工况点的推进效率最大降低近5%，导致螺旋桨系统远不能满足临近空间飞艇或无人机等飞行器长期驻空、大跨高度/宽速域可控飞行的使用要求，显著增加了临近空间飞行器总体设计的难度。目前，可压缩低雷诺数分析模型、流动特性及机理认识、高增效原理、设计理论方法、试验验证方法等均存在诸多缺陷与不足。

(2)大跨高度/宽速域可控飞行的宽工况适用性问题。针对0～30km大跨空域、0～60m/s宽速域范围内的苛刻性使用需求，在设计工况点附近的工作高度和飞行速度范围下，螺旋桨系统具有较高的推进效率；但是，难以保证全飞行包线下电机与螺旋桨匹配性好，高/低空大气密度的数十倍差异，出现螺旋桨与电机或发动机转速、转矩匹配性很差的问题，例如，0～5km低空高度下定距螺旋桨可用功率将仅为额定功率的30%～40%，远不能满足飞行器低空可控飞行对动力系统的高推力要求。目前采取的主要解决策略有：①针对高空、低空使用要求分别配置独立的2套动力推进系统，面临的主要缺陷是多付出1套低空动力系统的重量代价较大、可靠性降低问题；②采用较大的电机/发动机功率冗余策略，最大功率远高出常用功率，其主要缺陷是付出额外的重量代价。

目前，针对临近空间螺旋桨高推进效率和大跨高度/宽速域可控飞行的宽工况适用性这一重大基础科学问题，基于新原理、新思路和新概念的亚声速/高亚声速低雷诺数流与推进效率恶化严重问题、临近空间低雷诺数螺旋桨高增效布局设计、变桨距或变桨径宽工况设计等研究基本很少。此外，针对推进系统减重、高可靠性、长寿命、低气压/高低温昼夜交变/强紫外/臭氧临近空间大气环境、全尺度临近空间螺旋桨系统试验验证等问题，也是必须给予重点关注的相关问题。

3 科学问题研究进展

针对临近空间螺旋桨高增效、大跨高度/宽速域可控飞行的宽工况适用性这一基础科学问题，涉及低雷诺数螺旋桨总体、低雷诺数高升力翼型与桨叶、低雷诺数流动控制、临近空间大气环境适应性、复材结构与减重、高可靠机构、临近空间电机与控制、试验验证等诸多方面，相关研究进展简述如下。

3.1 低雷诺数翼型与桨叶流场与性能分析方法

(1)空气螺旋桨性能的工程估算方法。基于工程算法的螺旋桨性能预报估算方法，主要包括：动量理论、叶素理论、动量-叶素理论、升力线理论、升力面理论等，其优点是计算效率高，一般工况状态下的空气螺旋桨性能预报结果具有较好的工程计算精度，是常规航空螺旋桨性能预报及气动设计的常用手段，缺点是不能提供精确的非定常流动局部信息，无法实现桨叶外形的精细化设计，严重依赖翼型族数据库、设计人员对低雷诺数气动机理的认识深度、经验积累及试验优选，存在一定程度的不确定性和风险性；但是，可为临近空间螺旋桨外形初步设计提供合理的初始构型。

(2)基于CFD技术的翼型与螺旋桨低雷诺数流场及性能气动分析方法。主要采用基于RANS或RANS/LES的低雷诺数翼型与螺旋桨CFD数值模拟方法,引入了自由转捩模型,可进行低雷诺数层流分离、转捩、湍流再附等复杂流动现象的数值模拟,具有较好的计算精度。针对轴向流状态,采取CFD准定常计算策略,而针对侧向流状态,采取非定常CFD计算策略,形成了今后系统开展亚声速/高亚声速低雷诺数流与推进效率影响作用机理、临近空间螺旋桨总体、高增效机理、大跨高度/宽速域综合气动设计等方面的研究基础。

3.2　低雷诺数螺旋桨翼型族设计与试验验证

1)低雷诺数高升力翼型优化设计方法

(1)临近空间螺旋桨桨叶径向型面(翼型)雷诺数范围基本处于104 ~ 105量级,而低雷诺数翼型的大攻角特性、最大升阻比、高升力特性、负攻角特性及非定常气动特性将严重影响到临近空间螺旋桨效率和大跨高度/宽速域的宽工况适应性。

(2)主要考量要素及准则为:适应较宽的马赫数范围、适应104 ~ 105量级低雷诺数范围下较高设计升力系数、升阻比最大设计要求、低粗糙度敏感性、满足几何相似性要求,兼顾重量、结构特性与几何厚度要求。

(3)多种参数化方法、优化方法和代理模型技术,结合XFOIL软件、MSES软件和N-S方程螺旋桨气动分析方法,建立了低雷诺数翼型气动分析与设计方法,基本满足中小功率(≤10kW)临近空间螺旋桨低雷诺数高升力翼型族与桨叶设计要求。

2)专用低雷诺数螺旋桨翼型族的设计与验证

从低雷诺数翼型大攻角特性、最大升阻比、高升力特性、负攻角特性等角度出发,综合考虑高升力、高升阻比、低粗糙度敏感性、几何兼容和气动兼容等设计要求,此外兼顾考虑效率、重量和寿命指标等要求。通过发展专用的低雷诺数螺旋桨翼型族,国内开展了低速低雷诺数翼型风洞验证,国外开展了基于变密度风洞的高/低速低雷诺数翼型试验验证,基本可以满足了中小功率(≤10kW)临近空间高效螺旋桨设计要求。

3)新概念极低雷诺数勺形特殊翼型族

针对极低雷诺数(≤105量级)翼型气动特性显著退化的问题,国内外开展了极低雷诺数勺型翼型气动分析与设计研究,研发了新型的低雷诺数勺型翼型,显著不同于经典常规的低雷诺数翼型,气动力特性非定常特征明显弱化,与典型常规的低雷诺数翼型相比,最大升力系数有较明显提高,升阻比特性提高约30%以上,能够一定程度上提高螺旋桨气动效率,改善了适应20 ~ 30km高度的宽工况性。

3.3　中小功率临近空间螺旋桨高增效设计与试验验证技术

通过基于桨梢小翼、前后对转桨、串列桨、涵道桨、排翼、增升装置、协同射流等的多种临近空间低雷诺数螺旋桨气动增效布局设计技术，与常规航空螺旋桨相比，效率最大可提升约5%；国内外先后开展了临近空间螺旋桨效率试验验证研究，国外主要采用变密度风洞和高空气球或无人机搭载螺旋桨系统的高空效率测试试验，国内主要结合常规风洞、变密度风洞和高原车载试验系统的各自特点，开展临近空间低雷诺螺旋桨效率验证。

3.4 拓展跨高度/宽速域工况适应性的变桨距和变桨径技术

国外已掌握了直升机旋翼变桨距和变桨径技术，变桨距技术成功应用于临近空间飞行器推进系统，针对旋翼桨叶的变桨径技术处于概念研究阶段，尚未工程成功应用案例；国内完成中小功率临近空间变桨距螺旋桨原理样机研制，完成临近空间环境试验验证。

3.5 薄/细/长桨叶外形高保真结构设计方法与工艺

国内外基本掌握了薄/细/长桨叶外形高保真结构设计方法与工艺，建立了体系化测试标准流程，同时满足外形高保真制造、强度/刚度/频率/高低温交变/低气压/湿度/紫外辐射/臭氧等临近空间环境要求。

主要参考文献

[1] Smith M S, Rainwater E L. Applications of Scientific Ballooning Technology to High Altitude Airships[J]. Aiaa Journal,2013,10(6):2003-6711.

[2] Robbins A H, Slate T, Slate R S. The Monocoque Airship Experience-Lessons Forgotten [C]//18th AIAA Lighter-Than-Air Systems Technology Conference. Seattle, Washington, 2009,4(7):2009-2858.

[3] Norris J, Bauer A B. Zero-thrust glide testing for drag and propulsive efficiency of propeller aircraft[J]. Journal of Aircraft,1993,30(4):505-511.

[4] Lt Col Edward B T, Phil D. The paradigm shift to effects based space: near-space as a combat space effects enabler. College of Aerospace Doctrine, Research and Education, Air University,2005.

[5] Brandt J B, Selig M S. Propeller Performance Data at Low Reynolds Numbers[J]. 2011. 10(6):2011-1255.

[6] ZHA G C, PAXTON C. A novel airfoil circulation augment flow control method using coflow jet[C]//Proceeding of the 2nd AIAA Flow Control Conference. Portland, Oregon, USA: AIAA,2004:1-13.

[7] Colozza A, Dolee J L. High-Altitude, Long-Endurance Airships for Coastal Surveillance

[J]. NASA Technical Report, 2005.
[8] Lindstrand P. ESA-HALE Airship Research and Development Program[C]//Proceedings of the Second Stratospheric Platform Systems Workshop. Shinagawa, Japan, 2000.
[9] Greer D, Hamory P, Krake K, et al. Design and Predictions for a High-Altitude (Low-Reynolds-Number) Aerodynamic Flight Experiment[R]. NASA/TM 1999-206579, 1999.
[10] Sullivan JP. Proplet propeller design/build/test final report[R]. Purdue University Report, West Lafayette, Indiana, America: Purdue University, 2005.
[11] J H Xu, W P Song, X D Yang. The Effect of Proplet on Improving the Propeller Efficiency [C]//Proceeding of the Sixth International Conference on Fluid Mechanics. Guangzhou, 2011.
[12] Pastrikakis V A, Steijl R, Barakos G N, et al. Computational aeroelastic analysis of a hovering W3 Sokol blade with gurney flap[J]. Journal of Fluids and Structures, 2015, 53: 96-111.
[13] ZHA G, CARROLL B F, PAXTON C D, et al. High performance airfoil using co-flow jet flow control[C]//American Institute of Aeronautics and Astronautics Inc. 43rd AIAA Aerospace Sciences Meeting and Exhibit. Reno, 2005.
[14] A Rachman, H M Tsai, G C Zha. Application of Co-Flow Jet Concept on Thin Airfoil at High Angle of Attack[C]//In Proceeding of the 3rd AIAA Flow Control Conference, San Francisco, 2006.

撰稿人：杨旭东（北京航空航天大学）　宋笔锋（北京航空航天大学）

变体飞行器的动力学与控制基础问题

Dynamics and control fundamental issues of morphing aircraft

1　科学问题概述

变体飞行器（Morphing Aircraft），或者称为变形飞行器、可变形飞行器、变体飞机等，可以根据不同的飞行任务和飞行环境连续改变自身形状，以获得最佳的气动性能，已经成为未来先进飞行器的重要特征和发展方向之一。采用可变形结构，可以使飞行器减小阻力，提高升力，提高机动性能，减少起降距离，减少油耗，扩展航程，提高升限，在整个飞行包线上保持综合性能最优等。

变体飞行器的变体过程综合了材料结构、飞行力学、气动弹性力学和现代控制理论等多个学科，多个学科交叉融合，相互影响，面临诸多工程问题。变体飞行器的研究内容涉及材料、结构、非定常空气动力学、气动弹性耦合、气动/结构和控制耦合等强非线性问题，给动力学与控制研究带来新的挑战和发展机遇。

(1)新型材料和结构问题。

变体飞行器用柔性、连续、光滑、可控的变形机构替代传统的刚性操纵机构，给材料和结构带来了挑战。如何平衡变形结构重量和可靠性，构造轻质、高承载、易变形的材料和结构，实现连续变形/承载一体化，是亟待解决的工程问题。

(2)动力学不确定性问题。

变体飞行器周围气动流场复杂多变、流场演化机理刻画不足。现有理论分析、计算机仿真和风洞试验等手段难以精确表征变体飞行力学特性。变体飞行器动力学建模精度不足是困扰变体飞行工程应用的关键问题。

(3)时变系统引起的非线性动力学建模问题。

相较于固定构型飞行器，变体飞行器在变体过程中，非定常气动力随着机翼形状发生变化，且惯性、弹性和阻尼特性也同时发生变化，极易诱发不同结构模态参与的多时间尺度的非线性动力学与控制问题，给变体飞行器研究带来挑战。

(4)变形控制与飞行控制的融合问题。

在传统控制系统设计中，变形控制往往独立于飞行控制系统设计，制约了变体飞行器的性能。如何更好地协调变形控制与飞行控制之间的关系，最大程度发挥变体结构赋能作用，是变体飞行器应用的重要问题。

(5)变形/承载一体化材料与结构。

在原有飞行器强度、重量和刚度等的限制下，设计变体飞行器结构是一个巨大的挑战。对机翼蒙皮来说，承载的要求需要蒙皮具有比较高的刚度，而变形的要求又需要蒙皮具有比较低的刚度以及较大的变形量，这一矛盾成为制约可变形蒙皮的关键问题。对驱动器及变形结构来说，在保证驱动器输出力的前提下，使驱动系统尽可能小型化、轻型化是变体飞行器变形结构设计的一个重要力学问题。

(6)变体飞行器动力学不确定性机理分析。

如何从空气动力学理论、精确控制原理和人工智能入手来分析变体飞行器动力学不确定性因素、提炼不同飞行构型下共性力学规律；深度挖掘风洞试验数据和实时飞行数据、实现变体飞行器动力学刻画精度持续提升；构建变体飞行器动力学不确定性机理分析系统理论和数据驱动下动力学精确化方法目前缺乏系统性解决方案。该难题的解决将强化工程实现中变构型力学规律认识，提升飞行器数据驱动下建模精度。

(7)变体飞行器时变系统的耦合动力学及其控制。

在飞行动力学描述中引入高阶偏微分方程来描述非定常气动和结构弹性特性，重点研究变体飞行器耦合动力学与控制这一关键科学问题，考虑结构大范围运动和弹性变形的耦合特性,对非线性结构动力学、流固耦合振动、变体和飞行一体化控制等具体问题进行研究。研究能精确描述变体飞行器气动、结构和控制耦合的建模方法以及适应于控制器设计的降阶建模方法。

(8)基于智能化方法的自主变形决策与协调控制。

研究变体飞行器自主变形决策与飞行控制的协调决策方法,是基于协调控制的变体飞行器动力学模型,在给定飞行环境和任务约束条件下,建立飞行器动力学特性与变形策略之间的有效映射关系,通过研究气动、结构、控制等时变特性、非线性和不确定性多方面耦合变体飞行器的飞行控制问题,来实现类似鸟类的变形与飞行自适应自主协调控制。

2　科学问题背景

传统变体飞行器(如 F14 战斗机等)具有质量大、结构复杂、维修费用高等缺点,大大限制了变体飞行器的发展。智能变体飞行器需要一类具有轻质、大驱动力、大变形等特点的新一代材料和结构来实现,智能材料和结构的出现满足了变体飞行器的需求。20 世纪 90 年代开始,美国等发达国家开展了智能机翼、变体飞行器结构等一系列研究计划,对智能材料和结构在变体飞行器上的应用进行了研究,在小型风洞模型和微小型飞行器上进行了初步实验研究,验证了其在局部变形上应用的可行性。基于智能材料和结构的可变形蒙皮、驱动器、自适应结构等智能可变形结构是变体飞行器发展的关键问题之一。

变体飞行器在跨域高速条件下飞行,气动呈现强非线性、强不确定性和强耦合特征,与此同时,变体飞行器飞行过程中的结构外形变化进一步加剧机体周围流场复杂性和动力学建模不确定性。飞行器变构型结构设计一方面赋能飞行器在线调整气动外形构型、动态匹配作战任务的能力,另一方面也加剧了动力学建模不确定性。前期研究表明,飞行器飞行过程中构型变化将导致建模误差提升 80% ~200% 以上,而动力学不确定性的加剧直接威胁飞行控制稳定和安全,现有控制手段难以应对。

对于变体飞行器,涉及极为复杂的耦合动力学与控制问题,尤其是在宽速域飞行条件下的气动弹性动力学问题。目前,基于多柔体系统动力学方法所建立的飞行器结构模型过于复杂,无法用于非线性气动伺服弹性建模。以美国洛克希德 · 马丁公司研制的具有可折叠机翼的变体飞行器为例,其变体过程对气动力影响很大,导致飞行控制方法仍不成熟,两次演示验证试验均因闭环稳定性不足导致飞行失败。因此,对于变体飞行器,其气动弹性问题是关键科学问题之一。

变体飞行器的协调控制不仅要实现飞行控制,还要进行变形控制。如果将飞行控制与变形控制隔离开,则飞行器局部性能难以达到最优,对于单独飞行控制系统的设计也会带来困难;如果仅将变形控制视为传统飞行控制的简单扩展,则必然影响总体性能,甚至与自主决策相悖。变体飞行器自主变形决策与协调控制问题是变体飞行器的一个基础问题。

3 科学问题研究进展

3.1 变形/承载一体化自适应变形结构

变形/承载一体化结构是智能变体飞行器发展的一个制约难题。在蒙皮方面，目前的解决方案有靠结构实现的刚性仿鱼鳞蒙皮、波纹板蒙皮等刚性蒙皮，但是蒙皮表面仍然不可避免地有缝隙，这对气动性能有一定损耗。以形状记忆聚合物为代表的变刚度蒙皮，可以较好地解决承载和变形的矛盾，但是目前还具有响应较慢等缺点。在内部自适应结构方面，主要有两个轻量化方案，一个是智能驱动器与变形机构相结合，通过结构优化设计实现变形及轻质的要求。利用智能材料和结构实现驱动/承载一体化是自适应结构发展的一个重要方向之一，如形状记忆合金、形状记忆聚合物及其复合材料等智能材料和结构，利用其制成结构件，既能满足飞行器结构对强度的要求，又能通过刺激结构本身发生变形。另一个方案是采用新型的零泊松比、负泊松比蜂窝结构，该结构具有重量轻、可设计、任意变形等特点，有望应用在机翼结构中。

3.2 高性能智能驱动器

利用形状记忆合金、压电材料、磁致伸缩材料等智能材料和结构的驱动特性，将为解决这一问题提供基础和保障。形状记忆合金驱动力大，已经被广泛使用，但因其具有驱动循环响应慢、变形小等问题，因此仍需要进一步对材料改性。压电陶瓷、磁滞伸缩材料等智能材料的特点是输出力大、能量密度高、容易控制，是未来驱动器的一个研究方向，此类材料但是输出位移很小。目前利用此类智能材料可以设计结构紧凑、轻质的线性或者扭转驱动器，同时还可以利用压电陶瓷、磁滞伸缩材料设计小尺寸液压泵，利用液体累加传导智能材料输出的能量，将为变体飞行器减重、提高控制精确性等方面提供基础。

3.3 变体飞行器动力学不确定性机理及精确化

针对变体飞行器的复杂动力学特性，理论分析和计算机仿真缺乏精确刻画机制，计算机仿真对变体构型的动力学刻画精度存在不足。风洞试验费用高、时间周期长、缺乏变构型过程中力学特性动态表征。从空气动力学理论、精确控制原理和人工智能入手，分析变体飞行器动力学不确定性因素，提炼不同飞行构型下共性力学规律，深度挖掘计算机仿真数据、风洞试验和实时飞行数据，构建变体飞行器动力学不确定性机理分析系统理论和数据驱动下动力学精确化方法，为变体飞行器高精度建模提供有效实现途径。本基础科学问题的解决将综合传统建模方法和飞行数据的优势，是实现高精度动力学建模的系统性解决方案。

3.4　变体飞行器时变系统的耦合动力学建模

建立合适的变体飞行器的耦合动力学及其控制理论，精确描述变体飞行器气动、结构和控制耦合的建模方法以及适应于控制器设计的降阶建模方法，解决变体过程中飞行器结构时变效应引起的动力学建模难题。建立结构模态与变体参数之间的映射关系，发展高效的参变气动伺服弹性建模方法；开展多柔体系统动力学模型的降阶研究，提出时变结构气动伺服弹性分析方法和控制方法。

3.5　变体飞行器耦合动力学飞行非线性稳定性分析问题

考虑变体飞行器变形过程的质量与气动力重新分配、飞行器静稳定度大幅变化、平衡点快速改变等，建立气动、结构和控制动力学耦合模型。考虑小扰动线性化、分通道耦合、气动与结构耦合、非定常气动等非线性对于变体飞行器稳定性的影响，研究变体飞行器高阶耦合动力学非线性稳定性分析方法及其控制策略，实现变体飞行器飞控的稳定性。

3.6　基于智能化方法的自主变形决策与协调控制

考虑变形决策动作空间的连续性问题，引入相关智能化方法，建立飞行器稳定性特性与复杂变形策略之间的映射关系，融合动力学模型大范围变化、非定常气动力、弹性动力学、稳定度时变等关键问题，根据自主学习使自身构型达到最优，具备智能决策能力。通过智能化方法实现控制量智能分配，采用分层控制理论等方法实现飞行器变形与飞行的稳定协调控制。

主要参考文献

[1] 冷劲松，孙健，刘彦菊. 智能材料和结构在变体飞行器上的应用现状与前景展望[J]. 航空学报，2014，35(1)：29-45.

[2] Sun J，Guan Q，Liu Y，et al. Morphing Aircraft based on Smart Materials and Structures：A State-of-the-art Review[J]. Journal of Intelligent Material Systems and Structures. 2016，27(17)：2289-2312.

[3] 白鹏，陈钱，徐国武，等. 智能可变形飞行器关键技术发展现状及展望[J]. 空气动力学学报，2019，37(3)：426-443.

[4] Li D，Zhao S，Ronch A Da，et al. A Review of Modelling and Analysis of Morphing Wings[J]. Progress in Aerospace Sciences，2018，100：46-62.

[5] 黄锐，胡海岩. 飞行器非线性气动伺服弹性力学[J]. 力学进展，2021，51(3)：428-466.

[6] Seigler T M, Neal D A, Bae J S, et al. Modeling and Flight Control of Large-scale Morphing Aircraft[J]. Journal of Aircraft, 2007, 44(4): 1077-1087.

撰稿人：冷劲松(哈尔滨工业大学)　孙健(哈尔滨工业大学)　兰鑫(哈尔滨工业大学)
黄锐(南京航空航天大学)　张成(北京理工大学)

商船应急改造与安防设计的理论和方法

Theory and method of emergency reconstruction and security design of merchant ships

1　科学问题概述

党的十九大报告把军民融合发展战略列为“七大战略”之一，明确了军民融合发展战略在国家战略体系中的重要地位。水路交通运输行业对我国经济发展和国防建设具有重要意义，商船应急改造与安防设计是水路交通运输行业贯彻国家军民融合发展战略面临的重大挑战。受到商船类型吨位、航行区域、船舶归属、繁忙程度、使用年限、改造成本等因素影响，商船应急安防改造需要进行“单独”设计，存在“一船一改”“一船一贯”的显著问题，造成商船应急安防改造的效率及通用性大大降低。为全面增强我国商船平时服务、急时应急、战时应战的能力，提升应急安防改造的快速性和有效性，亟须研究通用化的商船应急改造与安防设计理论和方法，解决以下关键科学问题。

(1)多目标协同下商船应急安防功能需求评定机理。

商船应急安防功能需求评定应综合考虑船舶吨位尺度特征、布置形式特点、航行性能和营运经济性等多个方面以及应急安防改造的快速性、通用性和有效性，是一类复杂的多目标协同的综合评估问题。因此，系统研究商船设计建造与应急改造之间的最优化匹配机制，探讨商船营运经济性、应急改造便捷性和安防效能之间的复杂均衡关系，剖析多目标协同下的商船应急安防功能需求评定机理，是目前需要解决的关键问题之一。

(2)安防需求下的商船总体方案拓扑表征方法。

各类商船的尺度线型、布置形式、舱室形状和设备尺寸差异明显，是阻碍商船应急改造通用化和快速化的重要因素。因此，有必要提出基于拓扑表征的船舶总体方案描述方法，简化船舶型线、结构和总布置中包含的复杂几何特征，揭示商船应急安防改造前后船舶型线、结构和总布置方案中的空间结构关系变化规律，探索商船应急安防改造通用拓扑变换机制，并研究构建船舶拓扑表征与船舶几何布局之间的映射模型，为实现商船快速化、规模化应急改造和安防设计提供理论基础。

(3)复合需求下的商船优化设计理论与方法。

综合考虑营运经济性、应急改造便捷性和安防的船舶设计是一类复合需求下的多目标动态优化设计问题,具有设计变量规模庞大、目标函数计算复杂度高、约束条件动态可变等特点,现有船舶设计理论和优化求解算法难以解决。基于商船应急安防功能需求评定方法和商船总体方案的拓扑表征方法,充分考虑新时代背景下对商船的复合需求,系统研究探索安防需求对商船应急改造的驱动机理,提出商船设计建造-日常运营-应急改造-安防应用的动态一体式设计思想和理论;在此基础上,深入剖析商船应急改造和安防设计的数学特征,并结合船舶参数化设计和模块化设计等先进技术方法,构建复合需求下的商船优化设计模型,形成快速化和通用化的商船应急改造和安防设计方法。

2 科学问题背景

随着我国对海洋资源开发和海外利益保护的重视程度不断加强,水路交通运输行业应积极贯彻国家军民融合发展战略,根据《中华人民共和国国防动员法》和《中华人民共和国国防交通法》,在商船的研发、设计和建造中,充分考虑应急安防需要。商船是水路交通运输的重要载体,一般主要考虑的是商业用途,应通过开展相应的应急改造和贯彻安防要求工作,实现水路交通运输的军民融合发展。

目前,虽然商船改造和贯彻安防要求工作已经开展多年,积累了一定的经验,但主要是进行"定制化"设计改造,难以规模化推广。特别是随着新型船舶技术的发展,船型变化显著,原有改造贯彻思路和方法适用性较差,迫切需要研究提出适应新时代特点的商船应急改造与安防设计的理论和方法。

(1)多目标协同下的商船应急安防功能需求评定机理。

在商用船舶研发、设计和建造阶段,通过合理地贯彻安防要求,使其制造完毕后即具备一定的应急功能,在需要时经少量改造甚至不经改造就能直接投入应用,是贯彻军民融合战略思想的必然要求,也是迅速增强商船应急功能的最有效途径。基于前期已有的客货滚装船、油船、半潜船等部分船型应急安防改造经验,持续深化商船应急改造和贯彻安防要求内容研究,深入剖析商船应急改造运用的目标原则和机理规律,探究商船应急安防功能需求评定机理和方法。解决好应急需求和平时经济运营之间的关系,做到科学合理的贯彻改造,既要确保平时运营影响较小、效益高,也能保证应急改造速度快、效率高,需要统筹衡量、科学确定。

(2)安防需求下的商船总体方案拓扑表征方法。

针对商船应急改造和贯彻安防要求技术相对复杂,传统的商船应急改造设计理论通用程度十分有限,需要逐一考虑相关功能模块、预留接口、加装器材的规格、结构、材料、安装方式不同带来的影响,难以对商船设计建造和应急改造进行统筹考虑。因此,针对商船应急改造的主要矛盾，提出协同新船设计建造和应急改造功能需求并易于船舶改造变化表达的船舶总体方案表征方法，是提升商船应急改造快速化、规模化以及贯彻安防要求的重要途径。

(3)复合需求下的商船优化设计理论与方法。

现有船舶设计理论难以在初始的船舶设计建造过程中统筹兼顾后续的应急安防改造需求，无法处理营运经济性、应急改造便捷性和安防效能之间的复杂均衡关系。因此，研究设计建造-日常运营-应急改造-安防应用的一体式动态优化设计思想和理论，结合船舶参数化设计和模块化设计等先进技术方法，提出通用快速的商船应急改造与安防设计方法，有助于全面实现商船平时服务、急时应急、战时应战。

综上所述，多目标协同下的商船应急安防功能需求评定机理研究是本领域亟须解决的关键科学问题之一，也是明确应急安防改造选用何种船舶、贯彻哪些内容、达到什么指标要求的重要前提；安防需求下的商船总体方案拓扑表征方法研究是在初始设计建造过程中兼顾后续改造要求的有效方法和重要手段；复合需求下的商船优化设计理论与方法研究是商船应急改造与安防设计的核心内容，能够有效提升商船应急安防改造的通用性、快速性和有效性，对实现我国水路交通运输的军民融合发展具有重要的战略意义，并且科学价值突出。

3 科学问题研究进展

(1)多目标协同下的商船应急安防功能需求评定机理。

在商船应急改造方面，针对应急保障需求，开展了体系论证研究，目前相关研究正在深化，同时正按照船型开展细化研究。在贯彻安防要求技术内容方面，目前主要集中在运输领域的客货滚装船、油船和工程领域的半潜船、半潜驳，相关的理论和技术研究成果、实践成果、具体应用也多集中于这几类船型。其他船型的研究成果则主要停留在标准层面，缺少实践验证。为了充分利用客货滚装船、半潜船、半潜驳等有限资源，还开展了对多用途船、集装箱船等船型贯彻安防要求的深化研究。目前已经出台了多项相关技术标准，但因为商用船舶贯彻安防要求项目的技术和结构相对复杂，因此这些标准一般只规定需要贯彻哪些内容并提出所需达到的指标，而对于相关功能模块、预留接口、加装器材等的具体内容规定还不够详尽具体，很难达到指导设计、验收和运维的能力。

(2)安防需求下的商船总体方案拓扑表征方法。

英国伦敦大学提出的船舶模块化表示方法、美国海军使用的船舶网络化描述方法、荷兰代尔夫特大学提出的三维填充船舶表示方法以及我国武汉理工大学提出的几何-拓扑表示方法分别在几何和拓扑空间中实现了对船舶布局形式的表征，是船舶传统设计方法和总体设计方案描述形式的重要补充，也为现代船舶设计理论和方法的革新和进步奠定了理论基础。但现有研究尚未统筹考虑商船后续的应急改造需求,无法从本质上揭示商船应急安防改造前后船舶型线、结构和总布置方案中的空间结构关系变化规律。

(3)复合需求下的商船优化设计理论与方法。

船舶优化设计理论的研究目前多集中于多学科尺度论证、船舶型线优化和结构优化等方面,关注的核心技术主要包括参数化建模、计算流体力学技术、有限元分析方法以及最优化求解理论等,针对商船应急安防改造的研究主要侧重于单船设计改造案例的分析,主要包括客货滚装船、油船和工程领域的半潜船、半潜驳等船型,存在系统性不强、通用化较差等问题。从理论和方法层面开展商船应急改造和安防设计的研究相对缺乏。

综上所述,在商船应急安防功能需求评定机理研究方面,目前主要集中对客货滚装船、油船和半潜船、半潜驳等船型开展相关研究,尚未系统全面构建商船应急安防功能需求评定机理和方法;在商船总体方案拓扑表征研究方面,相关研究较少,且均未统筹考虑初始设计建造和后续应急改造两个不同阶段,缺乏能够探索彼此之间拓扑变换机制的有效方法和手段;在商船优化设计理论与方法研究方面,现有研究多是集中于船舶型线优化和结构优化设计两个方面,面向船舶总体方案的优化设计理论和方法还相对较少,并且能够统筹考虑后续应急改造和安防需求的设计理论和方法非常缺乏。因此,逐一破解这些科学问题,对贯彻党的十九大提出的军民融合发展战略具有重要意义。

主要参考文献

[1] 李遂汝,常春伟,张艳萍,等.交通建设贯彻国防要求法规体系建设研究[J].军事交通学院学报,2021,3:9-13.

[2] Wang H,Chen S. An Approach to Ship Deck Arrangement Optimization Problem Using an Improved Multi-objective Hybrid Genetic Algorithm[J]. Mathematical Problems in Engineering,2021,10:1-24.

[3] 张斌.论模块化设计在船舶工程中的应用[J].机械制造,2021,4:16-24.

[4] 李远星.国防交通法规体系配套建设研究[J].国防,2021,6:49-52.

[5] Wang H,Chen S,Luo L. Topological Characterization and Optimization Design for General Arrangements of the Research Vessels[J]. Journal of Coastal Research, 2020, 115(1):391.

[6] 石红霞,卢江,王海兰.国外一些国家开展国防交通工作的制度做法及启示[J].物流技术,2020,39(4):5.

[7] 金梦,王栋,李乃君.浅析长江水路对国防交通现状影响及对策[J].中国水运,2020,9:2.

[8] 胡杰,刘伟,薛白.国防交通军民融合问题浅析[J].国防,2019,(5):78-79.

[9] Schank J F, Savitz S, Munson K, et al. Designing Adaptable Ships: Modularity and Flexibility in Future Ship Designs[R]. RAND Corporation-National Defense Research Institute Santa Monica United States,2016.

[10] 王和文. 新形势下推动民船贯彻国防要求体系发展的思考[J]. 军事交通学院学报, 2015,17(11):22-26.

[11] 孙栋,顾永治,杨世坚,等. 大型动员装备加改装器材系列型谱编制[J]. 军事交通学院学报,2015,17(1):27-30.

[12] 罗翔,常春伟,郭威,等. 民用港口建设贯彻国防要求工作研究[J]. 军事交通学院学报,2013,15(11):6-10.

[13] 李欣. 商船配备武装保安相关法律问题分析及对策研究[D]. 大连:大连海事大学,2013.

[14] 顾因,张晓飞. 浅谈民用船舶的动员改装[J]. 中国修船,2009,22(1):4.

撰稿人:顾永治(陆军军事交通学院)　孙栋(陆军军事交通学院)
胡小霞(陆军军事交通学院)　王丽铮(武汉理工大学)
汪皓(武汉理工大学)

CHAPTER SIX

第 6 章
新型交通系统测试与评价

《中国交通的可持续发展》(2020 年)白皮书提出“以数字化、网络化、智能化、绿色化技术的发展,拓展交通运输高质量发展空间”;《国家综合立体交通网规划纲要》(2021 年)也明确提出“要推进智能网联汽车(智能汽车、自动驾驶、车路协同)应用、推动智能网联汽车与智慧城市协同发展”,基于这些指导意见,整合设立新型交通系统测试与评价方向。该方向关注因计算机、云计算、物联网和新能源等技术的发展而出现的交通系统,重点研究此类交通系统的测试和评价,针对新型交通系统在交通效率提升、交通安全改善、交通系统优化、交通节能减排等方面的表现,结合新型交通系统特点,提出和建立针对新型交通系统测试评价的模型和方法。该方向通过运用车辆在环、交通仿真、最优化等理论和技术,提出有效的新型交通系统测试方法,面向人们对交通系统越来越高的需求,促进新型交通系统的发展和落地实施。

新型交通系统测试与评价主要是对由智能汽车、网联汽车、新能源汽车、自动驾驶和智能船舶等形成的新型交通系统的测试,典型问题包括:智能网联汽车整车交通在环、大规模异构交通流下智能汽车测试、智能网联汽车与交通共性关键技术可信测评、智能汽车决策规划加速测试与量化评估、新能源汽车运行安全风险评估与智能检验、复杂气象环境下自动驾驶在环测试和智能船舶航行测试仿真等。

上述典型问题中,智能网联汽车整车在环测试问题通过虚拟环境下的数字孪生测试场景构建方法、融合多目标物模拟的整车交通在环系统平台构建方法、面向多源虚实融合的协同测试理论与方法开展智能网联汽车测试;智能汽车决策规划加速测试与量化评估问题,针对车辆-环境耦合物理状态流的时空关系演进规律和重构方法、满足要素时空连续合理性的场景构建理论与自动衍生方法、时变物理环境下行驶需求演变机理及其能力边界量化表征方法等分别进行梳理;新能源汽车运行安全评估与智能检验问题深入研究新能源汽车全生命周期性能衰退机理，构建新能源汽车运行安全风险评估与故障诊断模型，突破线上线下协同的新能源汽车智能检验技术，形成在用新能源汽车安全评估与检验技术体系，实现新能源汽车不解体快速自动检验。

测试与评价是新型交通系统落地实施前的重要一步，测试与评价可以发现新型交通系统中存在的问题，估计其对交通系统带来的效益，预判该类交通系统在实际中的表现，据此决定该新型交通是否能够真正应用于实际。

智能网联汽车整车交通在环测试方法

Connected and automated vehicle-in-the-loop testing method

1 科学问题概述

智能网联汽车因其全面的感知、智能的决策和精准的控制，为降低交通事故发生率提供了良好的解决方案，同时更是我国抢占汽车产业制高点，促进行业转型升级、由大变强的重要突破口。目前智能网联汽车正处于由测试示范逐步向量产商用过渡的关键阶段，面临在实际复杂交通运行环境的整车级测试成本高、周期长、覆盖度低、缺乏完善工具链等难题，致使智能网联汽车的上路许可与效能评价成为制约自动驾驶技术落地应用的瓶颈。近年来，世界多国政府、主要智能汽车研发企业和科研机构等在智能网联汽车测试评价领域开展了大量研究，驾驶辅助功能测评体系逐步完善，自动驾驶功能测评体系逐步建立；我国科技部在“十三五”期间重点支持了“自动驾驶电动汽车测试与评价技术”等项目，在测试理论、场景构建、模拟及场地测试等方面取得了显著进展，工信部、公安部、交通运输部也从支撑服务平台、认证管理、示范道路等方面开展了顶层设计与项目支持。

随着车辆智能化等级的提高，现有基于功能模块和单项系统的测试逻辑、方法与工具，已不能适应其面向复杂多变且多要素耦合的交通环境应用的需求，需要基于真实交通场景构建支撑高等级自动驾驶的全新综合测评体系。面向车、路系统智能化程度不断耦合提升过程中的自动驾驶整车级智能评级、缺陷识别、安全认证的测评技术，已经成为当前世界面向高等级自动驾驶测评的研究重点。

西门子、美国国家仪器等公司均针对低等级自动驾驶系统提出了较为成熟的硬件在环测试解决方案；长安大学研发了基于整车在环的自动驾驶汽车室内快速测试平台；上海汽车城、罗德施瓦茨公司等也构建了基于转鼓平台的整车在环测试装备。但目前整车在环测试中的车路耦合作用机制不明晰，平台灵敏度、可靠性及可量化能力较差，且无法在有限物理空间下实现真实交通环境重构与虚实主体重构。

因此,面向智能网联汽车整车交通在环的测试评价技术仍需聚焦并突破车路耦合机理及高精度重复可控实现方法、高精度传感器模型反解方法及三维空间物理信息投影生成方法、虚拟测试场景自动化批量生成及闭环反馈式优化方法、异构多源数据维度下主客观评价方法,进而实现有限物理空间下面向可重复、高动态交通环境的多车协同及虚实融合交互集成测试。

2 科学问题背景

智能网联汽车作为智能运输系统的一个重要组成部分,对于解决当前交通运输中存在的负面问题具有极大的价值和意义。我国政府高度重视智能网联汽车产业的发展。《交通强国建设纲要》(2019 年)提出"加强智能网联汽车(智能汽车、自动驾驶、车路协同)研发,形成自主可控完整的产业链"。《中国交通的可持续发展》(2020 年)白皮书提出"以数字化、网络化、智能化、绿色化技术的发展,拓展交通运输高质量发展空间"。《国家综合立体交通网规划纲要》(2021 年)明确提出,要推进智能网联汽车(智能汽车、自动驾驶、车路协同)应用,推动智能网联汽车与智慧城市协同发展。

当前,智能网联汽车的测试方法与装备已经成为制约智能网联汽车技术发展与落地应用的重要瓶颈。在自动驾驶仿真测试领域,以德国西门子 PreScan 软件、VIRES 公司 VTD 软件等为代表的产品占据了自动驾驶仿真测试商业领域的主导地位,该类软件在车辆动力学建模等方面有着长期积累,在场景建模及材质渲染等方面处于领先地位;针对我国交通环境、规模仿真测试需求,腾讯和百度分别开发了 TAD Sim、Apollo 仿真测试平台,已在多家企业开展部署。在智能性评级、缺陷识别和认证领域,德国 PEGASUS 项目提出了用于自动驾驶开发和测试验证的测试规程与场景;自动化及测量系统标准协会提出了 OpenX 场景数据标准体系;ISO 26262 和 SOTIF 标准重点关注电子电气系统失效故障和功能设计不足导致的自动驾驶非失效风险;国内以公安部交通管理科学研究所为代表的相关机构,在自动驾驶等级划分、自动驾驶测试标准规范、测试牌照认证管理等方面初步形成了中国特色的认证与管理模式。但虚拟仿真、模拟及场地测试均不能较好地解决智能网联汽车测试中存在的数据权威性、测试高效性、场景可重复性等问题。

因此,开展智能网联汽车整车在环技术的研究,对于弥补现有测试方法的不足,提升智能网联汽车测试的效能,以及加速智能网联汽车的产业化落地应用有着极为重要的理论和实践意义。

3 科学问题研究进展

本科学问题涉及虚拟环境下的数字孪生测试场景构建方法、融合多目标物模拟的整车交通在环系统平台构建方法、面向多源虚实融合的协同测试理论与方法等内容,各部分内容的研究进展程度均不相同，故分别进行介绍。

3.1 高还原数字孪生测试场景构建方法

数字孪生测试场景具有可重复性强、测试成本低的优点，但是如何保证场景的真实性和最大化覆盖是当前面临的核心问题之一。Waymo 基于自有的智能网联汽车道路测试数据，尤其是典型事故场景或避险场景构建出测试场景，包括了 47 项基本能力测试场景和 37 类事故前场景。欧盟 ASSESS 项目、德国 PEGASUS 项目、英国 CATA-PULT 项目和上海自然驾驶试验项目均进行了相应场景数据的采集。在这种基于真实驾驶数据回放的测试场景，其场景生成能力有限，且临界危险场景覆盖度低。因此，需要研究基于海量真实驾驶环境数据的场景关键特征要素提取及其分布的重要度评价方法和基于场景语义信息的全要素测试场景自动化生成方法。

此外，在真实的道路交通环境中，车辆的行为会受到人-车-路-环境-信息的组合影响，依靠多类功能场景可以重构此类任务组合。Bagschik 等基于本体论对任务层级进行表征，并应用知识图谱生成技术实现了功能场景的自主生成。但是相关研究也存在着较为严重的数量冗余问题，尚不能直接应用于智能网联汽车的整车交通在环测试。因此需要研究基于深度学习等前沿技术的测试场景具象化、时空连续化生成方法。

3.2 融合多目标物模拟的整车交通在环系统平台构建方法

整车交通在环系统平台主要包括了多目标物模拟、整车级系统平台、多源异构传感器暗箱等部件。其中多目标物模拟以群体式运动控制的方式实现车辆感知范围内交通要素(交通标志、信号灯、自行车、行人、机动车)的实物模拟。部分学者应用多智能体协同控制方法，如 MADDPG 算法、蚁群智能算法、强化学习方法等进行多目标物模拟。为了实现更加精准的目标物模拟，需要在提升线控机器人底盘控制精度、降低响应时延、提升室内定位精度的基础上，研究异质群体系统协同控制方法。

整车级系统平台用于还原测试时的车路耦合过程，为测试过程提供必要的路面附着系数模拟和姿态模拟，并且实时测量车辆的运动信息。传统的整车级系统只能对车辆的纵向运动进行测量和模拟，长安大学研发了世界首台横纵向一体化整车级系统平台，MTS 公司基于旋转式履带研制了整车级系统平台。由于测试车辆质量较大，测试时前轮转动惯量较大，现有整车级平台的转向跟随精度和附着系数模拟精度还需要进一步提高。需要研究基于模型预测控制和自抗扰算法的整车级系统平台高精度控制方法。

多源异构传感器暗箱是实现整车交通在环测试的重要基础。以数字孪生测试场景得到的语义传感器数据为基础，部分学者采用传感器反解算法得到传感器物理信息，驱动相应的信号发生器和放大器实现传感器物理信息生成。目前对于超声波、毫米波、视觉传感器暗箱的研究和装备应用已经较为成熟,但是对于激光雷达暗箱的研究尚处于空白阶段。多线激光雷达在智能网联汽车的定位和感知中发挥着重要作用,亟须对多线激光雷达的暗箱模拟方法展开研究。

3.3　面向多源虚实融合的加速测试理论与方法

由于整车交通在环测试系统中的组成部件均具有高度可重复性,为了提升测试效能,需要对多源虚实融合条件下的加速测试理论与方法展开研究。加速测试即通过一定的技术方法,实现加速测试进程、提升测试效率的目的。Eckstein 等学者提出了基于典型场景的循环迭代模型,通过复现、测试、筛选实现了典型用例测试,在确保测试覆盖范围的前提下降低了测试频次。Zhao 等学者基于自然驾驶数据,应用重要性抽样方法,在虚拟测试环境中放大危险临界场景出现的概率,从而在相同的测试里程下出现较多的危险临界场景,实现了加速测试。现有的加速测试理论和方法均面向虚拟测试,由于实车的运算和执行过程无法加速,因此亟须研究和突破面向整车交通在环的加速测试理论与方法。

主要参考文献

[1] Batsch F, Kanarachos S, Cheah M, et al. A Taxonomy of Validation Strategies to Ensure the Safe Operation of Highly Automated Vehicles[J]. Journal of Intelligent Transportation Systems. 2020, 18:1-20.

[2] Codina E, Friedrich B, Soriguera F, et al. Modeling, Simulation and Evaluation of Transport Scenarios in the Presence of Innovative Solutions[J]. Transportation Letters. 2021, 13(3): 149-50.

[3] Huang W, Wang K, Lv Y, et al. Autonomous Vehicles Testing Methods Review[J]. In 2016 IEEE 19th International Conference on Intelligent Transportation Systems(ITSC), 2016.

[4] Jesenski S, Stellet JE, Branz W, et al. Simulation-Based Methods for Validation of Automated Driving: A Model-Based Analysis and an Overview about Methods for Implementation[R]. In 2019 IEEE Intelligent Transportation Systems Conference (ITSC), 2019.

[5] Junietz P, Wachenfeld W, Klonecki K, et al. Evaluation of Different Approaches to Address Safety Validation of Automated Driving. In 2018 21st International Conference on Intelligent Transportation Systems (ITSC), 2018.

[6] Nalic D, Mihalj T, Bäumler M, et al. Scenario Based Testing of Automated Driving Systems: a Literature Survey. InProc. FISITA Web Congr, 2020.

[7] Neurohr C, Westhofen L, Henning T, et al. Fundamental Considerations Around Scenariobased Testing for Automated Driving. In 2020 IEEE Intelligent Vehicles Symposium (IV), 2020.

[8] Ulbrich S, Menzel T, Reschka A, et al. Defining and Substantiating the Terms Scene, Situation, and Scenario for Automated Driving. In 2015 IEEE 18th International Conference on Intelligent Transportation Systems, 2015.
[9] 余荣杰,田野,孙剑. 高等级自动驾驶汽车虚拟测试:研究进展与前沿[J]. 中国公路学报,2020,33(11):14.
[10] 余卓平,邢星宇,陈君毅. 自动驾驶汽车测试技术与应用进展[J]. 同济大学学报(自然科学版),2019.

撰稿人:赵祥模(长安大学)　王振(长安大学)

智能网联汽车与交通共性关键技术可信测评

Common key technologies for trustworthy testing and evaluation of intelligent connected vehicles and its impact on transportation systems

1　科学问题概述

系统、全面的测试是推动智能网联技术进步的重要基础和核心保障。场景化的虚拟仿真测试已成为智能网联汽车安全性测评和其对交通系统影响测评的核心方法论,构建场景驱动的快速测试技术与测试优化方法,研发智能网联汽车共性关键技术(如环境感知与认知、行为预测、规划决策、数据通信、大规模路网交通系统建模等)在线测评平台(网站),为智能网联汽车共性关键技术研发提供统一、公开、透明、可信的测试与评价服务,可为各类智能网联技术研发相关提供横向测评基准,加快推动智能网联技术,尤其是高等级自动驾驶(Highly Automated Vehicles, HAV,特指 L3 级及以上自动驾驶技术)落地。

目前国内外 HAV 测试评价研究,面临以下技术挑战:①场景覆盖度低。由于涉及实际人、车的路采方式采集效率较低,现有存量路采数据无法可信刻画自然驾驶环境下场景对应的关键参数分布,尤其由于“长尾问题”,无法捕捉大规模路网人机混驾环境中充足的极端场景样本。②仿真工具弱。现有仿真工具无法处理大规模路网人机混驾交通场景,且无法合理描述背景车流与被测车的复杂交互,而这恰恰是反映智能网联汽车能力的重要的、有挑战性的场景。③测试效率低。智能网联事故往往发生在关键测试场景中,如高风险场景、能力极限场景和未知风险场景等。因此,场景化测试应重点提升此类关键场景覆盖率与暴露率,实现在场景空间中进行快速搜索与择优的能力。④评价指标单一。现有评价指标中忽略了智能网联汽车渗透率升高后对交通系统整体影响的评价。

上述缺陷制约自动驾驶测试技术的研发与落地,智能网联研发厂商及高校等研发机构多采用内部研发的系统对产品进行测评,缺乏统一公开的在线测评平台(网站)。亟须场景驱动的自动驾驶测试技术方法创新和技术突破,为各类自动驾驶算法提供统一可信的公开测试服务。

2　科学问题背景

《智能汽车创新发展战略》中明确"完善测试评价技术"是预防与减少开放道路测试中事故,提升智能汽车对交通系统运行能力的正向影响的重要手段,是加速推动智能汽车规模化生产和市场化应用的主要任务。HAV 大量应用人工智能、深度学习等算法,输出结果具有不确定性,表现为 HAV 安全性非单调变化,使得针对高级驾驶辅助系统的基于规则(rule-based)的测评方法不再适用。场景化(Scenario-based)测评已成为 HAV 决策规划测评的核心手段。此外,由于低成本、快速、高安全保障等特点,虚拟测试已成为场景化测评的必由之路。

围绕场景化虚拟测试的概念,全球各地纷纷开展相关测试场景、方法、工具的研究。如 PEGASUS(德国)、Enable S3(欧盟)、SIP-adus(日本)等政企研合作机构提出统一公开的场景化智能汽车产品测评流程,并公开相应的测评场景库。学术界则主要借助公开场景库与轨迹数据集,如以上机构提供的场景库,以及 highD、inD、Interaction、NGSIM 等轨迹数据集,开展决策规划研发与测评。

智能汽车场景化测评的核心在于保证测试场景准确率和覆盖率的同时,定向构建关键测试场景,并设计考虑对交通系统运行能力的影响的综合评价体系,最终建立统一互信的公开测评平台。以上国际组织提出统一公开的场景化自动驾驶产品测评流程,并公开相应的测评场景库,但并未依托场景库形成公开测试平台。

为实现公开测试平台(网站):①在测试场景方面,简单地基于公开场景库的虚拟测评无法满足场景动态要素的覆盖度要求。实现基于存量路采数据的场景批量化、自动化派生的主要手段,提升场景,尤其是高风险场景覆盖度,是解决场景覆盖度的必然方法。然而,由于交通场景人车路环境紧耦合、要素动态时空关联、交通参与者行为随机性强等特点,自动派生场景,尤其是在可信描述大规模路网场景中的交通参与者等动态元素方面,仍然存在较大挑战。②在测试工具方面,需要研发具有处理大规模异构人机混驾交通场景能力,以及车辆复杂交互能力的仿真工具。③在测试方法方面,需要研发可应对大规模交通路网高维场景空间中"参数组合爆炸"难题的先进测试优化方法,以解决一般场景化测试中(甚至在高并发大规模云测试中)场景随机、大部分场景重复、关键场景暴露率低等引发的超长测试周期难题。④在评价方法方面,需要进一步在偏宏观层面上,评价 HAV 对交通路网整体运行效率带来的影响。

3 科学问题研究进展

针对智能汽车场景化虚拟测评需求，为形成完整、快速的场景化测评方法以及公开、统一、互信的虚拟测评系统，达到“场景可泛化”“仿真可互信”“测试可加速”“评价可互认”的测评目标，是其唯一出路。其中，可泛化：提出满足交通元素耦合关系逻辑自洽的场景自动泛化派生方法；可互信：研发描述大规模路网人机混驾车辆深度交互过程的仿真工具；可加速：针对高维参数空间的关键场景形成快速搜寻能力；可互认：形成结果多方认可的多维评价体系，目前学界已有如下研究进展：

(1)针对测试场景覆盖率低的问题，其核心解法在于在确保场景提取、场景重构合理性的前提下，研发保障派生场景动静态要素合理性的场景自动衍化派生方法。在场景多样性、复杂时空连续交互性和随机性作用下，自动派生场景面临着诸多挑战，其中最大的挑战是难以保证场景的合理性，即证明该场景在现实世界中是可能发生的，是自动驾驶汽车可能遇见的。保证场景合理性需要在描述场景时不仅要关注场景元素，更需关注元素间的时空动态联系，包含场景内的动静态元素间相互适配。针对以上问题，学界有基于生成对抗网络的场景自动派生，以及基于本体论的场景自动派生等尝试。

(2)针对仿真工具能力弱的问题，其核心解法在于研发描述大规模人机混驾车群复杂交互的交通仿真工具。大规模人机混驾环境中场景要素众多，尤其人机混驾条件下车辆复杂动态交互行为机理解析不明。其难点在于设计多要素并发的动态并行交互机制，突破多模式车辆连续交互的分布式在环仿真控制技术。针对这一问题，学界尝试采用动态博弈论理论、深度学习、强化学习等方法，对车辆动态交互行为建模。同时，需构建具有大规模路网快速运算能力及车辆精细化轨迹输出能力的中观交通仿真模型，在单车及道路系统层级分别快速评价 HAV 影响。

(3)针对测试效率低的问题，其核心解法在于研发基于测试优化的高维场景空间加速测试方法。交通测试场景参数组合万千，即使在虚拟测试环境中仍面临遍历式测试不可行的难题。因此需要开发测试优化算法，在场景空间中快速寻找关键场景。测试优化方法是高并发云仿真测试的重要补充，目前测试优化方法往往在低维条件下表现良好，而在高维环境下(即大规模优化问题，Large-Scale Optimization，LSO)则表现不佳(如在一定时间内无法收敛等问题)。针对高维参数空间关键场景的快速搜索以及事故率快速计算，典型研究进展包括面向关键场景的自适应搜索方法、面向自然驾驶条件下事故率评估的重要度采样方法、面向场景高覆盖的最小组合测试等。

(4)针对评价指标单一的问题，其核心解法在于在评价指标中纳入智能汽车对交通路网整体运行效率的影响。为构建具有智能汽车单车驾驶行为仿真能力的、面向大规模路网运行效率评价的交通仿真工具，需解决智能汽车驾驶行为数据获取、驾驶行为模型标定、路网动态交通分配、仿真模型框架设计等问题。尤其在大规模路网测评中，需重点考虑构建大路网快速计算能力的仿真模型。相关典型研究包括构建具有大规模路网快速运算能力及车辆精细化轨迹输出能力的中微观交通仿真及动态分配模型，在单车及道路系统层级分别快速评价 HAV 的影响。由于最新的智能汽车驾驶行为数据集属于相关公司核心机密，当前学界的研究工作尚无法获取最新数据进行驾驶行为模型标定。

通过以上关键科学问题的解答，搭建统一公开的在线测评平台（网站）。针对模型在环或软件在环虚拟测试工具链，建立车辆仿真工具与中微观交通流仿真的数据通信协议，实现多工具同频加载、实验数据实时传输，实现 HAV 在虚拟复杂交通运行环境中的决策规划和动态推演；同时加载场景自动派生以及测试优化方法，实现功能整合。最终形成远程虚拟测评服务系统，为 HAV 决策规划提供安全性测评以及对交通路网影响的测评。针对这一挑战，研究前沿包括德国慕尼黑工业大学开发的 CommonRoad 测评网站，然而该测评网站针对被测物及高精地图的接口设计较为复杂，被测物的合规呈交需克服较高技术门槛，其所组织的 HAV 规控器竞赛总体参与度较低。

综上所述，现有智能汽车虚拟测试研究主要围绕基于场景的测试技术路线展开。其通过减少冗余的测试场景、增加关键高风险场景的测试频率，有效提升了测试效率。然而，面向统一公开虚拟测评平台（网站）的搭建，针对场景的测试，尤其是针对智能网联汽车对交通路网影响的测评，仍然需要解决来自测试场景、测试工具、测试方法、评价方法等各方面的技术挑战。

主要参考文献

[1] 余荣杰，田野，孙剑，高等级自动驾驶汽车虚拟测试：研究进展与前沿[J]，中国公路学报，2020，33(11)：125-138.

[2] 孙剑，田野，余荣杰，自动驾驶虚拟仿真测试评价理论与方法[M]. 北京：科学出版社，2023.

[3] Sun J，H Zhang，H Zhou，et al. Scenario-Based Test Automation for Highly Automated Vehicles：A Comprehensive Review and Paving the Way for Systematic Safety Assurance [J]. IEEE Transactions on Intelligent Transportation Systems. 2021，10：3136353.

[4] Schwarting W，A Pierson，et al. Social Behavior for Autonomous Vehicles [J]，Proceedings of the National Academy of Sciences of the United States of America，2019，116(50)：24972-24978

[5] Feng S，X Yan，H Sun，et al. Intelligent Driving Intelligence Test for Autonomous Vehicles with Naturalistic and Adversarial Environment [J]. Nature communications，2021，12(1)：1-14.

[6] Lai J,J Hu,L Cui,et al. A Generic Simulation Platform for Cooperative Adaptive Cruise Control under Partially Connected and Automated Environment [J]. Transportation Research Part C:Emerging Technologies,2020,121:102874.

[7] Bagschik G,T Menzel,M Maurer. Ontology based Scene Creation for the Development of Automated Vehicles. 2018 IEEE Intelligent Vehicles Symposium (IV). Reusable Launch Vehicles and Its Key Technologies 2019,07:33-44.

[8] Amersbach,Christian,Hermann Winner. Defining Required and Feasible Test Coverage for Scenario-based Validation of Highly Automated Vehicles [J]. 2019 IEEE Intelligent Transportation Systems Conference (ITSC),2019.

[9] 杜飞,徐超,鱼则行. 可重复使用运载器结构健康监测技术研究进展[J]. 宇航学报,2019,40(10):1177-1186.

[10] Zhao D ,H Lam,et al. Accelerated Evaluation of Automated Vehicles Safety in Lane Change Scenarios Based on Importance Sampling Techniques [J],IEEE Transactions on Intelligent Transportation Systems 2017,18(3):595-607.

撰稿人：田野(长安大学)　徐志刚(长安大学)　胡笳(同济大学)
孙剑(同济大学)

智能汽车决策规划加速测试与量化评估方法

Acceleration test and quantitative evaluation method of intelligent vehicle decision planning

1　科学问题概述

随着自动驾驶等级不断提高,面向传统汽车的测试评价方法已不能满足智能汽车需要。从测评需求角度来看,自动驾驶领域技术的测试评价研究,面临三大科学问题:①车辆-环境耦合物理状态流的时空关系演进规律和模型重构方法。实际车辆行驶过程中,场景要素复杂,环境干扰强烈,智能汽车实际行驶环境状况具有较强的不确定性,难以重复且不可预测,这对后期测试场景复现和重构带来严峻挑战。②满足要素时空连续合理性的场景构建理论与自动衍生方法。智能汽车研发过程中具有高安全性、高可靠性等性能要求,其测试应覆盖尽可能多的极端场景、危险场景和特殊场景等,然而这类场景在实际车辆行驶过程中出现比例低,难以形成系统、有效、足量的测试用例覆盖,极限工况小样本性和自动驾驶高安全性之间矛盾突出。③时变物理环境下行驶需求演变机理及其能力边界量化表征方法。智能汽车各个环节系统间相互耦合,性能评价标准不明晰。现有评价方法难以对整车表现或单一性能作出客观量化的评价结果,难以对智能汽车的性能开发做出精准有效的科学性指导与优化。

这是智能汽车测试评价领域亟待解决的重要科学问题,制约着智能汽车决策规划技术的迭代发展,亟须测试评价领域的方法创新和技术突破。开展针对智能汽车决策规划的加速测试与量化评价的研究势在必行。

2　科学问题背景

伴随着新一轮科技革命的发展,智能汽车已成为各工业强国战略竞争的技术高地。智能汽车作为一个复杂的信息物理系统,包含感知认知、决策规划和控制执行等诸多环节。当前针对智能汽车决策规划领域的研究成果多以发表论文、专利为主,对行业技术发展的作用难以直接有效体现,亟须建立针对智能汽车领域的公共测试平台,开展第三方独立的测试评价,对各成果的技术水平进行标准化衡量和公开排名,并作为科研成果技术评审的重要依据。

因此,针对智能汽车决策规划建立科学完善的测试评价体系,是保障智能汽车行驶安全、提高决策规划算法研发验证效率的基础核心技术,是健全智能汽车标准、推动行业技术创新的重要保障。

然而,由于智能汽车技术涉及领域广,包括车辆、信息通信、计算机、人工智能、大数据等,具有典型的深度交叉学科融合特征,相较传统汽车,其性能往往表现出涉及面宽、测试条件要求高、评价项目界定难等诸多特点。美国 Waymo 公司研究表明,为了验证智能汽车行驶的安全性,理论上需要数百亿公里测试里程。智能汽车的测试场景复杂多变,传统实车场地测试方法难以满足智能汽车复杂测试需求。智能汽车测试环境构建,主要依赖车辆、行人和非机动车等模型装置,在专业实验场内布置实施,存在测试场景简单、测试效率低下,测试成本高昂、安全风险大等一系列制约,难以满足智能汽车测试覆盖面和测试效率的需求;现有智能汽车决策规划测试方法中,基于虚拟的测试方法通过嵌入系统开发的各个环节,进行海量的场景测试,验证智能汽车功能的边界,具有测试场景数量多、效率高、成本低的特点,但测试结果的可靠程度极大取决于模型的准确性与场景的真实度。基于实车的测试方法在实际情况中验证系统边界,探究未被虚拟测试中考虑到的新场景,增加测试真实度。其中公开道路测试方法可保证车辆测试环境与实际道路场景的高度一致,但测试成本高,可重复性差、场景不可控等问题使得公开道路测试仍难以全面开展并获得准确的测试结果。智能汽车云端在线测评系统是未来公共测评的技术形式,在国内,多家企业逐渐发力对自动驾驶模拟仿真平台的研发与商业化应用,如百度 Apollo 仿真平台是一个搭建在百度云和 Azure 的云服务,可以使用用户指定的 Apollo 版本在云端进行仿真测试。腾讯自动驾驶仿真平台 TAD Sim 利用游戏技术实现自动驾驶仿真场景的高还原度。华为自动驾驶云服务 Octopus 与华为 MDC、智能驾驶 OS 联合，共同组成车云协同的智能驾驶平台，云服务 Octopus 向开发者提供包括数据服务、训练服务、仿真服务在内的三大服务。目前这些平台在场景的覆盖度及多体动力学仿真方面仍亟待完善。

在评价技术方面，现有评价体系仍以针对传统汽车为主，包括汽车碰撞安全、主动安全功能等相关评价体系，缺少针对智能汽车各环节与整车的相对全面的评价项目和指标体系。而智能汽车由于其涉及技术的广泛性，在评价过程中需通过不断筛选优化评价指标，建立多层次、多维度的指标评价体系，并结合科学合理的评价方法进行量化评价。

3 科学问题研究进展

为提高智能汽车的测试过程的速度，有必要通过智能汽车的虚拟场景仿真加速测试与量化评价手段，达到加快测评进程、提高测评效率的目的。随着自动化等级的提高，智能汽车的测试场景也随之变得多样，从而造成测试用例和测试场景数量成几何倍数剧增。因此，本书针对车辆-环境耦合物理状态流的时空关系演进规律和重构方法、满足要素时空连续合理性的场景构建理论与自动衍生方法、时变物理环境下行驶需求演变机理及其能力边界量化表征方法等分别进行梳理。

(1)针对满足要素时空连续合理性的场景构建理论与自动衍生方法，其核心在于基于特征参数显著性的场景定义与提取方法，探索场景参数空间自组织的重构理论。智能汽车在测试过程中，被测车辆本身会对周围场景要素，包括其他交通参与者等动态要素产生明显影响，测试车辆与周围行驶环境之间相互作用形成交互闭环。因此，测试车辆应作为测试场景中不可分割的一部分，与周围行驶环境构成测试场景的整体。智能汽车测试场景的内涵其本质是智能汽车与其行驶环境各组成要素在一段时间内的总体状态流的动态描述，其组成由期望检验的智能汽车功能所决定。测试场景可认为是智能汽车行驶性能与环境情景的有机组合。基于典型场景的循环迭代模型，充分利用虚拟仿真平台的高效性，将从自然驾驶数据、事故数据等初始数据中提取的大量用例在虚拟环境中进行复现、测试、筛选，研究基于特征参数显著性的场景定义与提取方法；挑选其中可用于在环仿真测试的典型用例，将这些典型用例经硬件在环测试，进一步验证和筛选，得到其中可用于封闭场地测试的用例；解析虚拟与场地测试双向映射机制，将少量的、典型的测试用例在真实环境中进行验证。通过以上各个阶段的验证和筛选，可以显著降低真实环境的使用，同时满足功能验证的需求。此外，结合虚拟场景自动生成技术对模型进行改进，在虚拟仿真的测试阶段，利用场景自动产生技术生成海量测试场景，进一步扩大数据的来源。

(2)针对时变物理环境下行驶需求演变机理及其能力边界量化表征方法，其核心在于基于交通行为原理和人车路耦合响应机制，构建智能汽车量化评价方法和评价指标体系。智能汽车在行驶过程中，各个环节相互制约，驾驶能力与不确定物理环境因素相互耦合，对车辆行驶态势的更新和衍化产生重要影响，过程中面临着性能评价标准不明晰，评价指标单一等问题。研究智能汽车多维度性能的量化评价指标体系构建方法，需要基于感知和认知性能评价指标集，构建感知认知评价指标体系架构表，建立基于综合评价隶属度的阶梯评价模型，研究感知评价和认知评价的指标权重分配方法，建立智能车感知认知性能的分层评价等级指标体系。确定评价指标求取权重方法，对指标进行归一化处理，对可用性进行等级划分，运用模糊网络方法建立智能驾驶系统可用性评价模型，再通过可用性模型建立相关系数分析。根据智能汽车核心算法开发的过程，对感知算法、决策算法、控制算法及智能汽车测试评价方法进行分层分析，通过分层分析，建立智能汽车感知-决策-控制性能的评价指标，并构建分层多级综合评价模型和指标体系。构建完善全面的智能汽车感知-决策-控制评价体系是其中的关键核心技术。

(3)针对车辆-环境耦合物理状态流的时空关系演进规律和重构方法，其核心在于智能汽车测试场景的加速测评实现方法，及其云端在线自动化测试系统设计与部署方法。随着智能汽车等级的不断提高，智能汽车测试从单一功能和节点的测试变为复杂多节点的综合测试。测试场景变得无限丰富、极其复杂、不可预测、不可穷尽等，道路测试已不能覆盖智能汽车所面临的全部情况。由于测试场景可以显著丰富，测试效率提升巨大，具有工况可重复性好，计算速度快，资源消耗率低等优势，因此，虚拟仿真测试逐渐成为测试的主要发展方向。

进一步地，智能汽车云端在线测评系统包括多样化的实车交通场景数据库、统一规范的信息架构和接口、云端部署的在线测试与评价系统，对标准化智能汽车测试评价具有重大推动意义。智能汽车云端在线测评系统的核心在于研究云端在线测评系统的建设与部署方法，包括：研究场景数据的批量化联合标注方法，构建实车交通场景原始数据库。建立云端在线测评系统多层级软件架构，研究智能汽车感知-决策-控制算法信号接口设计方法，研发支持多用户并发的智能汽车在线加速测评系统平台。研究分布式集群部署、优先级调度算法以及云平台系统管理方法。通过分布式集群部署提高平台的运行速度，研究负载均衡算法提高云平台的可用性；云平台系统管理从维护系统安全出发，包含用户认证、信息加密、资源隔离等内容，以保障云平台的平稳安全运行。

主要参考文献

[1] 余卓平，邢星宇，陈君毅. 智能汽车测试技术与应用进展[J]. 同济大学学报(自然科学版)，2019，47(04)：540-547.

[2] Wachenfeld W, Winner H. The Release of Autonomous Vehicles[M]. Springer Berlin

Heidelberg,2016.

[3] Eckstein L, Zlocki, A. Safety Potential of ADAS: Combined Methods for an Effective Evaluation[C]. 23rd International Technical Conference on the Enhanced Safety of Vehicles (ESV). Seoul:Springer,2013:1-7.

[4] Tatar M, Mauss J. Systematic Test and Validation of Complex Embedded Systems[C]. Embedded Real Time Software and Systems. Toulouse:[s. n.],2014.

[5] Zhao D. Accelerated Evaluation of Automated Vehicles[D]. Michigan: University of Michigan,2016.

[6] Jeyabharathi D, Dejey D. Vehicle Tracking and Speed Measurement System(VTSM) Based on Novel Feature Descriptor:Diagonal Hexadecimal Pattern(DHP)[J]. Journal of Visual Communication and Image Representation,2016,40:816-830.

[7] Jinhui, Lan, Jian, et al. Vehicle speed measurement based on gray constraintoptical flow algorithm[J]. Optik - International Journal for Light and ElectronOptics,2014,125(1): 289-295.

[8] 牛成勇,苏占领,吴昆伦,等. 汽车前撞预警系统传感器测距精度测试与研究[J]. 汽车工程学报,2019,9(05):373-379.

[9] 隗寒冰,曹旭,赖锋. 智能汽车环境感知算法测试评价系统开发[J]. 中国机械工程,2018,29(19):2298-2305.

[10] 朱冰,张培兴,赵健,等 基于场景的智能汽车虚拟测试研究进展[J]. 中国公路学报,2019,32(6).

撰稿人：高博麟(清华大学)

新能源汽车运行安全风险评估理论与智能检验方法

Operational safety risk assessment theory and intelligent inspection method for in-use new energy vehicles

1 科学问题概述

随着汽车产业的绿色能源革命,我国新能源汽车产销量、保有量跃居世界首位,但运行安全问题也不断凸显,迫切需要强化对电安全、动力电池安全、整车安全等运行安全性能的检验。目前,针对在用新能源汽车运行安全性能的快速检验技术还处于空白。为实现新能源汽车安全风险预测与缺陷特征快速识别,攻克电安全、动力电池安全、整车安全等运行安全性能检验关键技术难题,在新理论、新方法和新技术方面突破技术瓶颈,一系列关键科学问题有待研究。

1.1　如何揭示新能源汽车全寿命周期运行安全性能衰退机理

新能源汽车运行安全性能包括电安全、动力电池安全、整车安全,这些安全贯穿着新能源汽车的整个寿命周期。然而行驶里程、运行工况、环境、驾驶行为等多因素的耦合作用使得整车、动力电池、电机、电控的安全性能衰退机理变得尤为复杂,因此新能源汽车全寿命周期运行安全性能衰退机理成为关键。现有的衰退机理集中在动力电池,对电机、电控涉及较少,未见考虑新能源汽车使用特性的三电系统衰退机理研究。因此,科学、准确的新能源汽车全寿命周期安全性能衰退机理是目前亟须解决的关键科学问题之一。

1.2　如何构建新能源汽车运行安全风险评估与故障诊断模型

新能源汽车运行安全风险评估与故障诊断模型包含电机、动力电池、电控等关键部件安全风险评估与故障诊断模型。现有运行安全风险评估模型没有考虑环境、工况等多种因素对健康与安全状态的影响,应用场景存在局限性;评估模型间的差异化风险评判指标不清晰;故障诊断模型存在适用性差、鲁棒性低、特征参数数据库不完善、故障表征映射关系不明晰等问题;没有针对多种老化衰退形式构建覆盖多时域、多地域的关键部件全寿命周期健康状态模型。因此,如何构建合理可靠的新能源汽车运行安全风险评估与故障诊断模型是目前亟须解决的关键科学问题之一。

1.3　如何建立线上线下协同的新能源汽车智能检验方法

新能源汽车动力电池、电机、电控等多部件协同运行增加了车辆复杂程度和故障检验难度。国内外在新能源汽车检验方面研究多集中于新车认证安全性能测评以及电气系统、动力电池等部件安全性能评价,主要适用于车辆定型阶段的实验室检验。目前,缺乏车辆运行全寿命周期安全检验技术系统性研究及核心检测技术。因此,如何利用线上-线下多维数据建立新能源汽车运行安全隐患辨识与智能检测方法是亟须解决的关键科学问题之一。

2　科学问题背景

近年来,随着汽车工业的飞速发展,能源消耗及环境污染两大问题日益凸显,世界各国对环境和能源问题更加重视,使得新能源汽车成为促进未来世界经济持续增长的重要抓手和引擎。当前,我国新能源汽车保有量和产销量居世界首位,并呈高速增长态势。然而新能源汽车事故率高、运行安全隐患突出,影响人民群众生命财产安全,传统燃油车评估与检验理论无法适应新能源汽车需求，亟须建立针对新能源汽车运行安全的评价理论和技术体系。目前，新能源汽车运行安全风险评估理论与智能检验方法主要存在以下三个技术瓶颈：

(1)新能源汽车全生命周期性能衰退机理难题。新能源汽车全寿命周期的安全性能衰退机理是研究车辆行驶安全的基础，也是预测分析车辆故障的核心技术之一，科学准确的衰退机理是新能源汽车运行安全风险评估方法的核心。国内外现有研究多集中于开发与新车认证相关的安全性能测评等理论技术，缺乏使用环节全寿命周期安全的系统性研究，特别是针对电安全、动力电池安全等新能源汽车全寿命周期内运行安全性能衰退机理研究不足，无法支撑新能源汽车运行安全性能的全面评估。

(2)新能源汽车运行安全风险评估与故障诊断模型难题。新能源汽车运行安全风险评估与故障诊断模型包含电机、动力电池、电控等关键部件的安全风险评估与故障诊断模型。现有电机、动力电池、电控等关键部件失效诊断以及安全风险评估模型的适用性差、鲁棒性低等问题有待解决。由于未深入探究环境状况、充电行为、行驶工况等多种因素对关键部件健康状态的复合影响机制，缺乏从时空耦合、驾驶行为等多维视角对关键零部件常见故障进行分析，全运行工况下安全风险评估指标选取合理性有待提升，因此现有方法难以针对多种老化衰退形式构建覆盖多时域、多地域的关键部件全寿命周期故障关联耦合规则和健康状态模型，导致无法实现快速、无损、高精度的健康状态在线评估和故障诊断。

(3)线上线下协同的新能源汽车智能检验技术难题。新能源汽车整车电气集成化程度高、系统部件耦合关联度大、运行安全状态复杂，现有检验手段车型覆盖面窄、局限性大、测试周期长，缺乏针对整车级、系统级的新能源汽车运行安全性能检验的理论与技术。同时，部分电气化故障仅在特定工况下出现，检验项目固定、时效性要求高的线下整车检验难以实现全行驶工况的覆盖。目前还未见对整车级、系统级协同检验项目、检验工况快速制定技术相关研究。基于运行大数据的分析是新能源汽车运行安全检验的核心关键方法，目前国家和企业均建立了新能源汽车数据监测平台，但均未开展系统的运行状态监测和行驶安全检验研究。因此目前还无法实现利用线上长时间历程与线下高频率域数据对新能源汽车进行快速不解体智能检验。

综上所述，针对新能源汽车运行安全风险评估与智能检验难题，亟须深入研究新能源汽车全生命周期性能衰退机理，构建新能源汽车运行安全风险评估与故障诊断模型，突破线上线下协同的新能源汽车智能检验技术，形成在用新能源汽车安全评估与检验技术体系，实现新能源汽车不解体快速自动检验，对于提升我国新能源汽车运行安全水平，保障新能源汽车产业健康、快速发展具有重要意义，科学价值显著。

3　科学问题研究进展

(1)针对新能源汽车全寿命周期运行安全性能衰退机理问题的研究,目前主要围绕基于知识的方法、基于信号处理的方法和基于解析模型的方法三种。①基于知识的研究方法是目前研究的热点,主要是利用深度学习、机器学习等智能算法与线上大数据结合分析多重耦合条件下汽车安全状态影响因素,通过建立新能源汽车安全性能表征参数集,分析不同表征参数间的统计相关性。但是,目前要建立较为全面的新能源汽车安全性能表征数据集需要的积累及验证时间较长,现有模型较为简单,对数据之间的复杂交互逻辑关系难以分析,常用的智能算法对庞大数据量分析得到的结果也并不可靠,亟须开发将线上-线下数据结合功能完善的智能算法来全面研究新能源汽车动力电池、电机、电控及整车的全寿命周期运行安全性能衰退机理。②基于信号处理的研究方法主要是从车载传感器中提取与车辆安全性能相关的信号,再将信号特征加以处理和分析。通过运行安全性能表征参数提取与辨识,挖掘不同工况、环境、驾驶行为等因素影响下,新能源汽车整车、动力电池、电机、电控等方面的数据行为特征,再结合关键部件老化衰退机理分析车辆的运行安全性能衰退机理。该研究方法在实际应用中所涉及新能源汽车系统较为复杂,会导致信号量过大,同时该方法缺少统一的评价体系来衡量汽车安全性能情况及研究策略的有效性,因此在研究效率和准确性方面有待提高。③基于模型的研究方法主要是利用仿真软件对新能源汽车关键部件进行建模来分析其安全性能衰退机理,新能源汽车在运行过程中由于多种因素的耦合作用使得实际情况与理想存在偏差导致该方法所得结果准确性低,但具有一定的理论参考价值。

(2)针对新能源汽车运行安全风险评估与故障诊断模型构建的问题,国内外研究人员主要从动力电池和驱动电机两个方面展开研究。①新能源汽车动力电池安全风险评估模型主要包括:经验模型、性能模型、电化学模型。经验模型需要很长的实验周期,模型适用性差。性能模型较为直观,具有明确的物理意义,但是在反应电池内部信息方面具有一定的局限性。电化学模型通过模拟电池内的电化学反应过程准确地估计电池的健康状态,但是模型参数的获取难度大,难以建立相对精确的模型,实际应用难度高。目前构建新能源汽车动力电池故障诊断模型方法主要有:参数辨识法、状态估计法和等价空间法。参数估计法的诊断准确度主要依赖于数学模型,且输入信号不能是离散的。状态估计法的准确度主要依赖于被诊断系统的数学模型,且诊断时间长、效率低。等价空间法实质上是通过对比数学模型和实际系统中输入输出信号间的冗余关系的差异对故障进行诊断分离,但是在非线性系统中难以发挥作用。②新能源汽车驱动电机安全风险评估方法主要有专家系统、贝叶斯网络、人工神经网络等方法。专家系统可以应用已有的知识和经验对驱动电机的健康状态进行评估,可解释性强,但是其设计需要大量的规则且可移植性差。贝叶斯网络算法虽然原理较简单,但是对输入数据的表达形式很敏感。较其他状态评估方法而言,基于神经网络的智能方法自学习能力、非线性映射能力、并行计算能力强,只需进行样本训练就可由实际数据直接开展评估,但是人工神经网络的可解释性较差。新能源汽车驱动电机故障诊断方法主要通过构建故障电机等效模型来实现的,常用的模型包括磁等效电路模型和数字仿真模型。磁等效电路模型可以用来模拟离散绕组分布、定子槽等,主要应用于电气故障诊断。数字仿真模型,如有限元模型,是永磁同步电机故障诊断中使用最广泛的模型,可以同时考虑物理和几何细节,适用于大部分类型的永磁同步电机故障仿真。有限元模型具有较高的准确性,但计算成本高,仅适用于离线故障分析。

(3)针对新能源汽车智能检验方法研究,主要包含基于线上大数据的检验方法和基于线下实车数据的检验方法两类。①基于线上大数据的检验方法是利用车辆长时间历史数据,通过统计分析、机器学习等方法对车辆运行状态进行估计,该方法需要建立车辆运行大数据服务平台。目前,国外仅有部分车企建立了远程数据互联服务平台,如德国大众推出汽车云平台。在我国,工信部开发了新能源汽车国家监测与管理平台,实现 500 万辆新能源汽车接入,并开展运行状态监测和行驶安全性研究,但目前尚未应用运行大数据开展运行安全性能检验的系统性研究。②基于线下实车数据的检验方法是利用专用装备模拟道路工况,并采集特定工况下的实车数据,通过检验模型综合评判车辆运行状态。该方法可以获取高频的实时检测数据,因此可进行更为细致的故障分析,利用专用装备可以模拟特定路况,复现车辆故障时的状态,检验过程更加具有针对性。但是,该方法需获取新能源汽车整车及关键部件运行状态参数,由于新能源汽车没有统一的 OBD 通信协议,目前尚未推广应用。

主要参考文献

[1] Spotnitz R. Simulation of Capacity Fade in Lithium-ion Batteries[J]. Journal of Power Sources,2003,113(1):72-80.

[2] Takei K,Kumai K,Kobayashi Y,et a1. Cycle Life Estimation of Lithium Secondary Battery by Extrapolation Method and Accelerated Aging Test: 10th International Meeting on Lithium Batteries[C]. Como:Elsevier,2001.

[3] 时玮. 动力锂离子电池组寿命影响因素及测试方法研究[D]. 北京:北京交通大学,2014.

[4] 王震坡,孙逢春,林程. 不一致性对动力电池组使用寿命影响的分析. 北京理工大学学报,2006,26(07):577-580.

[5] Gogoana R Pinson MB, Bazant MZ, et a1. Internal Resistance Matching for Parallel-connected Lithium-ion Cells and Impacts on Battery Pack Cycle Life[J]. Journal of Power

Sources,2014,252:8-13.
[6] 刘龙.锂离子动力电池健康状态评估模型研究[D].长春:长春工业大学,2016.
[7] 钱启政.基于优化长短期记忆网络的锂电池健康评估[D].武汉:武汉科技大学,2021.
[8] 都磊.基于深度学习的动力电池故障诊断研究[D].哈尔滨:哈尔滨理工大学,2023.
[9] 梁思远.基于稀疏表示的永磁同步电机故障诊断方法研究[D].成都:电子科技大学,2023.
[10] Brady J, O'Mahony M. Development of a driving cycle to evaluate the energy economy of electric vehicles in urban areas[J]. Appl Energy. 2016,177:165-178.
[11] Shuo Z,Rui X. Adaptive Energy Management of a Plug-in Hybrid Electric Vehicle based on Driving Pattern Recognition and Dynamic Programming[J]. Appl Energy. 2015,155:68-78.
[12] XiaoDong L, Jian M, Xian Z, et al. Integrated Component Optimization and Energy Management for Plug-in Hybrid Electric Buses[J]. Processes. 2019,7(8):477-499.
[13] Chen Z,Xiong R,Wang K,et al. Optimal Energy Management Strategy of a Plug-in, Hybrid Electric Vehicle based on a Particle Swarm Optimization Algorithm[J]. Energies. 2015,8(5):3661-3678.
[14] Xie S, He H, Peng J. An Energy Management Strategy based on Stochastic Model Predictive Control for Plug-in Hybrid Electric Buses[J]. Applied Energy. 2017,196:279-288.
[15] Hong J,Wang Z,Liu P. Big-data-based Thermal Runaway Prognosis of Battery Systems for Electric Vehicles[J]. Energies,2017,10(7):919.
[16] Hong J, Wang Z, Chen W, et al. Synchronous Multi-parameter Prediction of Battery Systems on Electric Vehicles Using Long Short-term Memory Networks[J]. Applied Energy,2019,254:113648
[17] Li X,Wang Z,Yan J. Prognostic Health Condition for Lithium Battery Using the Partial Incremental Capacity and Gaussian Process Regression[J]. Journal of Power Sources, 2019,421:56-67.
[18] Zhao Y,Liu P,Wang Z,et al. Fault and Defect Diagnosis of Battery for Electric Vehicles based on Big Data Analysis Methods[J]. Applied Energy,2017,207:354-362.
[19] Wang Z,Hong J,Liu P,et al. Voltage Fault Diagnosis and Prognosis of Battery Systems based on Entropy and Z-score for Electric Vehicles[J]. Applied energy,2017,196:289-302.

撰稿人:赵轩(长安大学)

复杂气象环境下自动驾驶在环测试方法

Traffic-vehicle-human-in-the-loop based test method for automated vehicle in complex weather environment

1 科学问题概述

当今世界汽车行业正面临着产业结构的巨大转变，随着高精度传感、移动互联、大数据、云计算、人工智能等技术的发展，自动驾驶系统及其相关产业链正逐步改变传统汽车产业结构，“软件定义汽车”已成为汽车产业发展的新方向。随着软件系统在汽车中占比的不断增大，面向传统汽车机械系统及少量电气系统的测试方法已无法满足高等级自动驾驶汽车的安全性验证需求，如何保障自动驾驶汽车的安全性成为制约其量产上路的重大阻碍。推动建立科学完善的测试方法对提高自动驾驶研发效率、健全技术标准和法律法规、推进产业创新发展至关重要。

相较于传统汽车，自动驾驶汽车的测试主体由“人-车”二元独立系统转变为了“人-车-环境”的强耦合系统，测试场景及测试任务难以穷尽。“环境”作为测试的新成分，在自动驾驶的测试过程中占据着最为重要作用，尤其是“复杂气象环境”可同时影响感知系统精度、决策系统规划、执行系统操作，贯穿自动驾驶汽车各系统工作状态；此外现有汽车硬件在环测试难以覆盖智能汽车预期功能安全，智能汽车硬件在环测试和实车场地测试之间出现严重断层。研究“复杂气象环境”下的自动驾驶汽车实物在环的测试方法对保障自动驾驶安全性具有重要的应用价值和产业意义。

早期的自动驾驶汽车测试多针对单一节点、单一功能，且测试流程多采用场地测试的方法，无法对气象环境进行有效控制，因此对于复杂气象条件下的自动驾驶汽车测试研究内容较少。随着自动驾驶相关技术的发展，自动驾驶功能不断增加、设计运行区域不断扩大，复杂气象环境下的表现已成为衡量自动驾驶算法优劣的重要依据。当前，针对复杂气象环境下的自动驾驶汽车仿真测试方法主要存在以下三大瓶颈：①缺乏高置信度仿真测试模型，仿真测试模型包含两部分：环境模型及传感器模型，当前环境模型多采用简单模型，仅能表现天气的基本状态，无法对气象环境的细节进行精确展示。同时，传感器模型亦多以理想模型为主，尚未建立精确且高效的考虑不同天气环境影响的物理模型。②无对应的测试场景生成方法，现有测试场景生成方法多以车辆运动状态作为主要生成参数，例如车辆速度、车辆制动减速度、车辆位置等，较少考虑天气要素的影响，且缺乏分析复杂天气环境要素对车辆运行状态的影响机理，难以映射真实复杂气象条件下的车辆运行状态。③随着车辆自动化等级的提高，智能系统负责执行的动态驾驶任务趋于复杂化，人机交互及多种自动化等级车辆混行的交通状态是自动驾驶部署必然面临的挑战,单车驾驶模拟器及封闭场地场景复现测试已无法满足交通车辆的交互仿真测试需求,以此开发验证智能车辆将致使其在复杂交通环境下的安全性难以保证。

2 科学问题背景

截至2021年5月,Waymo已累计测试里程超过3200万km,Apollo也已经进行了超过1000万km的测试,然而这些测试里程大多位于良好的气象条件下,以谷歌为例,其大部分测试位于加州郊区、亚利桑那州和得克萨斯州奥斯汀市这些不具挑战性的天气环境中。随着自动驾驶功能的逐步完善,复杂气象环境下的自动驾驶运行情况得到了越来越多的关注,谷歌最近宣布未来将在提供冰雪天气的密歇根州诺维市进行自动驾驶汽车的测试,我国各地也在纷纷建设可控天气条件(降雨、降雪)的自动驾驶测试试验场,例如长安大学测试试验场、盐城试验场等。

研究复杂气象条件下的自动驾驶在环测试主要存在以下意义:①自动驾驶汽车的测试重点在于Edge Case和Corner Case,即参数边界的场景和无法被预料的场景,复杂气象环境构建的场景大多属于Corner Case的范畴,属于测试的重点项目;②我国疆域辽阔,暴雪、暴雨、雾霾、沙尘暴等极端天气在我国高频出现,自动驾驶在我国的大规模应用必须能够同时适应我国东北地区长时间冰雪、东南地区的持续降雨、西部地区的高寒、中部地区的雾霾等极端环境;③道路测试无法有效控制天气状况,场地测试虽然天气一定条件下可控但是成本高、效率低;仿真测试效率高、成本低、测试周期短、覆盖场景范围丰富,在未来测试体系中占据着重要地位。然而当前复杂天气情况下的仿真测试还存在着较多的问题,构建科学完善的复杂气象条件下自动驾驶汽车在环测试体系可以完善自动驾驶安全性验证流程、明确自动驾驶应用边界、增加消费者信任程度,是推动自动驾驶汽车市场化的必然之举。

3 科学问题研究进展

复杂气象环境自动驾驶在环测试方法共分为三部分重点内容,分别为复杂气象环境构建、自动驾驶仿真测试方法和自动驾驶评价方法,对应的关键科学问题为:高置信度仿真模型构建、基于复杂气象环境的测试场景生成和人-车-交通环境的实物在环测试平台研发。

3.1 高置信度仿真模型构建

高置信度仿真模型是保障仿真测试正确性的基础,在复杂天气环境条件下的自动驾驶测试过程中,关键模型包括天气环境的建模与高精度传感器/执行器的建模。

天气环境模型大类可以分为光照条件建模、降雨条件建模、降雪条件建模、雾霾条件建模、强风条件建模。当前天气环境模型多以基础功能的实现为目标，例如当前主流商业场景仿真软件中，降雨天气和降雪天气可调节的参数为雨滴在大地坐标系下三个方向的速度、雨滴的密度、雨滴的直径、雨滴在镜头上划过的距离，由于缺乏分析降雨过程中对自动驾驶汽车感知系统的实际影响，很多关键参数并未进行实际建模，例如雨滴谱拟合模型中的雨滴大小分布情况、雨滴形状情况，雨滴落在挡风玻璃上的形状变化。当前一些学者已经发现了现有商业软件天气模型的不足，开始根据天气实际特征和对自动驾驶的影响针对性地建立仿真模型。一些学者应用液膜模型和拉格朗日粒子模型在某款 SUV 的基础上进行了雨水仿真，分析了车辆侧窗、后视窗、前挡风玻璃上的表面液流分布情况，同时分析了车身外流场对于雨滴运动趋势的影响；另有一些学者在封闭试验场内建立了降雨模拟和降雪模拟环境，设计多种测试工况采集不同降雨等级、不同降雪等级环境下不同车速、不同目标物的图像数据，通过图像整体质量评价指标和特征点提取评价指标从不同角度对采集的图像进行详细分析，量化评估了雨雪对视觉感知的影响。

高精度传感器/执行器模型包括毫米波雷达模型、激光雷达模型、超声波雷达模型、相机模型、V2X 模型、制动系统模型、转向系统模型。现有商业软件模型在传感器模型方面多以理想模型为基础，执行系统模型多以车辆整体模型为基础。以激光雷达模型为例，现有商业软件多使用几何模型对雷达进行模拟，在几何模型搭建过程中，使用计算机图形学方法，通过场景裁剪、可见判断、遮挡判断、位置计算的流程对激光雷达的感知情况进行模拟，在这一阶段过程中，没有考虑天气等外界条件的影响。在激光雷达实际工作过程中，不同的天气状况会对雷达的工作效果造成很大影响，例如降雨、降雪、雾霾等不同天气条件粒子都会影响激光雷达的感知效果，降低雷达感知距离。学者们已经考虑到天气对感知系统的影响，开始针对性地根据天气环境的特点构建复合感知系统工作特征的几何模型。一些学者以真实激光雷达作为模型基础，构建了易于标定的激光雷达方程形式，根据雨、雪、雾、霾等不同天气特征建立了经验化的大气衰减系数与传输效率模型；还有一些学者根据毫米波雷达的实际工作状态，通过包围盒的形式建立感知模型，在此过程中添加不同天气状态的传输效率模型，从而搭建较为准确的毫米波雷达物理模型。

天气环境模型与感知/执行系统模型相互支撑、相互影响，形成明显的“短板效应”，二者必须同时满足仿真需求才能保证仿真过程中的真实性和可靠性。根据测试需求，对于高置信度仿真模型的构建仍存在以下问题亟待解决：①现有天气模型未充分分析自动驾驶系统工作状态，缺乏某些影响自动驾驶系统运行过程的关键参数建模；②现有商用软件传感器模型未充分考虑天气特征，未能构建完整的考虑不同天气要素特征的精度高、运算速度快的集成式物理模型；③天气模型须与感知/执行系统模型相互配合，构建同时满足仿真精度的天气-感知一体化仿真测试平台是未来商业化软件发展的必然趋势。

3.2　基于复杂气象环境的测试场景生成

在构建高置信度的仿真模型之后，便可以根据真实驾驶情况或场景危险程度，对可影响自动驾驶安全性的关键场景进行生成。现有生成方式多以目标优化的方式，以结果为导向进行关键场景的生成，生成过程缺乏考虑场景要素自身属性，尤其是复杂天气环境的影响，无法充分利用先验知识。

现有的测试场景生成体系主要分为组合测试、重要性采样、优化搜索与机器学习四种体系，且生成的场景要素多以车辆运动状态为基础。组合测试方法在软件系统测试过程中得到了广泛应用，该方法通过不同要素间的组合实现场景的遍历生成或有条件生成；重要性采样的方法以自然驾驶概率为基础，通过似然函数的构建增大危险场景的发生概率实现测试过程加速；优化搜索方法以测试结果为导向，通过梯度下降等方式对测试场景参数进行优化生成，提高危险场景的发生概率；机器学习的方式通过学习测试过的场景参数信息，对后续生成的场景参数进行指导。上述几种测试方法无法充分利用测试场景的先验知识，缺乏分析场景本身的要素属性，仅以自然驾驶概率或试验结果为指导，进行后续测试场景参数的生成，一定程度上降低了测试效率。通过分析场景自身参数属性将其危险程度作为测试场景生成的先验知识，得到了越来越多学者的认可。一些学者通过分析不同测试场景要素对自动驾驶子系统的影响层级及影响效果，建立了测试场景危险程度预估体系；一些学者将层次分析的方法应用于场景要素权重的判断过程之中，通过权重的组合确定场景的危险程度。

基于现有的研究内容可以发现，基于复杂气象环境的测试场景生成方法尚需考虑解决如下问题：①现有方法未深入分析不同天气要素对自动驾驶子系统的影响机理，缺乏理解自动驾驶行为与天气间的交互机制；②以结果为导向的测试场景生成未能充分利用场景要素的先验知识，一定程度上浪费了计算效率。

3.3　人-车-交通环境的实物在环测试平台研发

人-车-交通环境实物在环测试平台的研发需要对测试场景进行高精度建模与复现，PanoSim、dSPACE、TASS PreScan、AVSimulation SCANeR studio 等企业均开发了具有高精度车辆动力学模型、交通环境模型等的智能车辆测试工具链，不同工具链侧重的测评对象不一而足，或是针对感知传感器建模与测试具有较好的应用，或是擅长于测试车辆动力学性能。就实车场地试验而言，国外学者提出了以虚拟现实技术融入场地实验，对危险工况下智能汽车的性能进行测试。

现有关于人-车-交通环境实物在环测试平台的研究多基于单车驾驶模拟器开展，对于驾驶员与车辆的交互关注较多，而多自动化等级车辆混行是自动驾驶部署过程必然面临的交通状态，针对交通车流的交互模式进行研究，建立兼顾模型精度与计算效率的人车环境强耦合系统模型，构建融合多智能体安全与预期功能安全的智能汽车验证技术是未来交通生态一体化实物测试验证平台研发的关键。

通过研究现状可以发现，人-车-交通环境的实物在环测试平台研发存在以下问题需要解决：①现有研究多基于单车驾驶模拟器开展；②现有自动驾驶车辆测试工具链，不同工具链侧重的测评对象不一而足。

4 总结与展望

综上所述，现有的复杂气象环境自动驾驶汽车在环测试方法主要围绕上述三项研究重点展开，然而上述研究均存在一定的不足之处，无法形成一套完整的复杂气象环境条件下的自动驾驶汽车在环测试流程体系。未来需对现有研究存在的痛点、难点进行针对性突破，形成完整的安全性验证流程，推动自动驾驶汽车的量产上路。

主要参考文献

[1] 李克强，戴一凡，李升波，等. 智能网联汽车（ICV）技术的发展现状及趋势[J]. 汽车安全与节能学报，2017，8(01)：1-14.

[2] 徐向阳，胡文浩，董红磊，等. 自动驾驶汽车测试场景构建关键技术综述[J]. 汽车工程，2021，43(4)：610-619.

[3] 朱冰，张培兴，赵健. 面向多维度逻辑场景的自动驾驶安全性聚类评价方法[J]. 汽车工程，2020，42(11)：1458-1463.

[4] 李茹，马育林，田欢，等. 基于熵值和 G1 法的自动驾驶车辆综合智能定量评价[J]. 汽车工程，2020，42(10)：1327-1334.

[5] 张英朝，袁伟平，郑镇雨，等. 汽车雨水管理的数值仿真与评价[J]. 汽车工程，2021，43(3)：437-441.

[6] Hasirlioglu S，Riener A. A General Approach for Simulating Rain Effects on Sensor Data in Real and Virtual Environments[J]. IEEE Transactions on Intelligent Vehicles，2019，99：1-1.

[7] Koopman P，Wagner M. Autonomous Vehicle Safety：An Interdisciplinary Challenge[J]. IEEE Intelligent Transportation Systems Magazine，2017，9(1)：90-96.

[8] Menzel T，Bagschik G，Maurer M. Scenarios for Development，Test and Validation of Automated Vehicles[C]// 2018 IEEE Intelligent Vehicles Symposium (IV). 2018.

[9] Wald S，Mathy T，Nair S，et al. ATRIUM：Test Environment for Automotive Radars[C]// 2020 IEEE MTT-S International Conference on Microwaves for Intelligent Mobility (ICMIM). 2020.

[10] Christensen A, Cunningham A, Engelman J, et al. Key Considerations in the Development of Driving Automation systems [C]. 24th International Technical Conference on the enhanced safety of vehicles. New York: NHTSA, 2015: 1-14.

[11] Najm W G, Smith J D, Yanagisawa M. Pre-Crash Scenario Typology for Crash Avoidance Research [J]. Dot Hs, 2007: 767.

[12] M Koren, S Alsaif, R Lee, et al. Kochenderfer, Adaptive Stress Testing for Autonomous Vehicles, 2018 IEEE Intelligent Vehicles Symposium (IV), 2018: 1-7.

[13] Deliparaschos K M, Santha G, Fragonara L Z, et al. A Preliminary Investigation of an Autonomous Vehicle Validation Infrastructure for Smart Cities [C] // 2020 International Conference Mechatronic Systems and Materials (MSM). IEEE, 2020: 1-5.

[14] Winner H, Lemmer K, Form T, et al. Pegasus—first steps for the safe introduction of automated driving [M] // Road Vehicle Automation 5. Springer, Cham, 2019: 185-195.

撰稿人：朱冰（吉林大学）　章新杰（吉林大学）

智能船舶航行测试仿真关键技术

Test simulation technologies for intelligent ship

1　科学问题概述

智能船舶从概念设计到实际运营需经过功能性和系统性的逐步测试及验证，以检验其各项功能的合理性、可靠性和完整性。智能船舶功能测试与验证技术的研发及测试验证体系的构建，是保障智能船舶从理论走向现实的重要因素。其中，智能船舶航行功能是智能船舶最为重要的功能，智能船舶航行功能测试与验证方法体系包括虚拟仿真、模型测试、实船验证 3 个部分组成。为实现智能船舶航行测试仿真，一系列关键技术有待研究：

(1) 如何构建全要素虚拟测试场景。智能船舶航行过程中产生的海量视频、雷达、图像、文字等多媒体数据包含了大量非结构化信息。在虚拟测试中，首先需要构建全要素虚拟测试场景，需要将所产生的非结构化信息以及电子海图/航道图等结构化信息进行融合集成，其挑战在于如何在统一三维空间中联合处理全要素多模态数据，具体包括：统一空间数学模型构建、联合精确定位、三维场景构建、模型单体化、语义自动分析及提取、多模态数据融合、目标识别、测试场景库与标准构建等，并以此测试船舶的智能化信息处理水平。因此，构建全要素虚拟测试场景至关重要，直接影响到测试的全面性和准确性。

(2) 如何构建虚实融合测试验证评估技术。虽然纯虚拟仿真测试可以在低成本、高效率、零风险的前提下对智能船舶航行理论与控制算法进行研发与测试，但在一定程度上存在真实性问题，包括测试场景的真实性、数据来源的真实性、船舶动力学仿真的真实性。模型测试和实船测试虽然可以真实地反映船舶的实际航行工况，但存在安全性、经济性、重复性等诸多问题。因此，以虚实融合测试为主体，模型测试为中试，实船测试为校验的测试验证评估体系是智能船舶测试的必然选择，其挑战在于虚拟测试的真实性和与真实测试的一致性，具体包括测试场景的真实性和一致性、数据来源的真实性和一致性、船舶动力学仿真的真实性和一致性等。

(3)如何构建智能船舶航行功能测试验证的方法。在测试的功能层面，具体应包括航路规划测试、航速推荐测试、航向保持测试、航迹跟踪测试、避碰决策测试、网络通信测试等；由功能层面进一步生成测试的任务层面，包括自主离泊、自主航行、路径规划、避碰控制、自主靠泊等一系列任务。基于功能与任务测试的结果，需要从方法层面去验证被测对象的功能达成与否，包括运动模型验证、规划算法验证、控制算法验证、航行区域适应性验证、控制对象适应性验证等。最终，面向船舶智能航行能力，应从系统综合性能层面评价被测对象，包括算法准确性评价、功能切换性评价、航行经济性评价、控制镇定性评价以及系统容错性评价等。其挑战在于功能测试验证方法的完备性，应能够映射所测试功能的各项指标，以及评价方法的有效性。

2 科学问题背景

传统船舶性能测试主要包括虚拟仿真和模型试验、实船试验三种方式。模型试验又可细分为水池试验和外场试验。通常在设计过程中利用传统虚拟仿真预测相关性能，在优选设计方案后开展模型试验评估其可行性以更新建造方案，最后通过船舶交付的试航试验对实船性能做定性判断与定量分析测试。随着智能船舶研发的进展，以及虚拟现实技术应用的发展，开展智能船舶仿真验证评估系统总体设计、交通环境(进出港)虚拟仿真和实尺度航行性能模拟等研究，建立智能船舶航行信息和区域交通(进出港)信息等数据模拟系统，完成智能船舶综合仿真验证评估任务变得尤为重要。因此，迫切需要突破智能船舶航行测试仿真的技术瓶颈：

(1)全要素虚拟测试场景中多源异构数据统一场景中注册与融合技术仍需进一步研究。多源异构数据统一场景中注册与融合指对从单个和多个信息源获取的数据和信息进行虚拟测试三维场景中注册与融合，包括电子海图数据、遥感影像、三维几何模型数据、语义数据、视频数据、倾斜摄影数据、点云数据等，实现位置、大小等的精确匹配、虚实融合，是构建全要素虚拟测试场景的关键。再者，在全要素虚拟测试场景构建过程中，测试场景库与标准构建也是亟须解决的问题，是测试有效性和统一性的保障，目前缺少研究。

(2)船舶多维数字孪生建模技术研究仍不足。船舶多维数字孪生建模技术是智能船船航行测试仿真的核心。数字孪生是指充分利用物理模型、传感器更新、运行历史等数据,集成多学科、多物理量、多尺度、多概率的仿真过程,在虚拟空间中完成映射,从而反映相对应的实体装备的全生命周期过程。船舶多维数字孪生建模包括船舶物理模型建模、船舶运动模型建模、航行交通流信息建模等。利用数字孪生技术可以实现真实船舶向虚拟船舶的投影,通过真实船舶提供的各种实际数据,让虚拟船舶模拟基于真实环境的虚拟场景测试,特别是现实世界中常见的、存在风险的、难以复现的功能测试,实现虚拟和物理的联动。

(3)智能船舶航行功能测试验证方法体系仍需进一步研究。智能船舶航行功能测试与验证涉及不同层级、不同领域软件和硬件的检验。研究其相应的智能航行功能测试与验证技术是当下核心技术需求之一。目前,智能航行功能测试验证方法技术仍处于发展初期阶段,应结合传统船舶航行测试验证与检验手段,面向智能发展需求,构建相匹配的智能船舶航行功能测试与验证技术方法体系。

3 科学问题研究进展

自2012年起,国内外船舶领域的企业、高校、科研院所对货运船舶的智能化、自主化、无人化发展的关注度持续提高。针对智能船舶技术研发与实践应用的需求,各国在智能船舶航行的测试验证方面积极开展研究,主要体现在测试场的建设方面,而在具体测试与验证技术方法和体系方面仍有欠缺,尚未形成系统化的测试规程与标准。与其他智能/无人系统(如智能网联汽车)的测试验证方法研究相比,存在滞后。

(1)针对全要素虚拟测试场景中多源异构数据统一场景中注册与融合问题,近年来,研究者们认识到了多源数据融合在数字航行环境空间信息可视化研究中的重要性,进行了一系列研究。如将AIS数据、实时雷达数据和遥感影像数据与电子海图数据相融合,探讨了电子海图数据和数字地形图数据相融合的数据模型、空间数学基础、几何位置和属性编码的统一等问题;将电子海图/航道图数据、地形数据和MapInfo数据等多源数据进行集成,研发了多源空间信息调度和显示引擎;研究了海陆地理矢量数据相融合的关键问题,包括投影方式的统一、坐标系统一和物标编码的融合等问题。总体来看,多源异构数据统一场景中注册与融合研究在行业背景中应用的同时紧紧跟随着三维视觉领域相关理论和方法的发展,但研究存在着滞后现象,多模态水上场景数据注册与融合研究还未成熟,仍需进一步研究海量空间信息的可视化和真实感场景的构建与渲染。针对测试场景库与标准构建问题,目前的研究较欠缺,尚未形成系统化的方案。

(2)针对船舶多维数字孪生建模技术问题,船舶是集合机械、电气、流体、控制、信息等多学科的复杂系统,当前数字孪生技术在船舶领域的应用正处于蓬勃发展阶段。数字孪生技术是实现智能船舶航行测试仿真的有力工具,基于传感器数据建立的虚拟船舶可以对航行状态进行实时监控;同时,数字孪生系统中的船舶物理模型可以生成状态预测信息,通过融合船舶操纵和航行工况极限等物理知识,数字孪生能够对船舶潜在危险局面提出早期预警,达到安全航行的目的。船舶模拟器主要基于计算机图形学、流体力学和虚拟现实等关键技术,构建虚拟的海洋环境,并对船舶自身航行状态和航行环境进行实时模拟。作为典型的虚拟现实系统,模拟器为船舶数字孪生应用的落地提供了良好的培育土壤。然而,现有系统中的环境通常基于恒定假设或单一影响,例如恒定的风、海流和海浪,未能体现真实的海洋情况和各种环境因素的耦合影响等,如何将环境以及船舶自身真实物理环境完全映射到数字孪生系统中并进行一致融合仍需要进一步研究。

(3)针对智能船舶航行功能测试验证方法体系问题,2018 年 5 月,比利时在内河主要航段启用了智能船舶测试区,基于本国测试场建设的经验,芬兰、挪威和韩国分别于第 99 届和第 100 届 MSC 会议上提出了海事自主水面船测试相关提案。2023 年,CCS 正式发布了《智能船舶规范 2023》,该规范综合考虑了当前智能船舶的应用现状和未来智能船舶的发展方向,介绍了智能船舶包括智能航行、智能船体、智能机舱、智能能效管理、智能货物管理、智能集成平台、远程控制和自主操作 8 大功能模块,并对每个模块进行了具体说明。目前,智能船舶领域尚未形成完整的测试验证方法体系,具备完整功能的智能船舶也尚未推向市场,亟须构建完整的智能船舶航行功能测试验证方法体系,来支撑智能航行系统的研发与应用。但实尺度船舶在公开水域进行“智能/自主/远程/无人航行”功能调试或测试,效率低且成本高,甚至会给测试对象自身以及周边通航船舶带来较大的不可控风险。因此,需构建系统性的虚拟仿真、模型测试和实船验证的船舶智能航行系统测试体系,建设虚拟测试场、模型测试场、实船测试场,三者互通互融、取长补短,以虚拟指引实际,实现低风险、低成本、高可靠性、高复现性的智能船舶航行功能测试与验证目标。

综上,现有智能船舶航行测试仿真关键技术仍需要进一步挖掘和突破。多源异构数据统一场景中的注册与融合技术,仍需要进一步借鉴和吸收三维视觉领域的新理论和新方法,应尽快构建测试场景库与标准;船舶多维数字孪生建模技术应加强虚实映射研究,并逐步构建智能船舶航行功能测试验证方法体系。通过突破这些关键技术,可大大推动智能船舶航行测试仿真的快速发展。

主要参考文献

[1] 刘佳仑,杨帆,马吉林,等. 智能船舶及测试验证评估技术研究现状与展望[J]. 中国船检,2021(07):68-74.

[2] 景乾峰,神和龙,尹勇. 一种基于虚拟现实系统的船舶数字孪生框架[J]. 北京交通大学学报,2020,44(05):117-124.

[3] 刘佳仑,杨帆,马枫,等. 智能船舶航行功能测试验证的方法体系[J]. 中国舰船研究,

2021,16(01):45-50.

[4] Li L,Huang W L,Liu Y,et al. Intelligence Testing for Autonomous Vehicles: A New Approach[J]. IEEE Transactions on Intelligent Vehicles,2016,1(2):158-166.

[5] Li L,Lin Y L,Zheng N N,et al. Artificial Intelligence Test: A Case Study of Intelligent Vehicles[J]. Artificial Intelligence Review,2018,50(3):441-465.

[6] Li L,Wang X,Wang K,et al. Parallel Testing of Vehicle Intelligence Via Virtual-real Interaction[J]. Science robotics,2019,4(28):4106.

[7] Silverajan B,Ocak M,Nagel B. Cybersecurity Attacks and Defences for Unmanned Smart Ships[C]. 2018 IEEE International Conference on Internet of Things (iThings) and IEEE Green Computing and Communications (GreenCom) and IEEE Cyber,Physical and Social Computing (CPSCom) and IEEE Smart Data (SmartData). IEEE,2018:15-20.

[8] Liu,T,Wang,S,Lei,Z,et al. Trajectory Risk Cognition of Ship Collision Accident based on Fusion of Multi-model Spatial Data [J]. The Journal of Navigation,2022,75(2):299-318.

[9] Guo M,Guo C,Zhang C,et al. Fusion of Ship Perceptual Information for Electronic Navigational Chart and Radar Images based on Deep Learning[J]. Journal of Navigation,2020,73(1):192-211.

撰稿人:刘涛(上海海事大学)　李永正(江苏科技大学)　刘佳伦(武汉理工大学)

CHAPTER SEVEN

第7章
交叉学科中的新型交通问题

交叉学科中的新型交通问题是指在交通与运载工程学科和其他学科的碰撞融合下产生的交通问题，主要涉及力学、材料科学、信息科学和管理科学等，基于此类学科的先进技术，解决交通与运载学科中的问题。交叉学科中的新型交通问题的出现，丰富了交通系统的研究对象，扩展了交通系统的边缘，使过去无法解决与实现的问题成为可能，为解决和优化交通问题带来了新的思路和方向。

本方向重点关注车辆/车队协同控制问题、交通信息交互问题、交通多要素耦合问题，共包含9项典型问题。多变环境下的智能网联汽车群体行为解析与自主协同控制问题通过构建多源信息融合与智能网联汽车群体多维立体感知理论，解构通信结构及车间交互不确定下的智能网联汽车群集运动机理，最终搭建开放式、多功能融合的智能网联汽车群集系统综合协同控制架构；船舶编队航行一致性控制问题从船舶编队非完整系统建模、一致性控制评估方法、通信受限下的船舶编队一致性控制保证的角度，层层递进展开研究；高精度自动驾驶地图增强的可信感知与可靠决策问题研究构建高精度多语义的自动驾驶地图，以自动驾驶地图为感知容器进行车路云协同全息融合，并探究基于自动驾驶地图进行广域自适应迁移性决策机制；车路云信息交互机制与优化研发适用于真实交通场景的V2X多信息交互模式合作机制与资源分配方法，探讨高效的交通信息管理技术，提高车辆获得信息的有效性；车辆协同编队驾驶决策控制问题构建高可靠车辆群体运动态势推演模型，建立面向全局最优的协同编队驾驶决策控制机制，形成面向真实行驶环境的队列稳定性建模与分析范式，最终实现普适性强、可靠性好的协同编队驾驶决策控制方法；网联自动驾驶环境下的车辆群体协同决策问题重点研究单车机械动力学的交通流系统动力学建模，构建异质性车辆群体的时空轨迹协同决策模型，并同时考虑基于群体决策的网络级交通优化的实时性与最优性问题；自主交通要素耦合机理与协同管控问题构建描述系统要素及其耦合关系的可塑模型，设计面向异质混合态的系统自主安全运行与协同控制方法；道路行驶环境与行为响应耦合驱动的复杂系统认知问题首先构建基于道路行车环境信息感知的人工神经网络算法，接着研究行车环境信息感知与驾驶行为响应的耦合机制，最后构建驾驶人复杂系统认知模型；基于自主编队航行的多船协同控制问题主要解决编队环境态势感知与自主航行、多船协同运动控制理论和多船编队布局与路径规划问题。

未来几年，随着相关交叉学科的发展，必然会有新的学科技术与交通与运载学科产生碰撞，继而出现新的交叉学科中的交通问题，这些问题势必会成为此类学科和交通与运载学科相关学者关注和追逐的对象。加大对这类问题的研究，将更多的学科和技术与交通运载相结合，推动交通与运载学科的发展，使得交通与运载更高效、更安全、更节能环保。

面向多变环境的智能网联汽车群体行为解析与自主协同控制研究

Group behavior analysis and autonomic cooperative control of connected automated vehicles under varied environment

1 科学问题概述

智能网联车辆群集系统是打造智能交通系统和构建未来智慧城市重要发展途径，对于保障生命安全，提高交通效率和促进节能减排具有重要的研究价值。然而，现有车辆环境感知技术无法满足现实环境下车辆群体感知的技术要求，且现有技术手段难以完整、准确地描述车辆群体运动行为，并刻画其内在的动力学特性。此外，受车辆本体的状态时滞和不确定扰动、车间交互信息的模糊以及交通环境中的随机干扰等影响，现有的多车协同控制架构也难以保证车辆群集系统的稳定性。针对复杂多变的行车环境和动态变化的车辆群集系统结构，如何较为精确地感知外部环境的变化，增强对车辆群集系统动力学认知及提高车辆群体系统安全是构建智能网联汽车群集系统的重点和难点。为突破上述技术瓶颈，一系列关键科学问题有待研究：

(1)如何构建多源信息融合与智能网联汽车群体多维立体感知理论。针对智能网联车辆行驶环境复杂性、群体交互多样性、交通环境多变性等，挖掘与探索多模态传感信息像素级融合与实时全景分割机制，以提高复杂混合条件下个体对环境的综合感知能力；进一步建立包含数据层、通信层、数据采集与传输层、数据处理与计算层和应用层的车辆群智感知大数据融合处理系统；并探寻车辆集群整体和个体之间的影响机制，提出车辆集群的多维度立体感知理论和方法，进而保证车辆群体协同精确环境感知。

(2)如何解构通信结构及车间交互不确定下的智能网联汽车群集运动机理。针对车辆本体动力学纵横耦合、状态时滞和不确定扰动、车间交互信息模糊以及交通环境中的随机干扰等挑战，如何深刻理解车辆系统关键参数及执行器时滞对车辆本体动力学行为的影响，并剖析车辆群集系统结构变动（如车间交互对象变动）下的通信网络拓扑变化和异构通信特性表现，是实现车辆群集系统稳定控制的前提条件。为了精确获取车辆群集系统的实际动力学特性，必须要对车辆动力学、通信网络和行车环境条件等约束进行深入的研究，提高系统对环境的主动适应性。

（3）如何搭建开放式、多功能融合的智能网联汽车群集系统综合协同控制架构。车辆群集系统是典型异构多智能体系统，目前缺乏合理有效的协调架构实现群集系统整体性能最优。因此，研究多车群集系统协调策略，分析并提取车辆群集系统典型工况特征（包含交通环境特征和行驶道路特征），探析队列系统模型与工况特征间的映射关系，以及探求通信时延、定位误差等网联车辆系统参数摄动规律，设计具备弱保守性的非线性鲁棒控制器，从而实现动态交通环境下自主车辆与群集系统的开放式稳定协调控制。

2　科学问题背景

当今世界正经历百年未有之大变局，新一轮科技革命和产业变革方兴未艾，智能网联汽车已成为全球汽车产业发展的战略方向。发展智能网联汽车可极大地推动我国汽车产业转型升级，壮大经济增长新动能。其相关技术的突破利于提升我国产业基础能力，增强新一轮科技革命和产业变革引领能力，可加快制造强国、科技强国、网络强国、交通强国、智慧社会等国家战略规划的建设，对增强新时代我国的综合实力具有重要的战略意义。为此，国家相继发布了《交通强国建设纲要》和《智能汽车创新发展战略》等一系列政策文件，指导我国智能网联汽车技术和产业快速发展。

从技术层面看，智能网联汽车的独特优势在于通过搭载先进传感器等装置，运用环境感知、车辆控制和无线通信等技术，可实现交通主体（人、车、路、云等）间的信息交换共享。由此可见，由多辆智能网联汽车所组成的车辆群集系统，可使车-车、车-路等系统间的关联性进一步增强，因此极大地增加现代交通管理的自由度，是打造智能交通系统和构建未来智慧城市重要发展途径，对于保障生命安全，提高交通效率和促进节能减排具有重要的研究价值。然而，由于现实环境的随机多变（如由突发事故引发的交通行驶状态的改变等），实际智能网联汽车群体交互约束关系十分复杂，存在车辆本体非线性（如车辆动力学纵横耦合特征等）、车间交互多样性（如随行驶目的动态变化的车辆交互对象等）以及交通环境多变性（如道路形状及路面坡度的变化等）等车辆群体结构特征多层次耦合交织现象。

从控制实现上看，精准识别周围环境，并对当前的交通行驶态势进行准备判断是车辆智能化的基本表现。与传统的单车环境感知不同，群集系统中的智能网联汽车可借助于网络化的信息通道，获取自我感知范围以外其他交通主体和环境的信息，因而对复杂环境具备较强的适应性。然而，在复杂多变交通环境下，车载感知系统易受道路环境变化干扰，车-路等系统多源传感信息时空关联性复杂多变，现有的感知技术体系中缺乏统一化的语义分析模型，无法实现车辆多维度立体感知。事实上，由于感知单元的多样性和感知信息的多源性，车联网环境下的群集大数据有着明显的时空特性，其信息在时间维度和空间维度上存在变化。此外，行人等交通不确定主体行为的随机性也使得信息语义的复杂性大幅度提高。车辆群集大数据中尚存在大量未挖掘的可用信息，使得数据分析模型的构建也越发困难。

除了对复杂环境的精确感知外，建立车辆群集系统的基础在于正确认知系统内部的运动协同关系。从车辆群集系统的组成结构来看，其主要运动约束包括车辆本体动力学约束（如车辆纵向动力学等）、车间交互约束（如特定车辆间信息传递等）、车路激励约束（如路面与车辆间附着力等）等。然而由于实际环境中不可避免的随机变化，这些关键约束存在时空演变过程，极大影响着车辆群集系统的运动性能。例如，由于道路积水或结冰所造成的路面附着条件分段变化，会导致车辆群集系统中不同车辆的力学稳定边界不一致，增加车间交互约束关系的不确定性。另外，由随机交通状况（如匝道口车辆汇入和离开）所引发的车辆交互对象改变，会破坏原有通信网络的连通性，影响车辆群集系统的网络化控制性能。最后，实际道路的随机弯直耦合几何特征和路面不平度会驱使多车队列系统的运动维度在一维（纵向）、二维（纵-横向）、三维（纵-横-垂向）乃至高维中动态变动，增大对系统动力学进行精准解析的难度。实际环境中的随机干扰（如道路坡度和侧向风等）也会削弱车辆动力学控制性能，对整个群集系统的动力学行为产生重要影响。因此，为了精确获取车辆群集系统的实际动力学特性，必须要对车辆动力学、通信网络和行车环境条件等约束进行深入的研究，提高系统对环境的主动适应性。

稳健高效的多车协同控制方法和开放灵活的协调控制架构是构建车辆群集系统的关键。在多车协同环境中，群集系统稳定性可分为内稳定性和群体稳定性。其中，内稳定性专注于群集系统的“局部”，以保证相邻车辆的距离误差和速度误差在干扰下趋于零（即满足队列内稳定性）来避免车辆碰撞，实现车辆安全。而群体稳定性则围绕系统的“全局”，以整个系统“自上而下”实现距离误差和速度误差在干扰下的收敛（即满足队列稳定性）来保证系统结构的稳固，以提高群集系统整体的通行效率。必须指出的是，系统的内稳定性与其整体稳定性并不等同。从控制逻辑上看，内稳定性是车辆群集系统稳定性的前提和基础，系统整体稳定性是内稳定性的延伸和保障。当前车辆群集系统稳定性研究主要侧重于群集系统内稳定，且仅涉及单一因素（如仅考虑通信时滞或环境干扰）下的稳定性。但由于车辆群集系统本质是包含多维时滞、不确定车间信息及随机环境干扰的复杂系统，仅考虑单一因素的稳定协同控制方法，显然无法保证群集系统在多变外部环境和不明晰的车间交互关系下的稳定性。为此，必须要深入研究车辆群集系统的稳定机理，增强系统在多因素(环境干扰、信息时滞、不确定性)和随机环境下的鲁棒性。此外,车辆群集系统是典型异构多智能体系统,针对一系列协同控制行为,目前缺乏一个统一的协调框架,缺乏合理有效的协调架构实现群集系统整体性能最优,且传统优化控制方法不适用于网联化的多车协作系统。

智能网联汽车群集系统关键技术是智能网联汽车研发过程中必须深刻理解和充分挖掘的问题。探索复杂多变环境下智能网联汽车群集系统协同控制架构、方法与机理凸显对本学科前沿技术探索的科学价值,相关研究对于丰富本学科理论体系具有不可或缺的重要意义。

3 科学问题研究进展

行人和车辆是交通环境中两大主体,因此对行人及车辆目标检测及行为状态解析是车辆环境感知研究的重点。目前,深度学习已经成为各国学者对行人-车辆目标进行同时检测研究的主要手段。反向传播神经网络早在20世纪80年代就已经被提出。2006年Hinton等在Science上发表的论文中,提出的深层神经网络具有优异的特征学习能力,并且通过逐层初始化的方法有效缓解网络训练的复杂度。同时,随着硬件计算能力的提高,基于深度学习的目标检测算法层出不穷。Ross Girshick等人在2013年提出基于区域的卷积神经网络的目标检测R-CNN算法,成为深度学习目标检测应用领域的先驱。随后,又有一些经典深度神经网络模型被相继提出,不断提高着目标检测算法的性能。可以大致分为两大类:即基于回归思想的YOLO、SSD算法和区域选择分类思想的SPP-Net、Fast R-CNN、Faster R-CNN、Mask R-CNN、R-FCN等等算法。

检测到行人-车辆目标后,需要对行为状态进行解析。高博麟等中采用多个卡尔曼滤波器分别对横向车速、质心侧偏角等行为状态进行解析,再将初步解析的结果,给到主滤波器中进行数据融合,最终获得车辆状态行为状态。Li X等采用传感器测量车辆的轮速、加速度,然后根据动力学理论进行质心侧偏角的初步解析,利用GPS信号进行数据校正,保证了质心侧偏角的准确性。Lian Y F等采用带遗忘因子的最小二乘法解析车辆轮胎的侧偏刚度,将其输入至非线性观测器中解析质心侧偏角。Li L等采用变结构扩展卡尔曼滤波作为解析算法,考虑到因路面附着系数的影响,采用了质心侧偏角反馈补偿的方法,来保证行为状态解析的准确性。现有方法的主要缺陷:一是仅依靠视觉图像信息或车联网信息进目标检测和行为状态解析,容易受到环境因素的干扰,鲁棒性不强;二是依赖预先设定的模型与算法对行为状态解析,无法很好地适应时变的复杂混合交通环境。

车辆群集系统行为分析的根本目的在于建立车辆群集系统模型。在当前群集系统建模研究中,普遍采用线性车辆模型来描述实际车辆系统的运动特性,且假设不同车辆的系统参数和动力学响应均完全一致,即整个群集系统是匀质的。如Lin F等利用单积分模型来描述车辆的运动学特性,对匀质车辆编队过程中的车间交互关系进行了解析。Knorn S等采用位移-速度双积分模型对匀质队列稳定性进行了研究。为了将车辆执行单元时滞引入到多车队列系统中,Guo G 等进一步考虑了车辆加速度的变化,建立了包含位移-速度-加速度信息的三阶模型。Herman I 等采用反馈线性化的方法,对含动力输出耦合特性的匀质车辆纵向模型进行了线性化,建立了单输入单输出模型。以上各类线性单车动力学模型及车辆群集系统匀质性假设,在理想工况下(如低速、平直路面和无侧向风等)可较精确地体现车辆群体的动力学变化。然而,受外部环境影响(如路面不平给予车辆的垂向激励)、车辆内部结构间隙(如传动系统中的机械连接间隙)及本体非线性(如轮胎力存在非线性饱和区域)的影响,车辆的关键模型参数(如轮胎侧偏刚度及整车质量等)存在着较大的不确定性,且执行机构中普遍存在着响应滞后。由于实际车辆群集系统主体构成的多样性(包含货车、客车、乘用车等),导致群集系统匀质性假设难以适用于真实交通场景。另一方面,由于实际群集系统中车辆交互对象的动态变化,车辆间的差异无论在动力性(加速/制动能力)、内部结构(如动力传输结构)以及系统状态(如车辆空载和满载)等方面都具有一定程度的不确定性,使得简单的车辆群体匀质模型无法真实有效地刻画车辆间的动力学交互行为。必须清晰地认识到,车辆群体模型与其动力学特征间的差距会导致严重的系统未建模动态,削弱多车协同控制的效果。因此,如何准确表征车辆本体的动力学行为及不确定的车辆个体间差异对正确解析多车协同交互机理至关重要,但现阶段对该项内容研究还相对较少。

精准的车间信息网络特征描述是群集系统中实现多车交互的关键。通信网络对车辆群体交互的影响主要表现为交互信息的可达性和完整性。其中,信息的可达性与通信网络拓扑结构密切相关。车辆群集系统的通信拓扑结构主要包括:前车跟随式(Predecessor-Following,PF)、领航车-前车跟随式(Predecessor-Leader Following,PLF)、双前车跟随式(Two-Predecessor Following, TPF)及双领航车-前车跟随式(Two-Predecessor-Leader Following,TPLF)等。Wang L 等在加权一致性控制架构下对 PF 和 PLF 等多种通信拓扑下的群集系统稳定进行了综合分析。Chehardoli H 等对 PLF 通信拓扑下的信息时滞问题进行了研究,提出了一种强鲁棒群集系统稳定性控制方法。Zheng Y 等在 PF 型通信网络下对群集系统规模与群体稳定性间的关系进行了分析,并针对无向和双向信息拓扑结构分别给出群体稳定性准则。综合现有文献可以发现,大多数研究集中于固定信息拓扑结构下的车辆群集系统性能分析。但由于实际交通环境的动态变化,车辆群集系统需要实时调整其内部结构以应对多元的行驶任务需求(如因目的地改变而导致车辆从队列系统中驶离等)。这必然会引发通信网络拓扑结构的改变,使车辆可交互的对象和获取的信息量变化,进而影响到车辆的运动行为,削弱群体稳定性。另外,由于通信资源的有限,车车通信系统中普遍存在着信息时滞和数据丢包现象,会损害交互信息的完整性,增加车辆事故发生的风险。针对异质车辆群集系统中的通信时滞问题，Gao F 等利用鲁棒 H 无穷理论建立了一种时滞相关群体稳定分析方法，着重对含不确定变化率的通信时滞问题进行了研究。通过将时滞量整合到代价函数中，Jin G 等利用极值原理研究了多车队列系统在通信时滞下的稳定性，提出了一种多车系统最优控制方法。Di Bernardo M 等中研究了时变信息时滞下的匀质群集系统稳定性，提出了满足 Lyapunov-Razumikhin 稳定意义的多车协同稳定控制方法。现有研究大多假设通信系统的时滞和数据丢包特性严格一致等同变化，即车车通信系统是匀质的。但受实际环境中物体遮挡和外界电磁干扰等影响，车车通信在信息的实时性和完整性上均表现为时空异质变化(即信息的时滞和模糊度随传播的时间和距离变化而变化)。异构的车车通信特性使得当前以匀质通信系统为主要研究对象的抗时滞队列稳定控制方法不再适用。为了扩大控制方法的适用范围，必须要对异构多变通信网络进行认真细致的研究，探索准确而全面的异构多变通信网络特征描述方法。

稳健的协同控制方法是保证车辆群集系统安全的核心。由于车辆群集系统的行驶安全性和高效性与系统内稳定和群体稳定直接相关，因此，当前车辆协同控制研究主要围绕群集系统的内稳定和群体稳定展开。Yang P 等对含定常时滞和时变时滞的队列稳定性进行了研究。通过将队列系统稳定性问题转化为一致性寻优问题，并建立相应的一致性控制系统，实现了队列速度的一致性和车间距的恒定。Zhou Y 等通过将有人驾驶车辆运动等效为不确定的车辆行为干扰，对混杂多车队列系统的稳定性进行了研究，提出一种基于 H 无穷鲁棒控制的多车队列稳定性控制方法，保证了队列系统的稳定性。为改善多车队列稳定控制无法处理输入约束和异构系统干扰的问题，Feng S 等基于事件驱动机制和 Tube 鲁棒控制提出了一种多车协同稳定控制方法，在保证队列稳定的前提下可有效降低控制的计算成本和系统的保守性。为解决信息时滞下的队列系统稳定问题，Lin P 等研究了在外部干扰和模型不确定性下的多车系统一致性问题，并给出了在网络时滞存在和不存在情况下的系统一致性判断准则。此外，为了在离散信息数据下对连续队列系统进行控制，Guo G 和 Gong J 采用了网络诱导时滞的方法将离散信息数据转变为状态时滞引入到了队列系统中，并对时滞队列系统的内稳定性进行了研究。虽然现有的多车队列稳定性控制对诸如通信延迟，参数不确定性，外部干扰、传感器和网络信息离散特性等因素均加以考虑，但是大多数研究只涉及某个或某几个因素。全面综合考虑干扰和时滞下的群体稳定性还相对较少。另外，当外部干扰和时滞并存时，传统基于频域的群体稳定性分析方法在处理稳定性问题时存在数学表达复杂和难以解析的问题。因此，需要重新寻找一种简单有效的分析方法。

主要参考文献

[1] Gu S, Zhang Y, Tang J, et al. Integrating Dense Lidar-camera Road Detection Maps by a

Multi-modal Crf Model[J]. IEEE Transactions on Vehicular Technology,2019,68(12):11635-11645.

[2] Basso F, Menegatti E, Pretto A. Robust Intrinsic and Extrinsic Calibration of Rgb-d Cameras[J]. IEEE Transactions on Robotics,2018,34(5):1315-1332.

[3] Wallace A M,Halimi A,Buller G S. Full Waveform Lidar for Adverse Weather Conditions [J]. IEEE Transactions on Vehicular Technology,2020,69(7):7064-7077.

[4] 薛培林,吴愿,殷国栋,等. 基于信息融合的城市自主车辆实时目标识别[J]. 机械工程学报,2020,56(12):165-173.

[5] 汪奕,殷国栋,耿可可,等. 基于 NACKF 的分布式驱动电动汽车轮胎侧向力与质心侧偏角估计[J]. 机械工程学报,2019,55(22):103-112.

[6] Liwei Xu,Weichao Zhuang,Guodong Yin,等. Energy-oriented cruising strategy design of vehicle platoon considering communication delay and disturbance[J]. Transportation Research Part C:Emerging Technologies[J],2019,107 (2019):34-53.

[7] Liwei Xu, Weichao Zhuang, Guodong Yin, et al. Modeling and Robust Control of Heterogeneous Vehicle Platoons on Curved Roads Subject to Disturbances and Delays[J]. IEEE Transactions on Vehicular Technology,2019,68(12):11551-11564.

[8] Zhou Y, Ahn S, Wang M, et al. Stabilizing mixed vehicular platoons with connected automated vehicles: An H-infinity approach[J]. Transportation Research Part B: Methodological,2020,132:152-170.

[9] Feng S,Sun H,Zhang Y,et al. Tube-based discrete controller design for vehicle platoons subject to disturbances and saturation constraints[J]. IEEE Transactions on Control Systems Technology,2019.

[10] Lin F,Fardad M,and Jovanovic M R. Optimal control of vehicular formations with nearest neighbor interactions[J]. IEEE Transactions on Automatic Control, 2012, 57 (9): 2203-2218.

撰稿人:殷国栋(东南大学)　徐利伟(东南大学)　耿可可(东南大学)

船舶编队航行一致性控制理论与方法

Consensus control theory and method of ship formation navigation

1　科学问题概述

船舶编队航行在节能、增效方面相比单一船舶具有显著优势,随着智能、绿色航运的发展，远洋、极地、内河渠化航道等水域的船舶编队航行逐渐成为可能。船舶编队航行控制具有非线性、时滞性以及船舶异质性等特点，船舶编队队形生成、队形改变、队形保持、路径规划过程存在显著的一致性控制难题，主要体现在船舶航行强非线性、大惯性、长时滞等条件下如何保障编队控制鲁棒性、协同性以及安全性。船舶编队航行一致性控制涉及的关键科学问题为：

(1)船舶编队非完整系统建模。船舶操纵具有欠驱动特性，船舶编队控制属于典型的非完整系统协同控制。此外，船舶运动控制还具有强非线性、大惯性、通信时滞、环境干扰多等特点，因此，实现船舶编队航行一致性控制具有挑战。构建船舶编队非完整系统模型是实现船舶编队航行控制的基础，在对船舶编队系统进行建模时，除考虑单一船舶的运动模型，还需要考虑编队内船舶之间的水动力耦合、船舶与船岸之间通信时滞、编队状态推演等问题。

(2)船舶编队异质性表征。目前船舶编队航行控制研究中，绝大多数工作都是针对同构船舶开展，采用同构船舶进行研究的优势在于，所有智能体拥有相同的功能，能够相互替换完成任务，且动力学特性相同，数学分析、建模相对简单。但这通常与实际应用相违背，以船舶编队执行运输任务为例，由于编队内船舶分工不同，一部分船舶用于集装箱运输，另一部分船舶用于散货运输，船舶之间的动力学特性存有较大的差异，这会增大编队内每艘船舶行为控制难度并影响编队整体航行安全。船舶操纵性差异主要体现在船舶最小回转半径、船舶最短停船距离和是否全驱动等方面，但这些特性都难以直接作为定量指标用在衡量操纵性的差异上，所以如何表征船舶异质性是一个亟待解决的问题。此外，船舶智能等级、通信能力之间的差异也应该属于异质性的范畴。

(3)船舶编队一致性控制评估方法。一致性问题是复杂动力学系统中非常有理论价值和现实意义的问题。近年来，随着多智能体系统的广泛应用以及对协调合作控制问题的深入研究，一致性问题的研究发展迅速，在理论和应用上都取得了较丰硕的成果。一致性研究的热点问题包括带约束的一致性问题、具有时滞的一致性问题、一致性收敛速度问题、一致性鲁棒控制问题、非线性系统一致性问题等几个方面。针对船舶编队航行控制的不同目标，船舶编队航行控制一致性评估指标通常包括航行时间、航行姿态、航行位置、航行速度、航行动力、操纵稳定性等。因此，如何科学定义船舶编队控制一致性评估指标以及构建一致性评估体系，是目前亟须解决的问题。

(4)通信受限下的船舶编队一致性控制保证。船舶航行水域通常远离生产生活区域，导致船舶编队通信资源受限。由于在深远海和内河部分航段无法使用移动通信网络，只能通过卫星进行数据传输，因此船舶编队内部通信以及船舶与控制中心的通信存在通信带宽窄、时延大甚至会出现通信中断等情况。根据中国船级社《自主货物运输船舶指南》规定，自主船遥控控制过程中，在通信无法满足遥控要求时，船舶自动回到自主航行状态。

这势必对船舶编队控制的可靠性和鲁棒性提出了更高的要求。因此,有必要研究在通信受限时如何实现船舶编队模式的自主切换并保证编队航行的一致性与可靠性。此外,船舶编队航行过程中,远程遥控和自主航行系统之间如何进行信息交互和实现柔性切换也亟待解决。

2　科学问题背景

一致性控制理论在多智能体领域已开展了较长时间的研究。多智能体系统一致性主要研究系统数据和资源均具有分散性时,即每个智能体均不具备全面的任务信息和全局协调能力的条件下,如何使系统中各成员之间通过相互合作、竞争或协商的手段协调各自的行为和目标之间的冲突和矛盾,从而高效可靠协同地完成复杂的控制任务。随着智能船舶技术发展,船舶编队航行在远洋水域、渠化航道、船闸航道、极地水域都具备可行性。船舶编队能够突破传统航行时的船舶安全领域范围,提高航道时间和空间利用率,是未来智能航运和智能船舶发展的重要方向。

与其他运动体相比,船舶的编队一致性控制具有特殊性和新难点,主要体现在:①船舶编队航行环境复杂多变。船舶航行可能会受到风浪流干扰、航道受限、水位和水深变化等影响。②船舶操纵难度大。由于船舶操纵具有惯性大、欠驱动、控制迟滞以及二阶不完整约束等特点,导致了船舶编队路径规划、队形控制和路径控制难度加大。③通信受限或失效情况下的船舶编队可靠控制问题显著。与基于车路协同的车辆编队控制不同,船舶编队航行区域一般缺乏全天候、高带宽、低时延的通信基础设施,给缺乏岸基支持下的船舶编队控制带来了很大挑战。④智能船舶与传统船舶混合编队协同控制。在未来很长一段时间,智能船舶和传统船舶长期共存。智能船舶的通信、感知、决策和控制能力相比传统船舶具有明显优势,编队航行时智能船舶、传统船舶之间面临信息流不协调、控制时延不一致、人工驾驶与机器驾驶交互等问题。当前迫切需要突破船舶编队一致性控制的瓶颈问题:

(1)针对商用船舶的编队一致性控制问题有待解决。近年来,以挪威科技大学 Fossen 教授为代表的国内外学者研究重点主要集中于编队航行控制方法和控制仿真层面,对于船舶航行编队控制一致性的理论与方法体系尚未形成系统成果。目前船舶编队控制研究主要以多无人艇集群控制为主。比如,珠海云洲的 81 艘无人艇编队航行、大连海事大学的多船协同控制、上海交通大学的多船协同海上作业等。相比于无人艇,商用船舶具有惯性大、风险高、控制时滞长、通信覆盖难等问题,且航行时需遵守《国际海上避碰规则》的约束,进一步增加了一致性控制的难度。

(2)受限水域的船舶编队一致性控制研究不足。受限水域(船闸水域、桥区水域、渠化航道等)船舶航行效率低、安全风险高,已成为制约内河航道运能提升的重要因素。以船舶编队过闸为例，目前船舶广泛采用多船依次进出闸室，极大地降低了船舶在船闸水域（主要包括引航道、导航墙、闸室等水域）的空间利用率。船舶过闸编队一致性控制可以大大提升船舶进出闸的效率和安全性。但目前还存在过闸船舶编队行为建模、受限水域运动建模与多目标分布式优化控制等技术难题。编队航行既可以降低单艘船舶航行的风险，也可以提高整个船舶编队航行的经济性。随着北极航道的逐渐商用化，未来极地海域的船舶编队航行一致性控制具有广阔的应用前景。虽然目前船闸、运河等航行水域已具备船舶编队航行的基本条件，但是已有船舶编队航行一致性控制方法难以满足复杂通航环境下的船舶编队航行控制需求。

（3）船舶编队异质性表征存在难点。船舶编队异质性既体现在船舶尺寸、操纵性差异等方面，也体现在船舶智能等级、通信能力差异等方面，如何科学准确地表征编队船舶异质特性，是目前还未解决的问题。目前对运动体异质性的描述主要局限于操纵性或操控性方面，且以车辆为主，而针对船舶编队系统涉及的异质多样性，亟待从机理和大数据两个方向进行建模与表征。

综上，船舶编队控制一致性会受到船舶性能、通信能力、智能等级、航行水域、航行规则等多因素影响。船舶编队航行复杂系统的一致性控制涉及交通运输工程、船舶与海洋工程、控制科学与工程、信息与通信工程、系统科学等多学科交叉，其相关理论和技术的解决能大大推进智能船舶、智能航运和综合交通的发展。

3 科学问题研究进展

2012 年以来，智能船舶概念逐渐被人们接受，世界主要航运国家围绕智能船舶开展了技术体系、标准化、关键技术、测试场、应用示范等研究工作，取得了很多进展。智能船舶技术的更新迭代给船舶编队带来了新的可能。船舶编队航行一致性控制是船舶编队航行的关键科学问题，将是未来船舶和航运领域研究的热点。

（1）船舶编队非完整系统建模研究进展。现有研究工作主要集中在单一船舶的动力学与运动学建模，未能充分考虑船舶编队在距离紧密情况下的岸壁、船间效应以及船舶尾浪对船舶航行的影响。此外，船舶编队运动系统不满足“Brockett’s 条件”，是一个结构复杂、非线性、非完整系统，其控制器设计不能转换成线性控制问题。目前在船舶编队非完整系统建模方面还缺乏系统研究，大多是基于仿真环境下的单一船舶动力和运动模型组合而成。

（2）船舶编队异质性表征研究进展。当前对于异质编队的研究还总体较为缺乏，且研究对象多为机器人、车辆或飞行器，主要解决异质个体编队一致性、编队个体任务分配和异质编队避碰策略等问题。编队异质性表征除考虑船舶尺寸和操纵性等差异外，还需要考虑不同船舶之间的智能等级、通信能力等差异。目前针对船舶编队异质性表征方面研究较少。

(3)船舶编队一致性控制评估研究进展。如何构建测试与评估平台是验证船舶编队一致性控制效果的重要手段。目前已广泛应用的船舶操纵模拟器可以实现对船舶操纵行为的验证,但大多都不支持对船舶编队航行的运动控制验证。目前国内外团队已经开展在开阔水域和船闸等典型受限水域的船舶编队一致性控制仿真验证平台,但真实场景下的编队一致性控制验证目前研究较少。

(4)船舶编队一致性控制保证研究进展。随着高带宽、低时延通信技术以及物联网技术的发展,未来船舶编队的规模和组织形式更加灵活,当编队内某艘船舶发生故障时应能保证整个编队航行的一致性。集中式控制对编队通信可靠性、个体稳定性、计算量要求较高,而分布式协同控制可以充分发挥局部和个体的能力,也能灵活切换队形,并完成避障等的航行任务。因此,采用低延时通信和分布式船舶编队控制模式是保证船舶编队航行一致性的重要手段。

近年来,以机器学习、大数据为代表的人工智能技术在计算机视觉、语音识别、智能控制领域取得了广泛应用,颠覆了人们对于人工智能的认知。当船舶编队个体数量多、队形变化频繁时,非智能控制方法很难作出最优选择,而深度强化学习等人工智能控制方法则可以通过不断训练,实现对各种复杂航行环境的认知,并作出最终决策以及实现一致性控制。

主要参考文献

[1] IHLE I A F, ARCAK M, FOSSEN T I. Passivity-based Designs for Synchronized Path-following[J]. Automatica, 2007, 43(9): 1508-1518.

[2] 张卫东,刘笑成,韩鹏. 水上无人系统研究进展及其面临的挑战[J]. 自动化学报, 2020, 46(05): 847-857.

[3] 毕鹏,罗建军,张博. 一种基于一致性理论的航天器编队飞行协同控制方法[J]. 宇航学报, 2010, 31(1): 70-74.

[4] ZHENG H, WU J, WU W, et al. Cooperative Distributed Predictive Control for Collisionfree Vehicle Platoons[J]. IET Intelligent Transport Systems, 2018, 13(5): 816-824.

[5] TANNER H G, LOIZOU S G, KYRIAKOPOULOS K J. Nonholonomic Navigation and Control of Multiple Mobile Manipulators[J]. IEEE Transactions on Robotics and Automation, 2003, 19(1): 53-64.

[6] HUANG C, ZHANG X, ZHANG G. Adaptive Neural Finite-time Formation Control for Multiple Underactuated Vessels with Actuator Faults[J]. Ocean Engineering, 2021, 222: 108556.

[7] PENG Z, WANG J, WANG D, et al. An Overview of Recent Advances in Coordinated Control of Multiple Autonomous Surface Vehicles[J]. IEEE Transactions on Industrial Informatics, 2020, 17(2): 732-745.
[8] LIU C, QI J, CHU X, et al. Cooperative Ship Formation System and Control Methods in the Ship Lock Waterway[J]. Ocean Engineering, 2021.
[9] 王祥科,李迅,郑志强.多智能体系统编队控制相关问题研究综述[J].控制与决策,2013(11):1601-1613.
[10] 佘莹莹.多智能体系统一致性若干问题的研究[D].武汉:华中科技大学,2010.

撰稿人:柳晨光(武汉理工大学)

高精度自动驾驶地图增强的可信感知与可靠决策机理

Trustworthy perception and reliable decision enhanced by autonomous driving map

1 科学问题概述

高精度地图是实现高级别自动驾驶的重要支撑技术,是车载传感器的重要补充。如何充分利用高精度地图所提供的先验信息,有效降低实时感知与认知的难度,提高自动驾驶感知与决策系统的可靠性,是实现高级别自动驾驶的关键科学问题。但是目前高精度地图的数据内容以先验几何地理信息为主,缺乏针对自动驾驶感知决策的驾驶知识信息,同时自动驾驶感知决策算法与自动驾驶地图数据的深层次结合机制也尚不明确。自动驾驶地图技术研究的核心就是解决如何利用高精度地图数据支撑自动驾驶。自动驾驶地图有以下关键问题:

(1)如何构建高精度多语义的自动驾驶地图。区别于以地理信息为主的传统地图,自动驾驶地图需要包含语义信息、场景风险、驾驶知识等更丰富多样的信息。自动驾驶地图对地图要素种类和分辨率提出了新的需求,传统地图构建技术难以满足;同样,传统自动驾驶地图中,对于决策算法的支持仅限于车道、道路边界等地理边界信息,不能满足决策算法对于不同地理特征的知识支持。不同种类的决策知识有利于决策算法的高效在线自进化,因此在地图构建中,需要考虑决策知识的构建。

(2)如何以自动驾驶地图为感知容器进行车路云协同全息融合。车路云协同的全息融合需要解决多源异构感知数据的融合难题。现有感知增强工作大多将车联网信息、高精地图信息分开考虑,还缺乏对同时融合两类外部信息资源的多车联合感知系统设计;车辆高精度的定姿定位是多车联合感知的关键问题,现有定位技术无法基于量产车型传感器实现复杂场景下车辆稳定且高精度的自主式定位；车辆在融合他车感知信息进行感知增强时，需进一步考虑多车间失序异步数据的融合问题。

（3）如何基于自动驾驶地图进行广域自适应迁移性决策机制。地图作为先验信息的集合体，具备有效降低自动驾驶决策问题复杂度的潜力。目前，有学者尝试建立场景库实现对特定驾驶场景下驾驶知识的提取，然而现实世界的场景是不能穷举的，利用场景库设计的自动驾驶决策难以具备通用性，没有构建场景特征对决策的影响映射关系，难以认知和处理不同区域的细微特性；此外场景的细化罗列使得策略难以具有通用性，因此需要研究场景对决策的影响机制，将驾驶知识存储在地图上，基于高精度地图实现决策的空间迁移能力。

2　科学问题背景

高级别自动驾驶汽车需要面对复杂的交通环境，需要实时对道路环境中的各种环境元素进行检测，进而形成对周围环境的整体理解和认知，并在此基础之上，进行自动驾驶决策规划。如何保障自动驾驶系统的可靠性，提高对实时计算可能出现的计算延时、计算错误的容错能力，是进一步推广自动驾驶的关键难点。地图作为先验信息的集合体，可以提供丰富准确的信息，有效辅助自动驾驶汽车的实时感知与决策，从而达到感知增强与决策增强的目的。对于环境感知而言，高精度自动驾驶地图可以直接提供车道线、道路设施都先验信息，融合地图信息与传感器信息实现高可靠的目标检测技术，是提升感知能力的关键。同时，自动驾驶地图还是多车协同感知的时空统一平台，不同网联车辆的信息以地图为基座，实现相互转换与融合。而对于环境的认知理解，高精地图所存储的交通规则和地理信息可以辅助车辆对环境进行更好的理解。而对于决策能力，自动驾驶汽车需要充分考虑乘车人需求、复杂道路环境、动态交通状态、交通规则、当地驾驶习惯及车辆动力学能力等因素，进而针对性地应对各种复杂场景。为了实现高级别自动驾驶并将无人车辆应用于更大范围的场景中，无人车辆需要逐渐提升决策能力以应对更广泛、更复杂的场景，减少接管次数。由于当前感知系统仅仅提供当前信息，地图中仅存储道路几何信息，并不足以自动驾驶决策算法具备处理未知特征环境下的驾驶任务，限制了决策系统的应用。为了更好地辅助自动驾驶决策，地图中需要存储更多自动驾驶知识，例如自动驾驶行为特性，当前地域其他车辆的驾驶习性以及历史驾驶数据。为了实现这一目标，自动驾驶地图的构建技术、地图增强的感知技术和地图增强的决策技术都是研究的重点。

3　科学问题研究进展

（1）高精度多语义的自动驾驶地图构建方法。高精度地图是在感知段降低环境维度的重要手段。高精度地图是实现高级别自动驾驶的重要辅助工具，是环境感知的重要补充，可以通过先验信息降低实时感知的难度。随着自动驾驶需求提升，其涵盖内容与功能性逐渐丰富，为解决复杂多变场景决策难题提供了新的解决思路。高精度地图建立的最初目的是减小感知压力，获取尽可能精确的目标地理位置。2007 年 DARPA 城市比赛中参赛选手为完成比赛制作了包含障碍物精度位置等环境信息的地图以来，人们越发意识到高精度地图对于自动驾驶的重要意义，依据现有感知技术形成了高精度 GNSS + 激光雷达以及环视相机等辅助传感器的测绘方案；为应对存储空间过大的问题，已有研究利用几何特征等降维描述方式存储和表达地图数据，从而大大缩小存储空间；基于几何特征或深度特征的数据关联和特征提取方法被不断完善，实现了从激光雷达点云和相机像素等原始数据或融合数据中提取车道线、信号灯等环境目标，丰富了高精度地图语义信息，加速了地图制作速度。商界的百度、高德、四维图新、TomTom 和 HERE 等地图制作商早已着手推进高精度地图采集工作。作为辅助环境感知的基础，高精度地图需要首先包含标准化的各种环境信息，其先验的特性使其可以囊括多种难以准确地通过实时车载传感器感知到的元素，例如交通标志、路标等。为此，许多高校、科研机构与企业开发了许多地图标准，例如 NDS、OpenDRIVE、LDM 等，通过复杂的网状结构对道路环境元素进行了非常详尽的描述。但现有制图方法主要是针对静态地图要素，而对于驾驶知识则是尚缺乏成熟的地图数据构建方法。

(2)以自动驾驶地图为感知容器的车路云协同全息融合。近年来，随着无线通信网络进一步发展，连接可靠性和实时性进一步提升，人们开始尝试基于车联网传输地图、图像甚至视频等车辆感知信息，将其他车、路侧设施的传感器作为“远程虚拟传感器”，对自车的感知信息进行融合。2012 年 Chapuis R 针对遮挡问题提出了针对车联网联合感知的超视距感知技术，针对本车的感知盲区，融合本车和前车的感知信息，以达到超视距感知，但此工作只是通过图像的拼接对驾驶员的视野进行了增强，没有形成机器可以理解的认知信息。2016 年，Seong-Woo Kim 等尝试用 DSRC、4GLTE 等通信技术传输雷达扫描点云和视觉信息。该研究证明，在车车之间传递感知信息可以成倍拓展自车的感知范围。除了对感知完整性的提升，基于车联网的联合感知技术还可以提高对目标及自身状态感知的精度。Marcus Obst 等人证明通过融合其他车辆自定位数据(CAM)与自车的感知信息，可以降低对其他车辆相对定位的不确定性；宝马自动驾驶团队通过两台试验车的测试也表明 CPM 数据可以有效提升对目标相对定位的精度。多车联合感知对感知结果精度的提升得益于重复性观测对状态估计置信度的提升。相比于单车对自身位置或其他目标相对位置的观测，通过联合感知收集的他车观测信息可以形成对相同状态量的冗余观测，从而提升状态估计精度。然而，基于车联网的联合感知方案的精度受车辆间时空变换精度的影响，而现有联合感知工作未能对车辆位姿形成有效约束，精度难以满足智能网联汽车需求。相比于车联网中智能汽车的感知信息，高精地图数据精度远超车载传感器，可为多车联合感知提供绝对位置约束信息。另外,高精地图数据中包含精确的道路属性及拓扑等车载传感器较难感知的信息。近年来,随着高精地图技术发展,出现了一系列高精地图增强感知的研究。

(3)基于自动驾驶地图的广域自适应迁移性决策机制。高精度地图目前已经可以提供丰富的先验几何环境信息,但是无法为决策提供有效的决策信息,因而无法解决自动驾驶决策的维度灾难问题。目前,已有研究尝试将决策的相关信息存储在地图内,如电子地平线技术,其技术核心为高级辅助驾驶地图接口协议(ADASIS)。ADASIS制定了统一的地图数据接口,能够从地图中读取车道曲率、坡度、限速、交通标志等辅助决策信息,在电子地平线技术的研究中其决策系统通过获取前方地形变化,更改发动机运行状态,降低了发动机油耗,提升了车辆舒适性。同时,高精度地图中也可加入宏观动态信息及交通规则,例如百度在其公布的高精度地图服务中也加入了车道速度限制、车道转向类型等特性决策内容。而这些信息可以提高宏观路径规划的智能化程度。在高精度地图尚未包含足够决策信息的背景下,现有研究应对复杂多变场景的主流方法是根据不同场景所包含的先验信息,设计不同的决策方法,并构建场景库。自动驾驶决策场景库的构建是把所有可能出现的决策情况分类总结,并通过学习和规则得到不同情况下的决策规律。该方法可以实现适应多场景的自动驾驶。采用场景库进行辅助决策的技术方案有着数据量巨大,潜在场景无限多的特点。构成场景的关键要素包括静态要素、动态要素以及驾驶员行为要素,要素的不同排列组合及遍历取值使场景库的边界急剧扩大,导致场景库规模呈指数式增长。因此,现实世界的场景是不能穷举的。这使得利用场景库设计的自动驾驶决策难以具备通用性;此外,所生成的决策与特定场景紧密耦合,难以在其他场景中应用,不具有空间迁移能力,在面对未经考虑的陌生场景时安全性就得不到保障。为了解决在陌生场景的决策问题,实现安全可靠的自动驾驶决策,在地图里添加自动驾驶知识,并充分利用高精度地图能提供的有效信息是目前的研究重点。由此可见,高精度地图是解决自动驾驶可信感知与可靠决策问题的重要工具,虽然已有研究尝试在地图中加载决策信息,并解决部分宏观规划问题,但由于决策信息质量不高,难以实现高效的决策降维。仍然需要研究高效决策信息的整合方式以实现决策广域自适应迁移。

主要参考文献

[1] 耿新力.城区不确定环境下无人驾驶车辆行为决策方法研究[D].合肥:中国科学技术大学,2017.

[2] Zhang T, Arrigoni S, Garozzo M, et al. A Lane-level Road Network Model with Global Continuity[J]. Transportation Research Part C Emerging Technologies,2016,71:32-50.

[3] R A Epstein,E Z Patai,J B Julian,et al. The Cognitive Map in Humans:Spatial Navigation

and Beyond[J]. Nat Neurosci,2017,20(11):1504-1513.

[4] T E J Behrens, et al. What Is a Cognitive Map? Organizing Knowledge for Flexible Behavior. Neuron,2018,100(2):490-509.

[5] Carles Gelada, Saurabh Kumar, Jacob Buckman, et al. Deep-MDP: Learning continuous latent space models for representation learning[J]. In Kamalika Chaudhuri and Ruslan Salakhutdinov, editors, International Conference on Machine Learning (ICML),2019,97:2170-2179.

撰稿人：杨殿阁（清华大学）　江昆（清华大学）

车路云信息交互机制及优化方法

Information interaction mechanism and optimization method of vehicle-road-cloud

1　科学问题概述

“车-路-云”系统是指通过车载智能系统、路侧系统、云控平台进行协同感知、协同通信、协同决策、协同运行控制的新型道路交通基础设施，该系统能够有效克服单车自动驾驶和传统车路协同方案的局限性，实现交通参与者群体的优化控制和协同运行，加快智能网联汽车和车路协同产业的落地。然而，“车-路-云”系统能否高可靠地保障车辆数据的安全性、路段与云端数据的及时性和准确性，是严重影响交通参与者对“车-路-云”系统信任和选择的重要因素，是“车-路-云”系统面临的一个巨大的挑战。构建安全、高效的信息交互机制以及优化方法体系，研发高可信的 V2X 通信信息管理技术，确保交通参与者及时获得必要的行驶提示信息，可以打破车路云形成信息孤岛的困境，并且基于标准化通信机制，实现系统中人、车、路、云的高效、泛在互联与高性能传输，从而加快推动车路云系统深度融合和系统重构。

目前国内外车路云信息交互机制及优化方法研究，面临以下技术挑战：①现有交互机制无法满足 LTE-V/5G-V2X 需求。实际道路交通环境，如隧道中的多径效应可能会阻断和延迟无线信息传输、交通量大的合流区和长大下坡路段 V2X 信息传输需求过大，而现有多信息交互机制主要依赖于对 V2X 环境的简化，这将导致 V2X 网络动态性能不足，并面临巨大的网络传输负担，同时车端、路侧设备以及云端在处理数据的过程会失败，造成 V2X 数据丢失，从而对交通安全、高效地运行带来极大损失。②资源冲突与数据冗余。V2X 通信消息种类繁多、消息内容冗余以及消息重转导致的严重耗时，都会引起瞬间信息量激增且极易造成通信链路崩溃，若车辆在行驶过程中无法获得及时可信的交通信息，极有可能造成"车-路-云"系统失控,造成重大损失。因此当前亟须创新性地提出一种基于标准化的 V2X 通信机制,实现面向"车-路-云"系统需求的信息交互机制及优化方法的理论和技术突破。

2　科学问题背景

随着 C-V2X 及 5G 技术发展,随之而来的更大数据吞吐量、更低时延、更高安全性和更海量连接等特性,极大地促进了智能驾驶技术和智能交通系统的发展。通过"车-路-云"协同,一方面推动智能网联汽车快速发展,提供更安全、更智能的出行方式;另一方面赋能智能路况综合感知、动态协同交通控制等功能,为智能交通系统向智慧化的方向迭代演进奠定基础。然而单车自动驾驶和传统车路协同方案具有先天不足,其感知范围、信息来源丰富度和广域规划合理性方面存在原理性技术瓶颈,难以支撑未来智能网联汽车技术的快速演进。现有单车智能技术路线存在车载感知范围有限、可靠性不足、车间行为存在博弈与冲突、单车依靠局部信息进行的规划与控制难以实现全局优化等问题。传统车路协同主要强调车与路侧设备之间的协同,虽然可以解决部分单车智能面临的问题,但应用场景有限,且主要功能在于利用车与车、车与路之间的信息交互辅助单车决策,更难以实现面向路网大范围网联应用中的群体协同决策,不能满足智能网联汽车组成的交通系统在发展过程中对全局车辆与交通的交互、管控与优化、对交通数据广泛深度应用等方面的实际要求。伴随 5G、V2X、人工智能、云计算、大数据一系列的技术突破,把车、路、云深度融合,构建一个协同式的智能交通系统,才能有效解决目前单车智能和传统交通管理方面的局限。可靠、安全、畅通的信息传输是整个"车-路-云"系统正常运转的必要条件,因此有必要对"车-路-云"系统信息交互性能进行测试和优化,评价其在实际应用中的可行性。因此,亟须研究车路云信息交互机制及优化方法,实现更低时延、更高安全性和更海量的信息传输。围绕"车-路-云"相互关联作用机理及"车-路-云"多源信息时空同步机制与信息融合、安全-可靠-高效多性能目标的内在制约机制三个关键科学问题开展基础理论和方法研究,提升智能汽车环境感知信息的准确性和全面性,实现车辆安全高效地行驶,保障智能交通系统有序运行。

3　科学问题研究进展

随着车联网、自动驾驶、车路协同、智慧公路等技术研究的不断深入,以及众多试点示范项目的推进,车路云信息交互机制及优化方法已成学术界和工业界达成高度共识的共性难题,针对"车-路-云"一体化系统对数据的实时性、高可靠性以及安全性的需求,目前学界已形成如下研究进展:

(1)针对现有交互机制无法满足 LTE-V/5G-V2X 需求的问题,其核心解法在于研发适用于真实交通场景的V2X多信息交互模式合作机制与资源分配方法。不同交通场景会遇到不同的信息交互问题,在合流区,车辆不仅需要所在路段交通信息,还需求合流路段的车辆行驶信息,造成信息传输需求剧增;在隧道中,信息传输可能会受到隧道主体的干扰,影响信息传输的实时性和完整性;在长大下坡路段,车辆速度波动大,信息交互频率增加,对车-路-云系统V2X的超低延时和超高可靠通信、通信资源利用率最大提出更高要求。针对以上需求,学界进行了如下典型尝试:

①基于博弈论的多信息交互模式合作机制。为实现车路云之间信息的安全传输、降低车路云系统信息交互的延时、提高信息交互的吞吐量、降低丢包率,将博弈论引入信息交互合作机制中,利用合作博弈论建立车路协同系统车车信息交互合作机制模型,将信息交互模式看成一个利益联盟。多信息交互模式合作过程中,最大化收益函数的目标是使得车路云端传输信息时延时小、吞吐量大、丢包少,旨在优化车辆运行必要的信息,提高道路交通的安全性和高效性。

②基于模糊空间的信息交互分配方法。面向车辆对信息及时、准确的需求,基于模糊空间的信息交互分配方法,在资源分配时不仅考虑了车辆的移动性和网络的异质性,同时还考虑了信道状态信息的快速变化。对于复杂多变的道路交通系统,解决了V2X环境的高动态性,实现了基于V2X不同通信类型的资源共享,提高了交通信息传输的及时性、可靠性和高效性。

(2)针对交通信息冲突、数据冗余的问题,其核心解法在于研发高效的交通信息管理技术,提高车辆获得信息的有效性。由于V2X通信机制为广播机制,行驶中的车辆可能会获得与本身运行无关的交通信息,这势必会导致交通信息管理的混乱。针对这一挑战,设计一种基于V2X通信的交通信息管理技术,旨在增强“车-路-云”系统应用层和物理层的耦合性,提高交通信息传播有效性,减少车辆获得无用的信息。将采集到的交通数据传输到一个消息中间件程序,通过信息分类将获取到的交通数据存储在特定的信息队列(如:速度、密度、变道等)中,从而进行交通数据有效维护和系统管理。此外,根据交通信息的类型开发信息队列接口,使得上层应用仅需调用信息队列接口便可获取/发送相应的车辆状态/路侧信息/云端信息,从而搭建出V2X通信设备信息存储/转发机制,解决瞬间信息量激增造成的通信链路崩溃和信息转发耗时等技术难点,提高“车-路-云”系统信息交互的有效性,得到更安全和更高效的交通系统。

4 总结与展望

总体来看,车路云信息交互机制及优化方法在当下已有一定研究基础,但现有研究较为零散、针对性不强,研究成果杂乱,难以应对大时空跨度网络组织体系结构与高动态网络环境下的高速信息传输及车联网信息安全保障等基础性挑战,需重点在以下方面开展攻坚：

（1）车路云计算与通信的一体化协同系统架构。针对车联网场景下海量数据并发、计算规模庞大、车路云信息交互可靠性不足的挑战，开展高通量车联网传感数据的全链路计算、支持强互动应用的低时延数据编解码及传输协议、保障通信-计算耦合可靠性的资源协同调度等研究，实现异构车联网中边缘节点辅助的高通量并发处理及高效分发。

（2）高可靠低时延的车联网泛化网络切换机制。针对车路云架构下路车联网传感数据链容易中断、传输容量受限问题，开展网络拓扑时变下信息传输容量的演化规律、群体传输信道并发干扰时空变化特性、差异化业务需求与用户行为特征驱动下的资源切片智能选择机理与动态配置、海量车路设备智能接入与切换等研究，实现系统整体通信组网效能的提升。

（3）基于区块链技术的可信车联网系统。针对车联网数据交互因平台中心化与匿名攻击导致的全局性不足与可信性缺失挑战，开展车联网业务场景信息交互需求下的车路云一体化信息安全保障、联网信息服务需求下的典型攻击与威胁、车路安全防护基线自动化采集与分析模型等研究，实现信息交互、监测与管理全过程的系统全生命周期信息安全保障。

主要参考文献

[1] 李克强，常雪阳，李家文，等．智能网联汽车云控系统及其实现[J]．汽车工程，2020，42(12)：1595-1605.

[2] X He，J Lv，J Zhao，et al. Design and Analysis of a Short-Term Sensing-Based Resource Selection Scheme for C-V2X Networks[J]. IEEE Internet of Things Journal，2020，7(11)：11209-11222.

[3] W Wu，R Liu，Q Yang，et al. Learning-Based Robust Resource Allocation for Ultra-Reliable V2X Communications[J]. IEEE Transactions on Wireless Communications，2021，20(8)：5199-5211.

[4] X Jing，X Wei. Summarization of message-oriented middleware [J]. Computer Engineering，2005，31(16)：73-76.

[5] 尹颖．智能网联车路云一体化的思考能网联汽车[J]．智能网联汽车，2021(01)：54-56.

[6] 李克强，李家文，常雪阳，等．智能网联汽车云控系统原理及其典型应用．汽车安全与节能学报，2020，11(03)：261-275.

[7] M Zhang，Y Dou，P H J Chong，et al. Fuzzy Logic-Based Resource Allocation Algorithm for V2X Communications in 5G Cellular Networks[J]. IEEE Journal on Selected Areas in

Communications,2021,39(8):2501-2513.

[8] C Fan,B Li,Y Wu,et al. Fuzzy Matching Learning for Dynamic Resource Allocation in Cellular V2X Network[J]. IEEE Transactions on Vehicular Technology,2021,70(4):3479-3492.

撰稿人：徐志刚(长安大学) 李永福(重庆邮电大学) 段续庭(北京航空航天大学)

车辆协同编队驾驶决策控制方法

Decision-making and control for vehicle platooning

1 科学问题概述

以移动互联、大数据及云计算等技术为代表的新一轮科技革命方兴未艾，极大地拓展了交通参与者、运载工具和道路基础设施的信息获取与交互手段，这将彻底改变各交通主体各自为政、独立决策的现状，使得多主体协作成为可能。随着车路协同的进一步发展和推广应用，基于全时空交通信息的协同感知、融合和交互，研究车辆协同编队决策控制理论方法及其关键技术已成为必然。

以协同自适应巡航技术(Cooperative Adaptive Cruise Control,CACC)为代表的车辆协同编队技术是智能网联驾驶与车路协同系统的重要场景之一。该技术通过 V2X 通信实现车车协作，增强智能网联车辆(connected and autonomous vehicle,CAV)控制决策的合理性。车辆协同编队既可以缓解驾驶员驾驶疲劳、提升行驶的安全性，也能够改善交通效率，降低行驶能耗。更为重要的是，该技术大幅提升了车辆队列的稳定特性(String Stability)，可消解人类驾驶员造成的交通流波动，使整体交通更为均质化、稳定化。此外，车辆编队技术可减少车队驾驶员数量、降低风阻和能耗，进而大幅度减小相关运输企业人工及油料成本，具有广阔的商业前景和应用价值。

20 世纪 90 年代末至今，国内外学者已在车辆编队驾驶领域耕耘多年，做出了许多卓有成效的研究。但时至今日，编队驾驶依旧难以规模化商用，总的来说有以下四大瓶颈：①难以适应复杂交通环境。现有的编队驾驶研究主要聚焦于车流密度较低、车速较为稳定、驾驶行为较为单一的快速路连续流场景。面对车流密度大、车速离散性强、交通行为随机性高、人工驾驶/自动驾驶混行特征显著的复杂环境，现有理论与方法的适应性仍有待提升。②对交通的负面影响难以降低。虽然编队驾驶能够减小车间距来显著提高道路通行能力，然而，不合理的编队控制设定会对交通产生不利影响，譬如，过大的车队规模会像火车一样阻碍其他车辆换道、汇入等驾驶行为，从而导致环境车辆通行效率下降。③难以保证真实环境下的队列稳定性。作为衡量编队效益最重要的指标，其直接决定编队决策控制最终效果，较差的稳定性会严重影响车队行驶的安全性，然而现有队列稳定性分析多基于理想假设，缺乏对时滞、失效、扰动等实际影响因素的考量。此外，传统编队驾驶仅针对纵向控制，面向横纵向耦合的编队稳定性分析仍有待研究。④算法普适性尚待提高。现有控制方法多基于理想模型建模，许多假设与工程实际存在较大差异，此外，测试验证多基于特定场景、特定工况进行，验证手段较为单一、说服力较弱，难以满足全场景复杂工况的实际需求。

因此，在解决实际复杂环境下协同编队决策控制问题的过程中，还需要面向真实混合交通流环境的强随机、泛耦合、非线性等特征，构建高可靠车辆群体运动态势推演模型；进而引入整体交通效益与车辆动态博弈关系，建立面向全局最优的协同编队驾驶决策控制机制；并考虑车辆编队系统动态时延、随机不可测扰动等实际影响因素，形成面向真实行驶环境的队列稳定性建模与分析范式；通过构建各类典型场景复杂工况，研究协同编队决策控制自校正学习机制，最终实现普适性强、可靠性好的协同编队驾驶决策控制方法。

2　科学问题背景

近几年，随着国民经济的快速发展，我国道路交通运输系统日趋发达。但根据相关统计，随着车辆保有量的日益增加，交通拥堵现象日趋严重，仅北京一地，由交通拥堵带来的经济损失便达近千亿元，几乎占城市生产总值的5%；此外，驾驶员人为原因（疲劳、酒驾、误操作等）导致的交通安全事故导致的伤亡人数达数千人。而依据当斯（Downs）定律，交通供给的发展永远赶不上交通需求的增长速度，这将无疑造成日益严重的交通拥堵、交通安全问题，照此趋势发展，交通系统面临的压力将日益严峻。

除此之外，日益增长的配备自适应巡航控制（Adaptive Cruise Control，ACC）系统的车辆也给交通系统的发展平添一丝隐忧。据统计，ACC系统目前已得到广泛应用，特别是中高档轿车群体，其ACC系统配备率已高达70%。然而有研究表明，ACC难以改善如今的交通问题，并且在以下两个方面均对交通系统造成负面影响：①降低道路通行能力，根据相关研究，由于ACC车辆的跟车时距要求较高，一定程度的ACC渗透率会降低道路通行能力，这将进一步加剧交通拥堵问题。②影响交通流稳定性，具备ACC功能的车辆群体在进行加减速时，跟车误差在向后传递的过程中有放大效果，即不满足队列稳定性，这将严重破坏交通流稳定性，进而影响驾驶平顺性，同时威胁驾驶安全。

面对ACC系统所带来的上述问题，以CACC为代表的车辆协同编队技术正是需求导向下的应有之义、必然要求。从理论研究到示范落地，现如今，车辆协同编队技术已处于快速发展阶段，并逐步展现其在提高道路通行能力、减少能源消耗、保证交通流稳定性等方面的巨大应用潜力。然而，难以规模化应用落地仍然是当前车辆协同编队技术的一大痛点。这一痛点源于：①现实交通流具有典型高动态、高复杂度、强随机性特点，保障现实交通场景下的协同编队安全性、稳定性是其落地应用的首要前提；②针对车辆编队这一全新形式，如何降低其对其他交通参与者的负面影响，是协同编队技术落地应用的核心难题；③现实交通千变万化，测试验证如何覆盖典型场景、重要场景、长尾场景，是协同编队落地应用的必要保障。

3　科学问题研究进展

编队决策控制以环境感知与车辆感知为输入，主要完成决策驾驶行为、规划行驶轨迹、优化控制指令的任务。依据任务划分粒度的不同，目前对于编队决策控制的研究主要分为三种技术路线：细模块化路线、泛集成化路线、全集成化路线。

3.1　技术路线1：细模块化路线

细模块化路线是当前主流路线，并在工程中得到广泛应用。该路线通过对决策控制进行细化模块分级，明确模块间输入输出，实现各模块之间的相互耦合，通过建立各个模块的算法模型，依次完成各项子任务，实现编队驾驶。该路线主要包括三个模块：①行为决策：以车队的状态及其感知信息为输入，考虑个体驾驶目标及整体交通效益，决策拓扑结构以及编队行为（组队、保持、换道、拆分等）。该领域研究以图论、博弈论、整数规划等方法为主。②轨迹规划：基于上层行为决策，规划车队行驶路径，输出时/空序列坐标矩阵。主要方法包括图论、整数规划等数学优化方法，神经网络方法，以及样条曲线拟合方法。③轨迹跟踪控制：以行驶轨迹坐标为输入，考虑车辆运动学、动力学特性，设计控制器计算控制指令（加速度、方向盘转角等），使车队精确跟踪行驶轨迹。研究方法包括以PID为代表的传统方法以及优化控制方法。

细模块化路线存在以下难点：①面向复杂交通场景，以往行为决策方案难以尽数遍历车辆驾驶行为；②面向非结构化道路等特殊场景，当前轨迹规划方案难以保证编队横纵向稳定性；③面向控制时延、通信时延等不确定性扰动，传统底层控制器设计方法难以保障控制的鲁棒性与稳定性。

总体上，技术路线1通过模块化分层，降低优化问题的复杂度，提高计算效率，容易实现工程应用。然而，细模块化分层一方面影响了决策控制效果的整体最优性；另一方面，轨迹规划输出可能无法被车辆控制精准执行，造成潜在安全风险。

3.2　技术路线2：泛集成化路线

泛集成化路线近年来得到学术领域的广泛研究，并在工程上初步探索实践。在细模块化路线的基础上，泛集成化路线将轨迹规划与反馈控制集成为一个新模块——集成化运动规划控制。集成化运动规划控制模块以编队行为决策结果为上层输入，结合车队状态与环境信息，以车辆运动学、动力学为约束，优化编队轨迹，并输出最优控制指令。目前关于该领域的研究主要采用基于模型的优化控制的方法，以及基于数据驱动的人工智能方法。

泛集成化路线存在以下难点：①与细模块化路线类似，面向复杂交通场景，以往行为决策方案难以尽数遍历车辆驾驶行为；②相较于细模块化路线，泛集成化路线的运动规划模块难以建模求解，对求解算法要求高。

总体上，泛集成化路线基于行为决策直接优化底层控制指令，因此能够保障决策控制效果的最优性，并避免规划路径不可行所带来的控制器失效问题。然而，泛集成化路线在一定程度上增加了问题的计算复杂度，降低了计算效率，并存在奇异点、不可行解等潜在风险，在广泛工程落地应用前尚需更加完备的理论研究。

3.3　技术路线3：全集成化路线

全集成化路线是一种全新的端到端编队驾驶技术，该路线集成上述所有模块，基于环境感知与车辆状态信息，直接规划最优轨迹，并输出底层控制指令，完成编队任务。全集成化路线相关研究较少，传统研究主要采用数据驱动的人工智能方法和基于模型的优化控制方法。面对提高全集成化路线计算效率的需求，面向群体一致性的分布式方法将成为未来的研究热点。

全集成化路线存在以下难点：①当前基于数据的方法，数据量要求高、模型可解释性差、泛化能力弱；②当前基于模型的方法，求解复杂度高，存在局部最优风险；③当前的分布式方法难以考虑实际交通场景，建模方法较为理想。

总体上，全集成化路线降低编队驾驶决策控制维度，直接优化轨迹及运动指令，不再需要遍历决策驾驶行为，从而提高了对实际复杂交通场景的适应性。然而，相较于细模块化路线和泛集成化路线，全集成化路线需基于全可行域进行规划求解，计算复杂度更高，亟须更加高效的建模求解算法。

4　总结与展望

综上所述，现有编队决策控制研究主要围绕上述三种技术路线展开，然而三种技术路线的优劣势、成熟度各异，因此未来研究趋势及发展潜力有所不同。

(1)细模块化路线实现难度低，计算效率高，是当前落地应用最佳选择，但其在最优性方面存在固有缺陷，随着新兴技术的发展，该路线终将被取代。

(2)泛集成化路线能够保证规划控制的最优性，因此成为优于细模块化路线的选择。泛集成化路线目前处于落地应用初级阶段，其未来研究趋势在于开发更加高效的控制算法与计算技术。

(3)全集成化路线能够更好地应用于强随机、高动态的真实复杂交通场景。然而，受计算能力所限，该路线的相关研究处于理论阶段，未来需优化模型架构与求解算法，进而释放其应用潜力。

主要参考文献

[1] 李克强，戴一凡，李升波，等. 智能网联汽车（ICV）技术的发展现状及趋势[J]. 汽车安全与节能学报，2017，8(01)：1-14.

[2] Swaroop D, Hedrick J K. String Stability of Interconnected Systems[J]. IEEE transactions on automatic control, 1996, 41(3): 349-357.

[3] Cui L, Chen Z, Wang A, et al. Development of a Robust Cooperative Adaptive Cruise Control With Dynamic Topology [J]. IEEE Transactions on Intelligent Transportation Systems, 2021.

[4] Yang H, Rakha H, Ala M V. Eco-cooperative Adaptive Cruise Control at Signalized Intersections Considering Queue Effects [J]. IEEE Transactions on Intelligent Transportation Systems, 2016, 18(6): 1575-1585.

[5] Ploeg J, Serrarens A F, Heijenk G J. Connect & Drive: Design and Evaluation of Cooperative Adaptive Cruise Control for Congestion Reduction [J]. Journal of Modern Transportation, 2011, 19(3): 207-213.

[6] Milanés V, Shladover S E, Spring J, et al. Cooperative Adaptive Cruise Control in Real Traffic Situations [J]. IEEE Transactions on intelligent transportation systems, 2013, 15(1): 296-305.

[7] Naus G J L, Vugts R P A, Ploeg J, et al. String-stable CACC Design and Experimental Validation: A Frequency-domain Approach [J]. IEEE Transactions on vehicular technology, 2010, 59(9): 4268-4279.

[8] Van Arem B, Van Driel C J G, Visser R. The Impact of Cooperative Adaptive Cruise Control on Traffic-flow Characteristics[J]. IEEE Transactions on intelligent transportation systems, 2006, 7(4): 429-436.

[9] Bhoopalam A K, Agatz N, Zuidwijk R. Planning of Truck Platoons: A Literature Review and Directions for Future Research[J]. Transportation Research Part B: Methodological, 2018, 107: 212-228.

[10] Lai J, Hu J, Cui L, et al. A Generic Simulation Platform for Cooperative Adaptive Cruise Control under Partially Connected and Automated Environment [J]. Transportation

Research Part C:Emerging Technologies,2020,121:102874.

撰稿人:胡笳(同济大学)　徐志刚(长安大学)　高炳钊(吉林大学)
丁川(北京航空航天大学)　龚思远(长安大学)

网联自动驾驶环境下的车辆群体协同决策及交通运行优化

Cooperative decision-making and traffic operation optimization under the connected and automated vehicle environment

1　科学问题概述

近年来,自动驾驶与智能网联技术取得了长足发展,在实现精准车辆控制的同时,可通过多车互联,以及云端和路侧系统辅助,实现更高级别的协同决策,使得进一步优化交通系统的运行成为可能。由于复杂场景下单车感知、决策、控制能力的局限性,自动驾驶的普及有可能降低交通系统的运行效率。针对上述问题,需要以车辆-交通系统的微观系统动力学模型为基础,对大规模的网联自动驾驶汽车在道路网络中的运动进行中宏观层面的群体协同决策优化,在保证高度的安全性的基础上,全面提升网络通行能力和服务水平。

车辆群体协同决策在缓解"城市病"、提升居民生活质量等方面将产生显著的社会和经济价值,也是现实的工程技术需求。然而,实现上述目标的途径中也存在着重大技术挑战,除了网联自动驾驶技术本身的继续完善之外,还包括下列三个针对大规模车辆群体的重要科学问题:

(1)考虑单车机械动力学的交通流系统动力学建模难。自动驾驶背景下的交通流系统动力学建模是交通流方向最为重要的难题之一。一方面,车辆在城市网络中的运动具备复杂的时空特性,还需要满足包括单车机械动力学约束和车辆间运动安全约束在内的微观层面高维度约束条件;另一方面,城市交通网络中存在着大量的冲突点(包括交叉、汇合、分离、换道等),且不同的道路等级和特征对于车辆运动有着不同的约束条件。因此,对于满足机械动力学与交通安全约束下的车辆-交通的系统动力学建模是一个重大的挑战。

(2)异质性车辆群体的时空轨迹协同决策建模复杂。网联自动驾驶汽车之间将会呈现出高度的异质性,这个异质性体现在其通信水平、决策偏好、自动化水平、动力学特性、安全阈值、驾驶任务等多方面。这些异质性与上述车辆-交通的系统动力学建模层面的困难相耦合,将导致大规模车辆群体微观层面协同决策建模面临极高的复杂度。

(3)基于群体决策的网络级交通优化的实时性与最优性难以兼顾。基于群体决策的交通运行实时优化落地决策对算法的计算效率和求解质量均提出很高的要求。一方面，车辆群体需要在连续运动的过程中实时完成协同驾驶决策，因此需要极高的决策效率；另一方面，中宏观层面的优化决策问题复杂度很高，而质量较差的决策结果会严重影响整体交通运行效率，破坏交通运行的平稳性，相比单车决策无法体现群体协同决策的优越性。此外，面临由各种不确定性事件导致的系统运行干扰，如何从中宏观层面对整体交通运行进行鲁棒优化决策，是一个值得研究的挑战性问题。

除了上述难题之外，对于网联自动驾驶环境下的交通运行优化还涉及多个角度的问题，包括道路空间资源的合理分配、交通运行从异常事件中的恢复决策，以及复杂的交通系统中面临的不同车辆之间优先级问题等。解决上述问题需要设计一系列性能优异、可行性高、可扩展性强且鲁棒性良好的优化算法。

2 科学问题背景

随着传感技术、无线通信技术以及智能决策技术的快速发展，自动驾驶已经逐渐走进了人类的视野之中。自动驾驶技术作为一个中心节点，将为下一代智慧交通的发展赋能，推动未来交通产业的无人化、智能化与共享化。与此同时，它还将大幅度改变居民出行与货物流通的模式，进一步降低复杂的产业分工网络之中的外生及内生交易成本。最近几年以来，世界各个主要经济体均将自动驾驶技术发展列为战略性的科技发展内容之一。时至2022年，海内外已有大量的公司在自动驾驶领域积累了丰富的技术和实测数据，包括我国的百度、华为，以及海外的Waymo、特斯拉等。在美国的旧金山湾区和我国的北京亦庄等地，每天都有大量的自动驾驶汽车在进行路测，积累测试里程。相关研究预计，到2045年，美国的自动驾驶普及率最高将可达到87%。除了路面交通之外，部分特殊场景已接近实现了全自动驾驶的应用，包括自动化仓储物流、自动化港口等。

对于成规模的自动驾驶汽车群，利用自动驾驶汽车的网联能力与可控性，有可能实现更为精细化的交通优化决策，从而提高整体交通效率。但是，当前的绝大多数自动驾驶车企以及研究机构，其关注点更多在于单车智能及其驾驶安全性。由于复杂场景下单车视角的局限性，所以一方面在有限信息下难以作出有效决策，另一方面无法从交通运行效率层面进行优化。因此，当前的自动驾驶汽车在道路网络中运行时，不仅无益于整体交通，反而可能降低路网的通行能力和服务水平。研究表明，自动驾驶汽车有更大的可能性导致城市交通拥堵增加，出行延误增加的幅度可高达40%。在自动驾驶技术发展的初期，其对交通运行效率带来的负面效应，将会严重影响其商业化推广；任何社会主体都需要根据自动驾驶技术所带来的商业与社会效益来投入资本，从而加快技术的发展迭代。基于网联自动驾驶技术的群体决策可以有效克服单车决策的局限性。但是，在交通网络层面的大规模车辆协同决策问题非常复杂,这是因为道路交通流是在时空上高度关联的复杂动力系统,因而需要从全局的视角对自动驾驶汽车群体的运动进行优化,才能保证在整个交通层面的决策效果。如何进行自动驾驶环境下通过车辆群体决策优化交通运行效率,消除自动驾驶技术的普及带来的负面效应,将会是未来相当一段时间内的重要课题与严峻挑战。

3　科学问题研究进展

到目前为止,已有相当数量的研究论文在基于网联自动驾驶环境的车辆群体决策与交通优化的相关领域发表。总体来看,现有相关研究均建立在"系统动力学底层建模-基于系统动力学耦合的时空轨迹决策建模-面向时空轨迹与运行效能的交通优化-实时求解算法构建"的四步骤原则之上。在底层建模与决策建模的步骤中,现有研究通常会进行两方面的简化:①对系统动力学本身进行简化,其主要表现在忽略不同车辆之间的异质性,并且假设整个控制过程中不会受到外来的随机干扰。②对建模场景进行简化,其主要表现在优化场景仅囊括非常局限的基础设施对象(例如:仅考虑单个交叉口,或少数交叉口形成的局部干道),并且也较少考虑到道路基础设施本身的高度复杂性与异质性。上述简化的根本原因在于:在复杂路网中对大规模车辆群体进行优化决策这个问题本身复杂度极高,而现有决策方法难以在实时性与最优性之间取得良好平衡,因此不得不在系统与决策建模的步骤中进行简化。

而在决策方法的层面,通过对现有文献的梳理和总结,对于大规模网联自动驾驶汽车群体决策与交通优化方向可以总结出如下四条主要的技术路线。在此对这四条路线各自的优劣进行分析。

3.1　基于数学规划的决策方法

数学规划方法通常将实时交通优化问题建模为一个规模庞大的数学规划问题进行求解。例如,得益于完备的信息来源,在全自动驾驶环境下,精确至每个车辆的轨迹全局优化问题通常被建模成为混合整数非线性数学规划模型。也有将路口层级的混合整数非线性规划模型拓展到干线层级,对干线交通进行优化。在计算资源非常充足的情况下,对该数学规划问题进行求解有可能得到理论最优解,从而最大化交通运行效率。但通常情况下,这类方法所需计算量巨大,且由于 NP 难的计算理论约束,此类方法无法实现大规模应用,且无法达到瞬时性、鲁棒性的要求。为解决这一困境,许多近似算法应运而生,例如,在原有复杂模型的基础上进行线性化近似,给出全局最优解的近似解;引入车辆跟驰模型等经验性规则,简化原有模型;采用动态规划、经验性算法寻找近似最优解。但总体来讲,很多近似解法也难以处理大规模问题,且其求解质量难以保障。

3.2 基于强化学习的决策方法

强化学习方法将实时交通优化问题建模为一个随机动态场景下的最优学习问题，并通过大批次的离线-在线结合的学习来逼近最优决策。例如，有针对自动驾驶区域的车队控制问题提出应用强化学习的方法得到冲突点处的车队通行间隔，以提升交通路网的总体效率；也有通过强化学习方法对交通网络中的信号灯进行实时调控。此种技术路线的优势在于其建模的泛用性较高，方便进行场景迁移，并且可通过大量的离线学习来实现瞬时性在线决策，但其可解释性差，学习效果不稳定，同时也无最优性保障，难以达到鲁棒性的要求。

3.3 基于预设规则的决策方法

这种方法通过一些预设的满足安全约束的时空通行规则对网联自动驾驶环境下的交通系统进行优化。例如，在混合流场景下，有研究通过设置自动驾驶专用道、或令自动驾驶汽车使用公交专用道的规则来简化控制场景以实现比混行更好的控制。在全自动驾驶场景下，有研究建立了交叉口避撞的通行轨迹预约规则，实现了交叉口的无信号控制。这类方法的优势是计算量较小，可行性较高，具备较好的可推广性。其弱点是交通优化效果难以得到保障，不能最大化网联自动驾驶技术的优势。

3.4 组合式决策方法

组合式决策方法旨在对上述三种技术路线进行有机组合。通常情况下，组合式方法需要设立一些基本规则来确定决策边界，并在此基础上引入一些基于数学优化或强化学习的实时决策机制来提升效率。有研究通过设计“时空通行块”的规则规避网络中的车辆冲突，并在此基础上通过求解较为简单的车辆时空路径规划问题来处理实时产生的交通需求。合理设计的组合式方法有可能克服上述三种方法各自的弱点，得到在各个指标上均表现更优异的方案，因此是未来最具前景的技术路线，但设计效果良好的决策方法本身具有相当的挑战性，需要更多的科研投入。

4 总结与展望

综上所述，由于问题本身的高度复杂性，相关领域研究在场景、不确定性考量与决策建模技术三个重要方面均进行了高度的简化。

(1)大多数研究着眼于单个交叉口的车辆群体决策与交通优化问题，针对干线级别交通优化的成果相对不多，而面向道路网络的成果更是稀少，也缺少控制效果的理论保障。

(2)将车辆异质性、随机事件干扰等重要因素所带来的不确定性考量引入建模考量与决策机制中的研究则更为缺乏。

(3)在中宏观的优化决策建模方面,当前的主流想法是通过建立复杂的数学规划模型来达到对大规模的车辆群体动力学进行优化的目的,其计算复杂度随着问题规模呈现指数级增长,在网络交通运行优化中的可行性受到限制。

因此通过未来几年内对于以上关键问题的研究与探索,希冀在网联自动驾驶环境下的车辆群体协同决策及交通运行优化方法上更加丰富场景,更加考虑现实中的不确定性,达到设计兼具可行性、有效性、灵活性与鲁棒性的路网级控制框架,以此充分提升网联自动驾驶技术对交通系统运行优化的效果。

主要参考文献

[1] 李克强,戴一凡,李升波,等. 智能网联汽车（ICV）技术的发展现状及趋势. 汽车安全与节能学报,2017,8(01):1-14.

[2] WangP S, Li P T, Chowdhury F R, et al. A Mixed Integer Programming Formulation and Scalable Solution Algorithms for Traffic Control Coordination Across Multiple Intersections based on Vehicle Space-time Trajectories[J]. Transportation research part B: methodological, 2020,134:266-304.

[3] Lee J, Park B. Development and Evaluation of a Cooperative Vehicle Intersection Control Algorithm under the Connected Vehicles Environment[J]. IEEE Transactions on Intelligent Transportation Systems,2012,13(1):81-90.

[4] Zhou F, Li X, Ma J. Parsimonious Shooting Heuristic for Trajectory Design of Connected Automated Traffic Part I: Theoretical Analysis with Generalized Time Geography[J]. Transportation Research Part B: Methodological,2017,95:394-420.

[5] Lu G, Nie Y M, Liu X, et al. Trajectory-based Traffic Management Inside an Autonomous Vehicle Zone[J]. Transportation Research Part B: Methodological,2019,120:76-98.

[6] An Y, Li M, Lin X, et al. Space-time Routing in Dedicated Automated Vehicle Zones[J]. Transportation Research Part C: Emerging Technologies,2020,120:102777.

[7] Bansal P, Kockelman K M et al. Forecasting Americans' Long-term Adoption of Connected and Autonomous Vehicle Technologies[J]. Transportation Research Part A: Policy and Practice,2017,95:49-63.

[8] Chen X, Li M, Lin X, et al. Rhythmic Control of Automated Traffic—Part I: Concept and Properties at Isolated Intersections[J]. Transportation Science,2021,55(5):969-987.

[9] Lin X, Li M, Shen Z J M, et al. Rhythmic Control of Automated Traffic—Part II: Grid Network Rhythm and Online Routing[J]. Transportation Science,2021,55(5):988-1009.

[10] Puylaert S, Snelder M, van Nes R, et al. Mobility Impacts of Early Forms of Automated Driving-A System Dynamic Approach[J]. Transport policy, 2018, 72: 171-179.

撰稿人：李萌(清华大学)　林犀(清华大学)　李深(清华大学)　何方(清华大学)

自主交通要素耦合机理与协同管控机制

The element coupling model and the collaboration and control mechanism for autonomous transportation system

1　科学问题概述

当今诸如人工智能、大数据、5G、物联网等新兴技术正与交通领域深度融合，不断推进交通系统的变革演进。随着新一代智慧信息产业的有序发展以及相关应用的逐步推广，交通系统也日渐呈现出“信息化、网联化、协同化、自动化、自主化”的趋势，促使智能交通系统(Intelligent Transportation System, ITS)的加速升级，向更加智慧的自主交通系统(Autonomous Transportation System, ATS)发展。

总的来说，ATS 以自主感知-学习-决策-响应为其核心运行逻辑，实现交通运行状态的自主感知、要素内在知识的自主学习、系统优化策略的自主决策，以及各类需求服务的自主响应，从人对交通系统的强干预、到弱调整、再到无监督的管控与运行。ATS 以 ITS 为基础，通过理论与方法的创新与应用，在不断减弱系统对“人”的依赖程度的同时，逐步提升交通系统的综合运行能力，有效管理与控制自主能力不断完善的载运工具与基础设施、融合与处理多源且庞大的需求信息、承接与适应多样且灵活的外部环境，进而实现系统在不同异质混合度下的自组织运行与不同信息融合率下的自主化服务。

以 ITS 为基础，现阶段 ATS 正处于起步阶段，对其中的理论研究亟须突破：描述具备不同自主化水平的载运工具与设施实体，协调具备不同自主能力的功能与应用软件，适应日新月异的新兴技术与环境信息，承载用户主体(人与物)所产生的内部需求，以实现系统要素在不同自主水平下的有序化联动，不断推动系统的迭代化升级。其中，作为 ATS 研究的共性基础，如何对其要素进行细粒度高的耦合分析并构建适应度强的协同管控机制，成为关键问题。总的来说，其中的难点在于：①如何构建可塑模型描述系统要素及其耦合关系，作为系统状态分析及其协同管控的基本输入；②如何诠释要素自主能力的演变对系统变革的促进作用，作为划分系统不同异质混合状态的判定依据；③如何设计面向异质混合态的系统自主安全运行与协同控制方法，作为系统自组织运行与自主化服务的核心机制。

2　科学问题背景

随着大量用户需求的差异化递增,交通系统所需处理的各类信息变得异常复杂,存在生成量大、个性化强、迭代率快、重叠度高等特征。为了降低系统运行复杂性及突破日益凸显的性能瓶颈,与自主化与智能化相关的技术与系统得到了进一步的发展与应用。例如,无人驾驶以及车路协同技术发展迅速。预计到2030年,支持自动驾驶的车辆与路侧智能单元的渗透率将达到30%,相关市场规模将有望突破3000亿元。该趋势有力地推动了交通系统从智能化向自主化的转变,通过实现以自主感知、自主学习、自主决策、自主响应为基本运作逻辑的自主交通系统(ATS),来保障交通系统的有序、高效、优质运行。

因交通系统正处在自主化的转型阶段,其基础理论研究普遍存在三个方面的挑战:①系统要素自主特性解析不清:自主要素,即载运工具与基础设施(如:车-路)的构成及能力特征缺乏统一表达,且人车路环境等要素间的耦合关系尚待解析;②系统自主能力演变机理不明:交通要素自主能力逐步提升(如:不同等级的无人驾驶汽车),要素间耦合关系不断演变,对自主系统整体能力的促进作用有待明确;③系统自主协同管控模式不一:随交通系统自主能力的阶段式提升,系统中的异质要素(如不同智能化等级的车辆和道路设施)普遍共存,多尺度下的协同管控机制自适应性亟须提高。

由此可见,为了实现ATS的有序发展,进一步建立其应用实践基础,亟须解析自主要素特性及其耦合机理,分析系统自主能力演化过程,并构建面向自主交通要素的一体化群体协同控制机制。

3　科学问题研究进展

为实现自主交通系统的自组织运行与自主化服务,需从基础理论出发,首先分析其内在要素构成及关系;其次确立各类要素的演变对系统整体自主能力的影响;进而面向不同级别的异质混合形态,构建要素群体协同控制机制。相关研究互为关联,可分为如下三类。

3.1　自主要素构成及其耦合机理研究

随着新兴技术的广泛应用,自主交通系统要素不断变革、推陈出新,其自主化属性与特征也随之变化,进而影响要素间的耦合关系。为了解析系统各要素及其耦合机理,现有研究主要从功能、系统、服务三个角度出发来对其进行研究。

(1)自主化功能要素分析。通过分析自主交通系统功能,基于对人、车、路、环境等要素的细化分析,确定自主要素的特征及其对系统各功能的影响,再通过具象化分析要素参与功能逻辑的形式与过程,建立以功能为导向的要素联动机制,进而阐释要素间的关联关系。

(2)自主化系统要素分析。通过分层解析系统的逻辑构成，对实现系统平台所需要素进行分析，定义如使用者、载运工具、基础设施和利益相关方等系统基本要素，再通过分析各要素的属性与功能，及其在实现系统业务流中所起到的作用，进而定义要素间的交互关系。

(3)自主化服务要素分析。通过调研交通系统的服务边界，将复杂系统解构为各类基础服务的集合，进而定义服务集中各服务所需的交通对象，生成参与服务过程的各系统要素，再通过综合分析要素的服务与被服务关系，进而确定要素间的依赖关系。

总的来说，现有研究多沿用传统的分析方法，从不同的角度对系统要素基本属性与供需关联进行概要的分析与总结，较少对自主要素的动态属性与耦合关系进行标准化定义。其面临的主要挑战为：缺乏可灵活描述具备不同自主化能力的要素表征模型，以支持系统自主要素间动态耦合机理的研究，保证要素覆盖的全面性及其关联关系分析的准确性。

3.2　系统自主能力演化模型研究

随着交通需求的不断细化、应用技术的不断迭代，系统内各自主要素的形态与功能也随之逐步演变，不断且深刻地影响交通系统自主能力。为了诠释自主要素演变对系统自主能力的促进作用，现有研究主要从定性与定量两个维度对其进行分析。

(1)自主能力的定性分析。通过分析经济发展、资源环境以及政府调控等因素，结合相关技术发展路线，考虑自动驾驶汽车、智能网联道路等系统要素，对系统演化特征进行分析，并制定了相应的等级划分标准，由局部要素推演至系统整体，阶段化描述整个系统的演化状态。

(2)自主能力的定量分析。通过分析系统自主要素之间的关联关系，及其自主运行的基本约束，运用系统演化理论和 Logistic 方程等方法，构建系统演化动力学模型，对不同参数条件下的系统状态进行模拟，生成系统演化路径，进而分析系统的演化机理及发展规律。

总的来说，现有研究多侧重局部自主要素关联对系统的自主化能力的提升作用，较少对系统演化过程进行整体性分析。其面临的主要挑战为：缺乏可系统性诠释自主能力演化机理的基础理论模型，以完整复现系统要素在不同自主水平下的关联关系，并模拟其动态变化过程，验证模型构建的准确性与全面性。

3.3　系统自主协同管控机制研究

从“感知→决策→管控→协同”这一信息流主线分析，在自主式交通系统的不同发展阶段，载运工具和基础设施间的不同类型及智能化水平构成(异质性)对自主式交通系统的信息处理主体及自主协同管控能力的影响差异较大。为解析系统中的异质要素构成与自主系统协同管控功能间的关联性，进而形成自适应的自主协同管控系统，是其中需关注的核心问题。目前，已有研究大多从载运工具-基础设施间的协同框架、载运工具智能化及其异质形态组成对系统的功能影响等方面开展相应的工作。

(1)载运工具-基础设施协同。在该研究领域，随着载运工具智能化技术的发展，特别是智能网联汽车，载运工具与交通基础设施间的信息交互、行为决策及管控目标发生了根本性变化，发展云控系统是相关应用研究的主流路径。云控的本质是从系统协同的角度重构车辆、基础设施、通信、计算服务等产业核心领域之间的技术链与价值链，形成以车路业务实时融合计算为主要技术特征，以数据安全开放、可靠共享为主要价值特征的整体系统架构，促进智能网联汽车与交通系统的协同发展，最终提升道路交通的综合性能。

(2)异质要素组成及对交通系统的影响。异质混合交通系统中的要素组成对整个交通系统的功能实现具有决定意义。从车路协同典型应用来看，一方面不同智能化水平车辆在整个交通流系统中的渗透率(占比)与交通系统的最优功能实现并非存在简单线性关系，即并非渗透率越高，交通系统的安全、排放等越好，二者间存在最优的均衡点；另一方面，异质混合交通下，传统车辆、网联车辆、智能网联车辆所组成的异质交通流相对传统研究有了很大不同，基于传统模型(如 OV 跟驰模型)实现诸如 V2V、V2I 的量化，探究车辆间传递的有效信息种类以及时间范围，进而可以解析出不同车辆组成在不同自主交通过渡阶段所扮演的角色。

4　总结与展望

总的来说，相关研究虽各有进展，但相关性较弱，无法互为支持形成统一的理论与技术体系，以支撑自主交通的有序建设。为解决该问题，构建自主交通研究与发展的共性基础，亟须解决以下三个方面难题：

(1)系统自主要素表征方法及耦合机理。作为自主式交通的基本构成单元，首先，需对自主要素，即载运工具与基础设施，进行统一的抽象分类，并对其自主化能力进行建模表达；其次，需解析自主要素两者之间，以及其与内部需求方(人与货)、外部约束方(应用技术与环境信息)多方之间的关联关系，构建自主交通要素间的耦合机理。

为解决该难题，可考虑定义自主要素标准化表征模型，对多类别自主要素进行建模，描述其所具备的可变自主化能力(如无人驾驶汽车)；同时，构建以功能为导向的自主要素耦合机理，对不同强度的要素关联关系进行分析与验证。

(2)系统自主化能力动态演化模型。作为分析自主交通阶段式发展的重要依据，需对自主要素的自主感知、自主学习、自主决策、自主响应能力进行统一分析，并以此为基础，构建系统自主化能力动态演化模型，量化分析自主要素演变对系统自主能力的促进作用。

为解决该难题,可考虑定义自主要素能力量化评估模型。首先,对各类自主要素的自主化能力进行多维归一化描述;其次,构建以自主能力演变为驱动的系统演化模型,作为确定不同异质混合形态的理论基础。

(3)异质混合交通下的系统智能化协同管控机制。在自主式交通系统的不同发展阶段,异质混合是交通系统的主要特性。首先,由载运工具及交通基础设施的组成差异所引起的自主交通系统协同管控功能变化是需要解决的首要问题;其次,不同尺度下的载运工具(如车辆群体规模)与道路基础设施(如路网规模)间的信息及决策自适应机制是核心关键;最后,相关机理解析基础上,构建自适应的自主协同管控系统是应用中的关键技术。

为解决该难题,可考虑基于数字孪生技术,从载运工具和基础设施的自主化分类出发,研究不同组合对于自主交通系统的影响,进而解析不同尺度规模下的异质交通要素组成及系统自主决策机制,最后借助大数据、深度学习技术的优势,从数据、模型迁移角度出发,考虑相关模型对于自主交通系统的应用关键及约束条件,最终形成自主交通协同管控应用系统。

主要参考文献

[1] 关积珍. 新一代智能交通系统技术创新与产业发展[R]. 青岛:国际智能科技峰会—智能交通分论坛,2019.

[2] You L,He J,Wang W,et al. Autonomous Transportation Systems and Services Enabled by the Next-Generation Network[J]. IEEE Network,2022.

[3] 王云鹏,严新平,鲁光泉,等. 智能交通技术概论[M]. 北京:清华大学出版社,2020.

[4]《中国智能运输系统体系框架》专题组. 中国智能运输系统体系框架[M]. 北京:人民交通出版社,2003.

[5] United States Department of Transportation. Architecture Reference for Cooperative and Intelligent Transportation[EB/OL]. https://local.iteris.com/arc-it/index.html,[2021-03-11].

[6] Cobo M J, Chiclana F, Collop A, et al. A Bibliometric Analysis of the Intelligent Transportation Systems Research Based on Science Mapping [J]. IEEE Transactions on Intelligent Transportation Systems,2014.

[7] 全国汽车标准化技术委员会. 汽车驾驶自动化分级:GB/T 40429—2021. [S]. 北京:中国质检出版社,2021.

[8] 邓润飞. 城市群交通运输系统演化模型及规律特征研究[J]. 交通运输工程与信息学报,2017,15(03):100-108.

[9] 李克强,李家文,常雪阳,等. 智能网联汽车云控系统原理及其典型应用[J]. 汽车安全

与节能学报,2020,11(3):261-275.
[10] 梁军,徐鹏,蔡英凤,等. 人机混驾模式下混行车辆雾模型研究[J]. 中国公路学报,2021,34(11):1001-1072.
[11] Cui S, Cao F, Yu B, et al. Modeling Heterogeneous Traffic Mixing Regular, Connected, and Connected-Autonomous Vehicles Under Connected Environment[J]. IEEE Transactions on Intelligent Transportation Systems, 2021.

撰稿人:蔡铭(中山大学) 由林麟(中山大学) 张明恒(大连理工大学)

道路行驶环境与行为响应耦合驱动的复杂系统认知机制

Research on cognitive model of complex systems driven by coupled information perception and behavioral response in road driving environment

1 科学问题概述

道路交通行车环境是一个包含交通场景供给、多元信息感知和驾驶行为响应的复杂逻辑系统,对道路交通行车环境的视觉感知与解析是车辆辅助驾驶与自动驾驶的关键技术,同时也是进行行车环境优化改善的重要基础。

目前对道路交通行车环境的智能处理主要停留在识别层面,可以通过人工神经网络算法和计算机视觉技术对交通场景内的对象进行分割、识别和解析,也可以通过各类目标检测算法实现对交通目标的识别和相关参数的提取,但是上述技术的应用距离真正的类脑理解还有不小距离。为更好地服务于道路交通基础设施的智能建造、车路协同的深度应用和自动驾驶等领域,亟待深入剖析信息感知与行为响应之间博弈和耦合的机理,并建立驾驶人行为智能类脑模型,通过人工智能技术描述驾驶人从感知到行为的认知过程。为突破上述技术瓶颈,一系列关键科学问题有待研究:

(1)如何构建基于道路行车环境信息感知的人工神经网络算法。在行车过程中,驾驶人依靠感觉器官及时地感知并获取各种交通信息,其中视觉系统是驾驶人获取外界信息最重要的通道,视觉信息占驾驶人交通信息获取量的80%。同时人眼视觉系统是一套双目视觉系统,在信息感知过程中还包括对图像深度信息的计算,人眼大部分时间随着注意力只聚焦在视野内的部分区域,如何基于上述驾驶人信息认知特性设计人工神经网络算法,是首要解决的关键科学问题之一。

(2)如何研究行车环境信息感知与驾驶行为响应的耦合机制。凭借目前的技术可以分割、识别交通场景的对象,但是缺乏对交通场景的深刻理解,也没有将驾驶人对行车环境的信息感知与驾驶行为响应的耦合作用机制进行分析。因此,有必要探索上述两要素间复杂耦合作用关系,挖掘驾驶人行车环境信息感知与驾驶行为响应的耦合机制,以满足道路交通行车环境复杂性、动态性与安全性考量的要求。

(3)如何构建驾驶人复杂系统认知模型。目前关于道路交通行车环境视觉感知与解析的研究,大多是基于图像语义、实例和全景分割等通用深度学习神经网络进行的,模型总体上是基于编码器-解码器(Encoder-Decoder)的结构展开的。从道路交通行车环境内的对象识别角度来看,识别精度较高、识别速度较快,已经取得了不错的成绩,但是神经网络算法基本属于“黑箱”性质,可解释性比较差。使用者无法完全知晓每个参数的意义,无法完全掌握整个模型的运作机制。因此,需要在信息感知与行为响应之间博弈和耦合机理的基础上,建立驾驶人复杂系统智能认知模型,通过人工智能技术描述驾驶人从感知到行为的自然认知过程。

2 科学问题背景

在实际汽车驾驶行为中,需要对各类交通警示标志、道路拥堵情况、前方障碍物等各类信息进行获取,从而采取相应的驾驶动作,这个过程中最重要的信息获取器官就是眼睛。驾驶过程中的绝大部分信息获取来自视觉,利用视觉图像信息为自动驾驶系统提供决策建议具有巨大优势。在目标检测领域,近些年来深度学习算法取得了显著成果,也广泛运用于道路交通行车环境的识别。例如基于卷积神经网络基本原理设计的支持端到端训练的全景分割神经网络,该网络可识别行车环境中的 34 种要素,包括路面、车道线、护栏、信号灯等道路环境和行人、自行车、摩托车、小汽车等交通参与者。网络在 Mapillary Vistas Dataset 中进行训练和测试,在验证集的 PQ 值上达到 15.224%,识别效果良好。

但此类神经网络算法在道路交通行车环境领域的应用仍存在许多难点。比如分割边缘不精准,不同语义对应的分割区域边缘一直震荡、变形,在实际应用中体现为路面与绿化带之间、车辆与绿植之间等分割区域边缘在连续帧画面中不够清晰;标注费时费力,为了训练成熟的分割模型,需要对数据集进行精细的标注,在耗费巨大成本的同时还面临遗漏和错标的风险;遮挡区域难以建模,人类对每一类事物的大致结构有一定的认识,因此能够想象被遮挡物体的形状并较好地处理遮挡问题,但这对网络模型来说是一大难点。

在面对上述应用难点时,神经网络模型可解释性较差的性质就暴露出来,使用者无法完全掌握整个模型的运作机制,因而无法对网络模型进行较高针对性的改进与完善。这导致道路设施规划部门在智能建造领域缺乏有力的抓手,也导致自动驾驶领域很难满足复杂性要求。因此如果仍然沿着现有应用于通用图像分割的卷积神经网络的结构体系继续研究,很难在本质上有大的突破。

综上,亟须深入剖析信息感知与行为响应之间博弈和耦合的机理,并建立驾驶人行为智能类脑模型，通过人工智能技术实现对驾驶人从感知到行为的认知过程的描述。

3　科学问题研究进展

人工神经网络具有并行处理特征和较强的自适应与自组织能力，因此现有研究主要通过人工神经网络来构建人类认知类脑模型。近年来，随着计算机算力和数据集的发展，基于神经网络的深度学习算法处理图像的性能已经远远优于传统算法，甚至在图像分类问题上对图像的辨识度已经超过了人类，成为人们研究交通行车环境重要的算法工具。通过图像实现道路交通行车环境的识别主要依靠图像分割的方法，包括语义分割、实例分割和全景分割。

(1)图像语义分割方面。图像的语义分割任务是将图片中属于同一类的像素归到同一个类别中，从像素级别理解图像，属于机器学习中密集型分类任务。首先将卷积神经网络应用于计算机视觉领域的是 LeCun 等人，他们提出的 LeNet 解决了银行手写文字的检测和识别，开启了深度学习的时代。随后发展出一系列优秀的网络框架，如 AlexNet、VGGNet、GoogLeNet、ResNet 等。常见的用于实现图像语义分割的网络结构主要是基于 Encoder-Decoder 模型，如 U-Net、SegNet、FRRN 等。Encoder 主要通过卷积和池化，在下采样过程中完成特征的提取，并通过 Decoder 阶段实现下采样，将特征图恢复到原始图片大小，同时完成分割任务的子任务——定位任务。语义分割任务除要完成待分割要素的识别分类外，还要还原要素的位置及边界。而为了增大感受野而进行池化操作则会导致特征图缩小，丢失了细节信息，最终影响分割的准确度。为此，DeepLab v2 网络通过使用扩张卷积代替传统卷积增大了感受野，去除了池化层，用以解决为增大感受野而导致特征图缩小的问题。在后续更新的网络 DeepLab v3、DeepLab v3 + 中，用不同采样率的扩张卷积处理特征图，拼接扩张卷积的结果后再通过卷积完成融合，最终通过上采样得到预测图。由于采用了不同采样率的扩张卷积，既关注了小物体又参照了大物体，整体上提高了准确率，但模型的复杂度也随之进一步提升，训练和预测的速度仍有待提高。

(2)图像实例分割方面。实例分割与语义分割一样都属于细粒度的图像分割任务，但由于语义分割只考虑类别，因此无法区分同一类别的不同物体。实例分割相比于语义分割在对物体的识别和分割上更进一步，除了要确定每一个像素所属的类别，还要区分同一个类别下的不同实例。在 He X 等人提出基于随机场实现实例分割的方法后，实例分割慢慢地引发了更多的关注。Hariharan B 等人通过分类由 R-CNN 产生的候选框进一步提取得到的高阶特征，实现了同时进行检测和分割的算法。Hayder Z 等人提出一个针对被检测物体的边界进行优化以实现实例分割的算法。何恺明等人提出的 Mask R-CNN 形成了目前业内最好实例分割算法的基本框架，该算法是在 Faster R-CNN 基础上增加了一个掩码分割分支形成的。Shu Liu 等人认为 Mask R-CNN 中的信息传播可以进一步优化，即低层级的特征对于大型实例识别很有用，但连接低层和高层特征之间的路径较长，一定程度上增加了访问准确定位的难度。

(3)图像全景分割方面。全景分割是指对图像中规则且可计数物体进行实例分割，对不规则无法计数的物体进行语义分割。全景分割将实例分割和语义分割结合在一起，是目前对场景识别中最为精细的图像分割方法。多任务的图片分割已经有一定的研究历史，早期的工作比如场景解析、图像解析和图像的整体理解等，通常通过构建场景解析图来解释规则和不规则物体的分割，并引入贝叶斯的方法进行场景表征。此外，在深度学习方法被广泛推广前，还常用基于条件随机场的方法实现图像分割。随着全景分割这一概念的提出，细化了评价指标，使得多任务的图像分割再次引起了广大学者的兴趣并开展研究，但是大多数全景分割方法，都是独立完成语义分割和实例分割，再进行融合的方法。这类方法尽管能融合得到精度不错的结果，但是在计算上存在冗余，没有实现计算共享，而且整体流程烦琐，无法实现端到端的训练。

主要参考文献

[1] Krizhevsky A, Sutskever I, Hinton G E. Imagenet Classification with Deep Convolutional Neural Networks[C]// Advances in neural information processing systems. 2012:1097-1105.

[2] Simonyan K, Zisserman A . Very Deep Convolutional Networks for Large-Scale Image Recognition[J]. Computer Science, 2014.

[3] Long J, Shelhamer E, Darrell T. Fully Convolutional Networks for Semantic Segmentation [C]// Proceedings of the IEEE conference on computer vision and pattern recognition. 2015:3431-3440.

[4] De Geus D, Meletis P, Dubbelman G. Panoptic Segmentation with a Joint Semantic and InStance Segmentation Network[J]. ArXiv preprint arXiv:1809.02110, 2018.

[5] Parisi G I, Kemker R, Part J L, et al. Continual Lifelong Learning with Neural Networks: A Review[J]. Neural Networks, 2018.

[6] Shaw P, Uszkoreit J, Vaswani A . Self-Attention with Relative Position Representations[C]// Proceedings of the 2018 Conference of the North American Chapter of the Association for Computational Linguistics: Human Language Technologies, Volume 2 (Short Papers). 2018.

[7] Qin Y, Chen Y, K Lin. Quantifying the Effects of Visual Road Information on Drivers' Speed Choices to Promote Self-Explaining Roads [J]. International Journal of Environmental Research and Public Health, 2020, 17(7).

[8] 林坤辉，陈雨人. 基于语义分割与深度估计的行车环境实时解析[J]. 计算机测量与控制，2019，27(12):234-238.

[9] 余博,陈雨人,付云天. 基于驾驶人视觉感知的低等级公路行车速度预测[J]. 同济大学学报(自然科学版),2017,45(03):362-368.
[10] 余博. 驾驶人视觉计算与驾驶韵律研究[D]. 上海:同济大学,2019.
[11] 项凯特. 面向交通场景感知的语义分割技术研究[D]. 杭州:浙江大学,2021.

撰稿人:陈雨人(同济大学) 余博(同济大学)

基于自主编队航行的多船协同控制基础理论

The basic theory of multi-ship cooperative control based on autonomous formation navigation

1 科学问题概述

随着船舶自主航行技术的革新及人工智能技术的发展,多船编队与协作在货物运输、海事搜救、海洋防务等应用领域的研究已成为当前研究的热点问题。多船以编队形式协同执行任务与作业,可以获得更大的作业范围、更好的容错能力和更高的资源利用率,具有十分重要的商业和科学应用价值,但同时也面临应用场景复杂、编队约束多样、控制难度不一等实际问题。鉴于多船编队协同控制面临的多重应用挑战,有必要针对基于自主编队航行的多船协同控制基础理论开展深入研究,重点解决以下关键科学问题:

(1)编队环境态势感知与自主航行。港口、海湾和沿岸等交通地理环境中,存在航行船舶数量多、通航环境复杂、交通态势多变等问题,为有效降低交通事故率,系统中的个体需要通过自动理解和感知系统所面临的交通环境,以实现复杂水域中船舶的实时动态避碰和航线调整,满足避碰要求的新航向和新航速选择。因此,如何解决编队系统航行态势感知计算、构建单船智能航行控制模型与自主航行算法是实现多船编队协同控制的基础,是亟须解决的关键问题之一。

(2)多船协同运动控制理论与方法。船舶操纵具有欠驱动特性,多船协同运动控制属于典型的非完整系统控制,具有强非线性、大惯性、通信时滞、环境干扰多等特点。编队内船舶多为异构船型,在编队航行过程中,船舶之间的动力学特性存有较大差异。相比于同构船舶增大了编队内船舶运动控制难度并影响编队整体的航行安全。因此,如何在船舶编队航行过程(如队形生成、队形保持、路径跟随)中实现强非线性、大惯性、长时滞等条件下的鲁棒性、协同性、安全性协同运动控制,满足复杂通航环境下的船舶经济性、节能性运输需求,是亟须解决的关键科学问题。

(3)多船编队布局与路径规划方法。多船编队布局与规划是指多艘船舶在航行海域给定起点和终点的情况下，综合考虑岸线、航行警告、礁石、浅滩等障碍物，以及目标任务要求，自动规划出安全、最优、可执行的编队队形和航行路径。现有的船舶运动数学模型本身是一个非完整约束系统，难以单纯通过优化控制参数来实现任意航线的规划，同时不同船舶具有不同的船舶运动参数，同一船舶在不同装载状态下其运动参数也存在较大区别。因此，如何在多个船型本身运动学和动力学约束的基础上，得到最优、可执行、可跟随的多船编队布局和路径规划是亟须解决的关键科学问题。

2 科学问题背景

根据 1971 年德国理论物理学家 Haken 提出的系统协同理论，多船协同可大致解释为：协调两艘及以上不同类型或配备不同资源的自主船舶，协同合作完成某一目标，从而达到“1 + 1 > 2”的协同效应。

多船编队航行协同执行任务，能够减少个体自主运动相互阻碍而导致的费时低效问题，将各自采集的信息进行融合，扩大探测范围；通过队形优化降低编队航行时的总阻力，达到节能减排目的。因此，从船舶经济性与节能性综合考虑，基于自主编队航行的多船协同作业拥有巨大的应用前景，但实现自主编队航行的多船协同控制仍面临一些困难亟须解决：

(1)单船的数据感知与智能航行控制仍需进一步研究。目前，新型智能化船舶所携带的航海雷达、视频传感器、激光雷达、红外摄像机等感知传感器具有不同的信息采集特征和能力，如何实现高效、高精度感知，以及如何将不同传感器采集到的感知数据进行融合处理，实现对航行环境的全方位感知，是实现船舶自主航行的一个重要研究内容。同时，单船自主航行还需要实时感知通航环境、自主完成危险规避。因此，如何将动态避让控制与导航路径规划相结合，建立基于模型预测的船舶智能航行控制模型与算法，实现碰撞危险度的预测判断和避碰措施选择是船舶编队航行的难点。

(2)船舶编队航行环境复杂多变，多船协同运动控制理论仍需进一步研究。在实际工作环境下，船舶编队航行必然会受到诸如风、浪、流等环境扰动，该扰动会影响每艘船的动力学模型，带来动力学的不确定性。若采用基于同一模型的编队控制方法，则会由于模型失配造成编队控制性能下降，同时也会干扰原始的控制作用，影响多船集群的编队跟踪精度。当前一些考虑了不确定动力学和外界扰动的多船编队控制研究表明：各种多船编队控制器的鲁棒性能大不相同，需要设计更有效的编队控制器，在多船编队过程中既能满足队形约束又具有容错性，同时保证鲁棒性并减少计算量。

(3)任务场景建模不够具体，编队布局与路径规划方法考虑不全面。多船编队协同控制的现有理论研究大多仅关注如何实现这些任务场景下的编队运动，通常根据预设的编队布局和期望的编队轨迹构建误差系统，通过设计编队控制器镇定该误差系统，但多船在编队过程中不可避免会受到自身及环境约束的限制,从空间、时间上对多船编队的距离和方向提出要求。因此,如何对任务场景进行清晰建模,并实现可执行的最优化编队布局与路径优化是亟须解决的难题。

3　科学问题研究进展

(1)对于单船的环境态势感知技术,国内外学者研究了多模态感知数据相融合的关键问题,包括投影方式统一、坐标系统一和物标编码融合等问题,研究了空间相似对象的匹配算法,探讨了融合结果的不确定性问题,如多分辨率的测深数据与地形模型的融合算法、电子海图与水下地形和遥感影像的融合方法、实景三维模型融合匹配到三维电子海图信息系统的方法等。近年来也出现了基于深度学习方法,在感知方面出现了大量基于视频的船舶目标识别研究,在数据融合方面提出了 MatchNet 端到端的深度网络体系结构。目前感知数据融合研究较多关注于解决 AIS、雷达数据、电子海图数据的融合,在多模态感知数据融合处理方面还不够成熟,针对新型智能化船舶数据的感知与融合研究仍需进一步加强。

对于单船的自主航行技术,船舶自主航行智能控制模型通常采用局部优化避让模型,缺少基于预测的船舶避让危险度计算模型,因此避让决策难以适用于多动态障碍物的宽广水域,也不符合船舶避碰的“远、大、宽、清”基本原则;同时,目前避让模型所采用的运动控制模型非线性强、不确定性高,仍需进一步研究更精确的船舶运动控制模型,以适应复杂的水面通航状况。

(2)对于多船协同运动控制理论与方法,国内外相关学者主要在船舶编队非完整系统建模、船舶编队异质性表征、队形保持、编队机动、一致性控制等方面进行了广泛研究。针对编队非完整系统建模,现有研究主要集中在单一船舶的动力学与运动学建模,未能充分考虑船舶编队在航行过程中岸壁、船间效应以及船舶尾浪对船舶航行性能的影响。针对编队异质性,相关研究较为缺乏,且研究对象多为智能体或飞行器,将异质编队应用到船舶领域,还应考虑船舶个体尺寸和操纵性差异大等问题。

针对队形保持、编队机动、一致性控制等,目前主要开展了基于多自主体理论的欠驱动无人船静态和动态队形保持控制方法、欠驱动无人船集群曲线路径机动下的队形保持问题,以及基于方位刚性理论考虑不确定条件下无人船编队的机动问题等研究工作。

近年来,以机器学习、大数据为代表的人工智能技术在计算机视觉、语音识别、智能控制领域取得了广泛应用,颠覆了人们对于人工智能的认知,当船舶编队个体数量多、队形变化频繁时,非智能控制方法很难作出最优选择,而强化学习等人工智能控制方法则可以通过不断训练,实现对各种复杂航行环境的认知,作出最终决策并实现一致性控制。

(3)多船编队布局与路径规划方法,近年来成为国内外学者研究的热门问题。针对多船编队布局，现有研究大多仅限于几种常见队形的性能比较，其队形来源于直观经验，缺乏理论支撑，无法自证最优。

多船路径规划的基本原理与空中无人机、水下无人潜器以及地面无人车等是相类似的，均是在实际环境中规划出一条连接起始点和目标点的无碰路径。多船路径规划的特点和难点主要体现在内河、海洋环境的复杂性，包括复杂的地形边界及环境干扰力。目前国内外编队路径规划研究所采用的方法按原理可分为两大类：确定式路径规划方法和启发式路径规划方法。启发式路径规划方法能够应用于经典规划算法无法奏效的场合，其特点是能够以较高的运算效率处理多目标优化问题，但存在无法稳定维持编队结构的缺点，同时算法效果也会受到不完整性、不准确性等因素的制约，与启发式路径规划算法不同，确定式路径规划算法具有搜索完整性和连续性的特点，获得了广泛应用。

综上，现有的多模态精确感知和数据融合技术仍需要进一步借鉴和吸收计算机视觉、模式识别等领域的新理论和新方法，加强基于预测的智能航行控制研究；面对模型越来越复杂、应用场景越来越多样的挑战，应提出多船分布式自适应、容错性及鲁棒性强的协同运动控制理论与方法，考虑动态环境影响及多个船型本身运动学和动力学约束，实现最优化、可执行的多船编队布局与路径优化控制策略。

主要参考文献

[1] 高宗江，张英俊，孙培廷，等．无人驾驶船舶研究综述[J]．大连海事大学学报，2017，43(02)：1-7.

[2] 严新平．智能船舶的研究现状与发展趋势[J]．交通与港航，2016，3(01)：25-28.

[3] 严新平，柳晨光．智能航运系统的发展现状与趋势[J]．智能系统学报，2016，11(06)：807-817.

[4] 徐娜，陈雄，孔庆生，等．非完整约束下的机器人运动规划算法[J]．机器人，2011，33(06)：666-672.

[5] Hinostroza M, Xu H, Soares C G. Motion Planning, Guidance, and Control System for Autonomous Surface Vessel[J]. Journal of Offshore Mechanics and Arctic Engineering, 2020, 143(4): 1-21.

[6] 向哲，施朝健，胡勤友，等．一种利用海量 AIS 数据规划安全航线的方法[J]．中国安全生产科学技术，2016，12(10)：160-164.

[7] Ihle I A F, Arcak M, Fossen T I. Passivity-based Designs for Synchronized Path-following [J]. Automatica, 2007, 43(9): 1508-1518.

[8] Peng Z, Wang J, Wang D, et al. An Overview of Recent Advances in Coordinated Control of Multiple Autonomous Surface Vehicles[J]. IEEE Transactions on Industrial Informatics,

2020,17(2):732-745.
[9] 王祥科,李迅,郑志强.多智能体系统编队控制相关问题研究综述[J].控制与决策,2013,28(11):1601-1613.
[10] 张笛,赵银祥,崔一帆,等.智能船舶的研究现状可视化分析与发展趋势[J].交通信息与安全,2021,39(01):7-16+34.
[11] 魏振堃,赵素丽,李阳超,等.舰艇编队多补给舰海上补给路径规划[J].火力与指挥控制,2021,46(02):41-45+52.
[12] 徐笑锋,肖英杰,章学来.基于避碰规则自动驾驶船舶路径优化的研究进展[J].交通信息与安全,2021,39(02):1-8.
[13] 李永杰,张瑞,魏慕恒,等.船舶自主航行关键技术研究现状与展望[J].中国舰船研究,2021,16(01):32-44.

撰稿人:王志东(江苏科技大学)　刘佳仑(武汉理工大学)